U0153840

WILEY

工業4.1
Industry 4.1

零缺陷的智慧製造
Intelligent Manufacturing with Zero Defects

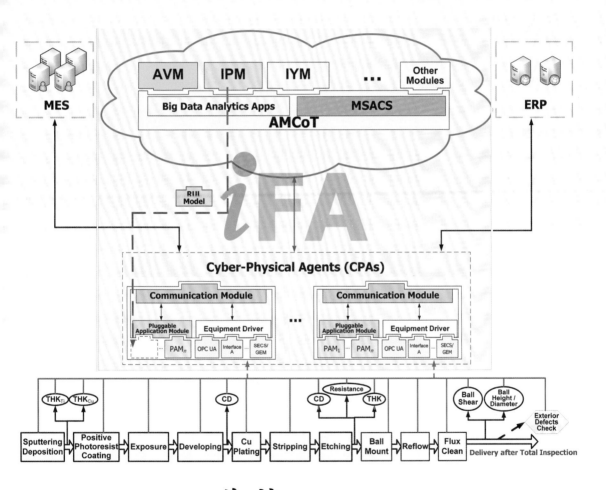

鄭芳田 主編
Edited by Fan-Tien Cheng

National Cheng Kung University Press

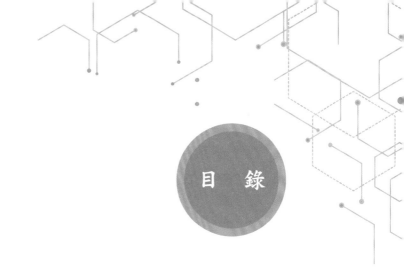

目　錄

第1章　自動化之演進及零缺陷智慧製造之發展策略　001

鄭芳田

第2章   資料收集與資料前處理   033

丁顥、楊浩青、李育墷

第3章　通訊標準　089

鄭芳田、丁顥、邱煜程

第4章 雲端運算、物聯網、邊緣運算與大數據基礎設施 165

蕭宏章、洪敏雄、陳朝鈞、林祐全

第5章 Docker和Kubernetes   219

陳朝鈞、洪敏雄、賴冠州、林祐全

第6章　智慧工廠自動化(iFA)系統平台　　277

鄭芳田

第7章　先進製造物聯雲(AMCoT)框架　293

洪敏雄、陳朝鈞、林祐全

鄭芳田

邱煜程、謝昱銘、林晉逸、鄭芳田

第10章　智慧型良率管理(IYM)　493

謝昱銘、林晉逸、鄭芳田

第11章 智慧製造應用案例 537

鄭芳田、邱煜程、謝昱銘、丁顥、林晉逸、黃憲成

索引 **(Index)**   **679**

主編簡介

　　鄭芳田1976年從國立成功大學電機系畢業後，即到國家中山科學研究院服務，在19年間由最基層的研究助理一路升到簡聘技監研究員。之後，鄭芳田轉至成大製造資訊與系統研究所與資訊工程學系任教，致力將在中科院所磨練出來的自動化與系統整合技術，轉應用於高科技(如半導體、面板、太陽能)及傳統產業(工具機、航太、模具、碳纖等)的智慧製造資訊系統領域上，以協助各式製造業增加產能、改善製程能力、精進良率、和降低成本，進而提升企業競爭力。

　　鄭芳田致力於基於資通訊科技與人工智慧之智慧製造和工業4.1的創新研究之成果豐碩，其中他所研發的全自動虛擬量測(Automatic Virtual Metrology, AVM)技術之學術成就和產業應用更是獨步全球。他發表超過40篇與虛擬量測相關的期刊論文，並以這些研究成果獲得了中華民國、美國、日本、中國大陸、德國和韓國等六國之發明專利。這些專利成功轉為59項技術移轉，技轉至高科技產業，如半導體(台積電、聯電、日月光、世界先進)、面板(群創、友達、瀚宇彩晶)、太陽能(茂迪)，以及傳統產業，如航太(漢翔)、工具機(遠東/發得)、吹瓶機(銓寶)、碳纖(台塑)等；除企業外也成功技轉給如工業技術研究院和金屬工業發展中心等法人單位。

　　鄭芳田曾榮獲的國內外重要榮譽與獎勵有：「行政院**2011**年傑出科技貢獻獎」、三次科技部(原國科會)之「傑出研究獎」**(2006, 2009, 2013**年度**)**、三次經濟部智慧財產局「國家發明創作獎」**(2011, 2012, 2018**年度**)**、2008年經濟部之「大學產業經濟貢獻獎(個人獎)」、教育部2002年度之「大學校院教師產學合作獎」、2010年財團法人東元科技文教基金會之「第十七屆東元獎」、2014年潘文淵文教基金會之「研究傑出獎」、2014年「李國鼎榮譽學者獎」、2015年中華民國斐陶斐榮譽學會第20屆「傑出成就獎」、**2013**年國際電機電子工程師學會**Inaba**創新引導生產科技獎**(IEEE Inaba Technical Award for Innovation Leading to Production)**、**2008**年起為**IEEE Fellow & 2021**年起為**IEEE Life Fellow**等。此外，自**2017**年**10**月起，鄭芳田率先成為首位**IEEE**自動化科學與工程期刊**(T-ASE)**的中華民國籍**Senior Editor**；並自**2020**年**9**月起，榮膺**IEEE**自動化科學與工程國際學術研討會**(CASE)**之指導委員會主席**(Chair of Steering Committee)**。自**2018**年元月起，鄭芳田創立國立成功大學智慧製造研究中心，並兼任中心主任。

作者列表

鄭芳田	國立成功大學製造資訊與系統研究所 講座教授/智慧製造研究中心 中心主任
洪敏雄	中國文化大學資訊工程學系 教授
邱煜程	華邦電子股份有限公司高雄廠自動化工程處 處長
謝昱銘	國立成功大學智慧半導體及永續製造學院 半導體封測學位學程 助理教授
丁　顥	國立成功大學智慧製造研究中心 副研究員
楊浩青	國立高雄科技大學電機工程研究所 教授
林祐全	國立成功大學智慧製造研究中心 秘書長
林晉逸	國立成功大學智慧製造研究中心 研究專家
陳朝鈞	國立成功大學製造資訊與系統研究所 教授兼所長
蕭宏章	國立成功大學資訊工程學系 教授
賴冠州	國立台中教育大學資訊工程學系 教授
黃憲成	盟立自動化股份有限公司大數據發展處 處長
李育壅	國立成功大學智慧製造研究中心 研究專家

鄭芳田 主編及主要作者

洪敏雄
作者

邱煜程
作者

謝昱銘
作者

丁顥
作者

楊浩青
作者

林祐全
作者

林晉逸
作者

陳朝鈞
作者

蕭宏章
作者

賴冠州
作者

黃憲成
作者

李育壅
作者

前言

鄭芳田

　　在這個全球化競爭的時代，透過資通訊與雲端技術、大數據分析、和虛實整合系統來提升製造業的生產效率及提高產品良率，已然是全球製造業共同追求的目標。例如德國的工業4.0計畫(Industry 4.0)，期能建構智慧工廠(Smart Factory)，增加製造業的全球競爭力及保持既有的領先地位。美國的先進製造夥伴計畫(Advanced Manufacturing Partnership, AMP)，目標為重新取得國際製造競爭力的領先地位，積極引導製造業回流。中國亦提出「中國製造2025」(Made in China 2025)，明確訂出在2025年進入製造強國行列的指導方針和戰略對策。而面對始於2018年的美中貿易戰，儘管中國政府不再公開提及「中國製造2025」以免激化矛盾，但中國仍聲稱加強智慧製造的目標並沒有改變；所以，因應國際情勢對加強智慧製造的戰略進行調整，將被認為是新版的中國製造2025。

概要與目標

　　目前世界各國所提出的與工業4.0相關之技術都一致強調要提升生產率(Productivity)，但卻沒強調要如何提高產品良率(Quality)；換言之，其僅能將產品「接近零缺陷(Zero Defects)」

當作願景，但並無法做到真正接近零缺陷之境界；其關鍵原因是因為他們沒有具經濟實惠特性的線上即時全檢技術。然而，採用本書主要作者鄭芳田之研究團隊榮獲中華民國、美國、日本、德國、中國、和韓國等六國發明專利的「全自動虛擬量測(AVM)」技術，就可協助達成產品接近零缺陷的目標，因為AVM可線上且即時地提供所有產品全檢之資訊，當發現任一產品有缺陷時，即可將其別除而不交貨。如此，所有交貨產品就可零缺陷了。然而，針對那些被別除的瑕疵品，亦可應用本研究團隊之另一發明「智慧型良率管理(IYM)」系統內的關鍵參數搜尋演算法(KSA)來找出其所產生缺陷的主要原因，以便能根本解決之，並持續改善，如此就可使所有生產產品接近零缺陷的境界。所以，運用物聯網、虛實整合系統(CPS)、巨量資料分析、雲端運算等技術所發展成功的工業4.0系統發展平台，如能再加上AVM和KSA等技術後，就能做到產品接近零缺陷之境界，此境界就是鄭芳田所定義的「工業4.1」。本「工業4.1」的概念已在2016年元月的 *IEEE Robotics and Automation Letters* 國際期刊發表。

為了實現並推廣智慧製造，國立成功大學在2018年成立了智慧製造研究中心(iMRC)，此中心由本書之主編兼主要作者鄭芳田擔任中心主任。本中心整合跨領域的研究能量，並運用與智慧製造相關的各式技術，且奠基於榮獲IEEE CASE 2017最佳運用論文獎的先進製造物聯雲(AMCoT)架構，在雲端部署各式智慧製造服務[如：全自動虛擬量測(AVM)、智慧型預測保養(IPM)、智慧型良率管理(IYM)、…等]，藉此研發一個智慧製造雲端服務系統，並將上述和智慧製造相關的所有技術，導入如半導體、面板、及太陽能等高科技產業，和與工具機、航太、吹瓶機、碳纖等相關之傳統產業的各式機台與生產線，使其具備產品零缺陷和生產機台高效率與高彈性之各項[包括單機智慧(Single-Machine Intelligence)、產線智慧(Production-Line Intelligence)及總體性智慧(Global Intelligence)等之]智慧能力，達成所有生產產品接近零缺陷之所謂工業4.1的境界，順遂提升產業之競爭力與獲益的目標。

架構與特色

為了推廣智慧製造和達成工業4.1之願景，本研究團隊決定將智慧製造的概念與如何達成工業4.1之境界的所有相關技術和資訊，與導入工業4.1之成功案例，編撰成此書。本書共有11章；第1至第5章描述自動化與智慧製造之演進和建構智慧製造必備的數位轉型知識、業界通訊規範、與資通訊基礎技術；第6章介紹由先進製造物聯雲(AMCoT)架構整合可嵌入式模組如全自動虛擬量測(AVM)、智慧型預測保養(IPM)、智慧型良率管理(IYM)等組成之智慧工廠自動化(iFA)的整體概念；並提供兩種版本——雲端版與隨機買斷版——的iFA系統平台，以因應不同的商業模式。第7章詳述建構先進雲製造平台的虛實整合代理人(CPA)和先進製造物聯雲(AMCoT)架構。第8、9、10章則分別介紹全自動虛擬量測(AVM)、智慧型預測保養(IPM)、和智慧型良率管理(IYM)之原理與應用。第11章則呈現應用上述所有技術所建構完成的七個智慧製造實例，包含面板、太陽能、半導體、汽車、航太、碳纖、和吹瓶機產業等。此外，與AMCoT、AVM、IPM、和IYM相關的專利分別列表於附錄7.B、8.C、9.C及10.C。

國立成功大學 講座教授
IEEE電機電子工程師學會 終身會士
國立成功大學 智慧製造研究中心 中心主任

致 謝

鄭芳田

　　首先，我要感謝所有作者無私地在本書中分享他們的專業知識和經驗；整本書的架構，也是在作者們無數次的討論下逐漸成形。身為主編和主要作者，本人誠摯感謝作者們在本書上所付出的心力和時間。

　　除了作者們，我還要對我的秘書和研究助理們：杜佩穎、廖肯音、施彥瑜、和Benny Suryajaya表達最真摯的謝意，感謝他們鼎力合作完成這本書。倘若沒有他們協助翻譯、排版、校稿、繪圖、以及各種前置作業上的努力付出，我和作者們將無法順利完成此書。

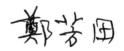

國立成功大學 講座教授
IEEE電機電子工程師學會 終身會士
國立成功大學 智慧製造研究中心 中心主任

書序

蘇慧貞

　　自2011年德國提出「工業4.0」一詞以來，全球各行各業便持續投資開發更高效、更能適應數位轉型的智慧工廠，以增強其服務導向和客製化供應的能力。

　　為了進一步增強工業4.0，鄭芳田教授提出了其升級版之工業4.1。工業4.1的核心為實現零缺陷製造；利用新開發的智慧工廠自動化(iFA)系統平台，解決工業4.0中相對較少被關注之產品品質的問題，達成不生產不良品之目標。為實現工業4.1之零缺陷製造，並響應政府的智慧製造產業創新政策，鄭教授於2018年在國立成功大學成立了智慧製造研究中心(iMRC)。

　　身為國立成功大學校長，我以本校所有師生之成就為傲。在最新的2022年泰晤士高等教育(THE)的影響力排名(Impact Ranking)中，成大已連續三年在台灣排名第1 (2022年成大為台灣第1，全球排名第33)。此外，在聯合國17個可持續發展目標(SDG)當中，成大之長項「工業、創新和基礎設施」，更由2020年排名第10晉升到2021年名列全球第5，2022年亦維持全球第5的排名。在全世界的激烈競爭中，鄭教授的創新研究發揮了關鍵影響；他的工業4.1和智慧製造是本校在「工業、創新和基礎設施」之可持續發展目標中名列前茅的主因之一，對本校維持在工程領域執牛耳之領先地位有極大貢獻。

　　由於成大持續增強在智慧製造和工程等傳統優勢學科研究的能量；鄭教授能於書中分享他寶貴的研究和產學研合作經驗，將使讀者受益匪淺。本書除可作為研究生之教科書外，亦可為所有全世界以智慧製造為重點的高等教育和產業界中研發人員、工程師、學者、與業者等之重要參考著作。

　　本書不僅詳細介紹了將工業4.0推向工業4.1的核心概念，還分享了各式製造業的實際工廠應用案例。它為讀者提供一個更全面的視角，使讀者了解他們在行業中的現狀和未來之方向性。我相信對於智慧製造和工業4.1等領域的研究人員、工程師和相關科系的學生來說，這確實是書架上必備的一本書。

蘇慧貞

國立成功大學校長

書序

陸寶森

　　工業4.0是第四次工業革命的趨勢和技術的融合；其被過去幾十年來的數位革命和最近的物聯網(IoT)「推動」，並同時受到客戶對於合理的價格及交貨時間之高品質訂製產品的需求所「拉動」。隨著 1)無所不在的機器、物件和人的連結互動；2)虛實系統的整合；3)大數據、機器學習、人工智慧、3D列印、機器人等顛覆性技術概念不斷地出現，使得設計與製造產品以及提供服務的方式正在發生根本性的變化。

　　儘管在研發方面取得了很大進展，但各行業在制定有效的整體工業4.0策略上則進展緩慢。由一份針對Deloitte的高級管理人員之調查(https://www2.deloitte.com/content/dam/insights/us/articles/us32959-industry-4-0/DI_Industry4.0.pdf)可知，僅有10%的受訪高階主管表示他們已經制定了跨組織運用新科技之長期策略。這結果並不令人意外，因為全面性建構和導入工業4.0的策略非常複雜，規劃者需有深刻的理解、敏銳的願景、鼓舞人心的領導力、和堅定的毅力才可能達成。然而，在擁有全面性工業4.0策略布局的企業中，結果令人印象深刻：73%有完整策略的企業成功地保護他們自己的業務免受干擾，而採取更分散方式的企業只有12%可免於干擾；61%有工業4.0策略的企業表示他們成功地開發了創新產品和服務，而缺乏策略的企業只有12%可成功開發；60%具有全面工業4.0策略的企業可找出現有產品和服務的增長機會，而缺乏戰略的企業則僅有8%可發現這些機會。這些有完整策略的公司在財務上增長更快，並且在對具有積極社會影響的技術方面之投資取得更大的進展。

具體考慮工業4.0的一個關鍵領域，即產品和流程的品質。眾所周知，目前已有許多方法可應對，例如統計製程控制(SPC)、零缺陷製造(ZDM)、六標準差方法論、預測保養(PM)、持續改進(Kaizen)、全面品質管理(TQM)等，皆已經存在多年，並為產品和流程的品質控管做出了貢獻。然而，結合數位革命、物聯網、大數據、機器學習、和人工智慧，將產品和製程品質提升到一個新的水準，同時使其具有實用性且可擴增的部署，依然是學者、從業人員和高級主管的重大挑戰。

《工業4.1：零缺陷的智慧製造》這本書主要強調改善產品和製程的品質，是鄭芳田教授所帶領的研究團隊在過去數十年間精闢且貼近實際問題的研究結晶。這一切皆始於虛擬量測(VM)。鑑於生產速度快而量測速度慢的矛盾，100%檢驗幾乎是不可能的，因此抽樣檢驗已成為業界慣例。隨著感測、量測、分析和工業4.0技術的進步，鄭教授團隊創新地整合實際量測和與其對應的生產資訊，建立了虛擬量測。本書所介紹的全自動虛擬量測(AVM)系統可根據機台參數、生產設備中的感測器資料和與其對應的離線實際抽測來建模，進而預測生產產品的品質。除此之外，AVM還能達成線上且即時的全面檢測，以即時發現生產過程中的異常情況；從而可減少實際量測的抽樣率，降低生產成本，實現交貨產品近乎零缺陷的目標。

然而，要有效率地導入AVM並非易事，且要使它能夠擴展到大型工廠並轉移到其他公司甚或其他行業更是困難；因為其主要的基礎架構須要有效率地建立並且具有高靈活度。本書基於該團隊在許多工廠和多個產業成功的研究、開發、實施和部署之經驗，有條不紊地詳細介紹其基礎設施與相關組件，包含資料收集、特徵萃取、通訊標準、雲端運算架構、邊緣運算、物聯網、大數據分析、容器化Docker和Kubernetes相關軟體開發/部署/管理技術，以及先進製造物聯雲的整體架構、虛實整合代理人、大數據分析應用平台、製造服務自動建造機制、和AVM等伺服器之關鍵技術的具體設計與實現。

　　接著，本書衍伸上述概念、方法和架構，下個重點即為智慧型預測保養(IPM)。預測保養，有時也稱為「基底狀態的維護」，是指在運行過程中監控設備的性能和狀況，以預測設備性能何時開始惡化以及何時將出現故障，據此進行定期或修正性的維護。本書介紹的智慧型預測保養，基於先進的錯誤偵測和分類技術，來偵測生產機台關鍵組件的異常，並使用時間序列預測演算法(TSP)來預測其剩餘使用壽命(RUL)；並討論IPM全場導入，以提升機台稼動率並避免機台無預警當機。

　　由於現代生產設備多為資本密集型，因此始終保持高良率以證明投資的合理性並擁有積極的底線至關重要。本書中的智慧型良率管理(IYM)與上述之智慧型預測保養(IPM)密切相關，旨在有效地找出影響良率的根本原因。IYM運用資料收集與管理工具、缺陷和良率分析的統計工具、及大數據和機器學習工具等，以便能即時解決影響良率的問題，同時保持必要的品質和信心度標準。IYM的核心是「關鍵站點搜尋演算法(KSA)」，其包括用以解決高維變數選擇問題之關鍵根本原因搜尋方法，以及用於檢查輸入資料品質和評估搜尋結果之信心度指標模組。

　　當前的工業4.0相關技術強調提高產能而非品質改善，因此僅能抱持接近零缺陷製造的信念，卻無法有效達成此目標。藉由發展並導入上述的創新方法、科技和架構，即可達成生產產品接近零缺陷的目標。此即為本書所定義之工業4.1。最後的第11章更呈現將這些技術運用於七大行業實際部署的案例，如面板、半導體、太陽能、汽車、航太、碳纖、吹瓶機等。本書可謂匠心出眾，嘔心瀝血，歷久彌新。

　　由於本書有許多縮寫的專有名詞，建議讀者們可以對照每章後面的縮寫對照表來閱讀會更容易理解。除此之外，我誠心希望您們能享受閱讀本書並領略工業4.1的美好世界。

董事會特聘教授
SNET通訊與資訊科技教授
電機與計算機工程學系
美國康乃狄克大學

書 序

李政傑

　　自2012年在德國漢諾威工業展提出工業4.0以來，智慧製造的風潮席捲全球。通過整合物聯網、雲端運算、大數據分析、人工智慧等創新資通訊科技，發展各種虛實整合系統，以達成促進工廠流程優化、良率提升、效率改善和成本降低之目標。此外，因應消費者習慣的變化，零缺陷、多樣少量、快速變化已成為智慧製造必須達成的指標。

　　日月光集團是全球半導體封裝與測試製造服務的領導廠商，持續發展並提供客戶包括前段工程測試、晶圓針測，以及後段之半導體封裝、基板設計製造、成品測試等的一元化服務。因應全球產業環境的變化，日月光於2011年開始大力推展智慧製造，至今已建立超過15座關燈工廠，以應對全球產業環境的變化。此外，日月光也與台灣多所知名大學合作進行物聯網、雲端運算、大數據分析、人工智慧等技術研發，並透過共同舉辦之教育訓練及產業專班，提升內部自動化能力，至今培育超過400名自動化專業人才。

　　日月光與鄭教授產學合作始於2014年，起初導入全自動虛擬量測(AVM)以達成全檢目標和減少量測成本。由於專案成效卓越，此後鄭教授便成我們主要合作對象之一。這之後的合作還包含智慧型良率管理(IYM)、智慧型預測保養(IPM)、先進製造物聯雲(AMCoT)、智慧型派工系統(IDS)等等，可說是將鄭教授所有的研究精華實際應用在日月光的生產線上。

　　而鄭教授提出的工業4.1，以零缺陷製造為目標，運用AVM來達成全檢、並用IYM找出良率損失的根本原因；除了強化生產效率，同時亦提升產品良率，使產品接近零缺陷，可說是將工業4.0的境界又往前推進一大步。

　　雖然智慧製造風潮鼎盛，但在實踐上並不容易，以至於現今仍有許多企業仍在摸索如何實現智慧製造的願景。智慧製造不僅是新興技術的導入，其他像自動化產業生態鏈的塑造和人才的養成等亦都是重要元素。

　　智慧製造推行至今，感測器、微控制器、自動物料搬運系統、機器人等硬體已逐漸成熟後，構築在雲端上的大數據分析及人工智慧應用模組，將成為智慧製造後續發展的重心，也就是軟體為王的時代。而本書所詳述的技術正是以物聯網、雲端運算、大數據分析、人工智慧等為主軸所發展的一系列自動化技術與智慧製造應用模組；不僅是理論的論述，本書所提出的範例亦皆是鄭教授團隊成功應用於各式產業生產線的實際案例，是一本值得業界專家學者深入研讀，並作為智慧製造教材的書籍。

日月光集團高雄廠總經理室暨資訊中心副總
前日月光測試廠及晶圓凸塊製造廠廠長
前日月光集團安全委員會執行秘書
前日月光集團自動化委員會成員

書 序

莊國欽

1993年我們創立財團法人精密機械研究發展中心(PMC)時，董事會同意我將重心放在資訊科技(IT)和完全品質管控等兩大領域的建議，期望能由此加速增進國內工具機產業的競爭力。

當時，我們還完全不知道IT甚至可以在我們的專業領域之外，藉由如數位孿生(Digital Twins)等技術可開發系統去協助美國太空總署(NASA)完成如阿波羅13號等任務。

然而，當美國國家科學基金會(NSF)於2006年宣布要發展虛實整合系統時，我知道我們當初選擇專注IT領域是正確的決定。PMC也是台灣第一個加入李傑教授搬到辛辛那提之前，在威斯康辛大學密爾瓦基分校創立的IMS (Intelligent Maintenance Systems)中心的組織；與IMS的合作讓我們在2012年德國提出工業4.0時，就意識到工業4.0的重要性。

與此同時，虛擬量測(VM)已成為掌握半導體設備製造等複雜工藝的關鍵工具。VM可使用現有的製程資料，利用數學模型來預估可能較難或花費較高的生產品質變數。

本書的主編和主要作者——鄭芳田教授深知，若虛擬量測能夠完全自動化，就能在不干擾生產的情況下監控製程品質。鄭教授的團隊成功地將他們研發的全自動虛擬量測(AVM)應用於台灣液晶顯示器(TFT-LCD)製程的化學氣相沉積。因AVM之經濟實惠的全檢能力，使零缺陷生產變成可能；他認為若AVM跟工業4.0結合，就能比原本的工業4.0更跨出一步，即為其定義之工業4.1：零缺陷的智慧製造。

2014年起，鄭教授的團隊開始與日月光集團合作，將AVM擴展應用到半導體封裝製程。在AVM導入成功後，日月光更藉由鄭教授開發的智慧工廠自動化(iFA)平台，一舉將鄭教授團隊研發之智慧型預測保養(IPM)和智慧型良率管理(IYM)結合至其生產線中。

與此同時，此iFA平台也應用到位於嘉義的遠東機械之鋁輪圈生產線上，成功地幫助遠東機械將類似系統出口到國外的汽車鋁輪圈製造商。

除了半導體和汽車工業外，鄭教授的研究團隊也將構成工業4.1的這些核心系統順利導入到其他產業之製造業廠商，如面板、太陽能、航空引擎、吹瓶機、工具機、3D金屬列印、碳纖產業等。

鄭教授及其團隊期許藉由導入工業4.1，將製造業提升至接近零缺陷的境界。而這本書正是他們致力於應用先進技術，協助產業從工業4.0進化到工業4.1的代表作。我誠摯地將這本實用性極高的書推薦給對智慧製造有興趣或已準備參與其中的讀者。這本書可以讓這些讀者對產業環境和實際現場應用場景等有更全面的視野和瞭解。

莊國欽

麻省理工學院材料科學與工程 博士
臺灣機械工業同業公會 榮譽理事長
財團法人精密機械研發中心 創辦人/首任董事長
遠東機械股份有限公司 榮譽董事長
邏輯電子股份有限公司 董事長

自動化之演進及零缺陷智慧製造之發展策略

| 鄭芳田

1.1　簡介

本章描述了從工業1.0到工業3.0的自動化演進發展，以及工業4.0前身之E化製造；並介紹了工業4.0的核心技術和少量多樣暨大量客製化的概念。本章亦詳述工業4.1的「零缺陷(Zero Defects, ZD)」願景且提出增進良率和確保零缺陷之五階段策略。

1.2　自動化之演進

隨著第一次工業革命(工業1.0)引入蒸氣機，第二次工業革命(工業2.0)實現裝配量產線，第三次工業革命(工業3.0)施行以電子控制器為框架的自動化製造，使得工業生產的效率能進一步提升。然而，精確滿足客戶期望的製造需求日益增加；與此同時，公司面臨越來越大的壓力，要求以更具競爭力的價格進行生產。為因應這些變革，就需應用系統工程、資通訊科技(Information and Communication Technology, ICT)、人工智慧(Artificial Intelligence, AI)、和商業策略等，來提升製造水準並達成自動化生產的新里程碑。因此，旨在提升傳統製造之生產力的工業4.0應運而生。而半導體業所提出的E化製造，正是工業4.0的前身；因此，在詳述工業4.0之前，在此先介紹E化製造的概念和主要組成元素。

1.2.1　E化製造

由於消費性電子產業競爭日趨激烈，縮短產品生命週期變得至關重要；善於創新研發的公司才能在競爭激烈的市場中佔有一席之地。網路資訊科技的快速發展刺激公司內部的製造執行系統(Manufacturing Execution System, MES) [1-3]和設備工程系統(Equipment Engineering System, EES) [4-5]的電腦化，並加速公司與公司間之供應鏈(Supply Chain, SC) [6-8]和工程鏈(Engineering Chain, EC) [9-11]的網路化，使其能朝E化製造之全球商業模式邁進[12-13]。

國家先進製造聯盟(National Coalition for Advanced Manufacturing, NACFAM) [12]在2001年曾表示，在E化製造的時代，公司能夠與其供應商以光速交換所有類型的資訊。此外，設計週期和公司間製造複雜產品之成本也會大增。設計流程的資訊會立即由維修商傳遞至製造商及其供應鏈。

國際半導體製造技術聯盟(International SEMATECH) [4]提出之E化製造階層如圖1.1所示，該階層可分為製造部分(Manufacturing Portion)和工程部分(Engineering Portion)。圖1.1中的製造執行系統(MES)是製造部分的核心系統，連接其上層工廠對工廠模組以及下層設備模組，以主導整體製造管理。製造部分的最高階層(公司對公司)主要用於供應鏈(SC)。另一方面，設備工程系統(EES)則負責處理設備健康監測、即時品質控制、及維護調度之工程部分(如：E化診斷[15,16])。

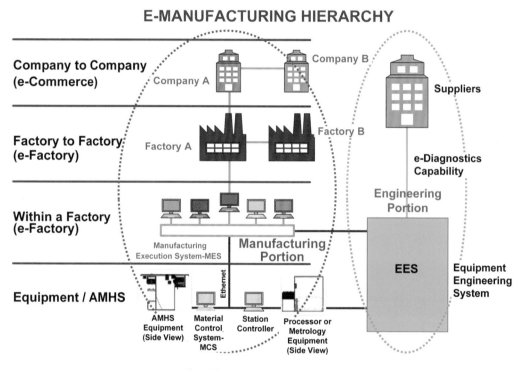

圖 1.1 國際半導體製造技術聯盟(ISMT)之E化製造階層
來源：經同意由[14]重製© 2010 IEEE

半導體產業中，Tag和Zhang [13]將E化製造定義為以行業標準對所有工廠組件進行完整的電子整合。E化製造模型由設備對設備之自動化系統進而擴展至製造執行系統(MES) /良率管理系統(Yield Management System, YMS) /設備工程系統(EES)，以及企業資源規劃(Enterprise Resource Planning, ERP)等。

如圖1.1所示之E化製造階層[4]僅包含製造執行系統(MES)、設備工程系統(EES)和供應鏈(SC)，並不含工程鏈(EC)；而另一個定義於[13]的系統亦同。

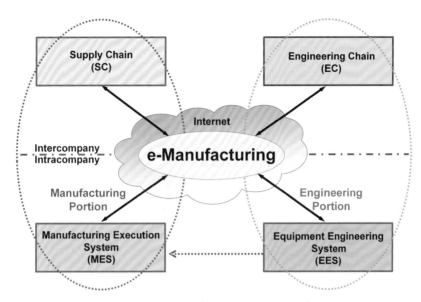

圖 1.2 先進E化製造之四個關鍵元素
來源：經同意由[14]重製© 2010 IEEE

　　為同時納入製造執行系統、供應鏈、設備工程系統、和工程鏈的所有功能和
應用，並增強E化製造的完整性，Cheng等人[14]提出了一種先進的E化製造模型，
其利用資訊網路科技，有效地整合公司內部的製造執行系統和設備工程系統(公
司內整合)，以及夥伴公司之間的供應鏈和工程鏈(公司間整合)，如圖1.2所示。
該先進的E化製造模型，可藉由製造執行系統改善整個生產平台之生產力以及良
率；藉由設備工程系統提高整體設備效率(Overall Equipment Effectiveness, OEE)，
透過供應鏈縮短訂單到交付(Order to Delivery, O2D)週期，並藉由工程鏈加速上市
(Time to Market, T2M)的時間。更進一步實現提升整個半導體製造過程的靈活度、
效率、和決策的目標。

　　在這個先進的E化製造模型中，製造執行系統和供應鏈都屬於製造部分，而
設備工程系統和工程鏈則與工程部分密切相關。該模型充分整合四個關鍵元素(製
造執行系統、設備工程系統、供應鏈、和工程鏈)，以強化半導體行業的全球化和
競爭力。以下將分別討論這四個E化製造的關鍵元素之定義、任務、主要問題、
和可行的實施框架。

1.2.1.1 製造執行系統(Manufacturing Execution System, MES)

　　製造執行系統是一個工廠作業控制系統，其使命是提高產能及良率。此系統
包含手動或自動的勞務和生產報告，以及線上查詢和與現場生產任務之連結。製

造執行系統提供工作訂單、貨物接收、運輸、品質管控、維護、排程和其他相關任務的連結[17]。

　　製造執行系統於半導體產業中的運作程序如圖1.3所示。圖1.3呈現一個內含25個晶圓的前開式晶圓傳送盒(Front Opening Unified Pod, FOUP)，而所有晶圓都會逐片通過黃光、蝕刻、和離子植入等製程。在完成黃光製程之後，緊接著就會進行蝕刻製程。首先，製造執行系統客戶端操作物料控制系統(Material Control System, MCS)將此FOUP移動到蝕刻製程機台。當FOUP到達蝕刻機台時，機台監控器(Equipment Manager)發送消息通知製造執行系統，並讀取在製品(Work in Process, WIP)資訊，再從配方管理(Recipe Management, RM)系統獲取該FOUP的配方，即開始生產製造。接著，機台監控器將每個製造中之晶圓的製程資料發送到統計製程控制(Statistical Process Control, SPC)伺服器進行品質監控。最終，機台監控器在蝕刻製程完成時將更新在製品資訊，並要求物料控制系統將FOUP從蝕刻機台移至離子植入機台。

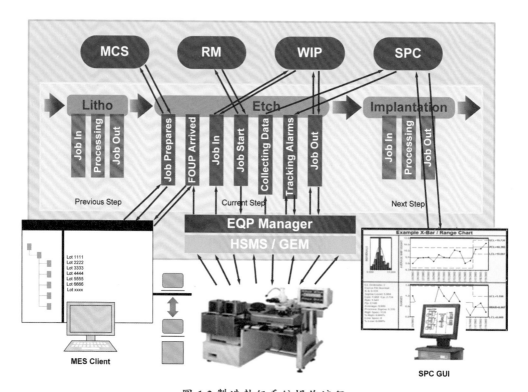

圖 1.3 製造執行系統操作流程
來源：經同意由[14]重製© 2010 IEEE

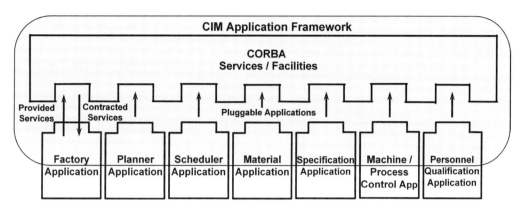

圖 1.4 ISMT電腦整合製造框架之功能架構
來源：經同意由[14]重製© 2010 IEEE

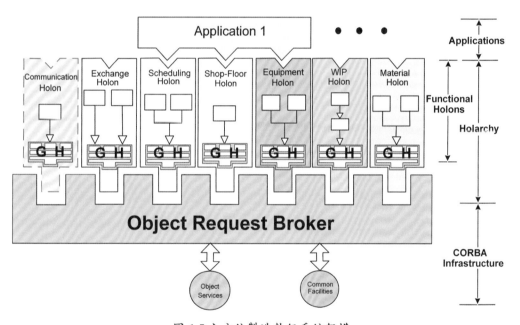

圖 1.5 全方位製造執行系統架構
來源：經同意由[14]重製© 2010 IEEE

　　ISMT在1998年定義了SEMATECH電腦整合製造(Computer-Integrated Manufacturing, CIM)框架(如圖1.4) [1]以指定通用製造執行系統架構和製造執行系統應用之軟體功能，並將這些製造執行系統之應用整合至一個脈絡一貫的系統中。藉由指定標準介面及通用製造執行系統組件，製造商可從多個供應商處收集系統組件。由此，製造商可採用較先進的通用組件來取代或更新具有相同介面之舊組件以提升系統性能。

SEMATECH所定義的電腦整合製造架構是典型半導體製造系統的抽象模型。該電腦整合製造架構是基於開放分佈式系統和物件導向技術開發而成，但卻尚未考量到其系統脆弱性及安全性等問題。因此，Cheng等人[3]採用了基元(Holon)和行為架構(Holarchy)的概念，提出了一個也適用於工業應用的全方位製造執行系統(Holonic Manufacturing Execution System, HMES)架構(如圖1.5)。此HMES架構不僅有開放分佈式系統和物件導向技術的特點，亦同時具備故障修復和安全認證之功能。

Cheng等人[3]提出了一個發展適用於半導體產業之全方位製造執行系統架構(圖1.5)的系統方法。該方法始於收集領域需求和分析領域知識的系統分析。全方位製造執行系統之行為架構設計步驟說明如下：1)基於領域知識建構抽象物件模型；2)將應用領域劃分為各式功能基元；3)從各式功能基元中辨識通用組件；4)發展通用基元(GH)；5)定義全方位製造執行系統行為架構骨幹及架構訊息；最後，6)再根據通用基元來設計各式功能基元。全方位製造執行系統架構由許多各式功能基元組成，如：物料基元、在製品基元、設備基元、排程基元等，其具有開放性、模組化、分佈式、可配置、可互操作性、可協作、及可維護等特點[3]。

1.2.1.2 供應鏈(Supply Chain, SC)

供應鏈是一個由各上下流夥伴公司互聯而成的網絡，旨在執行任務，例如採購原物料、將原物料轉化為中間產品和成品，以及將成品分發給客戶[6]。供應鏈的目標是在正確的時間以最低的成本交付正確數量的產品。供應鏈旨在實現從接受訂單到運送(Order to Delivery, O2D)週期[7]所須產品的及時和經濟交付，並支持半導體行業分佈式訂單的協作計算，以確保IC製造操作的連貫性。

電子供應鏈管理(Electronic Supply Chain Management, ESCM)的架構及其關鍵流程[18]完整呈現於圖1.6，該ESCM已部署在台灣半導體製造公司(tsmc) [19]。電子供應鏈管理架構包括需求規劃、分配規劃、產能建模、分配管理、訂單管理、可承諾(Available-to-Promise, ATP)和輸出計畫機制。ESCM的需求預測流程和採購訂單流程將陳述如下。

● **需求預測流程(Demand-Forecast Process)**

需求規劃機制由客戶處得到需求預測之要求。需求預測指定了客戶在預定期間內所需的某製程技術之預測產量。需求規劃機制調整此需求預測後，將此預測傳送至分配規劃機制；該機制會根據調整後的需求預測和產能計畫確定產能分配支持需求(Capacity-Allocated-Support Demand, CASD)。接著，產能分配支持需求被傳送到分配管理機制以生成相應的支持承諾，並將支持承諾發送給客戶。

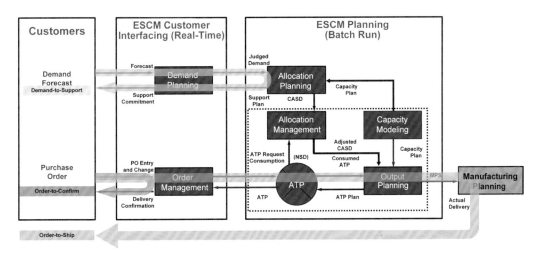

圖 1.6 ESCM架構及關鍵流程
來源：經同意由[14]重製© 2010 IEEE

- **採購訂單流程(Purchase-Order Process)**

　　當客戶下了訂單(Purchase Order, PO)，訂單管理機制接收此訂單並將其轉傳至可承諾量(ATP)機制。而可承諾量機制收到訂單相關的資訊，決定要預訂的產能分配支持需求數量和所需消耗的可承諾產量後，該機制會將和預訂的產能分配支持需求相關的訊息發送至分配管理(Allocation Management)機制。一收到預定的產能分配支持需求，分配管理機制就會相應地調整初始產能分配支持需求。同時，可承諾量機制將消耗的可承諾量產能訊息發送至產出計畫(Output Planning)機制。經由可承諾量機制收到耗損的可承諾產量和從產能建模(Capacity Modeling)機制獲得量能規劃後，輸出計畫(Output Planning)機制即可產生相應的主生產規劃(Master Production Schedule, MPS)，將其發送到製造規劃(Manufacturing Planning)的子系統，以將產品運送給顧客。

　　Cheng等人[8]也開發了一個全方位供應鏈系統(Holonic Supply-Chain System, HSCS)，如圖1.7所示。全方位供應鏈系統由數個通訊基元組成，而供應鏈裡的每家公司都應具有一個基元。全方位供應鏈系統採用分佈式物件和移動物件科技、

RosettaNet導入架構，以及基元和行為架構的概念。用於開發1.2.1.1節內所述之HMES的系統方法也可用於構建HSCS。通用基元(GH)首先被開發出來。接下來，通過繼承GH來生成通訊基元。如圖1.7所示，供應鏈中的每個公司，例如公司I，都須要一個通訊基元作為與供應鏈中其他公司連絡的通訊組件。

通訊基元展現基元的基本特性，例如智慧化、自主性、和合作性。此外，通訊基元可依照RosettaNet企業訊息的標準來處理合作夥伴介面程序以及各種資料格式交換。因此，全方位供應鏈系統(HSCS)可滿足虛擬企業供應鏈資訊整合的未來需求[8]。

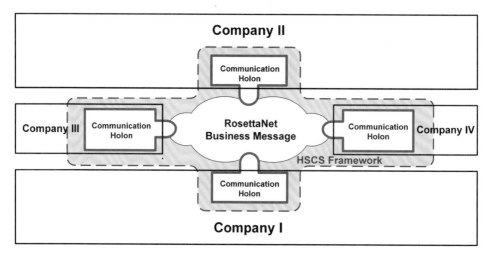

圖 1.7 全方位供應鏈系統(HSCS)之功能示意圖
來源：經同意由[14]重製© 2010 IEEE

1.2.1.3 設備工程系統(Equipment Engineering System, EES)

設備工程系統(EES)為設備工程能力(Equipment Engineering Capabilities, EEC)的具體實現，強調特定設備工程(Equipment Engineering)應用的物理實現，例如錯誤偵測和分類(FDC)、預測保養(PdM)、虛擬量測(VM)、批次(Run-to-Run, R2R)控制等[4,5]。

EEC需要一個EES架構來支持[4]。ISMT因此提出了如圖1.8所示的EES概念框架[4]。ISMT的設備工程系統中包含三個不同功能的介面Interface A、Interface B、和Interface C。Interface A是設備資料蒐集介面，用以由設備中獲取更多更好的資料[20]；Interface B定義設備工程應用之間的介面並建立製造執行系統和設備工程系統[24]之間的連結；Interface C代表對E化診斷(e-Diagnostics)的外部連接[16,25]。

如圖1.8所示，ISMT的設備工程系統框架將所有設備工程應用，如先進製程控制(Advanced Process Control, APC)、整體設備效率(Overal Equipment Effectiveness, OEE)、錯誤偵測及分類、預防保養、虛擬量測…等，皆置於設備之外的一個遠端伺服器內。這些架構適合包含多台設備的批次控制應用。然而，對於自我關聯的設備應用(如錯誤偵測及分類、預測保養和虛擬量測)而言，這類架構會大量耗損工廠網路頻寬。這類架構的另一個缺點是，所有數據資料都發送到同一個遠端伺服器進行處理和監控，如此將可能導致該遠端伺服器的數據過載，進一步影響即時分析的效率。此外，若遠端伺服器發生故障且缺乏備份，則整個預測系統將會癱瘓[5]。

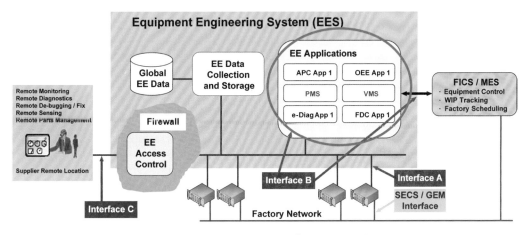

圖 1.8 ISMT之設備工程系統(EES)框架
來源：經同意由[14]重製© 2010 IEEE

　　為解決上述問題，Su等人[5]提出另一個EES框架，如圖1.9所示。該EES框架將所有設備工程應用分成三類。批次控制型的應用程式(如先進製程控制和配方管理)安裝於遠端伺服器；自我關聯型的應用程式則插入通用型嵌入式裝置(Generic Embedded Devices, GEDs) [5]，並分佈且嵌入至各機台內；而E診斷型的應用，則因資安考量，將經由Interface C佈建於遠端伺服器內。

　　在上述設備工程系統應用中，虛擬量測(VM)是一項新興技術[26]，其可在未經實際量測的情況下，藉由從機台感測器上收集到的資訊來推測加工品質[27]。

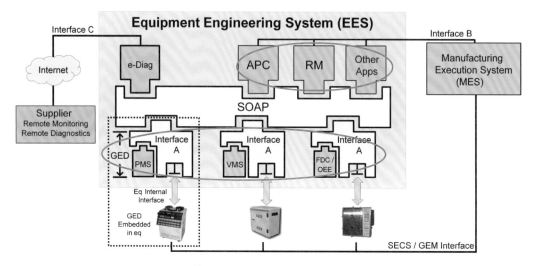

圖 1.9 Su等人提出之設備工程系統(EES)框架
來源:經同意由[14]重製© 2010 IEEE

全場逐次(Run-to-Run, R2R)控制[28]是一必備的半導體設備工程系統之應用。通常,一次控制行程可能包括一個批次量或僅含一個單獨工件(如一片晶圓)。應用逐批(Lot-to-Lot, L2L)控制時,每個晶圓的及時性虛擬量測結果將不須要用於反饋和前饋控制中。反之,當採用逐片(Workpiece-to-Workpiece, W2W)控制時,就必須將每個晶圓的即時線上虛擬量測結果送至回饋迴路中。

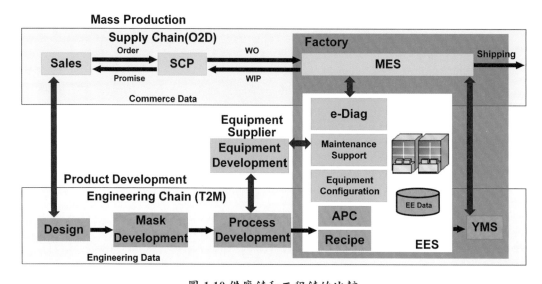

圖 1.10 供應鏈和工程鏈的比較
來源:經同意由[14]重製© 2010 IEEE

1.2.1.4 工程鏈(Engineering Chain, EC)

國際半導體技術發展藍圖(International Technology Roadmap of Semiconductor, ITRS)在2003年提出工程鏈的概念，以應對半導體產業設計協作所衍生的問題。在半導體行業中，工程鏈被定義為執行以下任務的設施和分佈式服務之網絡，包含：設備設計、設計驗證、製造試運行、組裝及測試操作、良率增進、及在大規模生產前之最終發佈等[11]。圖1.10為半導體產業中供應鏈和工程鏈之比較[14]。

在IC設計成功後的量產階段中，供應鏈負責管理從訂單輸入到晶圓交貨的整體運作。另一方面，在產品開發階段，工程鏈則負責管理從IC設計到量產發布的IC設計操作。供應鏈和工程鏈管理系統都應在所有利益相關者之間的新協作營運模式下高效運行，以完成IC設計和製造。工程鏈負責產品開發，而供應鏈掌握大量生產。

應用於公司間營運的新興工程鏈組件和傳統供應鏈組件，經與應用於公司內部的製造執行系統組件和設備工程系統組件整合後，在半導體產業中創造了一個全新整合的先進E化製造架構，如圖1.2所示。該先進的半導體E化製造概念不僅側重於供應鏈之即時和經濟地交付所須產品之功能[6,7]，而且，因為某些IC設計週期比相應的批量生產週期還長[29]，此概念亦強調工程鏈的E化製造支援，以實現更快的設計週期並減少產品上市時間。

Cheng等人[11]亦提出了工程鏈管理系統(Engineering-Chain-Management System, ECMS)的概念，以掌握與工程鏈合作夥伴的協作以及工程鏈的能力，縮短IC生產過程中的市場交付週期。工程鏈的環境由眾多設計夥伴組成，這些合作夥伴分佈在不同地方一起協作以完成先進IC設計。因此，大量的工程資料數據交換無可避免，且工程鏈的每個專業合作夥伴都專注於其專業工作。工程鏈管理系統可支援協作團隊達成包含提高首次設計成功率、減短設計週期、和降低設計成本等等之營運目標。工程鏈管理系統可藉由提供新的系統框架和完整的操作情境來支持工程鏈操作和工程資料數據交換。

許多異質公司之間的一致性IC設計操作即為工程鏈的營運模式。由於包含設計文件、光罩數據、製程規範和良率數據等大量資料，皆須在工程鏈的所有成員之間交流；因此，透明的資訊共享對於顯著提高設計效率和確保首批IC設計之成功率至為重要。

為了在工程鏈管理系統架構中支援上述的工程鏈操作情境，需要交換大量的工程資料。儘管沒有像半導體產業物流資料那樣的產業工程鏈數據資料交換標準，但仍須一個工程鏈操作系統架構來具體地滿足工程鏈[9]的關鍵需求。

Cheng等人採用新一代分散式物件導向技術和網路服務[15]為技術支援，並提出了包含許多工程鏈代理人的工程鏈管理系統架構[11]。如圖1.11所示，工程鏈管理系統架構包括了IC設計公司、IP/資料庫公司、光罩公司、代工廠、和組裝/測試公司等五個主要公司。值得注意的是，每間公司都必須擁有一個負責資料交換操作的工程鏈代理人(Engineering Chain Agent)，以便與其他公司進行通信。

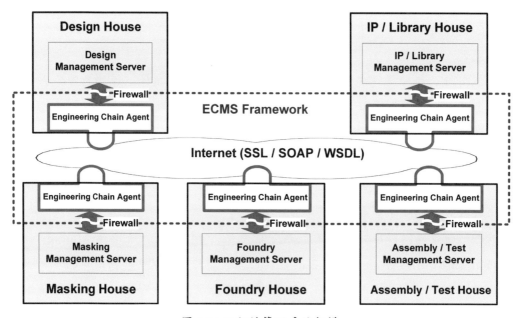

圖 1.11 工程鏈管理系統架構

來源：經同意由[14]重製© 2010 IEEE

1.2.2 工業4.0 (Industry 4.0)

德國於2012年提出工業4.0，正式邁出新一代工業革命的第一步。以下幾個小節將介紹工業4.0的定義和核心技術，以及少量多樣客製化的需求。

1.2.2.1 工業4.0之定義及核心技術

工業4.0是以實現智慧工廠和智慧製造[31]願景之相關關鍵技術的統稱，而智慧工廠和智慧製造可藉由整合物聯網(Internet of Things, IoT) [33,35]和虛實整合系統(Cyber-Physical System, CPS) [34]來實現。智慧工廠擁有智慧製造情境；而智慧製造則透過應用IoT、CPS、雲端運算、大數據分析和相對應的資通訊技術來達成。簡而言之，為了邁向下世代先進製造的境界，工業4.0強調在於使人、設備、和產品能夠獨立地相互溝通；且允許供應商和他們的客戶在生產過程中保持更緊密的連繫；並更快地對不斷變化的市場需求做出反應。

IoT是一個用於連結現實世界中的每個實體物件(或「事物」)之通訊網路，其具有命名、感測和處理能力[38]。IoT具有無處不在之連接能力，它被認為是IT基礎設施之有前途的技術，其可運用於無縫連結經典網路和網路對象，並可運用於現代製造業中許多企業內之各式系統裝備的數據採集和性能共享[33,35]。另一方面，CPS則被運用於虛實世界的相互連結。CPS可經由在網路空間後面整合類比/數位硬體、中介軟體、和高度靈活的軟體後，在虛擬元素和真實物件之間產生連結[34,36,39]。

如此一來，實體物件就可以經由網路部署智慧控制。一般而言，嵌入式系統只關注獨立計算而忽略與其他物理元件的交聯。因此，CPS可被視為先進的嵌入式系統，其本質上與互聯網所連結的對象[38]再連結，以執行所需的功能；這些功能通常具備即時計算的能力，並且能夠將每個嵌入式系統連接到數字網路以獨立進行資料處理。大量近期的研究[37,38,40,41]中亦強調IoT和CPS應具備智能且能被識別、感知、和與其他物件互動的功能，並能自己做出決策。綜上所述，IoT提供了連結所有CPS的基礎平台；而CPS與真實和虛擬空間的無縫合作，促成了工業4.0。因此，可以說沒有IoT就沒有CPS，而沒有CPS和IoT就不會有工業4.0。

雲端運算已然成為近年來互聯網應用的新趨勢[42]。藉由利用和擴展雲端運算的特性來滿足當前製造業的全球和分散式需求，近年來雲製造(Cloud-based Manufacturing, CMfg)已逐漸成為下一代製造範式。如[42]中所述，雲製造由許多因素(如可擴展性、敏捷性、資源池、虛擬化、多租戶、無所不在的存取、自助服務、搜索引擎、社交媒體、群眾外包等)來決定其特性，且雲製造從計算架構、資料儲存、操作流程、和商業模式等方面來說，都與傳統基於網路和代理的製造範式不同。因此，雲製造無疑是一個將徹底革新製造業的新模式。事實上，因其強大的計算能力，雲製造也被認為是實現IoT/CPS的最佳解決方案之一[30,32,34,36,37,42,43,44]。

為了實現CPS，大數據分析(Big Data Analytics, BDA)技術亦廣泛被採用。因此，大數據分析也是工業4.0的核心技術之一。

1.2.2.2　由E化製造進化至工業4.0

　　E化製造和工業4.0皆以資通訊技術為主要實現工具，並強調收集大數據的必要性；前者於2000年提出，後者於2012年提出。E化製造的四個關鍵元素包含製造執行系統、供應鏈、設備工程系統，以及工程鏈；而工業4.0的四大核心技術則是IoT、CPS、雲製造、和大數據分析。由於在2000年時雲端運算技術還不成熟，E化製造並未採用雲製造作為主要技術之一。

　　E化製造利用製造執行系統中的機台監控器來收集所有製程和量測資料；而工業4.0則應用IoT設備來收集所須的所有大數據。工業4.0的IoT、CPS、和雲製造等技術可以更系統化且更高效地被應用來實現E化製造內的各式設備工程系統功能(如：虛擬量測、預測保養、先進製程控制等)。供應鏈在E化製造中的功能也可以藉由工業4.0的CPS技術來完成。此外，工業4.0的大數據分析可用於找出良率損失的根本原因，以提高和管理產品良率。因此，如前所述，E化製造是工業4.0的前身。然而，工程鏈在E化製造中的功能，在工業4.0中並未被考慮，因為工程鏈是針對半導體行業來設計的而不是針對機械行業。當然，如有需要，我們仍可藉由工業4.0的IoT和CPS技術來完成工程鏈的功能。

1.2.2.3　大量客製化

　　隨著IoT[35,43,45]和CPS[46]時代的來臨，工業4.0在完全自動化的情境中重新定義了工業製造系統。這次工業革命的「數位化、智能化、客製化」等特徵將傳統製造技術從大規模量產(Mass Production, MP)推向大量客製化(Mass Customization, MC) [47]。

　　雖然大量客製化(MC)已不是新概念，但工業4.0再次強調了客戶回歸核心價值的中心之事實[48,49]。工業4.0的核心價值之一，旨在將人們的需求整合到製造中，以增強產品、系統、和服務，以實現更廣泛、更具個性化的產品客製[49]。因此，工業4.0會使製造業產生進一步的變化，客戶可以從中受益[50]。

　　坦白說，正是IoT/CPS的誕生將數據收集和資通訊技術提升到了一個新的層面，從而可以更快地響應客戶的需求。通過即時結合「客製」的靈活度和個性化，工業製造商可以有效地與最終客戶建立關係。大量客製化也被稱為是"Made to Order"或"Build to Order"的概念[51]。只有在製造商知道客戶的需求後才能進行生產。客戶或最終用戶只須通過入口網站即可輕鬆確定特定產品或服務的功能或屬性。換言之，客戶、製造商、和設備之間通過IoT/CPS的無縫連繫緊密互動——這是現代製造關係中所有參與者的雙贏局面。

　　大量客製化強調為客戶提供更多樣的客製化產品和接近量產的效率，而不會增加相應的成本和交貨時間。自從Davis首次提出大量客製化的概念[52]後，幾十年來，大量的研究人員為實現大量客製化付出了許多努力。到目前為止，已經有了一些重大進展。例如Gilmore和Pine [53]針對大量客製化市場中的不同消費群體，依據產品本身的客製化程度，定義了四種方法：協力型(Collaborative)、適應型(Adaptive)、修飾型(Cosmetic)、和透明型(Transparent)的客製化。協力型客製化主要為幫助客戶準確了解自身的需求。適應型客製化允許客戶在沒有製造商幫助的情況下自行處理客製化產品。修飾型客製化為不同的客戶提供了各種具有代表性的標準產品。透明型客製化意味著製造商無須通知客戶即可提供特有的產品。Silveira等人[54]回顧早期關於大量客製化的研究，提出了大量客製化理論的遠見和實踐概念化；此外，[54]中亦討論了開發由八個通用級別所組成之大量客製化框架的基本要求。此外，隨著資訊科技的發展，Fogliatto等人[55]更新了大量客製化在各個領域的最新成功應用案例，包括食品工業、電子、大型工程產品、手機、和個人化營養等產業；或特殊的大量客製化應用，例如住宅建築和足部矯正器的生產。該文作者從經濟學、成功因素、促成因素和客戶及製造商互動的角度分析，清楚定義了不同領域中適合實施的大量客製化平台所需的條件和情況。

　　對於製造商而言，靈活度和快速應對製造變化之能力對於最大限度減少並控制急遽上升的成本，是最重要的兩個必要因素[51,53,55]。這兩大關鍵必須確保生產設施足夠靈活，以便在複雜且有延遲的變數之間切換，並能以較低成本適應客製化產品的變化，從而保持經濟效益[55,56]。而對客戶而言，自從工業4.0出現後，現行的IoT/CPS就取代了傳統的大量客製化情境，客戶能有更多參與客製化產品協作設計的機會。

　　然而，在工業4.0的時代，無論生產技術如何改進，製造的終極目標都沒有改變，那就是產品的製造質量。在交給客戶之前，製造商必須確保交貨產品的製造品質符合設計規範。因此，「品質掌控」也是大量客製化未來研究的重點領域之一[55]。換言之，如何有效率地將缺陷產品的成本最小化，依舊是大量客製化的一大挑戰。欲解決此問題，就須要一個全自動即時全檢的方法來滿足全球對提高產品品質和降低生產成本的要求。

1.2.3 零缺陷(Zero Defects, ZD)──工業4.1的願景

自1960年代後期以來，零缺陷(Zero Defects, ZD)一直是實現製造品質提升的目標之一[57]。ZD旨在經採取預防方法，提高產量並減少浪費。基於這樣的概念，由於品檢員會在產品送達客戶之前就偵測到產品的缺陷，因此工人犯錯的次數相對來說就較無關緊要[57]。

自從在2014年漢諾威工業博覽會上首次被提出，工業4.0已成為新的製造目標之一，並期望保持製造產業接近零缺陷的理念[58]。然而，當前工業4.0相關技術皆強調提高生產力，而不是提升品質；因此，多數人只能保持著接近零缺陷的理念，卻無法真正實現。其關鍵原因在於缺少一個經濟實惠的線上即時全檢技術。藉由採用本書主要作者鄭芳田教授團隊所研發，已榮獲六國(中華民國、美國、日本、德國、中國大陸、及韓國)專利的全自動虛擬量測(Automatic Virtual Metrology, AVM)技術，因AVM可以經濟實惠地提供所有產品線上即時的全檢資料，藉此接近零缺陷的目標就可以實現。說明如下：AVM一旦偵測到產品有缺陷，即會剔除該產品；如此所有交貨產品(Deliverables)即為零缺陷；接著，鄭芳田教授團隊所研發成功之智慧型良率管理(Intelligent Yield Management, IYM)系統中的關鍵參數搜尋演算法(Key-variable Search Algorithm, KSA)就可被用來找出造成缺陷的關鍵原因，並持續不斷地改進或修正這些造成缺陷的原因。如此一來，所有產品(Products)的接近零缺陷即可達成。因此，將AVM和IYM整合到已發展成功的工業4.0平台之中，即可達成所有產品接近零缺陷的境界，此境界也被鄭芳田教授定義為工業4.1。工業4.1的概念也已在2016年元月於*IEEE Robotics and Automation Letters*中揭露[59]。AVM和IYM技術的細節將分別於第8章和第10章詳述。

1.2.3.1 達成零缺陷之兩階段步驟

簡言之，欲實現工業4.1的零缺陷，需經兩階段達成：

➢ **第一階段：採用經濟有效的全檢技術達成所有交貨產品(Deliverables)的零缺陷。**

➢ **第二階段：以大數據分析和持續改善逐步確保所有產品(Products)的零缺陷。**

第一階段可以通過直接應用AVM對所有可能的交貨產品執行全面檢查來完成。如在可能的交貨產品中發現任何缺陷，就不應該將有缺陷的產品交給客戶；這樣即可實現所有交貨產品零缺陷的目標。

接著，收集在第一階段發現的所有缺陷產品的製造相關大數據，並針對這些大數據執行IYM中的KSA(關鍵站點搜尋演算法)以找出導致缺陷的根本原因。然後，逐步解決這些根本原因，以減少後續生產操作中可能出現的缺陷。藉由不斷持續地改善，就可以實現所有產品接近零缺陷的目標，這也就是第二階段的運作方式。

1.3 零缺陷智慧製造之發展策略

隨著製造技術的精進，半導體製造製程變得越來越複雜。因此，如何提升並維持可獲利的生產良率就成為一個重要的研究課題。如圖1.12所示，在產品生命週期中，產品良率(藍色實線)在研發(Research and Development, RD)期和加速成長(Ramp-up)期中逐步上升，接著在量產(Mass Production, MP)期即保持穩定。反之，產品成本(紅色實線)在生命週期中則不斷下降。假如企業能夠將收益和成本的變化曲線從實線改進為相應的短節線，企業的競爭力將可有效提升。這表示，在研發期快速提高良率，將產品轉移到量產期，然後在保證量產期良率的同時，亦能及時發現並解決良率損失的根本原因，如此將是提高公司競爭力的可行策略。然而，還沒有文獻針對產品生命週期的研發期和量產期，提出系統性地提升和確保良率的方法。

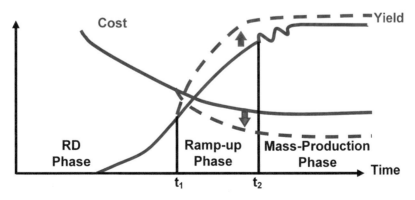

圖 1.12 產品生命週期中良率和成本的變化曲線
來源：經同意由[60]重製 © 2017 IEEE

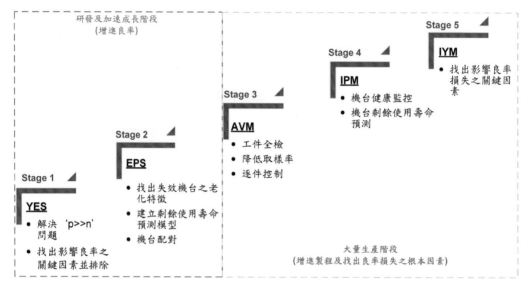

圖 1.13 製造過程中研發/加速成長/量產期提高良率的五階段策略

以下1.3.1小節以半導體凸塊製程為例，提出一個如圖1.13所示的五階段方法，以提升良率並確保接近零缺陷。

1.3.1 提升良率及確保零缺陷之五階段策略

提升良率和確保生產零缺陷的五階段方法如圖1.13所示。該五階段方法包含了研發、加速成長、和量產期。如圖1.13的左側部分，研發和加速成長期涵蓋了前兩個階段；而圖1.13的右側部分則包含量產的最後三個階段。

圖1.14所示的凸塊製程生產線由兩個子製程組成，即線路重佈層(Re-Distribution Layer, RDL)和球下金屬層(Under Bump Metallurgy, UBM)。在下文中，以UBM層的製造過程為說明範例，如圖1.14下半部所示。UBM層凸塊製程包含以下工序：濺鍍、光阻(包括正性光阻塗佈、洗邊、曝光、和顯影)、銅電鍍、去除光阻、蝕刻、植球、結球、和吹清。

階段一和階段二之運作及其挑戰如下所述。

階段一：發展一個良率增強系統(Yield Enhancement System, YES)以解決"$p \gg n$"的問題，找出並排除影響良率的根本原因

在示範的凸塊製程中，大約有25個生產站點，每個站點有10部生產機台，每部生產機台有約4個反應室(Chambers)，每個Chamber有約100個感測器。因此，總共有大約100,000個參數會影響凸塊製程的良率。如果再納入機台維護和不同材料來源等資訊，影響良率的參數數量(亦即p)將會更高。在產品生產週期的研發期，樣本數量(即n)相對較少，從而導致須在"$p>>n$"之條件下尋找導致良率低下之根本原因的挑戰。這就是所謂的高維度回歸問題[60]。因此，作者所發展的良率增強系統應須能夠在少量樣本(n)限制下，從大量參數(p)中及時發現並排除影響良率的根本原因，從而有效提高研發期的良率。

階段二：開發一個設備診斷系統(Equipment Prognosis System, EPS)以找出機台失效的老化特徵並執行機台配對

階段一的良率增強系統用來找出影響良率的問題機台後，須發展一個設備診斷系統來確保並增進機台性能。具體而言，藉由建立設備故障的因果關係和預測模型，開發的設備診斷系統應該能夠觀察到關鍵老化特徵之變化趨勢，並進一步預估設備的剩餘使用壽命(Remaining Useful Life, RUL)。因此，可以在有問題的機台發生故障之前預留適當的時間進行維護，如此就可避免無預警當機並減少機台異常的可能性，進而可提高研發期的良率。此外，在成功建立試運轉產線後，應用機台配對(Tool Matching)機制，將試運轉產線推廣至多條生產線。

圖1.13的右半部包含了最後三個階段(階段三、階段四、階段五)之運作以確保在量產期有好的良率。該三階段的運作方式及挑戰分述如下。

階段三：全廠導入AVM以達到全檢之目標及運用AVM執行工件逐片(Workpiece-to-Workpiece, W2W)控制

AVM系統可將有時間延遲的離線抽樣檢測轉換為對所有工件的線上即時全檢，以利即時發現生產過程中的異常情況。此外，應用AVM亦可以降低實際量測的採樣率。因此，全廠導入AVM可有效降低生產成本，並達成量產期所有可交付的產品接近零缺陷的目標。由於能夠實現對所有工件的全檢，AVM的輸出可用於支援W2W工件逐片控制，以實現提高製程能力的目標。

階段四：建立智慧型預測保養(Intelligent Predictive Maintenance, IPM)系統以執行機台健康狀況監測和剩餘使用壽命預測

在這個階段，應用IPM系統對所有製程機台的關鍵零組件進行異常檢測，並預測所有關鍵零組件的剩餘使用壽命，以提高機台的妥善率，防止發生任一機台的無預警當機。

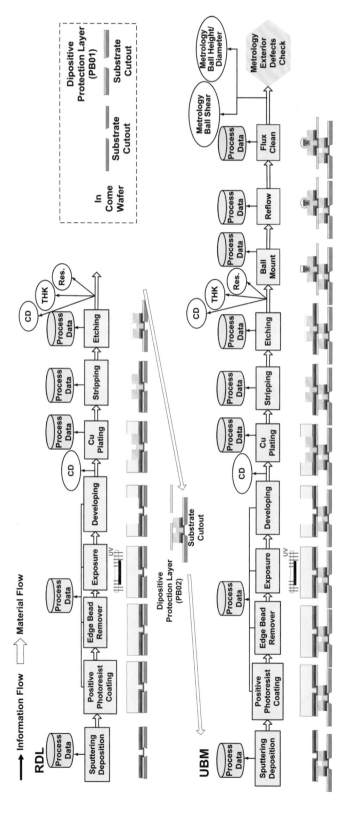

圖 1.14 凸塊製程之生產線

階段五：發展智慧型良率管理(Intelligent Yield Management, IYM)系統來找出良率降低之根本原因

在量產期開發IYM系統，以便能找出影響良率的根本原因，減少故障排查時間，進而提高良率。如此一來，在量產期就可以實現所有產品接近零缺陷的目標。

1.4　結論

本章探討了包含E化製造和工業4.0等自動化的演進，接著強調零缺陷的重要性，以達成工業4.1的境界。最後，並提出增進良率和確保零缺陷製造的五階段策略；該五階段策略是發展零缺陷智慧製造系統的指引。將此增進良率及確保零缺陷之五階段策略付諸實踐而設計出的智慧工廠自動化(Intelligent Factory Automtion, iFA)系統平台，將於第6章詳細介紹。

附錄1.A—縮寫對照表

APC	Advanced Process Control 先進製程控制
ATP	Available-to-Promise 可承諾量
AVM	Automatic Virtual Metrology 全自動虛擬量測
BDA	Big Data Analytics 大數據分析
CASD	Capacity-Allocated-Support Demand 產能分配支持需求
CIM	Computer-Integrated Manufacturing 電腦整合製造
CMfg	Cloud-based Manufacturing 雲製造
CORBA	Common Object Request Broker Architecture 通用物件請求代理架構
CPS	Cyber-Physical Systems 虛實整合系統
EC	Engineering Chain 工程鏈
ECMS	Engineering-Chain-Management System 工程鏈管理系統
EEC	Equipment Engineering Capability 設備工程能力
EE	Equipment Engineering 設備工程
EES	Equipment Engineering System 設備工程系統
EPS	Equipment Prognosis System 設備診斷系統
ERP	Enterprise Resource Planning 企業資源規劃
ESCM	Electronic Supply Chain Management 電子供應鏈管理
FDC	Fault Detection and Classification 錯誤偵測和分類
FOUP	Front Opening Unified Pod 前開式晶圓傳送盒
GED	Generic Embedded Device 通用型嵌入式裝置
GEM	Generic Equipment Model 泛用設備模型
GH	Generic Holon 通用基元
GUI	Graphical User Interface 圖形使用者介面
HMES	Holonic Manufacturing Execution System 全方位製造執行系統
HSCS	Holonic Supply-Chain System 全方位供應鏈系統
HSMS	High-Speed SECS Message Services 高速SECS訊息傳遞服務
IC	Integrated Circuit 積體電路
ICT	Information and Communication Technology 資訊與通信技術
iFA	Intelligent Factory Automation 智慧工廠自動化
IoT	Internet of Things 物聯網
IP	Internet Protocol 網路協定
IPM	Intelligent Predictive Maintenance 智慧型預測保養

ISMT	International SEMATECH 半導體製造技術聯盟
IT	Information Technology 資訊技術
ITRS	International Technology Roadmap of Semiconductor 國際半導體技術發展藍圖
IYM	Intelligent Yield Management 智慧型良率管理
KSA	Key-variable Search Algorithm 關鍵參數搜尋演算法
L2L	Lot-to-Lot 逐批
MC	Mass Customization 大量客製化(少量多樣)
MCS	Material Control System 物料管制系統
MES	Manufacturing Execution System 製造執行系統
MP	Mass Production 大量生產
MPS	Master Production Schedule 主生產排程
NACFAM	National Coalition for Advanced Manufacturing 國家先進製造聯盟
O2D	Order-to-Delivery 訂單到交付
OEE	Overall Equipment Effectiveness 整體設備效率
PdM	Predictive Maintenance 預測保養
PO	Purchase Order 訂單
R2R	Run-to-Run 逐次
RD	Research and Development 研發
RDL	Re-Distribution Layer 線路重佈層
RM	Recipe Management 配方管理
RUL	Remaining Useful Life 剩餘使用壽命
SC	Supply Chain 供應鏈
SECS	SEMI Equipment Communications Standard SEMI設備通訊標準
SOAP	Simple Object Access Protocol 簡單物件存取協定
SPC	Statistical Process Control 統計製程管制
SSL	Secure Sockets Layer 安全通訊協定層
T2M	Time-to-Market 上市時間
tsmc	Taiwan Semiconductor Manufacturing Company 台灣積體電路製造股份有限公司
UBM	Under Bump Metallurgy 球下金屬層
VM	Virtual Metrology 虛擬量測

W2W	Wafer-to-Wafer 晶圓逐片
W2W	Workpiece-to-Workpiece 逐件
WIP	Work in Process 在製品
WSDL	Web Services Description Language 網頁服務描述語言
YES	Yield Enhancement System 良率增強系統
YMS	Yield Management System 良率管理系統
ZD	Zero Defects 零缺陷

參考文獻

[1]   SEMATECH (1998). Computer Integrated Manufacturing (CIM) Framework Specification Version 2.0. *SEMATECH Technology Transfer # # 93061697J-ENG.* https://bit.ly/3hDCvJH (accessed 27 Aug 2020).

[2]   Cheng, F.-T., Shen, E., Deng, J.-Y. et al. (1999). Development of a system framework for the computer-integrated manufacturing execution system: a distributed object-oriented approach. *International Journal of Computer Integrated Manufacturing* 12 (5): 384-402. https://doi.org/10.1080/095119299130137.

[3]   Cheng, F.-T., Chang, C.-F., and Wu, S.-L. (2004). Development of holonic manufacturing execution systems. *Journal of Intelligent Manufacturing* 15 (2): 253-267. https://doi.org/10.1023/B:JIMS.0000018037.63935.a1.

[4]   International SEMATECH (2002). Equipment Engineering Capabilities (EEC) guidelines, v2.5. https://reurl.cc/Q3dR2o (accessed 17 Aug 2020).

[5]   Su, Y.-C., Cheng, F.-T., Hung, M.-H. et al. (2006). Intelligent prognostics system design and implementation. *IEEE Transactions on Semiconductor Manufacturing* 19 (2): 195-207. https://doi.org/10.1109/TSM.2006.873512.

[6]   P. Harrison (2015). An introduction to supply chain management. https://reurl.cc/Y61Yv0 (accessed 17 Aug 2020).

[7]   NEVEM-workgroup (1989). *Performance Indicators in Logistics.* Bedford: IFS.

[8]   Cheng, F.-T., Yang, H.-C., and Lin, J.-Y. (2004). Development of holonic information coordination systems with failure-recovery considerations. *IEEE Transactions on Automation Science and Engineering* 1 (1): 58-72. https://doi.org/10.1109/TASE.2004.829350.

[9]   Chang, J. and Cheng, F.-T. (2005). Engineering-chain requirements for semiconductor industry. *Proceedings of the 2005 IEEE Conference on Automation Science and Engineering,* Edmonton, Canada (1-2 Aug 2005). USA: IEEE.

[10]   Chang, J. and Cheng, F.-T. (2005). Framework development of an Engineering-Chain-Management-System for the semiconductor industry. *Proceedings of the Thirteenth International Symposium on Temporal Representation and Reasoning,* Perth, Australia (10-12 Aug 2005). USA: IEEE.

[11]   Cheng, F.-T., Chen, Y.-L., and Chang, J. Y.-C. (2012). Engineering chain: a novel semiconductor engineering collaboration model. *IEEE Transactions on Semiconductor Manufacturing* 25 (3): 394-407. https://doi.org/10.1109/TSM.2012.2191626.

[12] National Coalition for Advanced Manufacturing (NACFAM) (2001). Exploiting e-Manufacturing: Interoperability of Software Systems Used by U.S. Manufacturers.

[13] Tag, P.-H. and Zhang, M.-T. (2006). e-Manufacturing in the semiconductor industry. *IEEE Robotics and Automation Magazine* 13 (4): 25-32. https://doi.org/10.1109/MRA.2006.250570.

[14] Cheng, F.-T., Tsai, W.-H., Wang, T.-L. et al. (2010). Advanced e-Manufacturing model. *IEEE Robotics and Automation Magazine* 17 (1): 71-84. https://doi.org/10.1109/MRA.2010.935796.

[15] Hung, M.-H., Cheng, F.-T., and Yeh, S.-C. (2005). Development of a web-services-based e-diagnostics framework for the semiconductor manufacturing industry. *IEEE Transactions on Semiconductor Manufacturing* 18 (1): 122-135. https://doi.org/10.1109/TSM.2004.836664.

[16] Hung, M.-H., Wang, T.-L., Hsu, F.-Y. et al. (2008). Development of an interface C framework for semiconductor e-diagnostics systems. *Robotics and Computer-Integration Manufacturing* 24 (3): 370-383. https://doi.org/10.1016/j.rcim.2007.02.020.

[17] TechTarget (2007). Manufacturing Execution Systems. http://www.bitpipe.com/rlist/term/Manufacturing-Execution-Systems.html (accessed 17 Aug 2020).

[18] Lin, W.Y., Hsu, R., and Chiu, Y.T. (2005). Systems and methods for determining production availability. US Patent 20,070,016,318, filed 15 July 2005 and issued 18 Jan 2007.

[19] Lee, H., and Whang, S. (2006). Taiwan semiconductor manufacturing company: the semiconductor services company. *Stanford Graduate School of Business case: GS-40.* https://www.gsb.stanford.edu/faculty-research/case-studies/taiwan-semiconductor-manufacturing-company-semiconductor-services (accessed 28 August 2020).

[20] SEMI (2020). SEMI EDA standards: E120, E125, E132, E134. www.semi.org (accessed 1 September 2020).

[21] SEMI E125 (2014). *SEMI E125 - Specification for Equipment Self Description (EqSD).* USA:SEMI. https://bit.ly/3j5C2Bj (accessed 1 September 2020).

[22] SEMI E132 (2019). *SEMI E132 - Specification for Equipment Client Authentication and Authorization.* USA:SEMI. https://bit.ly/3haoJgS (accessed 1 September 2020).

[23] SEMI E134 (2019). *SEMI E134 - Specification for Data Collection Management.* USA:SEMI. https://bit.ly/3fCBWPq (accessed 1 September 2020).

[24] SEMI E133 (2018). *SEMI E133 - Specification for Automated Process Control Systems Interface.* USA:SEMI. https://bit.ly/2ESLuIF (accessed 17 Aug 2020).

[25] International SEMATECH Manufacturing Initiative (2005). Interface C Requirements of e-Diagnostics Guidebook (version 2.1).

[26] Weber, A. (2007). Virtual metrology and your technology watch list: ten things you should know about this emerging technology. *Future Fab International* 22 (4): 52-54

[27] Chang, J. and Cheng, F.-T. (2005). Application development of virtual metrology in semiconductor industry. *Proc. 31st Annual Conference of the IEEE Industrial Electronics (IECON 2005)*, Raleigh, U.S.A. (6-10 Nov 2005). Raleigh, U.S.A.: IEEE.

[28] Moyne, J., Castillo, E. del, and Hurwitz, A.M. (2001). *Run-to-Run Control in Semiconductor Manufacturing.* Boca Raton, FL: CRC.

[29] Madhavan, R.(2004). Changing economics of chip design. *FSA Presentation.*

[30] Werr, P. (2015). How Industry 4.0 and the internet of things are connected. https://bit.ly/2YSX8dr (accessed 17 Aug 2020).

[31] Ferber, S. (2012). Industry 4.0 – Germany takes first steps toward the next industrial revolution. https://bit.ly/3lEQe5B (accessed 17 Aug 2020).

[32] Jazdi, N. (2014). Cyber physical systems in the context of Industry 4.0. *IEEE International Conference on Automation, Quality and Testing, Robotics*, Cluj-Napoca, Romania (22-24 May 2014). Cluj-Napoca, Romania: IEEE.

[33] C. Perera, Liu, C. H., Jayawardena, S. et al. (2015). A survey on internet of things from industrial market perspective. *Access, IEEE* 2: 1660-1679. https://doi.org/10.1109/ACCESS.2015.2389854.

[34] Wan, J., Chen, M., Xia, F. et al. (2013). From machine-to-machine communications towards cyber-physical systems. *Computer Science and Information Systems* 10 (3): 1105-1128. https://doi.org/10.2298/CSIS120326018W.

[35] J. Gubbi, R. Buyya, S. Marusic et al. (2013). Internet of things (IoT): a vision, architectural elements, and future directions. *Future Generation Computer Systems* 29 (7): 1645-1660. https://doi.org/10.1016/j.future.2013.01.010.

[36] Colombo, A. W., Bangemann, T., Karnouskos, S. et al. (2014). *Industrial cloud-based cyber-physical systems, The IMC-AESOP Approach.* Switzerland: Springer International Publishing.

[37] Tsai, C.-W., Lai, C.-F., Chiang, M.-C. et al. (2014). Data mining for internet of things: a survey. *Communications Surveys & Tutorials, IEEE* 16 (1): 77-97. https://

doi.org/10.1109/SURV.2013.103013.00206.

[38] Perera, C., Zaslavsky, A., Liu, C.-H. et al. (2014). Sensor search techniques for sensing as a service architecture for the internet of things. *IEEE Sensors Journal* 14 (2): 406-420. https://doi.org/10.1109/JSEN.2013.2282292.

[39] Xia, F., Vinel, A., Gao, R. et al. (2011). Evaluating IEEE 802.15. 4 for cyber-physical systems. *EURASIP Journal on Wireless Communications and Networking 2011: 596397.* https://doi.org/10.1155/2011/596397.

[40] T. Sánchez López, D. C. Ranasinghe, M. Harrison et al. (2012). Adding sense to the internet of things. *Personal and Ubiquitous Computing* 16 (3): 291-308. https://doi.org/10.1007/s00779-011-0399-8.

[41] Miorandi, D., S. Sicari, De Pellegrini, F. et al. (2012). Internet of things: vision, applications and research challenges. *Ad Hoc Networks* 10 (7): 1497-1516. https://doi.org/10.1016/j.adhoc.2012.02.016.

[42] Huang, H.-C., Lin, Y.-C., Hung, M.-H. et al. (2015). Development of cloud-based automatic virtual metrology system for semiconductor industry. *Robotics and Computer-Integrated Manufacturing* 34: 30-43. https://doi.org/10.1016/j.rcim.2015.01.005.

[43] Bi, Z., Xu, L.-D., and Wang, C. (2014). Internet of things for enterprise systems of modern manufacturing. *IEEE Transactions on Industrial Informatics* 10 (2): 1537-1546. https://doi.org/10.1109/TII.2014.2300338.

[44] Mattern, F. and Floerkemeier, C. (2010). From the internet of computers to the internet of things. *From Active Data Management to Event-Based Systems and More. Lecture Notes in Computer Science* 6462: 242-259. https://doi.org/10.1007/978-3-642-17226-7_15.

[45] Li, S., Li, D.-X., and Zhao, S. (2015). The internet of things: a survey. *Information Systems Frontiers* 17: 243-259. https://doi.org/10.1007/s10796-014-9492-7.

[46] Brettel, M., Friederichsen, Keller, N. M. et al. (2014). How virtualization, decentralization and network building change the manufacturing landscape: an Industry 4.0 perspective. *International Journal of Mechanical, Industrial Science and Engineering* 8 (1): 37-44. https://doi.org/10.5281/zenodo.1336426.

[47] Shen, J., Majid, B. N., Xie, L. et al. (2017). Interactive UHF/UWB RFID tag for mass customization. *Information Systems Frontiers* 19:1177-1190. https://doi.org/10.1007/s10796-016-9653-y.

[48] Nirmala, J. (2016). Japan embracing Industry 4.0 and IoT to leap into next industrial automation. https://bit.ly/2YXoBe4 (accessed 17 Aug 2020).

[49] The Boston Consulting Group (2015). Industry 4.0 lifts automation and mass customization to new levels. http://goo.gl/ilYMVD (accessed 17 Aug 2020).

[50] Gross, D. (2016). Siemens CEO Joe Kaeser on the next industrial revolution. http://goo.gl/ZSGgqo (accessed 17 Aug 2020).

[51] Pollard, D., Chuo, S., & Lee, B. (2016). Strategies for mass customization. *Journal of Business & Economics Research* 14 (3): 101-110. https://doi.org/10.19030/jber.v14i3.9751.

[52] Davis, S.M. (1989). From future perfect: mass customizing. *Planning Review* 17 (2): 16-21. https://doi.org/10.1108/eb054249.

[53] Gilmore, J. H. and Pine 2nd, B. J. (1997). The four faces of mass customization. *Harvard Business Review* 75(1): 91-101.

[54] Da Silveira, G. J., Borenstein, D., and Fogliatto, F. S. (2001). Mass customization: literature review and research directions. *International Journal of Production Economics* 72 (1): 1-13. https://doi.org/10.1016/S0925-5273(00)00079-7.

[55] Fogliatto, F. S., Da Silveira, G. J. C., and Borenstein, D. (2012). The mass customization decade: an updated review of the literature. *International Journal of Production Economics* 138 (1): 14-25. https://doi.org/10.1016/j.ijpe.2012.03.002.

[56] Peng, D. X., Liu, G. and Heim, G. R. (2011). Impacts of information technology on mass customization capability of manufacturing plants. *International Journal of Operations & Production Management* 31 (10): 1022-1047. https://doi.org/10.1108/01443571111182173.

[57] Halpin, J. F. (1966). *Zero Defects: A New Dimension in Quality Assurance*. New York: McGraw-Hill.

[58] Weisenberger, S. (2015). Hannover Messe Day 1 - will Industry 4.0 enable zero defects? how are business models impacted by Industry 4.0. https://bit.ly/3331HDB (accessed 17 Aug 2020).

[59] Cheng, F.-T., Tieng, H., Yang, H.-C. et al. (2016). Industry 4.1 for wheel machining automation. *IEEE Robotics and Automation Letters* 1 (1): 332-339. https://doi.org/10.1109/LRA.2016.2517208.

[60] Cheng, F.-T., Hsieh, Y.-S., Zheng, J.-W. et al. (2017). A scheme of high-dimensional key-variable search algorithms for yield improvement. *IEEE Robotics and Automation Letters* 2 (1): 179-186. https://doi.org/10.1109/LRA.2016.2584143.

資料收集與資料前處理

丁顥、楊浩青、李育鎔

2.1 簡介

為實現智慧製造的目標，目前已有各種智慧型應用模組(如預測保養、虛擬量測等)的開發。以預測保養相關應用為例，Chen等人[1]在車床上安裝一個加速度計(Accelerometer)、一個聲射(Acoustic Emission, AE)感測器和兩個電流感測器(Current Transducer, CT)，並使用振動訊號的邏輯迴歸模型估計刀具可靠度和剩餘使用壽命(Remaining Useful Life, RUL)。Suprock等人[2]在切削工具上安裝應變規(Strain Gauge)和一個帶有藍牙發射器的儀表放大器，以計算動態扭矩值。Ghosh等人[3]開發了一種基於人工神經網路(Artificial Neural Network, ANN)的感測融合模型，透過切削力、主軸振動、主軸電流和聲壓(Sound Pressure)以監測刀具狀態。另外，Abuthakeer等人[4]則基於全因子實驗設計(Full Factorial Design, FFD)來分析振動訊號，並利用人工神經網路來驗證加工過程中切削參數對刀具的影響。

基本上，欲開發如上述之智慧化應用的步驟如圖2.1所示，首先須獲取相關的製程/量測資料來源(Process/Metrology Data Acquisition)，然後進行適當的資料前處理(Data Preprocessing)程序後，方能進行智慧應用的分析。本小節將簡要介紹上述步驟，詳細內容則請參見第2章之後續章節。

- **製程/量測資料收集**

首先，在建構智慧應用模組之前，需進行準備與收集所有相關的製程與量測資料；其中，製程資料則包含感測訊號與製程參數，進一步說明則詳述於第2.2節。

- **資料前處理**

智慧應用模組須建立在高度可信賴的感測訊號或控制器資料的基礎之上，方能發揮作用，然而實際感測訊號或製程參數除含有相當多的雜訊外，不同來源的時間差異亦會影響資料間的因果關係之推論。因此，為將製程與量測訊號處理成可信賴資料，則須進行適當的資料前處理。

資料前處理為透過如消減噪聲、同步訊號、修正時間差或壓縮訊號等技術，以提升後續資料的品質、提升傳輸效率、減少儲存空間，進而萃取信號的主要組成部分和關鍵特徵。資料前處理技術將詳述於2.3節，主要包含三種技術：訊號切割(Segmentation)、訊號消噪(Cleaning)，與特徵萃取(Feature Extraction)。

• **智慧應用模組開發**

　　最後，基於上述資料前處理後的特徵，並實施各式人工智慧方法，如機器學習(Machine Learning)或深度學習(Deep Learning)等，來實現各式智慧應用。建構智慧應用的最終目的是從人工智慧方法中提取有用的知識和解釋，從而做出正確的決策和行動。

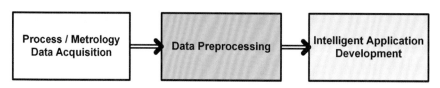

圖 2.1 智慧應用模組開發之基本流程

　　本章將介紹典型資料收集與資料前處理技術，該些技術已應用於不同產業，如薄膜晶體液晶顯示器、太陽能電池、半導體、汽車、航太、化工和吹瓶機產業等的場域，各式不同案例將會在第11章說明。

2.2 資料收集

　　為滿足上述智慧應用的需求，可透過如圖2.2設備與外部資料收集(External Data Acquisition, EDA)架構以進行資料收集。其中，類比數位轉換器(Analog-to-Digital Converter, ADC)為連接到安裝在設備端的各式感測器，透過其類比輸入/輸出(Analog Input/Output, AIO)埠將不同的類比感測訊號(如振動或電流)轉換為數位訊號。外部資料收集系統則透過乙太網卡(Ethernet)連接到設備的控制器(Controller)，用於擷取製程中的加工參數。最後，透過量測設備(Measurement Tool)再取得製程後所對應到的實際量測資料(Metrology Data)，用以訓練和調整AI模型；同樣也可以透過網路介面如乙太網卡得到，乙太網卡基於傳輸控制協定(Transmission Control Protocol/Internet Protocol, TCP/IP)互連各種網絡設備。透過這種方式，收集所需的製程和量測資料並將其發送到工業電腦(Industrial Personal Computer, IPC)以進行進一步處理。

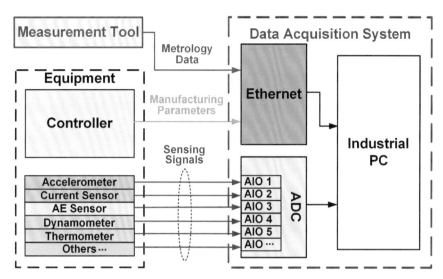

圖 2.2 設備與外部資料收集(EDA)系統之連線架構

2.2.1 製程資料收集

　　透過收集製程資料,包括感測訊號和加工參數,可進行不同的智慧型應用,如透過溫度、振動、電流或聲射等資料,以評估加工穩定性並監控刀具健康狀態,詳細介紹如下。

2.2.1.1 感測訊號收集

　　感測器是一種可從現實環境中偵測實際物理量並將其轉換為數位訊號的元件,目前感測技術的進步,檢知不同物理或化學特性的變化,藉以反映目標物的部分屬性改變,如藉由光、溫度、位置、位移、速度、聲音、壓力、濕度、電壓、電流等物理量的收集,將所偵測之目標物(如設備)的不同特性與物理變化,透過EDA平台彙整,從而將眾多感測來源與設備、工具和產線進行整合。透過此種在實際製造過程中感測時變資訊的能力,經由工業感測物聯網(Industrial Internet of Things, IIoT)的技術以提供實際系統的變化,未來再透過虛實整合系統(Cyber-Physical System, CPS)的導入,將可進一步達到智慧工廠的目標。

　　以下將介紹各種感測技術以及感測器選擇和安裝注意事項。

• 感測技術

　　為量測生產設備製程精度與生產品質,可透過直接量測或間接量測方式進行。其中,直接量測為透過設備中的各種感測器,以直接量測製程精度或生產品質,如接觸式感測器、感光耦合元件(Charge-Coupled Device, CCD)、雷射探測器或超音波感測器等。當將感測器安裝於設備中時,則須考慮設備內工作空間限制與環境條件(如切削液和切屑的影響)等限制。因此,相對而言,直接感測較間接量測所需的成本相對高,且當進行直接量測時,常需中斷生產作業,從而拉長生產週期(Cycle Time)。而此種的中斷作法,對於錙銖必較的機台生產週期時間而言,無異更增加成本。更何況,採線上直接量測的難度,亦將隨著設備精度與工件精度的提升而進一步增加。

相較於直接量測,間接量測為透過感測器來線上收集間接因素(如力、振動、溫度和功耗對加工品質的影響)等,以推估線上製程精度或生產品質。雖然間接量測會包含較多的未知數,如製程精度或生產品質變化未必能從電流全部窺知,當下機台溫度與振動情況,亦是影響加工品質的變因。但若能透過較多、不同但低成本的感測器,雖然準確度或許不若直接量測為佳,但對於欲追求「線上且即時預診」的需求來說,實為更經濟實惠的可行方法。

• **感測器選擇與安裝**

感測器的選擇,端以目標物的物理或化學其間的可能變化為依據。以金屬加工為例,當部分金屬進行移除時,移除材料所須的切削力,將由加工機台馬達所提供;而依據牛頓作用與反作用力定律,切削力亦會反映於機台的刀具、刀把與主軸上。此外,在相同加工條件下,所發生的切削過程變化,亦可能會反映在產品品質的變化上。因此,如何選擇合適的感測器以監控特定加工過程,將成為如何達到有效感測製程變化的關鍵。如表2.1所示即為五種常用於蒐集切削力資訊的感測器。

表 2.1 感測器比較表

物理量	量測方式	感測原理	代表感測器	成本	設備侵入性
力	直接	變型量	動力計(測力計)	高	高
負載	間接	霍爾效應	電流感測器	低	低
振動	間接	位移	加速度計	中	中
溫度	間接	賽貝克效應	電熱偶	低	中
聲波	間接	聲波/彈性波	AE感測器	高	中

　　另外，感測關鍵之一的訊號取樣率(Sampling Rate)，其代表感測器每秒可收集到的資料點數。感測器必須提供清晰、連續且無失真的資料，才能完成後續分析。為確保收集的訊號無失真，奈奎斯特—夏農(Nyquist–Shannon)訊號取樣定理則指出訊號取樣頻率(F_s)，若目標之最高頻率為F_B，則必須滿足$F_s > 2F_B$之條件；如此，才不會因訊號離散取樣後而遺失重要資訊[6-8]。

　　由於感測器可視為不同於生產設備的獨立運作單元，這意味著它們不會影響生產效率或干擾加工過程。要注意的是，高Fs代表將獲得巨量的龐大資料，從而使得原始資料難以直接被使用。第2.3節將介紹如何簡化原始訊號的資料前處理技術。以下將介紹數個常見的物理量與對應感測器類型，例如：力—應變規、負載—電流感測器、振動—加速度計、溫度—熱電偶與聲波—聲射感測器等。

- **力：應變規**

　　在金屬加工中，移除材料所需之切削力(Cutting Force)對加工品質和產品品質影響最大。這種由刀具和工件間相對運動所產生的力，是形成工件形狀所必須的，如圖2.3所示。切削過程中，刀具相對工件之路徑、移除材料所產生之熱量、單位時間之移除量、材料移除過程的張力與彈力或材料移除之殘餘結構變化等，都會反應在切削力的變化上。因此，切削力為執行監測切削工具/設備狀況與預測工件精度的最適指標。透過固定於刀把、刀具的應變規(Strain Gauge)或壓電感測器，可用以檢測目標的變形量或受壓值，如圖2.3右側所示，一旦目標(刀具)在外力作用下拉長或收縮，固定其上的應變規長度亦隨之拉長或收縮，從而使應變規的電阻產生改變，藉由量測電阻變化，在假設檢測目標為彈性變形下，變形量與受力成正比。因此，透過此種直接測量變形量，可準確和快速的計算切削過程的受力值。若應變規具優良的耐用性和穩定性，且在適當保護下，應能於惡劣的環境中正常工作。因此，如圖2.3，透過背膠式應變規的安裝，將應變規直接固定於刀把或刀架上，可監測加工過程中切削工具上所受到的力變化。

　　除將應變規固定於刀具上之外，其也已被普遍用於分析機械加工訊號，亦有利用應變規或壓電元件的動力計(Dynamometer)或稱測力計。動力計可分為平台式或旋轉式，分別適於固定於工作平台或主軸上，取樣率可高達100k Hz。

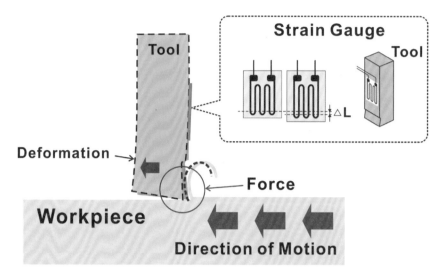

圖 2.3 刀具與工件之間的相對運動

　　若以平台式動力計為例,其安裝方式則如圖2.4所示,首先將動力計固定於加工平台上,加工時,可精確量測當下的多軸受力,包含三軸力(Fx, Fy, Fz)與Z軸扭矩(Mz)。然而平台式動力計的安裝方向、過程與操作較多限制,加上其具有機台侵入性(Intrusive Nature),加上動力計的夾持力與工作空間較機台本身為小,從而造成機台的可加工空間與有效加工條件均大幅降低,所以在量產環境下有其限制,常見於設計階段的分析之用。

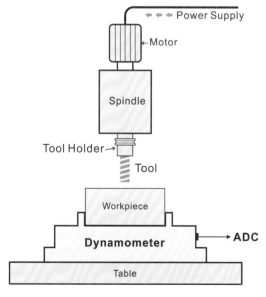

圖 2.4 平台式動力計的安裝

- **負載：電流感測器**

在加工時，切削力可以透過監測馬達電流的變化來間接估計。由於切削力即為從工件上去除材料所須的機械力。切削力由馬達輸出扭矩所提供，而馬達輸出扭矩與電流成正比。因此，輸出電流與切削力具直接關係。此外，當刀具磨損或破損時，在相同移動速度下，移除相同材料體積所需之切削力將隨之增加，馬達輸出電流從而須增加，以提供更大的扭矩。故透過檢測馬達電流變化，將可間接推測如馬達異常或刀具破損等。

在感測原理上，當目標導體(如馬達電力線)之電流產生變化時，該導體周圍的感應磁場亦隨之變化，而此磁場亦將產生感應電流。若以電流轉換器(Current Transducer, CT)偵測此感應電流，從而獲知導體的電流變化，此稱之為霍爾效應(Hall effect)的應用，如圖2.5所示。因CT並無與目標導體直接連接，所以透過霍爾效應的感測方式相較於基於歐姆定律的電流量測技術，其可在偵測過程中不影響目標導體之電流變化，所以採用CT來偵測感應電流在應用上更具普遍性。

安裝方式則如圖2.5所示，電力線可直接穿過CT，可設定從100 Hz到10k Hz的訊號取樣率來間接感應馬達電流。由於CT為非接觸式，耐用程度高；然而CT的工作原理為偵測感應磁場，亦即其受到所有相鄰磁場的影響，CT須與其他磁性物體隔開，以避免干擾。

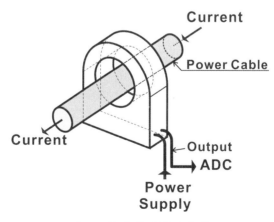

圖 2.5 電流感測器的安裝

- **振動：加速度計**

振動訊號描述一個物體反覆地前後、左右或上下運動的狀態，通常以加速度來定義之，即速度差除以時間。加工振動和噪音，或是所謂的顫振，都是由於在切削過程中的異常，如機械故障或部件磨損，在往復運動中不規則和隨機地呈現出來。異常振動可能導致機械結構發生進一步的金屬疲勞，進而降低設備性能，如旋轉部件軸承等的不平衡力。然而，這些異常，由於比例的關係，難以直接顯現在電機功率或電流的變化，反而採振動量則可藉以觀察到異常。如加工時，主軸及其關鍵部件(如主軸內軸承)對切削和產品品質的影響最大，若能透過監測旋轉過程的振動變化，將有助於監測機器的狀態。

壓電加速度計(Accelerometer)是目前被廣泛應用的振動感測器，其可動態轉換自然界的機械變化成為電子訊號，該訊號強度與機械變化之壓電效應成正比。壓電加速度計的設計尺寸體積通常較小且結構堅固，可適妥地安裝在靠近振動源的特定軸向位置的表面。此外，加速度計具有效頻寬達數kHz到數百kHz以上的規格，在高頻的暫態響應(Transient Response)具低損耗特性，有效頻寬內線性度變化小於3 dB。

然而，這種高靈敏度的特性也相對容易捕捉到錯誤資訊，以安裝於主軸的加速度計為例，如圖2.6(左)所示為安裝在機械主軸外側的金屬外殼上的加速度計。由於訊號傳遞路徑上的機構、主軸轉速與切削液流量等，均會加成到所收集到的振動訊號，若加速度計安裝的目的在於監測主軸及其關鍵部件(如主軸內的軸承)的異常。因此，加速度計的正確安裝位置會盡可能地靠近轉子，所對應的訊號取樣率在100 Hz至100k Hz之間。

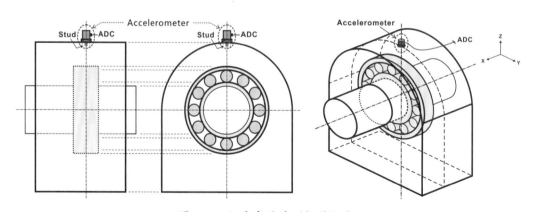

圖 2.6 以加速度計偵測軸承振動

加速度計的安裝方向與安裝位置和固定方式一樣重要，正確的訊號將以直接形式反映出真實情況。在安裝方向上，若加速度計三軸向與目標軸對齊，則從加速度計收集到的各軸向訊號可能包含目標的多軸特性，這將增加分析的難度。因此，在安裝方向上，若感測對象為軸承異常，以三軸加速規偵測軸承訊號時，則如圖2.6(右)所示，兩者之三軸平行時，所收集之振動訊號將是清晰且易於理解的。此外，在加速計固定方式上，可透過多種安裝類型方式如探針、黏貼、磁力、蜜蠟或螺絲等。其中，螺絲安裝因透過螺紋穩固於目標物中，具最佳相對靈敏度和頻率響應(Frequency Response)，其可提高訊噪比。

然而，當偵測目標為刀具之振動時，則加速度計的安裝具有侵入性，此為另一個需深入考慮的關鍵問題。因此，實務上，會將感測器如加速度計安裝於刀把或刀架上，將感測器相近於訊號源(刀具與工件的接觸)，但亦須考慮刀具的易於更換性。

• 溫度：熱電偶

加工溫度的變化不僅影響設備運行和加工效能，還可以反映加工過程中產品品質和部件狀態。例如，量測切削區的溫度變化與加工品質具有高度相關。一般來說，由於刀具在移除工件材料時會產生摩擦熱，此摩擦熱所產生之溫度會隨著單位時間材料移除量(包含主軸轉速、進給速度、切削深度與寬度)的增加而升高。雖然，此摩擦熱可使工件接觸面溫度升高，降低接觸面材料的剛性，從而易於移除材料；然而，切削過程為一間歇性的移除材料行為，工件接觸面溫度累積有限，而摩擦熱亦會提升刀具溫度，進而降低刀具鍍膜結構強度，從而加速刀具的磨損。因此，無切削液冷卻的乾式切削法中，如何偵測刀尖溫度為實務上之挑戰。

在感測方法上，熱電偶(Thermal Couple)是目前量測目標溫度最常用的感測器，它透過熱電效應將熱量直接轉化為電能。當感測器內部的兩個不同材料因於溫度產生不同電阻值時，透過比較電壓差以獲得對應溫度，稱之為熱電效應。舉例而言，如圖2.7(左)所示，一個貼片式熱電偶直接接觸軸承周圍的金屬外殼表面，以監測溫度變化從而反映軸承工作結果。當軸承內部的潤滑油脂劣化、油量不足或粘度降低時，缺乏油脂的溫度隔離與摩擦潤滑，將會提高工作溫度，進而縮短軸承可用時間。

由於目標溫度範圍可能從零下到千°C，須偵測的值域範圍大，且會隨環境溫度影響，亦即溫度起始值與變動幅度會受環境影響。然而溫度變化為熱的傳遞呈現，目標溫度變化與其熱容量有關，溫度變化相對電流或振動變化為慢，故溫度(如以熱電偶)可以相當低的訊號取樣率進行收集，如數秒或數分鐘才行取樣一次，端看熱生成速度與熱容量大小。然而，感測距離是熱電偶技術必須考慮的問題，如圖2.7(右)，若目標為軸承溫度，而熱電偶和軸承間存在厚實剛體為金屬的話，由軸承溫昇所產生之溫度，傳遞至熱電偶將產生相當的溫差。

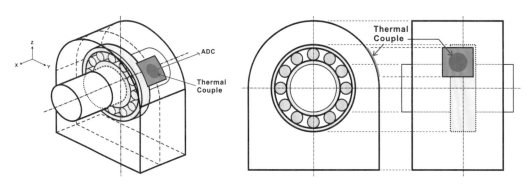

圖 2.7 以貼片式熱電偶偵測軸承溫度

另一個挑戰在於，若要在加工過程中直接量測半成品的實際溫度，相對在設備或部件上量測溫度更為困難，因為工件會更換，在加工區域直接安裝熱電偶並不務實。例如，射出成型過程熔融塑料的溫度對其最終品質影響最大，但透過熱電偶只能獲得模具或噴嘴的金屬溫度，而無法直接獲得熔融狀態下的塑料真實溫度。在這種情況下，間接量測方法如基於紅外線的熱溫感測，可能是解決方法之一；但成本相對較高，並且很難在機器或模具內部找到適當安裝位置。

- **聲射波：聲射感測器(AE轉換器)**

透過機械能(例如切削力、部件磨損、熱變化、機器結構或刀具破損)，可使得物體或材料發生結構上的變化。而在結構變化的瞬間，物體或材料之內部晶格將被破壞與部分回彈，從而發生瞬間的重構力或彈性波的釋放。此種波(即為聲射，Acoustic Emission)透過空氣傳遞，可由接收和解釋這類「來自材料結構的變化聲音」的感測器，稱之為聲射感測器。

最廣泛使用的聲射感測器是壓電式轉換器，它將機械能轉換為電壓訊號。聲射感測器的頻率響應靈敏度最高，可從30k Hz到1M Hz，明顯高於麥克風(20-100k Hz)、加速度計或應變規。此優點使得收集到的訊號不太會被機械結構或部件干擾或衰減(其頻率差距太大)。圖2.8展示AE感測器安裝在刀具上和應變規的側邊。然而，為了能滿足如此高頻率規格，就須要相對較高的訊號取樣率。因此，對於隨之而來的巨量AE訊號資料，儲存容量大且計算能力強的感測系統是不可或缺的，而高取樣率也增加AE訊號資料前處理的難度。

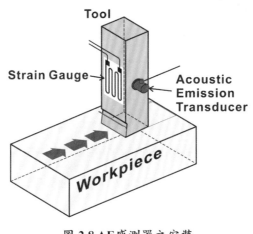

圖 2.8 AE感測器之安裝

- **感測器融合(Sensor Fusion)**

　　沒有任何一種感測器可偵測設備運行過程的所有特性，任何類型的感測器在某些面向都有其侷限性；因此，單一感測來源難以獲得較全面的資訊。此外，在實際加工環境工作中，感測器的準確度與強健度有其相當的限制。因此，感測器融合技術即以結合來自多個不同類型的感測源，以增加設備運行特性的偵測多樣性，從而降低對原不準確感測源的依賴程度，提高對設備特性的整體分辨能力。嚴格來說，相似類別感測器或僅從單一訊號源轉換出大量特徵的方式，則僅能被視為多感測器並非感測器融合，其原因為來自相似類別或單一訊號源所構成的冗餘資訊，常導致對設備特性判別的正確性下降問題[6,7]，此為感測器融合技術常被誤解的部分。

　　要特別注意的是，隨著感測器與設備特性區的距離增加，感測訊號之精確度也隨之降低。例如，在偵測設備或部件變異時，感測器難以直接安裝在變異區內。而透過同時擷取如加速計/電流計或加速計/溫度的組合方式，結合來自兩個不同類型的感測特性(振動/電流或振動/溫度)，增加設備運行特性的感測多樣性，構成所謂的感測器融合，可交叉驗證不同感測維度上相關訊號的合理性，更能提升對變異的整體分辨能力。如圖2.9所示，透過融合加速計和熱電偶的資料，可用以監控機械軸承的老化或失效。

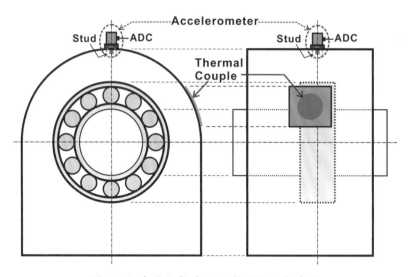

圖 2.9 加速計和熱電偶的感測器融合系統

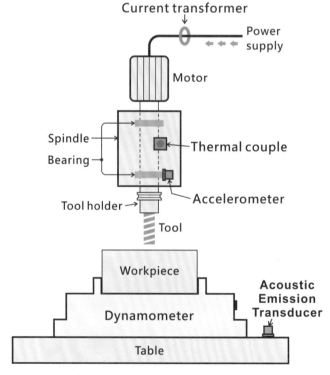

圖 2.10 使用五種感測器的融合系統

　　而圖2.10則呈現可用於工具機的感測器融合系統，此系統在機台上安裝五種感測器以偵測機台特性變化。加速規和熱電偶安裝在主軸上，電流感測器連接在馬達驅動電纜上，AE和動力計都安裝在機台工作台上。加速規和熱電偶融合可偵測主軸軸承變異，加速規和電流感測器融合可偵測刀具變異，而加速規、電流感測器與AE或動力計則可偵測加工變異。

2.2.1.2 製程參數收集

　　製程參數為標的設備(如機台控制器)的關鍵生產參數或條件。一般而言，製程參數的設定值與實際值在運作中會受到各種外在環境因素影響而微幅改變，舉例而言，銑削製程參數如主軸轉速，射出成型製程參數如壓力和溫度，均會因負載變動而有所變化，而製造變異可由此參數變化而有所窺知。

　　目前的機器設備，大多能定期更新製程參數值。基於乙太網路，如Open Platform Communication Unified Architecture (OPC-UA)、Modbus或MTConnect等通訊協定為現今設備的標配之一。與前述安裝外部感測器相比較，透過設備控制器直接存取製程參數相對容易。此一優勢使得加工過程中之低變動率的製程參數如溫度、刀具數、進給速等就能被廣泛地記錄。

　　然而，上述通訊協定在高更新率之情境時將有其限制。為確保機台在各式不同情境下的加工品質，機台控制器須能提供在複雜加工程序之情境時所須的高度運算能力。然而，增加外部設備對於控制器的通訊需求，將增加控制器正常程序的中斷風險；因此，典型的控制器僅維持有限的穩定更新率(100-500 ms)，當通訊頻率超過負載，控制器將僅回傳製程參數的預設值而非實際值。因此，主流的加工狀態監測方法通常使用感測器訊號和製程參數的組合。有關通訊標準的更多詳細說明，可參見第3章。

2.2.2　量測資料收集

　　產品品質指的是客戶所在乎之特定產品整體品質，而產品品質之量測作業旨在透過品質控管，將缺陷成本降至最低以符合客戶需求。量測報告透過各種實際量測儀器針對特定產品進行實際量測(如尺寸精度、表面粗糙度和位置公差等)，如三次元量床(Coordinate Measuring Machine, CMM)或自動光學檢測(Automated Optimal Inspection, AOI)設備，用以明確指出產品的狀態是否符合客戶的需求、規格與期望。無論如何，能夠確實檢驗每一個產品樣本的最終品質是為主要目標，即所謂的全檢(Total Inspection)或俗稱的百百檢。

要特別注意的是，隨著檢查頻率和量測地點的變化，量測延遲將限制產品全檢的可行性。因此，智慧應用[1-8]應取而代之來解決這個問題。簡言之，製程資料的變異是量測資料發生變化的主要因素，因此製程資料被廣泛作為預測變數；而產品的量測資料可以作為典型的監督學習或強化學習等方法的標籤變數或類別。換句話說，假設資料收集品質具相當可靠度，那麼製程和量測結果間的因果關係將為強相關，將可用以判別生產或加工過程是否良好。

因此，可透過分析製程變異對量測結果的貢獻程度，例如透過根因分析(Root Cause Analysis)法，以釐清可能對產品品質產生影響的加工參數或步驟為何。如此一來，製造商將會有機會透過持續改善製程變異的各種方法，降低其成品缺陷或瑕疵的困擾，進而達到零缺陷生產的目標。

2.3 資料前處理

資料前處理的目標在於刪除隱含在原始訊號內的雜訊，並萃取出含有關鍵特徵之相關資訊。通常，資料前處理依序包含三個典型步驟：訊號切割(Segmentation)、訊號消噪(Cleaning)與特徵萃取(Feature Extraction)，將於後依序介紹。

2.3.1 資料切割

此步驟準確切割出原始加工過程中重要的製程資料，例如從使用在數控加工機台的加工程式：數值控制(Numerical Control, NC)檔案，或是俗稱的加工路徑(Toolpath)檔。通常典型加工過程可能須耗時數分鐘至數小時，以致於整個收集的加工資料可能超過每秒100k位元組，而建立具體決策模型的前提是找出加工資料與相應的量測資料之間的因果關係。因此，精度預測或狀態監測等目的只須要精加工進行時的過程資料。一般來說，精加工的關鍵動作耗時僅有幾秒鐘。因此，需要一種切割方法來從NC檔中獲取關鍵的製程片段，而這些製程片段將與產品最終精度之量測項目有直接關聯。因此，如何自動關聯NC檔案製程片段與所對應量測項目是關鍵的第一步。

為了收集預期的製程片段所對應的感測資料，就不得不從控制器取得即時的加工狀態與參數。一般來說，輪詢方法(Pulling Method)乃透過控制器供應商所提

供之基於TCP/IP的通訊函式庫從控制器取得更新的加工狀態和參數。然而,這種方法存在下列3個問題:

1) 連續兩次查詢加工狀態的最小請求時間間隔僅為$100\,\mu s$。

2) 請求的回應時間可能在50到$300\,\mu s$之間隨機變化,具體將取決於控制器的負載。

3) 由於資訊流異常或訊息錯誤,控制器可能會忽略存取請求。

由於上述三種限制,以輪詢方法存取到的任何控制器資訊將包含隨機時間延遲而導致加工過程中所收集到的資料產生同步誤差,並降低精度預測的正確率。

為了避免發生上述同步誤差問題,本章節提出基於「機能碼(Miscellaneous Function Code)」,或稱M碼的資料切割方法。M碼原是用來控制設備去執行某些特定動作,例如,M08和M09分別用於開啟和關閉特定的切削液閥。而在本書,M碼將安插在NC程式中用來區分加工行為不可或缺的工具。當執行到預先定義好的M碼時,控制器中的可程式設計邏輯控制器(Programmable Logic Controller, PLC)將開啟或關閉指定的設備或特定動作。

「應用M碼米切割"X44Y50"單節程式」之案例如表2.2。"X44Y50"單節顯示在第1行,為了切割這個單節,M碼M_i和M_j分別塞入至NC碼的第$l-1$行和$l+1$行。當控制器執行M_i時,控制器將打開繼電器2和4。因此,繼電器1-4的組合成為繼電器代碼:"0101"。接著,此4位元將透過數位輸入/輸出(Digital Input/Output, DIO)端口發送到外部資料收集系統,並透過ADC收集感測資料。然後,在條件"0101"下執行"X44Y50"單節。因此,單節"X44Y50"的所有加工過程資料都會被收集。完成"X44Y50"單節後,執行M_j,使中繼代碼變為"0000",通知外部資料收集系統停止收集感測資料。

表 2.2 應用M碼在工具機NC碼中切割"X44Y50"區塊之範例
來源:經同意由[8]重製© 2015 JCIE.

行	程式區塊	繼電器1	繼電器2	繼電器3	繼電器4
…	…	0	0	0	0
$l-1$	M_i	0	1	0	1
l	X44Y50	0	1	0	1
$l+1$	M_j	0	0	0	0
…	…	0	0	0	0

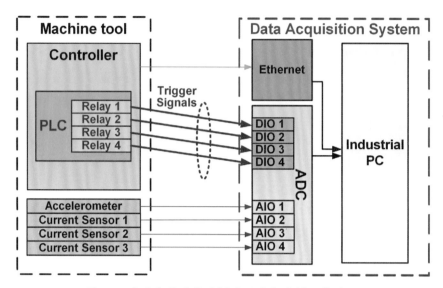

圖2.11 透過電子繼電器觸發的外部資料收集系統
來源：經同意由[8]重製© 2015 JCIE.

　　圖2.11展示一個由四個電子繼電器(即DIO)觸發的外部資料收集系統範例，用於從控制器獲取製造參數並從一個加速度計和三個電流感測器感應訊號。

　　給定訊號取樣率為2k Hz，只要能在0.5 μs內更新加工運行狀態並將控制器與外部資料收集系統之間的時間延遲固定在100 μs以下，就可以有效地降低同步誤差。收集的分段感測器資料可以與加工過程的最終精度項目準確同步。注意圖2.11和表2.2中使用四個繼電器共支援15組M碼用來預先指定15個加工動作(外加一組不可更改的歸零碼)。

2.3.2　資料消噪

　　第二步驟的資料消噪將在收集訊號並切割後執行。資料消噪能有效處理帶有雜訊的原始感測訊號。基本上，任何一段加工過程中，特別是在機械加工環境中所收集到的感測訊號皆包含了穩態(Stationary Signal)和非穩態訊號(Non-stationary Signal)。在這裡將「任何加工中所發生的事件特性皆不隨時間變化」之製程，定義為穩態製程。

　　非穩態訊號，包含那些不符合平穩訊號，如邊界值、峰值、中斷值或包含在訊號中的雜訊，其將導致從感測器收集到的原始資料的信噪比(S/N)過低，從而導致診斷或預測的準確性。訊號消噪嘗試濾除訊號中的雜訊以提高信噪比(Signal to Noise, S/N Ratio)，為後續的分析做好萬全準備。通常，訊號消噪可以透過使用各種時域或頻域技術來完成。以下分別介紹趨勢去除(Trend Removal)和小波門檻值(Wavelet Thresholding)方法。

2.3.2.1 趨勢去除

任何時間域訊號中如含有隨時間改變的「趨勢」，均可被定義為非平穩訊號。此種趨勢導致訊號長期且連續增加或減少；此對於設計穩定且高品質的製程來說，並不是一個好現象。藉由辨別此類趨勢，將有助於確定這些由設備或是環境引起的變化是否正常。透過從訊號中濾除或修正無意義的趨勢訊息，將可簡化問題並提高模型的表現。

如圖2.12(a)為一段10 Hz的交流電訊號，觀察其頻譜圖如2.12(b)，其位在0 Hz的直流分量幾乎不包含任何有用的訊息，而這種定值難以反應機械故障現象。此外，直流分量的極值更是遠大於要強調的特徵頻率，造成關鍵訊息難以被察覺。因此，這種直流分量務必要事先去除。如圖2.12(c)，在去除時間域訊號的平均值後(平趨勢從1調降為0)，見2.12(d)，頻譜將更強調出10 Hz的特徵頻率。

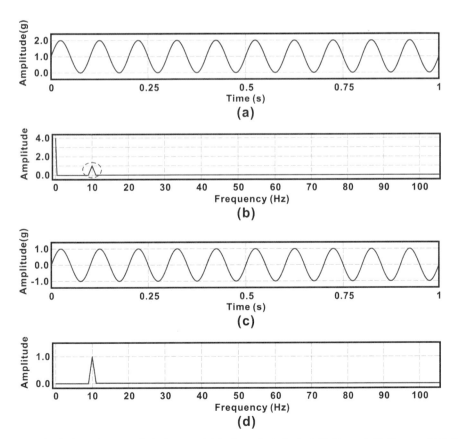

圖 2.12 交流電訊號：(a)時間域、(b)頻率域；去除直流分量後(c)時間域、(d)頻率域

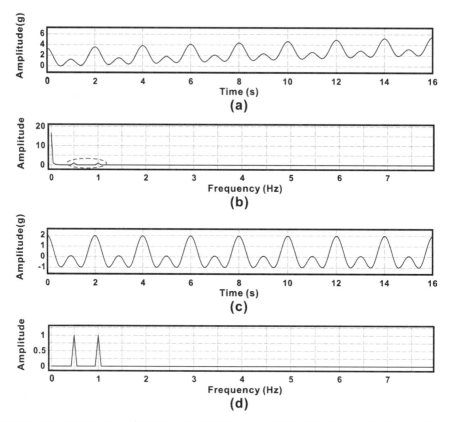

圖 2.13 餘弦波訊號：(a)時間域、(b)頻率域；去除線性趨勢後(c)時間域、(d)頻率域

　　圖2.13提供另一個去除趨勢之案例。在圖2.13(a)中顯示由兩個頻率0.5和1 Hz所構成的餘弦波訊號，隨著時間外加上一段遞增的線性函數。圖2.13(b)頻譜則可觀察在0、0.5和1 Hz的位置的特徵頻率。同樣，因為訊號直流分量的振幅太大而使得實際訊號的特徵頻率不明顯，將導致錯誤偵測。

　　因此，這種線性趨勢必須從訊號中去除。透過擬合出訊號的趨勢直線(或分段線性趨勢的複合線)，可透過最小平方法獲得，然後從原始訊號中直接減去趨勢，如圖2.13(c)所示。而圖2.13(d)顯示經過趨勢去除以後，頻譜比圖2.13(b)更具可讀性，因為直流電訊號已被去除。

2.3.2.2 小波門檻值消噪

　　小波門檻值消噪，或所謂的小波消噪，主要使用Mallat[9]所提出「基於快速小波轉換」的多元尺度分析表示(Multi-resolution Representation Analysis, MRA)方法，實現離散小波轉換(Discrete Wavelet Transform, DWT) [8-10]。

DTW所提供的離散小波係數(Wavelet Coefficient)在具稀疏分佈(Spare Distribution)特性和自動縮放(Auto-Zooming)能力，可同時表現出散佈在時間域和頻率域的物理意義。因此，DWT可準確捕捉隱含在雜訊背後的關鍵訊息，常用於過濾訊號雜訊或處理非穩態訊號以提高信噪(S/N)比。更多詳情可參考小節2.3.3.2和2.3.3.3。

DWT假設收集了M組與加工精度相關的加工訊號，每組資料長度為N，記為$s[i]$，$i=1$，$...$，N。設r和c分別代表原始和消噪後的資料。而透過DTW對精度項目p的離散原始訊號資料進行消噪，記為$\mathbf{S}_p^r$。因此，消噪後的離散訊號可以表示為$\mathbf{S}_p^c$，公式如下：

$$\mathbf{S}_p^c = \text{Denosing}\left(\mathbf{S}_p^r\right) \tag{2.1}$$

其中$\mathbf{S}_p^r = [s[1], s[2], ... , s[N]]_p$, $p=1, ... , M.$

典型的小波消噪過程包括三個步驟：小波分解(Decomposition)、小波門檻值(Thresholding)，與小波重構(Recomposition)，詳細描述如下。

- **小波分解**

MRA透過一系列的低通與高通濾波器將$\mathbf{S}_p^r$分解為同時具時間與頻率二元關係的小波係數。以下以L層的小波分解進行詳細說明。

首先將長度為$N=2^L$的$\mathbf{S}_p^r$輸入到低通濾波器$g[k]$和高通濾波器$h[k]$中，然後$\mathbf{S}_p^r$與$g[k]$和$h[k]$進行卷積以生成長度為$N/2$的二個向量，分別為$c_1^a[n]$跟$c_1^d[n]$。$c_1^a[n]$跟$c_1^d[n]$代表離散小波轉換於第一層的低頻係數(又稱近似係數Approximate Coefficient)與高頻係數(又稱細節係數Detailed Coefficient)。進一步地，$c_1^a[n]$作為輸入用於獲得係數長度為$N/4$的第二層的小波係數$c_2^a[n]$跟$c_2^d[n]$。換句話說，在連續的尺度層上，低頻係數和高頻係數之間存在遞迴關係。因此，長度為N的小波係數在第j層的一般分解形式可以表示為：

$$c_j^a[n] = \sum_{k=0}^{\left(\frac{N}{2^{j-1}}\right)-1} c_{j-1}^a[2n-k]g[k], \tag{2.2}$$

$$c_j^d[n] = \sum_{k=0}^{\left(\frac{N}{2^{j-1}}\right)-1} c_{j-1}^a[2n-k]h[k], \tag{2.3}$$

其中

j	縮放參數j=1, 2, ..., L；
L	分解層數；
N	離散訊號的資料長度；
n	平移參數n=0,$_1$, 2, ... , $\frac{N}{2^j}$；
$c_j^a[n]$	第j層之第n個高頻係數；
$c_j^d[n]$	第j層之第n個低頻係數；
$g[k]$	離散小波轉換之低通濾波器；
$h[k]$	離散小波轉換之高通濾波器。

　　圖2.14為三層離散小波轉換分解的案例。在資料取樣率2,000 Hz的前提下，訊號被分解為小波係數集合$c_j^a[n]$和$c_j^d[n]$，其中$\{A_1, D_1\}$,$\{A_2, D_2\}$和$\{A_3, D_3\}$分別表示1-3層的低頻灰色部分(A_i)和高頻白色部分(D_i)係數。

　　小波消噪的表現好壞取決於兩個關鍵因素，門檻值λ和門檻值函數。本書的小波消噪使用軟限制方法(Soft-Thresholding Method)對雜訊訊號的特定頻譜進行自我調整濾波，以獲得修正的小波係數$\hat{c}_j[n]$。令在第j層$c_j[n]=\{c_j^a[n], c_j^d[n]\}$。

- **小波門檻值**

　　如果$|c_j[n]|$小於或等於選擇的門檻值λ，則軟門檻值方法將每個小波係數$c_j[n]$設定為零；否則，從任何$c_j[n]$中減去門檻值。然後，在j層的所有修正係數$\hat{c}_j[n]=(\{\hat{c}_j^a[n], \hat{c}_j^d[n]\})$可以定義為：

$$\hat{c}_j[n]= \begin{cases} sign(c_j[n]) \cdot (|c_j[n]|-\lambda), \ if \ |c_j[n]| >\lambda \\ 0, \ if \ |c_j[n]| \leq\lambda \end{cases} \tag{2.4}$$

$$\lambda=1.483MAD(c_{L-1}[n])\sqrt{2\log(N)}; \ n=1, 2, ... , 2^{L-1}, \tag{2.5}$$

其中

$c_j[n]$	第j層第n個小波係數；
$\hat{c}_j[n]$	第j層第n個小波修正係數；
λ	$c_j[n]$之門檻值；
$MAD(c_{L-1}[n])$	$c_{L-1}[n]$的平均差。

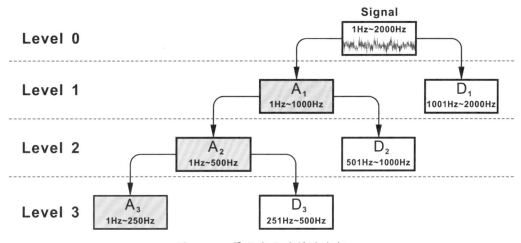

圖 2.14 三層離散小波轉換分解

• 小波重構

　　消噪後的感測器資料S_p^r可以在L層從所有修改的小波係數中重建回去。重建過程與分解過程相反；也就是說，該過程以層數$j=L$，$L-1$，…，直到1。因此，在每一層修正低頻係數$\hat{c}_{j-1}^a[n]$, $(n=1, 2, 3, ..., N/2^j)$，$j-1$可以透過在解析度j對修正高頻和低頻係數進行上取樣(up sampling)並重構。最後，在$j=1$的情況下獲得S_p^r，如式(2.6)：

$$S_p^c = \sum_{k=0}^{\left(\frac{N}{2}\right)-1} \hat{c}_1^a[2n-k]g(k) + \sum_{k=0}^{\left(\frac{N}{2}\right)-1} \hat{c}_1^d[2n-k]h(k); n=1, 2, ... , \frac{N}{2} \qquad (2.6)$$

2.3.3 特徵萃取

　　特徵萃取(Feature Extraction) [6-8]是以「產生較小的線性或非線性組合來表示原始高維度資料」之系列過程。因此，消噪後的感測訊號務必要轉換成有意義的訊號特徵(Signal Feature, SF)。它從各種面向以物理意義的方式去描述訊號，並保留原本加工製程的相關資訊[6]。然而，只使用單一的SF來監控加工製程是不夠的[7]。為了正確監控加工製程間的狀態或精度，需透過使用多種類的SF，方能捕捉到各種的風吹草動。

　　本小節將介紹常見的時間域(Time Domain)、頻率域(Frequency Domain)和時頻域(Time-Frequency Domain)中常用的特徵萃取方法。而特徵選取(Feature Selection)

則是另一種用於從特徵集中，刪除冗餘特徵來定義一個維度較小、較簡潔之特徵子集合的過程，將在第2.3.3.1小節中進行介紹。此外，第2.3.3.4小節介紹了基於自動編碼器(Autoencoder, ANN)的特徵萃取方法[11,12]。

2.3.3.1 時間域

從時間域訊號中選取的訊號特徵(SF)相當直觀，常用於觀察時間訊號在過去或特定時段內的變化。「敘述統計之訊號特徵」(Statistical SF)及「相關性之訊號特徵」(Correlation-based SF)是兩種用來描述實際製造應用中訊號變化的主要方法。

在訊號處理技術中，統計描述的訊號特徵可識別基本波形的形狀變化；而基於皮爾遜相關係數(Pearson Product Moment Correlation Coefficient) [13]的交互相關(Cross-correlation)和自我相關(Autocorrelation)則可以觀察到時間對於訊號變異的關係。以下介紹基於統計、交互相關和自我相關之訊號特徵的特徵選取方法。

- **統計性描述訊號特徵**

如果加工參數(如進給速度、主軸轉速、切削深度)固定且加工後的精度在所規範之特定範圍內，則加工製程可視為滿足標準的「準靜態條件」(Quasi-static Condition) [8]。在這種情況下，楊等學者[8]總結了九種常透過$\mathbf{S}_p^c$來表現的特徵訊號。

對於消噪後的時域訊號$\mathbf{S}_p^c$包含N筆資料點(訊號長度=N)而言，這九種SF表示和定義如表2.3所示，包括：

- ✓ 平均值(*avg*)
- ✓ 標準差(*std*)
- ✓ 最大值(*max*)
- ✓ 最小值(*min*)
- ✓ 用於呈現峰值差異的峰對峰值(*ptp*)
- ✓ 用於測量訊號的峰態係數(*kurt*)
- ✓ 用於測量訊號的不對稱性的偏態係數(*skew*)
- ✓ 用於表示變異的加權效應的均方根(*RMS*)
- ✓ 用於表示波形中峰值的極端程度的波峰因子(*CF*)

表 2.3 時間域的訊號特徵

訊號特徵	公式	描述
平均值	$\dfrac{1}{N}\sum_{i=1}^{N}(\mathbf{S}_p^c(i))$	Average
標準差	$\sqrt{\dfrac{1}{N}\sum_{i=1}^{N}(\mathbf{S}_p^c(i)-avg)^2}$	Standard Deviation
最大值	$\max(\mathbf{S}_p^c)$	Max
最小值	$\min(\mathbf{S}_p^c)$	Min
峰對峰值	$\max(\mathbf{S}_p^c)-\min(\mathbf{S}_p^c)$	Peak to Peak
峰態係數	$\dfrac{\frac{1}{N}\sum_{i=1}^{N}(\mathbf{S}_p^c(i)-avg)^4}{std^4}$	Kurt 1 / Kurt 2 / Kurt 3
偏態係數	$\dfrac{\frac{1}{N}\sum_{i=1}^{N}(\mathbf{S}_p^c-avg)^3}{std^3}$	Positive Skew / Negative Skew
均方根	$\sqrt{\dfrac{1}{N}\sum_{i=1}^{N}\mathbf{S}_p^c(i)^2}$	RMS
波峰因子	$\dfrac{max}{RMS}$	RMS Max

　　因此，這9種SFs可視為基於專家知識的特徵集。假設如圖2.11的案例共安裝一個振動感測器與三個電流感測器，總共就有36個SFs，因每個感測器有9種SFs。

　　這36個SFs可當作任何智慧系統的輸入特徵集合。然而，其中可能存在冗餘或相依關係，可能降低模型準確性。通常SF數量越大，所須的訓練樣本就越多[4]。

現行特徵選取方法[6-8]主要在模型建立或模型更新的過程中自動找出小維度的SF子集合，來提高模型的準確性。然而，這類型的方法因在每次模型更新過程的SF集合都可能發生改變，這種特性因無法與過去比較，而不適合於實際應用。實際產線需要以固定簡潔的SF集合，才能與歷史資料進行比較。因此，須借助專家經驗(Expert Knowledge, EK)，以基於專家經驗(EK-based)的選擇方式來定義1組固定不變的SF集合，詳述如下。

● **基於專家經驗的特徵選取流程**

由於加工品質直接受到刀具狀態的影響，在選擇振動訊號的SF時，一定要將足以反映刀具狀態的SF給考慮進來。在高轉速的加工過程中，任何刀具斷裂或刀盤磨損所產生的切削能量將大幅增加，透過觀察振動訊號的*max*、*RMS*和*avg*這3種SFs，可有效偵測到檢測工件和刀具間的振幅和能量變異的能力。

滾珠軸承是廣泛內嵌在機台內的重要零件之一。因此，軸承的異常狀態將造成旋轉系統故障，甚至一併引發嚴重的加工失效。*skew*和*kurt*是兩種應用於早期檢測出軸承故障的SFs。此外，*kurt*在從慢速到高速的整個範圍具有很好的偵測能力，它的靈敏度足以提供軸承初期的故障訊息。此外，*std*和精度具有強烈相關，能夠檢測加工過程中的微小變化，和工件實際變異具有良好的相關性。

接下來說明與電流訊號有關的精簡SF集合。通常主軸電流的*RMS*能正確表現「動態切削力」的變化，可用於監測刀具斷裂和精度預測。當處理的訊號是交流電時，CF能有效檢測電力系統是否有能力輸出穩定電流。此外，*avg*也可作為判斷刀具是否斷裂或磨損的重要SF。最後，與振動訊號相同，*max*可用於偵測加工過程中任何異常的電流峰值。

這裡以加速器和電流感測器為例，來說明如何挑選一精簡的SF集合。同樣的道理，其他感測器如測力計、AE感測器或溫度計也可以用一樣的邏輯產生各式精簡SF集合。簡而言之，用於振動訊號的六種SFs包括：*max*、*RMS*、*avg*、*skew*、*kurt*、和*std*。而電流的四種SFs則是*RMS*、*avg*、*max*、和*CF*。

● **交互關聯(Cross-Correlation)訊號特徵**

一般來說，皮爾森積差相關係數[13]衡量兩個訊號在沒有任何時間延遲下之同一時間內的相似程度。有鑑於$\mathbf{x}(t)$和$\mathbf{y}(t)$是2個時間為T的連續時間訊號，它們的相關係數值cr_{xy}，質域從-1到+1，定義為(2.7)。

$$cr_{xy} = \frac{\sum_t^T [\mathbf{x}(t) - avg(\mathbf{x})][\mathbf{y}(t) - avg(\mathbf{y})]}{\sqrt{\sum_t^T (\mathbf{x}(t) - avg(\mathbf{x}))^2} \sqrt{\sum_t^T (\mathbf{y}(t) - avg(\mathbf{y}))^2}} \tag{2.7}$$

　　交互關聯(Cross Correlation)與相關係數相當類似，但交互關聯多考慮了時間延遲特性。一個有時間延遲的訊號是被允許在另一個訊號上移動的，以便能比較出兩個獨立訊號在每個階段的相似程度。它有助於找出兩個波形在某個時間段內最匹配的地方。對於隨機訊號，$\mathbf{x}(t)$和$\mathbf{y}(t)$之間的交互關聯CR_{xy}用(2.8)表示。

$$CR_{xy} = \frac{\gamma_{xy}}{\sqrt{std(\mathbf{x})^2 std(\mathbf{y})^2}} \tag{2.8}$$

其中γ_{xy}在(2.9)中代表協方差(covariance)。

$$\gamma_{xy} = \frac{1}{T} \sum_{t=1}^{T} [\mathbf{x}(t) - avg(\mathbf{x})] [\mathbf{y}(t) - avg(\mathbf{y})] \tag{2.9}$$

因此，交互關聯性可以透過(2.10)來簡化：

$$CR_{xy} = \frac{\sum_{t}^{T} [\mathbf{x}(t) - avg(\mathbf{x})][\mathbf{y}(t) - avg(\mathbf{y})]}{\sqrt{\sum_{t}^{T} [\mathbf{x}(t) - avg(\mathbf{x})]^2} \sqrt{\sum_{t}^{T} [\mathbf{y}(t) - avg(\mathbf{y})]^2}} \tag{2.10}$$

　　對確定性訊號而言，兩個連續和週期性訊號$\mathbf{x}(t)$和$\mathbf{y}(t)$的交互關聯可以透過從正無窮到負無窮的積分來定義，如(2.11)，其中符號*表示複數共軛；$\mathbf{x}(t)$是固定的，$\mathbf{y}(t)$向前或向後移動了m個時間單位，就是所謂的位移或延遲。

$$CR_{xy}(m) = \int_{-\infty}^{\infty} \mathbf{x}(t)\mathbf{y}^*(t-m)dt \tag{2.11}$$

　　對於長度為N的離散訊號$\mathbf{x}[n]$和$\mathbf{y}[n]$，交互關聯的定義與(2.12)相同，兩個訊號的乘積和積分在每一點上都被週期為T的任何區間所取代。

$$CR_{xy}[m] = \sum_{n=-\infty}^{\infty} \mathbf{x}[n]\mathbf{y}^*[n-m] \tag{2.12}$$

　　交互關聯重複地沿X軸連續滑動一個訊號並與其他訊號進行比較，直到找出最大的相關值。原因是如果兩個訊號具有相同的趨勢(都是正的或負的)，其往往有很大的相關性。特別是，當兩個峰值是一致的，相關性就會很高。另一方面，當訊號在某一時刻具有相反的符號時，它的相關性或積分面積將會是小的。

交互關聯在單一訊號自我辨識或兩訊號間的特徵辨識中非常有用。它被廣泛用於檢查感測器資料穩定性或濾除量產環境中的雜訊。請注意，每個CR_{xy}可以視為SF集合中的關鍵特徵，表示為$\mathbf{SF}_{CR(xy)}=CR_{xy}$。

- **自相關(Autocorrelation)訊號特徵**

自相關(Autocorrelation)，或是所謂的序列相關，一樣會執行相同的交互關聯比對程序。訊號與自身的延遲形式進行相同的交互關聯比對。因此，自相關所要做的就是把(2.8)到(2.12)中的$\mathbf{y}(t)$用$\mathbf{x}(t)$代替。請注意，如自相關訊號的最大值存在於位移原點，這意味著此兩個訊號是完全重疊的。自相關在訊號處理中被廣泛用於識別一些重複的加工訊號，如檢測缺失的頻率或關鍵訊息的存在。

2.3.3.2 頻率域

頻率域SF可以反應訊號在一定頻率範圍內的能量分佈。理論上，週期性訊號是由許多不同頻率的正弦訊號組成的，如三角訊號實際是由無限個正弦訊號所組成。傅立葉轉換(Fourier Transform, FT)技術，是目前最普遍使用在數位訊號處理的方法之一，它可將任意訊號視為正弦或餘弦的組合並直接投影至頻率軸(頻譜) [10]。

如圖2.15所示的時域和頻率域的轉換，一個由兩個不同頻率的波形組成的時間域訊號被轉換到頻域，兩個訊號所代表的兩根振福分別在頻譜之特定頻段被清楚顯示。

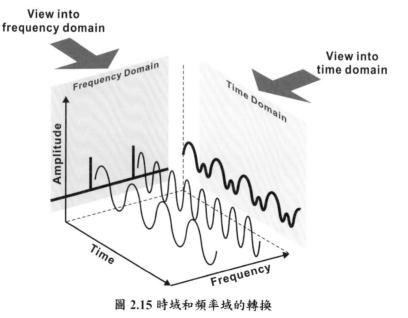

圖 2.15 時域和頻率域的轉換

轉換到頻率域的缺點是在處理大量資料時，計算會非常耗時。因此，基於FT的快速傅立葉轉換(Fast Fourier Transform, FFT)被用來處理非週期與離散的時間域訊號[10]。FFT可降低計算FT的複雜性，並快速計算其頻率分布的資訊。著名的數學家Gilbert Strang也於1994年[14]提到「FFT是人類歷史上最重要的數學演算法」。在(2.13)，FFT將任何離散訊號x[n]透過正交三角函數分解成頻譜。

$$\mathbf{FFT}[n] = \sum_{n=1}^{N} e^{-i\frac{2\pi}{T}nl}\mathbf{x}[n] \tag{2.13}$$

在圖2.16(a)顯示一個從實際旋轉的主軸上收集的振動訊號(取樣頻率為每秒2,048 Hz)，主軸轉速為每分鐘2,000轉(rpm)。圖2.16顯示在頻譜上有三個主要的頻率峰值，分別是33.3 Hz、66.6 Hz和99.9 Hz。它們分別代表1倍頻、2倍頻與3倍頻。其他一些不重要且可被忽略的頻段，因在時間域的振幅相對較小且難以被發現，然而卻可以在頻譜中明確觀察出來。

基於FFT的SF集合SFFFT(q)可以從接近第q個特定頻率的FFT[n]值的總和中萃取出來。該頻段由關鍵的低頻和高頻界定，如(2.14)。

$$\mathbf{SF}_{\mathrm{FFT}(q)} = \sum_{n=lf_q}^{uf_q} \mathbf{FFT}[n] \tag{2.14}$$

其中$q=1, 2, ..., Q$且

uf_q 第q個關鍵的頻段上界；

lf_q 第q個關鍵的頻段下界。

對於穩態訊號，FFT能透過頻譜顯示出訊號的特徵頻段，卻無法指出某個特定頻段發生的時間點，以及時間域和頻率域的分辨率是否足夠。

通常，FFT適用於處理穩態訊號，非穩態訊號將無法使用FFT獲得充分的頻譜描述。因為它的頻率特性會隨時間動態變化。因此，利用時頻域萃取其他的SF是必要的。

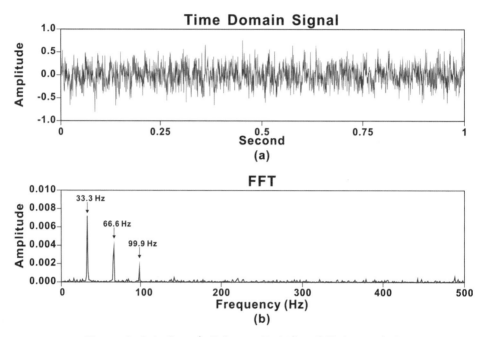

圖 **2.16** 振動訊號**(a)**時間域；**(b)**快速傅立葉轉換之頻率域

2.3.3.3 時頻域

　　時頻分析可同時在時間域與頻率域描述一個非穩態訊號。與其他傳統頻率域分析技術相比，時頻分析的優勢在於能專注於局部的細節。雖短時傳立葉轉換(Short-Time Fourier Transform, STFT)方法可藉由時間窗格尋找頻譜與時間軸的關係，但仍存在缺陷。STFT以固定時間長度為窗口沿著原始訊號的時間軸移動，STFT將計算在時間窗口內的FT分量。

　　如圖2.17所示，STFT在時間域與頻率域都使用相同的分辨率。海森堡不確定性定理(Heisenberg Uncertainty Principle) [15]指出，在時間軸與頻率軸都使用相同的分辨率是不切實際的，因為這在兩個軸的任何一點乘積都是不變的定值。

　　一個較長的時間窗口有更好的時間分辨率，但頻率分辨率較差，反之亦然。一般來說，非穩態訊號的特徵頻率經常出現在高頻且轉瞬即逝。然而固定時間長度窗口使得高頻的分辨率較差。解決FT相關問題的一種代表性技術是小波包轉換(Wavelet Packet Transform, WPT) [10,11,16]。WPT不僅在時間和頻率尺度上動態改變解析度，更提供了多種母小波卷積函數，可依訊號特性做出最適當的選擇。

　　關於圖2.18的分辨率，是假設低頻特徵持續發生在整段訊號時間裡，而高頻則不時地以短脈衝的形式夾雜在訊號裡，這也是在實際應用中最常出現的狀況。

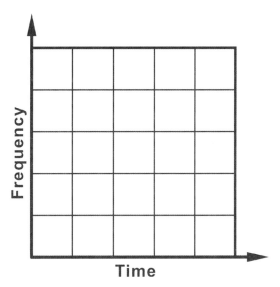

圖 2.17 短時傅立葉轉換的解析度固定

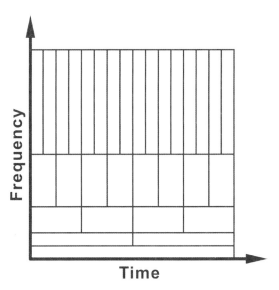

圖 2.18 小波包轉換的動態解析度

在本節中，WPT將作為主要的時頻分析方法，為各種機械應用萃取有用的 SF。WPT可說是通用化的離散小波轉換(DWT)，得以提供更豐富的資訊，並可透過在2.3.2.2小節所介紹的MRA來實作。

如圖2.14所示，儘管DWT提供了靈活的時頻解析度，但由於只有近似係數 $c_j^a[n]$ 能被送到下一層再分解成近似係數和細節細數 $c_j^d[n]$，這使得高頻區域的分辨率相對低頻區域來得低。因此，部分存在於高頻區域的特性難以被捕捉或區分。

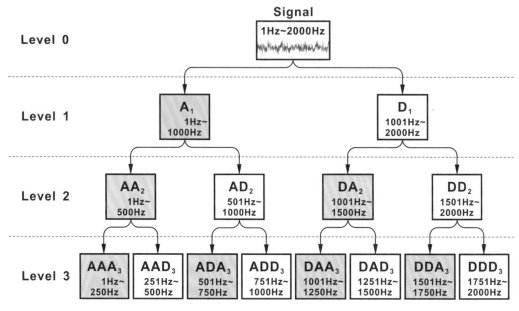

圖 2.19 基於WPT的二元分解樹

　　圖2.19展示一張基於WPT的二元分解樹。WPT可根據分析頻段之需求，連續分解每一層的近似係數和細部係數。圖2.19的原始訊號和圖2.14相同，透過一系列低通$g[k]$ (縮放函數)濾波器和高通$h[k]$ (小波函數)濾波器將頻譜連續分解為不同的層，將頻譜劃分為一個低頻段和一個高頻段，分別表示為近似$c_j^a[n]$ (灰色區塊)和細節$c_j^d[n]$ (白色區塊)係數。須要注意的是，即使是在高頻區域的細節係數，也可以到下一層繼續分解，使其具有更好的解析度。最後，三層的WPT共產生八個子頻帶，而每個子頻帶的頻寬將覆蓋整個訊號頻譜的1/8。

　　因此，對於一個長度為N的離散訊號，在第2.3.2.2節定義的最終層L給定WPT係數$c_L[n]=\{c_L^a[n], c_L^d[n]\}$，然後由基於WPT的第u節點能量SF: SFWPT(u) [16]所組成的集合，可以用(2.15)表示。

$$\mathbf{SF}_{\mathrm{WPT(u)}}= \sum_{k=(u-1)*v}^{u*v-1} (c_L[k])^2 \tag{2.15}$$

其中

u　　　在L層的小波包節點，$u=1, 2, ..., L$；

v　　　在L層的每個小波包節點的子帶長度，$v=N/2^L$。

包含在特定頻段的訊號的能量分佈是根據所有的$c_L[n]$計算得來，並可作為SF使用[16]；這比直接使用$c_L[n]$提供更多有用的訊息。因此，WPT無論在時域和頻域都能精確找出隱含在非平穩訊號背後的關鍵訊息，而被廣泛應用於機台故障診斷。

2.3.3.4　自動編碼器

近年來，自動編碼器(Autoencoder, AEN)逐漸成為資料分析領域中不可或缺的技術。AEN可以有效降低資料維度[11,12]，是一種無監督式的反向傳播神經網絡，由三個完全連接層所組成：編碼器或稱輸入層(Encoder Layer)、代碼或稱中間層(Code Layer)，和解碼器(Decoder Layer)或稱輸出層。

編碼器層對輸入資料進行編碼並壓縮到編碼層，然後解碼器層將編碼層中代表壓縮後的輸入資料的內部重構為輸出資料，並盡可能讓輸出資料接近原始輸入資料。如圖2.20所示，編碼器層、代碼層和解碼器層等每一層都最少需由一個子層構成。設x為輸入集合向量，則各層間數學關係定義如(2.16)和(2.17)，AEN的輸出$\hat{x}$與x屬於同一個空間。

$$h=f_{EN}(x)=f_a(W_{EN} \cdot x+b_{EN}) \tag{2.16}$$

$$\hat{x}=f_{DE}(x)=f_a(W_{DE} \cdot h+b_{DE}) \tag{2.17}$$

其中

h	中間層的壓縮代碼；
$\hat{x}$	由中間層的c重構出來的輸出；
f_{EN}	編碼器層；
f_{DE}	解碼器層；
f_a	激活函數；
W_{EN}	編碼器中節點的網路權重；
W_{DE}	解碼器中節點的網路權重；
b_{EN}	編碼器層節點的偏差；
b_{DE}	解碼器層節點的偏差。

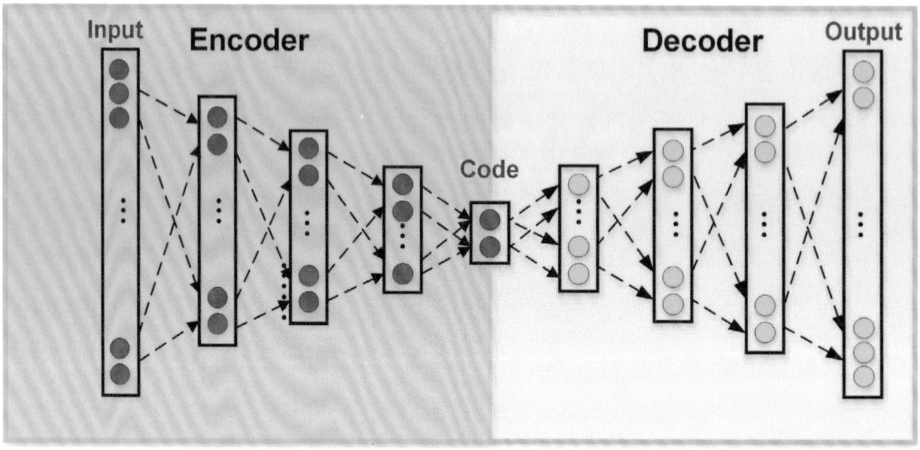

圖 2.20 自動編碼器AEN之結構

輸入和輸出節點的數量取決於原始資料的大小,而代碼層中的節點數量是一個超參數(Hyper-parameter),它會像其他超參數一樣根據AEN架構和輸入資料格式而變化。所有的權重和偏差通常是隨機初始化的,透過反向傳播算法迭代更新權重,使x和x̂之間的重建誤差最小。這種訓練技術可以迫使每一層學習其上一層的更高層次的表示法。

與其使用整個AEN,經過壓縮的代碼h被廣泛用來做一種表示原始輸入集的簡潔SF。如果代碼層中有cp個成分,那麼SF集SF_{AEN}可以定義為$h_1, h_2, ... h_{cp}$。這種特徵萃取方法和其他降維(Dimensionality Reduction)技術非常相似,例如主成分分析(Principal Component Analysis, PCA)。

2.4 案例研究

藉由使用四組來自實際設備的加工資料,驗證並說明資料收集(Data Acquisition)與資料前處理(Data Preprocessing)等技術的應用成果。

2.4.1 減少熱效應在應變規的影響

本案例為為監測數控銑床在智慧型刀把(Tool Holder)加工過程產生的切削力和扭矩力。由於應變規會隨著受力而改變長度使電阻值發生變動,因此在刀把安裝數個應變規,用來檢測刀把彎曲與扭轉的程度。如圖2.21所示,應變規輸出的電壓經由惠斯登電橋(Wheatstone Bridges)放大後，使用ADC收集並透過微處理器轉為數位訊號，再透過訊息佇列遙測傳輸(Message Queuing Telemetry Transport, MQTT)與Wi-Fi模組傳輸到邊緣計算機進行處理。

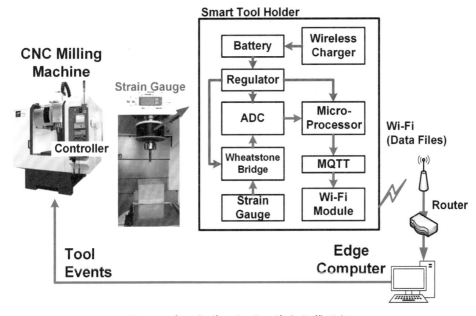

圖 2.21 應用智慧刀把進行機台狀態監控

當智慧刀把檢測出刀具已破損或剩餘使用壽命(RUL)不足時，將向CNC控制器發出警示。刀把在各種加工條件下依舊夾緊刀具，而刀把長度在微小變化下仍使應變規的電阻值發生變化。該高精密度的感測器，可檢測工具機於加工過程中刀把長度在小於1 μm以下的變化。然而即便工具機在閒置狀態，應變規似乎也有相當程度的熱變化。因此，如何從應變資料中剔除因熱效應而產生的應變是一個挑戰。更多案例原始資料說明可參閱IEEE DataPort [17]。

圖2.22(a)描述在加工過程期間收集時間長度為2.8秒的原始訊號(取樣率為10k Hz)。由於機器本身的高熱容量，可以假設熱變化在短時間內(例如5秒)是恆定的。在使用Level=5的小波轉換(註記為DB5)去除雜訊後，可以得到如圖2.22(b)所示的熱效應。然後，從原始資料中減去熱效應，就可以得到如圖2.22(c)所示的去除熱效應後的真實應變訊號。

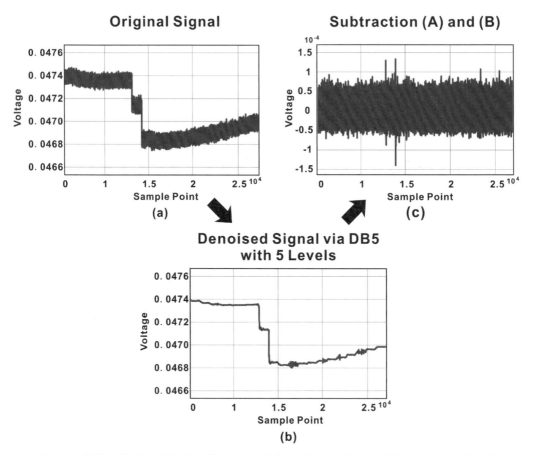

圖 **2.22** 應變規資料去除熱效應雜訊(a)去除雜訊前；(b)熱效應趨勢；(c)去除雜訊後

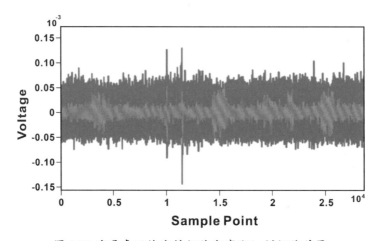

圖 **2.23** 消噪處理後空轉訊號與實際切削訊號差異

透過減去平均值，可以去除在原始訊號的熱效應並將其標準化。如圖2.23，較深和較淺的線分別代表使用小波母函數DB3消噪前後的訊號。在加工過程收集的訊號包含實際切削週期與空轉。

比較實際切削與空轉運行期間收集的數值(範圍在±0.035 mV)，可以將刀具在實際切削期間的測量值從背景噪聲中濾除，並在±0.083 mV的範圍內得出。在對原始資料進行消噪處理後，空轉運行訊號與刀具實際切削訊號之間的比率可以從1提高到2.37，這使得建模的有效特徵萃取變得相對容易。

2.4.2 自動資料切割

透過振動訊號診斷刀具運行過程的磨耗程度為典型做法。在任何加工過程中，刀具被刀把固定在主軸上。此時主軸的穩定性將影響刀具切削精度；因此，在主軸安裝高解析度的加速度計，即可根據主軸振動的變化來監測刀具磨耗的狀態。

然而，部分特殊案例無法在加工路徑檔中標註足夠的M碼進行資料收集。例如太過複雜的精加工動作需要大量DIO來配對切割，卻因沒有足夠的人力或時間無法事先備妥大量M碼時，就無法及時收集到部分關鍵的加工片段。

面對這種狀況，可行的解決方法是拉長資料收集的時間以應對減少M碼的使用數量。但也導致收集過多沒意義的資料進來，最後不僅是加工感測訊號，連同其餘製程參數資料也涵蓋大量無意義的訊息。舉例來說，一段長時間片段的振動訊號，就包含了空轉(即刀具未接觸工件)以及實際加工(即刀具與工件有接觸)期間的過程。因此，此案例真正的挑戰在於如何準確切割資料進行後續的刀具磨耗的評估。

圖2.24分別說明透過訊號取樣率為2,048 Hz的三軸加速度計，收集於材料FDAC鑽孔時所產生的振動訊號。為提高刀具的可用性，將一個孔洞的鑽孔分為多次進行。每次鑽孔深度為0.5 mm，直到鑽孔總深度達到4 mm後才停止。進給速度(Feed Rate)和主軸轉速(Spindle Speed)分別為100 mm/min和4,500 rpm。觀察圖2.24可發現在Z軸有七段顯著的振動，並將實際加工週期以手動分段從編號1到編號7。更多案例原始資料說明可參閱IEEE DataPort [18]。

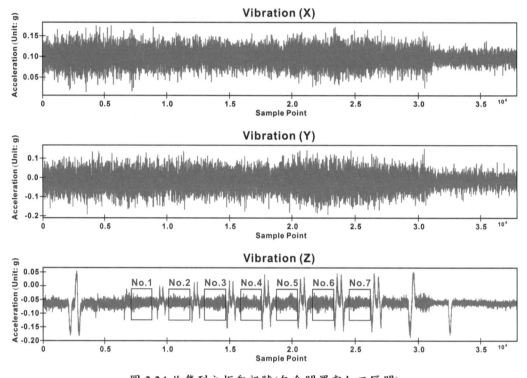

圖 2.24 收集到之振動訊號(包含閒置與加工區間)

　　為了透過Z軸振動資料來自動切割前述的實際鑽孔週期，使用具有編碼器、代碼、以及解碼器的AEN模型來學習在特定條件下的空轉特性。在這個資料切割案例，以編碼層(具有32、16、8和4節點數共四層結構)將輸入資料壓縮為中間層的代碼，而解碼層(具有4、8、16和32節點數共四層結構)將代碼解壓縮並作為輸出。中間層中只有一個節點被用於評估建模和測試特徵之間的距離。

　　首先，使用WPT (Level=5)從在空轉期間的振動資料導出32個參數值。在圖2.25比較在空轉期間從Z軸的振動資料萃取的32個參數值，以及在四種不同主軸轉速(3000、3500、4500、和5000 rpm)條件下，同樣是從主軸振動資料導出的32個WPT參數來訓練AEN結果的兩個趨勢。兩種不同來源的數值具有高度相似性，表示AEN是可靠的。

　　之所以選擇Z軸振動作為訓練AEN模型的學習標準，是因為主要鑽孔負載發生在Z軸，而不是X軸或Y軸。如果採X軸或Y軸的振動資料訓練AEN模型，則AEN的精度會更差，這是因為空轉與實際鑽孔之間的負載差異不夠明顯。

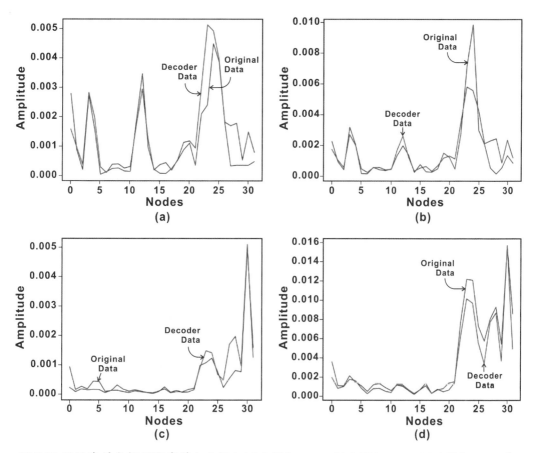

圖 2.25 原始資料與解碼器資料之比較：(a) 3,000 rpm；(b) 3,500 rpm；(c) 4,500 rpm；和 (d) 5,000 rpm

因此，一旦AEN模型學習到空轉的特徵，就可以透過比較空轉與實際加工之間的差異來辨別刀具是否實際切削到工件。圖2.26展示使用AEN模型的訊號自動切割結果。圖2.26(a)以每0.2秒為單位比較從開始資料收集到結束，實際加工的測試特徵(鑽孔期間X軸振動)與AEN模型的建模特徵(空轉期間Z軸振動)之間的距離。

如圖2.26(a)，穩定片段的最大距離代表建模和測試特徵之間存在高度差異，即可辨識出實際鑽孔階段。至於X軸振動資料則可根據Z軸振動的負載區間長度來切割，如圖2.26(a)中兩條紅色虛線所示。因此，可以使用AEN模型自動地切割Z軸振動資料(圖2.24底部)為七個實際鑽孔截面。綜上所述，可以利用馬達或主軸⋯等之各種轉子部件的振動特性對原始資料進行切割，進而自動地減少耗時的手動切割。

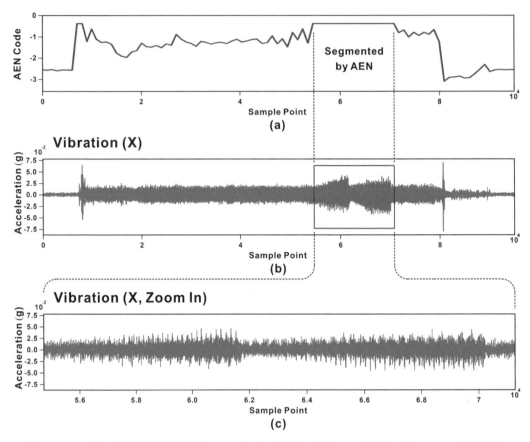

圖 2.26 AEN模型的自動切割結果：(a)與Z軸振動訊號之AEN編碼距離；(b) X軸振動訊號；和(c)切割之訊號放大

2.4.3 刀具狀態診斷

　　一般來說，刀具在長久的使用過程將產生磨耗，並隨著磨耗而帶來額外的振動。在本案例中，以訊號取樣率2,000 Hz收集「側銑刀」從新刀至嚴重磨損狀態之感測資料。更多案例原始資料說明可參閱IEEE DataPort [19]。

　　以WPT (Level=4)分解時間域訊號資料，可獲得16個的WPT節點。如圖2.27的上半部所示，新刀具和已磨損刀具之間的時間域訊號資料的差異不大。圖2.27說明WPT資料的第13WPT、第14WPT與第15WPT，新刀與已磨損的刀具有明顯不同的資料。在此處的第13、14，與15的WPT節點振動頻寬範圍分別代表約750-812.5 Hz、812.5-875 Hz和875-937.5 Hz。每個頻寬範圍的詳細振幅如圖2.27的下半部所示。

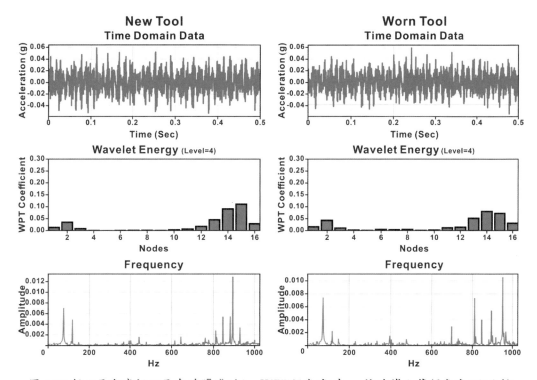

圖 2.27 新刀具與磨耗刀具在時間域(上)、WPT頻率域(中)、快速傅立葉頻率域(下)比較

　　圖2.28顯示在四種切削深度(從4 mm到7 mm)，從X軸和Y軸振動萃取的32個WPT特徵的四種能量分佈。要注意的是，刀具新舊狀態之間的高頻段(尤其是從第13WPT到第15WPT)存在相當大的振幅差異，這些特徵可以提供AEN模型有效的刀具狀態診斷資訊。

　　因此，分別將X軸與Y軸的32 WPT特徵當作AEN模型編碼器的輸入。如圖2.29所示，AEN第四層編碼器的四個SF (fAE1、fAE2、fAE3和fAE4)可代表原始資料的萃取特徵。圖2.29左側(即樣本編號1-133)是刀具為新刀狀態，而右側(即樣本編號134~266)則代表已磨損的刀具。最後，這四個SF表現出它們對辨別新舊刀具差異的優異能力。

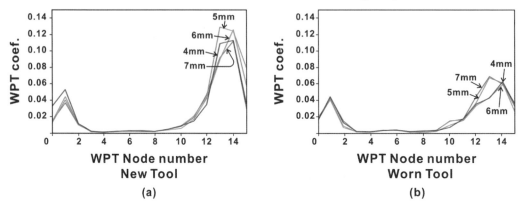

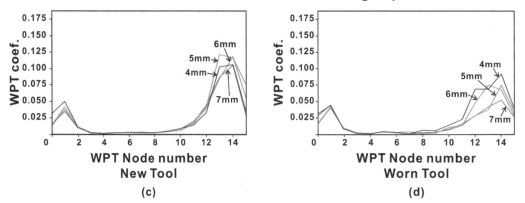

圖 **2.28** 不同切削深度WPT分佈之比較：(a)新刀具之X軸；(b)磨耗刀具之X軸；(c)新刀具之Y軸；(d)磨耗刀具之Y軸

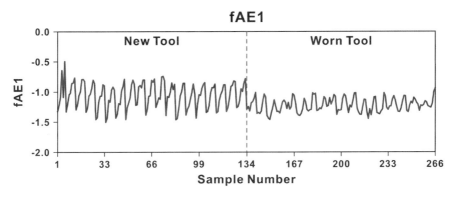

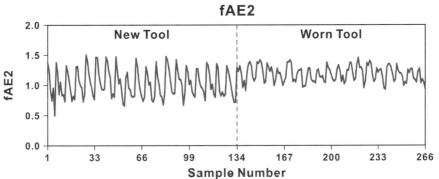

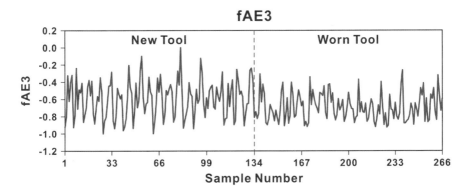

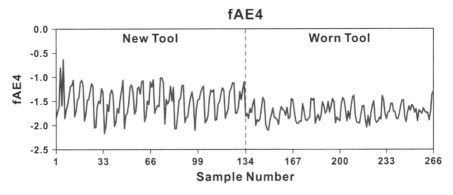

圖 2.29 新刀具與磨耗刀具之AEN特徵比較

透過隨機森林(Random Forest, RF)模型並以交叉驗證進行評估與檢視四種不同參數特徵集合的準確性。如表2.4所示，單純使用32個WPT特徵，或只使用四個fAE特徵時，刀具狀態的診斷準確率平均值分別為89.5%和69.1%；而在加入「切削深度」後，診斷準確率分別能提高到90.9%和81.7%。這表明無論是否將切削深度給加到特徵集合中，使用WPT的特徵集合診斷正確率都優於使用透過AEN壓縮過的特徵集合正確率。

表 2.4 新刀狀態診斷案例：使用隨機森林之預測結果

模型輸入	平均(%)	最佳(%)	最差(%)
32 WPT SFs (X/Y axis with level=4)	89.5	95.0	81.2
32 WPT SFs (X/Y axis with level=4)+切削深度	90.9	96.2	85.0
fAE1~fAE4	69.1	77.5	60.0
fAE1~fAE4+切削深度	81.7	90.0	76.2

2.4.4 使用壓力資料診斷鍛造製程

由於螺絲成型的工作環境實屬惡劣，難以留下具備豐富操作經驗的技師繼續上班。而透過安裝感測器在螺絲成型機可即時反應設備狀態，補強新進技師在判斷上的經驗不足。

螺絲鍛造異常通常與鍛造壓力異常是高度相關，但鍛造壓力分佈情況可能因不同失效模式而異。為檢測在鍛造過程可能發生失效的類型，將壓力感測器安裝到鍛造模具以監視鍛造過程產生的資料變化。

更進一步，在累積長期的大數據資料，將具備即時辨識各種失效模式的能力。例如一個螺絲的鍛造時間為0.3秒，在螺絲鍛造期間如以訊號取樣率1,000的感測器進行資料收集，將有300筆資料點。而在一台螺絲成型鍛造機上安裝八個壓力感測器，令每天資料收集區間22小時，產生的資料量將可達到10 MB(即8頻道×1,000資料點/秒×3,600秒/小時×22小時/天)。因此，如何自動從螺絲鍛造過程的壓力訊號診斷各種失效模式實為挑戰。

觀察圖2.30，此為鍛造過程(Forging Stroke)各時間點的鍛造壓力(Forging Load)曲線圖。該圖有兩個顯著的鍛造成型的過程區間：T1和T2。T1表示材料從接觸模具後，材料受壓超過屈服強度並開始呈現塑性變形的時間區段。T2是在T1發生後，材料仍持續變形直到填充完模型的所需時間。

如圖2.30，在T2期間產生的鍛造能量與模具發生的幾何變形有關，可利用時間域與頻率域的特徵萃取方法找出鍛造階段T2的關鍵特徵，例如從六個時間域 *avg*、*std*、*kurt*、*RMS*、*skew*和*max*，並從第2.3.3.1和2.3.3.2節所定義的頻率域特徵萃取六個頻帶(每一個頻寬為5 Hz)。

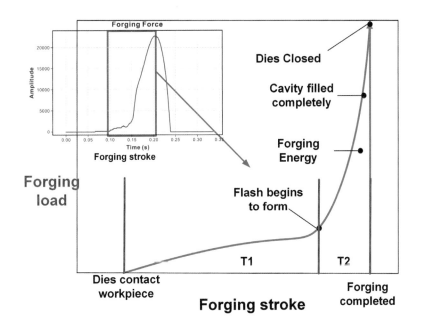

圖 2.30 螺絲鍛造行程各時間點的壓力曲線圖

此外，透過AEN來減少鍛造特徵的資料維度，AEN模型輸入與輸出資料，分別為鍛造過程產生之原始資料與經AEN編碼器壓縮後的代碼。在這個案例，AEN模型將透過檢視鍛造壓力即時診斷螺絲鍛造過程是否穩定以辨別出不合格的螺絲成品。

例如在圖2.31上半部展示鍛造模型的三種失效模式與其最終成品。這三種失效模式原因分別為：「長度超標(Length Over-Specification, LOS)」、「模具缺口(Die Notch)」以及「脫模不良(Die Adhesion)」。圖2.31下半部分別展示正常的鍛造壓力曲線(實線)與三種失效模式的鍛造壓力異常曲線(虛線)圖。由左到右，明顯看出雖「長度超標(+0.3 mm)」模式的原料不至於影響到原先的鍛造過程(負載曲線不變)，但模具缺口與脫模不良皆產生明顯不同的壓力曲線。

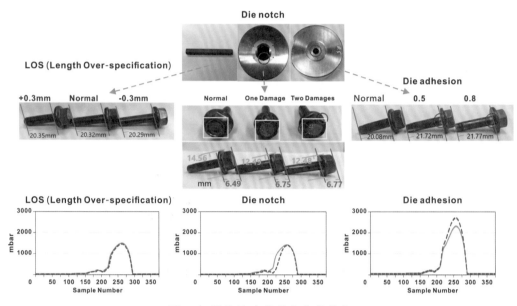

圖 2.31 螺絲鍛造成型之失效診斷

　　雖然每個螺絲鍛造壓力曲線都有所不同，但要透過原始訊號快速判斷是否良品卻又相當困難，如圖2.32下半部的壓力訊號，可以發現良品與不良品的訊號模態(虛線)差別不大。幸好，透過AEN模型中間層所萃取出來的單維度壓縮代碼，就能快速代表螺絲鍛造壓力是否正常且足以用來辨別是否為良品。如圖2.32上半部所示，經過AEN模型編碼的良品樣本值約為2.1，而不良品的樣本值約為-10，以至於不必使用其他規則或門檻值系統就能識別出它們的差別。

　　如圖2.33所示，將AEN結合深度神經網路(Deep Neural Network, DNN)應用於成型製程的失效診斷架構。當AEN模型的輸出與輸入相似時，代表由AEN模型驗證該樣本為良品，此時可將AEN模型的輸出值作為DNN模型的輸入。因此，AEN-DNN模型不僅可以準確區分良品或不良品樣本(分類正確率>99%)，還可以正確診斷各種失效模式(準確率>95%)。更多案例原始資料說明可參閱IEEE DataPort [20]。

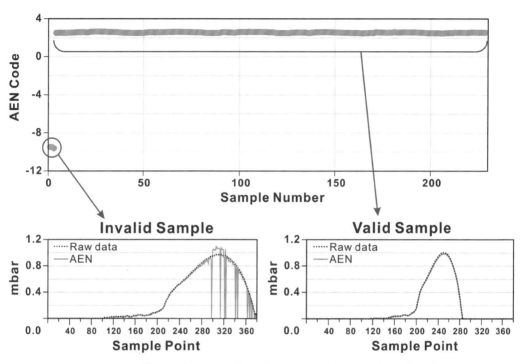

圖 2.32 使用單一維度的AEN中間層代碼檢驗良品與不良品樣本差別

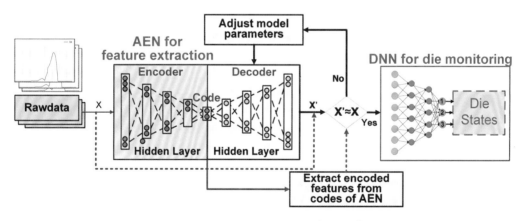

圖 2.33 AEN-DNN之失效診斷架構

2.5 結論

本章介紹資料收集和資料前處理的技術。對於資料收集，必須對資料收集過程和後續對資料分析開發各種智慧應用。一般而言，收集加工過程產生的資料包含感測器訊號(如振動、溫度、電流、…等)與機器設備操作的設定值(如轉速或進給率等)。至於資料前處理，關鍵步驟是切割(Segmentation)、消噪(Cleaning)與特徵萃取(Feature Extraction)。最後，分別展示了四個使用真實世界數據的實際案例，以驗證本章中討論的資料收集和資料前處理等技術。相關實驗資料已上傳到IEEE DataPort提供參考。

附錄2.A—縮寫對照表

AC	Alternating Current 交流電
ADC	Analog-to-Digital Converter 類比數位轉換器
AE	Acoustic emission 聲射
AEN	Autoencoder 自動編碼器
AI	Artificial Intelligence 人工智慧
AIO	Analog Input/Output 類比輸入/輸出
ANN	Artificial Neural Network 人工神經網路
AOI	Automated Optimal Inspection 自動光學檢測
CCD	Charge-Coupled Device 感光耦合元件
CMM	Coordinate Measuring Machine 三次元量床
CNC	Computer Numerical Control 電腦數位控制
CPS	Cyber-Physical System 虛實系統
DC	Direct Current 直流電
DIO	Digital Input/Output 數位輸入/輸出
DNN	Deep Neural Network 深度神經網路
DWT	Discrete Wavelet Transform 離散小波轉換
FFT	Fast Fourier Transform 快速傅立葉轉換
FT	Fourier Transform 傅立葉轉換
IIoT	Industrial Internet of Things 工業物聯網
IPC	Industrial Personal Computer 工業電腦
MRA	Multi-resolution Representation Analysis 多元尺度表示分析
MQTT	Message Queuing Telemetry Transport 訊息佇列遙測傳輸
NC	Numerical Control 數值控制
OPC-UA	Open Platform Communication Unified Architecture OPC統一架構
PLC	Programmable Logic Controller 可程式設計邏輯控制器
RF	Random Forest 隨機森林
RPM	Rotation Per Minute 每分鐘轉速
RUL	Remaining Useful Life 剩餘使用壽命
SF	Signal Feature 訊號特徵
S/N	Signal-to-Noise 信噪比
STFT	Short-Time Fourier Transform 短時傅立葉轉換
TCP/IP	Transmission Control Protocol/Internet Protocol 傳輸控制協定

TFT-LCD   Thin-Film-Transistor Liquid-Crystal Display 薄膜晶體液晶顯示器
WPT   Wavelet Packet Transform 小波包轉換

附錄2.B—公式符號對照表

F_s	sampling rate for acquiring a Signal 訊號取樣頻率
F_B	highest frequency component contained in a signal 訊號發生最高頻率
M	number of precision items 精度項目之數量
N	data length of discrete signals 離散訊號資料長度
$s[i]$	ith data point of a discrete signal 離散訊號內第i筆資料點
P	pth precision item 第p個量測項目
$\mathbf{S}_p^r$	raw sensor data of pth precision item 第p個量測項目的原始感測訊號
$\mathbf{S}_p^c$	cleaned sensor data of pth precision item 第p個量測項目消噪訊號
$g[k]$	DWT low-pass filters DWT之低通濾波器
$h[k]$	DWT high-pass filters DWT之高通濾波器
L	number of decomposition levels DWT分解層數
j	scale parameters 縮放參數
n	translation parameter 平移參數
$c_j[n]$	nth discrete wavelet coefficient of $\mathbf{S}_p^r$ at level j $\mathbf{S}_p^r$位於第j層的第n個離散小波係數
$c_j^a[n]$	nth approximation coefficient at level j 位於第j層的第n個近似小波係數

$c_j^d[n]$	nth modified detail coefficient at level j 位於第 j 層的第 n 個細節小波係數
$\hat{c}_j[n]$	nth modified wavelet coefficients at level j 位於第 j 層的第 n 個調整小波係數
$\hat{c}_j^a[n]$	nth modified approximation coefficient at level j 位於第 j 層的第 n 個調整近似小波係數
$\hat{c}_j^d[n]$	nth modified detail coefficient at level j 位於第 j 層的第 n 個調整細節小波係數
λ	threshold of $c_j[n]$ $c_j[n]$ 的門檻值
$\mathrm{MAD}(c_{L-1}[n])$	mean absolute deviation of $c_{L-1}[n]$ $c_{L-1}[n]$ 的平均絕對偏差
$\hat{c}_{j-1}^a[n]$	modified approximation coefficients 位於第 j-1 層的第 n 個的調整近似小波係數
avg	arithmetic mean or average of $\mathbf{S}_p^c$ $\mathbf{S}_p^c$ 的算術平均數
std	standard derivation of $\mathbf{S}_p^c$ $\mathbf{S}_p^c$ 的標準差
max	maximal magnitude of $\mathbf{S}_p^c$ $\mathbf{S}_p^c$ 的最大值
min	minimal magnitude of $\mathbf{S}_p^c$ $\mathbf{S}_p^c$ 的最小值
ptp	peak-to-peak amplitude of $\mathbf{S}_p^c$ $\mathbf{S}_p^c$ 的峰對峰值
$kurt$	kurtosis for measuring the peakedness of $\mathbf{S}_p^c$ $\mathbf{S}_p^c$ 的峰態係數
$skew$	skewness for measuring the asymmetry of $\mathbf{S}_p^c$ $\mathbf{S}_p^c$ 的偏態係數
RMS	root mean square value of $\mathbf{S}_p^c$ $\mathbf{S}_p^c$ 的均方根值

CF	crest factor of $\mathbf{S}_p^c$ $\mathbf{S}_p^c$的波峰因子
T	duration of a continuous-time signal 連續訊號的時間區間
t	specific time t of a continuous-time signals 連續訊號的特定時間點
cr_{xy}	correlation coefficient value of two signals: $\mathbf{x}(t)$ and $\mathbf{y}(t)$ $\mathbf{x}(t)$和$\mathbf{y}(t)$訊號的相關係數
CR_{xy}	cross-correlation value of two signals: $\mathbf{x}(t)$ and $\mathbf{y}(t)$ $\mathbf{x}(t)$和$\mathbf{y}(t)$訊號的交互相關係數
γ_{xy}	covariance value of two signals: $\mathbf{x}(t)$ and $\mathbf{y}(t)$ $\mathbf{x}(t)$和$\mathbf{y}(t)$訊號的共變異數
m	displacement unit of a signal 訊號的平移單位
*	complex conjugate of a signal 訊號的共軛複數
$\mathbf{SF}_{CR(xy)}$	a feature set of CR_{xy} CR_{xy}構成的特徵集合
$\mathbf{FFT}[n]$	frequency amplitude at the nth Hz by FFT FFT的第n個頻段振幅
$\mathbf{SF}_{FFT(q)}$	qth certain frequency band delimited by a lower frequency and an upper frequency 第q個頻寬內能量總和(由頻率上下界定)
Q	number of frequency band 子頻寬數量
uf_q	qth upper frequency of the critical characteristics 第q個頻寬之頻率上界
lf_q	qth lower frequency of the critical characteristics 第q個頻寬之頻率下界

$\mathbf{SF}_{\mathrm{FFT}(q)}$	qth FFT-based SF 第 q 個FFT的SF
u	uth wavelet packet at level L, u=1, 2, ..., L 在 L 層的小波包節點，u=1, 2, ..., L
v	subband length for each wavelet packet at level L, v=$N/2^L$ 在 L 層的每個小波包節點的子帶長度，v=$N/2^L$
$\mathbf{SF}_{\mathrm{WPT}(u)}$	uth WPT-based SF 第 u 個WPT的SF
h	compressed code of the middle layer in AEN AEN中間層的壓縮代碼
$\hat{x}$	output reconstructed from c in the middle layer of AEN AEN透過中間層所重構的輸出
f_{EN}	encoder layer of A AEN的編碼層
f_{DE}	decoder layer of AEN AEN的解碼層
f_{a}	activation function of AEN AEN的激活函數
W_{EN}	network weight for node in the encoder 編碼層節點的權重
W_{DE}	network weight for node decoder 解碼層節點的權重
b_{EN}	bias for node in the encoder layer 編碼層節點的偏移量
b_{DE}	bias for node in the decoder layer 解碼層節點的偏移量
$\mathbf{SF}_{\mathrm{AEN}}$	SFs extracted from AEN AEN所萃取的SF

參考文獻

[1]   Chen, B., Chen, X., Li, B. et al. (2011). Reliability estimation for cutting tools based on logistic regression model using vibration signals. *Mechanical. System and Signal Process* 25 (7): 2526-2537. https://doi.org/10.1016/j.ymssp.2011.03.001.

[2]   Suprock, C.A. and Nichols, J.S. (2009). A low cost wireless high bandwidth transmitter for sensor-integrated metal cutting tools and process monitoring. *International Journal of Mechatronics and Manufacturing Syst*ems 2 (4): 441-454. https://doi.org/10.1504/IJMMS.2009.027128.

[3]   Ghosh, N., Ravi Y.B., Patra, A., Mukhopadhyay, S. et al. (2007). Estimation of tool wear during CNC milling using neural network-based sensor fusion. *Mechanical Systems and Signal Process*ing 21 (1): 466-479. https://doi.org/10.1016/j.ymssp.2005.10.010.

[4]   Abuthakeer, S.S., Mohanram, P.V. and Kumar, G.M. (2011). Prediction and control of cutting tool vibration CNC lathe with ANOVA and ANN. *International Journal of Lean Thinking 2* (1): 1-23.

[5]   Tieng, H., Li, Y.Y., Tseng, K.P. et al. (2020). An Automated Dynamic-Balancing-Inspection Scheme for Wheel Machining. *IEEE Robotics and Automation Letters* 5 (4): 2224-2231. https://doi.org/10.1109/LRA.2020.2970953.

[6]   Abellan-Nebot, J.V. and Subirón, F.R. (2010). A review of machining monitoring systems based on artificial intelligence process models. *The International Journal of Advanced Manufacturing Technology* 47 (14): 237-257. https://doi.org/10.1007/s00170-009-2191-8.

[7]   Teti, R., Jemielniak, K., O'Donnell, G. et al. (2010). Advanced monitoring of machining operations. *CIRP Annals* 59 (2): 717-739. https://doi.org/10.1016/j.cirp.2010.05.010.

[8]   Yang, H.C., Tieng, H., and Cheng, F.T. (2015). Total precision inspection of machine tools with virtual metrology. *Journal of the Chinese Institute of Engineers* 39 (2): 221-235. https://doi.org/10.1109/CoASE.2015.7294301.

[9]   Mallat, S.G. (1989). A theory for multiresolution signal decomposition: the wavelet representation. *IEEE Transactions on Pattern Analysis and Machine Intelligence* 11 (7): 674-693. https://doi.org/10.1109/34.192463.

[10]   Zhang, Z., Wang, Y. and Wang, K. (2013) Fault diagnosis and prognosis using wavelet packet decomposition, Fourier transform and artificial neural network. *Journal of Intelligent Manufacturing* 24: 1213-1227. https://doi.org/10.1007/s10845-

012-0657-2.

[11]   Kim, J., Lee, H., Jeon, J. W. et al. (2020). Stacked auto-encoder based CNC tool diagnosis using discrete wavelet transform feature extraction. *Processes* 8 (4): 456. https://doi.org/10.3390/pr8040456.

[12]   Jiang, G., He, H., Xie, P. et al. (2017). Stacked multilevel-denoising autoencoders: a new representation learning approach for wind turbine gearbox fault diagnosis. *IEEE Transactions on Instrumentation and Measurement* 66 (9): 2391-2402. https://doi.org/10.1109/TIM.2017.2698738

[13]   Lee, R.J. and Nicewander W.A. (1988) Thirteen ways to look at the correlation coefficient. *The American Statistician* 42 (1): 59-66. https://doi.org/10.1080/0003130 5.1988.10475524

[14]   Strang, G. (1994). Wavelets. *American Scientist* 82 (3): 250-255.

[15]   Belinsky, A.V.E., and Lapshin, V.B. (2017). The uncertainty principle and measurement accuracy. *Physics-Uspekhi* 60 (3): 325-326. https://doi.org/10.3367/UFNe.2017.02.038069

[16]   Yen, G.G., and Lin, K.C. (2000). Wavelet packet feature extraction for vibration monitoring. *IEEE transactions on industrial electronics* 47 (3): 650-667. https://ieeexplore.ieee.org/document/847906

[17]   Yang, H.C. (2020). Strain data collected from machine tool. https://ieee-dataport.org/documents/strain-data-collected-machine-tool (accessed 26 October 2020).

[18]   Yang, H.C. (2020). Signal segmentation for milling process. https://ieee-dataport.org/open-access/signal-segmentation-milling-process (accessed 6 November 2020).

[19]   Yang, H.C. (2020). Roughness of milling process. https://ieee-dataport.org/open-access/roughness-milling-process (accessed 6 November 2020).

[20]   Yang, H.C. (2020). Cold forging process failures. https://ieee-dataport.org/open-access/cold-forging-process-failures (accessed 5 November 2020).

通訊標準

3

鄭芳田、丁顥、邱煜程

3.1　簡介

通訊標準支援智慧製造全部所需的資料交換需求。半導體業的E化製造是工業4.0的前身,因此通訊標準被分為兩個主要類別:半導體設備以及工業設備與系統。

3.2　半導體設備的通訊標準

由於半導體產業的特性使然,使其相較其他產業更早發展通訊標準。如圖1.1與1.2所示,E化製造模型分成製造部分與工程部分。製造部分的標準如SECS-I (半導體設備通訊標準I)、SECS-II (半導體設備通訊標準II)、GEM (生產設備之通訊及控制的泛用模型)、HSMS (高速SECS訊息服務)以及工程部分的標準Interface A將會分別在後面章節介紹。

3.2.1　製造部分

半導體設備的通訊標準在過去幾十年中不斷演進。為適應半導體業的進展,逐步衍生出了SECS-I、SECS-II、GEM和HSMS等標準。

SECS-I (定義在SEMI E4中) [1]在1980年正式發佈,是一項資料傳輸協定,負責確保資料透過RS-232C協定(一個起始位元、一個停止位元、全雙工線路、半雙工通訊)從主機到設備或設備到主機皆能正確傳輸。主機可以是設備另一端的任何一種裝備,例如個人電腦、工作站、大型電腦、機器人甚至是另一台設備。SECS-I是一項低技術門檻、低成本的標準,其通訊速度緩慢的缺點是工廠導入SECS時的一項限制因素。

SECS-II (SEMI E5) [2]是一項發佈於1982年的訊息協定。SECS-II定義了主機和設備之間交換的訊息和相關的資料。作為核心規格,它定義了製造訊息交換的具體訊息以及訊息格式。

在1992年,GEM (SEMI E30) [3]發佈。GEM定義了設備行為,指出在什麼情況下應該使用哪些SECS-II訊息以及會產生什麼結果。GEM被視為一種規格與設計指南,它為設備上的SECS通訊定義了最基本的能力之外,亦透過通訊狀態圖將通訊內容與設備行為緊密連結在一起。這項規格是由半導體製造商為準備設備製造商指引而制定的。

HSMS (SEMI E37) [4]也是一種資料傳輸協定，發表於1994年，用於定義在 TCP/IP (傳輸控制協定/網際網路協定)特定環境下的訊息交換的通訊界面。TCP/IP 可在網路中的電腦之間提供可靠的、連線導向的訊息交換。

　　一般而言，最常見的SECS應用包含：資料收集、警報收集、製程配方管理 (RM)、晶圓映射(Wafer Mapping)、遠端控制與物料控制。SECS有時也用於設備的 內部通訊。SECS-I、SECS-II、GEM及HSMS將在下面的小節中詳細介紹。

3.2.1.1　SEMI設備通訊標準I (SECS-I) (SEMI E4)

　　SECS-I [1]透過RS-232C協定提供主機和設備之間的通信格式。主機可以是設 備另一端的任何一種電腦，例如個人電腦、工作站、大型電腦、機器人甚至是另 一台設備。

A. Block協定

　　在SECS-I中，訊息是依照block發送的。如圖3.1所示，一個block包含了10個 bytes的表頭(header)及2個bytes的核對碼(checksum)，始於一個描述block長度的 bytes，但不包含核對碼的長度。一個block的最大長度是254個bytes，最小是10個 bytes (僅表頭)，這意味著一個block最多可以包含244個bytes的資料。因此，任何 超過244個bytes的訊息都應該有多個blocks。一個訊息最多能包含32,767個blocks (約為800萬個bytes)。

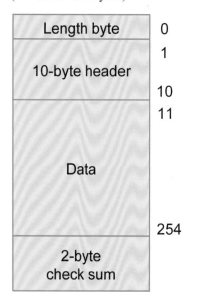

圖 3.1 SECS block.

　　SECS-I的block協定，發送方可以是主機 (Host)或是設備(Equipment)，請參照表3.1的交 握碼(handshake codes)和圖3.2對block傳輸的解 釋。SECS的訊息發送方首先傳送一個ENQ (請 求發送，Request to Send)，如果ENQ的接收方 能夠接受訊息，則接收方會發出一個EOT (準 備接收，Ready to Receive)，接著在收到EOT 後，發送方將發出一個資料block。一旦這個 block被正確接收，接收方將以ACK (正確接 收，Correct Reception)進行確認；如果資料未 被正確接收，則接收方將發出NAK (不正確接收，Incorrect Reception)。圖3.3為一組多blocks的訊息(677個資料bytes)的範例，其中block 1、2、3的bytes數量分別為244、244、189。

表 3.1 交握碼(bytes)

名稱	Binary Code	Hex	Function
ENQ	00000101	05	要求發送(Request to Send)
EOT	00000100	04	準備接收(Ready to Receive)
ACK	00000110	06	接收正確(Correct Reception)
NAK	00010101	15	接收不正確(Incorrect Reception)

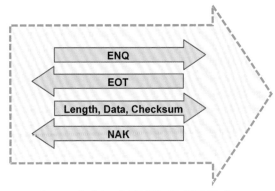

NO BLOCK SENT (RETRY)

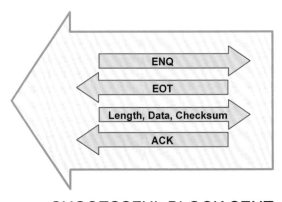

SUCCESSFUL BLOCK SENT

圖 3.2 Block傳輸

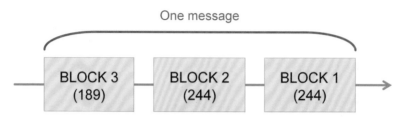

Multi-block message (677 data bytes)

圖 3.3 多Blocks訊息(677個bytes)

表 3.2 表頭(Header)組成

8	7	6	5	4	3	2	1	bytes
R	Upper Device ID							1
	Lower Device ID							2
W	Upper Message ID							3
	Lower Message ID							4
E	Upper Block No.							5
	Lower Block No.							6
	System Bytes							7
	System Bytes							8
	System Bytes							9
	System Bytes							10

B. Header表頭

　　如表3.2所示，每個SECS block包含10個bytes的表頭。表頭提供的資訊使接收方可以根據設備ID (Device ID)、訊息ID (Message ID)以及Block Number來辨識每一個區塊的資料內容，上述三種資訊皆依bytes分成上半部(Upper)與下半部(Lower)，並分別表示該資訊的前半段與後半段資料，將其組合後即代表一個完整的資訊內容。

　　一個表頭包含R-bit、設備ID (Device ID)、W-bit、訊息ID (Message ID)、E-bit、Block編號以及System Bytes，詳述如下：

- **R-bit**：即Reverse bit，表示訊息的方向。當R=0時，訊息由主機端傳到設備；當R=1時則方向相反。

- **設備ID**：所有設備都必須要有一個設備ID。然而，一台有多個爐管(擴散區)、反應室(集束型製程設備、離子植入設備等)、站點(塗佈、顯影等)的設備可能有一個以上的設備ID。

- **W-bit**：即Wait bit，意指是否預期會有回覆訊息。SECS-I的訊息交易由一對SECS訊息組成，主要訊息(primary message)是交易中發送的第一條訊息，而次要訊息(secondary message)是主要訊息的回覆訊息。當W=1時，這個訊息預期會有回覆；當W=0時則表示不期望會有回覆。大部分的主要訊息都預期會有回應但並不是全部；相反的，在次要訊息中則總是W=0。

- **訊息ID**：Upper Message ID稱為Stream，而Lower Message ID稱為Function。

- **E-bit**：即End bit。當E=0時，後面有更多的block；當E=1時則表示它是最後一個block。

- **Block數**：一個兩bytes的數字，用來計數訊息中的block數目。Block數從1開始。

- **System Bytes**：當主要訊息的發送方期望得到回覆時，System Bytes允許主要訊息的發送方(現在是回覆訊息的接收方)將回覆訊息與適當的主要訊息互相配對。無論發送主要訊息的是主機端或設備端，System Bytes的作用都是相同的。

　　發送方的責任：主要訊息的發送方必須產生System Bytes，System Bytes不得與任何其他未完成的訊息相同，稱為「區別」(Distinction)。一般狀況下，System Bytes是按照順序產生的。針對不同的設備，System Bytes可能會不同。一個多blocks的訊息所有的System Bytes必須相同。

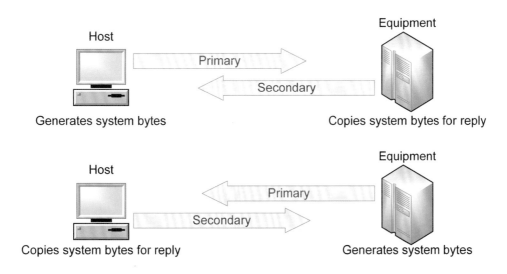

圖 3.4 System Bytes示意圖

接收方的責任：接收方應將主要訊息的System Bytes複製到回覆訊息中。

圖3.4描述了System Bytes的範例。在圖的上半部，主機在主要訊息中產生System Bytes，設備將System Bytes複製到回覆給主機的次要訊息中。而圖的下半部，情況則正好相反。

長度超過254 bytes的訊息必須以多個blocks訊息來發送，每一個發送的block皆必須包含block傳輸協定。圖3.5說明了一個從主機向設備發送3個blocks的多blocks訊息，並有一個單block訊息回覆的例子。

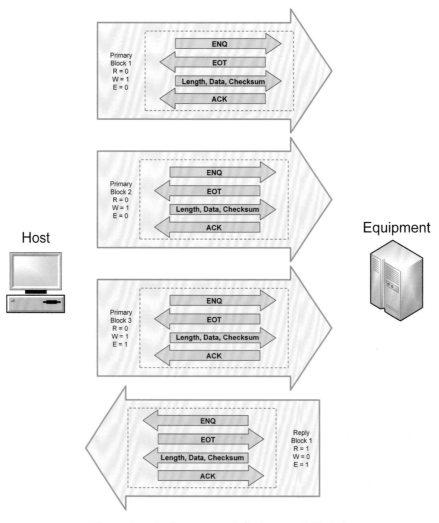

圖 3.5 在一個多Blocks訊息中的Block傳輸協定

C. Timeout

如果接收方回應的是NAK而不是ACK，block傳輸協定將會嘗試重新發送block。有四種不同的Timeout可能造成NAK，包括：

- **T1**：字符間Timeout (Inter-Character Timeout)限制了接收字符的時間。
- **T2**：協定Timeout (Protocol Timeout)限制了交握bytes之間，以及資料和交握bytes之間的時間。
- **T3**：回覆Timeout (Reply Timeout)是指在W-bit等於1的狀況下，主要訊息的發送方要等待到收到次要訊息的時間。每當主要訊息的最後一個block被成功發送後，發送方就開始計算時間，直到收到次要訊息的第一個block。如果超過了T3 Timeout，則表示訊息協定在應用層失敗，並且不會重試。
- **T4**：block間Timeout (Inter-block Timeout)是指多blocks訊息的接收方在blocks間等待的時間間隔。只要成功接收到主要訊息的每個block，並且E-bit等於0，發送方就開始計算時間。如果超過了T4 Timeout，則表示訊息協定在應用層失敗，並且不會重試。

其中T1、T2、T3如圖3.6所示。表3.3列出了T1-T4 Timeout的常用數值(Value)、範圍(Range)以及解析度(Resolution)。

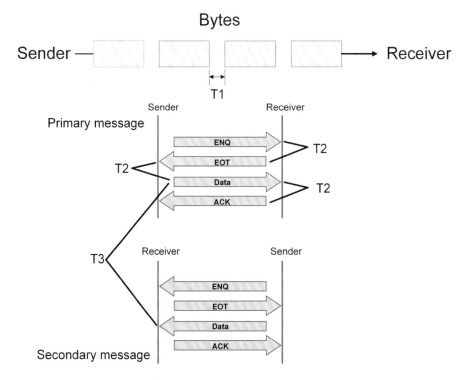

圖 3.6 T1、T2以及 T3 Timeouts

表 3.3 Timeout參數(單位：秒)

T	名稱	常用值	範圍	解析度
T1	Inter-Character	.5	0.1-10	0.1
T2	Protocol	2	0.2-25	0.2
T3	Reply	45	1-120	1
T4	Inter-Block	10	1-120	1

D. 協定參數摘要

• 重試次數上限(Retry Limit)

在一個block傳輸嘗試中，重試次數上限(Retry Limit)是指重試的最大次數。發送方會在宣布發送block失敗前，會嘗試重新發送資料。例如圖3.7中，在宣布發送失敗前，ENQ被反覆發送，以等待EOT回應。注意，在由主機發送的狀況下和由設備發送的狀況下，T2 Timeout和重試次數(Retry Count)是不同的。重試次數通常設為3，若設備未能完成block發送，則會再增加重送次數。這種情況通常是EOT對ENQ的回應失敗。

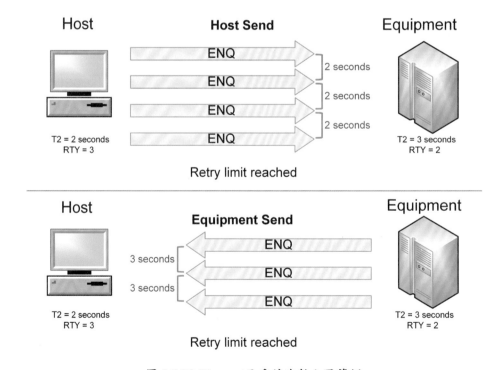

圖 3.7 T2 Timeout及重試次數上限範例

- 鮑率(Baud Rate，調變速率)

    鮑率(Baud Rate，調變速率)通常設定在9600。減低鮑率可以改善T1 Timeout 或一般性的溝通問題。

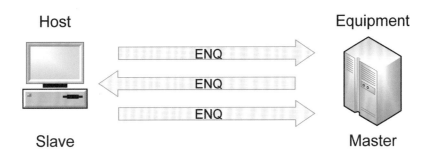

圖 3.8 主從關係：設備是主；主機是從

- 主從關係

    SECS在全雙工線路上運行，發送方跟接受方都可以同時向對方發送ENQ。如 圖3.8所示，設備是主(Master)，而主機是從(Slave)。主機將把「線路」的控制權 讓給設備，並以EOT回應設備的ENQ。

3.2.1.2 SEMI設備通訊標準II (SECS-II) (SEMI E5)

    SECS-II [2]提供了一組資料結構規則與訊息結構指南，使設備製造商能夠為 其設備提供通訊服務。資料結構(單個item)的規格是相當嚴格的，不能有偏差。訊 息結構(list與item)指南是一套對特定訊息的建議，可以用來允許特定類型的訊息 通訊。這些準則為設備製造商提供了極大的彈性，使得和設備的通訊變得容易。

A. 訊息傳輸協定(Message Transfer Protocol)

    訊息交換由交易協定(transaction protocol)管理，該協議由一套訊息處理規則 組成，並對於SECS-II的導入有一些最低要求。

    訊息傳輸協定適用於在設備和主機之間傳遞訊息，它發送主要訊息來表明是 否是須要回覆。如果是，它應該能夠將相應的次要訊息或回覆訊息與原始的主要 訊息關聯起來。發送方建立原始的主要訊息，接收方在其目的地解讀主要訊息， 然後依據要求產生回覆。

　　與SECS-I相同，單block訊息的最大長度是244個bytes，超過244 bytes的訊息為多blocks訊息。訊息傳輸協定應該包含每條訊息的表頭。

B. Stream與Function

　　在SECS-II傳遞的訊息被組織成Stream，這代表活動的類別。而一個Stream包含的具體訊息表示為Function。舉例來說，訊息以及其對應的資料的傳輸請求可以被視為一種活動。表3.4中列出了各種Stream的活動類別。

　　Stream是一種應該協助相似或是關聯活動的訊息類別，而Function是一種Stream中用於特定目的之特定訊息。Stream跟Function都由0-255之間的整數來標示。與主要訊息和次要訊息有關的編號慣例將涵蓋SECS-II中使用的所有Function。如圖3.9所示，所有主要訊息將被分配到一個奇數的Function代碼，而相對應的回覆次要訊息(偶數)Function代碼的定義是在主要訊息的Function代碼上加上1。每個SECS-II訊息交換都被分配一個唯一的交易ID (transaction ID)。

表 3.4 Stream

Stream 1	設備狀態(Equipment Status)
Stream 2	設備控制與診斷(Equipment Control and Diagnostics)
Stream 3	物料狀態(Materials Status)
Stream 4	物料控制(Material Control)
Stream 5	異常處理(Exception Handling)
Stream 6	資料收集(Data Collection)
Stream 7	製程程式管理(Process Program Management)
Stream 8	控制程式轉移(Control Program Transfer)
Stream 9	系統錯誤(System Errors)
Stream 10	終端服務(Terminal Services)
Stream 11	自1989年版刪除(Deleted from the 1989 edition)
Stream 12	晶圓映射(Wafer Mapping)
Stream 13	資料集轉移(Data Set Transfers)
Stream 14	物件服務(Object Services)
Stream 15	配方管理(Recipe Management)
Stream 16	製程管理(Processing Management)
Stream 17	設備控制與診斷(Equipment Control and Diagnostics)
Stream 18	子系統控制與資料(Subsystem Control and Data)

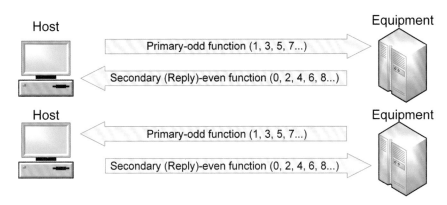

圖 3.9 主要訊息與次要訊息

　　如果現有的Stream不符合需求，設備製造商可以依據SECS-II標準建立他們自己的獨特Stream。新建的Stream編號將從64開始。

　　設備製造商會自行決定最適合他們自己型號的Stream和Function。請注意，兩個不同設備可能使用相同編號的Stream和Function，但內含不同的資料。

C. 交易與對話協定

　　一組交易是由一個不須回覆的主要訊息，或是須回覆的主要訊息及其相應的次要訊息所組成的。而和主要訊息不同的是，次要訊息不能要求回覆。

　　一個對話(Conversation)是由一個或多個為了完成特定任務的相關交易所組成的。一個未完成的對話會造成對話Timeout，並將停止該對話的任何進一步行動。

　　SECS-II的7種對話類型如下介紹：

(1) 無須回覆的主要訊息：是最簡單的單block SECS-II訊息。發送方期望接受方回覆該訊息，但若該訊息被拒絕，發送方也無能為力。

(2) 發送方用一個主要訊息向接收方請求資料：發送方期望收到回傳的資料作為回覆訊息，此即為請求/資料對話(request/data conversation)。

(3) 發送方發送一個單block的SECS-II訊息：發送方希望得到接收方的確認，此即為發送/確認對話(send/acknowledgement conversation)。

(4) 發送方想要發送一個多blocks的SECS-II訊息：發送方首先需要收到接收方的許可，接收方可以接受或是拒絕這個請求。如果接收方允許，則發送方送出資料而接收方會做出相應的回覆，此即為詢問/准許/發送/確認對話(inquire/grant/

send/acknowledge conversation)。如果因接收方的準備工作導致對話Timeout，接收方將向發送方發送錯誤訊息，而設備需要向主機發出錯誤訊息。

(5) 在設備和主機間進行無格式化的資料對話傳輸：在不提供一般檔案存取機制的系統間傳輸資料的方式。

(6) 設備間處理物料的對話：原始的物料控制協定包含在Stream中。

(7) 發送方請求的資訊，接收方需要一段時間才能獲取(需要作業員輸入資料)：發送方發出請求，接收方將1)回傳資訊；2)表明無法接收資訊；或3)在收到資訊後啟動一個後續交易。

D. 資料結構規則

　　訊息的格式化有兩種結構：item及list。一個item是指一個或多個相同資料格式的資料值；所有SECS訊息的資料都包含在item中，一個SECS訊息含有至少一個item。如表3.6所示，目前有15種items資訊格式可被SECS-II識別。

　　一個list可以由一組items或是items與其他list所組成。資料結構定義了訊息的邏輯部分，並將其區別於訊息傳輸協定的實體部分。它們為設備和主機之間傳遞的訊息提供了一種自我描述的內部結構。

　　一個item的長度和格式由其前2、3或4個bytes決定，這些前幾個bytes被稱為item表頭(item header, IH)。item的長度由item主體(item body)決定，item主體指的是item表頭之後的bytes數；item主體是item的實際資料。由於item長度只計算item主體，不包括item表頭，因此item的實際bytes數量是item長度加上item表頭的2、3或4個bytes。item正文中的所有bytes都遵循指定的格式。

　　見表3.5，一個item的Format byte其前6個bits被設定為八進位制數字，而後2個bits則用來定義NLB (Number of Length Bytes)通知接收者接下來的1、2或3個bytes將被用來表示item的長度。例如，如果一個訊息的長度是258 bytes，那麼該訊息的length bytes將是0102 Hex，它需要2個bytes來描述訊息的長度。因此，NLB=2。一般來說，當NLB為1、2或3時，訊息的最大bytes長度將分別為255、64 K或799萬。

　　一個list是由一組items和/或lists所組成。觀看表3.6，List在八進位制的一個length byte中的格式代碼是00。而一個list的十六進制格式代碼是01。list中的length byte (在Format code 01之後)是list中的item數。Length byte表示list中的item數，而不是bytes數。具有不同格式的相關item也可以被納入到同一個list中。

表 3.5 item表頭

Byte Number	位元編號		描述
	8 7 6 5 4 3 2 1		
1	Format code (octal) | NLB		Format byte
2	Most significant length byte		
3			Length byte 1, 2, or 3
4	Least significant length byte		

表 3.6 item格式代碼

Binary Bit 876543	Octal	Hex NLB=1	意義
000000	00	01	List
001000	10	21	Binary
001001	11	25	Boolean
010000	20	41	ASCII
010001	21	45	JIS-8
011000	30	61	8-byte integer (signed)
011001	31	65	1-byte integer (signed)
011010	32	69	2-byte integer (signed)
011100	34	71	4-byte integer (signed)
100000	40	81	8-byte floating point
100100	44	91	4-byte floating point
101000	50	A1	8-byte integer (unsigned)
101001	51	A5	1-byte integer (unsigned)
101010	52	A9	2-byte integer (unsigned)
101100	54	B1	4-byte integer (unsigned)

Item格式代碼列出如表3.6。表3.6的Hex列顯示了NLB=1 (01二進位制)時的代碼。除了配方(recipes)和資料文件，所有item的長度一般都小於256 bytes，且NLB=1。在發送整數資料時，將首先發送最重要的bytes (most significant byte)。

E. 範例訊息

　　圖3.10和3.11描述了從主機到設備發送的SECS-II (S1F3)的訊息以及其回覆訊息(S1F4)的範例。

	S1F3		Host to equipment
byte	Hex	Value	Description
1	00		R-bit=0; Host->Equip
2	00	Device ID=0	
3	81	Stream 1	W-bit=1; Reply expected
4	03	Function3	
5	80		E-bit=1; Last block
6	01	Block # =1	
7	XX		
8	XX		
9	XX	System bytes	
10	XX		
11	69	Item 1 format	2-byte signed integers
12	0A	Item 1 length	10 bytes; 5 SVIDs
13	00		
14	02	SVID1 = 2	Gas flow 1
15	00		
16	10	SVID2 = 16	Hexcode DC bias
17	00		
18	11	SVID3 = 17	RF forward power
19	00		
20	60	SVID4 = 96	Current recipe
21	00		
22	01	SVID5 = 1	Turbo purge

圖 3.10 SECS-II訊息內容：主機發送S1F3給設備

	S1F4		Equipment to host
byte	Hex	Value	Description
1	80		R-bit = 1 Host <- Equipment
2	00	Device ID=0	
3	01	Stream 1	W-bit = 0 No reply
4	04	Function 4	
5	80		E-bit = 1 Last block
6	01	Block #	First Block
7	XX		
8	XX		
9	XX	System bytes	same as primary
10	XX		
11	01	List	
12	05	5 Items	
13	69	2-byte signed	Item 1 format
14	02		Item 1 length
15	00		SV1
16	40	64 sccm	Gas flow 1
17	69		Item 2 format
18	02		Item 2 length
19	01		SV2
20	00	256 volts	Hexode DC bias
21	69		Item 3 format
22	02		Item 3 length
23	02		SV 3

	S1F4		Equipment to host (Continued)
byte	Hex	Value	Description
24	00	512 watts	RF forward power
25	41		Item 4 format
26	10	16 bytes	Item 4 length
27	41	A	
28	42	B	
29	43	C	SV 4
30	44	D	Current recipe=" ABCDEF"
31	45	E	
32	46	F	
33	20	blank	
34	20	.	
35	20	.	
36	20	.	
37	20	.	
38	20	.	
39	20	.	
40	20	.	
41	20	.	
42	20	blank	
43	69		Item 5 format
44	02		Item 5 length
45	00		SV 5
46	53	83 cc	Turbo purge

圖 3.11 SECS-II訊息內容：設備發送S1F4給主機

```
┌──────────────────────────────────────────────────────────────────┐
│ Sn, Fm name of function (xxx)              S, M  direction    reply │
│                                                                    │
│                                                                    │
│ Description:                                                       │
│ Structure:                                                         │
│ Exception:                                                         │
└──────────────────────────────────────────────────────────────────┘
```

圖 3.12 訊息細節樣式

F. SECS-II訊息符號

此處所示之SECS-II訊息中常見的縮寫來自SEMI，你會在大多數設備文件中發現這些符號。

• SEMI資料Item字典(SEMI Data Item Dictionary)

SEMI E5文件的資料Item字典包含一個推薦變數名稱的清單，這些名稱是提供給設備公司在其設備的SECS文件中使用。其中兩個最常用的變數名稱SV (status variable value，狀態變量值)與SVID (status variable ID，狀態變量ID)。狀態變量(SV)可包含任何可依時間取樣的參數，例如溫度或是消耗品的數量。

• SEMI SECS符號

每則訊息都有一個如圖3.12展示的樣式。圖3.12的條目細項則詳述於表格3.7中。

表 3.7 SECS符號

縮寫條目	延伸條目與敘述	範例
Sn	Stream n，n代表Stream編號	S1 (Stream 1)
Fm	Function m，m代表Function編號	F3 (Function 3)
name	所有Function都有一個名稱	Selected Equipment Status Request
(xxx)	訊息的簡略記號	SSR
S, M	單Block或是多Block	S
Direction	主機到設備，設備到主機，或是雙向	H->E
Reply	期待回覆，[reply]=optional	reply
Description	訊息目的之解釋	
Structure	list與item的結構	
Exception	異常訊息	

• **訊息結構**

　　SECS-II訊息使用如下的縮寫：

L, n	有n個元素的list
< variable name>	item
< var name 1, ..., var name n>	具有一個以上變數的item

　　一個元素(element)可以是一個item或另一個list，大多數item包含一個變數，在某些訊息中，只要每個變數具有相同的格式，擁有一個以上的變數是合乎標準的。圖3.10所示的接收S1F3和圖3.11所示的發送S1F4的訊息結構的例子，將分別在圖3.13及3.14中做說明。

```
S1F3  Selected Equipment Status Request (SSR)          S, H ➜ E, reply
         L, 5
              1. <SVID1>
                 .
                 .
              5. <SVID5>

Exceptions: Zero length list means report all SVIDs.
```

圖 3.13 接收S1F3的訊息結構

```
S1F4  Selected Equipment Status Data (SSD)             M, H ⬅ E
         L, 5
              1. <SV1>
                 .
                 .
              5. <SV5>

Exceptions: Zero length item means SVID doesn´t exist.
```

圖 3.14 發送S1F4的訊息結構

3.2.1.3 泛用設備模型(GEM) (SEMI E30)

　　泛用設備模型(GEM)標準(SEMI E30) [3]發布於1992年。在1987年，大量的半導體公司與設備供應商已經導入了工廠自動化的SECS-1及SECS-II。SECS-I與SECS-II是簡化工廠自動化前的重要步驟。然而，當時已發現下列的一些問題，因此，有必要制定更多的標準來配合SECS-II。

(1) 設備導入SECS-II的差異性：由於SECS-II標準中規定的大多數功能(capabilities)
是可選的，不同類型的設備會選擇不同的功能來導入。

(2) 用戶需求的差異性：即使是同一個設備供應商，不同的購買者也會有不同的
SECS-II導入需求。因此，設備供應商必須在同一種設備上導入不同版本的
SECS-II通訊。

(3) 有限的最基本要求：SECS-II的最基本要求條件過於有限，以至於無法發展有
效的工廠自動化所需的設備功能。

A. GEM需求與功能

如圖3.15所示，GEM標準是在SECS-II基礎上制定的。SECS-II定義了用於資
料傳輸的一個通用的訊息協定，且GEM藉由SECS-II通訊定義了設備行為。

GEM可同時作為規格與指南，它不僅確認了SECS通訊在設備上的最基本功
能，也透過狀態圖(state diagram)界定了這種通訊高度依賴設備的活動。GEM是主
機軟體和設備軟體之間的一個介面，可以用於遠端設備監控。

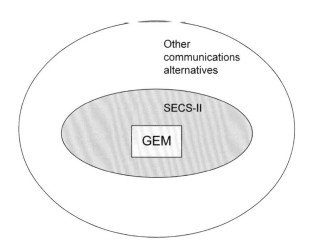

圖 3.15 GEM、SECS-II和其他通訊替代方案的範疇

GEM由兩種類型的規格組成：GEM基礎要求(Fundamental GEM Requirements)
與GEM附加功能要求(Requirements for Additional GEM Capabilities)。導入GEM的
設備應支援所有的基礎要求。GEM的附加功能則是提供某些類型的工廠自動化所
須的Function，或適用於特定類型設備的Function。GEM標準的靈活性使簡單和複
雜的設備都能夠實施GEM。

GEM基礎要求包含：

- 狀態模型(State Models)
- 設備處理狀態(Equipment Processing States)
- 主機發起的S1F13/F14情境(Host-Initiated S1F13/F14 Scenario)
- 事件通知(Event Notification)
- 線上識別(On-line Identification)
- 錯誤訊息(Error Messages)
- 控制(由作業員發起) [Control (Operator Initiated)]
- 文件化(Documentation)

GEM附加功能提供某些類型的工廠自動化所需的Function或適用於特定類型設備的Function。GEM功能可以分為三大類，如下所述：

- **資料收集：**變量資料(Variable Data)收集、狀態資料(Status Data)收集、事件通知、動態事件報告配置(Dynamic Event Report Configuration)、追蹤資料(Trace Data)收集、警報管理(Alarm Management)、時鐘(Clock)、界限監控(Limits Monitoring)
- **設備控制：**遠端控制(Remote Control)、設備常數(Equipment Constants)、製程程序管理(Process Program Management)、控制狀態(Control State) (線上/離線)、設備終端服務(Equipment Terminal Services)
- **協定：**建立溝通(Establish Communications)、Spooling

值得注意的是，GEM標準中的要求只適用於設備而不是主機。換句話說，設備的行為是更加可預測的，主機則是可以更靈活地決定從設備的GEM介面中導入哪些Function。

B. 相容於GEM標準(GEM Compliant)

設備在以下情況下且只有符合這些情況時，才是符合GEM的標準要求：(1)滿足GEM的基本要求；(2)導入符合所有本標準中為該功能所定義的所有適用定義、描述及需求；以及(3)設備沒有表現出與GEM行為定義的功能互相衝突的相關行為。

此外，當設備符合，且僅有滿足以下兩個條件時，才是完全具備GEM功能(Fully GEM Capable)的：(1)該設備提供所有的GEMs功能；以及(2)每項實施的GEM功能都符合GEM標準。

設備供應商提供的SECS-II介面文件應強調符合GEM標準。它必須包含一份GEM相容性聲明，明確指出每項功能是否已經實現，以及是否以符合GEM標準的方式實現。

除了半導體業以外，GEM也因為其適應性與成熟度被其他產業廣泛採用。為增加GEM的適用性，又制定了許多SEMI標準，使GEM能夠更符合全球各類製造業的發展。

3.2.1.4　高速SECS訊息服務(HSMS) (SEMI E37)

對於半導體業而言，SECS-I主要自1980年代開始使用。直至1980年代中期，由於半導體業與網路的不斷發展，現有的協定已無法滿足日益增長的需求，導致我們需要開發出一種更高速的方案。

HSMS [4]是基於先進網路技術的優點而設計的，用以取代SECS-I。由於TCP/IP協議被廣泛使用於多數電腦平台，HSMS被規劃為定義一個使用TCP/IP進行電腦之間進行訊息交換的通訊界面。

A. HSMS-通用服務(HSMS-Generic Services)

HSMS文件[4]提供了開發符合HSMS通訊界面的基本組件。使用TCP/IP協定的訊息交換流程如下敘述：

(1) 透過TCP/IP連線建立實體間的通訊聯繫

(2) 創立並維護SECS訊息交換所須的協定規格

(3) 經由TCP/IP交換資料

(4) 辨識錯誤狀況

(5) 正式結束通訊，確保雙方都不需要此TCP/IP連線

(6) 在不與實體網路媒介斷開的狀況下切斷通訊線路

(7) 測試通訊線路的完整性

(8) 拒絕來自不相容的子標準的連線嘗試。

HSMS可以進一步劃分為兩個子標準：HSMS-SS (single session)及HSMS-GS (general session)，如圖3.16所示。

B. HSMS-SS與HSMS-GS

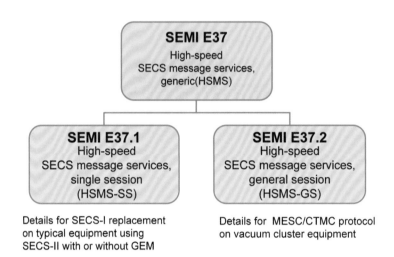

圖 **3.16 HSMS的子標準**

　　HSMS-GS [6]是HSMS的子標準之一。HSMS-GS定義了對由多個可存取的子系統所組成的複雜系統的支援，包括集群機台(cluster tool)或追蹤系統(track systems)。HSMS-GS透過增加狀態轉換定義和狀態訊息擴展了HSMS的狀態機(state machine)。附加的功能允許複雜系統的各個子實體在HSMS程序中被存取。這些擴充Function包括：(1)透過TCP/IP連線可以從外部實體存取的所有對話實體的list；(2)當前可以在給定的TCP/IP連結上存取的選定實體的list；以及(3)當前選定實體ID的計數。此外，HSMS-GS還點出了同時支援HSMS-GS與HSMS-SS的應用說明。

　　HSMS-SS [5]是HSMS的一個子標準，它包含直接替代SEC-I所需的最基本服務。HSMS-SS被定義的功能有限，它(1)簡化了支援多個TCP/IP連線的實作所採用的HSMS-GS程序；(2)限制了其他HSMS-GS的程序，以簡化某些取代SECS-I操作；以及(3)提供了支援多個主機的應用說明。

C. HSMS的採用

　　HSMS的首批採用者，包括在透過RS-232傳輸大量的量測資料時，碰到問題的量測與檢測領域的設備供應商。在RS-232的限制下，一些量測與檢測設備製造商不得不開發更好和更快的網路環境來支援透過設備的介面來傳輸訊息。

不同類型的設備製造商通常是依據IC製造商的需求來採用HSMS。在這些工廠中，由於TCP/IP環境的可用性使採用HSMS更加容易。此外，在工廠中使用HSMS相容的設備，在實體設備的放置上可以提供更大的靈活度。藉由採用HSMS，便解除了實體線路最大長度的限制。另外，若要在工廠中移動設備，使用HSMS只需要為設備配置一個網路位置，而不需要像圖3.17的左半邊一樣，提供專用的RS-232傳輸線。

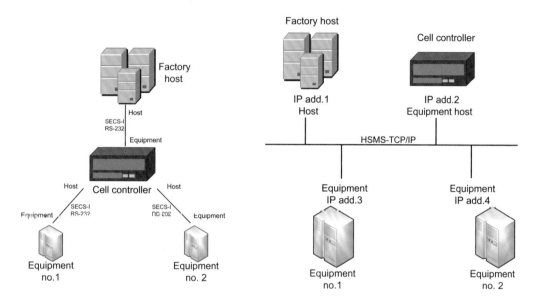

圖 3.17 SECS-I 透過RS-232連線VS HSMS TCP/IP乙太網路連線

D. HSMS設計原則

由於SECS-I訊息是分block發送的，請參照表3.2中的SECS-I表頭組成，第五和第六bytes的表頭指定了訊息的block數量。另一方面，HSMS旨在作為以RS-232為應用的SECS-I之替代方案。而且，HSMS定義了一個適合半導體工廠中採用TCP/IP環境的電腦之間交換訊息的通訊界面，其訊息透過TCP/IP Stream傳輸發送，不須要指定block數量。因此，設計原則是將SECS-I表頭的第五和第六個bytes (用於指示block數量)替換為HSMS的S類型(session-type) (SType)及P類型(presentation-type) (PType)。SType和PType的Function將在下面的小節中詳細解釋。

E. HSMS訊息格式

HSMS-SS訊息的組成如圖3.18所示。HSMS-SS訊息以4個bytes的訊息長度(Message Length)字段開始，之後是10個bytes的訊息表頭，然後是HSMS-SS訊息的有用訊息內容(Message Text)，其格式在SECS-II中已明定，並且訊息內容可以達到幾兆個bytes (MB)。Message Length中指定的bytes數包含訊息表頭及訊息內容，但代表訊息長度的4個bytes不包含在內。

在圖3.18所示的10個bytes的訊息表頭中，前兩個bytes包含一個設備ID (Device ID)，用於在複雜的設備中識別主要的子系統。訊息表頭第三、四個bytes依據Stype有不同的用途，如下詳述。第五個byte (即Ptype)始終為0。訊息表頭的第六個byte (即Stype)包含一個代碼，表明該訊息是資料訊息(Data Message，包含有用的應用資料)或是用於連結管理的5或6個HSMS-SS控制訊息(Control Messages)之一。

控制訊息Select.req和Select.rsp用於在主機與設備間建立連線。Linktest.req和Linktest.rsp用於驗證連線是否仍然有效，而Separate.req則用於終止連線。

訊息表頭的第七至第十個bytes包含System Bytes，用於在邏輯上將主要訊息與相對應的回覆訊息連結起來。

對於資料訊息(Data Message，Stype 00)，訊息表頭的第三、四個bytes包含SECS-II Stream與Function代碼，這些代碼確定訊息的主題，在SECS-II標準中已有描述。一個奇數的Function (Function的最小有效位元為1)表示一個主要資料訊息(Primary Data Message)，而偶數的Function (其值比相對應的主要資料訊息大1)表示一個回覆資料訊息(Reply Data Message)。

圖3.18所示的HSMS-SS資料表頭的10個bytes資料訊息看起來很像表3.2中描述的舊版SECS-I block表頭。在SECS-I中，我們有1個byte的block長度，每個區塊有一組10個bytes的表頭。對於HSMS-SS，TCP/IP層提供了阻擋TCP/IP Stream傳輸的「隱藏」邏輯，在HSMS-SS中，我們不需要擔心block。相反地，我們處理的是完整的SECS-II訊息。整個HSMS-SS訊息只需要一個10 bytes的表頭。在SEC-I中，block表頭的第五、六個byte包含block數量及E-bit。而在HSMS-SS中，原SECS-I表頭的這些代表block數量的第五和第六個bytes，改成代表Ptype與Stype。

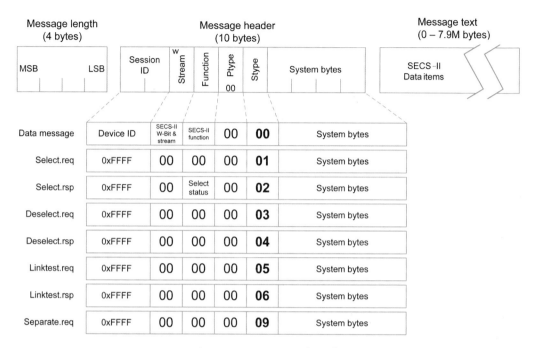

圖 3.18 HSMS-SS訊息格式

F. HSMS-SS流程

HSMS-SS包含以下程序:連線、資料、斷開連線、連線測試等,分別描述如下。

• 連線程序

如圖3.19所示,HSMS連線程序在主機與設備之間建立了一個邏輯連線。一端是主動實體(Active Entity),透過TCP「連線」功能啟動連線建立;另外一端則是透過TCP「Accept」功能接受連線的被動實體(Passive Entity)。為了避免主動實體發送連線給不適合的對象(例如:印表機伺服器),HSMS-SS標準要求主動實體發送HSMS-SS控制訊息Select.req,而被動實體則回應Select.rsp,這樣可以更有效地確保兩端皆是HSMS實體。

在連線過程中有幾種錯誤類型,例如,如果沒有匹配的「Accept」訊息,連線可能會失敗。這種情況下,主動實體會等待指定的時間間隔(T5間隔Timeout,Separation Timeout)並嘗試重新連線。在TCP/IP連線/接受完成後,被動實體啟動T7 NOT SELECTED Timeout。如果被動實體不能在T7 Timeout時限內收到Select.req,則連線程序失敗。同樣地,主動實體在發送Select.req後啟動T6控制交易(Control

Transaction) Timeout，若主動實體不能在T6 Timeout時限內收到Select.rsp，則連線程序失敗。

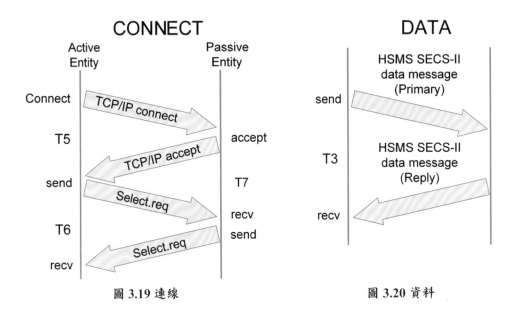

圖 3.19 連線　　　　　　　　圖 3.20 資料

　　在大多數傳統的TCP/IP環境中，即使被動實體接受了TCP/IP連結，第二個主動實體仍然可以嘗試連線到同一個被動實體。與非HSMS的TCP/IP協定相反，HSMS通常允許數個主動實體同時連線到同一個被動實體，但HSMS通常不會給予這種許可。在一個成功的連線過程中，被動實體發送Select.rsp，Select Status為0；另一方面，被動實體同時也發送Select.rsp且Select Status為非0以拒絕來自第二個主動實體的同時連線。這種機制已經在各種TCP/IP環境中得到驗證，可以從兩端提供有效的連線失敗偵測。

• 資料

　　在主機與設備之間建立邏輯連線後，最重要的程序是圖3.20中所描述的資料(Data)程序，包含在一個方向上發送一個主要SECS-II訊息並啟動T3 Timeout，並等待適當的SECS-II訊息回傳。與SECS-I相同，HSMS-SS連接的任何一端都可以發起交易，數個交易可以同時進行，HSMS-SS將每個回覆訊息與適當的主要訊息相關聯。與SECS-I不同的是，HSMS-SS還定義了幾個額外的程序來管理TCP/IP連線。

- 斷線程序

任何一方都可以透過發送HSMS-SS控制訊息Deselect.req來斷開HSMS-SS連線；另一方則用Deselect.rsp進行回覆。在發送或接收Deselect.req後，HSMS-SS實體發出TCP/IP「Close」功能以停止連線，如圖3.21所示。

- 連線測試(Linktest)程序

TCP/IP連結的其中一端有可能會突然死亡或終止連線。有些應用狀況可以立即向另一端報告斷線情況，而在某些狀況下可能需要15分鐘才能做到這一點。為了解決這個問題，可以利用連線測試(Linktest)程序來判斷HSMS-SS連接是否仍然有效。如圖3.22所示，一個實體藉由發送HSMS-SS控制訊息Linktest.req來啟動Linktest，並開始T6Timeout；另一端則用Linktest.rsp進行回覆。如果發起的實體在T6 Timeout時限內不能收到Linktest.rsp.，則判定為連線失敗，並將使用TCP/IP Close功能來終止該連線。

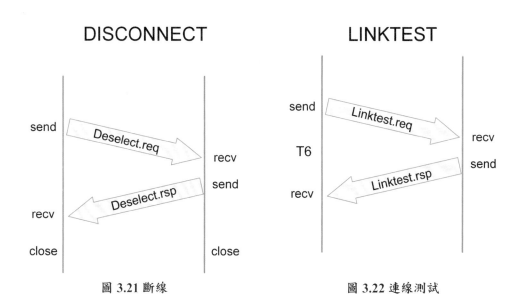

圖 3.21 斷線　　　　　　　圖 3.22 連線測試

G. HSMS Timeouts

HSMS的Timeouts有五種類型，包括：

- **T3：回覆Timeout (Reply Timeout)**，與SECS-I相同。
- **T5：連線分離Timeout (Connect Separation Timeout)**控制主動實體重試建立TCP/IP連線的頻率。

- **T6：控制交易Timeout (Control Transaction Timeout)**是一HSMS控制交易 (Select and Linktest)的回覆Timeout
- **T7：未選擇Timeout (Not Selected Timeout)**控制被動實體在連線程序中將等待 多長時間來接收Select.req。
- **T8：網路字符間Timeout (Network Inter-Character Timeout)**控制應用程式對無 回應的TCP/IP層的等待時間。

所有HSMS-SS Timeout如表3.8所列。

表 3.8 HSMS Timeouts

參數名稱	數值區間	解析度	常用數值	描述
T3 Reply Timeout	1-120 seconds	1 second	45 seconds	一個期待回覆訊息的實體將等待該回覆的最長時間。
T5 Connect Separation Timeout	1-240 seconds	1 second	10 seconds	連續嘗試連線到一個給定的遠端實體之間必須經過的時間。
T6 Control Transaction Timeout	1-240 seconds	1 second	5 seconds	一個控制交易在被認為是通訊失敗前,可以保持開放的時間。
T7 Not Selected Timeout	1-240 seconds	1 second	10 seconds	一個TCP/IP連線在被認為是通訊失敗前,可以保持在NOT SELECTED狀態(即無HSMS活動)的時間。
T8 Network Inter-Character Timeout	1-120 seconds	1 second	5 seconds	單個HSMS訊息的連續bytes之間的最大時間,在被認為是通訊失敗之前可能過期。
注意:上面顯示的參數預設值是針對小型網路(10個節點或是以下)。對於較大的網路,可能須要調整設定。				

H. 配置HSMS-SS參數

如同SECS-I,連線的其中一端被設定為主機;而另外一端被設定為設備, 並註明SECS設備ID (Device ID)。主機或設備端應該被指定為主動(Active),而另 外一端則設為被動(Passive)以形成連結。從工廠的角度來看,最好將主機設定為 主動,因為切換主機電腦比較容易。被動實體的IP位址及TCP Port號碼需要被設 定。表3.9中描述了HSMS-SS的常用值。

表 3.9 HSMS-SS參數配置

參數	常用值	
Host or Equipment		◆
SECS Device ID		◆
Active or Passive	Host is Active	
Passive Entity IP Address	140.116.86.150	
Passive Entity TCP Port	5000	
T3 Reply Timeout	45 seconds	◆
T5 Connect Separation Timeout	10 seconds	
T6 Control Transaction Timeout	5 seconds	
T7 NOT SELECTED Timeout	10 seconds	
T8 Network Inter-Character Timeout	5 seconds	
◆與SECS-I相同 (HSMS-SS中不需要的SECS-I參數：Baud Rate, T1, T2, T4, RTY)		

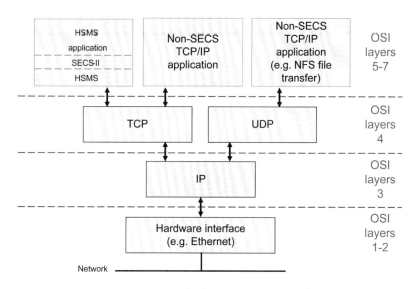

圖 3.23 HSMS可以與其他TCP/IP協定共享網路

I. 與其他TCP/IP協定共享網路

　　由於HSMS是一個適合使用TCP/IP環境的電腦之間交換訊息的通訊界面，它可以與其他TCP/IP協定共享網路，如圖3.23所示。

J. SECS-I與HSMS的比較與遷移(Migration)

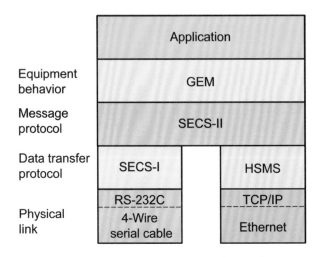

圖 3.24 SECS-I與HSMS-SS的協定堆疊

圖3.24展示了SECS-I與HSMS-SS的協定堆疊。

　　一些現有的舊工廠在設立時使用SECS-I，而一些較新的工廠則已準備使用 HSMS-SS。預期未來業界會逐漸轉向使用HSMS-SS；但在數年內，設備供應商 將須要為不同的客戶提供兩種協定，所以有必要設計「隨插即用」之軟體組件， 以簡化建置。圖3.24顯示，改採用HSMS取代SECS-I只須改變了底層協定。SECS- II、GEM以及(最重要的)設備或是線路控制電腦應用軟體都不必改變。轉換設備 或是線路控制電腦很容易——只須要簡單地替換底層SECS驅動程式軟體模型(從 SECS-I驅動程式換成HSMS驅動程式)。除了速度以外，設備的其他面向大多保持 不變。表3.10中列出了HSMS-SS和SECS-I的功能比較。

表 3.10 HSMS與SECS-I的比較

Function	HSMS	SECS-I
通訊協定基礎	TCP/IP	RS-232
實體層	未定義實體層(Physical layer)。HSMS允許任何支援TCP/IP的實體媒體。典型的例子包括乙太網路(IEEE 802.3)和細同軸電纜(10-BASE-2)。	25-pin連接器和4線串行電纜。
傳輸速度	通常是10 M位元/秒(假設是典型乙太網路)。	通常是 1000 bytes/秒(假設鮑率9600)
連線	一條實體網路線可以支援數個HSMS連線。	一條實體RS-232連接線對應一個SECS-I連線。
訊息格式	訊息內容為SECS-II資料item。以TCP/IP byte stream的方式傳輸SECS-II訊息。該訊息有一個4 bytes的訊息長度，10 bytes的訊息表頭，以及訊息內容。TCP/IP層可能會依據所使用的物理層施加block限制，此blockTCP/IP API是開放的，且不在HSMS的範疇內。	訊息內容為SECS-II資料item。將SECS-II訊息作為一系列的傳輸block進行傳輸，每個block包含大約256 bytes的大小。每個block有1個byte的block長度，10 bytes的訊息表頭，訊息內容，以及2 bytes的核對碼。
表頭	整個訊息有一個10 bytes的表頭。表頭第五、六位元包含PType及SType。當Stype=0時(為資料訊息)，表頭第三、四位元是W-bit、Stream、以及Function。當Stype不等於0時(為控制訊息)，沒有R-bit。	在每個訊息block均有10 bytes的表頭。表頭第五、六位元包含E-bit和block編號。
最大訊息大小	訊息大小受限於4 bytes的訊息長度(大約4GB)。TCP/IP和HSMS的實踐在實際狀況下可能會進一步限制這一點。	訊息大小限制大約在790萬個bytes(32767 blocks乘以每塊244個bytes)。
協定參數(共通)	T3回覆Timeout session ID (類似於設備ID)	T3回覆Timeout設備ID
協定參數(僅限SECS-I)	在HSMS中未使用。相對應的問題由TCP/IP層解決。	鮑率 T1 字符間Timeout T2 Block協定Timeout T4 Block間Timeout RTY 重試次數 主機/設備
協定參數(僅限HSMS)	被動實體的IP位置及連接埠 T5 連線間隔Timeout T6 控制交易Timeout T7 未被選擇Timeout T8 網路字符間Timeout	SECS-I不需要

3.2.2 工程部分(Interface A)

Interface A，或稱為設備資料收集(Equipment Data Acquisition, EDA)是一組由半導體協會(SEMI)發展的標準，它允許透過不同機台類型的通用Client/主機資料收集系統收集來自設備的大量和高速率資料。與SECS/GEM不同，Interface A側重於E化製造層次結構的設備工程系統(EES)部分，如圖1.1所示。Interface A旨在支援SECS/GEM標準，它有更靈活的方法，例如提供多個獨立Client存取、基於Client憑證的受限存取、並具備與常見互聯網技術的相容性，如透過HTTP/1.1架構的簡易物件存取協議(Simple Object Access Protocol, SOAP)/可擴展標記語言(eXtensible Markup Language, XML)，以及自我描述介面等。它是一個定義完整的XML/SOAP介面，導入後能夠協助設備與其Interface A Client之間的通訊。Client在身分驗證完畢後，被授予存取感興趣的資料的權限，並且能夠透過查詢工具來瀏覽可用資料。由於設備類型可能不同，我們需要一個解決方案來確保Interface A Client可以從任何類型的設備中收集資料。

通用設備模型(Common Equipment Model, CEM)的目的是為每個設備提供結構化視圖，其中包括物理硬體、邏輯軟體組件以及可以共享的所有資料：對象、屬性(變量)、事件和異常(警報)。通常，這些資料要求符合設備支援的SEMI標準，以及額外的硬體或特定製程資料，例如感測器讀數和製程結果。自定義資料收集計畫(Customized Data Collection Plans, DCPs)可以由Interface A Client定義以檢索相關資料。

自2005年以來，Interface A的使用不斷增長，並廣泛地整合在半導體設備中。主要的Interface A標準包括設備客戶驗證及授權規格(A&A, SEMI E132) [7]、通用設備模型規格(CEM, SEMI E120) [8]、設備自我描述規格(EqSD、SEMI E125) [9]，資料收集管理規格(DCM, SEMI E134) [10]和最新推出的EDA通用Metadata規格(ECM, SEMI E164) [11]。

簡單來說，如圖3.25所示，E132定義了為設備Client認證和授權建立session的方式。E120為描述設備結構提供了一致的詞彙；而E125提供了一套全面性的資料結構來描述設備可用的信息。E125和E120一起簡化設備資料項的命名和識別。E164則進一步定義Metadata規格，使標準更加通用。此外，E125和E134共同創造一個更易於管理且靈活的資料收集環境。

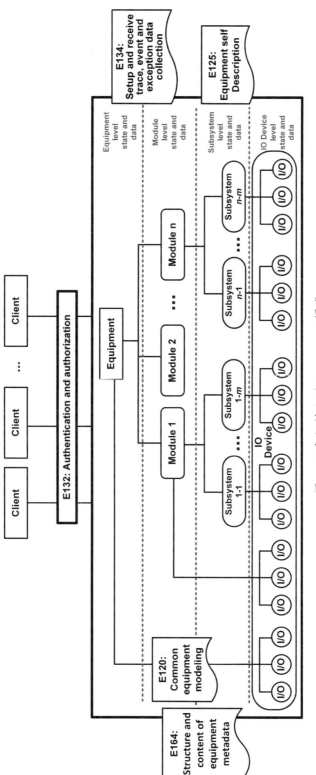

圖 3.25 在設備上的 Interface A 標準

　　Interface A的整合情境如圖3.26所示，展示各個標準(包括E120、E125、E132、E134和E164)如何組合在一起。首先，Client請求建立與設備的session，以進行身分驗證和授權。在給予授權並建立session後，Client向設備發送Metadata請求。接著，設備將Metadata回覆給Client。基於Metadata，Client建立所需的DCP，並將此DCP建立請求和接續的DCP開通請求發送到設備。設備收到該DCP請求後，啟動資料收集運作，生成相應的資料收集報告(Data Collection Report, DCR)，回覆Client。DCR包含事件、異常和/或追蹤報告。最後，Client關閉session。下面將分別闡述所有與Interface A相關的標準。

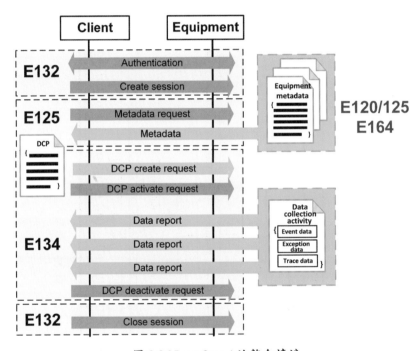

圖 3.26 Interface A的整合情境

3.2.2.1　設備客戶驗證及授權(A&A) (SEMI E132)

　　E132 [7]的目的是為工廠提供在軟體中控制允許與設備通信的應用程序以及允許使用設備服務應用程序的方法。E132為Interface A定義兩個安全特性：Client驗證和Client授權。Client身分驗證決定Client在採取任何操作之前啟動session的方式，而Client授權在session建立後管理Client的可存取資料之權限。安全管理員(Security Admin)是在工廠安裝機台後，用來設置Client身分驗證和授權，它是負責設備資訊提供的管理配置的工具。為了導入到SOAP/XML，SEMI發布子標準E132.1——設備Client驗證和授權的SOAP來設定規格以進行指導。

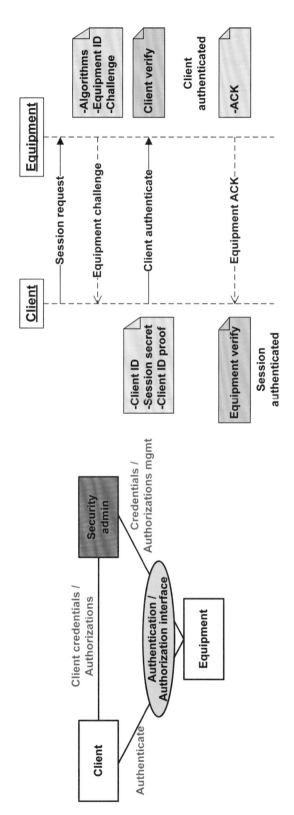

圖 3.27 E132認證（Authentication）模型

　　E132驗證模型可以分為三個部分：中央安全管理服務(Central Security Admin service)、Client服務(Client service)和設備服務(Equipment service)，如圖3.27所示。工廠使用中央安全管理服務，以便將憑證分配給應用程式；Client服務與設備建立session並提供憑證；設備服務會向Client詢問憑證，如果詢問未被接受，它將拒絕session。而若從Interface A Client開啟session，Client必須提出有效憑證，並由安全管理員進行身分驗證，並且設備必須處於允許session建立的狀態。憑證由Client ID、加密session密鑰和加密Client ID身分證明密鑰組成。在身分未經驗證的狀況下，任何存取服務的嘗試都將被拒絕。在session建立後，依據Client的憑證有效地驗證Client授權。接著，Client可以存取服務。

3.2.2.2　通用設備模型(CEM) (SEMI E120)

　　E120 [8]是CEM的規格。目的是為供應商提供使用通用屬性和術語來描述其設備物理結構的方法，並為依賴於設備結構信息的SEMI標準提供使用通用屬性和術語的基礎。E120定義了從外部視圖描述設備的通用對象模型。該模型由按邏輯層次結構組織的各式種類組成，它總結了設備的所有主要硬體和軟體組件。此外，SEMI發布子標準E120.1-XML Schema for the CEM，以支援如何將CEM映射到特定的XML環境。

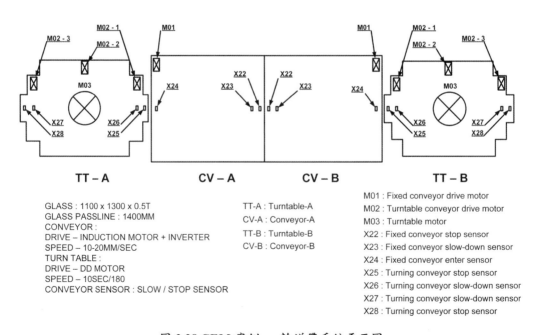

GLASS : 1100 x 1300 x 0.5T
GLASS PASSLINE : 1400MM
CONVEYOR :
DRIVE – INDUCTION MOTOR + INVERTER
SPEED – 10-20MM/SEC
TURN TABLE :
DRIVE – DD MOTOR
SPEED – 10SEC/180
CONVEYOR SENSOR : SLOW / STOP SENSOR

TT-A : Turntable-A
CV-A : Conveyor-A
TT-B : Turntable-B
CV-B : Conveyor-B

M01 : Fixed conveyor drive motor
M02 : Turntable conveyor drive motor
M03 : Turntable motor
X22 : Fixed conveyor stop sensor
X23 : Fixed conveyor slow-down sensor
X24 : Fixed conveyor enter sensor
X25 : Turning conveyor stop sensor
X26 : Turning conveyor slow-down sensor
X27 : Turning conveyor slow-down sensor
X28 : Turning conveyor stop sensor

圖 3.28 CEM 案例──輸送帶系統平面圖

在E120中，主要類別包括設備、模組、子系統、I/O設備和物料位置。以圖3.28和3.29所示的玻璃輸送帶系統為例，整個輸送帶系統由兩個輸送帶CV-A和CV-B以及兩個轉盤TT-A和TT-B組成。在CEM中描述這個系統，整個設備是一個輸送系統，而傳送帶和轉台則是子系統。在子系統下方，有幾個IO設備，例如馬達(MO1到MO3)和傳送帶感測器(X22-28)來減慢或停止它。輸送帶系統CEM描述圖如圖3.30所示。E120為描述設備結構提供了一致的詞彙表，使E125得以描述一組全面的資料結構。

圖 3.29 CEM 案例──輸送帶系統照片

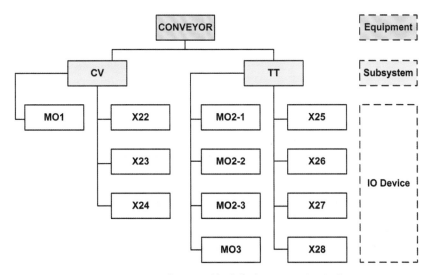

圖 3.30 CEM案例──輸送帶系統CEM描述圖

3.2.2.3 設備自我描述(EqSD) (SEMI E125)

E125 [9]為應用程式提供透過軟體發現實體設備結構、可用資料項目、事件和異常的方法。該標準允許Client請求有關收集資料的所有可用資訊的描述，包括參數(特定資料、單位和類型)、事件、異常、狀態機(state machine)、SEMI E39資料和實體配置。接著，將所有資訊映射到E120 CEM對象層次結構中。EqSD在E125中定義，由Client發起的作業來查詢設備的可用Metadata信息。此介面對於與E125相容的設備是必要的。SEMI發布一個子文件SEMI E125.1-0414-Specification for SOAP Binding for EqSD，以解釋如何在SOAP/XML環境中實現E125。E125和E120兩項標準共同簡化了設備資料項目的命名和識別。

E125設備Metadata結構如圖3.31所示。在E125中，Metadata是模組化的。單元、類型、設備結構和異常等是各自獨立定義的；然而，與設備結構的關聯卻是集中的。每個設備節點產生的資料具有唯一ID (UID)，藉由名稱、資料類型、事件、異常等被引用。透過E125，終端使用者可以脫離對設備文件的依賴，因為它們能直接獲取有關內容的訊息，可以在設備和環境(如Process Chamber #1或#2)上監控資料。此外，Interface A Client可以配備隨插即用方法，在設備介面上進行任何修改後，將立即自動更新訊息。如果發生意外錯誤，也可以進行資料還原。

我們採用與上述E120中相同的輸送帶系統案例進行說明，如圖3.32所示。CEM位於左側，EqSD位於右側。兩者相互協作。

3.2.2.4 EDA通用Metadata (ECM) (SEMI E164)

E164 [11]於2012年7月推出，目的在驅使企業開發一種更泛用的方法來在Interface A連線上實作設備Metadata。儘管E120和E125分別定義了設備模型和生成的Metadata集的標準，但其類型可能有很大差異。為了制定一個補足E120和E125的指南，E164誕生了。根據E164標準，從設備供應商和晶圓廠來看，機台對機台或工廠對工廠之間皆有更佳的一致性。這種一致性有助於兩端提供來自設備供應商的通用介面和開發來自晶圓廠的Interface A Client應用程序。E164源自E125 EqSD，定義了通用Metadata集以支持Interface A凍結版本II的一致性。E164還支援SEMI E30、E40、E87、E90、E94、E148和E157標準。特別是在原始設備製造商(OEM)之間，更加清晰地定義設備建模，以確保一致性，幫助用戶輕鬆快速地定位模型並找到所須的資料。

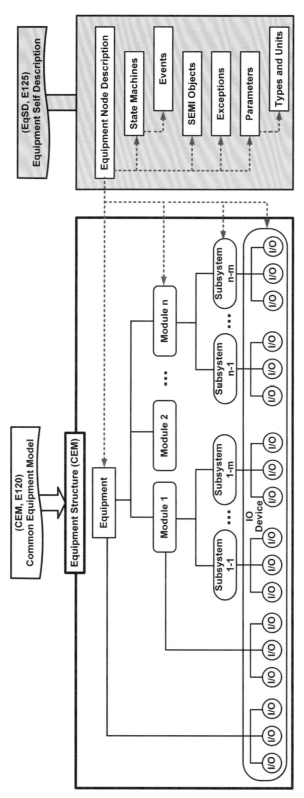

圖 3.31 E125設備 (Equipment) Metadata

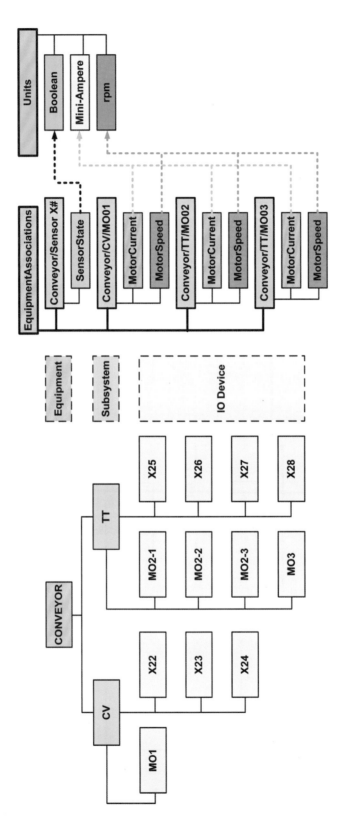

圖 3.32 CEM 和 EqSD 之案例——輸送帶系統

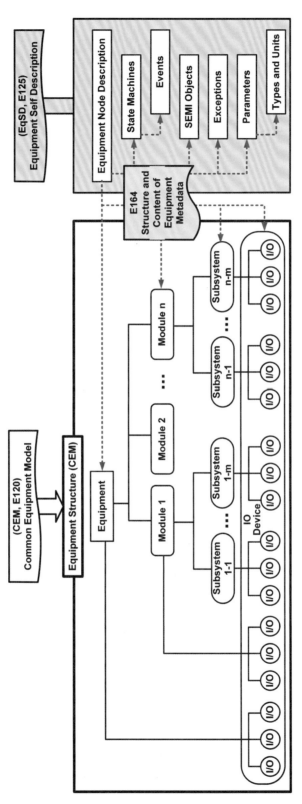

圖 3.33 將 E164 溶入 CEM 和 EqSD

　　E164的好處不僅是針對資料內容建立標準，而且可以構建一個超越可視化的應用程式。E164確保資料收集過程的自動化，並且減少解譯已收集之資料的工作。藉由E164，我們可以實現真正的隨插即用。上述的所有Function都顯著提高了工程效率。E164以通用的方式指定了設備Metadata的結構和內容，例如事件的命名、參數類型和層次結構，如圖3.33所示。E164對Interface A的作用就有如GEM對SECS-II一樣。

3.2.2.5　資料收集管理(DCM) (SEMI E134)

　　E134 [10]旨在為應用程式提供一種方法，將所有資料需求[事件(Event)、異常(Exception)和追蹤(Trace)]組織成可以單獨啟用和停用的邏輯命名單元。資料收集之概觀如圖3.34所示，設備的資料收集管理者(Data Collection Manager, DCM)在收到Client的資料收集請求後，生成相關的DCP。DCP建立成功後，必須啟動；然後，客戶將收到在DCP中配置並由設備準備的相應資料收集報告(Data Collection Reports, DCR)。

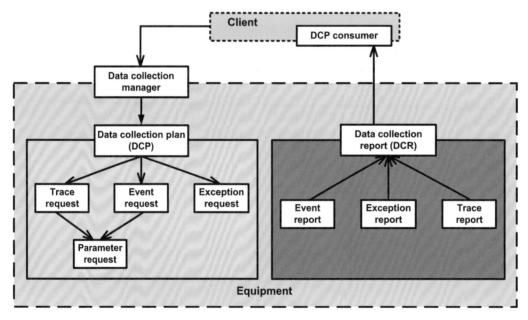

圖 3.34 資料收集之概觀

E134定義了設備端和Consumer端的介面。DCM介面包括在設備中導入的Client發起的作業，而DCP Consumer介面包括在Client中為Consumer端導入的設備發起的射後不理作業。這些交連操作方式如圖3.35所示。

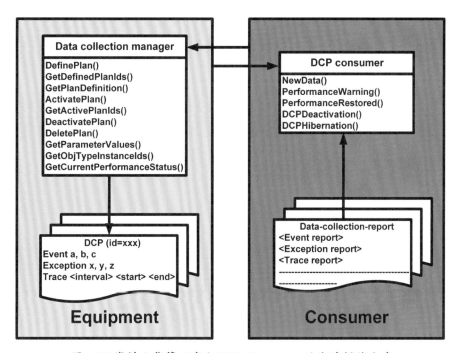

圖3.35 資料收集管理者和DCP Consumer的交連操作方式

A. DCP定義

E134中定義的DCP (Data Collection Plan)是一個資料收集請求，包括一組事件請求(帶有一組可配置的參數)、異常請求(帶有一組固定的參數)和追蹤請求(帶有一組可配置的參數)。

設備供應商可以提供包含在設備中預先定義的DCP，Consumer不需要再定義，此稱為內置DCP。內置DCP可以被任何Client使用ActivatePlan和GetPlanDefinition啟用和查看，但不能被任何Consumer刪除。

B. DCP操作

DCP的操作包括啟用、停用和刪除。多個Consumer可以同時啟動同一個DCP。當Consumer停用DCP時，DCP將對當前使用DCP的所有其他Consumer保持活動狀態，除非Consumer指示應該終止該DCP。要終止DCP，Consumer必須已授予足夠的用戶權限。當一個或多個Consumers的DCP仍然處於活動狀態時，它不能被刪除。

DCP是不可編輯的。如果需要更改DCP，Consumer必須刪除已定義的DCP，並改為定義新的DCP。

C. DCR定義

DCR由事件報告(Event Report)、異常報告(Exception Report)和追蹤報告(Trace Report)所組成，如圖3.36所示。以下段落詳細說明了每個部分的定義和範例。

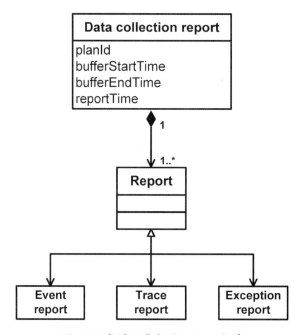

圖 **3.36** 資料收集報告(DCR)定義

C.1 事件報告(Event Report)之定義與範例

當事件發生時，根據Consumer的請求，將生成事件報告。事件報告由sourceId、eventId和eventTime等識別訊息組成，其結構如圖3.37左圖所示。每個報告可能有零個或多個ParameterValues。ParameterValues是實際資料值，並按照它們在DCP中列出的順序出現。事件報告中可能有多個ParameterValue或是零。而AbstractValue在資料類型中顯示為一個值，其格式因資料類型而異。

事件報告的範例如圖3.37的右側部分所示。其中sourceId "PM-1"是設備中的一部分，而eventId "ProcessEnd"表示該事件報告是在製程結束時生成的。eventTime中的數字進一步解釋了特定點的年、月、日和時間。在這份報告中，可以看到來自設備不同部分的兩個不同的ParameterValue。一個是用於Chamber溫度，另一個是N2質量流量控制器的流量。

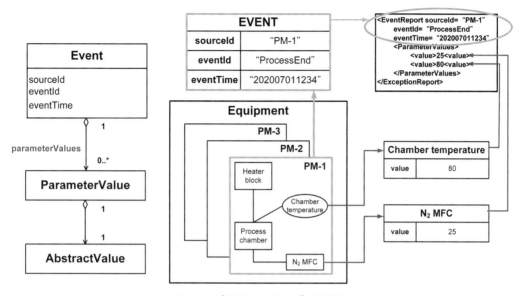

圖 3.37 事件報告的定義與範例

C.2 異常報告(Exception Report)之定義與範例

　　如果Consumer請求，一旦異常發生，將會產生異常報告並發送給Consumer。異常報告包含以下識別信息：sourceId、exceptionId、exceptionTime、severity和state。狀態可以是「設置(Set)」或「清除(Clear)」，如果異常狀況符合此選項，則一定要設定。與事件報告相同，ParameterValue是實際資料值，可能為零。一份異常報告中也可能有多個參數值，它們列在E125中。AbstractValue可以是資料類型中的值，例如溫度中的℃或℉。格式因資料類型而異。以圖3.38為例，scouceId "PM-1.Heater"表示設備PM-1部分的加熱塊；而eventId "OverHeat"表示當加熱塊過熱時會產生報告，那麼eventTime、severity、state和ParameteValues進一步說明了這個異常的細節：電壓達到30且Chamber溫度達到95度。

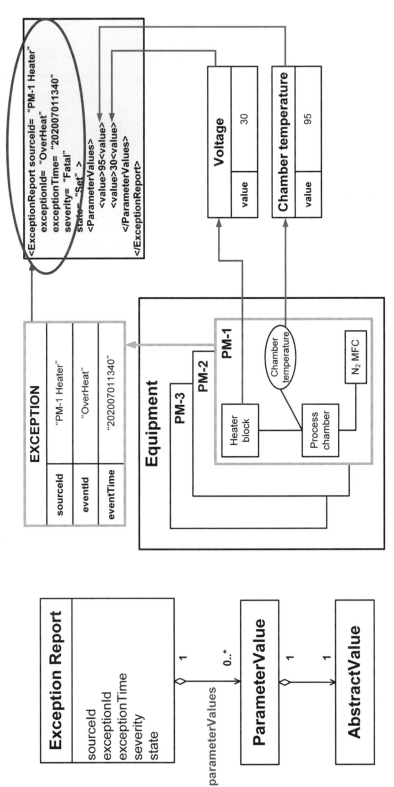

圖 3.38 異常報告的定義與範例

C.3 追蹤報告(Trace Report)之定義與範例

　　追蹤報告是收集到的資料的集合，其結構如圖3.39所示。它是在事件或異常發生時生成的，它們中的任何一個都可以是觸發器(Trigger)。追蹤報告會有一個具體的startTriggerTime和stopTriggerTime，這兩個點之間就是DCP內部定義的具體採樣週期。根據DCP是否正在緩衝，可能會發生兩種可能的情況。當DCP正在緩衝(buffering)時，CollectedData將暫停並在到達stopTrigger時向Consumer發送一次。如果DCP不在緩衝期間，那麼Trace Report的內容(CollectedData)會不斷增長，直到達到DCP中定義的最大群組大小並發送給Consumer。Consumer在到達stopTrigger之前可能會收到多個追蹤報告。無論DCP是否正在緩衝，追蹤報告都會在事件或異常的stopTrigger時停止。

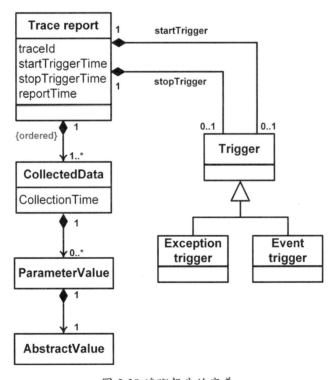

圖 3.39 追蹤報告的定義

　　圖3.40描述了追蹤資料收集的範例。收集的資料包含每個單獨時間戳記的不同參數的值。

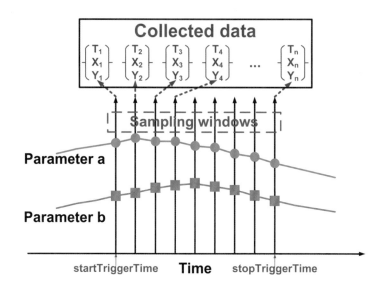

圖 3.40 追蹤資料收集範例

C.4 DCR緩衝(Buffering)範例

圖3.41為DCR緩衝(Buffering)的範例。在DCR中混合了兩個事件報告、一個追蹤報告和一個異常報告。

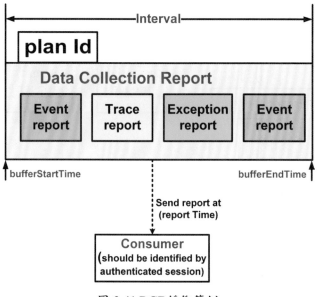

圖 3.41 DCR緩衝範例

3.3 工業設備與系統通訊標準

　　如圖3.42所示，工業自動化金字塔由組件層(Component Layer)、設備層(Device Layer)、控制層(Control Layer)、工廠層(Factory Layer)和公司層(Company Layer)等組成。工業4.0參考架構(Reference Architectural Model Industry 4.0, RAMI 4.0) [12]則在2015年4月於漢諾威博覽會中提出。RAMI 4.0將工業4.0的各式元素整合成一組三維模型架構，以加快後續基於工業4.0技術的分類與開發進程。Melo和Godoy [13]提出基於RAMI 4.0和開放平台通訊統一架構(Open Platform Communications Unified Architecture, OPC-UA)的工業4.0開源控制器通用協定。如圖3.42，OPC-UA允許工廠自動化金字塔各層的設備與零組件溝通與互動。

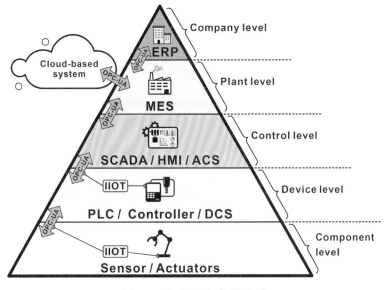

圖 3.42 自動化金字塔階層

　　透過OPC-UA，生產資訊和製程資料從工業感測器(Sensor)、致動器(Actuator)或是馬達(Motor)等收集。因此，這些資料可以由加工機台、可程式邏輯控制器(Programmable Logic Controllers, PLCs)和/或分散式控制系統(Distributed Control System, DCS)直接監控。大量的現場設備可以在自動化金字塔的設備層中水平連接，實現機器對機器(Machine-to-Machine, M2M)的對接通訊，而無需人力介入。

　　此外，OPC-UA不僅針對感測器、致動器、PLC和DCS介面，還作為一種在更高層級單元之間提供更好的互操作性的管道。更高層級的垂直整合，包括控制層的監控及資料收集系統(Supervisory Control and Data Acquisition Systems, SCADA)、人機介面(Human Machine Interfaces, HMI)和先進控制系統(Advanced Control Systems, ACS)、工廠層的製造執行系統(Manufacturing Execution Systems, MES)以及公司層的企業資源規劃(Enterprise Resource Planning, ERP)系統,也應針對智慧製造的需求建立。此外,OPU-UA還推出能與工業物聯網(Industrial Internet of Things, IIoT)和雲端服務的資訊整合功能。

　　以下將介紹Classic OPC和OPC-UA的歷史進程,然後是OPC-UA的規格和目標應用;最後,以基於OPC-UA協定的軟性銅箔基材(Flexible Copper Clad Laminate, FCCL)生產線進行智慧製造應用案例之說明。

3.3.1 Classic OPC和OPC-UA協定的歷史進程

Classic OPC和OPC-UA的歷史進程如下所述。

3.3.1.1 Classic OPC

　　根據工業應用的不同需求,共有三種主要的OPC規格[14]:1996年的Data Access (DA)、1999年的Alarm & Event (A&E)和2001年的Historical Data Access (HDA)。OPC DA定義存取目前製程資料的方式;OPC A&E描述基於事件資訊的介面,包括製程警示的通知;OPC HDA提供存取任何存檔資料的功能。OPC應用程序使用「用戶端—伺服器(Client-Server)」管道進行資訊交換。

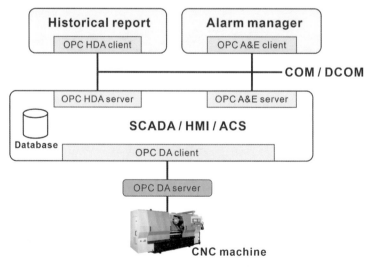

圖 3.43 OPC Client與Server之使用案例

OPC Server透過其介面讓資訊可被簡易存取，如同將資料來源視為一部獨立的設備。另一方面，OPC用戶端(Client)可連接到OPC伺服器(Server)存取和使用共享資料[14]。圖3.43描述OPC Client和Server間的使用案例，OPC DA Server與CNC機台連接，並由安裝於SCADA、HMI或ACS系統的OPC DA Client存取。同樣，OPC HDA Server和OPC A&E Server可以分別透過OPC HDA Client和OPC A&E Client將歷史報告和警報記錄發送到SCADA、HMI或ACS系統的外部單元。

OPC DA是OPC所推出Classic OPC一系列最早、也是到目前為止功能最完善的標準協定。OPC DA為通訊驅動，允許對自動化設備當下製程資料進行標準化的讀寫或存取。OPC DA主要的使用情境(Use Case)為：當HMI或SCADA系統直接向各種硬體或設備存取所需資訊。同樣的邏輯，OPC A&E和OPC HDA也具備相同能力。

為了簡化「Classic OPC與各方通訊軟體之應用程式設計介面(Application Programming Interface, API)之溝通規格定義」流程，微軟(Microsoft)的元件物件模型(Component Object Model, COM)和分散式COM (Distributed COM, DCOM)技術被直接應用於Classic OPC的實作上，以節省「需重新定義網路通訊協定或各程式之間溝通」的繁複流程。然而，由於其冗長且不可配置性(Non-configurable)的Timeouts，使得DCOM在實務面上並不適用於乙太網路的通訊。所以，DCOM的兩個主要的缺點為：與OPC進行遠程通訊時的DCOM問題和OPC的Windows平台依賴性(Windows-platform-dependency)。

3.3.1.2 OPC-UA

Classic OPC被廣泛期待能在「自動化金字塔中」各層當中擔任標準溝通介面。然而，當製造商開始嘗試在各方領域運用Classic OPC時，發現Classic OPC的COM依賴性(Dependency)或DCOM遠程存取問題使其發展受到限制，如3.3.1.1節所描述。

OPC基金會(OPC Foundation)為了讓自身能具備供應商及平台中立的通信基礎框架能力，採取的第一個變革就是使用OPC XML-DA。然而，有諸多原因顯示一個已成熟的OPC Web-Services版本之技術規格，已無法滿足新的OPC需求。

其中一個原因是與原始的COM版本相比，XML Web Service (WS)的性能較差。此外，當應用不同的XML WS堆疊時，會發生相互操作性問題(Interoperability

Problems)。為了解決上述Classic OPC的限制和處理平台獨立性問題(Platform Independence)，OPC提出了暴露複雜資料和複雜系統的需求。

2006年，OPC-UA的1.0版本誕生，其開發初衷在於「不遺漏任何現有功能或效能」的情況下，為所有現行「基於COM或DCOM的OPC系列產品」建立一個取代版本。此外，它必須涵蓋與平台獨立性系統介面的所有需求，這些介面具有豐富且可擴展的建模能力，以及可描述複雜系統。OPC的廣泛應用能力必須實現從SCADA和DCS的嵌入式系統到MES和ERP系統[14]。

3.3.2　OPC-UA基礎

如前所述，OPC-UA的理念是能應用在標準工業金字塔自動化中(如圖3.42)從上到下的所有元件。本小節將介紹OPC-UA的需求、基礎、規格和系統架構。

3.3.2.1　需求

為了解決第3.3.1.2節中所提到的Classic OPC的限制，制定OPC-UA的兩大需求：資料模型化(Data Modeling)和通訊(Communication)。第一個需求是用來描述系統和可用資訊的資料模型化規則；第二個需求是在分散式系統之間建構基本的通訊能力。

- **資料模型化**

  資料模型化之需求項目詳列如下[14]：

  ✓ 所有OPC資料的通用模型(Common Model for All OPC Data)

  ✓ 物件導向設計(Object-Oriented Design)

  ✓ 抽象基礎模型(Abstract Base Model)

  ✓ 元訊息(Meta Information)

  ✓ 複雜的資料和方法(Complex Data and Methods)

  ✓ 可擴展類型系統(Extensible Type System)

  ✓ 從簡單模型到複雜模型的可擴展性(Scalability from Simple to Complex Model)

  ✓ 其他標準資料模型的基礎(Base for Other Standard Data Models)

  通用的描述性模型對所有須透過OPC-UA建模的資料而言無疑是最重要的功能，因為在過去Classic OPC受到微軟COM/DCOM技術的限制。此外，通用模型應該要能夠透過基於抽象的模型和元信息(Meta-Information)結構，以使用者導向的屬性來描述底層系統和應用程式之間的關係。通用模型之可擴展架構設計可提供快速擴展系統的能力，而不須要對其基本架構進行重大改變。這些方法須具備可重複使用的特性，並可被位於不同現場層的分散式系統呼叫使用，使得OPC-UA有更好的靈活彈性。

- **通訊**

    分散式系統之間通訊之需求項目詳列如下[14]：

    ✓ 強健性設計(Robustness Design)

    ✓ 容錯能力(Fault-Tolerant Ability)

    ✓ 冗餘(Redundancy)

    ✓ 與平台無關(Platform-Independence)

    ✓ 可擴展性(Scalability)

    ✓ 高性能(High Performance)

    ✓ 互聯網和防火牆(Internet and Firewalls)

    ✓ 安全和存取控制(Security and Access Control)

    ✓ 相互操作性(Interoperability)

    為建立一個有效的通訊平台，必須首先提高分散式系統之間交換資訊的可靠性和可用性。OPC-UA具有冗餘性、平台獨立性與可擴展性，能夠在各種硬體和軟體上快速執行。內部網路和互聯網通訊環境中的效能是另一個需要關注的議題。此外，網絡安全和存取控制問題必須得到關注；不同系統之間的相互操作性也應得到滿足。

    OPC-UA有兩個角色：Client與Server，來實現上述的基本概念與需求。這些基本概念使OPC-UA Client無需了解複雜的OPC-UA Server的整個服務程序就能存取最小單位的資料。

3.3.2.2 根基

為滿足3.3.2.1節提到的上述需求，兩個基本組件：Meta Model和傳輸(Transport)，被定義為OPC-UA的根基(圖3.44)。

Meta Model定義了公開具有OPC-UA格式的訊息模型所必需的建模規則和基本建模結構，即所謂的構建塊(Base Modeling Constructs)。它將OPC-UA的切入點定義為特定的記憶體結構(即Address Space)和用於構建OPC-UA層次結構的基本類型。這些基本構建塊可以透過基本資訊模型(Base Information Models)和資訊模型(Information Models)進行擴展，如圖3.44之上方所示。

傳輸則為不同的案例定義兩種機制：Web Services以及優化的二進位TCP協議。Web Service被用於防火牆穿透(Firewall-friendly)的網路通訊。而優化的二進位TCP協議或二進位TCP UA，則被用於高性能的內部網路通訊。

圖3.44中間部分代表的服務(Services)是OPC-UA Server和OPC-UA Client之間以抽象方式定義的介面。由於OPC-UA Server扮演供應商(Supplier)的角色，提供資訊模型(Information Models)所需要的資料；而OPC-UA Client扮演消費者(Consumer)的角色來使用資訊模型，如同Consumer使用資料。所有被執行的服務則執行傳輸機制，在OPC-UA Client和OPC-UA Server之間交換基於元模型的資訊模型。

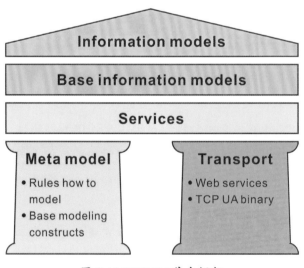

圖 3.44 OPC-UA基本框架

基於上述，OPC-UA定義描述和傳輸資料的規則。合作廠商則可根據此資訊模型定義它們想要描述和傳輸的資料結構。

3.3.2.3 規格

OPC-UA規格涵蓋多個規格，如下所示[15]。

- 核心規格(Core Specifications)
  - ✓ 第1部分：概念(Concepts)
  - ✓ 第2部分：安全模型(Security Model)
  - ✓ 第3部分：位址空間模型(Address Space Model)
  - ✓ 第4部分：服務(Services)
  - ✓ 第5部分：資訊模型(Information Model)
  - ✓ 第6部分：服務對應(Service Mappings)
  - ✓ 第7部分：概述(Profiles)
- 存取類型規格(Access Type Specifications)
  - ✓ 第8部分：資料存取(Data Access)
  - ✓ 第9部分：警報和條件(Alarms & Conditions)
  - ✓ 第10部分：程序(Programs)
  - ✓ 第11部分：歷史存取(Historical Access)
- 實用規格(Utility Specifications)
  - ✓ 第12部分：探索(Discovery)
  - ✓ 第13部分：整合(Aggregates)

核心規格(第1部分-第7部分)分為OPC-UA系統的通用部件(第1部分-第5部分)和Web Services部件(第6部分和第7部分)的基本特徵；存取類型規格(第8部分-第11部分)主要規定Classic OPC中定義的OPC-UA訊息模型；實用規格(第12部分和第13部分)則提供額外的工具，旨在支援達成OPC-UA的基礎功能。這些規格更詳細的內容可以參考OPC基金會提供的OPC-UA線上參考資料[16]。

3.3.2.4 系統架構

一個OPC-UA系統架構指的是一個Client-Server通訊基礎設施，同時連接所有的分佈式設備。圖3.45說明OPC-UA的平台獨立和服務導向的特點。每個透過OPU-UA所驅動的設備透過各種網絡在多個OPC-UA Clients和Servers之間交換安全和可靠的資料。一個OPC-UA Client可以與一個或多個OPC-UA Servers同時互動，一個OPC-UA Server也可以與一個或多個OPC-UA Clients同時互動[15]。

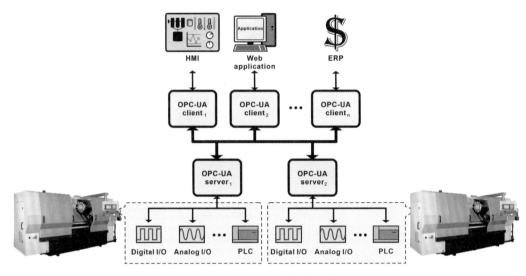

圖 3.45 OPC-UA連線架構

OPC-UA Server能夠存取來自設備、感測器、資料庫和/或其他應用程式的特定資料來源,如數位/類比/PLC信號等。OPC-UA Client則可整合到各式應用系統,如MES或ERP。終端用戶必須定義OPC-UA Server需要提供出來的服務和資料項目。OPC-UA Server可提供當下或歷史資料給OPC-UA Client或OPC A&E通知OPC-UA Client任何重要的狀態改變等。

因此,獨立於平台的OPC-UA Client和Server之間存在大規模的互動。例如,如圖3.45所示,OPC-UA Client1可以向OPC-UA Server1和Server2發送訊息請求;然後,兩個OPC-UA Servers向OPC-UA Client1發送相對樣的訊息回覆,並將所須資訊傳送到OPC-UA Client1。此外,當OPC-UA Client1收到任何事件通知時,它還可以直接從特定的OPC-UA Server讀取更多資訊或將特定值寫入OPC-UA Server中的指定資料項。

上述互動間的安全問題也應予以考慮。以下小節將介紹OPC-UA的服務、架構概觀和安全模型的精簡說明,以及展示案例之循序圖(Sequence Diagram)。

• **OPC-UA服務**

OPC-UA規格的一個核心概念是服務導向的架構。OPC-UA服務(OPC-UA Service)是遠端過程呼叫的函式集合,它清楚定義多個服務集,包含參數呼叫和行為執行,用以描述OPC-UA Client和Server之間發生的各種標準互動和操作。

所有服務集都以抽象和通用類型設計，以便實現平台獨立性和可擴展性。例如，Read是OPC-UA標準中用於讀取屬性值的唯一方法，即使不同平台中存在許多支援OPC-UA的系統。在本小節的後續內容，將使用斜體字標示並概述所需的服務集。更多不同服務集的詳細功能見[17]。

- **架構概觀**

應用程序(Application)、軟體發展工具包(Software Development Kit, SDK)和堆疊(Stack)的三個關鍵層分別用於滿足開發基於OPC-UA的系統需求[15]。如圖3.46所示，OPC-UA的Client和Server皆由三層組成。該體系結構可將設計邏輯分為兩部分：(i) OPC-UA開發人員可以重複使用的公共功能，以對應於SDK層和Stack層；而(ii) 終端用戶可以根據特定案例在應用層定義需求。

為了節省開發時間和成本，SDK層和Stack層旨在構建一個可維護的系統，該系統定義具可重複使用且隨插即用(Plug and Play, PnP)功能、API、服務或模塊，以高效處理常見的流程。

Stack層中定義的較底層功能執行訊息處理，包括對每個OPC-UA訊息進行編碼、保護和傳輸；而SDK層中定義的高階功能提供各種介面和方法，以使OPC-UA Client可以透過網絡存取OPC-UA Server。

OPC-UA Client和Server都有應用層，它們的設計邏輯包含終端用戶所定義的嚴謹功能。注意，在OPC-UA Client和Server中傳輸的任何訊息都是透過特殊API或函數中的SDK層和Stack層所傳遞。OPC-UA Client和Server都使用相同的Stack架構，它提供許多可讓雙方重複使用的通用功能，例如編碼或保護資訊。OPC基金會不僅支援任何作業系統中的OPC-UA，還提供三種程式語言讓使用者自行進行微調(C/C++、.NET或JAVA)。OPC-UA的詳細架構可參考[15]的第一部分。

- **OPC-UA Client**

OPC-UA Client是一個應用程式，可以存取和使用被提供的資料，這些資料臨時存放在OPC-UA Server的記憶體內。OPC-UA Client與OPC-UA Server連接，以向OPC-UA Server發送請求訊息，並從OPC-UA Server接收回應，然後返回到等待狀態。

由於OPC-UA是一個雙向(讀/寫)的通訊標準，當它們進入OPC-UA Server，OPC-UA Client可以指示OPC-UA Server發送更新。這優點為自動化架構的各個層面提供連接優勢，OPC-UA非常適用於連接工廠的廠房和企業。

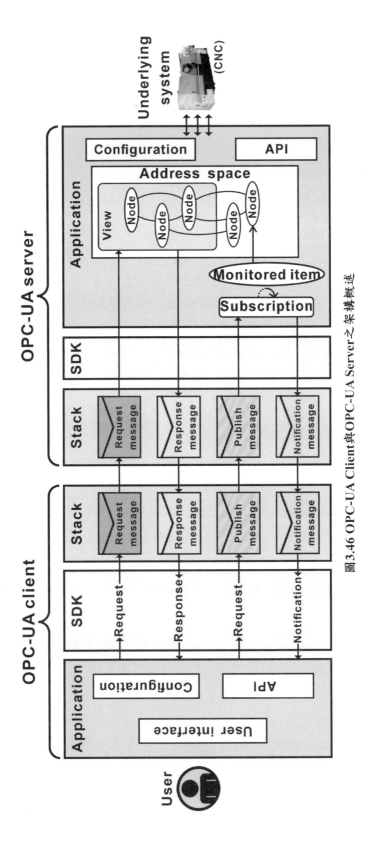

圖3.46 OPC-UA Client與OPC-UA Server之架構概述

　　如圖3.46左側所示，OPC-UA Client需要一個特定的使用者介面來顯示其可用資料項，並允許用戶瀏覽OPC-UA Server的記憶體。因此，需要三種類型的OPC-UA服務：資料搜索、資料監控和龐大的OPC-UA Server系統的記憶體管理，以便為OPC-UA Client提供定義詳細且豐富的資料收集的能力。

　　✓ **資料搜索**

　　*View*服務集允許OPC-UA Client瀏覽用戶感興趣的OPC-UA Server記憶體中的特定資料子集合，因為底層系統往往是大型和複雜的。查詢服務集允許OPC-UA Client對OPC-UA Server記憶體的資料子集合直接進行過濾搜索，而無須知道內部存儲結構的邏輯架構。

　　✓ **資料監控**

　　*MonitoredItem*服務集允許OPC-UA Client定義一組必須由OPC-UA Server監控的資料項目。訂閱服務集允許OPC-UA Client新增/修改/刪除訂閱。當新增訂閱後，OPC-UA Server會定期將*MonitoredItem*產生的通知返回給OPC-UA Client。

　　✓ **記憶體管理**

　　*NodeManagement*服務集允許OPC-UA Client修改OPC-UA Server記憶體層次結構的資料Items (Data Items)和參考(References)。屬性服務集允許OPC-UA Client讀取、寫入或更新資料項的當前/歷史值。

　　在圖3.46 OPC-UA Client的Stack層，有四個訊息(Message)從上到下排列。第一個請求(Request)被發送到OPC-UA Server，然後透過OPC-UA Client的APIs從OPC-UA Server接收相關的回覆(Response)。之後，向OPC-UA Server發送一條發布請求指令以更新監控項目，並從OPC-UA Server向OPC-UA Client回覆發佈請求，其中包含尚未向OPC-UA Client報告的通知。

- **OPC-UA Server**

　　OPC-UA Server是一個應用程式，可以存取底層系統以搜尋資料，並透過其介面向OPC-UA Client提供資訊。主要職責是根據OPC-UA Client發送的請求指令與底層系統進行通訊。

　　如圖3.46的右側所示，OPC-UA Server必須直接將系統底層的訊號和參數轉換為OPC-UA可以讀取的格式。OPC-UA Client的Stack層對應的四個訊息也在OPC-UA Server的Stack層中從上到下排列。請注意，OPC-UA Server的一項Function是利用記憶體被指定的Address Space以標準方式與OPC-UA Client交換和共享資料。所有底層即時資料和整個企業資訊都匯集到OPC-UA Server的Address Space，以便進一步處理。

　　如圖3.46所示的Address Space，OPC-UA Server允許OPC-UA Client透過其Address Space內的一組OPC-UA節點(Node)存取和操作資料Items (Data Items)，這些節點是可見的並且可以由*View*自行整理。這些節點可以展開/折疊以檢查其在樹結構中其他子節點之間的關係。每個OPC-UA節點都可以由OPC-UA遠端透過各種OPC-UA服務進行修改，例如資料監控(Data Monitoring)或記憶體管理(Memory Management)。

　　因此，OPC-UA Client可能首先透過*View*檢查節點並向OPC-UA Server發送指令請求。當OPC-UA Server接收到OPC-UA Client發送的請求時，OPC-UA Server開始搜索節點的值並向OPC-UA Client發送返回資訊。相反，當OPC-UA Server發現所選節點的資料有變化或事件/警報發生時，會主動產生Notification訊息並透過Subscription傳輸給OPC-UA Client，其中包含一組*MonitoredItem*。

- **安全模型**

　　OPC-UA將工廠的工業控制器與互聯網連接起來。因此，在開發應用時，有多種不同面向的安全議題需考慮，包括OPC-UA運行時的設備、硬體和軟體環境的安全威脅，對工廠而言任何重要設備的損害都可能帶來嚴重的損失。而OPC-UA所定義的通訊協定則著重在應用程式間所交換資料的安全性。

　　OPC-UA利用複雜的安全模型來減少內部和外部的威脅和攻擊，如訊息洪泛(flooding)、未經授權洩露訊息資料、訊息欺騙攻擊、訊息篡改和訊息重播攻擊等[18]。它支援穩定、安全的通訊協定，並辨識OPC-UA各種應用的身分以抵制網路攻擊。安全模型的詳細介紹可參考[18]的第二部分。

　　如圖3.47，OPC-UA的安全模型確保所有在一組OPC-UA Server和Client之間傳入/傳出的資訊/資料的安全。安全檢查流程則是建構在「開放式系統互聯模型(Open System Interconnection Mode, OSI)」[19]的網絡層(Network Layer)之其上三層：傳輸層(Transport Layer)、通訊層(Communication Layer)和應用層(Application Layer)所進行。

　　✓ **傳輸層(Transport Layer)**

　　傳輸層建立TCP通訊端連接，以在OPC-UA Client和Server之間傳輸和接收加密(Encryption)/解密(Decryption)的資料。對於在傳輸層與OPC-UA Server連接的任何OPC-UA Client，它首先從交握(Handshaking)過程開始。該層必須確保連接狀態可用，並恢復任何斷開的連接，以防止資料丟失。

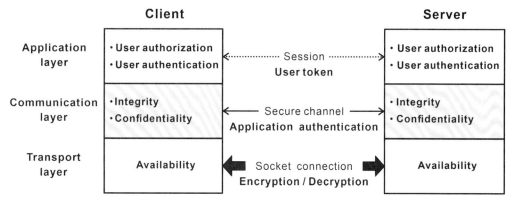

圖 3.47 OPC-UA安全模型

✓ 通訊層(Communication Layer)

在傳輸層的上層為通信層，在此建立一個安全通道(Secure Channel)，並透過*SecureChannel*服務集滿足機密性(Confidentiality)和完整性(Integrity)。*SecureChannel*允許OPC-UA Client建立一個安全的通訊通道，以確保與OPC-UA Server交換的所有傳入訊息的機密性和完整性。與應用程序中設計的大多數服務集不同，*SecureChannel*直接在OPC-UA堆疊中實現；而其他服務集則內建在OPC-UA應用程序中。

通訊層透過OPC-UA Client和Server之間的加密和數位簽章，防止所有訊息發生未經授權的更改和竊聽。此外，數字憑證用於驗證OPC-UA應用程序之間個別的通信。

✓ 應用層(Application Layer)

建立一個Session以透過Session服務集保護應用層。Session允許OPC-UA Client與單獨OPC-UA Server建立和管理特定於用戶的連接，並對驗證用戶的過程進行身分驗證。

應用層被用於交換工廠資訊、參數、設置或即時生產資料。對於任何打算在OPC-UA Client與指定的OPC-UA Server建立Session的用戶，首先必須透過OPC-UA Server的驗證(Authentication)和授權(Authorization)過程允許其成為受信任的用戶。

OPC-UA Server驗證從OPC-UA Client傳來的用戶身分識別碼，以便OPC-UA Client和Server都能識別用戶者的身分，以及可被授權使用的資源。請注意，Session必須在SecureChannel連接的基礎上執行，這是在通訊層事先建立的。因此，Session也可以由SecureChannel來保證。OPC-UA安全的更多基本概念在OPC-UA規格第二部分[15]中定義。此外，OPC-UA規格第六部分描述SecureChannel是如何實現的。

- **OPC-UA的循序圖**

為了對第3.3.2.4節進行總結，一組OPC-UA Client和OPC-UA Server間的連線循序圖展示如下。圖3.48展示第3.3.2.4節所介紹的應用程式和堆疊，以說明OPC-UA Client和OPC-UA Server之間連線的互動。OPC-UA Server的Address Space和Nodes則是能與不同單元互相溝通的兩個關鍵角色。至於SDK在圖3.48中將被省略，原因是它僅負責管理服務並將服務傳遞給彼此的中介軟體(Middleware)。大多可呼叫的API都是實作在SDK中。位於本地端的探索伺服器(Discovery Server)則負責向任何 詢OPC-UA Server的應用程式提供可用OPC-UA Server的清單，以確保OPC-UA Client和可供使用的OPC-UA Server之間的操作性。循序圖的互動可分為七個部分，如圖3.48中不同顏色塊所示，描述如下。

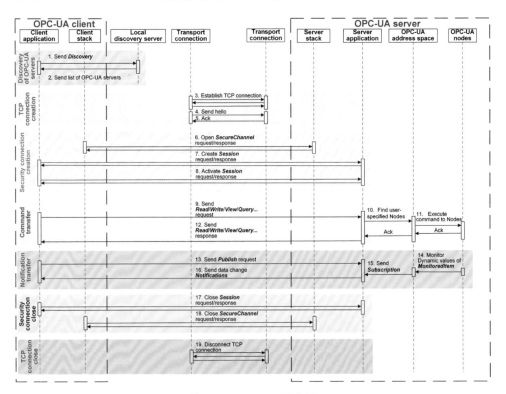

圖 3.48 OPC-UA循序圖

✓ **探索OPC-UA Server (Discovery of OPC-UA Servers)**

第1步：OPC-UA Client發送Discovery到可存取的Local Discovery Server以查找網絡中可用的OPC-UA Server。

第2步：Local Discovery Server為OPC-UA Client提供所須的訊息，包括網路地址、相應的協議和安全配置，以與指定的OPC-UA Server建立連接。

✓ **建立TCP通訊(TCP Connect Creation)**

第3-5步：OPC-UA Client和Server之間的TCP連接建立在傳輸層。在執行安全模型之前，OPC-UA Client發送一個"hello"訊息，然後OPC-UA Server回覆一個"Acknowledge (Ack)"訊息。

✓ **建立安全通訊(Security Connection Creation)**

第6步：建構*SecureChannel*以保護OPC-UA Client和較底層伺服器的堆疊之間的安全訊息。

第7步：在更高層級的OPC-UA Client和Server的應用程序之間建立Session。

第8步：Session被啟動以在OPC-UA Client和Server的應用程式之間驗證用戶。

✓ **傳遞指令(Command Transfer)**

第9步：OPC-UA Client的應用程式向OPC-UA Server發送請求指令，例如*Read*、*Write*、*View*、*Query*或*NodeManagement*。

第10-12步：OPC-UA Server的應用程式透過其Address Space和Nodes處理請求指令。然後它向請求的指令發送對應的回覆訊息。OPC-UA安全模型也被應用於保護OPC-UA Client和Server之間交互的所有訊息。

✓ **傳遞通知(Notification Transfer)**

第13步：OPC-UA Client的應用程式傳送發佈請求，以定期更新OPC-UA Server中的監控項。

第14-16步：OPC-UA Server的應用程式發送訂閱通知，該通知由*MonitoredItem*所建立。

✓ **關閉安全連結(Security Connection Close)**

第17-18步：斷開OPC-UA Client和Server之間的連接。

✓ **關閉TCP連結(TCP Connection Close)**

第19步：中斷OPC-UA Client和OPC-UA Server之間的連接。

在3.3.3節中，基於上述過程舉例說明一個實際的OPC-UA範例，以展示使用者、設備、OPC-UA Client和OPC-UA Server之間的交互關係。

3.3.3　應用OPC-UA協議的智慧製造階層結構實例

　　圖3.49以FCCL (Flexible Copper Clad Laminate)產業採用OPC-UA進行智慧製造的實際案例說明。在這個案例中有三個工廠，每個工廠具備一個或多個設備應用程式(Equipment Application Program, EAP)伺服器來連接所有生產工具。MES和其他工廠範圍內的外部訊息控制系統，包括製程配方(以下簡稱製程)管理系統(Recipe Management System, RMS)、統計製程控制(Statistical Process Control, SPC)、工程資料分析(Engineering Data Analysis)、錯誤偵測和分類(Fault Detection and Classification, FDC)以及設備管理系統(Equipment Management System, EMS)與這些EAP伺服器(EAP Server)通訊，進行工程資料交換。經過原始資料的抽取─轉置─載入過程，處理後的工程資料被發送到報告系統和資料庫，然後控制室的操作員可以透過儀表板監控工廠，而工廠經理可以透過行動設備監控工廠情況。另外，包括ERP、客戶關係管理(Customer Relationship Management, CRM)和商業智慧(Business Intelligence, BI)在內的物流相關系統可以透過資料庫獲得業務營運所須的資料。

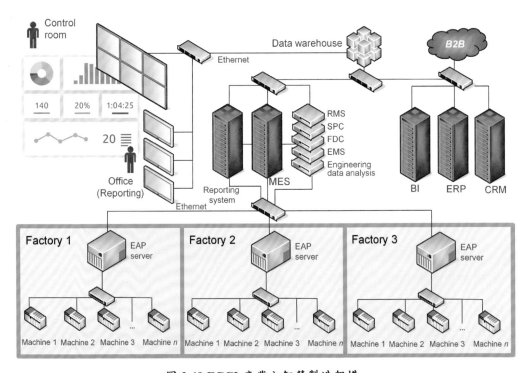

圖 3.49 FCCL產業之智慧製造架構

　　在這個案例，OPC-UA被用來與生產設備進行雙向通訊。FCCL製程中最重要的生產工具是塗佈機。為了提高塗佈機的產量和整體設備效率(Overall Equipment Effectiveness, OEE)，需要有監測和控制系統。最初，塗佈機並無內建通訊裝置，所以設備資料只能透過人工收集。然而，人工收集資料品質不佳，且收集到的資料樣本數量對於大數據分析是不夠的。因此，需成立一個專案小組來改善。

　　首先，與領域專家討論後，資料收集項目清單如表3.11。除了關鍵參數的感測器實際值(Physical Value, PV)外，還包括這些關鍵參數的對應初始設定值(Setting Value, SV)。

表 3.11 塗佈機製程所需的關鍵參數

No.	資料項目	No.	資料項目
1	Machine speed setting value (SV)	10	Oven intake system physical value (PV)
2	Machine speed physical value (PV)	11	Oven exhaust system setting value (SV)
3	Tension setting value (SV)	12	Oven exhaust system physical value (PV)
4	Tension physical value (PV)	13	Gas density physical value (PV)
5	Lamination temperature setting value (SV)	14	Lamination force (right side)
6	Lamination temperature physical value (PV)	15	Lamination force (left side)
7	Oven temperature setting value (SV)	16	Pump RPM (3-Layer)
8	Oven temperature physical value (PV)	17	Pump RPM (2-Layer)
9	Oven intake system setting value (SV)		

　　接著，參考RAMI 4.0後專案小組決定使用OPC-UA作為通訊協議[13]。塗佈機的主要控制器是PLC，而PLC廠牌可能包括西門子(Siemens)、三菱(Mitsubishi)、安川(Yaskawa)⋯等。為了避免PLC和人機界面之間的溝通整合問題，在每個主控PLC上安裝和配置額外的乙太網路(Ethernet)模組，用於和OPC-UA的單獨連接通道。同時，OPC-UA Server的應用模組被安裝到機房的後台伺服器中，並在PLC和OPC-UA Server之間部署乙太網路電纜。之後，由設備工程師提供表3.11中列出的PLC中各個參數的記憶體位置(Memory Address)，然後透過OPC-UA操作界面對具有記憶體位置的節點來進行配置。

　　整合測試則是藉由OPC-UA的測試工具在塗佈機連接到OPC-UA Server後開始進行。記憶體位置以節點形式輸入到安裝在EAP OPC-UA Client上的測試工具。然後，OPC-UA測試工具將開始透過OPC-UA Client請求塗佈機的參數值，並在收到與塗佈機連接的OPC-UA Server的回覆後顯示所指定的參數值。

3.3.3.1　設備應用程序(EAP)伺服器

　　事實上，EAP伺服器的功能與第1.2.1.1節中介紹的半導體行業中的設備管理器(Equipment Manager)的功能相似。觀察圖3.49，EAP伺服器可作為塗佈機和外部系統(如MES、RMS和FDC⋯等)之間的雙向通訊橋樑。

　　如圖3.50所示，資料存取管理器(Data Access Manager, DAM)是EAP的核心。DAM管理於工具和外部系統之間雙向的資料交換。至於資料存取計畫(Data Access Plan, DAP)和資料存取報告(Data Access Report, DAR)，前者定義資料項目、類型和更新率。後者根據相應的DAP和緩衝區啟動時間來準備報告。因此，當DAP中為DAM定義的接收/寫入資料的請求時，DAM將透過DAR發送或報告其狀態或結果。

　　DAM也可以透過OPC-UA與塗佈機的PLC進行溝通。舉例來說，如果開發環境是Visual Studio的C#，那麼在EAP的OPC-UA Client的動態連結函式庫Dynamic-Link Library (DLL)可直接被啟用的。因此，DAM可以對已預先在PLC內已註冊位址的節點ID之參數資料進行讀寫。如果OPC-UA Server直接安裝在基於PC的設備中，這裡提到的節點可以與在3.3.2小節中所定義的OPC-UA節點相同。

　　本節中使用的OPC-UA Server是一個不同於設備的外部獨立第三方系統。例如，如果DAM想讀取一個特定節點ID的值，DAM可以透過EAP伺服器中OPC-UA Client的DLL向塗佈機的OPC-UA Server發送資料請求的指令，然後OPC-UA Server會根據OPC-UA Client指定的位址向設備發送更新OPC-UA位址空間的請求，以獲得需要的資料。

　　OPC-UA也可以作為EAP和外部系統(如MES、RMS、FDC等)之間的通訊協議[13]。然而，其他一些通信協議，如網絡服務和Message Queue，也可能被外部系統使用，如圖3.50所示。

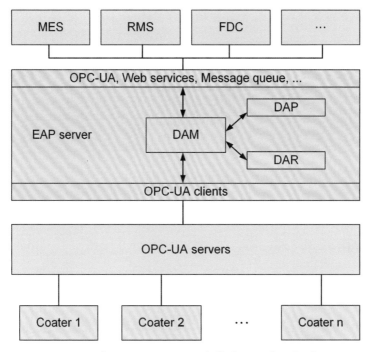

圖 3.50 應用EAP伺服器之塗佈機監控系統架構

3.3.3.2 資料操作使用情境

在圖3.51中展示三個被用於EAP和塗佈機(Coater)之間的通訊案例。第一個使用情境是感測資料收集(Sensor Data Collection)。數以百計的感測器被安裝在一個塗佈機上，用於監測FCCL製程的生產狀態。EAP透過OPC-UA收集塗佈機的關鍵參數值。資料收集的目的是為了收集大數據並分析資料，以提升現有生產力或進行品質改進。

第二個使用情境是即時監控(Real-Time Monitoring)。即時監控的目的是為了確保生產環境穩定與產品品質。製程工程師在資料分析後將參數分為基本和關鍵兩類，並規範各參數數值的合理範圍。然後，應用FDC系統來進行超出控制限度的異常檢測。

最後，第三個使用情境是製程下載(Recipe Download)。當在製品(Work-In-Process, WIP)到達生產設備時，須根據該產品特性來設定加工參數。而製程下載是RMS的基本功能，其可自動地完成製程下載與配對的任務。各種製程內容都儲存在RMS的資料庫。當RMS收到產品批號和編號時，RMS會找到合適的製程名稱和參數設定(Parameter Settings)，並將其發送給生產設備。生產設備在收到RMS的

製程名稱和參數設置後，將配置製程的內容於各子系統，然後使用該指定的製程
進行生產。

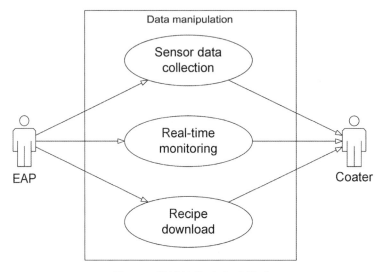

圖 3.51 資料操作的使用情境

3.3.3.3 資料操作循序圖

資料收集、即時監控和製程下載相對應的資料操作循序圖說明如下。

• **資料收集循序圖**

資料收集的循序圖如圖3.52所示，描述如下。

步驟1：在EAP的DAM下載由製程工程師預先指定的DAP。

步驟2：EAP根據DAP定義DAR。

步驟3-4：EAP透過EAP中的OPC-UA Client向塗佈機的OPC-UA Server發送帶節
點ID讀取資料的請求。

步驟5-8：OPC-UA Server連接到塗佈機的PLC，然後用節點中指定的相應位址
收集資料。

步驟9-10：OPC-UA Server透過OPC-UA Client將收集到的資料返回給EAP中的
DAM，然後DAM將資料儲存在DAR中。

步驟11：EAP將DAR中收集的資料寫入資料庫。

事實上，步驟1-10可以歸納成一組OPC-UA的「讀取資料(Read Data)」程序來
進行。這個程序也可以重新用於其他須要「讀取資料」操作的案例，如即時監控
和製程下載等。

- **即時監控循序圖**

基本上，即時監控的循序圖包括：(i)使用圖3.52所示的「讀取資料(Read Data)」程序，透過OPC-UA即時讀取目標資料；(ii)向FDC伺服器發送資料，檢查資料是否在允許的規格範圍內；(iii)如果超出規格，將向警示管理器發送警報。

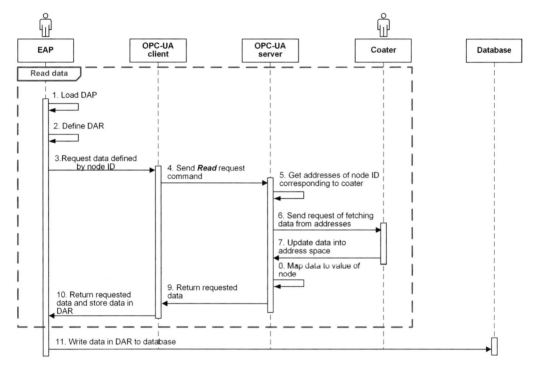

圖 3.52 資料收集的循序圖

- **製程下載循序圖**

本案例的塗佈機在每一次執行生產過程之前都需要由操作員進行手動輸入20多個參數設定值的操作，如此將存在輸入錯誤的風險。因此，建議使用RMS來避免生產設備的錯誤參數設定。製程下載的循序圖如圖3.53。

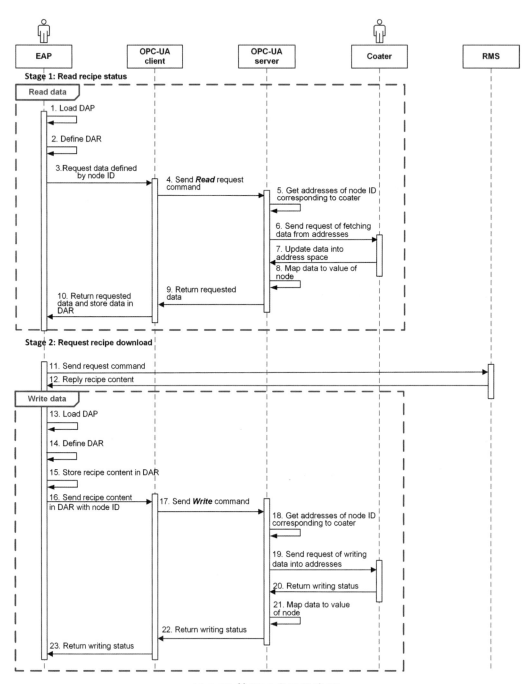

圖 3.53 製程下載的循序圖

　　如圖3.53，設計一個兩階段的過程。首先，透過圖3.52所示的「讀取資料 (Read Data)」程序，在階段一：讀取製程狀態中的製程檢查狀態(Read Recipe

Status)。檢查製程完成後,如果還須要新的製程,則啟動階段二:請求下載製程 (Request Recipe Download),詳細過程闡述如下。

✓ **第1階段:讀取製程狀態**

步驟1-10:使用圖3.52所示的「讀取資料(Read Data)」程序來讀取製程狀態。

✓ **第2階段:請求下載製程**

步驟11-12:EAP向RMS發送請求製程指令,然後RMS將選定的製程內容回報給 EAP。

步驟13-15:EAP下載這個被選擇的DAP,然後以該DAP來定義DAR。最後,該 製程內容被儲存在此DAR。

步驟16-17:EAP透過EAP中的OPC-UA Client將帶有節點ID的製程內容發送至塗 佈機的OPC-UA Server。

步驟18-21:OPC-UA Server連接到塗佈機的PLC,然後使用*Write*服務將資料(製 程內容)寫入在節點指定的位址。

步驟22-23:OPC-UA Server透過OPC-UA Client向EAP回報寫入狀態。如果製程 寫入狀態在人機界面上顯示正常,那麼操作員就會按下按鈕,開始 塗佈過程。

3.4 結論

本章節介紹了支援智慧製造的整體資料交換需求的通訊標準。首先是半導 體設備的通訊標準,包含SECS-I、SECS-II、GEM與HSMS,以及工程部分的 Interface A。接著,說明了用於連接工廠設備和系統的Classic OPC與OPC-UA通訊 標準。

附錄3.A—縮寫對照表

A&A	Authentication and Authorization 驗證及授權
ACK	Correct Reception 正確接收
ACS	Advanced Control System 先進控制系統
API	Application Programming Interface 應用程式介面
ASCII	American Standard Code for Information Interchange 美國標準資訊交換碼
BI	Business Intelligence 商業智慧
CEM	Common Equipment Model 通用設備模型
COM	Component Object Model 元件物件模型
CRM	Customer Relationship Management 客戶關係管理
DAR	Data Access Report 資料存取報告
DAP	Data Access Plan 資料存取計畫
DCM	Data Collection Management 資料收集管理
DCOM	Distributed COM 分散式COM
DCP	Data Collection Plan 資料收集計畫
DCR	Data Collection Report 資料收集報告
DCS	Distributed Control System 分散式控制系統
DLL	Dynamic-Link Library 動態連結函式庫
E-bit	End Bit 結束位元
EAP	Equipment Application Program 設備應用程式
ECM	EDA Common Metadata 設備資料取得通用Metadata 規格
EDA	Equipment Data Acquisition 設備資料取得
EES	Equipment Engineering System 工程設備系統
EMS	Equipment Management System 設備管理系統
ENQ	Request to Send 請求發送
ERP	Enterprise Resource Planning 企業資源規劃
EOT	Ready to Receive 準備接收
EqSD	Equipment Self-Description 設備自我描述規格
FCCL	Flexible Copper Clad Laminate 軟性銅箔基材
FDC	Fault Detection and Classification 錯誤偵測和分類
Fm	Function m，m代表Function編號

GEM	Generic Equipment Model 泛用設備模型
HMI	Human-Machine Interface 人機介面
HSMS	High Speed SECS Message Services 高速SECS訊息服務
HSMS-GS	HSMS的補充標準，GS代表General Session
HSMS-SS	HSMS的補充標準，SS代表Single Session
I/O Device	Input/Output Device 輸入/輸出設備
IC	Integrated Circuit 積體電路
ID	Identification 識別碼
IH	Item Header 表頭
IIoT	Industrial Internet of Things 工業物聯網
JIS	Japanese Industrial Standards 日本產業規格
M2M	Machine-to-Machine 機器對機器
MES	Manufacturing Execution System 製造執行系統
NAK	Incorrect Reception 不正確接收
NLB	Number of Length Bytes 長度位元數
OEE	Overall Equipment Effectiveness 整體設備效率
OEM	Original Equipment Manufacturer 原始設備製造商
OPC	Open Platform Communication 開放平台通訊
OPC A&E	OPC Alarms and Events OPC 警報與事件
OPC DA	OPC Data Access OPC 資料存取
OPC HDA	OPC Historical Data Access OPC 歷史資料存取
OPC-UA	OPC Unified Architecture 開放平台通訊統一架構
OSI	Open System Interconnection 開放式系統互聯模型
PLC	Programmable Logic Controller 可程式邏輯控制器
PType	Presentation Type P類型
PVs	Physical Values 實際值
R-bit	Reverse Bit 反轉位元
RS-232	一項由美國電子工業聯盟制定的序列資料通訊介面標準
RAMI 4.0	Reference Architecture Model for Industry 4.0 工業4.0參考架構
RM	Recipe Management 製程配方管理
RMS	Recipe Management System 製程配方管理系統

RTY	Retry Limit 重試次數上限
SCADA	Supervisory Control and Data Acquisition 監控及資料收集系統
SECS	Semiconductor Equipment Communication Standard 半導體設備通訊標準
Sn	Stream n，n代表Stream編號
SOAP	Simple Object Access Protocol 簡易物件存取協議
SSD	Selected Equipment Status Data 選取設備狀態資料
SSR	Selected Equipment Status Request 請求設備狀態資料
SType	Session Type S類型
SV	Status Variable Value 狀態變量值
SVID	Status Variable ID 狀態變量ID
SVs	Setting Values 初始設定值
TCP	Transmission Control Protocol 傳輸控制協定
TCP/IP	Transmission Control Protocol/Internet Protocol 傳輸控制通訊協定/網際網絡通訊協定
UDP	User Datagram Protocol 使用者資料報協定
Unique ID	UID 唯一ID
W-bit	Wait Bit 等待位元
WIP	Work-In-Process 在製品
WS	Web Service 網路服務
XML	eXtensible Markup Language 可擴展標記語言

參 考 文 獻

[1] SEMI E4 (2018). *SEMI E4 - Specification for SEMI Equipment Communications Standard 1 Message Transfer (SECS-I)*. USA: SEMI. https://bit.ly/3iXrEvc (accessed 12 August 2020).

[2] SEMI E5 (2020). *SEMI E5 - Specification for SEMI Equipment Communications Standard 2 Message Content (SECS-II)*. USA: SEMI. https://bit.ly/2Oralog (accessed 12 August 2020).

[3] SEMI E30 (2020). *SEMI E30 - Specification for the Generic Model for Communications and Control of Manufacturing Equipment (GEM)*. USA: SEMI. https://bit.ly/2C295pf (accessed 12 August 2020).

[4] SEMI E37 (2019). *SEMI E37 - Specification for High-Speed SECS Message Services (HSMS) Generic Services*. USA: SEMI. https://bit.ly/3jehYwG (accessed 12 August 2020).

[5] SEMI E37.1-0819 (2019). *SEMI E37.1-0819 - Specification for High-Speed SECS Message Services Single Selected-Session Mode (HSMS-SS)*. USA: SEMI. https://bit.ly/3jehYwG (accessed 12 August 2020).

[6] SEMI E37.2-95 (Withdrawn 1109) (2019). *SEMI E37.2-95 (Withdrawn 1109) - High-Speed SECS Message Services General Session (HSMS-GS)*. USA: SEMI. https://bit.ly/3jehYwG (accessed 12 August 2020).

[7] SEMI E132 (2019). *SEMI E132 - Specification for Equipment Client Authentication and Authorization*. USA: SEMI. https://bit.ly/3haoJgS (accessed 12 August 2020).

[8] SEMI E120 (2019). *SEMI E120 - Specification for the Common Equipment Model (CEM)*. USA: SEMI. https://bit.ly/3h97Kfa (accessed 12 August 2020).

[9] SEMI E125 (2014). *SEMI E125 - Specification for Equipment Self Description (EqSD)*. USA: SEMI. https://bit.ly/3j5C2Bj (accessed 12 August 2020).

[10] SEMI E134 (2019). *SEMI E134 - Specification for Data Collection Management*. USA: SEMI. https://bit.ly/3fCBWPq (accessed 12 August 2020).

[11] SEMI E164 (2014). *SEMI E164 - Specification for EDA Common Metadata*. USA: SEMI. https://bit.ly/2Ow9yT7 (accessed 12 August 2020).

[12] Adolph, L., Anlahr, T., Bedenbenderm, H. et al. (2016). *German Standardization Roadmap Industry- Version 3*. Germany: DKE Deutsche Kommission Elektrotechnik Elektronik Informationstechnik in DIN und VDE.

[13] Soares de Melo, P. and Godoy, E.P. (2019). Controller interface for Industry 4.0 based on RAMI 4.0 and OPC UA. *Proceedings of the 2019 II Workshop on Metrology*

for Industry 4.0 and IoT (MetroInd4.0&IoT), Naples, Italy (4-6 June 2019). USA: IEEE.

[14]　Wolfgang, M., Leitner, S., and Damm, M. (2009). *OPC Unified Architecture.* Germany: Springer. https://doi.org/10.1007/978-3-540-68899-0.

[15]　OPC 10000-1 Release 1.04 (2017). *OPC 10000-1: OPC Unified Architecture Part 1: Overview and Concepts.* USA: OPC Foundation. https://bit.ly/2H7TcPY (accessed 15 October 2020).

[16]　OPC Foundation (2020). OPC UA Online Reference. https://reference.opcfoundation. org/v104/ (accessed 15 October 2020).

[17]　OPC 10000-4 Release 1.04 (2017). *OPC 10000-4: OPC Unified Architecture Part 4: Services.* USA: OPC Foundation. https://bit.ly/3k0LvKb (accessed 15 October 2020).

[18]　OPC 10000-2 Release 1.04 (2018). *OPC 10000-2 OPC Unified Architecture Part 2: Security Model.* USA: OPC Foundation. https://bit.ly/3lGlaS6 (accessed 15 October 2020).

[19]　Boait P., Neville G., Norris R., Pickman M., Tolhurst M., Walmsley J. (1988). *The OSI Model.* In: Tolhurst M. (eds.) *Open Systems Interconnection. Macmillan Computer Science Series.* London, UK: Palgrave. https://doi.org/10.1007/978-1-349-10306-5_3.

雲端運算、物聯網、邊緣運算與大數據基礎設施

4

蕭宏章、洪敏雄、陳朝鈞、林祐全

4.1 簡介

過去幾年，由於網際網路、資訊及通訊技術(Information and Communication Technology, ICT)的蓬勃發展，全球製造業強國競相提出基於先進資通訊技術的計畫和戰略，促使製造業邁向智慧化和自動化[1-3]，希望能藉此應對市場快速變遷、人力不足、生產資源有限等議題，提升產品和製造技術的全球競爭力。其中最耳熟能詳的計畫和戰略就是德國提出的工業4.0 [2,4]。

與傳統的工廠相比，工業4.0 [2,4,5]的概念和願景就是希望創建更具響應性、適應性、靈活性、效率和互聯性的智能製造和智慧工廠[6]，進而以更低的成本實現大規模生產。工業4.0和智慧製造的核心技術包含以下幾種先進資通訊技術，例如物聯網(Internet of Things, IoT) [7,8]、雲端運算[9-12]、邊緣運算[13,14]、大數據分析[15,16]和虛實整合系統(Cyber-Physical Systems, CPS)等。

智慧工廠可以採用物聯網作為其數據收集和通訊平台，並利用雲端運算的豐富資源或相對靠近資料來源的邊緣運算，針對大量生產相關數據進行大數據分析。此外，具有預測演算法的虛實整合系統(CPS)也可建構在物聯網、雲端或邊緣運算平台上，並與現實和虛擬世界無縫地合作互動以提供機台預診和預測保養等智慧化能力。雲端運算、邊緣運算、物聯網與大數據分析對於製造業的價值與優勢簡介如下。

雲端運算是一種基於網際網路的運算能力，透過把資料中心內的運算資源池(如：運算能力、資料儲存空間、網路、軟體開發、部署環境、應用程式等)虛擬化成服務，並讓使用者們可透過網路隨需(on-demand)叫用。一個資料中心就代表著一個結構良好且安全的機房或建築，其內擁有為數眾多的伺服器與其附屬設備，如儲存裝置、通訊網路、軟體、基礎設施、環境控制、電纜、電力、冷卻系統等。雲端運算可被當作是一種公用運算資源，使用者可以透過網際網路，並以隨需使用的模式，選擇不同級別的雲端運算服務，獲得豐富的企業級資源。藉由雲端運算，組織或個人用戶可以很容易地隨需取得企業級的運算資源，且僅需支付其所使用的資源費用。而且，當不再需要這些資源的時候，可以隨時取消所租用的運算資源。

通過基礎設施層級的服務(Infrastructure as a Service, IaaS)，用戶可以構建虛擬機並在其上安裝所需的作業系統和應用程式。通過使用平台層級的服務(Platform as a Service, PaaS)，用戶可以在雲端平台上開發和部署能存取雲端資料庫、儲存體的應用程式。通過軟體層級的服務(Software as a Service, SaaS)，用戶不需在本機端安裝應用程式，就可以在網路上使用他們想要的軟體應用程式。此外，製造業可以利用雲端運算將分散式的製造資源封裝並虛擬化成雲端服務，包含產品設計、模擬、製造、測試、管理、以及產品生命週期中的所有其他任務，然後就可以在網路上隨需使用這些雲端服務來支援製造活動。上述概念可稱為基於雲端運算的製造(也稱為雲製造，Cloud Manufacturing, CMfg [9,10])。CMfg有潛力滿足製造業日益增長的需求，如：更靈活地生產客製化產品，更廣泛地支援全球性的協作，促進知識密集型創新，並在瞬息萬變的市場中提高響應變化的靈活性[11,12]。

　　儘管雲端運算提供了豐富、靈活且具可伸縮性的運算資源，但在將數據從工廠傳輸到遠端資料中心時，處理數據並獲取結果的過程可能會遇到延遲問題。這樣的延遲問題可能無法滿足工廠中某些對於時效性要求較高的應用程式，例如那些需要監控機台狀況或工件生產品質，並需要立即採取相對應措施的應用程式。在生產過程中，安裝在生產設備和工件上的感測器會產生大量與生產相關的原始數據。將大量原始數據傳送到遠端資料中心對生產線上的電腦來說是一個沉重的負擔，特別是對於資源受限的物聯網設備更是如此。這也影響了網路頻寬和能源的使用效率。因此，用來解決這些需要即時數據處理議題的邊緣運算概念就被提出[13,14]。邊緣運算是將雲端運算搬移到網路的邊緣，網路邊緣的雲服務(即邊緣服務)提供小規模的運算能力和數據儲存空間，輔助傳統雲端資料中心對於即時數據處理和儲存的瓶頸。將數據處理移到離數據源更近的地方，可以減少通信延遲、以及需要通過網路傳輸到資料中心的數據總體大小，進而節省能源耗損，且亦可避免資源受限的邊緣設備消耗不必要的網路頻寬。

　　製造業的物聯網是一種新的網際網路應用。智慧工廠可以透過物聯網技術，將感測器、機台、設備、攝影機、顯示器、智慧型手機等物品(Things)與雲端資料中心整合，並在虛擬化運算資源上進行資料處理，且即時地支援製造生產活動[19]。物聯網亦支援工廠內或網路上的機台與機台間的雙向通訊。物聯網可以連接機台、感測器和手持裝置，並從工廠內的機台或設備收集數據，而雲端運算服務可以針對所收集到的數據進行即時分析。因此，物聯網和雲端運算服務可為製造業帶來生產力和品質方面的效益及洞察力，進而推動業務和營運創新。

在智慧工廠中，生產設備和工件都會安裝各式感測器。在生產過程中，會產生大量與生產相關的數據。如果我們使用適當的工具對這些生產大數據進行挖掘(即[20]大數據分析)，提取出與產品或生產相關的有用訊息，這些訊息就可以轉換成適當的形式，提供給製造系統進行智慧決策。例如使用先進的預測工具系統化地處理這些與生產有關之數據，並轉換成有用的訊息，就可以解釋發生非預期情況的原因。然後，這些高價值的訊就息可以應用到與生產相關的程式中，如工件的品質控制和生產設備的故障診斷和預測保養。因此，對於處理工廠產生的大數據，開發各種數據勘探方法和工具是一個重要的課題；同時，支援大數據分析並由大數據分析軟體和硬體組成的大數據基礎設施[22]也是不可或缺的。

本章將介紹與工業4.0和智慧製造相關的核心技術。在第4.2節中，我們將介紹雲端運算，包含其要點、服務模型和部署模型，以及雲製造的概念。在第4.3節中，我們將描述邊緣運算，包含它的基本原理，以及邊緣運算在製造業中的應用。此外，第4.3節將介紹物聯網的基本原理架構，以及物聯網在製造業中的應用。在第4.4節將介紹大數據基礎設施的應用需求、核心軟體堆疊組件，以及彌合核心軟體堆疊組件與應用之間鴻溝的方法。最後，第4.5節是本章的結論。

4.2　雲端運算

在本章節中，我們將介紹雲端運算(Cloud Computing)，包括其要點、服務模型和部署模型。我們還介紹了雲端運算在製造業中的一些應用和效益。

4.2.1　雲端運算基本原理

雲端運算可以說是一種運算典範，把位在資料中心內的IT應用程式用網路服務的方式在網路上被交付。用戶可以輕鬆地按照各自的需求使用這些網路運算服務。雲端運算將運算和數據從原本的桌上型個人電腦和筆記型電腦內移植到大型的資料中心，這些資料中心包含實際的雲端運算基礎設施，即提供這些網路服務的硬體和系統軟體[23]。雲端運算提供隨需服務、無所不在的網路存取、不依賴地理位置的運算資源池、易於使用的、有品質且可靠的運算服務[24]。因此，雲端運算可為企業帶來新的IT運用模式，進而獲得商業利益。

　　雲端運算的興起是由許多要素所驅動。其中，軟體交付和操作的簡單化以及成本效益是兩大關鍵驅動要素。雲端運算可以降低企業的IT成本，並使它們從需要在本地安裝和維護應用程式的開銷和麻煩中解脫。雲端運算以用多少付多少的計價模式向組織和個人提供IT雲端服務，這個商業模式對許多中小企業(SMEs)是可被接受的計費方式[25]。

　　規模可伸縮性是雲端運算背後最重要的理念，而虛擬化是使其成為可行的關鍵技術。透過虛擬化技術，雲端運算就可以在一個實體伺服器上運行多個虛擬伺服器(簡稱虛擬機)，且每一個虛擬機都各別安裝一個作業系統和許多應用程式。因此，虛擬化可以提高實體伺服器的運算資源利用率。此外，如果一個實體伺服器過載，虛擬化技術可以很容易地把一些虛擬機在線遷移到另一個負載較輕的實體伺服器上。

　　圖4.1為多台虛擬機運行在虛擬機器監視器(Hypervisor)和實體IT基礎設施之上的架構圖。虛擬機是一種硬體層級的虛擬化技術，使用Hypervisor把底層的硬體抽象化。Hypervisor (如VMware vSphere、Microsoft Hyper-V和Citrix Xen)是一種允許多個作業系統共享單個硬體主機資源的應用程式。在Hypervisor之上，我們可以創建數個虛擬機，每個虛擬機都可以安裝客戶端作業系統(Operating System, OS)，比如Linux或Windows。然後，在這些客戶端作業系統上，我們可以再安裝開發工具、各種應用程式(Apps)、資料庫和運行應用程式所需的相依性套件(Dependencies)，如軟體框架(Framework)、執行環境(Runtime)、二進制檔(Binaries)和函式庫(Libraries)。

　　美國國家標準暨技術研究院(National Institute of Standard and Technology, NIST)將雲端運算定義為「一種實現便捷、透過網路隨需存取可配置運算資源(如網路、伺服器、儲存、應用程式、和服務)的共享池模式，讓消費者能以最少工作、或與服務供應商最少的互動，就能迅速地提供並發布產品。」這種雲端模型包含五個基本特徵[26]：(1)隨需的自助服務(On-demand Self-service)：消費者可以自行使用雲端服務，無需與雲端服務供應商互動；(2)無所不在的網路存取(Ubiquitous Network Access)：可以在任何時間、任何地點透過網路存取雲端運算服務；(3)共享資源池(Resource Pooling)：雲端服務供應商透過多租戶模型為消費者提供一個大的虛擬化資源池，並可根據消費者的需求對虛擬化資源進行分配或重新分配虛擬化資源；(4)快速彈性(Rapid Elasticity)：資源規模可根據不同的需求快速且靈活地調整；(5)可計量的服務(Measured Service)：所有層級的雲端服務都由雲端服務供應商測量和監督，以便實現用多少付多少的計價模型。雲端運算的關鍵實現技術包括快速廣域網(WAN)、功能強大且價格低廉的伺服器，以及針對商用硬體的高性能虛擬化[26]。

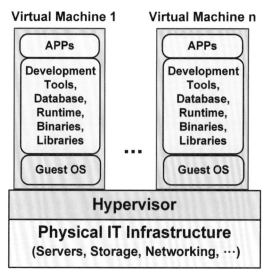

圖 4.1 虛擬機部署在虛擬機器監視器(Hypervisor)與實體伺服器上之架構示意圖

雖然雲端運算可以給企業帶來很多優勢，但它也面臨著一些挑戰和疑慮，下面就來談談這些問題。雲端運算的第一個挑戰就是隱私，由於在任何有網路的地方就可以存取雲端平台上的資料，用戶的隱私可能會因此受到損害。第二個挑戰是安全性，在網路上傳輸機密資料是不安全且有風險的，而資安就是針對資料進行保密。最後，對於一些需要快速處理資料的應用程式來說，雲端運算的延遲是另一個關鍵問題。這邊說的延遲是指從發送資料到遠端資料中心的時間，到取回結果的時間差。

4.2.2 雲端運算服務模型

隨著雲端運算服務的成熟，造就了多種服務模型(Service Models)，包括基礎設施即服務(Infrastructure as a service, IaaS)、平台即服務(Platform as a service, PaaS)和軟體即服務(Software as a service, SaaS) [26]。這些服務模型不僅可用於對雲端運算服務進行分類，還可以用於對特定的雲端服務供應商所提供的項目、產品和服務進行分類。

- **基礎設施即服務(IaaS)**

　　基礎設施即服務涉及大量運算資源的交付，如運算能力(虛擬機)、儲存和網路。IaaS是指用戶通過網路遠端存取運算資源。IaaS的主要優點是按使用付費、安全性、可伸縮性和高可用性。基礎設施即服務也被稱為「硬體即服務」的雲端運算基礎設施。在這種模式下，最著名的供應商包括Amazon提供的Elastic Compute Cloud (EC2)，Microsoft提供的Azure IaaS，以及Google提供的Google Cloud Trusted Infrastructure。

- **平台即服務(PaaS)**

　　平台即服務為用戶提供了一個開發和託管平台，該平台可以將不同的應用程式軟體和工具(例如資料庫、Middleware、Web伺服器和其他軟體)整合在同一個介面下。因此，平台即服務允許用戶在雲上部署他們開發的軟體，並使其成為雲端服務。最著名的PaaS平台包括Amazon Web Services (AWS)、Microsoft Azure和GoogleApp Engine。

- **軟體即服務(SaaS)**

　　軟體即服務將部署在雲端上的軟體當成雲端服務，可讓終端用戶透過網路直接叫用這些雲端服務。在這種模式下，用戶無需在本地端安裝和維護軟體，只需通過網路就可存取軟體功能，且無需管理這些複雜的軟體和硬體。這種類型的雲端服務可以提供各式各樣的應用程式功能，從生產力應用程式(例如文字處理、電子表格等)到用於客戶關係管理(Customer Relationship Management, CRM)和企業資源管理(Enterprise Resource Management, ERM)的企業應用程式都有。這類軟體即服務的產品包括Google Apps (如Google Map、GoogleDocs、Gmail、GoogleDrive等)、Salesforce CRM、Dropbox和Microsoft Office 365等。

　　圖4.2為雲端運算服務模型的比較圖[27]。在IaaS模型中，底層的IT基礎設施[例如伺服器(Servers)、儲存(Storage)、網路(Networks)]和管理應用程式皆由雲端供應商管理。用戶可以安裝他們想要的作業系統(OS)、執行環境(Runtimes)、Middleware、軟體開發工具包(Software Development Kits, SDKs)和應用程式(Applications)。在PaaS模型中，底層IT基礎設施、管理應用程式、作業系統、執行環境和Middleware皆由雲端供應商管理。用戶可以在託管的雲環境中開發和部署他們想要的軟體應用程式。在SaaS模型中，一切都由雲端供應商管理，用戶只需單純地使用雲端上的軟體功能。

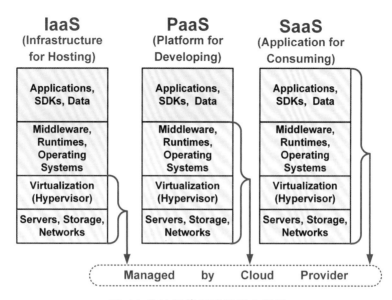

圖 4.2 雲端運算服務模型比較圖

4.2.3 雲端運算部署模型

雲端運算的部署模型(Deployment Models)可分成公有雲、私有雲和混合雲等三種，具體說明如下[26]：

- **公有雲**

公有雲是指由獨立的供應商提供之雲端運算環境。公有雲中的雲端服務可以被多個企業和用戶以多租戶的方式存取。公有雲適合中小型企業以用多少付多少的付費方式擴展其本地運算和儲存能力，因為它可以節省雲端運算基礎設施的巨額投資。最著名的公有雲包括Amazon Web Services (AWS)、Microsoft Azure和Google雲平台(Google Cloud Platform, GCP)。

- **私有雲**

私有雲是指僅能讓企業或組織構建和使用的雲端運算環境。私有雲的所有用戶都是企業或組織的內部成員，彼此共享私有雲的資源。因此，私有雲比公有雲更安全，隱私問題更少。但是私有雲的規模和資源通常遠比公有雲小得多，因為公有雲理論上可為用戶提供無限的運算資源。私有雲適合大型企業，如金融機構、大型製造企業、政府機構等，因為他們已經有了大量的IT投資，通過私有雲可以進一步提高IT資源的使用率。

• 混合雲

　　混合雲是指同時使用私有雲和公有雲的雲端運算環境。一般來說，大型組織(如金融機構、大型製造公司、政府機構和其他大型企業)已經在私有雲中擁有一定規模的IT基礎建設，他們重要的應用程式就存放在私有雲中。同時，他們可以在工作負載高峰期的時候，將一些工作負載和應用程式卸載到公有雲，以減輕自己的IT基礎設施的負擔，或滿足突然增加的運算和儲存能力需求。

　　圖4.3展示了三種雲端運算部署模型。雲朵的符號是一種隱喻，表示運算資源位於某處的遠端資料中心，用戶可以通過網路存取這些資源，而不必知道這些資源實際上位在何處。公有雲(Public Cloud)是由獨立的雲端供應商構建和提供的。私有雲(Private Cloud)是由企業或組織構建，或由第三方供應商託管。混合雲(Hybrid Cloud)是一種多雲環境，它可能由一個私有雲作為主雲和部分公有雲作為輔助雲。

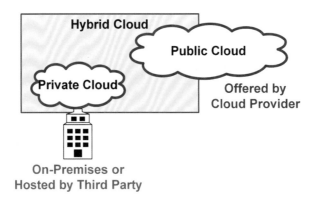

圖 4.3 雲端運算部屬模型架構圖

　　雲端運算可以為企業或工廠帶來新的IT利用模式，從而獲得商業利益。圖4.4為傳統IT的使用情況，企業和工廠利用網路連接本地IT基礎設施。無論企業規模大小，都必須在IT基礎設施的建設和升級上花費成本，如伺服器、儲存、網路和軟體(如資料庫、CRM、HRM、SCM、Web Portal、MES、ERP)，並需要人力來維護IT系統。這些傳統的公司或工廠使用網路交換訊息，藉此實現企業對企業(Business to Business, B2B)、企業對客戶(Business to Customer, B2C)和客戶對客戶(Customer to Customer, C2C)等電子商務和工程協作。

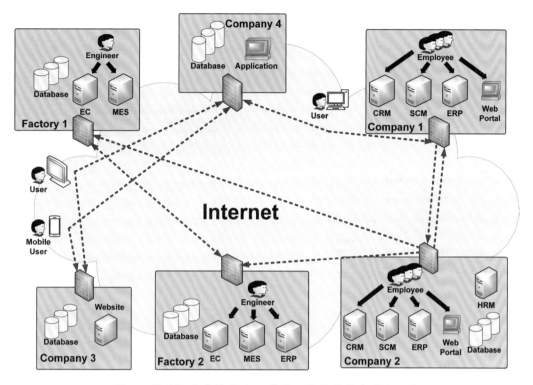

圖 4.4 利用網路連接本地IT基礎設施的傳統企業和工廠

　　相比之下，雲端運算可以用來擴展企業承諾的IT基礎設施(如伺服器、個人電腦、筆記型電腦、行動裝置、Web瀏覽器、輕量客戶端、終端機等) [27]的運算和儲存能力，如圖4.5所示。在基礎設施級別，雲端運算可以提供虛擬機、儲存空間、網路和負載平衡器等服務。在平台級別，雲端運算提供Web伺服器、資料庫、執行環境、開發工具、部署環境等服務。在應用程式級別，雲端運算可以託管各種應用程式服務，包括辦公應用程式、電子郵件、雲端空間、虛擬桌面、CRM、ERP、監控應用程式、通信應用程式等。

　　公有雲可以快速、有彈性、隨需地提供一個豐富的資源池。因此，與本地IT的固定資源相比，公有雲更適合處理不連續的工作負載(例如批次處理作業)，可以避免浪費所提供的資源，公有雲也適合快速增長的工作負載，符合公司快速增長的需求。公有雲亦適合應付突發性的需求所導致的工作負載。另一方面，對於非常關注數據安全和隱私的大型企業、銀行、政府機構、大型製造業來說，把他們的應用程式和數據遷移到私有雲是比較妥適的。從投資報酬率(Return of

Investment, ROI)的角度來看，私有雲雖然在一開始構建的時候可能需要大量投資；但從長遠來看，它是有利於企業提高IT資源利用率，並降低維護和人力成本。

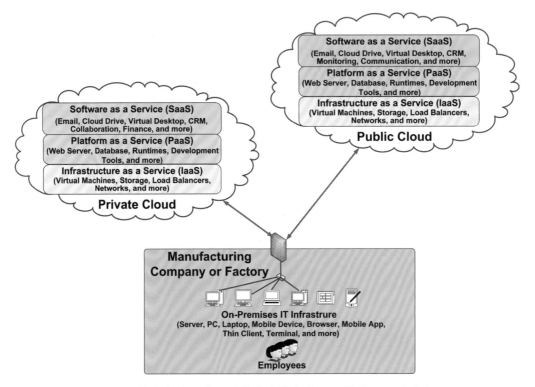

圖 4.5 製造業利用雲端運算擴展其本地端IT基礎設施的能力

在現今社會上，智慧手機已在我們的日常生活中被廣泛使用。它們可以運行各式各樣的應用程式，其中一些應用程式需要巨大的運算能力。而這種需要巨大運算能力的需求就會是一個挑戰，因為智慧手機可以算是一個資源受限的行動裝置，運算能力、記憶體、儲存空間和電力都相對受限。因此，利用雲端運算服務所提供幾乎無限的動態運算和儲存資源來支援智慧手機，可克服行動裝置的資源限制[28]。目前此類別較為常見的雲端運算服務包含地圖、導航和大數據分析等雲端服務。

人工智慧(Artificial Intelligence, AI)技術能夠學習、推理和解決問題，且可應用於許多領域，如電子商務、醫療保健、網路安全、供應鏈、機器監控、製造、庫存管理等。然而，導入人工智慧技術是非常昂貴的，因為不管是在硬體(例如附有顯示卡和儲存空間的機架伺服器)、或是使用大數據來訓練和運行人工智慧應用程式所需的軟體都非常昂貴。因此，構建一個具備足夠能力的人工智慧平台，並招聘相關人才，可能需要大量的預算，而這些成本跟預算是大多數中小企業無法負擔的。現在，雲端供應商在他們的公有雲上提供人工智慧服務，使得人工智慧的成本降低到大多數企業的預算範圍之內了，例如亞馬遜AWS AI、微軟Azure AI、Google Cloud就是三個典型的公有雲人工智慧服務。公有雲還提供廉價的資料儲存服務，可作為AI相關應用程式的數據儲存庫。且公有雲大多提供相對應的SDK和API，讓開發者可以將公有雲所提供的AI功能直接嵌入到自己研發的應用程式中。因此，企業可以利用這些負擔得起的人工智慧服務和公有雲上的其他資源，開發能夠為企業帶來實際價值和利益的人工智慧應用程式。

然而，值得注意的是，在商業用的軟體上使用公有雲服務可能會面臨一些限制，例如互操作性、可移植性和遷移性等。因為所有主要的雲端供應商都提供其獨特和專有的資料儲存方式，因此雲端用戶在將他們的數據從一個雲端供應商移植到另一個雲端供應商時，可能會面臨一些困難。此外，基於雲端供應商提供的API所開發之商用軟體，也會被鎖定在該雲端供應商中。

從文獻[31]中提到的2020年雲端運算使用趨勢報告可知，參與這次調查報告的大多數企業都採用了多雲或混合雲策略，而且他們採用公有雲的速度持續提升中。此外，公有雲的應用也在不斷地發展，目前最耳熟能詳的三大公有雲供應商分別是AWS、Azure和Google。此外，這些企業在雲端運算的支出也在不斷地增加，且公有雲PaaS服務的使用率也逐漸提高。較為常見的公有雲PaaS服務有下列三種，包含：關聯式資料庫即服務、容器即服務和資料倉儲。其中值得注意的是，企業越來越關注將容器作為一種服務，以利用容器來加速部署、擴展操作，並提高運行在雲中的工作負載和應用程式效率。

4.2.4　雲端運算在製造業的應用

與其他企業一樣，製造業可以利用雲端運算用多少付多少的定價模型，再根據需求擴展其本地IT基礎設施的計算和儲存能力以及其他功能。例如例用Amazon Web Services (AWS) [32]、Microsoft Azure [33]、Google雲端平台(GCP) [34]等公有雲平台，製造企業就可藉由租用虛擬機獲得額外的運算能力，構建和託管具備自動彈性(Auto-Scaling)能力的網站以適應不斷增長的流量，構建和部署可伸縮的雲端服務(即Web API)，用來支援豐富的多層架構和自動化管理。公有雲平台還提供關聯式資料庫，每個資料庫都是完全託管的服務，並且是具有容錯功能，可實現高可用性的叢集。此外，公有雲平台也提供具有高可用性、可伸縮、且安全的檔案系統，而這些檔案系統是擁有跨資料中心的連續異地備援特性。製造業還可以利用公有雲平台提供的服務匯流排[35]，讓企業內部的應用程式與雲端服務彼此進行高度可靠的傳訊功能。

公有雲擁有豐富的計算和儲存資源，因此提供了大數據分析平台來處理和儲存工廠的大數據，例如Amazon EMR [36]就是使用Apache Spark、Apache Hive、Apache HBase、Apache Flink、Apache Hudi、Presto等開源工具處理海量數據的雲端大數據平台。與使用傳統本機端解決方案和標準的Apache Spark相比，使用Amazon EMR就可讓你用更低的成本和更快的處理速度分析PetaByte (PB)等級的資料。微軟Azure提供了強大的大數據分析服務[37]。可以將資料儲存在Azure Data Lake Storage Gen2中，然後使用Spark在Azure Databricks上處理它。Google也提供基於雲端運算平台的大數據分析服務BigQuery [38]。藉由Google BigQuery，我們可以用類SQL語法來處理和分析數十億筆唯讀的資料源。Google BigQuery運行在Google雲端儲存平台上，且可以透過REST APIs調用。製造業有充分的理由在公有雲平台上進行大數據分析[39]。首先，雲端的大數據分析解決方案允許製造業專注在解決業務問題，無需擔心相關的IT基礎設施。其次，他們可以使用開源和託管服務的新版本和特性來保持創新並實現更快的上市時間，從而在數據應用程式上產生價值。接著，透過混合雲，在使用量的尖峰時刻，企業可將私有數據處理能力擴展到資源豐富的公有雲。

雲端運算在製造業中的另一個應用是雲製造(即基於雲端運算的製造，CMfg)[9,10]。藉由利用和擴展雲端運算的特點來滿足製造業全球化和分散式的需求，CMfg被提出作為一種新的製造模式。它有潛力滿足製造業日益增長的需求，更靈活地生產客製化產品，提高響應市場變化的靈活性，支援全球合作和廣泛協作，促進知識密集型創新[10,11]。

在文獻[9]中引入了CMfg作為雲端運算的製造版本，它將分散式製造資源封裝和虛擬化到雲端服務中，然後就可以在網路上按需使用，藉此支援從產品設計、模擬、製造、測試，以及管理產品生命週期中的所有其他任務。此文獻也提出製造資源層、虛擬服務層、全局服務層和應用層共四層式雲製造系統架構。製造資源層包含產品生命週期中所需的資源，包括製造設備、製造軟體和製造能力。在虛擬服務層,製造資源被虛擬化,然後封裝成雲製造服務。全局服務層可以以服務模式運行,在這種模式下,整個雲端維運活動都由該層完全處理。應用層用戶可以通過虛擬化的製造資源和服務來定義和構建製造應用。

在文獻[40]中進一步將CMfg作為下一代製造模式,提出服務導向且可相互操作的CMfg系統,包含製造雲、智能雲管理(Smart Cloud Manager, SCM)和雲端使用者等三個層級。製造資源和能力被虛擬化為製造雲上的CMfg服務,可以用於不同的目的。製造雲、雲端使用者和SCM是這個基於雲端運算的服務導向架構(Service-Oriented Architecture, SOA)中的三個關鍵角色,在SOA中,SCM扮演服務代理的角色,負責處理雲端使用者和製造雲之間的互動。SCM可以接受來自雲端使用者的查詢,搜索並提供所需之可相互操作的CMfg服務。

文獻[41]則是將CMfg定義為「一種以客戶為中心的製造模型,可隨需取用共享、多元化、和分散式的製造資源,形成臨時的且可重構的生產線,進而提高效率、縮短產品生命週期,並允許可根據客戶多變的需求,進行資源負載最佳化。」本文獻展示了CMfg驅動的原因,包括降低外包和群眾外包模式的成本、提高適應客戶需求快速變化的靈活性,迅速提高/降低製造資源之能力,以便應付不斷變化的需求,提供消費者按需隨付的製造資料,促進服務供應商之間的資源共享,允許跨組織的資訊共享,並符合擁抱社群網路作為用戶和客戶互動與溝通手段的趨勢。此文獻進一步為CMfg提供了一個戰略願景。它描述一個供應商與消費者之間的互動模型,消費者的需求將藉由應用層與資源供應商的能力相匹配。本文獻也描述了CMfg的關鍵特徵,如(1)具有以客戶為中心的製造供應鏈關係,可以提高效率,降低成本,增加靈活性,並提高用戶的能力;(2)允許臨時、可重新配置和動態的生產線,從而實現高效率、最小化停機時間、以及針對需求即時反應的能力;(3)帶來智慧製造環境,確保在可製造資源之間實現負載共享;(4)以分享為基礎的商業模式,在利益相關者之間共享製造負擔,然後分享產生的利益。

最後,針對雲端運算在產品設計與製造領域的應用,文獻[42]提出了基於雲端運算的設計與製造(Cloud-Based Design and Manufacturing, CBDM)定義,並討論了其關鍵特徵。該文獻還提出了一個CBDM模型,該模型由四個關鍵角色組成,分別為雲端供應商、雲端消費者、雲端代理人和雲端營運商。雲端消費者可以利用雲端供應商提供的雲端服務來完成產品設計和製造任務。雲端代理人可以管理雲端消費者和雲端供應商之間的雲端服務使用(例如中介、聚合與獲利)、性能管理和雲端服務的交付。雲端營運商可以在雲端供應商和消費者之間提供雲端服務的連接和傳輸。CBDM模型一共有四種服務交付類型：硬體即服務(HaaS)、軟體即服務(SaaS)、平台即服務(PaaS)和基礎設施即服務(IaaS)等，它們各自的運作方式如下。HaaS用戶經由CBDM環境從HaaS供應商租用硬體和製造流程。SaaS用戶使用由SaaS供應商在雲端平台中已安裝和維護的工程軟體套件進行設計、製造和分析。PaaS用戶使用雲端平台存取所需的工具，並在雲端平台上與其他用戶交流產品開發過程。IaaS用戶可以利用雲端平台的計算資源，無需再花費大量預算購買或維護這些IT基礎設施。

　　圖4.6是簡化的雲製造(CMfg)系統通用架構，它是由雲端和工廠端所組成。在工廠端，利用多部邊緣電腦當作資料收集器，負責從生產設備中收集製造過程的製程參數，從量測機台收集量測結果。每個資料收集器除了可以儲存所收集到的原始資料以外，也可以對資料進行特徵萃取，提取出與生產相關的特徵。上述特徵就可以被用在非常依賴即時數據處理、需要在本地端就做出決策、且需要運行在邊緣電腦上的應用程式。例如利用製程資料進行特定數據分析，藉此進行即時錯誤偵測和設備關鍵組件的預測保養。在這種情況下，只有像是狀態以及警告等關鍵訊息才會透過網路傳輸。另一方面，特徵數據也可以定期地上傳到雲端，提供給進階據處理和分析的應用程式使用，例如需要透過巨量資料處理找出影響良率根本原因的應用程式。每個邊緣電腦還可以接受來自雲端的決策，並命令與邊緣運算電腦連接的設備採取相應之行動，例如開始加工或停止加工、進行資料收集計畫等決策。

　　隨著製造技術的進步，生產設備也越來越精密。因此，為生產設備建置錯誤偵測和分類(Fault Detection and Classification, FDC)、製造精度估測、剩餘壽命(Remaining Useful Life, RUL)預測等智慧能力來確保生產設備的可靠性和生產品質，已成為製造業的重要課題。此外，在生產設備中加入這種智慧功能更是符合機器和製造系統智慧化的趨勢。而為生產設備增加智慧功能的其中一種可行方法就是讓邊緣電腦與設備或工具機彼此連結，就可提供機器配置、數據收集和儲存、錯誤偵測和通知、通訊、產品品質監控、機器狀態預測等功能。

　　在雲端，許多CMfg服務被封裝和虛擬化成分散式的雲端運算服務(REST或SOAP)。這些CMfg服務的功能可以用在產品生命週期中的各式製造活動，從初始階段的設計到製造，再到最後成品都能提供相對應的服務。而且這些CMfg服務都可以在網路上供使用者按需取用。此外,雲端還提供多樣化的服務,包括儲存和管理數據的資料庫服務、儲存文件和數據的儲存服務、傳輸文件的FTP Server、承載雲端服務和網路圖形使用者界面的網路伺服器等。由於雲端擁有網際網路存取特性,所以這些CMfg服務廣泛地被製造業用在全球合作和協作。

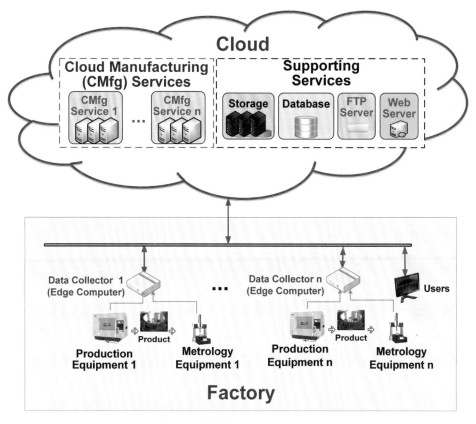

圖 4.6 簡化的雲製造(CMfg)系統通用架構

在這邊我們利用文獻[43,44]所提出之基於雲端運算技術之全自動虛擬量測(Cloud-based AVM)系統,說明CMfg在製造業的應用,如圖4.7所示。此系統架構的設計構想包含兩部分:(1)把原始AVM系統中的所有伺服器虛擬化,且不修改其程式碼;(2)設計額外的伺服器作為新系統的運作核心,使其負責承載和執行該文獻所設計之功能與運作機制,藉此減少AVM系統雲端化的工作量。雲端化AVM系統架構是基於圖4.6簡化版CMfg通用系統架構所打造而成。

　　為了實現第一部分的設計構想，在文獻中是利用虛擬化軟體(即VMware vSphere和其相關軟體)，在幾台高階機架伺服器、儲存伺服器、以及網路設備上打造一個私有雲環境。然後，在私有雲環境中創建許多虛擬機來託管所有伺服器(例如用於執行線上虛擬量測(Virtual Metrology, VM)的AVM Server，用於管理AVM系統的AVM Manager，以及用於建立VM模型的Model Creation Server)，再加上所需的資料庫(例如原始AVM系統就用來儲存製程和量測資料的Standard DB，用來存放預測結果和模型資訊的Central DB)，而上述每個伺服器的原始程式碼都維持不變。

　　為了實現第二部分設計構想，文獻中用雲端服務的形式設計了一台Entry Server，負責承載和執行文獻所設計的主要功能機制(包含：自動部署機制、自動縮放機制、自動服務機制)。在原AVM系統中，當機台完成一個工件的加工動作後，它將觸發製造執行系統(Manufacturing Execution System, MES)發送一個命令給AVM Manager，接著AVM Manager將解析該命令內容，之後再把命令發送給目標AVM Server，最後該AVM Server就開始進行虛擬量測運算。相比之下，在雲端版AVM系統中，MES會把命令轉發到Entry Server，Entry Server將向AVM Manager發送相關命令，藉此啟動相對應的AVM Server進行虛擬量測運算任務。此外，Entry Server也必須透過調用虛擬化軟體提供的API來管理雲端中的虛擬機。

　　在設備端，文獻設計了許多資料收集器(Data Collector)，每一個資料收集器都被安裝在嵌入式電腦或一般的個人電腦上，負責收集加工製程資料與量測結果，以及和雲端間的溝通。

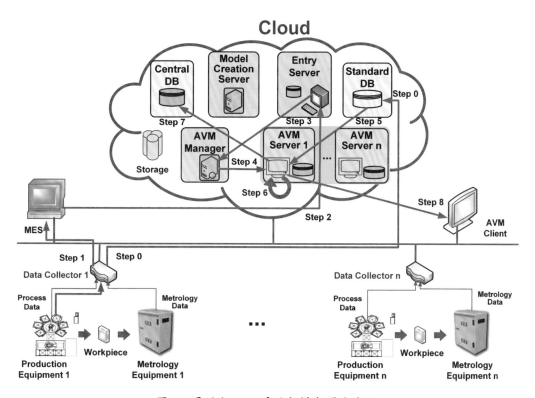

圖 4.7 雲端版AVM系統架構與運作流程

　　雲端版AVM系統預測產品品質的流程如圖4.7所示，說明如下。

步驟0：資料收集器(Data Collector) 1從生產設備蒐集加工製程資料，並儲存在 Standard DB中。

步驟1：資料收集器1通知MES晶圓加工已完成。

步驟2：MES向Entry Server發送命令，要求進行虛擬量測計算任務。

步驟3：Entry Server將命令發送到AVM Manager，AVM Manager再將命令轉派給 負責該任務的AVM Server 1。

步驟4：AVM Manager啟動AVM Server 1。

步驟5：AVM Server 1從Standard DB取得相對應的製程資料。

步驟6：AVM Server 1開始進行虛擬量測計算，得出產品精度預測結果。

步驟7：AVM Server 1將產品精度預測結果存到Central DB中。

步驟8：AVM Server 1將產品精度預測結果發送到AVM客戶端瀏覽器，顯示產品精 度預測值。

4.2.5　小結

　　本節針對雲端運算進行基本的介紹，包含：什麼是雲端運算，雲端運算的驅動力和核心技術等。我們還介紹了雲端運算的定義、特徵、好處、潛在應用程式和採用趨勢。我們也描述了雲端服務模型(IaaS、PaaS、SaaS)和雲端部署模型(公有雲、私有雲、混合雲)。最後，我們還描述了一些雲端運算在製造業的應用，包括大數據分析、人工智慧應用和雲製造等。

4.3　物聯網與邊緣運算

　　本節將介紹物聯網和邊緣運算的基本原理以及它們在製造業中的應用和優點。

4.3.1　物聯網基本原理

　　隨著科技的進步，網際網路已經成為人與人之間最重要的溝通管道之一(如Facebook、Line、微信等)。目前，網際網路正進一步朝向物聯網(IoT) [45]發展，物聯網是指許多人和物(如感測器、家電、設備、機器等)之間通過網際網路相互交流。物聯網除了可以實現人與人之間的交流，還可以實現人與物、物與物之間的對話。物聯網可以促進人類生活的便利性，從而帶來巨大的商機。許多國家已將物聯網視為一種可提升國家經濟和工業競爭力的促進技術，因此制定了各種與物聯網有關的戰略和項目。此外，大型企業也積極開發和部署物聯網解決方案，搶占市場並獲取利益。物聯網可應用於交通、醫療、能源、航太、智慧家電、智慧建築、環境監測、物流等領域[46,47]。由於德國工業4.0計畫和美國先進製造計畫都打算利用物聯網技術建立智慧工廠，因此未來物聯網也將廣泛地應用於製造業。

　　物聯網是基於網際網路、移動寬頻網路(如3G、4G、5G)和無線網路(如Wi-Fi、藍牙、ZigBee、6LoWPAN)等通訊載體，使得所有可獨立尋址的物件都能相互連結。物聯網的裝置仰賴於電子設備，這些設備可以通過不同的網路介面進行溝通，進而使它們能夠被發現、監控、控制或互動。廣義而言，物聯網技術包含射頻識別(Radio Frequency Identification, RFID)技術、無線感測網路(Wireless Sensor Network, WSN)技術、機器對機器(Machine-to-Machine, M2M)通信技術和資料採集與監視(Supervisory Control and Data Acquisition, SCADA)技術[7]。

　　RFID是一種使用無線電波來識別特定目標的技術。它有許多商業和工業用途，例如物流和供應鏈可視化、產品庫存追蹤、識別參與者、材料管理、存取控制、IT資產追蹤和工具追蹤等。WSN是指將一組空間分散(Spatially-Dispersed)的感測器連接起來，用於監測和記錄環境狀況的網路。WSNs可以監測環境條件和事物的狀態，如溫度、濕度、污染程度、聲音、振動、電壓、電流等[49]。M2M技術是指利用網際網路連接分散式設備的技術。透過M2M技術，設備和機器就能夠自主地交換訊息[50]。SCADA是一種包含軟體和硬體的系統，讓製造業可以在本地或遠端就能收集和處理即時的數據，以及監控製造過程和資產[51]。

　　隨著物聯網逐漸成為一種無所不在的IT基礎設施，使得它需要大量的資源來儲存和處理所收集資料。然而，由於每個物聯網設備通常都是部署在一個資源相對有限的硬體上，所以物聯網需要把高度複雜的計算委託或卸載給雲端運算，因為雲端通常擁有較為豐富的計算效能和儲存空間。因此，物聯網技術通常會與雲端運算技術結合[52]。圖4.8展示了一個通用型三層式物聯雲架構(Generic Three-layer Cloud-based IoT Architecture)，其中：物聯網或工業物聯網(Industrial Internet of Things, IIoT)位於底層，通訊層(Communication Layer)位於中間，雲端(Cloud Layer)則位於最上層。

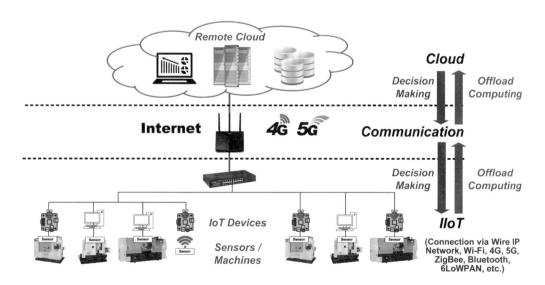

圖4.8 通用型三層式物聯雲架構

　　物聯網層是由各種事物(如感測器、致動器、RFID標籤、機器、設備、手機、平板、筆電、個人電腦等)組成，而這些事物可藉由有線網路、Wi-Fi、4G、5G、ZigBee、藍牙、6LoWPAN等各類型網路技術讓彼此互相連接。有線網路是指基於IPv4或IPv6的乙太網路。ZigBee [53]是一種低功耗短距離無線通信技術，具有低成本、低功耗、高可靠性、低複雜度等特點。ZigBee的無線感測網路節點數量可以很多，例如在一個擁有100個節點的ZigBee網路中，加入一個節點的速度僅為30毫秒。ZigBee的傳輸速度大約是在20K~250Kbps範圍之間，非常適合套用在需傳輸純文字或是命令的工業物聯網應用。ZigBee的應用範圍很廣，包含工廠自動化、家用控制、建築自動化、工業控制、醫療照護、環境監測、室內定位等。IPv6提供較多的網路IP位址，解決IPv4面臨位址不足的問題。基於低功耗無線個人區域網(Low-power Wireless Personal Area Network, LPWAN)是另外一種物聯網網路型態，它可以提供有限的功率、計算和通訊能力。因此，6LoWPAN (即IPv6版本的LPWAN) [54]通常是被用在開發為一個適配層，使LPWAN設備能夠運行IPv6協定。

　　通信層包含網際網路和移動寬頻網路(如4G和5G)，負責物聯網層和雲端層之間的數據傳輸。雲端層是由遠端資料中心組成，遠端資料中心包含豐富的虛擬化運算和儲存資源，主要負責資料分析和決策。工業物聯網層(IIoT)的設備通常資源相對有限，只能執行簡單的資料處理任務。因此，物聯網設備可以將計算密集型的任務轉移到雲端上。

　　工業物聯網層(IIoT)的設備可以有非常多種種類或品牌，所以不同物聯網設備之間的互操作性是一個重要議題。目前市面上已經有許多訊息傳輸協定被開發出來，並且導入物聯網設備、解決方案或服務[55]之間進行訊息傳輸和整合，包含訊息佇列遙測傳輸(MQTT) [56]、高階訊息佇列協定(AMQP) [57]、資料分散式服務(Data Distribution Service, DDS) [58]等。其中，MQTT和AMQP的簡介如下。

• **訊息佇列遙測傳輸(Message Queue Telemetry Transport, MQTT)**

　　MQTT是一種應用在物聯網的訊息傳輸協定。它是一種非常輕量級的發布/訂閱訊息傳輸協議，非常適合用在較小的程式碼和使用最少網路頻寬的遠端設備連線上。目前，MQTT已經應用在很多產業，如汽車、電信、石油天然氣、製造業等[56]。

　　圖4.9是應用在物聯網通訊的MQTT發布/訂閱架構。此架構有三種角色：MQTT發布者(Publisher)、MQTT代理(Broker)和MQTT訂閱者(Subscriber)。MQTT發布者可以是任何想要發送訊息的物聯網設備，例如有安裝溫度感測器的Raspberry Pi。MQTT代理是承載許多主題(Topic)的中間人，而發布者可以發布消息，最後訂閱者可以訂閱想要的消息。MQTT訂閱者可以是筆電、行動電話、平板或其他物聯網設備。使用MQTT實現物聯網設備間的通訊運作原理如下：

步驟1：發布者(有安裝溫度感測器的樹莓派)，發布訊息(30℃)到主題1(如溫度)。

步驟2：訂閱者(如樹莓派、平板、智慧手機或筆電)訂閱主題1(如溫度)。

步驟3：MQTT代理把將主題1的訊息發布給訂閱者。

　　透過這種方式，所有MQTT的客戶端，也就是訂閱者只要與代理溝通，不需直接和發布者互動就可實現彼此間的互操作性。

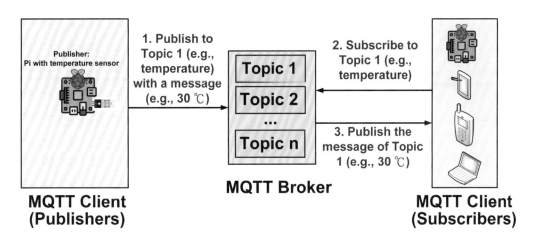

圖 4.9 應用在物聯網通訊的MQTT發布/訂閱架構

- **高階訊息佇列協定(Advanced Message Queuing Protocol, AMQP)**

　　AMQP是一種開放的網際網路協定，主要應用於商業應用或組織[57]間、以及物聯網設備或系統之間的訊息佇列通訊。AMQP是在傳輸控制協定(Transmission Control Protocol, TCP)上進行非同步的訊息傳輸。它是基於類似MQTT協定的發布/訂閱結構。AMQP與MQTT的差異簡單說明如下[59]。MQTT是一種訊息佇列遙測傳輸協定，它提供了一種簡單的訊息佇列服務方法。MQTT使用TCP以非同步方式傳輸訊息。MQTT是專門為網路頻寬受限的小型設備所設計的，因此主要是應用在嵌入式系統上。相比之下，AMQP是一種高級訊息佇列協定，它支援較廣泛的訊息傳遞場景。AMQP同樣也是使用TCP來進行非同步訊息傳輸，不管運行的作業系統是什麼。此外，AMQP代理是由兩個元件(即Exchange和Queue)組成。

　　圖4.10是AMQP發布/訂閱應用在物聯網的通訊架構。在這個架構中有三個角色：AMQP發布者、AMQP代理和AMQP訂閱者。AMQP發布者可以是任何想要發送訊息的物聯網設備。AMQP代理由是由Exchange和Queue訊息主題所組成。Exchange是發布者傳遞訊息的目標位置。被發布的訊息內包含路由的規則，而這個規則是給Exchange用來指派訊息的路由。Queue訊息佇列是在訊息傳送給訂閱者、或被訂閱者讀取之前儲存訊息的地方。AMQP訂閱者可以是筆電、行動電話、平板或其他物聯網設備。利用AMQP實現物聯網設備間的通訊運作原理如下：

步驟1：發布者將訊息發佈到Exchange。

步驟2：Exchange將訊息路由到儲存在Queue佇列中的主題[例如主題1 (Topic 1)]。

步驟3：訂閱者訂閱一個主題(例如主題1)。

步驟4：AMQP代理把將主題1的訊息發布給訂閱者。

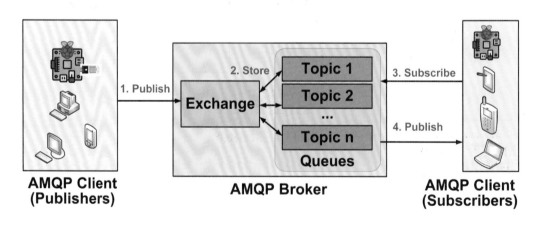

圖 4.10 應用在物聯網通訊的AMQP發布/訂閱架構

　　雖然現在市面上有許多為物聯網開發的標準和技術，但卻沒有一個協定可以讓所有設備、服務和應用程式彼此可以無縫通訊。這導致當前的物聯網系統或解決方案要不是規模較小，就是被限制在只能連接少數特定類型的物件。然而，現有的Web標準和工具可以為設備連線和應用程式提供一個理想的資料交換能力。這個願景被稱為Web of Things (WoT) [60]，它指的是使用一套Web標準來解決不同物聯網平台和應用領域間的互操作性議題。WoT可以為物聯網帶來許多優勢，舉例如下[60]：

- **更容易程式化**

　　無論是從設備讀取資料還是將資料寫入設備，我們都可以使用Web協定，而不是使用複雜的物聯網協定。因此，一旦有了建構Web應用程式所需的基本程式碼，我們就可以毫不費力地開始編寫能夠與設備對話的應用程式。

- **提供開放且可擴展的標準**

　　網路標準之所以會如此流行是因為它們是完全開放且免費。此外，可以使用Web協議和介面[如超文本傳輸協議(HyperText Transfer Protocol, HTTP)和表現層狀態轉換(Representational State Transfer, REST) API]輕鬆地讓資料在Web系統之間流動。

- **廣泛且易於部署、維護和整合**

　　把正在運作的Web應用程式下線，並進行版本升級的速度可以很快。同時，Web的能力也根據人們的需求不斷增強。例如現在可以透過Web讀取相機裡的照片、共享地圖、交換訊息、玩遊戲等等。Web的標準一直隨著時間與技術進化。此外，透過Web可以很容易地整合異質的系統。相比之下，物聯網世界總是有新設備。當一個通訊協定被發布或改變時，一些與之相關的設備必須做相對應的更新。

4.3.2　邊緣運算基本原理

　　物聯網可以藉由各種網路技術連接大量的物體或事物。未連接的物件也可以加入物聯網，例如帶有條形碼或RFID標籤的物體可以被讀取器感測，然後通過物聯網傳輸感測到的資料。當物聯網的物件和設備越來越多時，它可能會產生大量不同的數據。然而，物聯網設備通常資源有限，只能執行簡單的資料處理任務。因此，如何高效率地處理和儲存物聯網所產生的資料將是物聯網的一大挑戰。一個可行的解決方案是通過物聯網將計算密集型任務和大數據轉移到雲端上，如圖4.8所示。

　　目前，用戶端設備所產生的圖片、影片、純文字等資料通常會傳輸到雲端進行處理。傳統雲端是提供豐富運算資源的遠端資料中心。然而，關鍵任務和對時間延遲忍受度較差的物聯網服務和應用程式就會需要非常快速的反應和處理時效。例如在擴增實境(Augmented Reality, AR)應用程式中，用戶佩戴的智慧眼鏡可以提供導航說明，雲端則負責穩定地處理影像資料[61]。在這種情況下，物聯網裝置(智慧眼鏡)不斷地透過網路向遠端的雲平台傳輸大量數據可能是不可行的，因為資料透過網路傳輸會因為當下網路的使用情況，可能會產生傳輸延遲的問題。此外，當數以百億計的用戶設備(如智慧手機、平板、家用電器和可穿戴式裝備)連接到網路時，將所有設備產生的數據上傳到遠端雲平台進行即時地處理是不可能的[62]。

為了解決上述資料上傳至遠端雲平台所面臨的反應時效和延遲問題，邊緣運算一詞就被提出[61-63]。邊緣運算是指將已開發的服務從雲端移植到相對靠近設備的網路邊緣。邊緣運算可以解決物聯網所面臨的延遲議題、提高資源受限的物聯網設備之可擴展性和效率、並減少物聯網骨幹網路流量[64]。同時，利用邊緣運算處理用戶請求可以減少端到端延遲、減少網路流量、和提高整體服務品質(Quality of Service, QoS) [61]。

雖然邊緣運算和雲端運算都提供了計算和儲存資源，但它們在本質上是不同的[62]。邊緣運算接近底層的存取節點、物聯網設備、和無線感測器網路(WSNs)。邊緣運算位於網路邊緣，而雲端運算則是位於遠端資料中心。

圖4.11顯示了一個基於雲端運算的物聯網四層架構，此架構除了用於卸載計算的邊緣運算層(Edge)以外，還有物聯網(IoT)或工業物聯網(IIoT)層、通訊層(Communication)、和雲端層(Cloud)。物聯網層、通訊層、雲端層的描述與圖4.8相同。邊緣運算層的詳細描述如下。

在圖4.11中，工業物聯網運行在製造工廠。工業物聯網利用網路連接各種物件(如感測器、機器、設備、物聯網設備等)。在這種情況下，物聯網設備被視為邊緣電腦，因為它們在生產設備和機器旁邊進行數據採集和處理。物聯網設備有不同的規格，可以是微型設備(如Arduino、Raspberry Pi和Up Board)、工業電腦、伺服器、行動裝置和智慧閘道器等。物聯網設備通常資源受限，不易執行大數據或計算密集型任務。因此可以將它們的工作負載轉移到其他類型的邊緣運算資源之上：邊緣伺服器和邊緣雲。

邊緣伺服器是指那些位於網路邊緣的高階伺服器，距離物聯網設備或用戶設備只有一跳(One Hop)的距離。這些邊緣伺服器擁有比物聯網設備或用戶設備更多的資源。因此他們可以用於執行資料或計算密集型的工作，如影像處理、串流影音、線上遊戲、擴增實境相關的計算等。另一方面，一些邊緣伺服器無法處理的工作負載可以轉移到邊緣雲(Edge Cloud)。邊緣雲是指小型的邊緣雲平台，可以利用多個高階伺服器叢集提供虛擬化資源。雖然與遠端之雲端資料中心相比，邊緣雲的規模較小，但其可以儲存大量數據和執行高度複雜的工作，致能減輕物聯網的負擔。

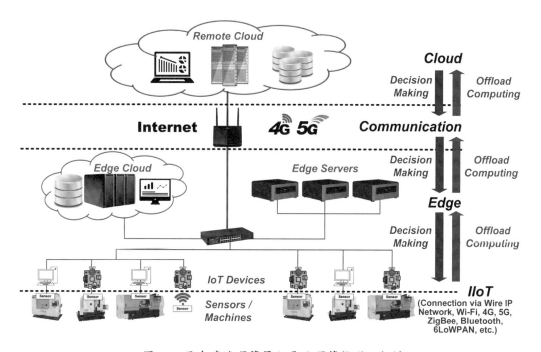

圖 4.11 具有邊緣運算層之雲端運算物聯網架構

　　工業物聯網(IIoT)可以被視為物聯網的一個子集合，因為它專門將許多工業感測器、設備、致動器、流程和機器與人連接在一起。在近期的趨勢中，越來越多工業物聯網開始導入人工智慧(AI)技術，透過人工智慧處理和分析不同資料源頭的數據，並更進一步地進行如設備錯誤偵測和分類、工件的生產品質預估、關鍵設備的預測保養等預測與分析。由於數據驅動(Data-Driven)的人工智慧演算法能夠萃取關鍵特徵，因此它們可以在工業物聯網應用中發揮關鍵作用。例如預測保養依賴於機器學習來預測工業系統中的異常，然後進而預測其關鍵設備的剩餘壽命(RUL)。此外，將AI集成到邊緣運算中，可讓物聯網或工業物聯網具備智能分析的功能，這預期將會是一個很有前途的發展趨勢[14,64,65]。

4.3.3 物聯網和邊緣運算在製造業的應用

製造業的工業物聯網可以連接大量的感測器、生產機台、設備和智慧行動裝置，以便能收集和處理各種來源的資料。工業物聯網支援工廠或網際網路上任何地方的雙向M2M通信。工業物聯網結合邊緣運算和雲端運算的計算與儲存資源，替加工製造流程提供即時的計算和高價值訊息交付能力。製造工廠可以利用工業物聯網、邊緣運算和雲端運算解決方案，獲得更高效率和更有效果的能力，包含：(1)收集、儲存和分析數據，(2)更有效地理解生產過程，(3)提供易於使用且與當下工作相關的狀態和訊息，提高工人的績效，(4)連接物體(如感測器或機器)來收集數據[13]。

將基於雲端運算的工業物聯網與邊緣運算相結合的另一個有價值的應用是使用雲端技術來訓練工業物聯網設備數據的模型。然後，這些模型可以在邊緣執行，讓工業物聯網設備對變化做出更靈敏的反應。此外，許多公司已經使用邊緣運算和工業分析來優化生產流程，實現準確、高效的生產[66]。

圖4.12展示了我們團隊開發的物聯網和邊緣運算在汽車輪圈加工產業的應用。系統架構由兩部分組成：許多具有邊緣運算能力的物聯網設備(IoT with Edge Computing)，以及雲端運算(Cloud Computing)。物聯網設備被稱為虛實整合代理人(Cyber-Physical Agents, CPA)，主要負責連接和收集加工機台、量測機台、以及其他相關設備的資料。利用CPA中嵌入的邊緣運算模組，可以對所收集的原始數據進行儲存和處理，並萃取與加工相關的特徵。雲端則是負責託管和運行全自動虛擬量測(AVM)服務、資料庫和網路使用者圖形化界面(Web GUI)。CPA和AVM的功能將分別在第7章和第8章中闡述。

汽車輪圈加工導入AVM系統的工作流程說明如下：

步驟1：CPA收集OP1、OP2、OP3等3部加工機台的數據。

步驟2：CPA進行資料前處理、並萃取與輪圈加工相關之特徵值。

步驟3：將特徵值上傳到雲端平台上的AVM服務，進行工件加工品質推估。

步驟4：把虛擬量測(VM)推估結果儲存在雲端資料庫。

步驟5：透過Web GUI取回虛擬量測推估結果。

步驟6：使用者透過瀏覽器查看工件精度項目的虛擬量測推估值。

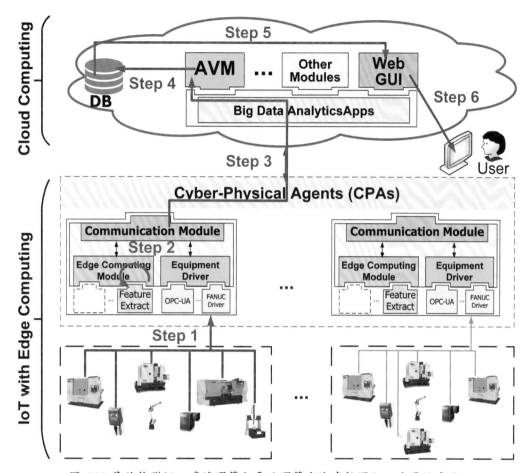

圖 4.12 基於物聯網、邊緣運算和雲端運算在汽車輪圈加工產業的應用

4.3.4 小結

　　物聯網是一種基於網際網路、行動寬頻網路、無線網路等載體的網路系統，使所有可獨立尋址的物件實現互聯。由於物聯網是建設智慧工廠的一項致能技術，物聯網將廣泛應用於製造業。本節介紹了物聯網基本原理，包含其定義、底層核心技術、潛在應用以及它可以帶來的好處。我們還介紹了一個通用型三層式物聯雲架構，並展示物聯網是如何運作。更介紹了物聯網的兩種訊息傳遞協定(即MQTT和AMQP)和WoT。

　　邊緣運算是指將已部署的服務從雲端移植到網路邊緣，解決物聯網延遲議題、提高資源受限物聯網設備的可擴展性和能源效率、和減少物聯網骨幹網路流量等。邊緣運算已成為一種有前景的物聯網應用解決方案。我們還提出了一個具有邊緣運算層之雲端運算物聯網架構，並展示物聯網設備如何利用邊緣資源進行計算卸載。

最後，我們展示了基於物聯網、邊緣運算和雲端運算在汽車輪圈加工產業的應用。該系統架構運用物聯網收集加工機台的製程和量測資料，再利用邊緣運算電腦進行資料前處理，並萃取輪圈加工相關的特徵；最後，利用AVM雲端服務推估工件的加工品質。

4.4　大數據基礎設施

在本節中，我們將介紹大數據基礎設施。首先，對於半導體場域在大數據應用之需求進行描述；接著，闡述大數據基礎設施的核心軟體堆疊組件；最後，說明如何消彌核心軟體堆疊組件和大數據相關應用程序之間的鴻溝。

4.4.1　應用需求

半導體製造是一個高科技產業，不僅隨著時間的推移改進其製造技術，而且依靠最先進的資訊科技來實現生產自動化。在半導體製造產業，製造過程中所產生的資料量呈指數增長，這些大數據對監控和提高生產質量有很大幫助。為了容納過量的資料，時常採用的大數據解決方案是Apache Hadoop [67]。Hadoop本質上是一種用於計算和儲存大數據的設施，把生成的資料儲存在Hadoop中，然後以批次及/或即時的方式進行分析。至今，Hadoop開發和使用已十年有餘，迄今Hadoop相關的生態系依舊是目前大數據處理的熱門工具。

半導體晶圓製造代工廠已將Hadoop用於大數據應用，包括錯誤偵測和分類(FDC)以及良率分析(Yield Analysis, YA)。在本章中，我們將討論兩種基於Hadoop的底層基礎設施服務，即Hadoop資料服務(Hadoop Data Service, HDS)和分散式R語言計算服務(Distributed R Language Computing Service, DRS)，這兩種服務用於台灣一家半導體製造代工廠。HDS和DRS自2015年開始設計、實施和運營。HDS和DRS目前都是生產系統中的7×24運營服務。具體而言，HDS和DRS的開發是為了滿足以下要求：

- **通透性(Transparency)**

　　用戶很可能透過使用他們熟悉的現有工具來存取儲存在大數據系統中的數據物件，從而防止因學習曲線過長而導致的生產力下降。尤其是存取Hadoop中的數據物件，對於用戶來說，一個必不可少的步驟是了解Apache Hadoop分散式檔案系統(Hadoop Distributed File System, HDFS)的架構和實踐HDFS API [68-70]。用戶需要熟悉這些API，才能充分利用HDFS，從而最大限度地發揮HDFS的性能。此外，用戶必須受過良好的培訓才能操作Hadoop中的分散式資料庫(例如Apache HBase [71-73])。而且，現有的應用程式都需要經過複雜的修改之後，才能遷移到Hadoop。再加上，大多數使用者都已經熟悉傳統的統計及/或機器學習分析工具，例如：R [74]和Python [75]。具體來說，基於這些分析工具所開發之軟體應用已經與生產系統產生相當長時間的關聯，不太可能因採用Hadoop等新技術而重構軟體應用。因此，以現有的成果和經驗為基礎，通透地利用新興的解決方案，已成為關鍵的設計考量因素。

- **自主性(Autonomy)**

　　大數據儲存和計算技術通常基於伺服器場(或商用現成伺服器集群)。「現成的伺服器」是指配備豐富計算資源(例如處理器時脈週期、記憶體和輔助硬碟空間)和軟體堆疊(例如Linux作業系統、Java虛擬機和Hadoop)在公有領域可用。如果伺服器節點的數量單調遞增，這些技術的容量會線性增加，(本章中的伺服器和伺服器節點意思相同)每個參與的伺服器都可能隨時出現故障；因此，大型系統應具有自我組織、自我管理和自我修復等能力。而大型系統在部署時應盡可能地降低負擔。

- **效率(Efficiency)**

　　給定一組資源，我們將有效地利用這些資源為用戶提供服務。HDFS主要是為循序數據訪問模式和大數據而設計的，而HBase則是為處理小數據的隨機訪問而設計。相應地，我們開發的服務將有智慧地選擇底層儲存設施，以優化用戶發出的數據訪問請求。優化訪問需求不僅將最大限度地利用資源，而且引入最低限度的營運開銷。為了服務R語言計算任務，我們將分配計算資源且有效地執行R任務。具體來說，這包括自適應資源分配/釋放和任務調度之管理。除了儲存和計算設施的優化外，我們還將進一步監控資源運行時的使用情況，以優化全系統的服務。

　　我們的HDS和DRS服務乃遵照上述需求所設計的。HDS旨在減少用戶了解如何存取Hadoop儲存設施的學習成本，它是一種基於Web的服務，允許用戶將數據物件從現有儲存設備(如Samba [76]和FTP)複製到Hadoop。用戶還可以通過HTTP通透地訪問Hadoop中HDFS和HBase中的數據物件。Hadoop生態系統中現有的分析計算平台(例如Apache Spark [77,78])和數據查詢工具(例如Apache Hive [79,80])能輕易地存取HDS上的資料。HDS具有自我擴展、自我管理和自我修復的能力。此外，HDS已針對存取Hadoop中數據的物件進行更有效地優化；與原生Hadoop相比，HDS採用了更適配的設定。

　　DRS是為了通透地服務於R語言計算任務[81]而開發的。透過我們提出的分散式R語言計算服務，將已存在的R任務實行於中心化的計算環境中，DRS僅需要最少的付出來實現平行運算。DRS服務智能地為R計算作業分配資源和解除分配資源。考慮到各個任務可能會有不同的資源需求，DRS服務還優化了分配給R任務的資源。除此之外，DRS藉由在運行時檢測和解決潛在的故障，可靠地提交整個R計算任務的資源。並且，我們的DRS服務會對於那些已經提交之R計算任務詳細地說明及報告R計算任務運行時所測量和收集的統計數據

4.4.2　核心軟體堆疊組件

　　我們將在本章中簡要討論HDS和DRS服務的基本建構組件。建構組件是來自Hadoop中的生態系統，包括HDFS、HBase、YARN和ZooKeeper，其中HDFS和HBase充當我們HDS的儲存層。YARN是DRS採用的資源管理框架，而ZooKeeper幫助協調HDS和DRS內部的協同操作。

• HDFS

　　Apache Hadoop HDFS是一個用於順序數據訪問的大規模分散式文件系統[68]。HDFS系統由許多現成的商用伺服器機器(或集群)組成。在集群的機器節點中，一個Namenode伺服器要用來管理儲存在HDFS中檔案的命名空間，剩下的節點是用於儲存檔案的Datanode。載入HDFS中的檔案可能會被分割成許多相同大小的數據塊；鑑於需要管理過多資料塊的情況下，Namenode伺服器可能成為性能瓶頸[82]，資料塊的大小通常很大(例如64或128 MBytes)。對於具有>1個資料塊儲存空間的文件，這些資料塊可能分散到>1個資料節點，具體取決於HDFS集群的大小和每個參與資料節點的負載狀態[68]。此外，為了可靠性，檔案的每個資料塊

都可以複製到≧1個不同的Datanode。客戶端在HDFS中請求和訪問數據檔案(或非正式的物件)需要首先諮詢Namenode以解析數據塊的位置來組裝目標檔案。有了數據塊的位置，客戶端就可以在相應的Datanode中直接操作數據塊。

- **HBase**

HDFS主要處理資料的順序和批量訪問，而Apache HBase主要支援小資料物件的隨機訪問[71,72]。HBase是一個大規模、分散式、基於列的NoSQL數據庫儲存引擎，本質上是一個鍵值儲存。HBase中的客戶端可以創建許多表。從概念上來說，每個表管理任意數量的列，每一列由一個唯一的Row Key和許多Columnar Values組成，其中一列的行中的值只是一個位元字符串(Byte String)。

為了可擴展性，HBase中的(大)表可以水平劃分為多個Region，Region是容納連續資料列的基本實體。Region之間是不重疊的，每一列只能由一個Region託管。HBase運行在由多個RegionServer (典型的商用伺服器機器)組成的集群計算環境中。如果一個表的Region數是c，並且該表可用的RegionServer數量為n，HBase則會理想地分配$\frac{c}{n}$ Region到每個RegionServer。這裡每個Region只能分配給n個RegionServer中的其中一個。

在典型的設置中，HBase系統分層位於HDFS之上。準確地說，HBase中的每個RegionServer也是一個HDFS Datanode伺服器。存在於HBase中的每個表都儲存為HDFS中的多個區域文件。通過HDFS提供的複製機制，每個區域文件都有多個副本儲存在不同的HDFS Datanode伺服器中。

- **YARN**

Apache YARN是Hadoop[83,84]的全局資源管理框架。資源包括加入Hadoop系統的伺服器中可用的處理器核心和主記憶體空間。YARN是一個統一的資源管理器，意義上來說，用戶(例如MapReduce作業[85])需要諮詢YARN藉此分配滿足用戶要求的計算資源。如果相關作業已完成計算，則資源應返回給YARN。例如一個MapReduce (簡稱MR)作業可能需要8個容器，每個容器有2個處理器核心和4 GB的記憶體空間。在這裡，Hadoop中的容器本質上類似於虛擬機，它是作業系統中的一個處理程序。一旦YARN授予用戶所請求的資源，用戶需要自己管理這些資源。管理包括資源的分配和取消分配。還包括任務排程，為了將資料項目執行於給定的指定容器中。此外，用戶需要確保其計算的可靠性，分配的資源是否得到有效的利用，取決於用戶如何監控和利用資源。

- **ZooKeeper**

Apache ZooKeeper是為需要協調和同步的協作實體提供的協調服務[86,87]。透過向ZooKeeper註冊共享變量，實體可以同時讀取和寫入這些變量。具體來說，透過發布和訂閱共享變量，讓那些感興趣的實體去觀察共享變量的值，以確定它們的計算邏輯和流程。

ZooKeeper是可靠且具有容錯能力的，因為它是由計算節點集群組裝而成。ZooKeeper集群通過將數據從任何一個已儲存該數據的節點複製到其他節點來達成整體集群同步。

我們稍後將討論的HDS和DRS服務強烈依賴ZooKeeper來進行協調和同步。協調和同步包括確保性能數據同步以達成HDS伺服器中的負載均衡、HDS集群中參與伺服器的成員管理以及DRS作業等級調度。

4.4.3　消彌核心軟體堆疊組件和應用程序之間的鴻溝

為了消彌核心軟體堆疊組件和應用程序之間的鴻溝，HDS和DRS的基礎設施服務如下所述。

4.4.3.1　Hadoop資料服務(HDS)

HDS是一個基於Web的分散式數據儲存庫。HDS建立在HDFS [68]和HBase [71,72]之上。HDS允許應用程序開發人員(或用戶)使用HTTP協定將資料物件(通常是檔案)從現有的儲存伺服器(例如Samba [76]和FTP伺服器)複製到HDS儲存，同時還支援在任何兩個現有的異質儲存伺服器之間複製數據。準確地說，用戶只需在HDS中指定：http://HDS/copy?from=S:fs&to=D:fd，其中fs (fd)組合了儲存伺服器名、檔案路徑、資料目標名；S和D分別代表來源儲存實體和目的儲存實體；HDS是從HDS叢集中任意選擇的HDS伺服器。S和D可以實現不同的儲存通訊協定，包括FTP、HTTP、Samba、本地文件系統，甚至HDS本身。

http://earth/copy?from=SMB://venus/log/XYZ.csv&to=FTP://mars/fdc/ABC.csv

上述的範例表示用戶藉由HDS的幫助，將名為venus的Samba儲存伺服器中的檔案/log/XYZ.csv複製到名為mars的FTP儲存伺服器中的檔案/fdc/ABC.csv。值得注意的是，S和D可以被指定為我們的HDS儲存叢集。特別是，我們在半導體製造代工廠的運行的HDS儲存是一個統一的數據湖，儲存從現有的FTP、HTTP和Samba發送的數據文件。

　　HDS基於Web技術確保數據科學家易於使用。基於Web技術的HDS還具有可擴展性、可靠性和自我管理性。圖4.13顯示了HDS的軟體堆疊架構和模塊。我們將在下面討論HDS的關鍵設計和實行特性。

- **可擴展性和可靠性**

　　Hadoop中的每個Datanode都加入了我們的HDS叢集,即每個Datanode (即HDS伺服器或HDS伺服器節點)也是一個Web伺服器,可以透過HTTP請求訪問HDS叢集。用戶可以從HDS叢集中選出的任何HDS伺服器發出其Hadoop數據配送請求。若給定k個HDS伺服器節點,我們的HDS叢集將提供k倍的服務容量。基本上,每個Hadoop數據配送請求都使用HDS伺服器中的連線資源和記憶體空間。像是在http://HDS/copy?from=S:fs&to=D:fd中從S到D批量傳輸數據物件,我們將組成數據物件的數據塊以便能從S傳遞到D。

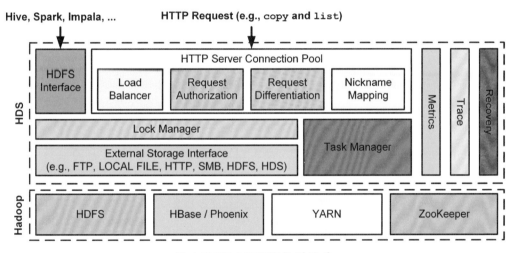

圖 4.13 HDS伺服器軟體堆疊
來源:經同意由[88]重製© 2018 IEEE

　　負責傳輸的HDS伺服器可以用來依序緩衝數據塊。根據請求及每個HDS伺服器的硬體規格,我們的HDS服務允許系統管理員為數據傳遞配置緩衝記憶體空間,以利用每個HDS伺服器的物理硬體資源。值得注意的是,我們的HDS叢集依賴於提供協調服務的ZooKeeper [86]。確切地說,每個HDS伺服器通過使用心跳訊息機制在ZooKeeper中註冊自己,以實現我們的HDS成員資格服務。每個HDS伺服器可以簡單地查詢任何其他HDS伺服器成員的狀態,比如它的有效性和負載指標(將在下面討論)。因此,我們的HDS服務以可靠的方式運行,確保沒有單點故障,因為我們的HDS成員保持著最新的HDS叢集訊息,任何故障的HDS伺服器都可以被即時識別,然後被移除。雖然我們的HDS服務依賴ZooKeeper進行成員管理,但每個HDS服務節點都會額外獲得ZooKeeper以進行資料一致性。具體來說,一旦發出並接受數據傳遞請求,其負責的HDS伺服器就會使用ZooKeeper協調服務鎖定該檔案,從而使該檔案在傳遞期間不能被讀寫。我們的HDS服務目前實現了順序一致性記憶體模型[89]。

- **服務差異化**

我們的HDS服務由Control Plane和Data Plane組成。Control Plane處理即時的請求,如列表和狀態,其中列表是用來列舉儲存在HDS中的所有資料物件,狀態代表資料傳遞請求的進度。每個HDS伺服器靜態地分配連線到Control Plane和Data Plane。這是因為資料傳遞請求的執行可能需要時間;如果這種請求在沒有服務區分的情況下,HDS伺服器的可用連接就會被佔據,那麼伺服器可能就無法即時地執行控制訊息。

- **負載平衡**

我們的HDS叢集可以為加入服務的HDS伺服器達到負載平衡。我們測量一個HDS節點n_i的負載為$L(n_i)=\alpha C_D(n_i)(n_i)+\beta M(n_i)$, 令$C_D(n_i)=\frac{C_{D_{occupied}}(n_i)}{C(n_i)}$代表當前執行資料傳遞請求$C_{D_{occupied}}(n_i)$的連接數與為Control和Data Plane $(C(n_i))$預定義的連接總數之比率。$M(n_i)$代表被Data Plane佔用的記憶體空間以及分配給Control及Data Plane的整體記憶體空間之比率。α和β $(0 \leq \alpha \leq 1$和$0 \leq \beta \leq 1)$是兩個預定義的參數,我們實現了Ball-and-Bin模型[82] [90-92]來平衡參與的HDS伺服器的負載。更具體地說,當一個HDS伺服器n_i接受一個資料配送請求r_i, n_i會隨機選擇兩個活著的HDS伺服器$(n_j$和$n_k)$來自ZooKeeper (如前所述,ZooKeeper保持最新的HDS伺服器的有效性狀態)。n_i經過轉發r_i到n, 其中$n \in \{n_i, n_j \, n_k\}$且$L(n)$是$L(n_i)$, $L(n_j)$, 和$L(n_k)$之中的最小值。平衡HDS伺服器負載的Ball-and-Bin模型以輕量級的方式明確運行,因為每個HDS節點將其負載轉發給另一個HDS節點,與HDS集群的規模(即HDS節點的總數)無關,並且沒有一個全域通則。

- **高效率儲存管理**

我們觀察到,儲存在HDS叢集中的資料是重尾分布,也就是說,大多數資料物件的資料容量是小的,其中只有少數的資料物件是大容量。為此,我們設計

的HDS底層儲存基礎設施混合了HDFS和HBase。當一個資料物件容量很小(通常
≦10MBytes)時，該物件被儲存在HBase中；否則，它將被儲存在HDFS中。鑑於
HDFS的Namenode在文件命名空間和Metadata管理方面強烈依賴於記憶體，大量
的小檔案將迅速耗盡Namenode中寶貴的記憶體[82]。此外，因為HDFS中文件數
據塊的大小通常很大。(一個典型的資料塊是64MBytes或128MBytes)，使得小資料
造成了內部檔案塊之碎片問題。相比之下，HBase能夠為儲存在HDS中的小資料
物件提供隨機資料存取。雖然Hadoop中存在諸如Hadoop Archives [93]和Sequence
Files [94]等解決方案，可將小資料目標打包到一個大的HDFS文件中，但這類解
決方案並沒有提供索引能力，也就是說沒有提供用戶任意查詢任何資料物件的
索引能力。請注意，HDS通透地管理著HDFS和HBase。用戶只需按照http://HDS/
copy?from=S:fs&to=D:fd中的定義發出它們的資料存取請求。

- **對現有資料查詢語言和分析框架的通透性**

　　HDS是Hadoop上的另一個分散式儲存基礎設施。市面上已經有一些資料查詢
語言工具支援SQL，如Apache Hive SQL [79]，這確保了在Hadoop中資料操作的便
利性。HDS對這些語言工具是通透的，因為它符合HDFS的API標準。因此，例如
Hive可以訪問儲存在HDS中的資料物件，從而利用建立在Hive上的應用程序。分
析性計算框架，如Apache Spark [77]，也可以通透地操作儲存在HDS中的資料目
標，而不需要額外的努力來遷移到HDFS。根據HDFS APIs標準，我們的HDS服務
之一個關鍵議題是支援分層命名空間，因為現有的應用程序可能已經在Hadoop的
不同目錄文件夾中組織他們的資料。為了支援分層命名空間，我們在索引資料物
件時利用了HBase的儲存設計結構。準確地說，按字母順序排列的資料物件名稱
將被儲存在HBase表中之連續遞增的列內。

- **效能儀表板**

　　我們的HDS服務提供了一個效能指標框架來測量和分解服務運行時的效能。
效能監測框架允許應用程序開發人員追蹤處理資料配送請求的每個運行階段，從
而優化他們應用程序的資料存取行為。鑑於我們的HDS服務是在生產環境下運行
的，為了可以方便地讓系統管理員監控HDS服務，此項對於效能框架也是至關重
要的。

- **安全和服務部署**

發布HDS資料傳遞請求的用戶需要經過認證，我們的認證目前是採用基於角色的認證機制，也就是說，不同的用戶可以被允許調用不同的HDS RESTful APIs，例如：用戶u_i可能被授予Copy、List、Delete的授權，而另一個用戶u_j只能調用Copy和List而不允許調用Delete。我們還提供別名映射以便於身分驗證。關於HDS服務的部署，目前我們的實現依賴於*HBase* Coprocessor框架[95]。更準確地說，在HBase啟動同時，HBase還額外初始化了HDS的啟動過程，從而簡化了大規模計算環境下對HDS的管理。

4.4.3.2　分散式R語言計算服務(DRS)

DRS是為R語言使用者提供的資料平行計算框架，其即為一個R程式指定資料集，DRS可平行處理在資料集中的資料物件。值得注意的是，不同資料物件的計算任務是獨立的。因此，DRS是為R語言設計的海量資料平行計算框架。

在這裡，我們將DRS「作業」定義為執行資料集的單個R程式，並且R程式計算的每個資料物件被稱為「任務」，從而產生由一組獨立任務組成的計算作業，並且這些任務可以同時執行。

我們的DRS框架基於Apache YARN，它類似於Hadoop MapReduce批次處理。YARN制定了一個主/從計算範例，其中主任務處理計算作業中的工作流程，從屬任務負責計算工作。特別是，我們的DRS框架中的主任務通過將用戶提供的不同資料物件分派給從屬任務來管理調度計算任務。此外，DRS中的主任務為任務分配和取消分配計算資源，以提高效能。而且，它會在作業計算期間檢測潛在的硬體及軟體故障，以便我們的DRS服務可以可靠地執行計算。相比之下，每個從屬任務都使用主任務指定的資料物件進行計算，並且它還定期報告即時的計算狀態，以便主任務可以監控分配給從屬任務的計算任務是否正在進行。當一個從屬任務沒有收到任何要執行的任務時，主任務就會將從屬任務佔用的資源重新分配給另一個，甚至將資源返回給YARN。DRS框架中的每個作業都分別關聯了一個主任務和一組協作的從屬任務，不同的作業不共享它們的主/從屬任務。

圖4.14展示了一個在DRS程式中的範例，其中用戶需要指定一個配置文件，該配置文件描述了用戶的R程式的位置以及R程式輸入資料的路徑。此外，R作業用戶需要定義計算資源的規格，給定配置描述，如果成功，則分配請求的計算節點。HDS無縫啟用以幫助將指定的資料物件複製到容器。我們注意到，當容器執

行它們的計算時，容器所需的每個資料物件都以管線化方式同時加載。在這裡，除了定義配置描述外，R語言程式只需要對其輸入資料物件進行適度修改。我們將進一步討論DRS的設計和實現功能，如下所示。

```
Configuration:
http://host/hds/v1/run?code="..."&data="..."&config="..."&codeout="..."&consoleto="..." //fork a DRS job
code = ... //R program path
data = ... //input data file, containing a list of paths of data files
container_spec = ... //specification for a set of containers
codeout = ... //aggregation of output data files for R programs running in each container
consoleto = ... //R program console output
...

R program body:
tempData <- read.csv(DRS_INPUT_FILE_PATH , header = TRUE) //read data files locally
data <- ...(tempData) //filter and load data
...
sumResult <- sum(data) //compute sum
sdResult <- sd(data) //compute standard deviation
medianResult <- median(data) //find median
...
```

圖 4.14 DRS程式中的範例

來源：經同意由[88]重製© 2018 IEEE

- **可擴展性和可靠性**

用戶通過指定其工作的Metadata訊息來獲取DRS服務。Metadata訊息主要包括對執行作業所需資源的描述以及作業的輸入資料物件路徑。資源是指加入計算工作的計算節點的數量。另外，需要指定每個容器節點的記憶體空間。作業的容器數量可以任意定義，只要此資源在Hadoop中可被供應。在我們的DRS框架中，每個容器節點都會定期將其狀態檢測通知其相應的主任務，從而防止作業主任務監控其從屬任務時引入相當大的開銷。如果任何從屬任務失敗，則主任務通過請求YARN將失敗的從屬任務替換為健康的從屬任務。我們設計特別檢測該些因為將其分配之記憶體空間用盡而導致失敗的從屬任務，發生此類失敗是因為用戶可能低估了他們所需的記憶體空間。稍後我們將討論我們對此類失敗的解決方案，以便可以成功執行作業。

- **自適應資源管理**

在提交給DRS的計算作業中，作業對應的主任務管理資源，即從YARN分配的從屬計算節點，以及向從屬任務分配任務。從屬任務可能由於記憶體空間不足而無法執行計算任務,即從屬任務的規格沒有定義好。根據我們在半導體製造代工廠中操作DRS的經驗,計算工作所需的從屬任務記憶體空間的大小是重尾分布的。在這組任務中,只有少數任務需要較大的記憶體空間,而對於大多數任務來說,較小的記憶體空間就足夠了。考慮到記憶體空間是大數據計算系統中的稀有資源之一,為每個從屬任務指定所需的最大記憶體空間顯然是低效率的。相比之下,如果我們將工作的每個從屬任務指定所需的最小記憶體空間,那麼用於大型任務的從屬任務可能無法完成它們的計算,從而無法執行整個工作。為了解決這個問題,我們的DRS服務自適應地檢測任務的資源需求。準確地說,如果作業主任務觀察到從屬任務由於記憶體空間不足導致計算失敗,那麼主任務就會創建一個由相對較大的記憶體空間的從屬任務,這種方法可能會移除現有的從屬任務以合計資源。但是,我們的DRS框架保證資源總量與作業用戶定義的資源總量相同;因此,我們鼓勵用戶為他們的任務適度指定資源,以便整個系統可以容納盡可能多的工作。

- **任務排程**

　　DRS目前以每批次的方式排程作業的任務。DRS通過將任務排程到從屬計算節點,指示與任務關聯的資料物件的位置;一旦從屬節點接收到資料物件的處理請求以及物件的位置,從屬節點獲取資料物件,然後使用輸入的物件執行其計算。值得注意的是,資料物件的位置表示資料物件在HDS中的名稱。除了HDS之外,DRS還可以操作儲存在另一個儲存系統中的資料物件。給定計算任務的數量m,我們的DRS服務將任務列表均勻地分割成k個不相交的包,即每個任務包包含m/k個任務。使用k個包,我們的DRS框架重疊了任務排程和任務計算。準確地說,當DRS服務為第i個包中的任務計算排程時,它還將第i-1個包中的任務分派給從屬計算節點。在DRS中,對於任務包的任務排程器,預設會對最長任務做優先排程,即任務按照包中輸入資料物件的大小按降序排程,其中一個作業中不同的任務統一分配到不同的包中。我們注意到,如果DRS作業開發人員打算提出他的專有排程,則DRS中的任務排程是可替換的。無論如何,對於任何排程,在我們當前的設計中,任務的詮釋資料訊息都儲存在HBase中,任務的詮釋資料訊息屬性包括任務的資料位置、資料物件的大小和訪問控制列表,排程器可以在設計時考慮到不同的屬性。在HBase中查詢一組任務的屬性需要時間,從而總結出我們對任務排程和計算的管線化設計和實現。

- **效能儀表板**

DRS支援使用效能儀表板去監控整個DRS框架運行時的指標，儀表板詳細說明了從作業提交到作業計算遞交的執行時間。除了資源分配之外，DRS框架的執行階段還包括作業中任務排程、調度和計算，也測量了不同執行階段消耗的資源，資源包括分配的容器所花費的時間和占用的記憶體空間的大小。我們在操作DRS方面的經驗表明，計算作業開發人員對他們的R任務經過的時間特別感興趣。

- **多租戶**

YARN提供分層佇列機制，允許不同的用戶獨立分配來自Hadoop的資源。例如Hadoop可能會將20%的資源分配給Spark用戶，將30%的資源分配給MR客戶端，將剩餘的50%資源分配給我們的DRS框架。為了同時容納多個DRS作業，我們的DRS服務進一步劃分了分配給不同DRS作業的資源，例如分配給DRS的總共50%的資源被平均劃分為5個DRS作業用戶，每個用戶有10%，這樣5個DRS作業可以同時公平地執行它們的計算。DRS支援的多個租戶將最大限度地利用DRS佔用的資源，並最大限度地減少任何DRS作業的排隊延遲。值得注意的是，為了管理正在進行和排隊的DRS作業，DRS將每個作業在ZooKeeper中的狀態關聯起來。當一個作業的計算完成時，該作業會從ZooKeeper中正在進行的作業佇列中移除，並且分配給該作業的資源會釋放到YARN，然後選擇待處理列表中的一些作業並遷移到正在進行的佇列中執行。DRS代表從YARN為這些作業分配資源，但是分配給整個DRS服務的資源總量仍然在其初始配置下，例如上面示例中提到的50%的資源。

4.4.4 小結

我們在本節中介紹了HDS和DRS基礎設施服務，該服務自2015年以來一直在台灣的半導體晶圓製造廠營運。在此討論了我們的設計要求並提供了HDS和DRS的實作。總體而言，HDS的設計易於使用，進而減少了用戶對於Hadoop複雜的軟體所堆疊出的學習曲線。具體來說，HDS對Hadoop生態系統中的數據訪問工具(例如Hive SQL)和計算框架(例如Spark)是通透的。與原生HDFS相比，HDS在吞吐量和訪問Hadoop中儲存的資料目標的延遲方面表現良好。

除了HDS之外，DRS的設計和實施也是為了利用傳統R語言用戶的現有努力和經驗。DRS不僅利用分配給R任務的資源來改善執行時間，而且還可智慧且自適應地重新分配資源以提高作業的成功率。特別是，DRS通過在Hadoop分散式計算環境中享有數據平行計算，對R用戶是通透的。

4.5　結論

本章介紹了工業4.0和智慧製造的一些底層核心技術，包括雲端運算、邊緣運算、物聯網、和大數據基礎設施平台等。

我們在4.2節介紹雲端運算。首先，闡述了雲端運算的基本原理，包括雲端運算的驅動力、相關核心技術、主要特點和優勢。此外，還提出了雲端服務模型(即IaaS、PaaS和SaaS)，不僅對雲端運算服務進行分類，還對特定雲端供應商提供的產品和服務進行分類。此外，更描述了雲部署模型(即公有雲、私有雲和混合雲)，並說明如何利用雲端運算的優勢。最後提出一些雲端運算在製造業的案例，也描繪大數據分析、人工智慧應用和雲製造。

在4.3節中，我們介紹了物聯網的基本原理，包括它的定義、底層核心技術、潛在應用以及它可以帶來的好處。我們還介紹了一個通用型三層式物聯雲架構，並展示物聯網是如何運作。更介紹了物聯網的兩種訊息傳遞協定(即MQTT和AMQP)和WoT。本節還介紹了邊緣運算的要點，包括它的定義、潛在的核心元素、潛在的應用程式、以及它可以帶來的好處。我們還提出了一個具有邊緣運算層之雲端運算物聯網架構，並展示物聯網設備如何利用邊緣資源進行計算卸載。最後，我們展示了基於物聯網、邊緣運算和雲端運算在汽車輪圈加工產業的應用。

在4.4節中，我們介紹了大數據基礎設施，包括應用需求，核心軟體堆疊，以及彌合核心軟體堆疊組件與應用之間鴻溝的方法。具體來說，我們提出了兩種基於Hadoop的大數據基礎設施服務，即Hadoop數據服務(HDS)和分散式R語言計算服務(DRS)。我們描述了HDS和DRS的設計要求和實現。HDS是為了易於使用而設計的，因此減少了用戶對Hadoop的學習曲線。DRS是為了通透地服務於R語言計算任務而開發的。透過我們提出的分散式R語言計算服務，將已存在的R任務實行於中心化的計算環境中，僅需要最少的付出來實現平行運算。

附錄4.A—縮寫對照表

6LoWPAN	IPv6 over LPWAN IPv6版低功率無線網路
AI	Artificial Intelligence 人工智慧
AMQP	Advanced Message Queuing Protocol 高級消息隊列協議
API	Application Programming Interface 應用程式介面
APP	Application 應用程式
AR	Augmented Reality 擴增實境
AVM	Automatic Virtual Metrology 全自動虛擬量測
AWS	Amazon Web Services 亞馬遜網路服務
B2B	Business to Business 企業與企業
B2C	Business to Customer 企業與客戶
CBDM	Cloud-Based Design and Manufacturing 雲端設計與管理
CMfg	Cloud Manufacturing 雲製造
CPA	Cyber-Physical Agent 虛實整合代理人
CPS	Cyber-Physical Systems 虛實整合系統
CRM	Customer Relationship Management 客戶關係管理
C2C	Customer to Customer 客戶與客戶
DDS	Data Distribution Service 資料分散式服務
DRS	Distributed R Language Computing Service 分散式R語言計算服務
EC2	Elastic Compute Cloud 彈性雲端運算
ERM	Enterprise Resource Management 企業資源管理
FDC	Fault Detection and Classification 錯誤偵測和分類
GCP	Google Cloud Platform Google雲端平台
HaaS	Hardware as a Service 硬體即服務
HDFS	Hadoop Distributed File System Hadoop 分散式檔案系統
HDS	Hadoop Data Service Hadoop資料服務
HTTP	HyperText Transfer Protocol 超文本傳輸協定
IaaS	Infrastructure as a Service 基礎設施即服務
ICT	Information and Communication Technology 資訊及通訊技術
IIoT	Industrial IoT 工業物聯網
IoT	Internet of Things 物聯網
IPv6	IP version 6 版本6的IP
LPWAN	Low-power Wireless Personal Area Network 低功率無線個人網路

M2M	Machine-to-Machine 設備與設備間
MES	Manufacturing Execution System 製造執行系統
MQTT	Message Queue Telemetry Transport Protocol 訊息佇列遙測傳輸
NIST	National Institute of Standards and Technology 國家標準暨技術研究院
PaaS	Platform as a Service 平台即服務
QoS	Quality of Service 服務品質
OS	Operating System 作業系統
REST	Representational State Transfer 表現層狀態轉換
RFID	Radio Frequency Identification 無線射頻辨識
ROI	Return on Investment 投資報酬率
RUL	Remaining Useful Life 剩餘壽命
SaaS	Software as a Service 軟體即服務
SCADA	Supervisory Control and Data Acquisition 資料採集與監視系統
SCM	Smart Cloud Manager 智慧雲管理
SDKs	Software Development Kits 軟體開發套件
SMEs	Small and Medium Enterprises 中小型企業
SOA	Service-Oriented Architecture 服務導向架構
TCP	Transmission Control Protocol 傳輸控制協定
VM	Virtual Metrology 虛擬量測
WoT	Web of Thing 物聯雲
WSN	Wireless Sensor Network 無線感測網路
YA	Yield Analysis 良率分析

附錄4.B—公式符號對照表

c	number of regions of a table 一個table的region個數
n	number of region servers available to the table 一個table的region servers個數
fs	storage server name, file path, and data object name of the source 來源端的儲存伺服器名稱、檔案路徑、檔案名稱
fd	storage server name, file path, and data object name of the destination 目的端的儲存伺服器名稱、檔案路徑、檔案名稱
S	representation of source storage entities 來源端儲存實體的表示
D	representation of destination storage entities 目的端儲存實體的表示
n_i	HDS serving node HDS伺服器節點
$L(n_i)$	load of an HDS serving node\ 一個HDS伺服器節點的負載
$C_D(n_i)$	ratio of $C_{D_{occupied}}(n_i)$ to $C(n_i)$正在執行資料傳輸請求的連線個數與控制和資料plane預定義的連線總數之比率
$C_{D_{occupied}}(n_i)$	number of connections currently used by ongoing data delivery requests 正在執行資料傳輸請求的連線個數
$C(n_i)$	total number of connections predefined for control and data planes 控制和資料plane預定義的連線總數
$M(n_i)$	ratio of memory space used by the data plane to the total memory space allocated to the control and data planes 資料plane使用的記憶體空間與分配給控制plane和資料plane的整體記憶體空間之比率
α	predefined parameters 預定義參數
β	predefined parameters 預定義參數

r_i	data delivery request 資料傳遞請求
u_i	user issuing HDS data delivery request 發布HDS資料傳遞請求的用戶
m	number of tasks of a computational job 一個計算工作的任務數量
k	number of disjoint bags 不相交的任務包的個數
i	sequential number of disjoint bags 不相交的任務包的序號

參考文獻

[1]   Advanced Manufacturing National Program Office (AMNPO) (2020). Highlighting manufacturing USA. www.manufacturing.gov (accessed 2 November, 2020).

[2]   Kagermann, H., Wahlster, W., and Helbig, J. (2013) *Recommendations for Implementing the Strategic Initiative INDUSTRIE 4.0.* Germany: Forschungsunion, acatech.

[3]   Lee, X.E. (2015). Made in china 2025: a new era for Chinese manufacturing. https://english.ckgsb.edu.cn/knowledges/made-in-china-2025-a-new-era-for-chinese-manufacturing/ (accessed 1 November 2022).

[4]   Drath, R. and Horch, A. (2014) Industrie 4.0: hit or hype? *IEEE Industrial Electronics Magazine* 8 (2): 56-58. https://doi.org/10.1109/MIE.2014.2312079.

[5]   Lee, J., Bagheri, B. and Kao, H.A. (2015). A cyber-physical systems architecture for industry 4.0-based manufacturing systems. *Manufacturing Letters* 3: 8-23. https://doi.org/10.1016/j.mfglet.2014.12.001.

[6]   Burke, R., Mussomeli, A., Laaper, S. et al. (2017). The smart factory: responsive, adaptive, connected manufacturing. https://bit.ly/34NWnG3 (accessed 2 November, 2020).

[7]   Zhou, H. (2013) *The Internet of Things in the Cloud: A Middleware Perspective.* UK: CRC Press.

[8]   Bi, Z., Xu, L.D. and Wang, C. (2014). Internet of Things for enterprise systems of modern manufacturing. *IEEE Transactions on Industrial Informatics* 10 (2): 1537-1546. https://doi.org/10.1109/TII.2014.2300338.

[9]   Xu, X. (2012). From cloud computing to cloud manufacturing. *Robotics and Computer-Integrated Manufacturing* 28 (1): 75-86. https://doi.org/10.1016/j.rcim.2011.07.002.

[10]   Tao, F., Cheng, Y., Xu, L.D. et al. (2014). CCIoT-CMfg: cloud computing and Internet of Things-based cloud manufacturing service system. *IEEE Transactions on Industrial Informatics* 10 (2): 1435-1442. https://doi.org/10.1109/TII.2014.2306383.

[11]   Ren, L., Zhang, L., Wang, L. et al. (2017). Cloud manufacturing: key characteristics and applications. *International Journal of Computer Integrated Manufacturing* 30 (6): 501-515. https://doi.org/10.1080/0951192X.2014.902105.

[12]   He, W. and Xu, L. (2015). A state-of-the-art survey of cloud manufacturing. *International Journal of Computer Integrated Manufacturing* 28 (3): 239-250. https://doi.org/10.1080/0951192X.2013.874595.

[13] Georgakopoulos, D., Jayaraman,P. P., Fazia, M. et al. (2016). Internet of Things and edge cloud computing roadmap for manufacturing. *IEEE Cloud Computing* 3 (4): 66-73. https://doi.org/10.1109/MCC.2016.91.

[14] Chen, B., Wan, J., Celesti, A. et al. (2018). Edge computing in IoT-based manufacturing. *IEEE Communications Magazine* 56 (9): 103-109. https://doi.org/10.1109/MCOM.2018.1701231.

[15] Chen, X.W. and Lin, X. (2014) Big data deep learning: challenges and perspectives. *IEEE Access* 2: 514-525. https://doi.org/10.1109/ACCESS.2014.2325029.

[16] Babiceanu, R.F. and Seker, R. (2015). Manufacturing cyber-physical systems enabled by complex event processing and big data environments: a framework for development. *Service Orientation in Holonic and Multi-agent Manufacturing, Studies in Computational Intelligence Series* 594: 165-173.

[17] Bradley, J.M. and Atkins, E.M. (2015). Coupled cyber-physical system modeling and coregulation of a CubeSat. *IEEE Transactions on Robotics* 31 (2):443-456. https://doi.org/10.1109/TRO.2015.2409431.

[18] Thramboulidis, K. (2015). A cyber-physical system-based approach for industrial automation systems. *Computers in Industry* 72: 92-102. https://doi.org/10.1016/j.compind.2015.04.006.

[19] Yang, C., Shen, W. and Wang, X. (2018). The Internet of Things in manufacturing: key issues and potential applications. *IEEE Systems, Man, and Cybernetics Magazine* 4 (1): 6-15. https://doi.org/10.1109/MSMC.2017.2702391.

[20] Hu, H., Wen, Y., Chua, T.S. et al. (2014). Toward scalable systems for big data analytics: a technology tutorial. *IEEE Access* 2: 652-687. https://doi.org/10.1109/ACCESS.2014.2332453.

[21] Lee, J., Kao, H.A. and Yang, S. (2014). Service innovation and smart analytics for Industry 4.0 and big data environment. *Procedia CIRP* 16: 3-8. https://doi.org/10.1016/j.procir.2014.02.001.

[22] Fekete, J.D. (2013). Visual analytics infrastructures: from data management to exploration. *Computer* 46 (7): 22-29. https://doi.org/10.1109/MC.2013.120.

[23] Dikaiakos, M. D., Katsaros, D., Mehra, P. et al. (2009). Cloud computing: distributed Internet computing for IT scientific research. *IEEE Internet Computing* 13 (5): 10-13. https://doi.org/10.1109/MIC.2009.103.

[24] Sadiku, M.N.O., Musa, S. M. and Momoh, O. D. (2014). Cloud computing:

opportunities and challenges. *IEEE Potentials* 33 (1): 34-36. https://doi.org/10.1109/MPOT.2013.2279684.

[25] Sultan, N. A. (2011). Reaching for the "Cloud": how SMEs can manage. *International Journal of Information Management* 31 (3): 272-278. https://doi.org/10.1016/j.ijinfomgt.2010.08.001.

[26] National Institute of Standards and Technology (NIST) (2011). The NIST definition of cloud computing. *NIST Special Publication 800-145.* https://bit.ly/2TN5cK1 (accessed 2 November, 2020).

[27] Wright, N. (2019). IaaS vs SaaS vs PaaS: a guide to Azure cloud service types. https://bit.ly/3kO0JTi (accessed 2 November, 2020).

[28] Khan, A.R., Othman, M., Madani, S.A. et al. (2014). A survey of mobile cloud computing application models. *IEEE Communication Surveys & Tutorials* 16 (1): 393-413. https://doi.org/10.1109/SURV.2013.062613.00160.

[29] Linthicum, D.S. (2017). Making sense of AI in public clouds. *IEEE Cloud Computing* 4 (6): 70-72. https://doi.org/10.1109/MCC.2018.1081067.

[30] Hofmann, P. and Woods, D. (2010). Cloud computing: the limits of public clouds for business applications. *IEEE Internet Computing* 14 (6): 90-93. https://doi.org/10.1109/MIC.2010.136.

[31] Weins, K. (2020). Cloud computing trends: 2020 state of the cloud report. https://www.flexera.com/blog/industry-trends/trend-of-cloud-computing-2020/ (accessed 2 November, 2020).

[32] Amazon Web Services, Inc (2020). Amazon Web Services (AWS). aws.amazon.com (accessed 2 November, 2020).

[33] Microsoft (2020). Microsoft Azure. azure.microsoft.com/en-us/ (accessed 2 November, 2020).

[34] Google (2020). Google. cloud cloud.google.com/gcp/ (accessed 2 November, 2020).

[35] Microsoft (2020). Azure service bus messaging documentation. https://docs.microsoft.com/en-us/azure/service-bus-messaging/ (accessed 2 November, 2020).

[36] Amazon Web Services, Inc (2020). Data lakes and analytics on AWS. https://aws.amazon.com/big-data/datalakes-and-analytics/ (accessed 2 November, 2020).

[37] Cloud Academy Inc. (2020). Big data analytics on Azure. https://cloudacademy.com/learning-paths/big-data-analytics-on-azure-200/ (accessed 2 November, 2020).

[38] Google (2020). Google BigQuery. cloud.google.com/bigquery/ (accessed 2

November, 2020).

[39]　Srinivasan, S. (2019). Data and analytics on Google cloud platform. https://bit. ly/3egBd6s (accessed 2 November, 2020).

[40]　Wang, X.V. and Xu, X.W. (2013). An interoperable solution for cloud manufacturing. *Robotics and Computer-Integrated Manufacturing* 29 (4): 232-247. https://doi. org/10.1016/j.rcim.2013.01.005.

[41]　Wu, D., Greer, M.J., Rosen, D.W. et al. (2013). Cloud manufacturing: strategic vision and state-of-the-art. *Journal of Manufacturing Systems* 32 (4): 564-579. https://doi. org/10.1016/j.jmsy.2013.04.008.

[42]　Wu, D., Thames, J.L., Rosen, D.W. et al. (2013). Enhancing the product realization process with cloud-based design and manufacturing systems. *Journal of Computing and Information Science in Engineering* 13 (4): 041004. https://doi. org/10.1115/1.4025257.

[43]　Huang, H.C., Lin, Y.C., Hung, M.H. et al. (2015). Development of cloud-based automatic virtual metrology system for semiconductor industry. *Robotics and Computer-Integrated Manufacturing* 34: 30-43. https://doi.org/10.1016/ j.rcim.2015.01.005.

[44]　Hung, M.H., Li, Y.Y., Lin, Y.C. et al. (2017). Development of a novel cloud-based multi-tenant model creation service for automatic virtual metrology. *Robotics and Computer-Integrated Manufacturing* 44: 174-189. https://doi.org/10.1016/ j.rcim.2016.09.003.

[45]　Feki, M.A., Kawsar, F., Boussard, M. et al. (2013). The Internet of Things: the next technological revolution. *Computer* 46 (2): 24-25. https://doi.org/10.1109/ MC.2013.63.

[46]　Jin, J., Gubbi, J., Marusic, S. et al. (2014). An information framework for creating a smart city through Internet of Things. *IEEE Internet of Things Journal* 1 (2): 112-121. https://doi.org/10.1109/JIOT.2013.2296516.

[47]　Kelly, S.D.T., Suryadevara, N.K., and Mukhopadhyay, S.C. (2013). Towards the implementation of IoT for environmental condition monitoring in homes. *IEEE Sensors Journal* 13 (10): 3846-3853. https://doi.org/10.1109/JSEN.2013.2263379.

[48]　Michahelles, F., Thiesse, F., Schmidt, A. et al. (2007). Pervasive RFID and Near Field Communication technology. *IEEE Pervasive Computing* 6 (3): 94-97. https:// doi.org/10.1109/MPRV.2007.64.

[49] Ullo, S.L. and Sinha, G.R. (2020). Advances in smart environment monitoring systems using IoT and sensors. *Sensors* 20 (11): 3113. https://doi.org/10.3390/s20113113.

[50] Kulitski, A. (2017). What you need to know about machine-to-machine communication. https://smart-it.io/blog/machine-to-machine-m2m-how-does-it-work/ (accessed 2 November 2020).

[51] Samtani, S., Yu, S., Zhu, H. et al. (2018). Identifying SCADA systems and their vulnerabilities on the Internet of Things: a text-mining approach. *IEEE Intelligent Systems* 33 (2): 63-73. https://doi.org/10.1109/MIS.2018.111145022.

[52] Zhou, J., Cao, Z., Dong, X. et al. (2017). Security and privacy for cloud-based IoT: challenges, countermeasures, and future directions. *IEEE Communications Magazine* 55 (1): 26-35. https://doi.org/10.1109/MCOM.2017.1600363CM.

[53] Wheeler, A. (2007). Commercial applications of wireless sensor networks using ZigBee. *IEEE Communications Magazine* 45 (4): 70-77. https://doi.org/10.1109/MCOM.2007.343615.

[54] Gomez, C., Minaburo, A., Toutain, L. et al. (2020). IPv6 over LPWANs: connecting Low Power Wide Area Networks to the Internet (of Things). *IEEE Wireless Communications* 27 (1): 206-213. https://doi.org/10.1109/MWC.001.1900215.

[55] Al-Fuqaha, A., Khreishah, A., Guizani, M. et al. (2015). Toward better horizontal integration among IoT services. *IEEE Communications Magazine* 53 (9): 72-79. https://doi.org/10.1109/MCOM.2015.7263375.

[56] MQTT.org (2020). MQTT: the standard for IoT messaging. mqtt.org (accessed 2 November 2020).

[57] OASIS® (2020). Advanced Message Queuing Protocol (AMQP). www.amqp.org (accessed 2 November 2020).

[58] Object Management Group, Inc (2020). Data Distribution Service (DDS). www.dds-foundation.org (accessed 2 November 2020).

[59] EDUCBA (2020). AMQP vs MQTT. https://www.educba.com/amqp-vs-mqtt/ (accessed 1 November 2022).

[60] Guinard, D. and Trifa, V. (2016). *Building the Web of Things: With examples in Node. js and Raspberry Pi*. New York: Manning Publications.

[61] Varghese, B., Reaño, C. and Silla, F. (2018). Accelerator virtualization in fog computing: moving from the cloud to the edge. *IEEE Cloud Computing* 5: 28-37

https://doi.org/10.1109/MCC.2018.064181118.

[62] Aazam, M. and Huh, E.N. (2016). Fog computing: the cloud-IoT/IoE middleware paradigm. *IEEE Potentials* 35 (3): 40-44. https://doi.org/10.1109/MPOT.2015.2456213.

[63] Ren, J., Guo, H., Xu, C. et al. (2017). Serving at the edge: a scalable IoT architecture based on transparent computing. *IEEE Network* 31 (5): 96-105. https://doi.org/10.1109/MNET.2017.1700030.

[64] Sun, W., Liu, J., and Yue, Y. (2019). AI-Enhanced offloading in edge computing: when machine learning meets industrial IoT. *IEEE Network* 33 (5): 68-74. https://doi.org/10.1109/MNET.001.1800510.

[65] Patel, P., Ali, M.I., and Sheth, A. (2017). On using the intelligent edge for IoT analytics. *IEEE Intelligent Systems* 32 (5): 64-69. https://doi.org/10.1109/MIS.2017.3711653.

[66] Johansson, C. (2020). How edge computing will unleash the potential of IIoT. https://www.controleng.com/articles/how-edge-computing-will-unleash-the-potential-of-iiot/ (accessed 2 November 2020).

[67] The Apache Software Foundation (2020). Apache Hadoop. hadoop.apache.org (accessed 2 November 2020).

[68] The Apache Software Foundation. (2008). HDFS architecture guide. http://hadoop.apache.org/docs/r1.2.1/hdfs_design.html (accessed 2 November 2020).

[69] McKusick, K. and Quinlan, S. (2010). GFS: evolution on fast-forward. *Communications of the ACM* 53 (3): 42-49. https://doi.org/10.1145/1666420.1666439.

[70] Ghemawat, S., Gobioff, H.B. and Leung, S.T. (2003). The Google file system. *Proceedings of the 19th ACM Symposium on Operating Systems Principles (SOSP'03)*, Bolton Landing, NY, USA (19-22 Oct. 2003). New York, USA: ACM.

[71] The Apache Software Foundation (2020). Welcome to Apache HBase™. hbase.apache.org (accessed 2 November 2020).

[72] Leavitt, N. (2010). Will NoSQL databases live up to their promise? *Computer* 43 (2): 12-14. https://doi.org/10.1109/MC.2010.58.

[73] Chang, F., Dean, J., Ghemawat, S. et al. (2006). Bigtable: a distributed storage system for structured data. *Proceedings of the 7th USENIX Symposium on Operating Systems Design and Implementation (OSDI'06)*, Seattle, WA, USA (6-8 Nov. 2006). USA:USENIX Association.

[74]　The R Foundation (2020). The R project for statistical computing. r-project.org (accessed 2 November 2020).

[75]　Python Software Foundation (2020). Python™. www.python.org (accessed 2 November 2020).

[76]　The Samba team (2020). Samba. www.samba.org (accessed 2 November 2020).

[77]　The Apache Software Foundation (2018). Apache Spark™. spark.apache.org (accessed 2 November 2020).

[78]　Zaharia, M., Xin, R.S., Wendell, P. et al. (2016). Apache Spark: a unified engine for big data processing. *Communications of the ACM* 59 (11): 56-65. https://doi.org/10.1145/2934664.

[79]　The Apache Software Foundation (2014). Apache Hive™. hive.apache.org (accessed 2 November 2020).

[80]　Thusoo, A., Sarma, J.S., Jain, N. et al. (2010). Hive - a petabyte scale data warehouse using Hadoop. *Proceeding of the 2010 IEEE 26th International Conference on Data Engineering (ICDE 2010)*, Long Beach, CA, USA (1-6 Mar. 2010). USA: IEEE.

[81]　Ihaka, R. and Gentleman, R. (1996). R: a language for data analysis and graphics. *Journal of Computational and Graphical Statistics* (5) 3: 299-314.

[82]　Hsiao, H.C., Chung, H.Y., Shen, H. et al. (2013). Load rebalancing for distributed file systems in clouds. *IEEE Transactions on Parallel and Distributed Systems* 24 (5): 951-962. https://doi.org/10.1109/TPDS.2012.196.

[83]　The Apache Software Foundation (2020). Apache Hadoop YARN. https://hadoop.apache.org/docs/current/hadoop-yarn/hadoop-yarn-site/YARN.html (accessed 2 November 2020).

[84]　Vavilapalli, V. K., Murthy, A. C., Douglas, C. et al. (2013). Apache Hadoop YARN: yet another resource negotiator. *Proceedings of the 4th ACM Symposium on Cloud Computing (SOCC'13)*, Santa Clara, CA, USA (1-3 Oct. 2013). New York, USA: ACM.

[85]　Dean, J. and Ghemawat, S. (2004). MapReduce: simplified data processing on large clusters. *Proceedings of the 6th USENIX Symposium on Operating System Design and Implementation (OSDI'04)*, San Francisco, CA, USA (6-8 Dec. 2004). USA:USENIX Association.

[86]　The Apache Software Foundation (2020). Apache ZooKeeper™. zookeeper.apache.org (accessed 2 November 2020).

[87]　Hunt, P., Konar, M., Junqueira, F. P. et al. (2010). ZooKeeper: wait-free coordination for Internet-scale systems. *Proceedings of the 2010 USENIX Annual Technical Conference (USENIX ATC'10)*, Boston, MA, USA (23-25 Jun. 2010). USA:USENIX Association.

[88]　Tsai, C.P., Hsiao, H.C., Chao, Y.C. et al. (2018). Bridging the gap between big data system software stack and applications: the case of semiconductor wafer fabrication foundries. *Proceeding of the 2018 IEEE International Conference on Big Data*, Seattle, WA, USA (10-13 Dec. 2018). USA: IEEE.

[89]　Adve, S.V. and Gharachorloo, K. (1996). Shared memory consistency models: a tutorial. *Computer* 29 (12): 66-76. https://doi.org/10.1109/2.546611.

[90]　Hsiao, H.C. and Chang, C.W. (2013). A symmetric load balancing algorithm with performance guarantees for distributed hash tables. *IEEE Transactions on Computers* 62 (4): 662-675. https://doi.org/10.1109/TC.2012.13.

[91]　Hsiao, H.C., Liao, H., Chen, S.T. et al. (2011). Load balance with imperfect information in structured peer-to-peer systems. *IEEE Transactions on Parallel and Distributed Systems* 22 (4): 634-649. https://doi.org/10.1109/TPDS.2010.105.

[92]　Mitzenmacher, M. and Upfal, E. (2005). *Probability and Computing: Randomized Algorithms and Probabilistic Analysis*. Cambridge: Cambridge University Press.

[93]　The Apache Software Foundation (2020). Hadoop archives guide. https://hadoop.apache.org/docs/current/hadoop-archives/HadoopArchives.html (accessed 2 November 2020).

[94]　ASF Infrabot (2019). Hadoop SequenceFile. https://cwiki.apache.org/confluence/display/HADOOP2/SequenceFile (accessed 2 November 2020).

[95]　The Apache Software Foundation (2012). Apache HBase coprocessor introduction. https://blogs.apache.org/hbase/entry/coprocessor_introduction (accessed 2 November 2020).

Docker和 Kubernetes

5

｜陳朝鈞、洪敏雄、賴冠州、林祐全

5.1 簡介

　　近年來，容器技術已經成為軟體業的熱門話題。其中，Docker [1]是一個軟體平台，它允許開發人員將應用程式及其所有相依性套件打包成一個映像檔，並將映像檔執行在一個名為容器(Container)的標準單元中。因此，透過Docker技術可以更容易地實現在不同環境(例如開發、測試和生產環境)中建置、發布和運行容器化軟體。雖然Docker並沒有發明軟體容器，但近年來它確實改變軟體的構建、共享和部署方式。

　　軟體容器在軟體業中扮演的角色與船運貨櫃在運輸業中扮演的角色是一樣的。貨櫃標準化，各種貨物的包裝、裝卸都可以標準化。使用貨櫃運輸貨物，托運人將貨櫃視為黑盒子，不需要知道貨櫃內是什麼。他們可以根據自己的需要，利用卡車、火車、船舶等合適的手段來運輸貨櫃。因此，貨櫃的發明使得運輸貨物比使用貨櫃之前更有效率，進而使運輸業發生了革命性的變化。

　　借鏡貨櫃標準化的概念，Docker容器(軟體容器)允許開發人員將他們的應用程式與所需的設定檔、框架、程式庫和執行環境等相依性套件打包。然後，開發人員可以用標準化的方式將這些容器交付給運維工程師。運維工程師將每個Docker容器視為一個黑盒子。他們不必知道容器的內容，就可以在伺服器上部署和運行容器。運行在同一個伺服器(虛擬或實體伺服器)上的Docker容器彼此是相互隔離的。另外，如果一個Docker容器可以運行在一個Docker主機上，那麼它就應該要能夠運行在另一個Docker主機上。Docker主機是指安裝了Docker執行環境的伺服器，因為它可以託管和運行Docker容器。因此，使用Docker，運維工程師可以避免浪費時間在解決開發和營運(DevOps)環境不一致的問題上，並可以專注在他們的自己專業領域上，也就是提供IT基礎設施、應用程式和服務。

　　此外，Docker可以為替軟體供應鏈[2]帶來很多好處，包括軟體的開發、測試、發布、部署和執行。以下將列舉一些Docker可以帶來的優點。Docker可以簡化軟體開發的生命週期，大大縮短應用程式的發布時間。使用Docker，開發人員可以在本地建置應用程式，將應用程式、所需環境與套件打包到一個或多個映像檔中，然後將這些映像檔發布到測試環境中，以便進行自動化或手動測試。在發現錯誤時，開發人員可以修復應用程式，並在開發環境中更新和打包應用程式映像檔。然後，開發人員可以將更新後的映像檔重新部署到測試環境中進行測試和驗證。當測試完成後，開發人員可以快速地將更新後的映像檔推送到生產環境中運行。

　　此外，Docker提升了應用程式的可移植性和可擴展性。基於Docker容器的應用程式可以運行在各種安裝有Docker環境的主機上，如筆電、桌上型電腦、實體伺服器、虛擬機和雲端。使用輕量級虛擬化技術，Docker可以根據需求，快速、動態地增加或減少容器化應用程式的副本數量。此外，一個Docker主機可以同時運行多個容器化應用程式，每個應用程式都與其他應用程式相互隔離。而且，我們還能限制每個容器可以使用的CPU和記憶體等資源。容器化應用程式的資源消耗可以忽略不計，因此其性能接近本機應用程式[3]。所以，跟傳統虛擬機相比，使用Docker容器技術來運行應用程式可以提高運算資源的使用率。

　　圖5.1分別比較了運行在實體伺服器[4]上的虛擬機(左側)和Docker容器(右側)。虛擬機是一種硬體級的虛擬化技術，使用虛擬機器監視器(Hypervisor)抽象底層硬體。Hypervisor (如VMware vSphere、Microsoft Hyper-V和Citrix Xen)是允許多個作業系統共享同一個硬體伺服器的應用程式。在Hypervisor之上，我們可以創建多台虛擬機，每台虛擬機都可以安裝作業系統(OS)，例如Linux或Windows。然後，在作業系統之上，我們可以安裝帶有相依性套件的應用程式(App)，例如二進制程式碼和函式庫(Bins/Libs)。相比之下，Docker容器是一種作業系統層級的虛擬化技術，使用Docker抽象底層伺服器的作業系統。在Docker之上，我們可以創建和運行許多容器，每個容器都可以執行該應用程式以及其相依性套件。

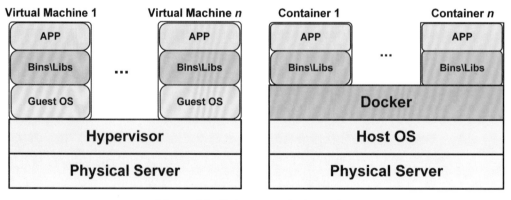

圖 5.1 虛擬機和Docker容器的比較

　　Docker執行環境也可以安裝在虛擬機上，如圖5.2所示。換句話說，Docker容器可以與虛擬機協同工作。因此，Docker主機可以是實體機，也可以是虛擬機。

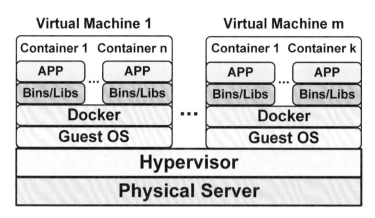

圖 5.2 Docker容器運行在虛擬機上的示意圖

在表5.1我們列舉了一些Docker容器和虛擬機[4]的差別。首先，一個Linux Docker容器的大小範圍從幾個MB (Alpine OS映像檔大約5 MB)到幾百MB (Ubuntu OS映像檔大約188 MB)。但是，Linux虛擬機映像檔就比容器映像檔大得多，大約都是幾GB (Ubuntu 18.04 VMware映像檔大約為3.7 GB)。其次，Docker容器的啟動時間是以秒為單位，而虛擬機需要幾分鐘才能啟動。第三，Docker實現作業系統層級的虛擬化，應用程式之間是透過容器彼此隔離。相反的，虛擬機是硬體層級的虛擬化，是藉由作業系統做隔離。第四，相較於虛擬機，Docker容器需要的資源更少，且可以運行在資源有限的邊緣設備上。相反的，虛擬機需要的資源就比較多，虛擬機也不能在資源有限的邊緣設備上運行。第五，Docker容器適合以隔離的方式打包和發布應用程式及其相依套件。虛擬機則是在IaaS (Infrastructure as a Service)中實現機器虛擬化。

與虛擬機不同的是，容器的生命週期很短。虛擬機的壽命很長，可以提供運算資源來運行各種應用程式和服務。相對，容器可能在創建後不久就損壞，所以手動管理容器是行不通的。因此，我們需要一個自動管理容器的系統，即容器調度器(Orchestrator) [5]。容器調度器能夠檢查容器健康狀態和就緒狀態，並提供容器自我修復能力。容器調度器可以持續監視容器，並自動創建新容器以替換當機或故障的容器。此外，一個應用程式可以包含多個服務，每個服務都運行在一個容器中。這些容器可以運行在一個節點或不同的叢集節點上，而這些容器彼此可以溝通。因此，容器調度器應該為叢集內的容器提供服務查找功能，以便它們相互通訊，並讓外界可以存取這些容器。

　　根據工作負載的變化，特定應用程式所需要的容器數量可能會隨著需求增加或減少。因此，容器調度器應該包含自動縮放功能，以便隨著需求增加或減少容器副本(Replica)的數量。此外，為了提高應用程式的反應能力，和可用性，容器調度器就需要藉由負載平衡(Load Balancing)的功能，針對工作負載，將輸入的請求平均地分派到容器的副本中，這樣單個容器副本就不會承受太多工作負載。例如，基於輪循(Round-Robin)演算法的負載平衡器就可以將輸入的請求依序地從第一個容器副本分派到最後一個容器副本。以此類推，再回到列表中的第一個容器副本。

表 5.1 容器和虛擬機之間的差異比較

	Docker容器	傳統虛擬機
部署單位	容器	虛擬機
映像檔大小	Linux Docker容器映像檔大小約從幾MB到幾百MB。例如Alpine的容器映像檔約為8 MB，而Ubuntu的容器映檔則約為188 MB	Linux虛擬機的映像檔通常是好幾GB，例如Ubuntu 18.04的VMware映像檔就大概是3.7 GB
啟動時間	秒等級	分鐘等級
虛擬化的隔離層級	作業系統(OS)層級虛擬化，應用程式間的隔離	硬體層級虛擬化，作業系統間的隔離
所需的運算資源	• 需要較少的運算資源 • 可以在資源受限的邊緣運算裝置上執行	• 需要較多的運算資源 • 不可以在資源受限的邊緣運算裝置上執行
適合的應用場景	以隔離的方式封裝、發布、執行應用程式及其相依性套件	以虛擬機的方式在基礎設施即服務(IaaS)運行

　　此外，故障轉移也是運行容器化應用程式的內建優勢。容器化應用程式可以藉由自我修復和負載平衡功能在一組容器副本裡實現故障轉移。當在節點上運行的容器副本故障時，容器調度器必須能夠偵測到此事件，然後立即在另一個節點上創建一個新的容器副本來替換它。當新創建的容器副本在加入原本的容器副本後，就必須根據負載平衡規則中承擔其應該有的工作負載。一個節點可以同時運行多個容器，而當其中一個容器就消耗了大部分的可用資源，如CPU和記憶體，就會導致其他容器無法獲得充足的資源。因此，為了避免發生這種問題，容器調度器就必須限制每個容器可以消耗的資源。安全性議題在應用程式是非常重要

的，在容器化應用程式也不例外。因此，容器調度器必須確保在所管控的容器化應用程式的安全性。安全保護包含核心層級安全、主機層級安全、容器映像檔安全、運行容器的安全、容器引擎的安全等等。

簡而言之，容器化應用程式的管理涉及很多任務，包括上述的健康檢查、就緒檢查、自我修復、通訊、服務發現、自動擴展、故障轉移、資源限制和安全措施等。因此，容器調度器是自動管理和協調容器化應用程式的必備工具[6]。

容器調度器有兩種工作方式：命令式和聲明式。命令式工作方式意味著用戶需要提供完成的管理任務，以及明確的步驟給容器調度器。而聲明式工作方式意味著用戶只需要告訴容器調度器期望的容器運作狀態，接著，容器調度器就會盡其所能完成用戶想要達到的狀態。聲明式容器調度器比命令式容器調度器更為強大。

運行容器的理想狀態包含：創建目標容器所需的映像檔、容器應該有的副本數量、容器可使用的資源限制、附加到容器的數據卷(Volume)、容器對外的埠口等等。容器調度器啟動、運行、並持續監視容器的狀態。假如正在運行的容器當前狀態與一開始設定的理想狀態不一樣時，容器調度器會自動調整並使其達到理想狀態。例如，理想狀態是一個容器有四個副本，後來，其中一個複本因為某種原因故障了。容器調度器就會立即創建一個新副本，並取代故障的副本，讓系統狀態變成跟理想狀態一樣。但如果理想的副本數量調整為三個時，調度服務器就會刪除其中一個副本，讓系統當前狀態滿足理想狀態。

目前，Kubernetes [7]和Docker Swarm [8]是市面上最廣為人知的兩個容器調度器。Kubernetes是一個開源的容器調度工具。Kubernetes最初是由Google開發的，並捐贈於雲端原生運算基金會(Cloud Native Computing Foundation, CNCF) [9]。在靈活性和能力方面，Kubernetes是較優於Docker Swarm [10,11]。Kubernetes是專門為了大規模可延展的系統所設計的，可以藉由容器執行環境介面(Container Runtime Interface, CRI)支援不同的容器執行環境，如Docker、CRI-O [12]和containerd [13]等。Kubernetes的容器管理功能包括容器的部署、運行、監控、縮放和負載平衡。Kubernetes同時支援Linux和Windows容器。相對，Docker Swarm (SwarmKit)是Docker引擎的其中一部分。當一台Docker主機安裝完成後，便內建擁有Docker Swarm。Docker在設計SwarmKit時同時考量易使用和安全性，僅需透過"Docker Swarm init"命令便能建立一個Docker Swarm叢集的Leader節點，而"Docker Swarm join"命令則可加入後續worker節點。Docker Swarm也同時支援Linux和Windows容器。Docker Swarm是目前第二流行的容器調度工具。

本章將介紹Docker和Kubernetes的基本原理，作為第6、7和9章的基礎。在5.2節將介紹Docker，包括它的架構、操作原理和應用。然後，在5.3節將介紹Kubernetes的架構、操作原理和應用程式。最後，5.4節是本章的結論。

5.2 Docker基本原理

本節將介紹Docker的基本原理。在第5.2.1節中，我們描述了Docker的架構。Docker的工作原理介紹請參見第5.2.2。第5.2.3節展示了一些Docker的應用案例。

5.2.1 Docker架構

Docker可以運行Linux和Windows容器。在本小節中，我們將從架構的角度來描述Docker相關的基本概念，包括Docker引擎(Engine)、Docker高階模擬架構、Linux Docker主機架構、Windows Docker主機架構、Windows Server Container架構與Hyper-V容器架構。

5.2.1.1 Docker引擎

在實體或虛擬機安裝Docker後，就表示我們創建了一個Docker主機，其中包含Docker引擎(Engine) [14]。如圖5.3所示，Docker引擎由三個元件組：Docker Daemon、Docker REST API和Docker CLI，每個元件的說明如下：

- Docker Daemon是Docker引擎的伺服端元件，它可以管理Docker映像檔、容器、數據卷(Volumes)和網路。Docker Daemon是一個後台程序，Docker Daemon會持續監聽來自Docker REST API的請求並處理它們。

- Docker REST API是客戶端與Docker Daemon溝通的RESTful介面。可以透過Docker CLI或HTTP存取。

- Docker CLI是一個客戶端命令行介面(Command-Line Interface, CLI)，可以讓客戶端透過Docker REST API與Docker Daemon進行互動。客戶端輸入Docker命令就可與Docker Daemon溝通，以及管理Docker物件，如映像檔、容器、數據卷(Volumes)、網路等。

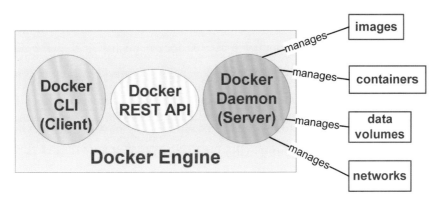

圖 5.3 Docker引擎(Engine)所包含的元件

5.2.1.2 Docker高階模擬架構

　　Docker採用主從式(Client-Server)架構。圖5.4為Docker高階模擬架構[14]及其工作流程。Docker主機包括Docker CLI、Docker REST API和Docker Daemon。Docker CLI是一個客戶端，主要負責接收用戶輸入的Docker命令(docker build、docker run、docker pull)，再透過Docker REST API將Docker命令發送到伺服器端(Docker Daemon)。Docker CLI預設是會和同一個Docker主機上的Docker Daemon進行互動。Docker CLI當然也可以和配置在遠端Docker主機上的Docker Daemon通訊。Docker Daemon負責管理Docker物件，如映像檔、容器、數據卷(Volumes)、網路和擴充套件等。

　　映像檔是用來創建Docker容器的模板。映像檔通常由許多唯讀層所組合而成，可以用來打包我們想要的應用程式及相依性套件。映像檔通常是基於另一個映像檔以及一些自定義檔所建構而成。例如，我們可以使用官方的Ubuntu映像檔作為基礎映像檔，並在其上安裝Apache web伺服器，以及我們想要的應用程式和所需的相依性套件，最後將上述所有元件再封裝成一個新的映像檔。容器(Container)是映像檔的執行實例(Instance)。我們可以透過Docker CLI發送命令來創建、運行、停止或刪除容器。一個容器可以連接到一個或多個網路，藉此和其他容器通訊。當容器被刪除的時候，先前對該容器所做的任何更動都會一併消失。因此，為了讓容器可以保存永久的數據，我們就要為該容器掛載一個或多個數據卷(Data Volumes)。

　　映像檔登記庫(Registry)是用來儲存和管理Docker映像檔。我們可以在映像檔登記庫上創建多個映像檔儲存庫(Repository)，並使用不同的標記(Tag)來存放各種不同版本的應用程式映像檔。docker run或者docker pull命令可以將一個映像檔從一個映像檔登記庫下載到Docker主機，而docker push命令可以將一個映像檔從一個docker主機上傳到一個映像檔登記庫。Docker Hub [15]是一個公有的映像檔登記庫，Docker預設會從Docker Hub搜尋映像。其他公有的映像檔登記庫包括Microsoft Container Registry (MCR) [16]、Google Container Registry (GCR) [17]和Amazon Elastic Container Registry (ECR) [18]。我們也可以架設和維運私有的映像檔登記庫。

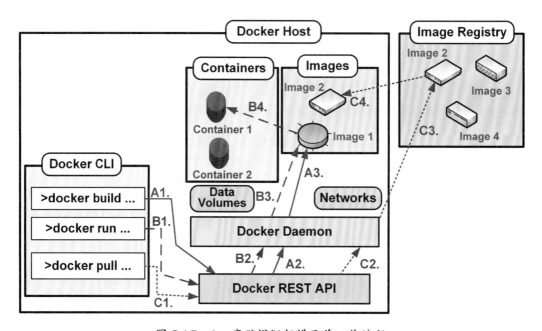

圖 5.4 Docker高階模擬架構及其工作流程

圖5.4包含三個工作流：

- **建立映像檔工作流程**

　　步驟A1：在Docker CLI中輸入建立映像檔的docker build命令，建置的詳細描述存放在Dockerfile檔案中，接著Dockerfile被傳送到Docker REST API。

　　步驟A2：Docker REST API將Dockerfile檔傳送到Docker Daemon。

　　步驟A3：Docker Daemon按照Dockerfile的內容建立映像檔(如Image 1)，並將其儲存在本機暫存檔中。

- **將本機映像檔轉換成執行實例容器**

步驟B1：在Docker CLI輸入docker run命令，然後將命令傳送到Docker REST API。

步驟B2：Docker REST API將docker run命令發送給Docker Daemon。

步驟B3和B4：Docker Daemon在本機建置映像檔(如Image 1)，並將其運行成一個映像檔實例，也就是一個容器(如Container 1)。如果本機內不存在指定的映像檔，那也可以從映像檔登記庫將其下載回本機端。

- **從映像檔登記庫下載映像檔的工作流程**

步驟C1：在Docker CLI中輸入docker pull命令，然後將docker pull命令發送到Docker REST API。

步驟C2：Docker REST API將docker pull命令傳送到Docker Daemon。

步驟C3和C4：Docker Daemon向映像檔登記庫發送一個請求命令，將指定的映像檔(如Image 2)拉回到本機端暫存。

5.2.1.3 Linux Docker主機架構

圖5.5為Linux Docker主機[19]的架構元件圖，它由三個部分組成：底層是Linux作業系統，中間層則容器執行環境，最上層是Docker引擎。

藉由Linux作業系統提供的命名空間(Namespaces)、控制群組(Control Groups)、層功能(Layer Capabilities)等功能實現容器技術。Linux的核心(Kernel)命名空間，如程序(Process) ID命名空間和網路命名空間，讓Docker可以隔離每個容器中運行的程序。控制群組允許Docker能夠限制CPU和記憶體等運算資源。層功能(Layer Capabilities)讓Docker可以在容器中建構一個虛擬檔案系統(也就是映像檔)，而這個映像是由多個層(Layer)組合而成。容器執行環境(Runtime)以特定的方式使用上述功能。

容器執行環境負責管理每個容器的生命週期。它可以從映像檔登記庫下載映像檔，並利用該映像檔創建並運行容器。它還可以停止一個正在運行的容器，並從Docker主機上刪除該容器。Linux Docker主機上的容器執行環境是由containerd和runc組成。runc提供容器執行環境所需的底層功能，而containerd則是基於runc提供上層功能。

　　Docker引擎在容器執行環境之上提供了額外的功能，例如跟容器執行環境
(containerd)通訊的函式庫、網路函式庫，以及支援附加套件。Docker引擎還包含
Docker Daemon和Docker REST API，允許使用者與Docker引擎進行互動；反過來
也可以讓Docker引擎和containerd通訊並要求runc運行容器。Docker引擎的最上層
是Docker CLI，以及Docker Compose和Docker Swarm等Docker運作工具。

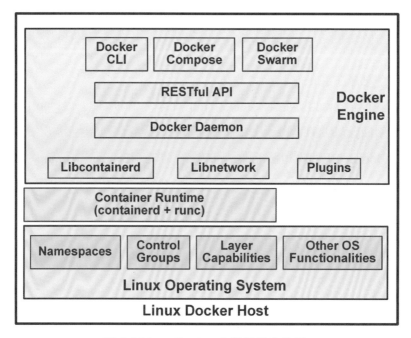

圖 5.5 Linux Docker主機架構元件圖

5.2.1.4　Windows Docker主機架構

　　圖5.6為一個Windows Docker主機[19]架構元件圖。就Docker引擎的元件而
言，它看起來和Linux Docker主機的架構是一樣的。然而，在Windows平台上沒有
containerd和runc的概念。從Windows Server 2016開始，微軟在作業系統層級引入
了"Compute Services"層，提供了一個管理容器(如啟動和停止容器)的公共介面。
Compute Services抽象了Windows作業系統提供的底層功能，如命名空間、控制群
組和層功能。透過這種方式，Windows可以在不改變Compute Services API的前提
下，就可以藉由改變底層API來強化容器管理能力，且這些Compute Services API
可以被Docker引擎叫用。

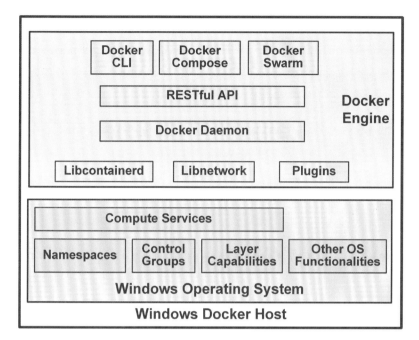

圖5.6 Windows Docker主機架構元件圖

5.2.1.5　Windows Server Container架構

　　Windows作業系統與Linux作業系統非常不同。在Windows作業系統中，有兩種模式：用戶模式和核心模式。處理器會根據它運行的程式碼在這兩種模式之間不斷切換。在核心模式下運行的程式碼可以直接存取底層硬體，並與作業系統和其他核心驅動應用程式共享相同的記體位址空間。因此，在核心模式下運行程式碼是有風險的，因為如果出現錯誤，它可能會導致整個作業系統故障。反之，在用戶模式下運行的應用程式有它自己的私有虛擬位址空間，應用程式不能更改屬於另一個應用程式的數據，因此，當一個應用程式發生故障時，則此故障僅限於該應用程式本身，不會影響到其他的應用程式。另外，在用戶模式下運行的處理器也不能直接存取為作業系統保留的虛擬記憶體位址。

　　圖5.7是Windows Server Container (WSC) [20]的架構。Docker引擎和Compute Services等容器管理元件是以用戶模式運行在Windows Docker主機上，WSC也是以用戶模式運行，並共享Windows作業系統核心。然而，Windows作業系統是高度整合的，並透過DLL公開其API，DLL與運行中的作業系統服務緊密耦合，而這些服務又與其他服務和DLL相關聯。雖然WSC可以共享Windows作業系統核心，但

運行在WSC中的應用程式不能完全隔離系統服務和DLL。因此，每個WSC都不可避免地需要一份必要的系統服務和作業系統DLL副本來調用Windows API。這就是為什麼除了應用程式的程序之外，每個WSC還包含一組系統程序(稱為Base OS)的原因，如圖5.7所示。

上述WSCs的設計對其可移植性產生了不利影響。WSCs不能運行在不同版本的Windows上。例如，如果我們想在Windows Server 2016上運行WSC，我們必須基於Windows Server 2016 base OS映像檔建構容器映像檔。如果Windows主機作業系統是Nano Server，我們只能在該主機上運行基於Nano Server base OS映像檔的WSCs。因為每個WSC必須包含一個基本作業系統，所以Windows應用程式映像檔大小平均來說比Linux應用程式映像檔還大。

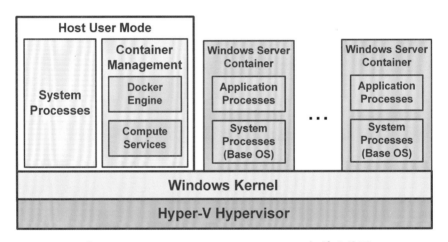

圖 5.7 Windows Server Container (WSC)架構元件圖

5.2.1.6 Hyper-V容器架構

為了解決WSCs的局限性，微軟導入一種新的容器隔離類型，它使用Hyper-V虛擬化技術來運行容器映像檔。圖5.8為Hyper-V容器架構元件圖[20]。每個Hyper-V容器運行在它的虛擬機上，它有自己的Windows核心。因為Hyper-V容器不需要共享的作業系統核心，所以容器的作業系統不再需要跟主機作業系統採用相同的Windows版本。不過，Hyper-V容器需要支援巢狀虛擬化。

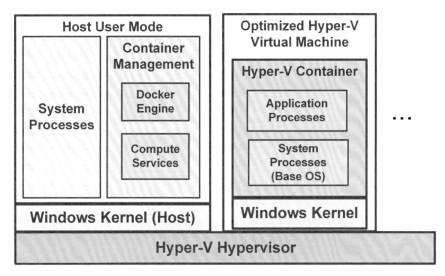

圖 5.8 Hyper-V容器架構元件圖

5.2.2　Docker運作原理

本節將介紹Docker的運作原理，包括Docker映像檔(Image)、Dockerfile、Docker容器(Container)、容器網路模型(Container Network Model)、Docker網路(Networking)。

5.2.2.1　Docker映像檔

Docker映像檔[21]是創建Docker容器的模板。它類似於用以建立虛擬機的虛擬機映像檔。但是，一個虛擬機映像檔是一個容量較大的檔案，而Docker映像檔則是由多個唯讀層[22]所組合而成的。通常，我們使用Dockerfile來建立映像檔，Dockerfile中的每條指令都會在映像檔中生成一個唯讀層。圖5.9就是一個包含n層的Docker容器映像檔的細部結構剖析圖。Docker是使用aufs和overlay2等儲存驅動(Storage Drivers) [23]來建立映像檔。映像檔是一層一層堆疊起來的，上一層與其下面那層只有些微的不同。

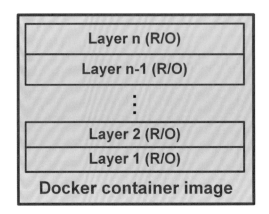

圖 5.9 Docker容器映像檔的細部結構剖析圖

5.2.2.2 Dockerfile

Dockerfile是一個純文字檔，在裡面包含了一些要求Docker建立一個客製化映像檔的關鍵字與指令。下面介紹Dockerfile [24]中常用指令：

• FROM

FROM指令是初始化一個新的建立映像檔的階段，並為後續指令設定基礎映像檔(Base Image)。因此，一個有效的Dockerfile必須從FROM指令開始。

• WORKDIR

WORKDIR指令是用來指定Docker容器的工作目錄。它允許在指定的工作目錄中執行複製(COPY)、運行(RUN)或CMD等指令。

• 複製(COPY)

COPY指令將檔案從主機(建構Docker映像檔的機器)上的特定位置複製到Docker映像檔中指定的目標位置。

• 運行(RUN)

RUN是在Docker映像檔中執行命令的指令。RUN會在建立映像檔的時候運行一次，然後再將運行後的結果當成是新的一個層(Layer)，再寫入Docker映像檔中。

• CMD

CMD指令定義容器的預設的命令或參數。一般來說，CMD指令是用在設定一個預設的命令，該命令允許用戶在開始運行容器時覆寫它。如果一個Dockerfile有多個CMD指令，它只會套用最後一個CMD指令。

- ENV

ENV指令是用來幫Docker映像檔設定環境變數。在生成的映像檔運行成容器的時候，ENV指令所設定的環境變數就會永久存在。

- EXPOSE

EXPOSE指令告訴Docker容器在運行的時候，要監聽特定的網路埠號，以便和外界進行通訊。

圖5.10為一個Dockerfile的範例，其中包含了FROM、RUN、COPY和CMD等四個指令。FROM指令表示要使用最新版的Ubuntu作業系統映像檔作為基礎映像檔。而RUN指令則是安裝Python。COPY指令是將應用程式(hello.py)從本機端的當前目錄複製到容器中。CMD指令是為啟動命令(即python /hello.py)。

```
# use ubuntu:latest as the base OS image
FROM ubuntu:latest
# install python
RUN apt-get update && apt-get install -y python
# copy the app from the host into the container
COPY hello.py /hello.py
# set starting command for the container
CMD ["python","/hello.py"]
```

圖 5.10 Dockerfile範例

透過下面的docker命令，就可根據圖5.10的Dockerfile建立一個名為pythonapp:latest的客製化映像檔(在第5.2.3節將展示更多的docker命令)。

docker image build-t pythonapp:latest.

其中"-t"是為將此命令所建構的映像檔加上一個名為pythonapp:latest的標記，而路徑"."是告訴Docker使用當前目錄中的Dockfile。圖5.11是範例圖5.10的映像檔建立過程。在本範例中，當前目錄是build_pythonapp，目錄中有Dockerfile和hello.py兩個檔案。值得注意的是，因為圖5.10的Dockerfile中有四條指令，所以在整個映像檔建立過程中有四個相應的步驟。此外，如果每一步所建立的層已經存在本機端的暫存中，那Docker就會直接使用它。例如，步驟2就是直接使用本機端的暫存，因此不需要再次創建該層。

```
mhhung@imrc-host1:~/build_pythonapp$ ls
Dockerfile  hello.py
mhhung@imrc-host1:~/build_pythonapp$ docker image build -t pythonapp:latest .
Sending build context to Docker daemon  3.072kB
Step 1/4 : FROM ubuntu:latest
 ---> 9140108b62dc
Step 2/4 : RUN apt-get update && apt-get install -y python
 ---> Using cache
 ---> 4d54c3e75a3b
Step 3/4 : COPY hello.py /hello.py
 ---> Using cache
 ---> 8be88281b298
Step 4/4 : CMD ["python","/hello.py"]
 ---> Using cache
 ---> 08bed6b197a4
Successfully built 08bed6b197a4
Successfully tagged pythonapp:latest
```

圖 5.11 建立映像檔的步驟

透過下面的docker命令，就可以檢查映像檔的歷史記錄：

docker image history <image name>

圖5.12顯示了使用範例圖5.10的Dockerfile所建立的pythonapp:last映像檔的歷史記錄。底部的五層是由From指令所建立，要求Docker使用ubuntu:last映像檔作為基礎映像檔。在這些層之上是由RUN指令所建立的層。而在更上一層則是COPY指令所建立的層。最後，用CMD指令創立頂層。由此圖可以得知，Docker映像檔是由多層所組合成的。

```
mhhung@imrc-host1:~/build_pythonapp$ docker image history pythonapp
                    IMAGE          CREATED       CREATED BY                                      SIZE
layer from the      08bed6b197a4   2 days ago    /bin/sh -c #(nop)  CMD ["python" "/hello.py"]   0B
CMD instruction
layer from the      8be88281b298   2 days ago    /bin/sh -c #(nop) COPY file:3f8a14a336efe96f…   21B
COPY Instruction
layer from the      4d54c3e75a3b   2 days ago    /bin/sh -c apt-get update && apt-get install…   60.1MB
RUN instruction     9140108b62dc   10 days ago   /bin/sh -c #(nop)  CMD ["/bin/bash"]            0B
layers from         <missing>      10 days ago   /bin/sh -c mkdir -p /run/systemd && echo 'do…   7B
ubuntu base         <missing>      10 days ago   /bin/sh -c [ -z "$(apt-get indextargets)" ]     0B
OS image            <missing>      10 days ago   /bin/sh -c set -xe   && echo '#!/bin/sh' > /…   811B
                    <missing>      10 days ago   /bin/sh -c #(nop) ADD file:da80f59399481ffc3…   72.9MB
```

圖 5.12 pythonapp:latest映像檔的歷史記錄

使用下列Docker命令就可以查看本機上已存在的映像檔資訊。

docker images

從圖5.13可知，pythonapp:latest映像檔的大小是133 MB，而ubuntu:latest作業系統映像檔的大小是72.9 MB。值得注意的是，pythonapp:latest映像檔是包含或共享ubuntu:latest映像檔。所以pythonapp:latest映像檔是比ubuntu:latest映像檔增加了60.1 MB。

```
mhhung@imrc-host1:~/build_pythonapp$ docker images
REPOSITORY          TAG          IMAGE ID          CREATED          SIZE
pythonapp           latest       08bed6b197a4      2 days ago       133MB
ubuntu              latest       9140108b62dc      10 days ago      72.9MB
```

圖 5.13 兩個Linux容器映像檔大小資訊

- **建立Linux應用程式映像檔的範例**

以下將展示使用另一個Dockerfile來建立Linux應用程式映像檔，以及其所生成的映像檔堆疊層。圖5.14為建立Linux Web應用程式映像檔的Dockerfile。我們可以從Dockerfile中的註解知道每個指令的意義。圖5.15是利用圖5.14的Dockerfile所產生的映像檔結構剖析圖。從圖5.15可知，此映像檔的底層是使用ubuntu:18.04作為基礎映像檔，而在中間層則是安裝Nginx Web伺服器，最上層是透過複製Web應用程式檔案、對外埠口和定義啟動命令所產生的。

```
# use ubuntu:18.04 as the base OS image
FROM ubuntu:18.04
# Instructions for installing nginx web server
RUN apt update && apt install -y nginx ...


# Instructions for coping files of the web app


# Expose Ports for the web app
EXPOSE 80 443
# define the starting command for the container
CMD ["./start.sh"]
```

圖 5.14 建構Linux容器映像檔的Dockerfile簡例

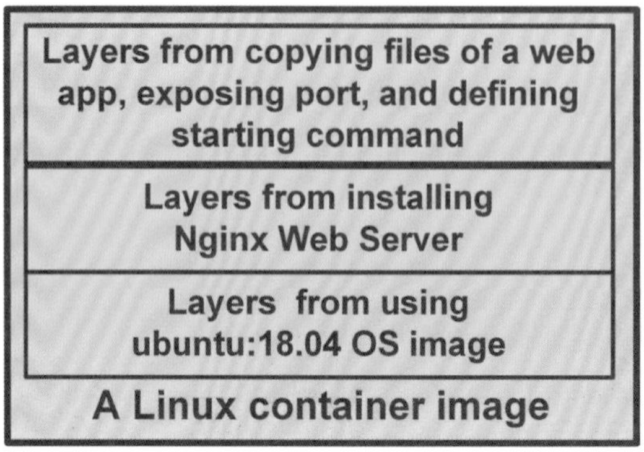

┌─────────────────────────────────────┐
│ **Layers from copying files of a web** │
│ **app, exposing port, and defining** │
│ **starting command** │
├─────────────────────────────────────┤
│ **Layers from installing** │
│ **Nginx Web Server** │
├─────────────────────────────────────┤
│ **Layers from using** │
│ **ubuntu:18.04 OS image** │
├─────────────────────────────────────┤
│ **A Linux container image** │
└─────────────────────────────────────┘

圖 5.15 利用圖5.14的Dockerfile所建立的Linux容器映像檔堆疊架構剖析圖

- **建立Windows應用程式映像檔的範例**

　　圖5.16是一個用來建立Windows Web應用程式映像檔的Dockerfile範例。我們可以從圖5.16的Dockerfile註解知道每個指令的意義。圖5.17是利用圖5.16的Dockerfile所產生的映像檔結構剖析圖。最後產生的映像檔會包含下列幾層：底層使用servercore:ltsc2019的基礎映像檔，中間層則是安裝IIS Web伺服器和.net Framework，最上層透過複製Web應用程式檔案、對外埠口和定義啟動命令所產生的層。

```
# escape=`
# use servercore:ltsc2019 as the base OS image
FROM mcr.microsoft.com/windows/servercore:ltsc2019
# Instructions for installing IIS web server and .NET Framework
RUN powershell -Command `
    Add-WindowsFeature Web-Server; `
    ...
# Instructions for coping files of the web app

# Expose Port for the web app
EXPOSE 80
# define the starting command for the container
CMD ["./start.ps1"]
```

圖 5.16 建構Windows容器映像檔的Dockerfile簡例

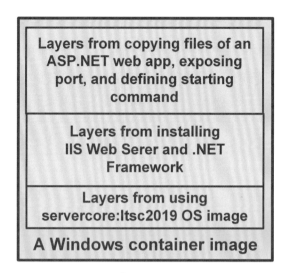

圖 5.17 利用圖5.16的Dockerfile所建立的Windows容器映像檔堆疊架構剖析圖

5.2.2.3 Docker容器

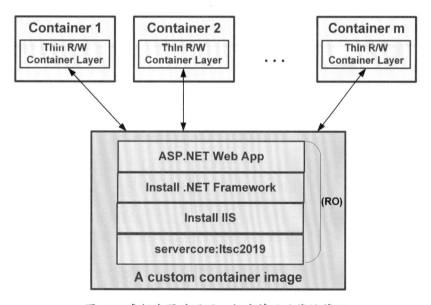

圖 5.18 多個容器共用同一個唯讀的映像檔範例

　　Docker映像檔和Docker容器是緊密相關的。它們之間的主要區別是,映像檔內封裝了所需的應用程式及其相依性套件,映像檔可以當作建立容器的模板。相反的,容器是映像檔的執行實例。也就是說,容器是從映像檔建立的,而同一個映像檔可以用來建立多個共享相同映像檔的容器。圖5.18就是多個容器共用同一個唯讀的映像檔範例。當從映像檔建立容器時，會在共享的映像檔上層再添加一個可讀寫的容器層，就樣就會讓映像檔變成容器[25]。因此，每個容器都有自己的可讀寫容器層，所有的變動都會儲存在這個容器層當中。因此，儘管多個容器共享相同的底層映像檔，但它們仍然可以擁有自己的數據狀態。

5.2.2.4　容器網路模型

　　容器網路模型(CNM) [26,27]是一個開源的容器網路規範，它形式化的為容器提供網路所需的步驟，同時提供了一個抽象化的可支援多個網路驅動的應用程式。圖5.19為Linux容器[28]的CNM架構。在CNM裡有IPAM (IP Address Management)驅動和網路驅動等介面。IPAM套件API可以用來執行與容器IP相關的任務，例如分配或釋放容器IP位址，以及建立或刪除容器的IP位址集合。網路插件API則是可以用來執行與容器網路相關的任務，例如創建或刪除網路，在網路中添加或刪除容器。Libnetwork [26]是一個開源函式庫，讓Docker可以實現了CNM中的所有關鍵概念。

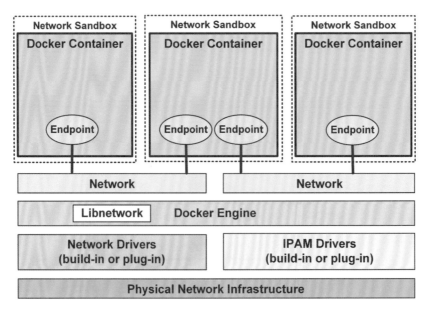

圖5.19 Linux容器的容器網路模型架構

　　CNM基於以下五個物件[26,27]：網路控制器(NetworkController)、網路驅動(Network Driver)、網路(Network)、沙盒(Sandbox)和端點(Endpoint)：

- 網路控制器提供了進入Libnetwork的入口點，並透過簡單的API讓Docker引擎管理網路。因為Libnetwork支援多個網路驅動，所以網路控制器允許用戶將特定的驅動附加到目標網路上。

- 網路驅動負責管理網路。Docker可以引用多個網路驅動，藉此滿足各種容器網路場景。

- 網路提供一組端點之間的連線，而這些端點屬於同一網路且可以直接相互通訊，也同時隔離其他網路的端點。

- 沙盒包含容器的介面(如IP-address和MAC-address)、路由表和DNS等網路設置。一個沙盒可以有許多連接到不同網路的端點。

- 透過端點可以讓在同一個網路下的容器對外服務可以彼此相互連接，沙盒可以透過端點連接到網路上。一個端點只能屬於一個網路。

5.2.2.5 Docker網路

　　Docker可以使用多種網路驅動來實現容器網路，如橋接(Bridge)、主機(Host)、無(None)和覆蓋(Overlay)等網路驅動[28-30]。前三個網路驅動用於單一台主機的網路模式，而覆蓋(Overlay)網路則是用在多台主機的網路模式。每一種型態的容器網路架構如下所示。

- **橋接(Bridge)網路**

　　橋接網路利用Docker主機上的軟體橋接讓容器對外連接。連接在同一橋接網路的容器可以相互溝通。Docker橋接驅動會自動在主機上設定相應的網路規則(如iptables、網路命名空間等)，讓容器網路可以正常運作。單一台主機上的所有容器，都是透過橋接網路讓彼此溝通。而若是要讓多個Docker主機上的容器能夠相互溝通，就應該使用overlay網路。

　　圖5.20為橋接網路的架構示意圖。在主機上安裝Docker後，Docker會創建一個名為docker0的軟體橋接網路，作為預設的容器橋接網路。我們也可以創建一個用戶自定義的橋接網路。因此，從圖5.20可知，容器1和容器2可以透過docker0通訊，但是容器1不能跟容器3通訊，因為它們連接在不同的橋接網路上。外部可以使用端口映射存取Docker主機上的容器。例如，將主機端口8080映射到容器2的80端口，我們就可以使用Docker主機的IP位址和8080端口存取運行在容器2中的Web應用程式。

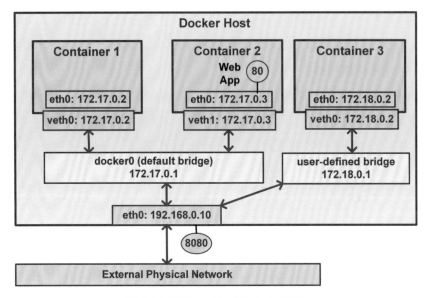

圖 5.20 橋接(Bridge)網路的架構

- **主機(Host)網路**

　　主機(Host)網路驅動是直接使用Docker主機的網路。它消除了Docker主機與架設在Docker主機上的Docker容器兩者間的網路隔離。因此,如果是使用主機網路,我們就不能讓多個Web容器運行在Docker主機的同一個網路埠口上,因為該埠是主機網路中所有容器的公用埠口。如果我們對一個容器使用主機網路模式,那麼這個容器的網路堆疊就不會與Docker主機隔離。容器共享主機的網路命名空間,且不擁有容器自己的IP位址。

　　圖5.21是主機網路的架構圖。從圖5.21可知,容器1和容器2的IP位址與Docker主機的IP位址相同。如果我們使用主機網路並運行一個綁定到埠號為80的容器,那麼這個容器的應用程式就可以透過Docker主機IP位址上的80埠來存取。因為主機網路不需要轉換(NAT)每個埠口的網路位址,所以通常在容器需要處理大量埠口的情況下,我們會選擇使用主機網路來有效地優化容器性能。主機網路驅動只適用於Linux Docker主機。

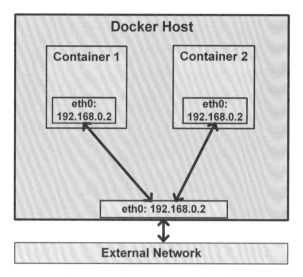

圖 5.21 主機(Host)網路的架構圖

- **無(None)網路**

在無網路模式下,容器不會連接到任何網路,也不能存取外部網路或其他容器,如圖5.22所示。因此,當需要完全禁用容器上的網路堆疊時,可以使用無網路模式。

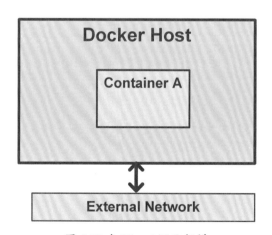

圖 5.22 無(None)網路架構

- **覆蓋(Overlay)網路**

覆蓋(Overlay)網路可以創建一個橫跨一個叢集內所有節點的內部網路。覆蓋網路可以允許叢集中不同Docker主機上的兩個容器可以互相通訊。圖5.23為覆蓋網路架構，覆蓋網路跨越三個Docker主機，使得不同Docker主機上的容器1、2和3可以透過覆蓋網路相互通訊。覆蓋網路不需要在這些容器之間進行作業系統級別的路由。

　　Docker的覆蓋網路驅動大大簡化了多主機間網路建立的複雜度。使用覆蓋驅動，在Docker內部不需要安裝額外的套件，就可以建立多主機網路。覆蓋驅動包含IPAM、服務探索、多主機連線，以及加密等內建功能。覆蓋驅動利用虛擬局域網擴展(Virtual Extensible LAN, VXLAN)封裝數據，以及容器網路與底層實體網路間的解耦(Decoupling)。

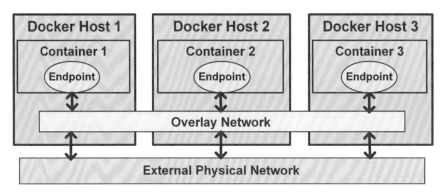

圖 5.23 覆蓋(Overlay)網路架構

• Windows容器的容器網路模型(Container Network Model)

　　就網路而言，Windows容器的功能類似於虛擬機。每個容器都有一個用來連接Hyper-V虛擬交換機(vSwitch)的虛擬網路介面控制卡(Virtual Network Interface Card, vNIC)。Windows支援幾種不同的Docker容器的網路模式，如NAT、Overlay、Transparent和L2bridge。"NAT"網路是Windows容器的預設網路。當Docker引擎第一次在主機上運行時，它會創建一個預設的NAT網路"nat"，"nat"會使用一個內部的vSwitch和一個名為WinNAT的Windows元件。任何運行在Windows Docker主機上的容器，如果沒有特別的網路配置，那麼這些容器預設就會被連接到"nat"網路。

　　Windows容器的網路與Linux容器的網路非常不同。所以，為了方便管理Windows容器的網路，主機網路服務(Host Network Service, HNS)被發明出來，HNS就將Windows提供的底層容器網路功能抽象化。我們以圖5.24的Windows容器

[31] CNM架構來進一步說明。Docker引擎呼叫Libnetwork，接著Libnetwork又呼叫
HNS提供的API來管理Windows容器網路。HNS就跟Compute Services (詳見圖5.6)
共同建立Windows容器，並將它們的端點連接到網路。

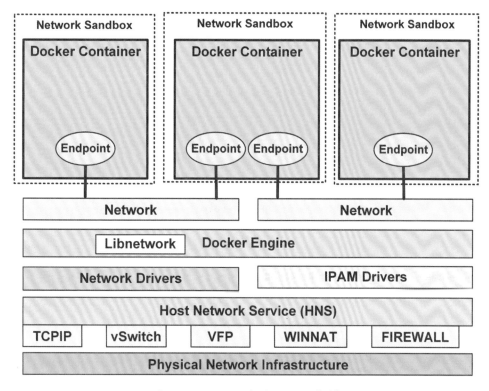

圖5.24 Windows容器的CNM架構

5.2.3　Docker應用案例

　　本節將介紹一些Docker的應用案例。首先，介紹建置、發布和部署Docker容
器的工作流程。接下來，我們描述了如何按照上述工作流程部署一個運行Linux應
用程式的Docker容器。最後，我們展示如何根據工作流程部署一個運行Windows
應用程式的Docker容器。

5.2.3.1　建置、發布和部署Docker容器應用程式的工作流程

　　圖5.25為一個建置、發布和部署Docker容器應用程式的工作流程，共可分成
三個部分：開發端的Docker主機，雲端上有映像檔登記庫(本範例為Docker Hub)，
以及一個生產端的Docker主機。工作流程如下：

步驟1：將基礎映像檔從映像檔登記庫下載到開發端的Docker主機暫存。

步驟2-5：開發人員使用Dockerfile並利用基礎映像檔建立一個客製化應用程式映像檔(例如，映像檔n)，然後在其上添加應用程式及相依性套件(例如，配置檔、程式框架和函式庫等)。

步驟6：新建立的映像檔n會被上傳到雲端的映像檔登記庫中。

步驟7：接著，把映像檔n從雲端上的映像檔登記庫中下載到生產端的Docker主機暫存。

步驟8：在生產端將映像檔n建立並運行成容器n。

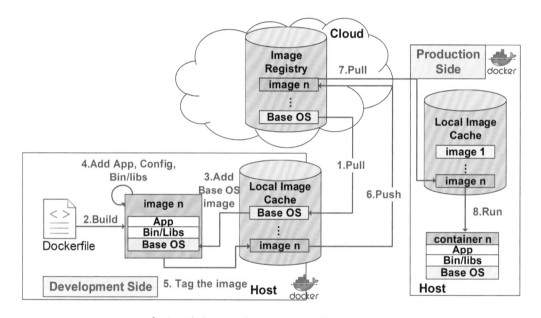

圖 5.25 建置、發布和部署Docker容器應用程式的工作流程

5.2.3.2　部署一個運行Linux應用程式的Docker容器

在這個示範案例中，我們先準備一個如圖5.26的Dockerfile，並用它來建立一個Linux Web應用程式的映像檔。Dockerfile命令Docker使用一個Nginx Web伺服器映像檔作為基礎映像檔，然後將Web應用程式的檔案複製到映像檔中，最後開放容器上的80埠。

```
# use nginx as the base OS image, which includes Ubuntu OS and nginx environment
FROM nginx

# copy the web app from the host into the container
COPY . /usr/share/nginx/html/

# expose the port for web app
EXPOSE 80
```

圖 5.26 建立Linux Web應用程式映像檔的範例Dockerfile

然後，我們使用下面的docker build指令來建立Linux web應用程式映像檔：

docker build .-t example-linux

其中"."表示利用主機當下目錄中的Dockerfile來建立映像檔，然後"-t"是把這個映像檔加上名稱為"example-linux"的標記。圖5.27是建立Linux Web應用程式映像檔的步驟。因為圖5.26的Dockerfile有三個指令，所以圖5.27就會有相對應的三個步驟。

```
administrator@k8s-ubuntu-2:~/example-linux$ docker build  . -t example-linux
Sending build context to Docker daemon  3.072kB
Step 1/3 : FROM nginx
 ---> 7e4d58f0e5f3
Step 2/3 : COPY . /usr/share/nginx/html/
 ---> Using cache                         Steps of building image according to Dockerfile
 ---> 7df05e2370ef
Step 3/3 : EXPOSE 80
 ---> Using cache
 ---> 5c0a243dd242
Successfully built 5c0a243dd242
Successfully tagged example-linux:latest   Image has been successfully built and tagged.
administrator@k8s-ubuntu-2:~/example-linux$
```

圖 5.27 建立Linux Web應用程式映像檔的步驟

接下來，我們利用docker tag指令，重新標記Linux Web應用程式的映像檔名稱，在名稱加入名為"imrc"的Docker hub帳戶資訊：

docker tag example-linux imrc/example-linux

完成上述步驟後，我們可以使用docker push指令，把映像檔從本機暫存上傳到映像檔登記庫中：

docker push imrc/example-linux

其中"imrc"是一個Docker hub帳戶名稱，"example-linux"是用來儲存這個映像
檔的儲存庫(Repository)名稱。也就是說，上述指令會把這個Linux Web應用程式映
像檔上傳到名為"imrc"的Docker Hub帳戶內，並儲存在"example-linux"的映像檔儲
存庫中。

在名稱為k8s-ubuntu-2的Linux docker主機終端機(Terminal)上執行前述兩個
docker指令的結果如圖5.28所示。從圖5.28的訊息可知，Push指令的目標位置是
Docker Hub (即docker.io)上的"imrc/example-linux"映像檔儲存庫。圖5.29是"imrc/
example-linux"映像檔已經放上傳並儲存在Docker Hub上的擷圖。

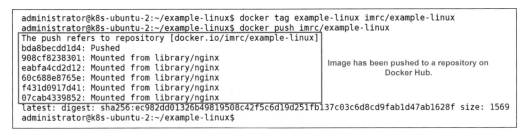

圖 5.28 docker tag和docker push指令執行的結果

圖 5.29 "imrc/example-linux"映像檔已經被儲存在Docker Hub上

之後，我們就可以再使用docker pull指令，把映像檔從登記庫中下載到另一個
Linux docker主機的暫存中：

docker pull imrc/example-linux

在名稱為k8s-slave-ubuntu-1的Linux docker主機上執行docker pull指令的結果
如圖5.30所示。從圖5.30的訊息可知，該映像檔是從Docker Hub上的imrc/example-
linux的映像檔儲存庫，也就是從Docker .io下載下來的。

```
administrator@k8s-slave-ubuntu-1:~$ docker pull imrc/example-linux
Using default tag: latest
latest: Pulling from imrc/example-linux
Digest: sha256:ec982dd01326b49819508c42f5c6d19d251fb137c03c6d8cd9fab1d47ab1628f
Status: Image is up to date for imrc/example-linux:latest    Image has been pulled from a
docker.io/imrc/example-linux:latest                          repository on Docker Hub to
administrator@k8s-slave-ubuntu-1:~$                           another Docker host.
```

圖 **5.30 docker pull**指令執行之結果

現在，我們可以用docker run指令，在k8s-slave-ubuntu-1的Docker主機上運行一個容器：

docker run –p 8080:80 imrc/example-linux

其中"-p 8080:80"表示Docker會把主機的8080埠口映射到容器上的80埠口。圖5.31為在k8s-slave-ubuntu-1的Linux docker主機終端上，執行docker指令的結果。

```
administrator@k8s-slave-ubuntu-1:~$ docker run -p 8080:80 imrc/example-linux
/docker-entrypoint.sh: /docker-entrypoint.d/ is not empty, will attempt to perform configuration
/docker-entrypoint.sh: Looking for shell scripts in /docker-entrypoint.d/
/docker-entrypoint.sh: Launching /docker-entrypoint.d/10-listen-on-ipv6-by-default.sh
10-listen-on-ipv6-by-default.sh: Getting the checksum of /etc/nginx/conf.d/default.conf
10-listen-on-ipv6-by-default.sh: Enabled listen on IPv6 in /etc/nginx/conf.d/default.conf
/docker-entrypoint.sh: Launching /docker-entrypoint.d/20-envsubst-on-templates.sh
/docker-entrypoint.sh: Configuration complete; ready for start up    Run a container from the pulled image.
```

圖 **5.31 docker run**指令執行結果

最後，我們可以在瀏覽器中輸入"localhost:8080"。容器化Linux web應用程式的首頁擷圖如圖5.32所示。

Hello, World!

This is an example of a simple HTML page with one paragraph.

圖 **5.32 容器化Linux Web**應用程式首頁擷圖

5.2.3.3 部署一個運行Windows應用程式的Docker容器

在這個示範案例中，我們先準備一個如圖5.33的Dockerfile，並用它來建立一個Windows Web應用程式的映像檔。Dockerfile命令Docker使用一個aspnet:3.1伺服

器映像檔作為基礎映像檔，然後將Web應用程式的檔案複製到映像檔中，最後把
"dotnet aspnetapp.dll"設定成從映像檔執行容器時的預設命令。

```
# use ASP.NET 3.1 as the base OS image
FROM mcr.microsoft.com/dotnet/core/aspnet:3.1

# define /app as the current working directory
WORKDIR /app

# copy the web app from the host into the container
COPY /app ./

# set starting command for the container
ENTRYPOINT ["dotnet", "aspnetapp.dll"]
```

圖 5.33 建立Windows Web應用程式映像檔的範例Dockerfile

然後，我們用下面的docker build命令來建構Windows Web應用程式映像檔：

docker build .-t imrc/example-windows

其中"."表示利用主機當下目錄中的Dockerfile來建立映像檔，然後"-t"是把這
個映像檔加上名稱為"imrc/example-windows"的標記。圖5.34是建立Windows Web
應用程式映像檔的步驟。因為圖5.33的Dockerfile有四個指令，所以圖5.34就會有
相對應的四個步驟。

```
C:\example-windows>docker build . -t imrc/example-windows
Sending build context to Docker daemon   5.154MB
Step 1/4 : FROM mcr.microsoft.com/dotnet/core/aspnet:3.1
 ---> 8689f698f6dc
Step 2/4 : WORKDIR /app
 ---> Using cache
 ---> f05ea1ee73a6            Steps of building image according to Dockerfile
Step 3/4 : COPY /app ./
 ---> Using cache
 ---> 0680f4725864
Step 4/4 : ENTRYPOINT ["dotnet", "aspnetapp.dll"]
 ---> Using cache
 ---> 784112b991e0
Successfully built 784112b991e0   Image has been successfully built and
                                            tagged.
Successfully tagged imrc/example-windows:latest
```

圖 5.34 建立Windows Web應用程式映像檔的步驟

接下來，我們可以使用docker push指令，把映像檔從本機暫存上傳到映像檔登記庫中：

docker push imrc/example-windows

其中"imrc"是一個Docker hub帳戶名稱，"example-windows"是用來儲存這個映像檔的儲存庫(Repository)名稱。也就是說，上述指令會把這個Windows Web應用程式映像檔上傳到名為"imrc"的Docker Hub帳戶內，並儲存在"example-windows"的映像檔儲存庫中。

在Windows docker主機上執行前述docker指令的結果如圖5.35所示。從圖5.35的訊息可知，Push指令的目標位置是Docker Hub (即docker.io)上的"imrc/example-windows"映像檔儲存庫。圖5.36是"imrc/example-windows"映像檔已經上傳並儲存在Docker Hub上的擷圖。

圖 5.35 docker push指令執行的結果

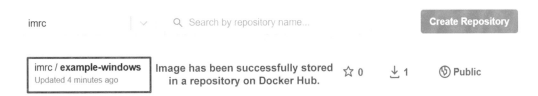

圖 5.36 "imrc/example-windows"映像檔已經被儲存在Docker Hub上

之後，我們就可以再使用docker pull指令，把映像檔從登記庫中下載到另一個Windows docker主機的暫存中：

docker pull imrc/example-windows

　　圖5.37為docker pull指令在另一台Windows docker主機上的執行結果。從圖5.37的訊息可知，該映像檔是從Docker Hub上的imrc/example-windows的映像檔儲存庫，也就是從Docker .io下載下來的。

```
C:\>docker pull imrc/example-windows
Using default tag: latest
latest: Pulling from imrc/example-windows
Digest: sha256:7e470abbd5da50611f79cc41612b1b3c9c5ef6b368996fb1a2febb67388013eb
Status: Image is up to date for imrc/example-windows:latest    Image has been pulled from a
docker.io/imrc/example-windows:latest                          repository on Docker Hub to
                                                               another Docker Host.
```

圖 5.37 在另一台Windows docker主機上執行docker pull指令之結果

　　現在，我們可以用docker run指令，在Windows Docker主機上運行一個容器：

docker run –p 8080:80 imrc/example-windows

　　其中"-p 8080:80"表示Docker會把主機的8080埠口映射到容器上的80埠口。圖5.38是在Windows docker主機上執行docker指令的結果。

```
C:\>docker run -p 8080:80 imrc/example-windows
warn: Microsoft.AspNetCore.DataProtection.Repositories.FileSystemXmlRepository[60]
      Storing keys in a directory 'C:\Users\ContainerUser\AppData\Local\ASP.NET\Dat
aProtection-Keys' that may not be persisted outside of the container. Protected dat
a will be unavailable when container is destroyed.
info: Microsoft.Hosting.Lifetime[0]
      Now listening on: http://[::]:80
info: Microsoft.Hosting.Lifetime[0]
      Application started. Press Ctrl+C to shut down.
info: Microsoft.Hosting.Lifetime[0]
      Hosting environment: Production
info: Microsoft.Hosting.Lifetime[0]
      Content root path: C:\app                    Run a container from the pulled image.
```

圖 5.38 docker run指令執行結果

　　最後，我們可以在瀏覽器中輸入"localhost:8080"。容器化Windows Web應用程式的首頁擷圖如圖5.39所示。

圖 5.39 容器化Windows Web應用程式首頁擷圖

5.2.4 小結

在第5.2節中,我們介紹了Docker的基本原理。並從Docker引擎(Engine)、Docker高階模擬架構、Linux Docker主機架構、Windows Docker主機架構、Windows Server Container架構、以及Hyper-V容器架構等角度講述許多與Docker相關的基本概念。我們也說明了Docker映像檔(Image)、Dockerfile、Docker容器(Container)、容器網路模型(Container Network Model)、和Docker網路(Networking)等Docker運作原理。最後,我們展示了一些Docker應用案例。讀者可以藉由本章節所講述的Docker基礎知識,來了解本書與Docker有關的內容。讀者也可以自行登入Docker的官方網站,探索更多Docker的知識與資料。

5.3 Kubernetes基本原理

本章節將會介紹Kubernetes [7]的相關基礎知識。Kubernetes是Google公司於2014年開發的具可攜性開源系統,目前由雲端原生運算基金會(Cloud Native Computing Foundation, CNCF) [9]負責後續維護。Kubernetes的設計目標是協調容器化(Containerized)工作負載(Workload)和服務的部署、擴展與管理。利用Kubernetes所提供的框架,可輕易高效率地部署與執行分散式容器化應用程式。Kubernetes的功能包含服務探索、負載平衡、儲存編排、自動上線(Rollout)與回滾

(Rollback)、自動擴展、自我修復、機密資料(Secrets)和配置管理。Kubernetes可支援各式工作負載,例如無狀態(Stateless)、有狀態(Stateful)和資料處理等等應用。

本章節先描述Kubernetes的系統架構,接著呈現Kubernetes的運作原理。運作原理介紹完之後,將介紹Kubernetes的應用案例與可行性展示。

5.3.1　Kubernetes架構

圖5.40為Kubernetes的系統架構,它是由一個Kubernetes Control Plane節點[也就是主(Master)節點]和Kubernetes工作(Worker)節點叢集所組成。Kubernetes可將容器化的工作負載與服務以Pod的形式部署於工作節點,並透過Control Plane管理這些工作節點和Pod。在Kubernetes中運行的工作負載與服務需先容器化;也就是說,工作負載首先要被打包到容器映像檔(Image)中,然後使用該容器映像檔建構成容器(Container)並運行之;其中,每個Pod包含一個或多個容器,一個工作節點也可運行多個Pod。

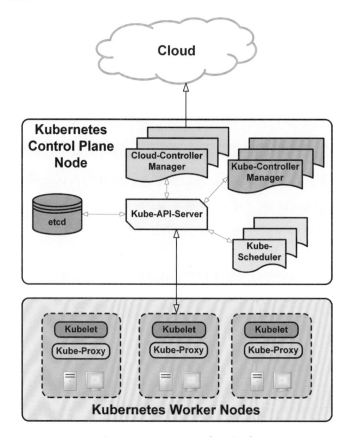

圖 5.40 Kubernetes系統架構

來源:經同意由[7]重製© 2020 Kubernetes,在CC授權條款4.0下使用

5.3.1.1 Kubernetes Control Plane節點

Control Plane節點上運行著KubernetesControl Plane的各個元件；這些元件負責監控、排程、部署和管理每個工作節點上許多的容器與Pod。Kubernetes Control Plane的基本元件包含Kube-Controller Manager、Kube-API-Server、etcd、Kube-Scheduler，與Cloud-Controller Manager。上述元件的功能介紹如下：

- **Kube-Controller Manager**

Kube-Controller Manager負責處理各種控制器程序，包含節點控制器，副本(Replication)控制器，端點(Endpoint)控制器，以及服務帳戶和權杖(Token)控制器。並藉由這些內建的控制器提供系統核心功能，例如節點控制器監控各節點的狀態。副本控制器維護控制器物件的副本。端點控制器可增加端點物件。服務帳戶與權杖控制器處理新命名空間中的帳戶與API的存取權杖。使用者還可以撰寫並客製化一個特別的控制器來增加Kubernetes的能力。

- **Kube-API-Server**

Kube-API-Server提供豐富的API來提供容器、Pod、節點和Control Plane的各種操作。它可以藉由部署多數個Kube-API-Server實體並平衡它們之間的流量來實現水平擴展。Kube-API-Server負責提供HTTP API讓終端使用者、叢集與外部元件彼此之間能傳遞訊息，並管理在Kubernetes API中所涵蓋的物件狀態。Kubernetes API是可以擴展的。使用者們可以添加新的API資源與資源欄位(Resource Field)以符合自身需求。Kube-API-Server採用OpenAPI [32]規範來提供其擴展性。

- **etcd**

"etcd"這個名字是一個組合詞，由"/etc"與分散式("d"istributed)組合而來，意味著etcd可以儲存分散式系統的配置資訊。etcd [33]是一個分散式與可靠的鍵值(Key-Value)儲存系統，它是可以用在管理叢集資料。etcd提供一個簡單介面(Interface)並使用標準HTTP工具進行資料讀寫。儲存的資料以階層式組織的目錄表示。Kubernetes採用etcd儲存叢集狀態。

- **Kube-Scheduler**

Kube-Scheduler負責將新創建的Pods指派到工作節點上並執行該Pods。排程決策考慮許多因素，包含各種資源需求、硬體限制、政策限制、親和與反親和調度(Affinity and Anti-Affinity)需求、資料局部性、工作負載間的干擾和截止期限(Deadline)。

- **Cloud-Controller Manager**

Cloud-Controller Manager負責處理Kubernetes叢集與雲端之間的介接。它提供特定雲端服務商所需的控制器。例如節點控制器監控與管理雲端中的節點。路由控制器處理雲端基礎設施中的路由，服務控制器管理雲端服務的創建、更新與刪除。透過這些控制器，Kubernetes叢集可以藉由解耦(Decouple) Kubernetes與底層雲端基礎設施之間的互動操作(Interoperability)邏輯與雲端進行互動。一般來說，Cloud-Controller Manager採用外掛套件(Plugin)方法提供與不同雲端提供商的介接。

Kubernetes亦支援在特定雲端供應商上部署叢集的能力，包含Amazon AWS [34]、Microsoft Azure [35]、CloudStack [36]、Google GCE [37]、HUAWEI Cloud [38]、OpenStack [39]、IBM Cloud [40]、Baidu Cloud [41]、Alibaba Cloud [42] 等等。

5.3.1.2 Kubernetes工作節點

在每個工作節點(Worker Nodes)主要是透過三個元件來維護運行中的Pod與執行期(Runtime)環境，包含：Kubelet、Kube-Proxy和容器執行期。Kubelet負責管理由Kubernetes所創建的容器。它透過Pod規範管轄容器，並確保容器持續健康運行。Kube-Proxy是一個網路代理，負責維護工作節點上的網路規則，用於Pod之間溝通與外部Pod存取。Kubernetes使用容器執行期介面(Container Runtime Interface, CRI)執行不同的容器執行期。Kubernetes可支援任何滿足Kubernetes CRI規範的容器執行期。

當一個工作節點添加到叢集時，該工作節點上的Kubelet會將自己註冊到Control Plane的Kube-API-Server。使用者也能手動添加節點到叢集中。節點添加到叢集後，叢集的Control Plane會檢查新的節點物件是否有效。當這個新添加的節點上所有必要的服務準備好後，這個節點便可以運行Pod。當工作節點失效時，Kubernetes會不斷檢查該節點狀態。工作節點狀態包含主機名、外部/內部IP、資源壓力、健康狀況、可使用資源與其他一般資訊。使用者可以透過刪除節點物件以停止狀態檢查。

Kubernetes最初會創建一個工作節點物件，然後檢查Kubelet在該工作節點中的註冊狀態，並與Kube-API-Server的metadata.name匹配。當這個工作節點所有必要的服務準備好時，Pod將會被啟動。在一般狀況下，預設Kubelet會嘗試將自己註冊到Kube-API-Server。使用者可以使用Kubectl指令手動管理節點物件。舉例來說，使用者可以通過設置工作節點上的標籤與Pod上的節點選擇器，將Pod放置到特定工作節點上。我們可以將節點標籤設置為不可排程，預防它接收新的Pod，尤其是在節點重新啟動或維護時(可藉由*kubectl cordon*指定)。Kubectl可查看每個工作節點的狀態，包含位址、運行節點的情況、容量與可分配資源資訊等。

Pod創建過程如圖5.41所示，步驟如下：

步驟1：使用者透過RESTful API或Kubectl指令提交創建要求。

步驟2：Kube-API-Server處理使用者要求並儲存Pod資料到etcd。

步驟3：排程器透過Kube-API-Server監聽未綁定的Pod，並嘗試將Pod分配到一個節點。

步驟4：排程器找到優先度最高的節點後，將Pod綁定到該節點。然後在etcd中更新Pod狀態。

步驟5：Kubelet依據排程決策執行Pod創建過程。綁定成功後，排程器呼叫Kube-API-Server的API創建綁定的Pod物件。每個工作節點上的Kubelet通過呼叫Kube-API-Server的API，定期將綁定的Pod資訊與etcd同步。

步驟6：Kubelet指示執行期管理器(RuntimeManager)維護不同的執行期。在Pod的沙盒(Sandbox)創建完成與網路設定成功之後，容器就能啟動並運行。

步驟7：容器透過Kube-API-Server的API，將運行中的Pod狀態轉寄到Kubelet並儲存於etcd。

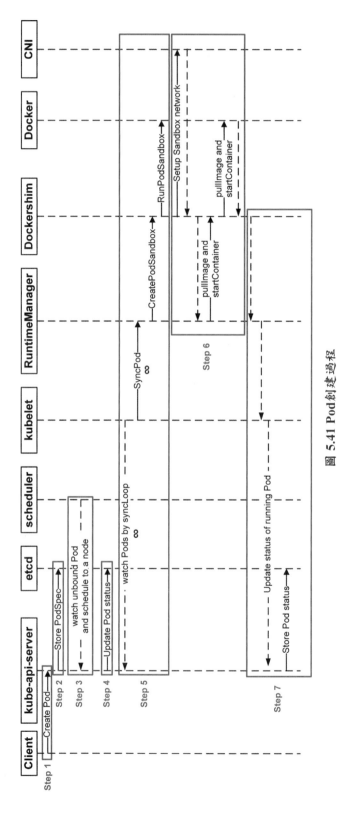

圖 5.41 Pod創建過程

來源：經同意由[7]重製 © 2020 Kubernetes，在CC授權條款4.0下使用

5.3.1.3 **Kubernetes物件**

下面介紹一些基本的Kubernetes物件，例如Pod、標籤(Label)和標籤選擇器(Label Selector)、服務(Service)和工作(Job)。

- **Pod**

Pod物件是Kubernetes的最基本的部署單位，可以為運行中的各個容器提供共享資源。同一個Pod中的所有容器具有相同IP地址與埠空間(Port Space)，共享儲存空間與相同命名空間。Pod內的容器之間可使用本地機(localhost)或標準的程序間溝通。

- **標籤與標籤選擇器(Label and Label Selector)**

標籤物件是對物件進行分群的鍵值對(Key-Value Pair)。每個物件可能會有多個標籤。物件上的每個標籤必須是唯一，但每個標籤可以應用到不同物件。同時，標籤選擇器會基於標籤選擇物件。

- **服務(Service)**

服務是一個抽象物件，負責將把運行在一組Pod上的容器化應用程式的功能發布給使用者或其他服務。一般來說，Kubernetes提供的原生服務是透過端點公開。Kubernetes預設可以提供服務探索機制和負載平衡。使用者可將服務視為表達層狀態轉換(Representational State Transfer, REST)物件，並透過DNS或環境變數進行存取。

- **工作(Job)**

在Kubernetes中，工作是一個可讓一個或多個Pod執行任務(Task)的資源。當工作控制器發現有新任務到達時，Kubelet開始處理一批Pod以完成工作負載。與此同時，工作控制器不會自行決定直接刪除或新增Pod，而是會向Kube-API-Server發送消息，要求Kubernetes Control Plane創建或刪除Pod。

Kubernetes透過容器執行期(Runtime)管理機制處理容器的執行。容器執行期是用於運行容器的軟體。Kubernetes支援符合Kubernetes容器執行期介面(CRI)的各種容器運行期，例如Docker [1]、containerd [13]、CRI-O [12]、rktlet [43]和singularity-cri [44]。Kubernetes CRI是由規範(Specification)和要求(Requirement)、ProtoBuf [45] API和執行期程式庫所組成，並整合工作節點上的kubelet。Kubernetes還提供一個檔案系統，在一個映像檔中具有一個到多個儲存卷(Storage Volume)。在1.7版本之後，Kubernetes採用基於CRI的實現來支援各種符合CRI的容器執行期，並應用gRPC [46]框架與Kubelet合作管理節點上的容器執行期。

儘管容器負責執行工作負載，Pod依然是部署和執行容器化應用程式的基本單元。一個Pod是由一個或多個容器、儲存資源、網路身分與其他配置組成。當一個應用需要多個共同工作的容器執行時，一個Pod可以封裝多個具有共享資源的容器以進行協同工作。當應用想要水平擴展時，使用者可以運行多個Pod以增加應用程序的副本(Replica)。

在Pod創建後，它會被分配一個唯一的ID (UID)並被排程到某一個節點。每個Pod都有一個唯一的IP位址。Pod中的容器共享網路命名空間與埠空間，並且可以透過本地端或標準程序間溝通互相訪問。不同Pod中的容器擁有不同的IP位址，它們可以透過各自的Pod IP地址互相訪問。Pod中的容器化應用程序可以存取Pod中的共享儲存卷，也可以透過檔案系統存取掛載到Pod的卷。

5.3.2 Kubernetes運作原理

本章節介紹Kubernetes的七個基本功能，包含部署(Deployement)、高可用性(Availability)、入口(Ingress)、自我修復(Self-Healing)、副本(Replication)、排程器(Scheduler)與處理大規模叢集的自動擴展(Autoscale)，下面將一一說明每個基本功能的內容。

5.3.2.1 部署

創建Kubernetes叢集後，使用者可以在該叢集上部署它們的容器化應用程式。在配置容器化應用程式之前，使用者需要創建一個Kubernetes部署配置(Deployment Configuration)，引導Kubernetes建構對應的應用程式實例。創建應用程式實例後，Kubernetes Control Plane會將它們排程到叢集中的工作節點。與此同時，Kubernetes部署控制器開始監控這些應用實例的狀態。當託管應用實例的節點發生故障，部署控制器將在另一個節點上啟動一個新的應用實例替換已無法運行的應用實例。這個機制為節點故障提供自我修復(Self-Healing)的能力。

Kubectl提供一個命令列介面(Command-Line Interface, CLI)以管理部署配置。當一個新的Pod被部署到Kubernetes叢集時，使用者必須透過Kubectl輸入對應的指令以創建一個Pod。這個指令會在驗證授權後傳遞給Control Plane的Kube-API-Server以確認使用者身分。然後，Kube-API-Server將指令備份到etcd，緊接著向Kube-Controller Manager發送訊息以創建新Pod。Kube-Controller Manager收到訊息後會檢查資源狀態,並在資源足夠時創建一個新的Pod。透過定期訪問API Server,排程器會詢問Kube-Controller Manager是否有新的Pod。如果找到新創建的Pod,排程器會將該Pod部署到合適的節點。此處新創建的Pod係指Pod在Kube-API-Server註冊成功,但尚未有實例在工作節點上運行的狀況。

5.3.2.2 高可用性與自我修復

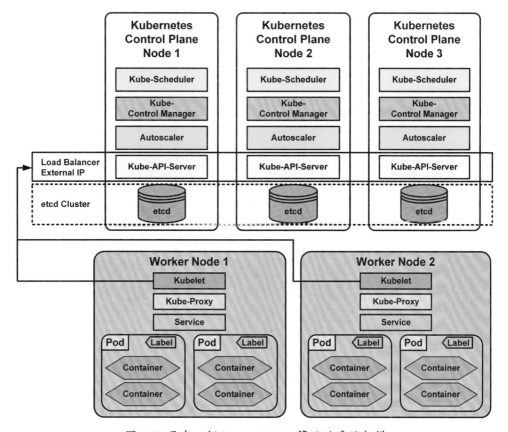

圖 5.42 具有三個Control Plane節點的系統架構
來源:經同意由[7]重製© 2020 Kubernetes,在CC授權條款4.0下使用

　　Kubernetes採用副本方法來避免單點故障並實現系統的高可靠性。通常來說,單一Control Plane叢集相當容易因為Control Plane節點故障而失敗。因此,產線或類產線環境應使用多個Control Plane的Kubernetes叢集以提高叢集穩定性與可靠性。由於Kubernetes Control Plane採用Raft共識方法協作,Control Plane節點數量應盡可能設定為奇數個,通常是三個以上。當主導的Control Plane發生故障時,

系統將自動透過Raft共識協調出另一個Control Plane將接管主導角色以確保叢集運行。圖5.42展示了具有三個Control Plane副本的系統架構。我們通常希望當系統運作中發生元件故障時,系統能自我修復。Kubernetes副本控制器與副本集合是自我修復系統的良好範例。自我修復的功能就是從自動檢測問題開始,並且自動解決問題。

此外,etcd [33]有兩種拓撲架構來實現Kubernetes叢集的高可用性:堆疊式(Stacked) etcd拓撲和外部式(External) etcd拓撲。

- **堆疊式etcd拓撲(Stacked etcd Topology)**

圖5.43顯示具有堆疊式etcd拓撲的系統架構。堆疊式etcd拓撲將etcd與Kubernetes Control Plane放在同一節點上。每個Control Plane擁有一個本地etcd。此拓撲簡化設置流程與副本管理。此架構至少需要三個Control Plane實現高可用性。

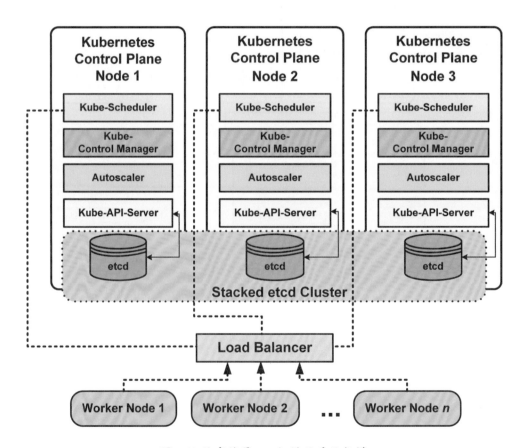

圖 5.43 具有堆疊etcd拓撲的系統架構

來源:經同意由[7]重製© 2020 Kubernetes,在CC授權條款4.0下使用

- **外部etcd拓撲(External etcd Topology)**

圖5.44展示具有外部etcd拓撲的系統架構。外部etcd拓撲透過Kube-API-Server訪問外部etcd叢集。在此架構中，分散式資料儲存叢集與Control Plane分離。每個etcd都在一個單獨的主機上，並透過Kube-API-Server與Control Plane進行溝通。因此，外部etcd拓撲的系統可靠性優於堆疊式etcd拓撲。然而，為了支援此種拓撲，就需要擁有更多的機器。它要求至少分別擁有三台以上的Control Plane與etcd與主機。

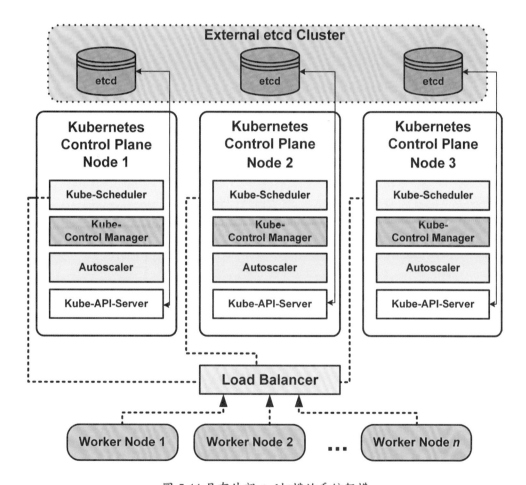

圖 5.44 具有外部etcd拓撲的系統架構
來源：經同意由[7]重製© 2020 Kubernetes，在CC授權條款4.0下使用

5.3.2.3 入口

一般來說，當多個服務同時在一個節點上運行時，Pod上的服務是透過埠映射(Port-Mapping)進行存取，如圖5.45所示。在公有或私有雲中的每台機器都有配

備自己的防火牆。這代表著無論何時創建或刪除物件，都必須另外調整防火牆設定。因此，Kubernetes提供入口(Ingress)的功能，藉此簡化此類問題。透過使用入口，存取服務只需要一個外部埠號。入口可以在配置中分配不同路徑，將使用者請求轉發給不同的服務對象，如圖5.46所示。入口透過預定義的規則，控制HTTP與HTTPS的路由路徑，並將外部請求轉發到叢集內的服務。入口控制器負責透過負載平衡器處理入口。如果沒有入口控制器，入口資源就是無用的。

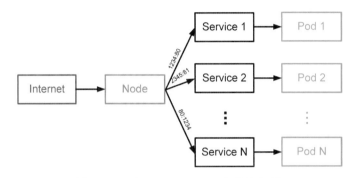

圖 5.45 沒有入口(Ingress)的系統架構

來源：經同意由[7]重製© 2020 Kubernetes，在CC授權條款4.0下使用

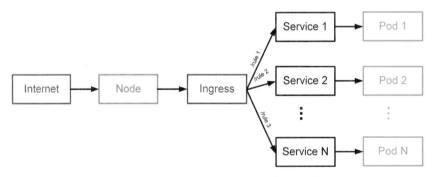

圖 5.46 具有入口(Ingress)的系統架構

來源：經同意由[7]重製© 2020 Kubernetes，在CC授權條款4.0下使用

5.3.2.4　副本

　　Kubernetes透過副本(Replication)控制器或指定副本(Replica)集合，確保系統運行所需的Pod數量。當應用程式所運行的Pod數量由於託管節點或Pod本身的問題造成數量減少，進而導致應用程式的預期狀態改變時，Kubernetes會創建新的Pod以維持預期狀態。如果使用者手動創建Pod，造成在運行的Pod總數量超過預期數量時，副本控制器會進行調控，將額外的Pod移除。副本控制器在許多工作流中扮演關鍵角色，例如滾動更新(Rolling Update)和批次性作業(Batch)。隨著Kubernetes發展，它引入了許多對工作流的直接支援，並提供專屬物件，如部署(Deployment)、作業(Job)與常駐程式集合(DaemonSet)。Kubernetes官方文獻中推薦使用部署、作業等含有Replica欄位的物件進行管理。

5.3.2.5 排程器

排程器負責將Pod分配給適當的工作節點。排程器會定期檢查是否有新創建且未排程的Pod。當發現一個未排程(未綁定)的Pod時，排程器負責將該Pod部署到最適合的工作節點並執行它。

Kubernetes的預設排程器是Kube-Scheduler，預設排程器亦可使用客製化排程器。圖5.47為排程器的兩個階段。在第一階段(Filtering Phase)，過濾沒有足夠資源的現有節點。在這個階段，剩餘的節點被稱為新創建的Pod或未排程(未綁定)的Pod的可行節點(Feasible Node)。如果沒有可行節點，這個Pod保持不排程，直到找到一個有足夠資源的節點。

在第二階段(Scoring Phase)，藉由一套函式對可行節點進行評分，得分最高的可行節點將成為運行該Pod的候選節點。在選定候選節點後，排程器會將排程決策通知給Kube-API-Server。評分函式的參數包含：個別與集體資源需求、硬體/軟體限制、策略約束、親合(Affinity)與反親合(Anti-Affinity)規範、資料局部性、工作負載間干擾等。

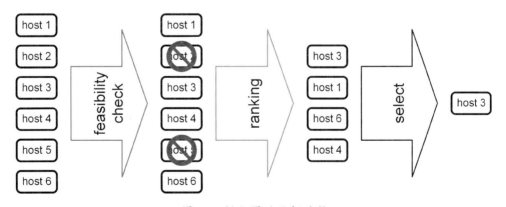

圖 5.47 排程器的兩個階段
來源：經同意由[7]重製© 2020 Kubernetes，在CC授權條款4.0下使用

5.3.2.6　自動擴展

Kubernetes提供Pod水平自動擴展的能力。為避免干擾副本控制器或部署，自動擴展控制器不會直接創建或刪除Pod。Kubernetes會持續監控Pod狀態，當CPU使用率或某些效能指標超過預先定義的門檻值時，自動擴展控制器開始透過副本控制器或部署資源來調整Pod副本數量。

CPU使用率是門檻值中很常見的指標。當過多請求轉發到Pod時，Pod的副本數量必須增加。相反地，當CPU使用率低下時，可以減少Pod的副本數量。除了CPU以外，還可以有下列不同門檻值參數，包含記憶體使用率、內部硬碟佇列深度、每個請求的平均延遲時間、服務超時的平均次數等等。

5.3.3　**Kubernetes應用案例**

本小節將介紹Kubernetes的應用案例，說明如何在多個工作節點的叢集上自動管理Pod；而使用者可透過指定資源需求與配置，輕鬆地啟動Kubernetes容器化叢集，並在這個容器化叢集上運行服務。

一般來說，Kubernetes提供兩種應用：無狀態(Stateless)應用與有狀態(Stateful)應用。當一個應用程式在Kubernetes的狀態是不需要被管理的，該應用程式就被稱為無狀態應用。相反地，需要管理它在Kubernetes叢集中的狀態時，則被稱為有狀態應用。無狀態應用在叢集外部紀錄其所有狀態。因為採用無狀態方法可以避免將客戶端綁定到伺服器上，所以無狀態應用可透過部署在多個主機上進行水平擴展。分散式應用通常包含在多台機器上平行執行的多個程序。有些分散式應用具有海量資料的存取請求，將這類分散式應用的狀態持續地放在Kubernetes叢集內並不是一個好主意。

在介紹Kubernetes應用案例前，我們需要透過Kubectl指令建構一個Kubernetes叢集。一般來說，使用者必須設置Control Plane與工作節點。在Control Plane節點中，首先安裝Docker與Kubernetes (工作節點同樣需要安裝)。隨後啟動Kubernetes叢集，並設置網路配置。如有必要，亦可安裝儀表板(Kubernetes Dashboard)查看叢集相關資訊。在Control Plane節點準備就緒後，我們可以按照下面指令檢查Control Plane節點的狀態。(當有多數節點時，您可以在以下指令後加上 –o wide來比對工作節點與Control Plane節點的Pod差異。)

kubectl get pods--all-namespaces

　　該指令可以獲得全部命名空間中的所有Pod資訊,並顯示Control Plane節點的狀態,包含命名空間、名字、就緒狀態、運行狀態與存活時間。如圖5.48所示,有兩個核心DNS、一個etcd、一個Kube-API-Server、一個Kube-Controller Manager、一個Kube-Flannel、一個Kube-Proxy、一個Kube-Scheduler、一個Dashboard-Metrics-Scraper與一個Kubernetes-Dashboard。與此同時,圖5.49顯示Control Plane節點的儀表板已就緒。

```
aaa@ubuntu:~$ sudo kubectl get pods --all-namespaces
NAMESPACE              NAME                                          READY   STATUS    RESTARTS   AGE
kube-system            coredns-6dcc67dcbc-nxbfj                      1/1     Running   0          9m51s
kube-system            coredns-6dcc67dcbc-w2j6x                      1/1     Running   0          9m51s
kube-system            etcd-ubuntu                                   1/1     Running   0          8m54s
kube-system            kube-apiserver-ubuntu                         1/1     Running   0          8m43s
kube-system            kube-controller-manager-ubuntu                1/1     Running   0          9m6s
kube-system            kube-flannel-ds-amd64-zn5bl                   1/1     Running   0          9m52s
kube-system            kube-proxy-rpk47                              1/1     Running   0          9m52s
kube-system            kube-scheduler-ubuntu                         1/1     Running   0          8m46s
kubernetes-dashboard   dashboard-metrics-scraper-7f669d7fbb-fwxwj    1/1     Running   0          4m19s
kubernetes-dashboard   kubernetes-dashboard-5845bf99b5-wwhz9         1/1     Running   0          4m19s
```

圖 5.48 Control Plane的準備狀態

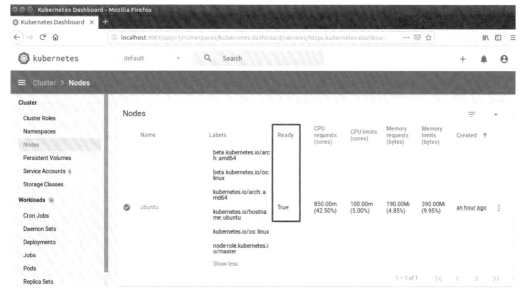

圖 5.49 Control Plane準備就緒的儀表板

　　一般來說，我們需要在加入叢集的節點和Control Plane節點之間建立雙向信任。我們可以按照下面指令為Control Plane產生加入權杖(token)。

kubeadm token create--print-join-command

　　其中"--print-join-command"是要印出加入叢集所需之完整'kubeadm join'的旗號與所使用的權杖，如圖5.50所示。

```
aaa@ubuntu:~$ sudo kubeadm token create --print-join-command
[sudo] password for aaa:
kubeadm join 192.168.132.128:6443 --token 1gd1jy.j4j4p73gaxa8vhq1      --discover
y-token-ca-cert-hash sha256:6a924f6c462580a94c710c097b97be129bd7f7f0e85f3bf23334
77b441b35d7b
aaa@ubuntu:~$ 
```

圖 5.50 產生Control Plane的加入權杖

　　如5.51所示，在產生Control Plane節點的加入權杖後，工作節點可以使用Control Plane節點所發出的加入權杖指令，並利用如圖5.51中紅色矩形的指令來加入節點。使用者可以透過Kubectl指令查看工作節點狀態，如圖5.52所示。在圖5.52中，worker1成功加入叢集時，worker1狀態為"ready"。使用者也能從儀表板觀察worker1是否成功加入叢集，如圖5.53所示。

```
aaa@worker1:~/Desktop$ sudo kubeadm join 192.168.132.128:6443 --token 1gd1jy.j4j
4p73gaxa8vhq1      --discovery-token-ca-cert-hash sha256:6a924f6c462580a94c710c09
7b97be129bd7f7f0e85f3bf2333477b441b35d7b
sudo: unable to resolve host worker1
[preflight] Running pre-flight checks
        [WARNING IsDockerSystemdCheck]: detected "cgroupfs" as the Docker cgroup
 driver. The recommended driver is "systemd". Please follow the guide at https:/
/kubernetes.io/docs/setup/cri/
        [WARNING SystemVerification]: this Docker version is not on the list of
validated versions: 19.03.12. Latest validated version: 18.09
        [WARNING Hostname]: hostname "worker1" could not be reached
        [WARNING Hostname]: hostname "worker1": lookup worker1 on 8.8.8.8:53: no
 such host
[preflight] Reading configuration from the cluster...
[preflight] FYI: You can look at this config file with 'kubectl -n kube-system g
et cm kubeadm-config -oyaml'
```

圖 5.51 工作節點透過加入權杖(Token)加入叢集

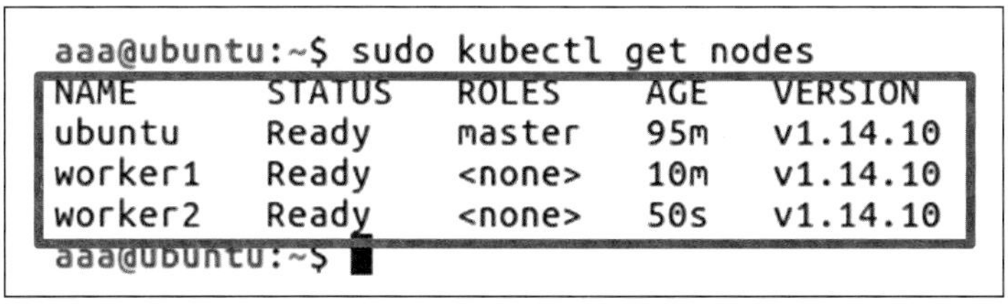

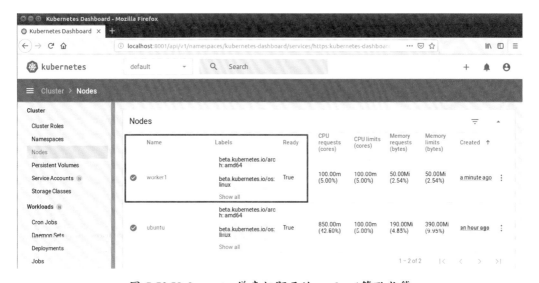

圖5.52 透過Kubectl指令查詢叢集狀態

圖 5.53 Kubernetes儀表板顯示的worker1節點狀態

我們可以用YAML Ain't a Markup Language (YAML) [48]檔案部署Apache HTTP Server [47]的服務,如圖5.54所示。YAML是一種人類可讀的序列化語言,通常用於配置檔案。Kubernetes使用.yaml的副檔名檔案指定要創建的物件。一般來說,以下字段必須設定參數值:apiVersion (創建此物件的API物件)、kind (物件種類)、metadata (用於識別物見的資料,包含名稱字串、UID、與可選的命名空間)和spec (物件格式)。

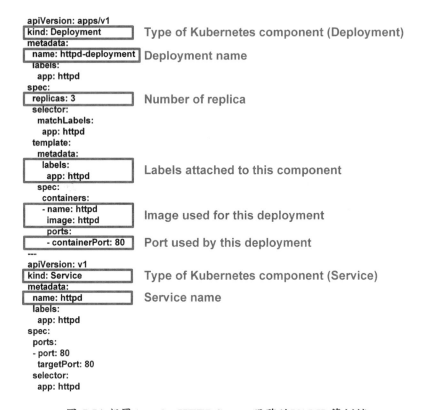

圖 5.54 部署Apache HTTP Server服務的YAML範例檔

使用者可以使用以下指令部署服務：

kubectl apply-f example.yaml

其中"-f example.yaml"表示配置檔案名稱。在執行該指令後創建名為"httpd-deployment"的部署物件與名為"httpd"的服務物件，如圖5.55所示。同時，儀表板會顯示Pod與其服務的狀態，如圖5.56所示。使用者可以透過存取http://localhost:8001/api/v1/namespaces/default/services/httpd:80/proxy/來存取httpd服務。圖5.57顯示該服務是可正常運行的。

```
aaa@ubuntu:~$ cd Desktop/
aaa@ubuntu:~/Desktop$ sudo kubectl apply -f example.yaml
deployment.apps/httpd-deployment created
service/httpd created
aaa@ubuntu:~/Desktop$
```

圖 5.55 透過example.yaml部署httpd服務

圖5.56 Kubernetes儀表板查看Pod狀態

圖 5.57 確認httpd服務是可以正確運行

5.3.4 小結

Kubernetes提供自動部署、擴展和管理容器化工作負載與服務的能力。它可以有效地協作管理叢集資源，藉此滿足Pod與服務的資源需求。此章節介紹了Kubernetes基本知識與基本運作原理。在Kubernetes官網與線上文件中有更多關於Kubernetes的概念與資料值得讀者們自行探索。

5.4 結論

本章節我們介紹了Docker和Kubernetes的基本原理，協助讀者可以理解之後在第6、7和第9章提到的Docker、Kubernetes和各種容器化應用程式基礎。在5.1節中，我們描述了Docker容器的重要性和好處，以及Docker在軟體生命週期中可以解決的問題。我們並解釋了為什麼我們應該在軟體應用程式的開發和操作中使用Docker。此外，我們亦描述了容器調度服務，以及它在管理容器時可以自動完成哪些任務。最後，我們簡要地比較了兩個最頂尖的容器調度器，Kubernetes和Docker Swarm。

在5.2節中，我們介紹Docker的基本原理，例如Docker引擎(Engine)、Docker高階模擬架構、Linux Docker主機架構、Linux Docker主機架構，Windows Docker主機架構、Windows Server Container架構、以及Hyper-V容器架構。我們還解釋了Docker的操作原理，包括Docker映像檔(Image)、Dockerfile、Docker容器(Container)、容器網路模型(Container Network Model)、和Docker網路(Networking)等。最後，我們展示了一些Docker應用案例。

Kubernetes的基本原理在5.3節中。我們論述了Kubernetes叢集架構，它是由一個Control Plane和許多工作節點所構成。進一步解釋了Kubernetes Control Plane和工作節點的關鍵元件。我們還介紹了Kubernetes的幾個基本工作原理。最後，我們展示了一些Kubernetes應用實例，期望可以讓讀者能更好地理解Kubernetes。

本章介紹了Docker和Kubernetes的基本原理和優點。通過本章，讀者應該能夠理解本書中與這兩種技術相關的內容。希望本章能夠激勵讀者，在把Docker和Kubernetes導入軟體應用程式的開發和操作之前，可以進一步探索Docker和Kubernetes。

附錄5.A─縮寫對照表

API	Application Programming Interface 應用程後介面
APPs	Applications 應用程式
Bin	Binary Code 二進制程式碼
CLI	Command-Line Interface 命式列介面
CNCF	Cloud Native Computing Foundation 雲端原生運算基金會
CNM	Container Network Model 容器網路模型
CRI	Container Runtime Interface 容器執行期介面
DevOps	Development and Operations 開發和運營
DNS	Domain Name System 網域名稱系統
ECR	Elastic Container Registry Amazon 容器映像檔儲存庫
GCR	Google Container Registry Google 容器映像檔儲存庫
HNS	Host Network Service 主機網路服務
HTTP	Hypertext Transfer Protocol 超文本傳輸協定
IaaS	Infrastructure as a Service 基礎設施即服務
IPAM	IP Address Management IP位址管理
Lib	Library 函式庫
MCR	Microsoft Container Registry 微軟容器映像檔儲存庫
NAT	Network Address Translation 網路位址轉換
OS	Operating System 作業系統
REST	Representational State Transfer 表現層狀態轉換
UID	Unique ID 獨一無二的ID
UFS	Union File System Union 檔案系統
vNIC	Virtual Network Adapter 虛擬網路轉接卡
vSwitch	Virtual Switch 虛擬交換器
VXLAN	Virtual Extensible LAN 虛擬局域網擴展
WSC	Windows Server Container Windows 伺服器容器
YAML	Yet Another Markup Language 一種標記語言

參 考 文 獻

[1]　Docker Inc (2020). Docker docs. docs.docker.com (accessed 6 October 2020).

[2]　Schenker, G.N. (2020). *Learn Docker – Fundamentals of Docker 19.x, Second Edition*. UK: Packt Publishing.

[3]　Morabito, R. (2017). Virtualization on Internet of Things edge devices with Container technologies: a performance evaluation. *IEEE Access* 5: 8835-8850. https://doi.org/10.1109/ACCESS.2017.2704444.

[4]　Avi. (2019). Docker vs Virtual Machine – Understanding the differences. https://geekflare.com/docker-vs-virtual-machine/ (accessed 13 October 2020).

[5]　Syrewicze, A. (2019). What is a Container Orchestrator? https://www.altaro.com/msp-dojo/container-orchestrator/ (accessed 13 October 2020).

[6]　Bernstein, D. (2014). Containers and cloud: From LXC to Docker to Kubernetes. *IEEE Cloud Computing* 1(3): 81-84. https://doi.org/10.1109/MCC.2014.51.

[7]　The Kubernetes authors (2020). Kubernetes documentation. https://kubernetes.io/docs/home/ (accessed 6 October 2020).

[8]　Docker Inc (2020). Swarm mode overview. https://docs.docker.com/engine/swarm/ (accessed 13 October 2020).

[9]　The Linux Foundation (2020). Cloud Native Computing Foundation. www.cncf.io (accessed 6 October 2020).

[10]　Binani, H. (2018). Kubernetes vs Docker Swarm – A comprehensive comparison. https://hackernoon.com/kubernetes-vs-docker-swarm-a-comprehensive-comparison-73058543771e/ (accessed 13 October 2020).

[11]　Mangat, M. (2019). Kubernetes vs Docker Swarm: What are the differences? https://phoenixnap.com/blog/kubernetes-vs-docker-swarm/ (accessed 13 October 2020).

[12]　Cloud Native Computing Foundation (2020). CRI-O. cri-o.io (accessed 6 October 2020).

[13]　Containerd authors (2020). Containerd. containerd.io (accessed 6 October 2020).

[14]　Docker Inc (2020). Docker Overview. https://docs.docker.com/get-started/overview/ (accessed 13 October 2020).

[15]　Docker Inc (2020). Docker Hub. hub.docker.com (accessed 13 October 2020).

[16]　Microsoft (2020). Microsoft Container registry. https://azure.microsoft.com/en-us/services/container-registry/ (accessed 13 October 2020).

[17]　Google (2020). Google Container registry. https://cloud.google.com/container-registry/ (accessed 13 October 2020).

[18] Amazon Web Services, Inc (2020). Amazon Elastic Container registry. https://aws. amazon.com/tw/ecr/ (accessed 13 October 2020).

[19] Raina, A. (2016). A comparative study of Docker engine on Windows server Vs Linux platform. https://collabnix.com/a-comparative-study-of-docker-engine-on-windows-server-vs-linux-platform/ (accessed 13 October 2020).

[20] McCabe, J. and Friis, M. (2017). *Introduction to Windows Containers*. Redmond, WA: Microsoft Press. https://docs.microsoft.com/zh-tw/archive/blogs/microsoft_press/free-ebook-introduction-to-windows-containers (accessed 13 October 2020).

[21] Docker Inc (2020). Docker images. https://docs.docker.com/engine/reference/commandline/images/ (accessed 13 October 2020).

[22] Kisller, E. (2020). A beginner's guide to understanding and building Docker images. https://jfrog.com/knowledge-base/a-beginners-guide-to-understanding-and-building-docker-images/ (accessed 13 October 2020).

[23] Docker Inc (2020). Docker storage drivers. https://docs.docker.com/storage/storagedriver/select-storage-driver/ (accessed 13 October 2020).

[24] Docker Inc (2020). Dockerfile reference. https://docs.docker.com/engine/reference/builder/ (accessed 13 October 2020).

[25] Docker Inc (2020). About storage drivers. https://docs.docker.com/storage/storagedriver/ (accessed 13 October 2020).

[26] GitHub, Inc (2020). The moby/libnetwork/design.md on Github. https://github.com/moby/libnetwork/blob/master/docs/design.md (accessed 13 October 2020).

[27] Calcote, L. (2016). The Container networking landscape: CNI from CoreOS and CNM from Docker. https://thenewstack.io/container-networking-landscape-cni-coreos-cnm-docker/ (accessed 13 October 2020).

[28] Kumar, A. (2020). Docker Networking Introduction to Docker Network. https://k21academy.com/docker-kubernetes/docker-networking-different-types-of-networking-overview-for-beginners/ (accessed 13 October 2020).

[29] Docker Inc (2020). Networking overview. https://docs.docker.com/network/ (accessed 13 October 2020).

[30] Docker Inc (2020). Network containers. https://docs.docker.com/engine/tutorials/networkingcontainers/ (accessed 13 October 2020).

[31] Messer. J. (2019). Windows Container networking. https://docs.microsoft.com/en-us/virtualization/community/team-blog/2016/20160505-windows-container-networking/

(accessed 13 October 2020).

[32]　SmartBear Software (2020). OpenAPI Specification. https://swagger.io/specification/ (accessed 6 October 2020).

[33]　Etcd authors (2020). Etcd. etcd.io (accessed 6 October 2020).

[34]　Amazon Web Services, Inc (2020). Amazon AWS. aws.amazon.com (accessed 6 October 2020).

[35]　Microsoft (2020). Microsoft Azure. azure.microsoft.com (accessed 6 October 2020).

[36]　The Apache Software Foundation (2020). Apache CloudStack^{TM}. cloudstack.apache. org (accessed 6 October 2020).

[37]　Google (2020). Google GCE. cloud.google.com (accessed 6 October 2020).

[38]　Aspiegel (2020). HUAWEI Cloud. cloud.huawei.com (accessed 6 October 2020).

[39]　VEXXHOST (2020). OpenStack. www.openstack.org (accessed 6 October 2020).

[40]　IBM Corp (2020). IBM Cloud. cloud.ibm.com (accessed 6 October 2020).

[41]　Baidu (2020). Baidu Cloud. cloud.baidu.com (accessed 6 October 2020).

[42]　Alibaba Cloud (2020). Alibaba Cloud. www.alibabacloud.com (accessed 6 October 2020).

[43]　Red Hat, Inc (2020). What is RKT? https://www.redhat.com/en/topics/containers/ what-is-rkt (accessed 1 November 2022).

[44]　Sylabs.io (2020).Singularity-cri. sylabs.io (accessed 6 October 2020).

[45]　Google (2020). Protocol Buffers. https://developers.google.com/protocol-buffers/ (accessed 6 October 2020).

[46]　gRPC Authors (2022). gRPC. https://grpc.io/ (accessed 1 November 2022).

[47]　Docker Inc (2020). Apache HTTP Server Project. https://hub.docker.com/_/httpd (accessed 6 October 2020).

[48]　YAML. yaml.org (accessed 6 October 2020).

智慧工廠自動化 (iFA) 系統平台

| 鄭芳田

6.1 簡介

在工業4.0的時代，智慧工廠可採用物聯網(Internet of Things, IoT)作為其資料蒐集及通訊平台；另外，亦可在此平台上建置具有預測能力的虛實整合系統，以提供包含虛擬量測(Vitrual Metrology, VM)、設備診斷、和預測保養等智慧功能。此外，亦可以利用雲端運算來封裝及虛擬化分佈式製造資源至各式雲製造(Cloud Manufacturing, CMfg)服務中；然後透過網路隨需使用多樣化服務，以支援由產品設計、模擬、製造、測試、與管理等在產品生命週期中的所有任務[1,2]。因此，如何創建一個可實現智慧工廠的智慧製造平台對當下的製造業至關重要。

第1.3.1節提出了一個如圖1.13所示，用以增強良率及確保零缺陷的五階段方法，並以半導體凸塊製程作為示範例。為實現該五階段方法，本團隊設計了一個基於先進製造物聯雲(Advanced Manufacturing Clound of Things, AMCoT)架構的智慧工廠自動化(Intelligent Factory Automation, iFA)系統平台，說明如下。

6.2 先進製造物聯雲(AMCoT)架構設計

為能系統化和一致性地達成所提出的提升良率及確保零缺陷之五階段方法，本團隊開發了AMCoT架構。AMCoT架構設計由工廠端和雲端兩部分組成，如圖6.1所示。在工廠端開發了所謂的虛實整合代理人(Cyber-Physical Agent, CPA)作為物聯網元件，以便能透過各種協議/介面，使AMCoT的虛實交互作用成為可能。具體來說，CPA應能夠與廣泛的實體物件(例如：機台、裝置、和感測器等)進行通信，以收集資料；且CPA也須能與其他的虛實整合系統溝通，促進網路上的人機協同運作。此外，藉由利用一些技術(如RESTful Web Services)，可建構基於CPA的物聯網，實現工廠端各CPA之間的橫向整合以及CPA與雲端AMCoT的垂直整合。CPA的設計和實現請詳見第7章。大數據分析的應用模組和可嵌入式智慧雲端服務的介面規格，則以網路服務的形式建立在雲端。同時，本團隊也建立一個用於開發雲製造服務之新型自動化建構機制，稱之為製造服務自動建造機制(Manufacturing Services Automated Construction Scheme, MSACS) [3]。

這些雲端智能服務在此稱為「物聯網服務」，旨在提升研發期工件的良率，並同時實現量產階段生產產品接近零缺陷的境界。幾個典型的可嵌入式智

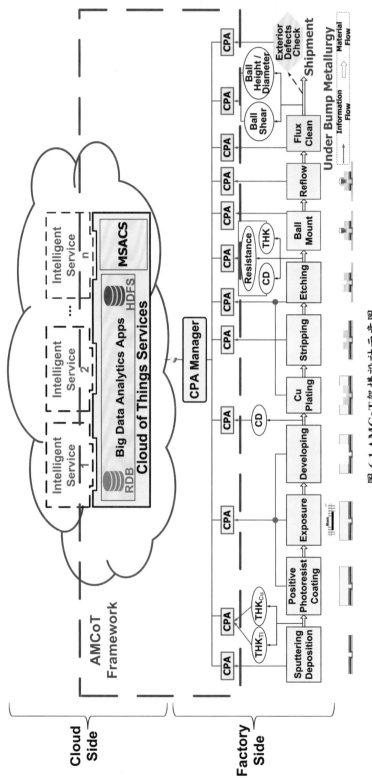

圖 6.1 AMCoT 架構設計示意圖

慧化服務，如全自動虛擬量測(Automatic Virtual Metrology, AVM)、智慧型預測保養(Intelligent Predictive Maintenance, IPM)、和智慧型良率管理(Intelligent Yield Management, IYM)等之設計與應用，詳如以下三小節所述。

AVM雲端服務用以執行全廠工件的線上即時虛擬量測，可應用於實現量產期第三階段的即時全檢功能。IPM雲端服務可線上推估生產機台的健康狀況以及預估機台或工具的剩餘使用壽命(Remaining Useful Life, RUL)，以完成研發期第二階段和量產期第四階段的任務。IYM雲端服務則可處理高維迴歸問題並找出影響良率的根本原因，藉此可達成研發期第一階段和量產期第五階段的目標。

AVM、IPM、和IYM的功能將於第6.3、6.4、及6.5節簡要說明。而AMCoT架構、AVM、IPM、和IYM的設計和應用，將分別於第7、8、9、10章詳述。

6.3　全自動虛擬量測(AVM)伺服器簡介

如圖6.2所示，AVM伺服器由兩個資料前處理模組、一個具備先進雙階段虛擬量測演算法的預測模組、一個信心度指標模組，以及一個相似度指標模組所組成。當前工件的製程資料以及抽測工件的量測資料作為AVM伺服器的輸入值，而第一階段虛擬量測值(VM_I)、第二階段虛擬量測值(VM_{II})、信心指標(Reliance Index, RI)和整體相似度指標(Global Similarity Index, GSI)等數值則為其輸出值。有關AVM伺服器的核心——先進雙階段虛擬量測演算法，簡要說明如下。

先進雙階段虛擬量測演算法同時兼顧即時性和正確性。第一階段在收集完所有工件的製程資料後，立即計算並輸出工件的VM_I值，以保證即時性。而在第二階段，在收集完虛擬批次中抽樣工件的用於更新模型之實際量測值後立即更新模型，然後應用此更新模型重新計算並輸出虛擬批次中所有工件的VM_{II}值，以提升虛擬量測精度。

通過採用如Back-Propagation Neural Networks (BPNN)和Partial Least Square (PLS)兩種不同的VM預測模型，AVM伺服器亦生成每個VM_I和VM_{II}相對應的RI和GSI值。RI值定義於0和1之間，代表著BPNN與PLS的各自統計常態分佈標準化預測值的交集百分比。當兩個預測值完全相同時，對應的RI值為1；當兩個值相差很大時，則對應的RI值接近於0。因此，使用者可以經由檢查RI值來判斷虛擬量測預測結果是否可靠。

　　GSI代表當前所輸入的製程資料組和所有預測模組中作為訓練和調整之用的歷史製程資料組之間的相似度。GSI數值越小，相似度就越高。GSI的目的是協助RI衡量信心度。一般來說，統計製程分析的門檻值設為其統計樣本之標準差的三倍。由於每個標準化Z-score的平均值為0，標準差為1，所以Z的門檻值設為3。因此，GSI的門檻值(GSI_T)則為$3^2=9$。當GSI值超過GSI_T時，應利用個體相似度指標(Individual Similarity Index, ISI)分析[5]來找出造成此偏差值的關鍵製程參數。單一製程參數之ISI，用以表示該單一製程參數的標準化製程資料集，與所有歷史資料中同一製程參數用於訓練和調整預測模型之標準化資料集之間的相似程度。

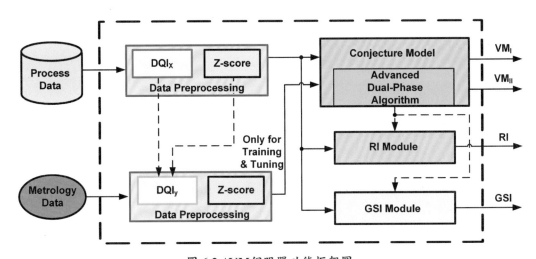

圖 6.2 AVM伺服器功能框架圖

來源：經同意由[4]重製© 2012 IEEE

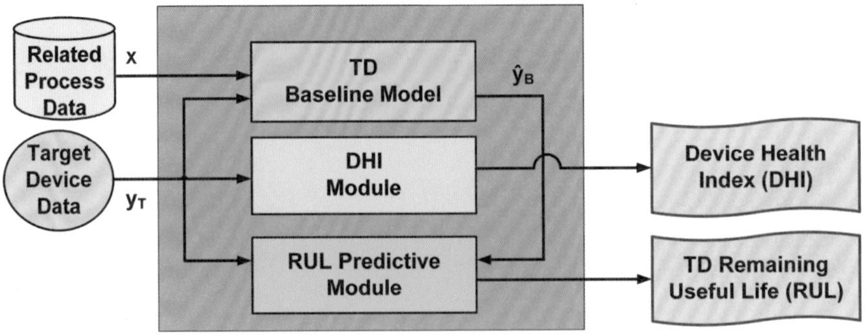

圖 6.3 IPM伺服器之BPM機制功能框架圖

來源：經同意由[6]重製© 2017 Taylor&Francis Group

6.4 智慧型預測保養(IPM)伺服器之基底預測保養(BPM)機制簡介

　　IPM伺服器擁有基於虛擬量測的基底預測保養(BPM)機制，其中包含標的設備(Target Device, TD)基底模型、設備健康指標(Device Health Index, DHI)模組和剩餘使用壽命(Remaining Useful Life, RUL)預測模組，如圖6.3所示[6]。基底預測保養機制是IPM伺服器中最核心的模組。由虛擬量測技術衍生而成之標的設備基底模型，可作為偵測機台健康狀態退化的參考。因此，基底預測保養機制可協助達成錯誤診斷和偵測的目標[7]。

　　如圖6.3所示，基底預測保養機制根據重要樣本的製程資料(X)和TD資料(y_T)生成TD的基底數值($\hat{y}_B$)，接著，產生DHI值來判斷TD當前的健康狀態。最後，一旦TD進入生病狀態，就開始預測RUL。

　　一個TD的生命週期包含五個狀態：初始、運作、不運作、生病，和死亡。通常TD在健康時是運作的狀態，而當y_T超過門檻值時，TD就進入生病狀態。一旦TD健康變得更糟，且其可用資源耗盡，TD將從生病狀態進入到死亡狀態；最後，設備將會當機。

6.5 智慧型良率管理(IYM)伺服器之關鍵參數搜尋演算法(KSA)機制簡介

　　如圖6.4所示，IYM伺服器應用關鍵參數搜尋演算法(Key-variable Search Algorithm, KSA)機制，即使在參數個數遠大於樣本個數，即"$p>>n$"的情況下，亦可找出導致低良率的根本原因。KSA機制的主要原則整理如下。KSA包含兩階段。階段一：將良率測試結果(Y)以及全檢在線資料(y)和/或生產路徑(X_R)資料等輸入到KSA機制中，以找到最可能導致良率損失的前N個站點；階段二：從第一階段獲得最可疑站點後，將包含在最可疑站點內的所有裝置之製程資料(X_P)和良率測試結果(Y)再送到KSA機制以找出造成良率損失最根本的原因。採用的搜尋演算法為：三相正交貪婪演算法(Triple Phase Orthogonal Greedy Algorithm, TPOGA)和自動最小絕對值收斂和選擇算子(Automated Least Absolute Shrinkage and Selection Operator, ALASSO)。如圖6.4之右邊所示，搜尋結果為TPOGA的輸出

值(KS_O)以及ALASSO的輸出值(KS_L)；同時，也計算出相應的信心度指標值(RI_K)來
確認搜尋結果的可靠性。

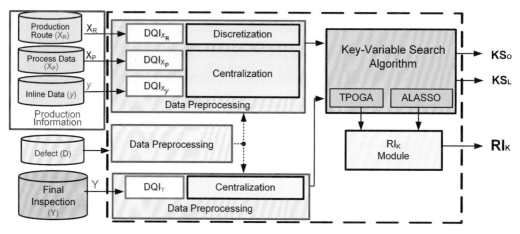

圖 6.4 IYM伺服器之KSA機制功能框架圖
來源：經同意由[8]重製© 2017 IEEE

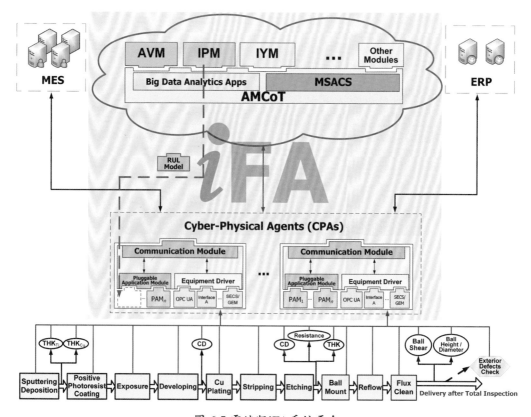

圖 6.5 雲端版iFA系統平台

6.6 智慧工廠自動化(iFA)系統平台

創新的iFA系統平台將AMCoT架構等技術與CPAs、AVM、IPM、IYM等技術整合，提供了實現智慧製造的完整解決方案。無論對高科技產業(半導體、面板、太陽能…等)或是傳統產業(工具機、航太、碳纖…等)，iFA系統平台都是將產業由工業4.0推進到工業4.1的關鍵推手，在追求產能增加的同時，實現所有產品接近零缺陷的目標。

iFA系統平台有兩種版本：雲端版(Cloud-based Version)和隨機買斷版(Server-based Version)，可供使用者依個別需求挑選適合的版本。兩個版本的iFA系統平台如下兩小節所述。

6.6.1 雲端版iFA系統平台

對資本額無法與大企業相比的中小企業而言，隨需訂閱的iFA系統平台版本較容易被接受。企業只要安裝自己的互聯網環境，以相對較低的月租費訂閱iFA雲端服務，就可以節省自己建立資料庫的高昂成本。企業可以經由建置了iFA系統平台的商業化資料庫(例如中華電信雲端資料中心)取得各種智慧製造服務。

雲端版iFA系統平台如圖6.5所示。CPA為各行業配備了不同的設備驅動程式，例如半導體產業的SECS/GEM和Interface A，工具機產業的OPC-UA和MTConnect等。CPA中的通訊模組用於與互聯網和雲端連結。各種智慧型服務設計成可嵌入式應用模組(Pluggable Application Modules, PAMs)，並插入CPA以執行邊緣運算(Edge Computing)。AMCoT架構涵蓋了大數據分析模組和製造服務自動建造機制。亦具備資訊安全服務，可防止異常活動或外部駭客攻擊等，確保雲端版iFA系統平台和其資料保密的整體安全性。而AVM、IPM、IYM及其他服務也可以整合到AMCoT架構中。上述所有服務皆可設計為雲端服務，供全世界的使用者隨需(On Demand)訂閱，為企業帶來新的商業模式。iFA系統平台亦可透過CPA與已存在的製造執行系統(Manufacturing Execution System, MES，如圖6.5左半邊所示)模組以及企業資源規劃(Enterprise Resource Planning, ERP，如圖6.5右半邊所示)模組溝通。

雲端版iFA系統具有提升生產力且增進良率的智慧型功能，並可預防非預期停機及降低機台維護成本。如此一來，所有產品接近零缺陷的目標暨所謂的工業4.1之境界，將可以有效率且經濟實惠地達成。

6.6.2　隨機買斷版iFA系統平台

對資本雄厚或對雲端需求較低的企業來說，如圖6.6所示的隨機買斷版iFA系統平台就比較適用。利用物聯網技術在生產線之機器端裝置CPA。CPA為各行業配備了不同的設備驅動程式，例如半導體產業的SECS/GEM和Interface A，工具機產業的OPC-UA和MTConnect等。CPA中的通訊模組用以連結互聯網和智慧型應用服務。各種智慧型服務設計成可嵌入式應用模組，並插入CPA以執行邊緣運算。接著應用大數據分析應用架構，將如AVM、IPM、IYM等多個智慧型製造服務納入。AVM可將有量測延遲的離線抽檢轉化成所有工件的線上即時全檢；IPM可用以監控關鍵裝置的健康狀況並預測其剩餘使用壽命；而IYM則能快速地找出影響良率的根本原因。同樣地，iFA系統平台亦可通過CPA與圖6.6左邊的製造執行系統模組及如圖6.6右邊的企業資源規劃模組進行溝通。

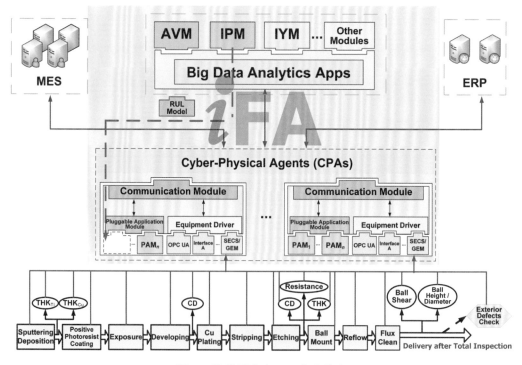

圖 6.6 隨機買斷版iFA系統平台

6.7 結論

目前工業4.0相關技術主要強調提高產能，卻忽略了兼顧品質提升，因此僅能期望零缺陷的境界卻無法真正實現此目標；其關鍵原因就在於缺少一個經濟實惠的線上即時全檢技術。在導入iFA系統平台後，運用iFA平台內的AVM功能，就可線上且即時地提供所有半成品與最終產品的全檢資料，進而達成接近零缺陷的目標。此外，再運用iFA平台內的IYM功能，就可找出導致產品缺陷的根本原因，以便能針對這些缺陷持續改善。如此一來，就能達到所有產品接近零缺陷的境界。

附錄6.A─縮寫對照表

ALASSO	Automated Least Absolute Shrinkage and Selection Operator 自動最小絕對值收斂和選擇算子
AMCoT	Advanced Manufacturing Cloud of Things 先進製造物聯雲
AVM	Automatic Virtual Metrology 全自動虛擬量測
BPM	Baseline Predictive Maintenance 基底預測保養
BPNN	Back-Propagation Neural Networks 倒傳遞類神經網路
CD	Critical Dimension 關鍵尺寸
CMfg	Cloud Manufacturing 雲製造
CPA	Cyber-Physical Agent 虛實整合代理人
CPS	Cyber Physical System 虛實整合系統
DHI	Device Health Index 設備健康指標
DQI_x	Process Data Quality Index 製程資料之品質指標
DQI_y	Metrology Data Quality Index 量測資料之品質指標
ERP	Enterprise Resource Planning 企業資源規劃
GEM	Generic Equipment Model 通用設備模型
GSI	Global Similarity Index 整體相似度指標
GSI_T	GSI Threshold Value GSI的門檻值
iFA	Intelligent Factory Automation 智慧工廠自動化
IoT	Internet of Things 物聯網
IPM	Intelligent Predictive Maintenance 智慧型預測保養
ISI	Individual Similarity Index 個體相似度指標
IYM	Intelligent Yield Management 智慧型良率管理
KSA	Key-variable Search Algorithm 關鍵參數搜尋演算法
MES	Manufacturing Execution System 製造執行系統
MP	Mass Production 大量生產
MSACS	Manufacturing Services Automated Construction Scheme 製造服務自動建造機制
MTConnect	從數控機床中收集機台信息的製造技術標準
OPC-UA	Unified Architecture by Open Platform Communication Foundation 開放平台通信基金會統一架構
PAMs	Pluggable Application Modules 可嵌入式應用模組
PLS	Partial Least Square 偏最小平方

RD   Research & Development 研究發展

RI   Reliance Index 信心度指標

RUL   Remaining Useful Life 剩餘使用壽命

SECS   SEMI Equipment Communications Standard SEMI設備通訊標準

TD   Target Device 標的設備

THK   Thickness 厚度

TPOGA   Triple Phase Orthogonal Greedy Algorithm 三相正交貪婪演算法

UBM   Under Bump Metallurgy 球下金屬層

VM   Virtual Metrology 虛擬量測

VM_I Phase-I VM 階段I虛擬量測

VM_{II} Phase-II VM 階段II虛擬量測

ZD   Zero Defects 零缺陷

附錄6.B—公式符號對照表

$\hat{y}_B$	baseline of TD TD基底健康預測值
X	process data for AVM AVM的製程資料
y_T	TD data 標的設備資料
Y	yield test results 良率檢驗數據
y	total-inspection inline data 在線全檢資料
$\mathbf{X_R}$	production route 生產路徑
$\mathbf{X_P}$	process data for KSA KSA的製程參數數據
KS_O	output of TPOGA 在KSA模組內之TPOGA輸出
KS_L	output of ALASSO 在KSA模組內之ALASSO輸出
RI_K	value of an accompanying reliance index 相對應之信心指標值

參 考 文 獻

[1]　Xu, X. (2012). From cloud computing to cloud manufacturing. *Robotics and Computer-Integrated Manufacturing* 28 (1): 75-86. https://doi.org/10.1016/j.rcim.2011.07.002.

[2]　Hung, M.-H., Li, Y.-Y., Lin, Y.-C. et al.(2017). Development of a novel cloud-based multi-tenant model creation service for automatic virtual metrology. *Robotics and Computer-Integrated Manufacturing* 44: 174-189. https://doi.org/10.1016/j.rcim.2016.09.003.

[3]　Chen, C.-C., Hung, M.-H., Li, P.-Y. et al.(2018). A novel automated construction scheme for efficiently developing cloud manufacturing services. *IEEE Robotics and Automation Letters* 3 (3): 1378-1385. https://doi.org/10.1109/LRA.2018.2799420.

[4]　Cheng, F.-T., Huang, H.-C., Kao, C.-A. (2012). Developing an automatic virtual metrology system. *IEEE Transactions on Automation Science and Engineering* 9 (1): 181-188. https://doi.org/10.1109/TASE.2011.2169405.

[5]　Cheng, F.-T., Chen, Y.-T., Su, Y.-C. et al.(2007). Evaluating reliance level of a virtual metrology system. *IEEE Transactions on Semiconductor Manufacturing* 21 (1): 92-103. https://doi.org/10.1109/ROBOT.2007.363551.

[6]　Chiu, Y.-C., Cheng, F.-T., Huang, H.-C. (2017). Developing a factory-wide intelligent predictive maintenance system based on Industry 4.0. *Journal of the Chinese Institute of Engineers* 40 (7): 562-571.https://doi.org/10.1080/02533839.2017.1362357.

[7]　Hsieh, Y.-S., Cheng, F.-T., Huang, H.-C. et al.(2013). VM-based baseline predictive maintenance scheme. *IEEE Transactions on Semiconductor Manufacturing* 26 (1): 132-144. https://doi.org/10.1109/TSM.2012.2218837.

[8]　Cheng, F.-T., Hsieh, Y.-S., Zheng, J.-W. et al.(2017). A scheme of high-dimensional key-variable search algorithms for yield improvement. *IEEE Robotics and Automation Letters* 2 (1): 179-186. https://doi.org/10.1109/LRA.2016.2584143.

先進製造物聯雲 (AMCoT)框架

7

| 洪敏雄、陳朝鈞、林祐全

7.1 簡介

工業4.0的核心願景是打造智慧工廠，藉由利用先進的資訊和通訊技術(ICTs)，實現智慧製造，提供更靈活和高效的流程，以便降低成本，生產更高品質的產品[1,2]。第6章中描述的先進製造物聯雲(Advanced Manufacturing Cloud of Things, AMCoT) [3]框架是由台灣國立成功大學智慧製造研究中心(Intelligent Manufacturing Research Center, iMRC)所開發，其旨在促進智慧製造平台的建造。基於AMCoT框架的多個智慧製造平台已成功應用於半導體、汽車、吹瓶機、航太等製造業。本章描述了AMCoT框架的關鍵元件，以及如何利用雲端運算[4]、邊緣運算[5]、物聯網[6,7]、大數據分析(Big Data Analytics, BDA) [8,9]、容器技術[10-14]等先進的ICTs技術來設計和實現這些元件。

AMCoT框架由兩部分組成：雲端和工廠端。雲端提供各種雲製造(Cloud Manufacturing, CMfg) [15-19]服務，這些服務利用豐富的雲端運算資源，支援工廠內甚至跨工廠的製造活動。另一方面，工廠端則是提供各式邊緣製造服務，這些服務部署和運行在邊緣運算裝置(簡稱為邊緣裝置)上，提供支援生產設備製造活動所需的功能。在本章中，製造服務以表現層狀態轉換(Representational State Transfer, REST) [20]網路服務的形式提供軟體功能，可以透過網路按需調用該服務來支援製造活動。CMfg服務運行在雲端資料中心的虛擬機上，而邊緣製造服務運行在工廠的邊緣裝置上。虛擬機是在實體電腦上創建的虛擬電腦，具有自己的CPU、記憶體、網路介面和儲存空間。邊緣裝置可以是普通的個人電腦、嵌入式系統或工業電腦。

與雲端運算相比，邊緣運算的資源較少且有限。然而，在邊緣裝置和與其連接的生產設備之間，邊緣運算具有更低的通訊延遲和更快速地響應能力。因此，AMCoT框架的工廠端包含許多邊緣裝置，在本書中，每個邊緣裝置都被稱為一個虛實整合代理人(Cyber-Physical Agent, CPA) [2,3]，因為這些邊緣裝置可以整合虛擬的軟體世界與實體的製造環境。CPA可以為生產設備提供各種邊緣製造服務，如資料收集、資料前處理與分析、資料儲存、通訊，以及錯誤偵測和分類(FDC)、預測保養(PdM)等功能。

製造工廠通常擁有大量的生產設備，每一台生產設備可能包含許多需要被監測的關鍵組件。因此，CPA需要同時運行多個邊緣製造服務。所以，在全廠導入多個CPA時，就必須使得每個CPA的邊緣製造服務皆可透過網路管理，且具備可插拔、隨插即用功能，這是一項複雜且具有挑戰性的任務。在AMCoT框架中，我們基於新一代容器(Container)技術：Docker [10]和Kubernetes [12]，提出一個CPA的快速部署機制(RCS$_{CPA}$)，並將CPA容器化，就可藉由容器技術的特性與優點有效地解決上述全廠導入大量的CPA且透過網路穩健維運大量邊緣製造服務之難題。在本章中，CPA的容器化版本以CPA$_C$來表示。

如第5章所述，新一代虛擬化技術Docker容器相對於傳統虛擬機有很多優勢。例如，與虛擬機相比，Docker容器有更快的啟動時間，更少的資源消耗，且可替其所運行的應用程式，提供了一個自給自足且隔離的環境，並藉此實現「當建造一個容器化的應用程式，之後就可以在任何有安裝Docker執行環境的主機運行它」的優點。因此，RCS$_{CPA}$使用Docker技術來解決在邊緣裝置上運行CMfg服務所面臨的開發和維運(DevOps)問題[21]：例如解決開發和維運環境之間的不一致性，並提供統一的、自動化的方法來部署容器化的CMfg服務；此外，RCS$_{CPA}$也利用Kubernetes來協調和管理運行在邊緣裝置上的容器化CMfg服務。

AMCoT框架的雲端提供了資源豐沛的基礎設施以託管和運行一些與預測和大數據分析(BDA)相關的CMfg服務，這些雲端CMfg服務是以RESTful網路服務的形式實現，因此製造業可以很方便地透過網路按需調用它們。例如，調用全自動虛擬量測(AVM) [22-24]服務可以及時對工件進行線上虛擬量測，實現生產品質的全檢；調用智慧型預測保養(IPM)服務可以監控設備的健康狀態和預測設備的剩餘壽命(RUL)；調用智慧型良率管理(IYM)服務可以找到影響良率的根本原因，進而提高良率；調用大數據分析服務可以儲存和處理全廠與生產相關的大數據。由於雲端運算基礎設施擁有豐富的資源，這些雲端CMfg服務可以支援全工廠內甚至跨工廠的智慧製造活動。

建造一個CMfg服務的流程主要包括以下幾個步驟：(1)打開整合開發環境(IDE)。(2)創建網路服務(WS)專案。(3)加入實現CMfg服務功能所需的函式庫。(4)撰寫Web Methods (或Web API)的程式碼。(5)建置(Build)網路服務專案，以生成CMfg服務包。(6)測試CMfg服務。(7)必要時對CMfg服務程式碼進行除錯和修改。(8)將創建的CMfg服務部署到目標環境中。因此，手動建造CMfg服務既複雜又容易出錯。為了解決這個問題，我們在AMCoT框架的雲端，提出一個製造服務自動建造機制(Manufacturing Services Automated Construction Scheme, MSACS) [25]，它可以讓使用者只需要操作網頁，就可以高效地創建和部署CMfg服務。

此外，因為在容器中運行應用程式已經成為軟體世界的趨勢，且容器技術可以為製造業的軟體供應鏈帶來好處，我們也在AMCoT框架的雲端提出一個容器化製造服務自動建造機制(即MSACS$_C$)。MSACS$_C$是MSACS的延伸版本，它為CMfg服務添加了建造容器映像檔的機制，並將容器化的CMfg服務部署到目標Kubernetes叢集上。MSACS$_C$一樣可以讓使用者藉由操作網頁，就可以高效地創建和部署容器化CMfg服務。

本章的其餘小節說明如下：7.2節介紹AMCoT框架的關鍵元件，包括雲端和工廠端。7.3節描述CPA和CPA$_C$的框架設計原理。7.4節說明RCS$_{CPA}$的設計和應用案例。7.5節描述建造在雲端的大數據分析應用程式平台。7.6節是MSACS的研發說明，而7.7節介紹MSACS$_C$。最後，7.8節是本章的總結。

7.2　AMCoT框架的關鍵元件

本節將詳細闡述AMCoT [3]框架的關鍵元件。為了方便解釋，圖7.1再次展示了第6章所提到的AMCoT框架架構。AMCoT框架由兩部分組成：雲端和工廠端。雲端提供了豐富的運算資源基礎設施，主要用來建造、託管和運行各種CMfg服務和容器化的CMfg服務。這些CMfg服務可以透過網路被製造業按需調用，藉此支援工廠內甚至跨工廠的智慧製造活動。而工廠端是由許多CPA組成，利用邊緣運算技術為生產設備提供專用且響應敏捷的製造服務。7.2.1節將描述雲端的關鍵元件，7.2.2節將說明工廠端的關鍵元件，而7.2.3節將展示基於AMCoT框架的智慧製造平台範例。

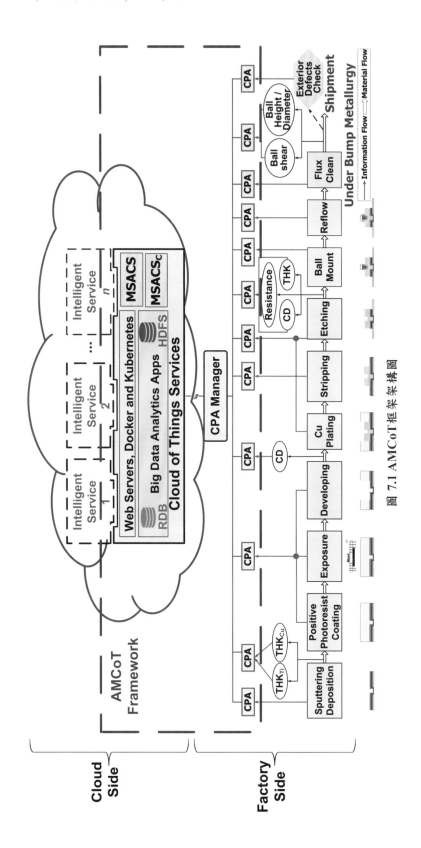

圖 7.1 AMCoT框架架構圖

7.2.1 雲端的關鍵元件

在AMCoT框架的雲端部分包含以下五個關鍵元件：

(1) 網路伺服器——用於託管和運行各種智慧CMfg服務：

因為CMfg服務可以用不同的程式語言來實現，所以需要不同類型的網路伺服器。例如，網際網路資訊服務(Internet Information Services, IIS)就是負責用來託管C#程式語言所撰寫的CMfg服務，Apache Tomcat®則是被用來託管Java程式語言所編寫的CMfg服務。CMfg服務是以RESTful網路服務的形式建造的獨立軟體模組。因此，我們可以根據製造業的需求，藉由隨插即用的方式將各種CMfg服務添加到雲端中，如圖7.1上半部所示。

(2) 製造服務自動建造機制(Manufacturing Services Automated Construction Scheme, MSACS) [25]——用於高效率地建造智慧CMfg服務，並將其部署到網路伺服器：

手動建造CMfg服務涉及很多繁瑣且容易出錯的工作(例如，創建WS專案、導入相依性套件、撰寫網路服務程式、除錯等等)。此外，CMfg服務的開發人員需要擁有足夠的知識和技能，才有能力撰寫不同類型的網路服務。因此，我們提出MSACS並將其部署在雲端中，讓工程師可以高效率地建造CMfg服務。

(3) Docker和Kubernetes環境——用於託管和管理容器化CMfg服務：

新一代虛擬化技術Docker容器[10]允許「建造一個容器化的應用程式，之後就可以在任何有安裝Docker執行環境的主機運行它」。此外，Docker容器擁有下列優點：可替其所運行的應用程式，提供了一個自給自足且隔離的環境、更少的資源消耗、更快的啟動時間，可以用來改善CMfg服務的軟體供應鏈。亦可解決DevOps的不一致性，提供持續整合/持續交付(CI/CD)功能。因此，為了利用Docker容器的優勢來強化AMCoT框架，雲端包含了許多Docker主機，作為託管和運行容器化CMfg服務的環境，其中Docker主機指的是有安裝Docker軟體的虛擬機。此外，為了自動管理和編排容器化CMfg服務，我們使用Kubernetes [12]創建一個混合型Kubernetes叢集。這個Kubernetes叢集是由Kubernetes主節點(Kubernetes Control Plane)及一些Kubernetes工作節點(Kubernetes Worker Nodes)，每一台Kubernetes節點都是Docker主機，Kubernetes Control Plane的作業系統為Linux (Ubuntu)，而Kubernetes Node的作業系統可以是Linux (Ubuntu)或Windows (Windows Server 2019)。

(4) 容器化製造服務自動建造機制MSACS_C——用於創建和部署容器化CMfg服務

與手動建造CMfg服務相比，手動建造容器化CMfg服務涉及更多的工作。為了讓使用者可以高率效地創建和部署容器化CMfg服務，我們在AMCoT框架的雲端也提出了MSACS_C。MSACS_C是MSACS的延伸版本，它可以將MSACS創建的CMfg服務打包成Docker映像檔，然後為建造容器化CMfg服務設計所需的YAML (Yet Another Markup Language)配置檔。最後，MSACS_C可以將所建立的YAML檔部署到目標Kubernetes叢集。之後Kubernetes叢集就會根據YAML檔創建、運行和調配所需的容器化CMfg服務。

(5) 大數據分析平台——用於儲存和處理跟製造相關的大數據：

大數據分析平台是由HDFS (Hadoop Distributed File System)、關聯式資料庫(Relational DataBase, RDB)和多個大數據分析相關的應用程式所構成。HDFS主要用於儲存、複製跟生產相關的歷史資料，歷史資料可以達到TB、PB甚至更大的規模。RDB主要是替有時效性的應用程式(如FDC系統)保存和提供資料量較小的即時數據。

7.2.2 工廠端的關鍵元件

工廠端的關鍵元件是由許多CPA和CPA管理者所組成。以下關於CPA的描述也適用於容器版的CPA_C。每個CPA皆實現及部署於邊緣裝置上，CPA能夠透過各種協定/介面與各種實體對象(如工具機、設備、裝置和感測器)進行通訊，並收集資料；此外，CPA還可以與其他網路系統(如雲端上的CMfg服務)，或是跟其他CPA溝通；CPA也藉由可嵌入式應用模組(PAM) [26]向與之連接的設備提供製造服務。CPA管理者是負責管理全廠的CPA，工廠中的每一台CPA都需要向CPA管理者註冊自己，CPA管理者也可以透過網路監控和管理工廠內的所有CPA。

7.2.3 基於AMCoT框架的智慧製造平台範例

圖7.2是一個基於AMCoT框架所建造並應用於半導體凸塊製程的智慧製造平台範例。雲端提供三種CMfg服務(即AVM、IPM和IYM服務)來支援凸塊製程中的智慧製造活動。因為我們可以根據不同製造業的需求，以即插即用的方式將不同的CMfg服務添加到雲端平台上，所以，本AMCoT框架也已經成功導入汽車業、吹瓶機業、航太等產業。

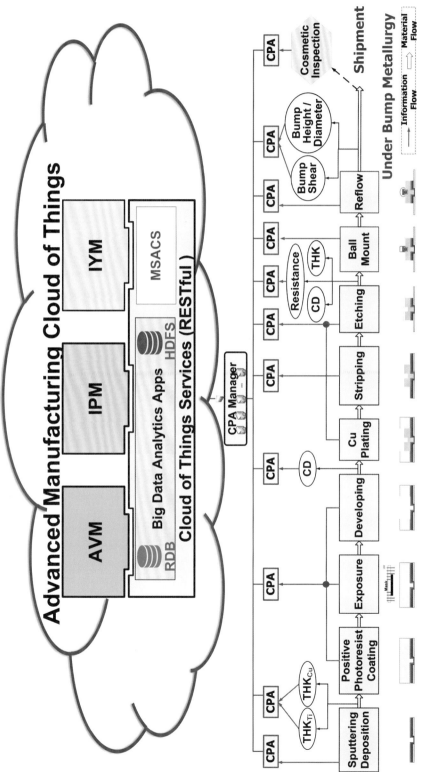

圖 7.2 基於 AMCoT 框架所建造的智慧製造平台——應用在半導體凸塊製程

來源：經同意由[3]重製 © 2017 IEEE

7.2.4 小結

基於AMCoT框架，可替製造業建造屬於其需求的智慧製造平台。AMCoT是由雲端和工廠端組成。雲端基礎設施提供了豐富的運算資源和工具(如MSACS和MSACS_C)來建造、託管和運行各式CMfg服務和容器化的CMfg服務。它可以透過網路按需使用，並支援製造業全廠甚至跨工廠的智慧製造活動。工廠端是由許多CPA (或CAP_C)組成，利用邊緣運算為設備提供專用且響應敏捷的製造服務。本節依次介紹雲端和工廠端的關鍵元件。最後，利用AMCoT框架建造了一個智慧製造平台，並將其應用到半導體凸塊製程中。

7.3 虛實整合代理人(CPA)

本節介紹CPA [2,3]和CPA_C的框架設計。7.3.1節描述CPA的框架，而7.3.2節介紹CPA_C的框架設計。

7.3.1 CPA框架

圖7.3為CPA的框架圖，它是由控制核心(CK)、資料收集管理者(DCM)、資料收集計畫(DCP)、資料收集報告(DCR)、通訊服務(Communication Serivce)、應用程式介面(Application Interfaces)及設備驅動介面(EDIs)組成。其中通訊服務可透過Web API代理人、雲端代理人和其他代理人與外界通訊；應用程式介面可連接包括特徵萃取、資料前處理等可嵌入式應用模組；而設備驅動介面可透過OPC統一架構(OPC-UA)、EtherCAT、MTConnect、SECS/GEM、Interface A等介面進行資料收集。

開發EDIs是為了使CPA能夠收集各種感測器、設備和機器的資料，讓CPA能夠從智慧工廠的各種事物中收集資料。首先，OPC-UA驅動可以讓CPA利用機器對機器的通訊協定存取各種工業設備。其次，EtherCAT驅動允許CPA透過乙太網進行通訊和資料採集，藉此滿足即時的自動化需求。第三，透過MTConnect驅動提供的資料交換協定，可以讓CPA收集工具機的資訊。第四，利用SECS/GEM驅動和Interface A驅動可讓CPA建立與半導體生產/量測設備之間的連線。由於EDIs的設計是可隨需抽換的，因此可以很容易地在EDIs中添加其他類型的資料收集驅動應用程式，藉此擴展CPA的資料收集能力。如此的設計可讓CPA透過上述所有協定/介面實現虛實整合的資訊溝通代理人。

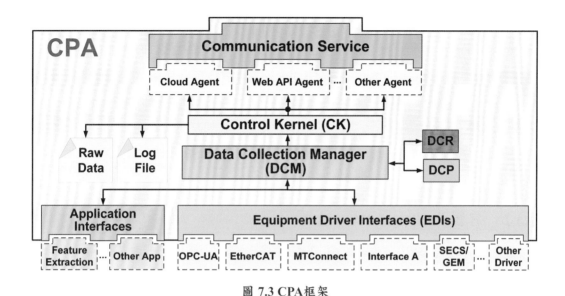

圖 7.3 CPA框架

　　應用程式介面是為了讓CPA可以用隨插即用的方式添加各種可嵌入式應用模組(Pluggable Application Module, PAM) [26]而設計的。CPA中的每個PAM都被設計為可抽換的，藉此滿足不同的需求，允許用戶替換成他們需要的任何PAM。例如，資料前處理(資料清理、資料正規化、資料品質檢查等)和特徵萃取是兩種常見的PAM。

　　資料收集管理者(DCM)負責處理和管理透過EDIs所收集的資料。資料收集管理者可以透過通訊服務(Communication Service)接收從AMCoT的雲端服務發送過來的資料收集計畫(DCP)，DCP可以是XML (Extensible Markup Language)檔或是JSON (JavaScript Object Notation)檔。根據資料收集計畫，資料收集管理者會要求EDI開始收集資料，然後將所收集到生產資料和相對應的量測料打包成資料收集報告(DCR)，DCR可以是XML檔或JSON檔。之後，資料收集管理者再透過通訊服務將資料收集報告上傳至AMCoT雲端服務。

　　控制核心(CK)負責CPA中各個模組之間通訊與控制。原始資料和日誌文件被儲存在CPA中，與雲端資料庫相比，它們強調了即時性。在製造過程中，資料收集管理者透過EDI不斷收集被加工工件的相關生產資料，並透過控制核心將其儲存成原始資料文件或日誌文件。在這種情況下，所採集的生產資料可能包含感測器/製程資料、量測資料、製程/加工參數、CPA狀態、使用者資訊等。

由於CPA需要與外部網路系統(如AMCoT的雲端服務)進行通訊，例如：發送/接收資料收集計畫、資料收集報告等，因此我們採用RESTful網路服務技術實現通訊服務(Communication Service)。基於REST的網路服務僅依賴於超文本傳輸協定(HTTP)，可以輕鬆地在網際網路上實現異質系統之間的互操作性。因此，透過RESTful網路服務作為CPA之間的通訊基礎設施，我們可以建造一個基於CPA的物聯網，讓工廠內的CPA可以進行彼此之間的橫向溝通。基於RESTful網路服務也可被用在雲端服務和CPA之間的垂直通訊。

7.3.2 容器化CPA (CPA$_C$)框架

CPA$_C$的框架如圖7.4所示。CPA$_C$是CPA的容器化版本，它是Kubernetes叢集的一個節點。Pod是Kubernetes的最小部署和執行單位。Pod可以包含和運行一個或多個容器化應用程式。在設計CPA$_C$框架時，首先對CPA內的模組進行容器化，包括容器化控制核心(CK$_C$)、容器化資料收集管理器(DCM$_C$)、容器化設備驅動(如OPC-UA$_C$、EtherCAT$_C$、MTConnect$_C$、SECS/GEM$_C$、Interface A$_C$等容器化驅動)、容器化可嵌入式應用模組(如Feature Extraction$_C$和其他App$_C$)，以及容器化通訊代理(如Cloud Agent$_C$、Web API Agent$_C$和其他容器化代理)。

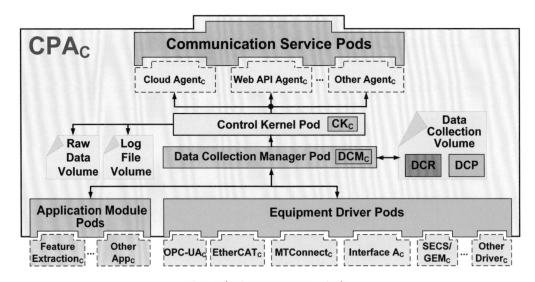

圖 7.4 容器化CPA(CPA$_C$)框架

上述的元件容器化後，會在各自的Kubernetes Pod中運行。CK$_C$在控制核心Pod中運行。DCM$_C$運行在資料收集管理器Pod中。每個容器化的設備驅動程式在設備驅動Pod中運行。每個容器化應用程式模組則是運行在應用程式模組Pod中。最後，每個容器化通訊代理運行在一個通訊服務Pod中。

在Kubernetes節點中，一個Pod可能會在創建後死亡，然後被一個新創建的Pod取代，這種狀況是正常的。如果我們在Pod中儲存資料，當Pod死掉後，儲存在Pod裡面的資料將會消失。相反的，如果我們將資料儲存在位於Pod外部的持久卷(Persistent Volume)中，當Pod死亡之後，替換後的Pod依舊可以存取儲存在持久卷中的資料。因此，為了持久化資料的儲存，CPA$_C$的資料會儲存在Pod外部的各種持久卷當中。資料收集計畫和資料收集報告都會存放在資料收集持久卷中。原始資料文件則是儲存在原始資料持久卷中。日誌文件存在日誌文件持久卷中。

透過這種設計，Kubernetes Control Plane節點可以根據為CPA$_C$設計的YAML檔，自動創建CPA$_C$中的Pods和持久卷。然後，Kubernetes Control Plane節點就會開始調配和監控在Pod中運行的所有容器，讓CPA$_C$可以穩健地運作。

7.3.3　小結

本節分別介紹了CPA和CPA$_C$的框架設計。CPA被設計成一種邊緣裝置，它讓AMCoT框架得以實現虛實整合的互動能力。CPA$_C$是CPA的容器化版本。

CPA的主要目的是資料收集，可透過OPC-UA、EtherCAT、MTConnect、Interface A、SECS/GEM等多種設備驅動介面進行資料收集；CPA也能以可嵌入式應用模組(PAM)的形式同時託管和運行各種邊緣製造服務，如資料前處理、特徵萃取、錯誤偵測和分類、生產品質預測等。CPA還擁有通訊服務，可與工廠內其他CPA以及雲端CMfg服務互相通訊。透過使用RESTful網路服務作為CPA之間的通訊基礎設施，我們可以打造一個基於CPA的物聯網，實現工廠內CPA之間的水平整合，以及和雲端CMfg服務互動的垂直整合。

在設計CPA$_C$框架時，首先對將CPA內的各個元件容器化，接著，這些容器化的元件會在各自的Kubernetes Pod中運行。此外，CPA$_C$的資料文件儲存在Pod外部的各種持久卷中，讓CPA儲存的資料可以持久化。CPA$_C$被設計成一個Kubernetes叢集的節點，因此，Kubernetes Control Plane節點可以協調和監控所有運行在各個Pod中的容器化程式，讓CPA$_C$可以穩健地運作。

7.4 基於Docker和Kubernetes的CPA快速建造機制 (RCS_CPA)

本節介紹了基於Docker和Kubernetes (K8s)的CPA快速建造機制RCS_CPA (Rapid Construction Scheme of CPAs)的設計。7.4.1節描述開發RCS_CPA的背景和動機，7.4.2節解釋RCS_CPA的系統架構，7.4.3節講解RCS_CPA的核心功能機制，最後，7.4.4節展示了一個產業的研案案例，藉此證明RCS_CPA的有效性和效益。

7.4.1 背景與動機

如7.1節所述，新一代虛擬化技術——Docker容器[10]與傳統虛擬化技術——虛擬機相比有很多優勢。一旦在開發端建立了一個容器化應用程式，它就可以在任何有安裝Docker的環境中運行。此外，Kubernetes是目前用來編排容器的主流工具，而RCS_CPA正是基於Docker和Kubernetes [12]技術開發而成，主要是用於快速建造CPA_C (即CPA的容器化版本)。更具體地說，RCS_CPA利用Docker容器的優勢來解決需浪費大量時間調整開發和維運環境不一致的DevOps問題。此外，RCS_CPA利用Docker提供了一種統一的方法來創建和部署PAM_C，以及其他容器化的元件到CPA_C中。除此之外，RCS_CPA使用Kubernetes來託管和協調PAM_C和其他CPA_C的容器化元件，並提供相對應的機制來確保它們能夠在CPA_C中穩健運行。

RCS_CPA的優點如下：首先，RCS_CPA使用Docker容器來打包應用程式，這樣在CPA_C中每個容器化應用程式都可以與其他容器化應用程式在相互隔離的環境中運行；第二，RCS_CPA提供了一個用來自動建立和發布容器映像檔的自動創建機制；第三，RCS_CPA包含PAM_C的自動化部署機制，可用來自動化部署和更新PAM_C到CPA_C中；第四，RCS_CPA具有計算資源管理機制，允許使用者在CPA_C中設定PAM_C可消耗的計算資源限制條件；第五，RCS_CPA提供了PAM_C的負載平衡、水平擴展、故障轉移和健康檢查機制，使得CPA_C的所有功能都可穩健運作；第六，RCS_CPA有一個基於雲端運算的管理平台，可藉此平台管理CPA_C和每個CPA_C內部的容器化應用程式。

7.4.2　RCS_CPA系統架構

圖7.5為RCS_CPA的系統架構，它包括開發端、雲端和工廠端。

在開發端方面，每個容器化應用程式(CA)由以下四個部分組成：

(1) CA_CBI (CA的容器基礎映像檔)：CA_CBI由基礎作業系統映像檔、程式語言的執行環境和相依性套件(Bin/Libs)組成。CA_CBI為建造CA容器映像檔的基本映像檔。

(2) CA_ASC (CA的應用程式源始碼)：CA_ASC可以是純文字的應用程式程式碼(例如，用Python或R編寫的應用程式程式碼)，也可以是能在各自程式語言執行環境中執行的已編譯過的應用程式程式碼(例如，用Java或C#編寫的已編譯過的應用程式程式碼)。透過使用Docker建造命令和設計過的Dockerfile，CA_ASC會被打包在CA_CBI之上，藉此生成CA的容器映像檔，作為創建CA的樣板。

(3) CA_KCF (CA的Kubernetes設定檔)：CA_KCF由YAML檔組成，主要是用來創建CA的Kubernetes物件。透過使用Kubectl命令，可以將CA_KCF傳送到Kubernetes Control Plane節點，然後根據CA_KCF內的條件建立CA的Kubernetes物件並運行在Kubernetes節點上。

(4) CA_SS (用於將和CA相關的各種任務自動化所需之Shell腳本)：為了執行與CA相關的任務，我們需要在命令行控制台(如Windows的CMD和Powershell，或是Linux的終端機等)中輸入相關的命令。舉例來說，我們可以使用Docker命令來建造CA的容器映像檔，然後將它們推送到映像登記庫中。我們還可以使用Docker命令從映像登記庫中下載一個容器映像檔，然後將此容器映像檔運行成一個CA。我們需要使用Kubectl命令與Kubernetes Control Plane節點互動，例如：部署、更新和刪除運行在Kubernetes節點中的CA。因此，CA_SS檔案是Docker和Kubectl命令的集合，以及與CA相關的自動化任務命令列表。CA_SS由許多類似的shell腳本所組成。

AMCoT_C的雲端平台提供一個映像檔登記庫(Image Registry，例如Docker Hub)——用來儲存從開發端上傳的各種CA_CBI，以及一個程式碼儲存庫(Code Repository，例如GitLab)——用來儲存已開發的CA_ASC、CA_KCF和CA_SS。AMCoT_C的雲端平台也包含1個映像檔管理器(Image Manager)——提供網頁圖形化界面(Web GUI)以用來管理映像檔登記庫、1個程式碼管理器(Code Manager)——提供網頁圖形化界面以用來管理程式碼登記庫，以及1個身分驗證(Authentication)服務——負責驗證存取映像管理器和程式碼管理器的使用者身分。

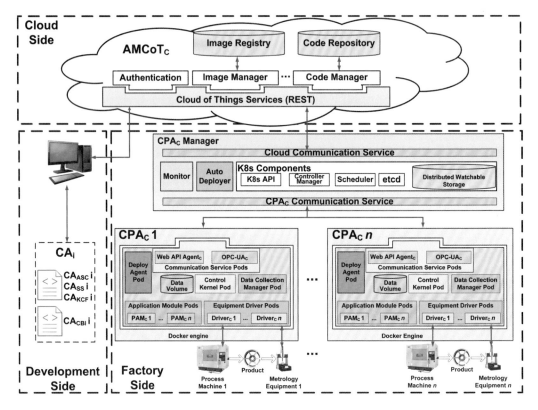

圖 7.5 RCS_{CPA}系統架構

圖 7.5 RCS$_{CPA}$系統架構

在工廠端，我們開發了一個CPA$_C$管理器(Manager)作為Kubernetes Control Plane節點，也設計許多CPA$_C$，每一個CPA$_C$被部署成Kubernetes的工作節點，每個工作節點都與一個生產設備相連接。CPA$_C$管理器除了具有Kubernetes Control Plane節點的元件(例如：K8s API，Controller Manager、Scheduler、etcd等)，還包含1個自動部署器(Auto Deployer)。自動部署器使用Shell腳本調用Kubernetes API以便在CPA$_C$中創建和管理Pod，進而自動化地完成與PAM$_C$相關的部署任務。如圖7.5所示，CPA$_C$是Kubernetes工作節點，因此安裝了Docker引擎(Engine)。CPA$_C$由容器化的元件(如Web API Agent$_C$、CK$_C$、DCM$_C$和Equipment Driver$_C$)和PAM$_C$組成，其運行在各自的Pod中。我們在每個CPA$_C$中設計1個部署代理人(Deploy Agent)，可藉由Shell腳本與CPA$_C$管理器的自動部署器相互合作，完成PAM$_C$的自動化部署和更新任務。容器化部署代理人(即Deploy Agent$_C$)運行在部署代理人Pod中。

RCS$_{CPA}$的工作流程描述如下：

1. CPA$_C$管理器者由Kubernetes Control Plane節點和自動部署器組成。因此，CPA$_C$管理器可以透過執行設計過的Shell腳本，創建和初始化Kubernetes Control Plane節點，然後將自動部署器部署到所創建的Kubernetes Control Plane節點上。

2. 接著，透過運行設計好的Shell腳本創建和初始化一個Kubernetes工作節點，然後將容器化部署代理人和其他CPA$_C$的容器化元件部署到所創建的Kubernetes工作節點，自動地建造每個CPA$_C$。

3. 為了將PAM$_C$下載到目標CPA$_C$中，會先挑選所需的CA$_{CBI}$和相關聯的CA$_{SS}$和CA$_{ASC}$，並把CA$_{CBI}$、CA$_{SS}$和CA$_{ASC}$從雲端下載到目標CPA$_C$。然後，將所下載的CA$_{CBI}$部署成容器，並運行在PAM$_C$的Pod。

4. 為了在目標CPA$_C$中運行下載下來的PAM$_C$，被下載下來的CA$_{ASC}$會先被傳送到一個持久卷(Persistent Volume)。然後在PAM$_C$的Pod中執行CA$_{ASC}$。透過這種將CA$_{ASC}$與CA$_{CBI}$分離，並將在一個持久卷中的CA$_{ASC}$執行成容器程式的設計，可以大幅節省CA的更新時間。這是因為當我們需要更新容器化程式時，只需下載更新過的CA$_{ASC}$，不需要再次下載CA$_{CDI}$，而通常CA$_{CBI}$的大小遠比CA$_{ASC}$大得多。

7.4.3　RCS$_{CPA}$核心功能機制

本節將介紹RCS$_{CPA}$提供的一些核心功能機制。

7.4.3.1　水平自動擴展機制

圖7.6是RCS$_{CPA}$提供的PAM$_C$水平自動擴展機制示意圖，其工作流程說明如下。

假設使用者想要更改一個PAM$_C$副本的數量(例如，容器化BPM模組，在此以BPM$_C$代表)。使用者會根據需求修改BPM$_C$的CA$_{KCF}$，藉此增加或減少BPM$_C$ Pod副本的數量。

步驟1：將修改過的CA$_{KCF}$傳送到自動部署器，接著，呼叫CPA$_C$管理器中的K8s API。

步驟2：Kubernetes Control Plane節點監看BPM$_C$ Pod目前的副本數量，並根據修改後的CA$_{KCF}$，判斷所需副本數量和目前副本數量之間的差異。

步驟3：Kubernetes Control Plane節點根據步驟2判斷的結果，自動增加或減少Kubernetes工作節點中的BPM$_C$ Pod總數，以完成BPM$_C$的水平自動擴展。

值得注意的是，所有創建的BPM$_C$ Pods都是被BPM$_C$的Kubernetes Service物件(即S$_{BPM}$)控管，Kubernetes Control Plane節點可以決定每個BPM$_C$ Pod要運行在哪個Kubernetes工作節點上。我們也可以強制所有BPM$_C$ Pods運行在同一個Kubernetes工作節點上(例如，CPA$_C$ n)。

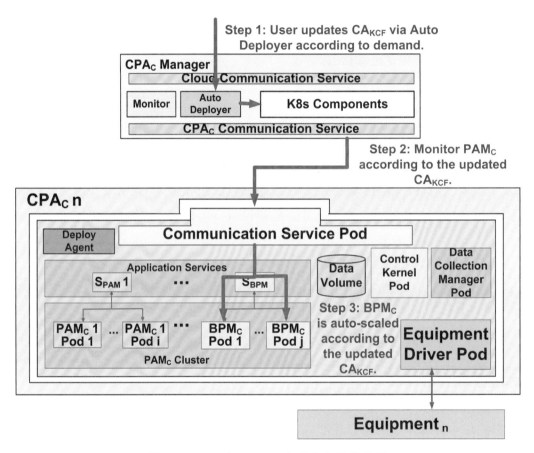

圖 7.6 RCS$_{CPA}$中的PAM$_C$水平自動擴展機制

7.4.3.2 負載平衡機制

圖7.7是RCS$_{CPA}$提供的PAM$_C$負載平衡機制示意圖，工作流程描述如下。

假設一個BPM$_C$想要存取容器化MySQL伺服器(即MySQL$_C$)，而這個MySQL$_C$有兩個副本在它們各自的Pod中運行。MySQL$_C$的Kubernetes Service物件命名為Service$_{DB}$，Service$_{DB}$存取埠號(Port)為30306，而底層MySQL$_C$ Pod取存埠號為3306。

步驟1：BPM_C使用埠號30306向Service_DB發出請求。

步驟2：ServiceDB根據負載平衡規則(如Round-Robin演算法)轉發請求。

步驟3：ServiceDB根據負載平衡規則，使用埠號3306將請求轉發到其底層其中一個MySQL_C Pod中。

步驟4：選定的MySQL_C從Data Volume中的資料庫中搜尋所需的資料，並將其回傳給BPM_C。

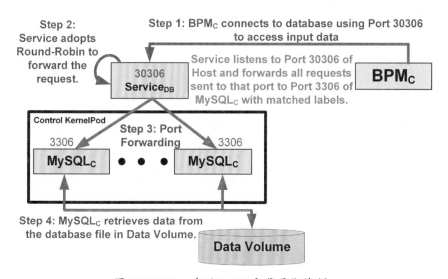

圖 7.7 RCS_CPA中的PAM_C負載平衡機制

7.4.3.3 故障移轉機制

圖7.8為RCS_CPA中的PAM_C故障轉移機制示意圖，其工作流程說明如下。

假設BPM_C的Kubernetes Service物件為S_BPM，而S_BPM管控數個BPM_C Pod。

步驟1：當其中一個BPM_C Pod故障時。

步驟2：Kubernetes Control Plane節點會定期監控叢集內所有的Pod。

步驟3：S_BPM透過健康檢查機制發現有一個BPM_C Pod發生故障，並上報給Kubernetes Control Plane節點。

步驟4：Kubernetes Control Plane節點就會在目標Kubernetes工作節點中再創建一個新的BMP_C Pod，並替換掉已經失效的BMP_C Pod。

步驟5：新創建的BMP_C Pod會加入到S_BPM的監管行列中，如此就完成BPM_C的故障轉移過程。

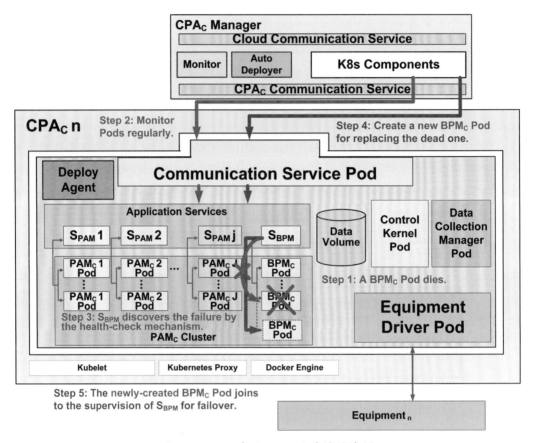

圖 7.8 RCS$_{CPA}$中的PAM$_C$故障轉移機制

7.4.4 RCS$_{CPA}$在製造業的應用案例

7.4.4.1 實驗設置

　　我們使用UP Board[2] [27]架設1個CPA$_C$管理器和4個CPA$_C$。在本實驗中被創建的Kubernetes叢集包含一個Control Plane節點和四個工作節點。UP Board[2]的規格如下：作業系統：Ubuntu 16.04 TLS x64；中央處理器：4 Core 2.5 GHz (Intel Pentium)；記憶體：8GB DRAM (LPDDR4)；Docker版本：18.33.1-ce build 9ee9f40；Kubernetes版本：v1.10.3。

　　雲端環境說明如下。映像檔登記庫和映像檔管理器創建在Docker Hub [28]中。程式碼登記庫和程式碼管理器創建在我們的私有雲的GitLab中。Linux作業系統版本為Ubuntu 16.04。

7.4.4.2 實驗結果

1. Kubernetes叢集創建的結果：

從圖7.9可知，一個Kubernetes叢集已被建立，此叢集是由一個Control Plane節點(即upb-01)和四個工作節點(即upb-02、upb-03、upb-04、upb-05)組成。

```
root@upb-01:/home/autolab# kubectl get node
NAME      STATUS    ROLES      AGE      VERSION
upb-01    Ready     master     2m39s    v1.14.5     one control plane node
upb-02    Ready     <none>     2m13s    v1.14.5
upb-03    Ready     <none>     90s      v1.14.5     four worker nodes
upb-04    Ready     <none>     2m2s     v1.14.5
upb-05    Ready     <none>     106s     v1.14.5
```

圖7.9 擁有1個Control Plan節點和4個工作節點的Kubernetes叢集

2. 4個擁有負載平衡功能的BPM$_C$ Pod

我們使用Kubernetes的Web儀表板來觀察負載平衡機制的測試結果。從圖7.10可知，本實驗部署的BPM$_C$ (用bpm-deployment表示)有4個Pod可以用來實現負載平衡，而目前這4個Pod狀態都是健康的(用4/4表示)。

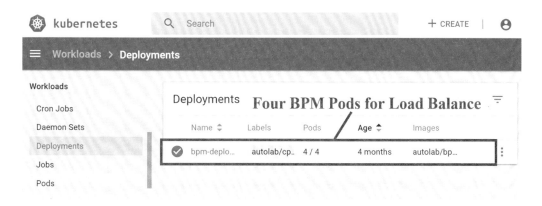

圖7.10 BPM$_C$有4個Pod可以用來實現負載平衡機制

從圖7.11可知，BPM$_C$的4個Pod被分配到不同的節點(即upb-02、upb-03、upb-04和upb-05)，此分配方式是為了實現應用程式的故障轉移和高可用性。

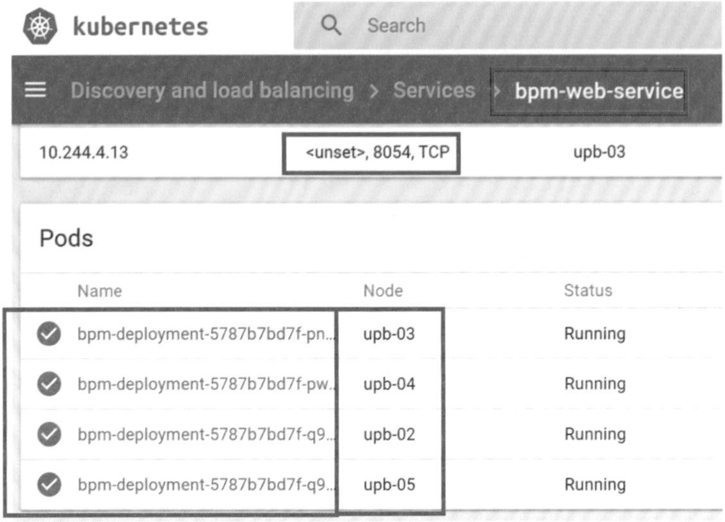

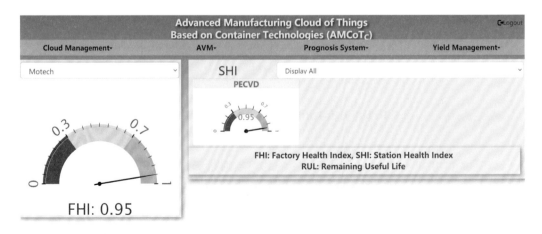

圖 7.11 BPM$_C$的4個Pod被分配和部署在不同的節點上

3.　BPM$_C$應用程式測試結果

　　在此以某太陽能電池製造廠的離子體增強化學氣相沉積(PECVD)機台導入基於BPM演算法的預測保養(PdM)為研究案例。圖7.12為基於BPM$_C$的機台健康狀況看板。如圖7.11所示，系統中的BPM$_C$包含4個Pod，這4個Pod雖然被分配到不同的節點上，但就系統來說這4個Pod仍然視為同一個工作個體。因此，與運行在非容器環境中的原生BPM演算法相比，透過7.4.3節中提到的負載平衡和故障轉移機制，BPM$_C$可以更穩健地運行。

圖 7.12 運算BPM$_C$之機台健康狀態檢視畫面，其內包含4個Pod且被分配到不同節點

4. PAM$_C$的部署時間分析：

　　表7.1為2個PAM$_C$ (一個BPM$_C$和一個Forging$_C$)部署到一個CPA$_C$所花費的時間分析。所有部署任務都可以在沒有人工干預的情況下自動完成。從表7.1可知，下載容器基礎映像檔CA$_{CBI}$的時間佔用掉大部分的整體部署時間。下載Forging$_C$的CA$_{CBI}$ (約2 GB)耗時約14分18秒，下載BPM$_C$的CA$_{CBI}$ (約344 MB)耗時約2分47秒。值得注意的是，只有在第一次部署PAM$_C$的時候才需要下載CA$_{CBI}$。當後續如果有同一個PAM$_C$需要改版或升級時，我們不需要再次下載CA$_{CBI}$，只需花費下載和部署新版CA$_{ASC}$的時間。因此後續只需花費不到10秒就可以完成改版或升級。從上述結果可知，我們把CA$_{ACS}$和CA$_{CBI}$分離的設計方法是有效率的。

表 7.1 部署2個PAM$_C$ (1個BPM$_C$和1個Forging$_C$)到CPA$_C$所花費的時間分析

#	任務	花費時間
1	初始化Kubernetes Control Plane節點(CPA$_C$管理器)	42 秒
2	初始化CPA$_C$ (Kubernetes Node)	14秒
3	建立CPA$_C$框架並部署PAM$_C$	21秒
4	第一次下載Forging$_C$的CA$_{CBI}$到CPA$_C$	14分18秒
5	第一次下載BPM$_C$的CA$_{CBI}$到CPA$_C$	2 分 47秒
6	部署/更新Forging$_C$	7秒
7	部署/更新BPM$_C$	8秒

7.4.5 小結

　　本節介紹了基於Docker和Kubernetes技術的CPA快速建造機制RCS$_{CPA}$。RCS$_{CPA}$有效地運用Docker容器的優勢，使得PAM$_C$具有自動部署、水平自動擴展、負載平衡、自我修復、以及故障轉移等功能。PAM$_C$可以部署在全廠的邊緣裝置上，並藉此提供相對應的製造服務來支援各式智慧製造活動。最後，我們以某太陽能電池製造廠的PECVD設備為例，驗證RCS$_{CPA}$的有效性。測試結果顯示，RCS$_{CPA}$可以快速建造CPA，同時有效地解決開發和維運環境不一致的DevOps問題，並為容器化邊緣CMfg服務提供穩健的運行機制(如水平自動擴展、負載平衡、和故障轉移)。

7.5 大數據分析應用平台

在生產過程中，會以不同的速率產生各種不同的資料(例如，每毫秒、每秒、每分鐘、每小時、甚至每天產生一筆)。這些與生產相關的歷史資料累積起來可能會變成非常巨大；因此，如何儲存、處理和利用這些大數據是製造業的一個重要課題。AMCoT框架在雲端中提供一個BDA應用平台來解決上述大數據問題。7.5.1節介紹BDA應用平台的系統架構，7.5.2節描述BDA應用平台於處理大數據的效能評估。7.5.3節我們將BDA應用平台導入放電加工產業，針對其加工過程所產生的大數據進行儲存和處理。

7.5.1 大數據分析應用平台的系統架構

圖7.13 [3]為BDA應用平台的系統架構圖，我們使用Cloudera Distributed for Hadoop [29]在雲端上打造BDA應用平台。BDA應用平台由以下元件組成：

(1) HDFS：是一個可以處理和複製TB、PB、甚至更高容量的分散式檔案系統。HDFS中有四種資料儲存格式：Default Format、Parquet、Partition和"Parquet+Partition"。Parquet是一種欄位導向(Column-oriented)的檔案格式，旨在實現高效的數據儲存和檢索。Partition則是使用叢集技術，根據一些屬性(如日期)將數據區分為不同的子叢集。

(2) Impala：是一種SQL查詢引擎，可以將可擴展平行化資料庫技術導入Hadoop，讓使用者可以使用低延遲的SQL語法查詢儲存在HDFS中的資料。

(3) Spark：開源叢集計算框架，可以在記憶體進行資料的叢集計算，計算速度遠快於Map-Reduce。

(4) Hive：建立在Hadoop Map-Reduce之上的資料倉儲基礎設施，提供類似SQL的介面，讓使用者查詢儲存在各式與Hadoop整合之資料庫和檔案系統中的數據，如HDFS。如果製程相關數據過大，導致Spark無法處理，那就可以改採用Hive。

(5) RDB：關聯式資料庫，用來儲存有即時性需求的資料，如FDC系統的運算結果。

(6) Sqoop：是一個命令行介面應用程式，可以將RDB的歷史資料傳輸到HDFS，讓RDB維持良好的效能。

(7) 歷史資料處理器(Historical Data Handler)：可根據資料處理的時間和資料量的多
寡，自動地選擇要使用Impala、Hive或Spark等工具來存取HDFS中的歷史資料。

(8) 即時資料處理器(Real-Time Data Handler)：可以藉由ODBC或其他DB驅動程式
存取RDB的模組。

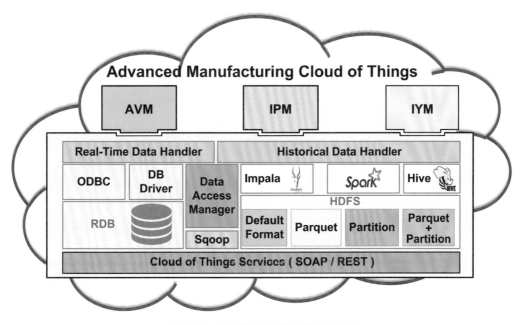

圖 7.13 大數據分析應用平台框架
來源：經同意由[3]重製© 2017 IEEE

7.5.2 大數據處理的效能評估

　　傳統的FDC系統採用關聯式資料庫來儲存製程相關的數據。但是，當記錄的
數據量超過幾百萬筆時，關聯式資料庫在查詢時效能就會變得很差。舉例來說，
我們要從一個晶圓廠內的FDC系統的3億筆記錄中查詢並獲取指定批次的歷史數
據(約187筆記錄)，大約需耗時超過3秒，但這樣無法滿足晶圓廠所需的資料查詢
時間限制。此外，關聯式資料庫也無法容納整個晶圓廠日益增長的生產數據。例
如，一個晶圓廠有50台設備，每台設備配備30個感測器，感測器的採樣頻率為
1 Hz。因此，按照上述頻率，該廠每天將會增加400萬筆資料，每月更是會增加1
億筆記錄。所以，為了保持關聯式資料庫的效能，一般的做法是把比較舊的歷史
數據移到其他資料庫中。

　　為了評估AMCoT框架中的BDA服務效能，我們將所建立的BDA應用平台套用在晶圓廠的大量生產數據處理的議題上。具體來說，我們利用Cloudera在一個擁有4個vCPU和32 GB記憶體的虛擬機(名稱節點)和另外3個虛擬機(數據節點)的環境上建造Hadoop生態系統，數據節點的每一台虛擬機都擁有4個vCPU和16 GB記憶體。BDA服務的客戶端是一台具有4個vCPU和4 GB記憶體的虛擬機。測試資料來源是從晶圓廠內的幾部蝕刻機台在一個月左右的歷史數據。總共約有1億筆資料，每筆記錄有32個欄位。我們將這些數據分別以四種數據格式(即Default Format、Parquet、Partition和"Parquet+Partition")儲存在HDFS中。

　　本研究案例中進行了2個實驗。在實驗1中，我們呼叫BDA服務來查詢一天內指定批次的生產數據。回傳的資料為187筆。實驗1的四種數據格式查詢時間比較圖如圖7.14所示，每個格式的總花費時間則在表7.2中。從表7.2可知，"Parquet+Partition"的查詢時間僅為0.086秒，對比Default Format的查詢時間，大約快了510倍。Parquet格式和Partition格式的查詢時間也比Default Format的查詢時間快上許多。

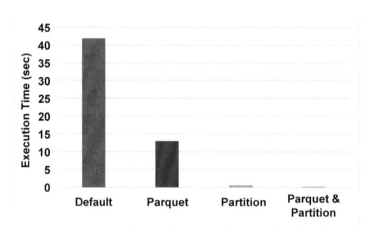

圖 7.14 4種資料格式在實驗1的查詢時間比較圖
來源：經同意由[3]重製© 2017 IEEE

　　在實驗2中，我們利用BDA服務查詢一天內特定三個欄位(即contexid、process_timetag和exh1_flowrate)的資料。回傳的資料筆數為40,424筆。實驗2的四種數據格式查詢時間比較圖如圖7.15所示，每個格式的總花費時間則在表7.2中。如表7.2所示，Partition格式和"Parquet+Partition"格式的查詢時間分別為2.377秒和

2.252秒,比Default Format的查詢時間快了約20倍。此外,從Parquet格式的查詢時間比Default Format快約3倍。

從上述測試結果可知,AMCoT框架的BDA服務能夠有效地儲存和處理大數據。此外,為了獲得良好的數據查詢效能,數據應儲存成Parquet格式或Partition格式。在這個案例中,把數據儲存為"Parquet+Partition"格式在查詢時可以獲得最佳的效能。

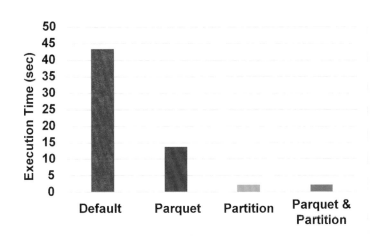

圖 7.15 4種資料格式在實驗2的查詢時間比較圖
來源:經同意由[3]重製© 2017 IEEE

表 7.2 4種資料格式在實驗1和2的查詢時間
來源:經同意由[3]重製© 2017 IEEE

實驗	Default	Parquet	Partition	Parquet & Partition
實驗1 (單位秒)	41.718	13.010	0.561	0.086
實驗2 (單位秒)	43.332	13.786	2.377	2.252

7.5.3 大數據分析在製造業的應用——放電加工

放電加工(Electrical Discharge Machining, EDM)是一種將工件浸泡在介質液體中,透過在刀把電極和工件(W2W)之間進行一系列快速循環的電流放電,將工件加工成想要的形狀。放電加工是一種廣泛應用在非常規材料去除的技術,可用於加工傳統加工技術難以加工的堅硬金屬或導電工件。放電加工的常見應用是在模具、汽車、航空航天和外科等零件的製造。

為了提高加工效率，通常會在放電加工的電極上使用超高頻電脈衝。例如，在微放電加工中，電極上的電壓信號的正常脈衝啟動時間和脈衝關閉時間分別為80 ns和120 ns。因此，要從這種高頻放電脈衝信號中獲取原始加工數據，需要透過有很高採樣頻率的探針。舉例來說，一個50 MHz示波器被用來收集安裝在微放電加工機台上的電壓和電流感測器訊號，此時數據生成的頻率是非常高的，例如，在加工一個深度為100 μm、直徑為3 mm的孔，整個放電加工的過程約需花費12分鐘，且資料量高達13 GB。這就使得放電加工在導入線上虛擬量測應用時，會在其特徵萃取的步驟面臨大數據處理議題。此外，放電加工中的電壓和電流信號變化迅速，也可能會有開路、短路、正常火花放電、電弧等不同的加工狀態。因此，如何從大量的原始加工數據中有效地萃取出放電波是一項具有挑戰性的任務。

本文提出了一個基於Spark和HDFS的高效大數據特徵萃取機制—放電加工的大數據處理機制(Big EDM Data Processing Scheme, BEDPS) [30]。圖7.16為所設計的BEDPS系統架構，包括三層：第一層為數據索引層—用於對原始加工數據檔案添加索引；第二層是使用Hadoop HDFS建造的數據儲存層—用於儲存索引後的數據檔案、放電波形檔和關鍵特徵檔；第三層是使用Spark建造的數據計算層—用於進行放電波形檢測和特徵計算。

BEDPS的工作流程描述如下[30]。首先，利用示波器和雷射測距儀分別收集放電加工機的電流、電壓訊號和刀尖位置信號等數據，並將收集到的數據以多個原始檔的方式儲存在PC中。然後，第一層的原始數據索引器會在原始數據檔中添加索引，並將索引後的原始數據檔儲存在第二層的數據儲存層中。接下來，會在第三層的數據計算層利用基於間隙的平行波形檢測(Parallel Gap-based Wave Detection, PGWD)機制對索引的原始檔進行處理，透過PGWD檢測出有效的加工波形，並產生相對應的加工波形檔(每個加工波形都會各自產生一個檔案)，再使用不跨節點的平行數據寫入(Zero-Crossing Parallel Data Writer)方法將生成的加工波形檔儲存回HDFS的數據儲存層。然後，通過基於記憶體的預載特徵計算機制，從HDFS中取回每一個加工波形，並在Spark中計算關鍵特徵，最後將關鍵特徵儲存到HDFS的關鍵特徵檔中。

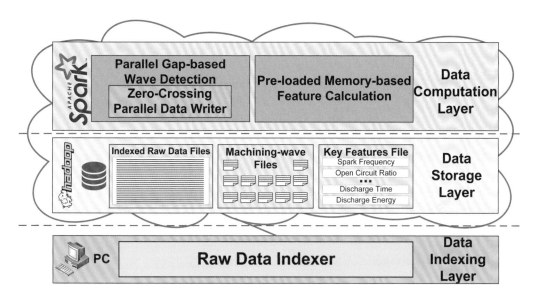

圖 7.16 BEDPS系統架構圖
來源：經同意由[30]重製© 2019 IEEE

我們利用台灣某CNC公司微放電加工過程的真實數據，對現有的系統和所提出的BEDPS進行測試。此測試數據是從放電加工過程中所收集的，其加工條件是：以2A作為放電電流，在NAK 80鋼鑽一個深度為100 μm、直徑為3 mm的孔。上述加工過程產生的資料儲存成約700個檔案中，總容量大小為13 GB。然後為了測試更大規模的數據，我們將原本13 GB的檔案，複製生成100 GB的測試數據。此外，還從原始13 GB的檔案萃取了部分的資料，產生一些較小規模的檔案，來進行此研究案例的場景驗證。

為了評估我們提出的BEDPS效率和有效性，我們在Spark中使用6個節點(1個Control Plane節點和5個工作節點)打造BEDPS的環境。每個節點均配置一個Intel(R) Xeon(R) E3-1220 v3@ 3.10 GHz的CPU，32 GB記憶體。另外，為了方便與現有系統進行比較，我們將原本的特徵萃取演算法用C#語言重新撰寫，並架設在規格為Intel(R) Core (R) i7-6700 @ 3.40 GHz CPU和32 GB記憶體的個人電腦上。

現有方法(標記為C#)和我們提出的BEDPS(標記為Spark)機制，在處理不同資料容量所需的執行時間比較如表7.3所示。在所有測試場景下，BEDPS在加工波形檢測和特徵計算都比現有方法更加有效率。例如，在處理大小為13 GB的資料時，BEDPS的總執行時間會比現有方法快上6.5倍(3.68分鐘V.S. 23.73分鐘)。細分來看，我們提出的BEDPS在加工波形檢測只需花費3.33分鐘，比現行方法的18.63分鐘提升約5.6倍的效率；而在特徵計算部分，BEDPS僅需0.35分鐘，現行的方法則是需要5.10分鐘，BEDPS快了約14.6倍。從表7.3還可發現，現有方法只能處理25 GB的資料量，因為現行方法只能依靠一台個人電腦上的32 GB記憶體來計算。而BEDPS卻可以處理到100 GB等級的數據，這意味著我們提出的BEDPS方法比現有方法具有更好的可擴展性。整個放電加工過程大約需要12分鐘。因此，從表7.2的實驗結果也顯示，本BEDPS能同時處理多台放電加工機台所產生的大數據，並能滿足線上全自動虛擬量測(AVM)的需求，而現有方法則無法滿足AVM線上即時預測的條件。因為AVM需要等待波現檢測跟特徵計算完成後，再將上述特徵值當成AVM系統的輸入參數，AVM系統才可進行線上品質預測。因為，EDM鑽一個孔約需花費12分鐘，現在方法要耗費23.73分鐘才完成波形檢測跟特徵計算，接著才把特徵值轉傳給AVM系統進行第1孔的線上品質預測，但實際上同一時間EDM機台已經在這段時間完成了第2孔加工，且第3孔的加工程序也快要結束。而我們提出的BEDPS則僅需3.68分鐘就可以完成波形檢測跟特徵計算，所以有充足的時間讓AVM系統進行第1個孔的線上品質預測，而同一時間，EDM機台正在進行第2孔的加工程序。

表 7.3 現有方法與本文提出的BEDPS在處理不同資料大小的總執行時間比較
來源：經同意由[30]重製© 2019 IEEE

資料容量 (GB)	執行時間(單位為分鐘)					
	加工波形偵測		特徵計算		總執行時間	
	C#	Spark	C#	Spark	C#	Spark
1	1.45	0.53	0.37	0.03	1.82	0.56
5	7.07	1.23	1.95	0.15	9.02	1.38
10	15.27	2.72	4.07	0.28	19.34	3.00
13	18.63	3.33	5.10	0.35	23.73	3.68
25	20.65	5.87	7.17	0.50	27.82	6.37
50	-	13.37		0.62	-	13.99
75	-	26.12		0.83	-	26.95
100	-	45.52	-	1.27	-	46.79

7.5.4 小結

為了儲存和處理與生產相關的大數據，AMCoT框架的在雲端部分提供了一個BDA應用平台。BDA應用平台是由負責儲存和存取大量歷史數據的HDFS、用於儲存和存取近期生產相關數據的RDMS (Relational Database Management System)以及多個BDA應用程式組合而成。本節介紹了AMCoT框架在雲端BDA應用平台的設計、效能評估和其在製造業的應用案例說明。

7.6 製造服務自動建造機制(MSACS)

本節將介紹MSACS的設計理念、實現方法和應用案例。7.6.1節說明開發MSACS的研究背景和動機，7.6.2節描述MSACS的三階段工作流程。7.6.3節為MSACS的系統架構設計，7.6.4節描述MSACS的核心元件設計。最後，7.6.5節介紹一個MSACS的應用案例，透過MSACS為製造業建造一個CMfg服務，藉此證明MSACS的有效性和效益。

7.6.1 研究背景與動機

雲製造(CMfg) [15-19]利用和延伸雲端運算(CC)的特點成為新一代製造的典範，是學術界和工業界的熱門研究項目。雲製造被認為是一種運算和服務導向的製造模式，是雲端運算的製造版本。雲製造將分散式製造資源(可以是硬體或軟體)封裝和虛擬化成為雲端服務，然後藉由網路按需調用雲端運算服務來支援各種製造活動。雲製造的應用範圍可以從設計、模擬、製造、測試、產品管理到整個產品生命週期內的所有其他任務。

雲製造在計算架構、資料儲存、操作流程和商業模型等方面都不同於傳統基於網路和代理人的製造模式。雲製造有滿足製造業日益增長需求的潛力，可以更靈活地生產客製化產品，也可支援全球化合作與協作，促進知識密集型創新，並提高響應市場變化的靈活性。因此，雲製造是一種新的製造典範，預期雲製造將可徹底改變製造業商業模式。

近年來，許多與雲製造相關的研究提出了許多技術和方法，嘗試將製造資源和能力虛擬化並封裝成雲端運算服務，亦提出許多與雲製造相關的架構和原型系統。Tao等人[18]研究了物聯網和雲端運算在製造業中的應用，提出了一個基於雲端運算和物聯網的雲製造服務系統，並分析雲製造、物聯網和雲端運算之間的關係。Chen等人[31]提出了一個具有自動擴展能力的雲製造框架，並將其導入工具機產業。Huang等人[32]為半導體產業開發一種基於雲端運算的AVM系統。Hung等人[33]為汽車鋁輪產業研發一個基於雲端運算的多租戶AVM模型建立服務。Lin等人[3]所研發之AMCoT智慧製造平台已成功應用於半導體、工具機、航太等多個製造產業。

如何將製造資源自動、高效地封裝和虛擬化到雲端服務中(即如何自動、高效地建造雲製造服務)是未來在推廣雲製造時一個重要且具有挑戰性的課題。在服務計算領域[34]中，已經有大量的文獻提出了用來解決服務組合(Service Composition)問題的方法，其核心概念是將多個現有的網路服務(Web Service)整合到工作流程中，並藉此創建新的加值服務。Tao等人[35]解決了製造服務面臨的關鍵供需匹配(Supply-Demand Matching, SDM)問題，並提出一個製造服務SDM模擬器，作為相關研究人員的統一研究平台。Paik等人[36]提出了一種可擴展的自動服務組合架構，基於現有雲端運算服務建立新的加值服務。Wang等人[34]提出一種考慮不確定性執行效果的基於Graphplan的網路服務自動組合方法。然而，這些過去與服務組合相關的文獻是假設要去組合一些已經存在的網路服務，但並未說明如何自動化去建造這些服務。雖然文獻[32,33]提出了將製造業使用的單機軟體函式庫包(Standalone Software Library Package, SSLP)建造成CMfg服務的系統化方法，但需要開發人員手動去建造CMfg服務。

如文獻[32,33]所述，手動將SSLP建造成CMfg服務需要做很多工作。首先，開發人員打開整合開發環境(IDE)，並選擇相應的網路服務專案樣板來創建網路服務專案(WSP)。接下來，開發人員操作IDE將SSLP添加到WSP中。然後，開發人員在網路服務或API的方法(Method)中呼叫所需SSLP的方法來完成網路服務的程式碼。在完成所有網路服務方法的程式碼後，開發人員使用IDE建置(編譯和連接)此網路服務專案來生成網路服務包(Web Service Package)，然後將此網路服務包部署到雲端網路伺服器上，使其成為CMfg服務。如果一個CMfg應用程式需要實作許多SSLP的功能，而且每個SSLP都有大量的方法要轉換為雲端服務，那麼手動建造這樣的CMfg服務將變得非常複雜且耗時。不僅如此，開發人員還需要學習各種網路服務的開發技能，而且在手動建造CMfg服務的過程中也可能出現各種程式錯誤，需要人工除錯。因此，手動開發CMfg服務對於製造業工程師是一種挑戰，本節提出的製造服務自動建造機制(MSACS)，可讓使用者只需透過網頁操作介面，便可高效地建造與部署CMfg服務。

7.6.2 MSACS三階段工作流程設計

與XML相比，JSON (JavaScript Object Notation)是一種輕量級的純文字檔，建立在物件(Object)和陣列(Array)兩種結構上。物件是由左右大括號包含起來的{"鍵":"值"}對所組成，{"鍵":"值"}對的數量可以是0個以上，不同的{"鍵":"值"}對以逗號隔開。其中，"值"可以是另外一個JSON，或陣列。例如：「{"鍵":[{"鍵":"值"}]}」。陣列是由左右中括號包含起來的「值」清單，「值」的數量可以是0個以上，不同的「值」以逗號隔開。物件或陣列中的「值」可以是一般數值、字串、布林值、物件或陣列。因此JSON適合用來表示複雜的階層式數據。JSON的另一個優點是除了可被電腦讀取外，JSON對人類來說可讀性很高。在MSACS中，我們利用JSON來儲存SSLP和服務介面(Service Interface)的階層式資訊。

網路服務(Web Service)是一種被用來實現讓系統透過網路跨平台交互運作之技術。隨著技術的進步，基於REST的網路服務已成為主流。與傳統基於SOAP的網路服務相比，RESTful網路服務具有以下優點：RESTful網路服務只依賴HTTP來交換訊息，不需要額外的協定，也不需要服務描述語言，發送URL就可以存取數據資源，且同時支援JSON和XML訊息格式等。因此MSACS就以RESTful網路服務的形式建造CMfg服務。

由於軟體函式庫的多樣性，所以不可能開發一種通用的方法來萃取所有類型SSLP的關鍵資訊。因此，MSACS對使用的SSLP有一個限制：與原生的包含二進制機器碼的函式庫不同，SSLP檔需同時包含類別的位元組碼(Bytecode)──可由解釋器將其轉換為二進制機器碼，以及相關的Metadata──用來描述和提供有關其他數據的信息的數據。Java的Java Jar檔、C#和MATLAB的DLL檔就是這類SSLP的兩個例子。根據調查，Java和C#是市面上兩種主流程式語言。因此，將SSLP限制為此類函式庫並不會顯著影響MSACS的可用性。例如，文獻[31]是使用Jar SSLP來開發一個CMfg服務，該服務可以推斷出適合加工條件的工具機和刀具。文獻[32]則是利用AVM系統中的C# DLL SSLP開發了一個適用於全晶圓廠的線上虛擬測量CMfg服務。

圖7.17為MSACS的三階段工作流程，以下說明各階段工作流程的主要元件。

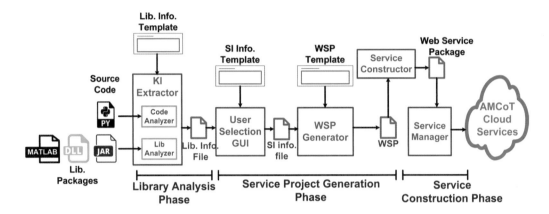

圖 7.17 MSACS的三階段工作流程
來源：經同意由[25]重製© 2018IEEE

(1) 函式庫分析階段的主要元件：

　　我們採用JSON設計了一個通用型函式庫資訊樣板(Lib. Info. Template)，用來儲存SSLP的關鍵資訊(Key Information, KI)的階層式數據結構。其中KI包括函式庫包名稱、套件名稱(Package Name)或命名空間名稱(Namespace Name)、類別名稱、方法名稱，以及每個方法的輸入參數的型別和輸出的型別。此外，我們也設計一個關鍵資訊萃取器(KI Extractor)用來萃取所輸入SSLP的關鍵資訊。然後將萃取的關鍵資訊套用到上述的函式庫資訊樣板，最後另存成一個新的函式庫資訊檔(Lib. Info. File)。

(2) 服務專案產生階段的主要元件：

　　由於一個網路服務通常是由許多網路方法(Web Method)所組成，這些方法為與網路服務溝通的介面，因此，我們將每個網路方法稱為服務介面(Service Interface, SI)。我們採用JSON設計一個通用的服務介面資訊樣板(SI Info. Template)，用來描述服務介面的資訊該如何被儲存。此外，我們也開發一個網頁操作介面(Web GUI)，可以顯示SSLP的所有方法，然後讓使用者藉由此Web GUI選擇想要將哪些SSLP的方法建造為網路方法。這些被選擇的SSLP方法的關鍵資訊會被套用到上述的服務介面資訊樣板，最後另存成一個新的服務介面資訊檔(SI Info. File)。

　　由於Java網路服務專案和C#網路服務專案具有不同的結構，我們設計了兩個網路服務專案樣板，一個負責產生Java網路服務專案，另一個用於生成C#網路服務專案。網路服務專案樣板是由一個附帶註解的原始碼樣板檔、必要的函式庫檔案、和相依性套件設定檔所組合而成，它們都儲存在各自的目錄中。接著把帶有註解的原始碼樣板檔當作是一個包裝器，用來將被使用者挑選的SSLP方法轉換為網路服務方法，它包含幾個註解關鍵字，這些關鍵字用來關聯建造網路方法所需的SI資訊。然後，我們設計了一個網路服務專案產生器(WSP Generator)來自動地根據註解關鍵字搜索並關聯查找表(Lookup Table)和輸入的服務介面資訊檔(SI Info. File)。然後將此註解關鍵字替換成對應的SI資訊。透過上述過程，網路服務專案產生器可以根據網路服務專案樣板自動化創建所需的網路服務專案。

(3) 服務建造階段的主要元件：

　　藉由命令腳本技術，我們設計服務建造器(Service Constructor)來自動化建造網路服務專案，以生成網路服務包(WS Package)。我們也設計一個服務管理者(Service Manager)，負責將網路服務包解壓縮並自動化部署到目標雲端網路伺服器上，使其成為CMfg服務。

7.6.3　MSACS系統架構設計

　　圖7.18為MSACS的系統架構圖。MSACS是一個基於雲端運算的系統，它是由製造服務建造器(Manufacturing Service Constructor)、製造服務管理器(Manufacturing Service Manager)和雲端網路伺服器(Cloud Web Server)等三個部分所組成。

　　製造服務建造器包含網路服務專案產生器(WSP Generator)、關鍵資訊萃取器(KI Extractor)、服務建造器(Service Constructor)、軟體儲存庫(Software Repository)和網頁使用者界面(Web GUI)組成。前三個核心元件的介紹請參閱7.6.2節。軟體儲存庫是一個雲端檔案系統，負責儲存MSACS中的各種檔案和目錄，包括SSLP檔案、函式庫資訊樣板檔、函式庫資訊檔、服務介面資訊樣板檔、網路服務專案樣板檔、網路服務專案和網路服務包。使用者可以操作Web GUI來選擇和上傳SSLP，然後KI Extractor萃取SSLP的關鍵資訊，並將產生的Lib. Info. File存入軟體儲存庫。接著Web GUI顯示SSLP的所有方法，使用者選擇要建造成網路服務的SSLP方法後，點選確認，系統便產生SI Info. File，並存入軟體儲存庫。然後使用者點選建造按鈕，系統就會自動地建構網路服務包。最後使用者點選部署按鈕，然後輸入雲端網路伺服器的部署資訊，系統便會將此網路服務包部署到雲端網路伺服器而成為CMfg服務。此外，網頁使用者界面還允許使用者管理(例如，刪除和查詢)所部署的CMfg服務。

製造服務管理器是由服務管理器(Service Manager)和服務資訊資料庫(Service Info DB)組成。前者提供部署服務、刪除服務和查詢服務狀態等功能。後者是一個雲端關聯式資料庫，主要是用來儲存和管理已部署的CMfg服務之資訊，以及託管這些服務的雲端網路伺服器的資訊。

最後，雲端網路伺服器則是負責託管與運行各式CMfg服務，如AVM服務、IYM服務和IPM服務。每個雲端網路伺服器都是安裝在一台虛擬機上。

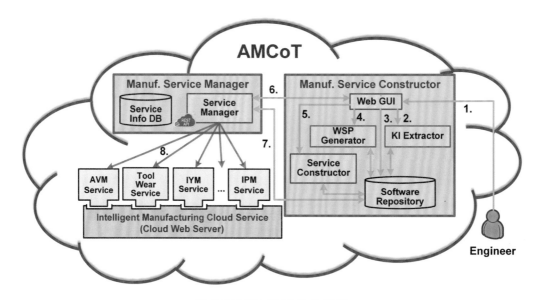

圖 7.18 MSACS的系統架構
來源：經同意由[25]重製© 2018IEEE

MSACS自動化建造CMfg服務的操作流程說明如下：

步驟1：使用者操作Web GUI將SSLP上傳到雲端，並將SSLP儲存到軟體儲存庫。

步驟2：Web GUI呼叫關鍵資訊萃取器來解析SSLP，並從中萃取出對應的關鍵資訊，並將關鍵資訊儲存成一個函式庫資訊檔。接著，上述關鍵資訊內的方法就會顯示在Web GUI上。

步驟3：使用者可以在Web GUI上挑選一些想要轉換成CMfg服務的方法。當使用者點擊"Selection Done"按鈕後，Web GUI就會開始產生服務介面資訊檔，並將其儲存到軟體儲存庫。

步驟4：當使用者點擊"Construct Service"按鈕後，Web GUI就會呼叫網路服務專案產生器來載入網路服務專案樣板和服務介面資訊檔，進而產生網路服務專案，然後將網路服務專案儲存到軟體儲存庫。

步驟5：Web GUI呼叫服務建造器來建造網路服務專案，以便產生網路服務包，然後將所產生的網路服務包儲存到軟體儲存庫。

步驟6：Web GUI呼叫服務管理器以便部署網路服務包。

步驟7：服務管理器從軟體儲存庫中載入網路服務包。

步驟8：服務管理器將網路服務包部署到目標雲端網路伺服器上，便可完成CMfg服務的建造。

7.6.4 核心元件設計

7.6.4.1 關鍵資訊萃取器設計

關鍵資訊萃取器(KI Extractor)的設計原理包含三個步驟。首先，使用各自的反編譯器來分析C# DLL SSLP和Java Jar SSLP。接下來，根據分析結果，使用各種指定的符號來定義SSLP的通用階層資訊。最後，利用這些符號開發了一個通用化的關鍵資訊萃取演算法，以便從C# DLL SSLP和Java Jar SSLP中萃取出其關鍵資訊。

(1) Java Jar SSLP的結構分析

Java反編譯器分析出來的Jar SSLP的階層結構資訊如圖7.19所示。Java函式庫的資訊總共有三個階層，分別是JarInputStream物件(JISO)層、JarEntry物件(JEO)層和函式內容(FC)層。JISO是最外層，JISO的關鍵資訊是Jar檔案的名稱，例如tpoga.jar。JEO是中間層，有可能會由許多個JEO組成，每個JEO (JEOi)都會有一組關鍵資訊，也就是套件名稱(Package Name)和類別名稱列表(Class Name List)。FC是最底層，它是由幾個FC組成，每個FC (FCj)包含函式的關鍵資訊，包括函式名稱、輸入參數的型別，以及函式的輸出型別。

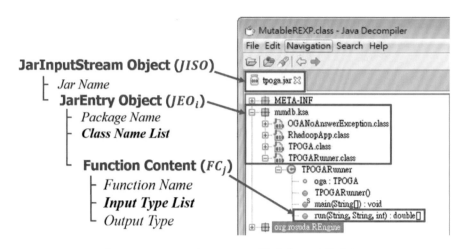

圖 7.19 Jar SSLP在Java反編譯器中的階層資訊

來源：經同意由[25]重製© 2018IEEE

(2) C# DLL SSLP的結構分析

　　由C#反編譯器分析的C# DLL SSLP的階層結構資訊如圖7.20所示。C# DLL 函式庫的資訊總共有三個階層，分別是組件物件(AO)層、類型物件(TO)層和 MethodInfo物件(MO)層。AO是最外層，C# DLL的關鍵資訊是DLL檔案的名稱，如BPNN_CSharp。TO是中間層，是可以由許多個類別物件組成。每個TO (TOi)會 有一組軟體包的關鍵資訊，即該軟體包的命名空間名稱(Namespace Name)和類別 名稱清單(Class Name List)。MO是最底層，它是由幾個MO組成，每個MO (MOj) 包含函式的關鍵資訊，包括函式名稱、輸入參數的型別，以及函式的輸出型別。

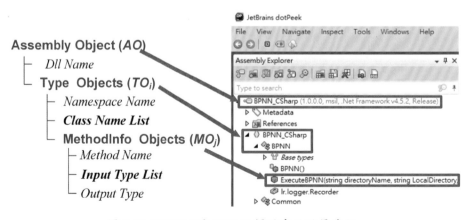

圖 7.20 C# SSLP在C#反編譯器中的階層資訊

來源：經同意由[25]重製© 2018IEEE

(3) 通用關鍵資訊萃取器演算法的開發

在比較圖7.19和圖7.20之後，我們可以發現Jar SSLP和C# DLL SSLP有一個共同的階層資訊結構。因此，我們開發了一個使用上述符號的通用關鍵資訊萃取演算法，用來萃取此兩種SSLPs的關鍵資訊，如圖7.21所示，描述如下。

步驟1：讀取Jar檔/DLL檔以獲得JISO/AO。

步驟2：獲取Jar名稱/DLL名稱。

步驟3：從JISO/AO得到JEO_i/TO_i，其中i=1, ..., n。如果i大於n，則結束解析，執行步驟10。如果i等於或小於n，並且SSLP是一個Jar文件，則轉到步驟4。否則，請執行步驟6。

步驟4：找到包含WebContent和META-INF目錄的JEOi，然後轉到步驟5。

步驟5：利用".class"結尾的JEOi去檢索名稱。

步驟6：從JEO_i/TO_i獲取套件名稱/命名空間名稱和其下的類別名稱。

步驟7：從JEO_i/TO_i得到FC_j/MO_j，其中j=1, ..., m。如果j大於m，i加1，然後轉到步驟3。否則，請執行步驟8。

步驟8：過濾FC_j/MO_j的範圍。

步驟9：從FC_j/MO_j獲取函式名稱、輸入參數的型別和函式的輸出型別。j加1，然後轉到步驟7。

步驟10：將所有萃取的函式庫資訊儲存在一個JSON格式的函式庫資訊檔。

步驟11：將函式庫資訊檔儲存到軟體儲存庫。

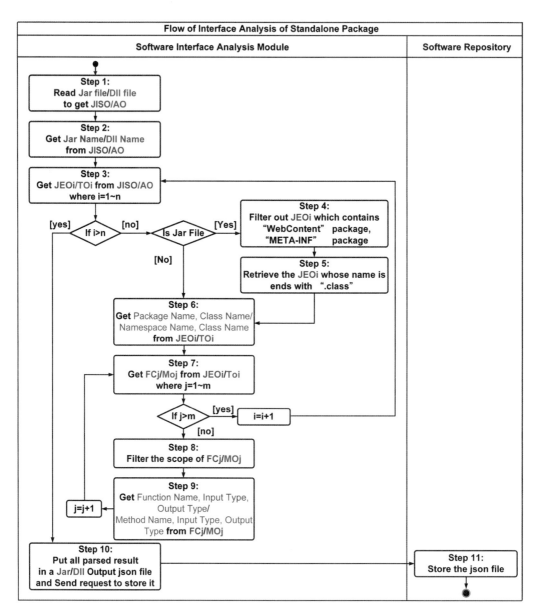

圖 7.21 SSLP的通用關鍵資訊萃取演算法

來源：經同意由[25]重製© 2018IEEE

7.6.4.2 函式庫資訊樣版設計

根據7.6.4.1節的分析結果，Java Jar SSLP和C# DLL SSLP具有同樣的階層結構。一個SSLP檔可能包含許多套件，每個套件可能包含許多類別，每個類別也可能包含許多方法，每個方法可能有許多不同型別的輸入參數和輸出型別。因此如

圖7.22所示，我們使用JSON設計一個通用的函式庫資訊樣板(Lib. Info. Template)，用來具體指定如何儲存所有從SSLP中萃取出的關鍵資訊。如圖7.22所示，AVMService.dll和tpoga.jar都可以根據這個函式庫資訊樣板儲存它們的關鍵資訊。

```
{
  "LibraryName": "AVMService.dll",          Library Name and Package List
  "PackageList": [                          (Value of Java-based library Info. file e.g. tpoga.jar)

      "PackageName": "AVMService",          Package Name and Class List
      "ClassList": [                        (Value of Java-based library Info. file e.g. mmdb.ksa)
        ⋮
    ,{
        "ClassName": "Service",             Class Name and Function List
        "MethodList": [                     (Value of Java-based library Info. file
          {                                 e.g. TPOGARunner.class)
            "MethodName": "ModelFanOut",
            "InputType": "System.String, System.String, System.String, System.String",
            "OutputType": "System.String"
          },                                Method Name, Input Type List and Output Type
          ⋮                                 (Value of Java-based library Info. file e.g.
        ]                                   MethodName：run
      }                                     InputType：java.lang.String, java.lang.String, int
    ]                                       OutputType：double[])
  }
]
}
```

圖 7.22 JSON格式的函式庫資訊樣板(Lib. Info. Template)範例
來源：經同意由[25]重製© 2018IEEE

7.6.4.3 服務介面資訊樣版設計

　　服務介面(SI)的資訊應該是以方法為主，且只包含被使用者選擇的服務介面之資訊。因此，我們一樣採用JSON設計一個通用的服務介面資訊樣板(SI Info. Template)，如圖7.23所示。被使用者選擇到的方法(例如AVMService.dll中的ModelFanOut方法)，便可依據此SI Info. Template來儲存它們的SI資訊。

```json
[
  {
    "LibraryName": "AVMService.dll",
    "APIType": "POST",
      "PackageList": [
        {
          "PackageName": "AVMService",
            "ClassList": [
              {
                "ClassName": "Service",
                  "MethodInfo": [
                    {
                      "MethodName": "ModelFanOut",
                      "InputType": "System.String, System.String, System.String, System.String",
                      "OutputType": "System.String"
                    },
                    ⋮
                  ]
              }
            ]
        }
      ]
  }
]
```

圖 7.23 服務介面資訊樣板(SI Info Template)範例

來源：經同意由[25]重製© 2018IEEE

7.6.4.4 網路服務專案產生器設計

建置(Build)一個網路服務專案(WSP)將生成一個網路服務包(Web Service Package)。我們設計了WSP樣板(Template)來表示WSP的一般形式，然後開發WSP產生器(Generator)藉此基於WSP樣板把SSLP自動生成WSP。我們提供兩個版本的WSP樣板：一個用於C# DLL的SSLP，另一個用於Java Jar SSLP。以下僅以C#版本的WSP樣板來說明網路服務專案產生器的設計理念。

圖7.24為C#版本的網路服務專案樣板的結構，其中"WebApiTemplate"是專案名稱，這個可以根據使用者的需求重新命名。網路服務專案樣板的內容可以區分為兩種：其中一種是專案創建設定(Configurations)，另一種為原始程式碼(Source Codes)。專案創建設定包含：用來處理所有的編譯任務的"WebApiTemplate. Csproj"和"compile.bat"，用於存放編譯後執行檔的"bin"目錄，以及用於存放開發過程中所需的函式庫檔和軟體包的"lib"和"packages"這兩個目錄。而原始程式碼包含三個項目：首先是用於定義URL路由規則的"WebApiConfig.cs"(在"App_Start"目錄下)；第二個是在"Controller"目錄下的"APIController.cs"，"APIController.cs"目

的是替SSLP提供Web API。最後一個則是"Parameter.cs"，它是負責處理網路服務
專案中會被使用到的參數變數。

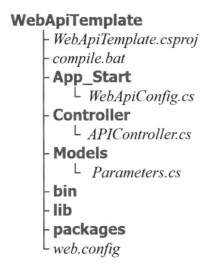

圖 7.24 C#版本的網路服務專案(WSP)樣版
來源：經同意由[25]重製© 2018IEEE

　　WSP樣板中的"APIController.cs"是被設計成可因應不同的SSLP而被改寫的
檔案。"APIController.cs"乃充當在SSLP中被選定的方法之包裝器，以便將這些
被選擇的方法轉換為RESTful雲端服務的Web API (或稱為網路方法)。圖7.25為
"APIController.cs"的網路服務專樣版範例，它由三個部分組成：第一部分是此
網路服務專案必要的套件(名稱空間) (第9-11行)，在本範例是導入處理JSON資
料的"Newtonsoft.Json.Linq"。第二部分則是有命名空間的定義(例如，第12行：
"namespace //@WSP:NamespaceDefinition")和類別的定義(例如，第14行："public
class //@WSP:ClassDefinition")。第三部分是網路方法的定義(例如第16-29行)。此
外，有一些SSLP的屬性和網路方法的關鍵資訊是儲存在服務介面資訊檔(SI Info
File)，而且是在執行的時候才會從服務介面資訊檔取得SSLP的屬性和網路方法的
關鍵資訊。其中，前綴為"//@WSP"的註解關鍵字是代表網路服務專案樣板中的
SSLP之屬性，以便網路服務專案產生器在程式碼生成期間識別這些註解關鍵字。
在圖7.25這個範例中，從"//@WSP:ImportDllFile"(第10行)到"//@WSP:SuccessReturn"
(第24行)，總共使用十個帶註解的關鍵字來代表SSLP的屬性。

　　為了解釋這些被標註的關鍵字之意義，我們設計一個帶註解的服務介面關鍵字標籤查詢表(ASLT)，用來表示被「標註的關鍵字」、「服務介面資訊檔中的標籤」和「程式碼生成的內容」彼此之間的對應關係，從表7.4可知，ASLT中有下列三個欄位：標註的關鍵字、在服務介面資訊檔中的標籤、與程式碼生成內容。接下來我們利用圖7.25中第10行當成範例來解釋ASLT的用法。首先，圖7.25中第10行的帶註解關鍵字為"//@WSP:ImportDllFile"，那它就是對應到服務介面資訊檔案中的"PackageName"標籤。最後的程式碼生成階段的時候，就用服務介面資訊檔案中標籤為"PackageName"的值，取代第三欄的"PackageName"，再把第三欄的程式碼加入網路服務專案樣版中。ASLT中其餘九個關鍵字與標籤也是用同樣的方式來運作。

表 7.4 帶註解的服務介面關鍵字標籤查詢表(ASLT)
來源：經同意由[25]重製© 2018IEEE

註解的關鍵字	服務介面檔中的標籤	程式碼生成格式
//@WSP:ImportDllFile	PackageName	using{PackageName}_WebApi.Model; using{PackageName};
//@WSP:NamespaceDefinition	PackageName	{PackageName}_WebApi.Controllers
//@WSP:ClassDefinition	ClassName	{ClassName}Controller : ApiController
//@WSP:HttpType	APIType	[Http{APIType}]
//@WSP:FunctionName	MethodName	{MethodName}([FromBody]Parameters parameters)
//@WSP:ClassDefinitionForSSLP	ClassName	{ClassName}obj=new{ClassName}();
//@WSP:InputTypeDefinition	InputType	String[] Data=JSONDecoders; DecoderJsonArray(paremeters.postData); {InputType}input1=Data[0]; {InputType}input2=Data[1];
//@WSP:OutputTypeDefinition	OutputType	{OutputType}result;
//@WSP:ExcutionMethodForSSLP	MethodName	rsult=obj.{MethodName}(input1,input2);
//@WSP:SuccessReturn	-	Return result.ToString();

```
 9  using Newtonsoft.Json.Linq;
10  //@WSP:ImportDllFile
11
12  namespace //@WSP:NamespaceDefinition
13  {
14      public class //@WSP:ClassDefinition
15      {
16          //@WSP:HttpType
17          public string //@WSP:FunctionName
18          {
19              try{
20                  //@WSP:ClassDefinitionForSSLP
21                  //@WSP:InputTypeDefinition
22                  //@WSP:OutputTypeDefinition
23                  //@WSP:ExecutionMethodForSSLP
24                  //@WSP:SuccessReturn
25              }
26              catch(Exception e){
27                  return e.ToString();
28              }
29          }
```

圖 7.25 C# 網路服務專案樣板中的"APIController.cs"範例

來源：經同意由[25]重製© 2018IEEE

　　圖7.26是我們給定一個服務介面資訊檔後，MSACS系統自動產生"APIController.cs"程式原始碼的流程圖。首先，步驟1是把"APIController.cs"樣板檔複製成一個新檔，並讓給定的SSLP使用。步驟2是從包含n行的新檔案中讀取一行(比如i)的原始碼。當i>n時，表示每一行都都已經被讀取且處理完畢，所以結束流程。否則，這一行的原始碼將在下一步驟中進行處理。步驟3是檢查在原始碼的第i行是否包含有帶註解的前綴字(即"//@WSP")。如果第i行不存在帶註解的前綴字，則回到步驟2，讀取並處理下一行。否則(即存在帶註解的前綴字)將繼續進行步驟4。步驟4則是在服務介面資訊檔中找到標籤的「值」和來自ASLT的「程式碼生成格式」，用來取代第i行中相對應的標註的關鍵字。步驟5是取回在前一步驟從服務介面資訊檔中獲得的標籤「值」。步驟6是使用在步驟4中從ASLT中查詢到程式碼生成格式，並產生第i行帶註解的關鍵字之相對應的程式碼。步驟7是把新的"APIController.cs"檔中第i行註解的關鍵字替換成步驟6產生的程式碼。

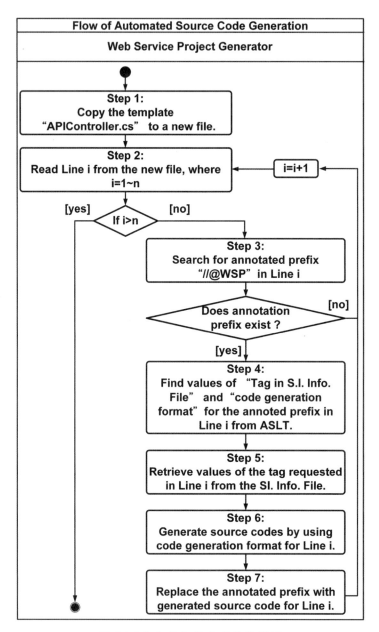

圖 7.26 自動產生程式碼的流程圖

來源：經同意由[25]重製© 2018IEEE

　　圖7.27為根據圖7.25的網路服務專案(WSP)樣板所自動生成的APIController.cs
程式碼。自動生成圖7.27的程式碼之過程說明如下。從圖7.27的第18行程式碼可
知，這個範例要建立的Web API名稱是"ModelFanOut"。該資訊是從圖7.23的服務
介面資訊樣板範例而來，而這個Web API的關鍵資訊會儲存在系統自動產生的服務

介面資訊(SI Info.)檔中。服務介面資訊(SI Info.)檔包含以下「鍵」：「值」組合：
"MethodName" : "ModelFanOut"，"ClassName" : "Service"，"PackageName" :
"AVMService"，"APIType" : "POST"，"ClassName" : "Service"，"InputType" :
"System.String, System.String, System.String, System.String"，與"OutputType" :
"System.String"。當網路服務專案產生器讀取網路服務專案樣板時，會在圖7.25
的第10行遇到第一個帶註解的關鍵字"//@WSP:ImportDllFile"，然後網路服務專案
產生器將使用關鍵字，到表7.4第1行查詢其在服務介面資訊檔中的標籤相對應的
「鍵」值，也就是要取得"PackageName"的值"AVMService"，接著網路服務專案
產生器就會用表7.4的第一行中相對應定義的程式碼生成格式，產生圖7.27中第10
行和第11行的程式碼。

```
 9   using Newtonsoft.Json.Linq;
10   using AVMService_WebApi.Model;
11   using AVMService;
12
13   namespace AVMService_WebApi.Controllers
14   {
15     public class ServiceController : ApiController
16     {
17       [HttpPost]
18       public string ModelFanOut([FromBody]Parameters parameters)
19       {
20         try{
21           Service obj = new Service();
22           string[] Data = JSONDecoders.DecodeJSONArray(parameters.postData);
23           string input1 = Data[0];
24           string input2 = Data[1];
25           string input3 = Data[2];
26           string input4 = Data[3];
27           string result;
28           result = obj.ModelFanOut(input1, input2, input3, input4);
29           return result.ToString();
30         }
31         catch(Exception e) {
32           return e.ToString();
33         }
34       }
```

圖 7.27 根據圖7.25中的網路服務專案(WSP)樣板自動生成的APIController.cs程式碼
來源：經同意由[25]重製© 2018IEEE

同理，當遇到圖7.25第12行中的關鍵字"//@WSP:NamespaceDefinition"
時，網路服務專案產生器就會根據表7.4的第2行，使用"PackageName"的值(即
"AVMService")生成圖7.27第13行中的程式碼。當遇到圖7.25第14行中的關鍵

字"//@WSP:ClassDefinition"時，網路服務專案產生器根據表7.4的第3行，使用
"ClassName"的值(即"Service")生成圖7.27第15行中的程式碼。當遇到圖7.25第16行
中的關鍵字"//@WSP:HttpType"時，網路服務專案產生器根據表7.4的第4行，使用
"APIType"的值(即"POST")生成圖7.27第17行中的程式碼。當遇到圖7.25第17行中的
關鍵字"//@WSP:FunctionName"時，網路服務專案產生器根據表7.4的第5行，使用
"MethodName"的值(即"ModelFanOut")生成圖7.27第18行中的程式碼。當遇到圖7.25
第20行中的關鍵字"//@WSP:ClassDefinitionForSSLP"時，網路服務專案產生器根據
表7.4的第6行，使用"ClassName"的值(即"Service")生成圖7.27第21行中的程式碼。

　　當遇到圖7.25第21行中的關鍵字"//@WSP:InputTypeDefinition"時，網路服務
專案產生器使用"InputType"的值(即"System.String, System.String, System.String,
System.String"，並根據表7.4第7行生成圖7.27第22~26行程式碼。當遇到圖7.25
第22行中的關鍵字"//@WSP:OutputTypeDefinition"時，網路服務專案產生器根
據表7.4的第8行，使用"OutputType"的值(即"System.String")生成圖7.27第27行中
的程式碼。當遇到圖7.25第23行中的關鍵字"//@WSP:ExcutionMethodForSSLP"
時，網路服務專案產生器根據表7.4的第9行，使用"MethodName"的值(即
"ModelFanOut")生成圖7.27第28行中的程式碼。當遇到圖7.25的第24行關鍵字
"//@WSP:SuccessReturn"時，網路服務專案產生器根據表7.4的第10行生成圖7.27
的第29行程式碼。

　　在圖7.25的網路服務專案樣板中，其他沒有附帶註解的關鍵字是不會被更改的。

7.6.4.5 服務建造器設計

　　圖7.28為在服務構置器中的自動化服務建造機制。步驟1-3用於取的服務介面
資訊檔，並從中獲取如圖7.28所示之關鍵資訊。步驟4和5會根據SSLP的類型(Java
Jar或C# DLL)，將其相對應附帶註解的純文字網路服務專案樣板複製成為一個新的
網路服務專案。步驟6步是透過使用命令腳本(即命令行)建造新的網路服務專案，
並初始化它。步驟7使用相應的服務介面資訊檔中的參數，來替換帶註解的純文字
網路服務專案，並自動生成原始程式碼。步驟8-10是將SSLP的資訊加入網路服務
專案中，藉此自動生成網路服務專案。步驟11用於使用命令腳本自動建造網路服
務專案，並生成網路服務包。最後，步驟12將網路服務包儲存到軟體儲存庫。

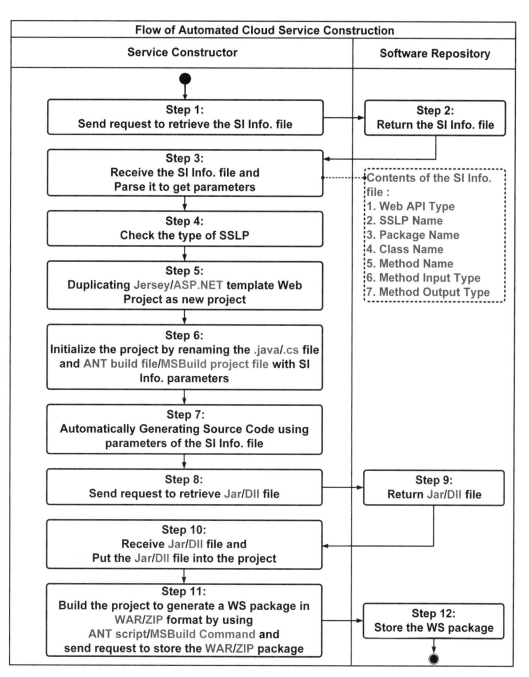

圖 7.28 服務構置器中的自動化服務建造機制

來源：經同意由[25]重製© 2018IEEE

7.6.5　產業案例研究

在本節中，我們將研發完成的MSACS系統導入產業實際場域，並進行一些案例研究，來證明MSACS的可行性和效率。

7.6.5.1　MSACS的網頁使用者界面

圖7.29為MSACS的網頁使用者界面(Web GUI)，它是由三個區域組成。區域A可以讓使用者藉由點擊「瀏覽檔案(Choose File)」按鈕，選擇和上傳其所需的SSLP檔案，接著點擊「開始解析(Start Parsing)」按鈕來解析SSLP檔。區域B負責顯示SSLP中所有方法的資訊(例如，方法名稱，以及方法的輸入型別和輸出型別)，使用者可以接著選擇想要轉換成Web API的目標方法。區域C是用來顯示MSACS系統所創建之CMfg服務的Web API資訊，包含Web API的URL、Type (例如，GET和POST)和用於向Web API發布數據的JSON格式。

圖 7.29 MSACS的網路圖形化使用者界面
來源：經同意由[25]重製 © 2018IEEE

7.6.5.2 研究案例1：運用MSACS自動化建造AVM雲製造服務，驗證 MSACS的有效性

我們已經利用MSACS成功地將全自動虛擬量測(AVM) SSLP、模型創建 (Model Creation, MC) SSLP和智慧型良率管理(IYM) SSLP建造成雲製造(CMfg)服 務。下面將藉由自動化建造AVM CMfg服務之過程，展示MSACS的有效性。

在本研究案例中，我們應用MSACS自動化建造一個AVM CMfg服務，並將 此AVM CMfg服務導入半導體晶圓廠中的化學氣相沉積(ULKCVD)設備，為設備 提供虛擬量測服務。ULKCVD設備包含三個真空室，每一個真空室都有兩面。但 是，為了保證生產的穩定性和效率，只有兩個真空室會正常生產。由於真空室的 每一面每次都可以加工一個晶圓，因此在本案例中使用組合(Combination)來表示 真空室的某一面。因此，當每一個組合加工完畢後，都會要求AVM CMfg服務執 行一次虛擬測量，以即時地預測晶圓的生產品質。

在文獻[32]以手動開發的雲端AVM系統中，虛擬機管理器(VMA)伺服器在系 統執行時扮演關鍵角色。VMS伺服器是藉由"AVMService.dll" SSLP而實現的。 "AVMService.dll" SSLP包含以下五種方法：(1) SetCombination方法是把組合資訊 分配到虛擬量測伺服器；(2) ModelFanOut方法是把虛擬量測的模型下載到目標虛 擬量測伺服器；(3) ActivateAVM方法是負責啟動虛擬量測伺服器，讓虛擬量測伺 服器之後可以執行虛擬量測的任務；(4) TransferCommandToVMM方法是把命令轉 派到虛擬機管理器；(5) RefreshAVM方法則是用來要求虛擬量測伺服器利用新獲 得的實際量測資料來更新虛擬量測模型。

利用MSACS把"AVMService.dll" SSLP自動化建造成AVM CMfg服務的步驟說 明如下：

步驟1：使用者登入MSACS網站，如圖7.29所示。

步驟2：使用者點擊圖7.29區域A中的「瀏覽檔案」按鈕，上傳"AVMService.dll" SSLP。

步驟3：使用者點擊圖7.29區域A中的「開始解析」按鈕，MSACS就會開始解析 "AVMService.dll"，並將"AVMService.dll"中所有的方法資訊(例如：方法 名稱、輸入類型和輸出類型)顯示在區域B上，接著使用者就可以自行勾選 想要轉換成Web API的方法，如圖7.30所示。

步驟4：假設使用者選擇ModelFanOut、TransferCommandToVMM、RefreshAVM、 SetCombination、ModelFanOut和ActivateAVM這五個方法，之後就可以點

擊圖7.29區域B上的「選擇完成」按鈕，MSACS系統就會產生服務介面資訊(SI Info.)檔。

步驟5：最後，使用者點擊「建造服務」按鈕，MSACS就會將步驟4所選的五個方法，建造成AVM CMfg服務，這五個方法的Web API資訊就會顯示在區域C上，如圖7.31所示，這時候就表示AVM CMfg服務已經被自動建造完成。

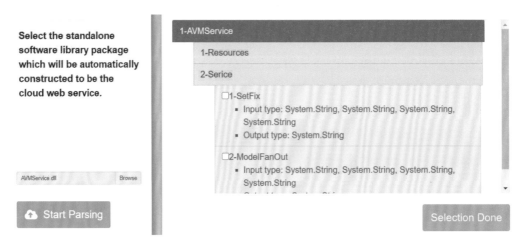

圖 7.30 在域區B顯示AVMService.dll內含的方法與輸入輸出型別等資訊

來源：經同意由[25]重製© 2018IEEE

The information of the Web API constructed from the standalone software library package "AVMService.dll" is shown as below:

　　API1 URL: **http://workersIP:8080/AVMService_WebApi/ModelFanOut**
　　API Type: **POST**
Content-Type: **application/json**
　　Accept: **test/plain**
Data Format: **{"postData":"[parameter1, parameter2, ...]"}**

　　API1 URL: **http://workersIP:8080/AVMService_WebApi/TransferCommandToVMM**
　　API Type: **POST**
Content-Type: **application/json**
　　Accept: **test/plain**
Data Format: **{"postData":"[parameter1, parameter2, ...]"}**

圖 7.31 區域C顯示MSACS系統自動化建造完成之AVM CMfg的Web API資訊

來源：經同意由[25]重製© 2018IEEE

　　當AVM CMfg服務部署完成之後，我們可以透過圖7.32的使用者操作界面來觀察AVM CMfg服務執行虛擬量測的結果。從圖中可知，AVM CMfg服務可以很準確地執行虛擬量測，其預測值(黑點)與實際值(星號)非常接近。

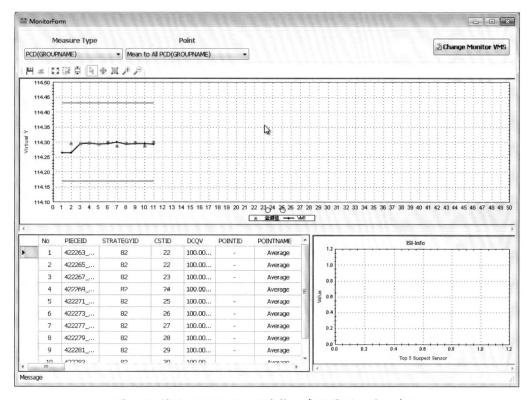

圖 7.32 利用AVM CMfg 服務執行虛擬量測任務之畫面
來源：經同意由[25]重製© 2018IEEE

7.6.5.3　研究案例2：MSACS的效能評估

　　為了評估MSACS的效能，在本研究案例中我們比較了MSACS、熟悉程式撰寫的專業工程師(簡稱專業人員)和程式初學者(簡稱初學者)，分別將指定的C# SSLP和Java SSLP建造成CMfg網路服務(Web API)所需的開發時間。在這裡，專業人員是指對C#和Java網路網路服務程式開發具備豐富經驗與出色技術的人，而初學者指的是那些知道如何撰寫C#和Java程式，但沒有建造網路服務經驗的人。正如7.6.1節所言，手動將SSLP建造成CMfg服務涉及到撰寫程式原始碼、設定網路服務專案相依性套件和專案配置等複雜工作。特別是新手需要花費額外的時間來學習各種網路服務開發的技能，而且在建造CMfg服務的過程中可能會犯各種程式撰寫或設定的錯誤。

為了測試建造C# CMfg服務所需的時間，我們將BPNN_CSharp.dll內的ExecuteBPNN方法轉換為雲端AVM Web API。而在Java CMfg的部分，我們則是選定IYM系統中的tpoga.jar內的run方法建造成雲端IYM Web API，測試結果如表7.5所示。從表7.5可以得知，MSACS能夠以非常高效的方式自動化建造目標CMfg服務，建造的速度平均比專業人員快上約30倍，而跟初學者比較起來，MSACS的建造速度更是快約1600倍以上。值得注意的是，在表7.5中，初學者嘗試把C#程式建造成網路服務大約需23小時，而在Java程式的部分約需花費30小時，主要是因為初學者在這個過程仍需學習程式開發的技能，以及學習如何使用開發工具。這就意味著，手動建造CMfg服務可能會成為工廠內新工程師的負擔。總結來說，從測試結果可知，MSACS可以大幅減輕製造業工程師們建造CMfg服務的工作負荷，大幅提升在建造CMfg服務方面的生產力。尤其是當需被建造成Web API的CMfg數量很多的時候，可以更明顯地顯示出MSACS之優勢。

表 7.5 初學者、專業人員與MSACS在建造網路服務所花費的時間比較表
來源：經同意由[25]重製© 2018IEEE

實驗目標	初學者	專業人員	MSACS
使用C# SSLP建造 AVM Web API	23 hr. 2 min	10.88 min	0.4 min
使用Java SSLP建造 IYM Web API	30 hr. 30 min	33.18 min	1.12 min

7.6.6 小結

近年來，雲製造(CMfg)已經成為一種可以徹底改變製造業的新典範。如何以自動化、高效率的方式建造CMfg服務，是進一步推廣CMfg的重要且具有挑戰性的課題。本節所提出的製造服務自動建造機制(MSACS)可讓使用者透過網頁使用者介面(Web GUI)選擇並上傳兩種主流程式語言(Java和C#)所開發的單機軟體函式庫軟體包(SSLPs)，然後使用者僅須在Web GUI上進行幾個簡單的操作，便可以快速地將所選擇的SSLP的方法建造成為CMfg服務。具體來說，MSACS提供一個三階段工作流程用來解決自動化建造CMfg服務會面臨的問題。也透過一個系統架構來展現如何實現MSACS。本節也詳細介紹MSACS的各個核心功能元件的設計。最後，我們利用MSACS建造AVM CMfg服務和IYM CMfg服務，並將此服務導入實際的工業應用場域當成研究案例。整合測試結果顯示，MSACS能夠以非常高效的方式，將目標SSLP自動化建造成CMfg服務，整體效能大約比熟練的專業人員快30倍，跟初學者相比，MSACS更是快1600倍以上。因此，MSACS可以顯著提高製造業工程師在建造CMfg服務時的生產力，也有助於CMfg的推廣。本節所提的MSACS及其詳細的系統設計與功能機制，可作為製造業開發CMfg服務的有用參考。

7.7 容器化MSACS (MSACS$_C$)

基於雲端運算的AVM系統[32,33]已成功應用在許多製造業中。然而，它在部署和操作上仍然還有一些缺點。首先，它會需面對DevOps不一致的問題，我們經常需要花時間來調整部署環境，使其與成功安裝AVM軟體的開發環境相同，而這些額外的工作並不具有生產力。其次，虛擬機的自動擴展速度太慢，在我們自己的私有雲建立和啟動虛擬機大約需要5-6分鐘，這可能會導致我們無法即時建立所需的虛擬機數量。第三，所使用的虛擬機的計算資源沒有得到充分利用，造成了計算資源的浪費。第四，基於雲端運算技術的AVM系統缺乏負載平衡、健康檢查和故障轉移等高可用性設計，可能會造成導致AVM伺服器無法穩健運行。

如同7.1節所述，最新的虛擬化技術——Docker容器[10]與傳統的虛擬化技術——虛擬機相比有很多優勢。Docker容器允許容器化的CMfg服務被建造一次，然後就可以部署到任何安裝了Docker Engine的環境中運行。此外，Docker容器還可以用來解決DevOps不一致的問題，並提供CI/CD功能。為了利用容器技術的優勢來增強CMfg服務，並解決上述基於雲端運算技術的AVM系統遇到之缺點，AMCoT框架的雲端部分還提供了可用來託管和運行容器化CMfg服務的基礎設施。具體來說，Docker容器被用來封裝和運行CMfg服務，Kubernetes (K8s)被用來管理和協調容器化的CMfg服務。然而，手動建造容器化的CMfg服務比手動建造CMfg服務涉及更多的工作項目。因此，在AMCoT框架的雲端部分我們還開發了一個容器化CMfg服務的自動建造機制(即MSACS$_C$)，可以讓使用者透過操作圖形化網頁介面便可有效率地創建和部署容器化CMfg服務。

MSACS$_C$是MSACS的延伸版本。圖7.33為MSACS$_C$的四階段工作流程，包括函式庫分析階段、Web API專案創建階段、製造服務映像檔創建階段、和容器化製造服務部署階段。下面簡要介紹此四階段的內容。

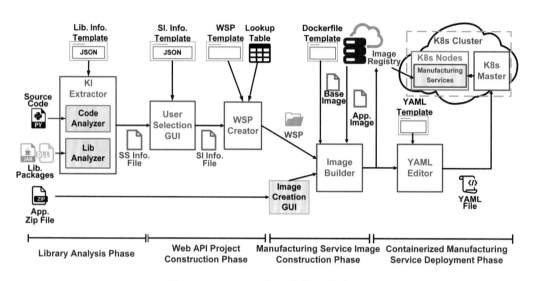

圖 7.33 MSACS$_C$的四階段工作流程

(1) 函式庫分析階段：

　　在這個階段，我們採用JSON來設計一個通用的函式庫資訊樣板(Lib. Info. Template)，此函式庫資訊樣板主要是用於說明函式庫的階層資訊是如何被儲存。函式庫的關鍵資訊(KI)包括函式庫名稱、類別名稱、方法名稱、以及每個方法的輸入參數和輸出參數。此外，我們設計了關鍵資訊萃取器(KI Extractor)來萃取函式庫的關鍵資訊。然後將萃取的關鍵資訊套用到上述JSON設計的函式庫資訊樣板(Lib. Info. Template)，最後再另存成一個新的函式庫資訊(Lib. Info.)檔。除了Java Jar、C# DLL、MATLAB DLL等函式庫以外，MSACS$_C$的關鍵資訊萃取器還可以從Python原始碼中萃取出關鍵資訊。

(2) Web API專案創建階段：

　　我們採用JSON來設計通用的服務資訊(SI Info.)樣板。服務資訊樣板主要是用來描述服務的資料結構是如何被儲存。此外，我們也開發一個圖形化使用者操作介面(GUI)，讓使用者可以藉由此GUI選擇要將哪些單機應用程式的方法轉換成網路方法(Web Method或Web API)。這些被選擇的方法的服務資訊會套用上述服務資訊(SI Info.)樣板後另存成一個新的服務資訊(SI Info.)檔。由於Java WSP、C# WSP和Python Web API的結構不同，我們針對這三種程式語言設計了三種網路服務專案(WSP)樣板，其中一種負責產生Java網路服務專案，另一種用來產生C#網路服務專案，最後一種是生成Python網路服務。但是，上述三個網路服務專案樣版都是採用相同的設計原則。網路服務專案樣板是由一個附帶註解的原始碼樣板檔、必要的函式庫檔案、和相依性套件設定檔所組合而成，它們也都儲存在各自的目錄中。然後，我們設計了一個網路服務專案產生器(WSP Generator)來自動地搜索並關聯查找表(Lookup Table)和輸入的服務資訊檔。然後以原始碼樣板內的註解當作是關鍵字，再將此註解替換成服務資訊檔中對應的SI資訊。透過上述過程，網路服務專案產生器可以依照網路服務專案樣版自動地產生所需的網路服務專案。

(3) 製造服務映像檔創建階段：

　　Dockerfile是一個用來創建Docker映像檔的腳本文件。這一階段利用Dockerfile樣板和相應的Shell腳本檔來自動地將上一階段所創建的Web服務打包成映像檔。我們替不同類型的Web服務專案和可執行檔(如.exe檔)設計了不同的Dockerfile樣板。映像檔生成器(Image Builder)主要是由幾個Shell腳本組成，它被設計來自動生成Java Jar、C# DLL、Python源始碼、應用程式執行檔等Web服務映像檔。最後，將這些映像檔被儲存到映像登記庫。

(4) 容器化製造服務部署階段：

　　在Kubernetes中，當從客戶端接收到YAML檔後，Kubectl會自動將YAML轉換為JSON格式，並藉由HTTP將其發送給Kubernetes API伺服器，進而建立一個相應的Kubernetes物件。在這個階段，我們設計一個具有不同設置的YAML樣板和一個YAML編輯器，透過它們能容易地為不同網路服務和應用程式產生相對應YAML文件。最後，這些YAML檔會被派送到Kubernetes Control Plane節點，藉此將此容器化製造服務部署到Kubernetes叢集上。

　　藉由如圖7.33 MSACS$_C$的四階段工作流程，我們可以輕鬆地創建和部署容器化的CMfg服務。本文以輪圈加工產業為研究對象，利用MSACS$_C$建造了容器化AVM服務。經實驗測試證明，MSACS$_C$建造的容器化AVM服務能夠有效解決現有雲端AVM系統存在的缺點，包含DevOps不一致、自動擴展速度慢、計算資源未得到充分利用、缺乏高可用性設計等缺點。MSACS$_C$是由系統架構、建造容器化AVM服務映像檔的通用流程、和幾個核心功能機制組成，例如：自動調度虛擬量測工作、水平自動擴展、負載平衡、以及讓容器化AVM服務可以穩健運作的故障轉移機制。MSACS$_C$是將容器技術的優勢導入虛擬量測和其他製造業CMfg應用的一個有效工具。

7.8 結論

　　智慧製造平台是實現智慧工廠的其中一個關鍵要素，智慧工廠可以提供更靈活、更高效的生產流程，能以更低的成本生產更高質量的產品。AMCoT框架是由台灣國立成功大學智慧製造研究中心(iMRC)所研發而成，AMCoT框架可以幫助製造業建造智慧製造平台。基於AMCoT框架的智慧製造平台已成功導入各式製造業領域。根據第6章設計的AMCoT框架，本章進一步介紹了AMCoT框架的關鍵元件，以及如何利用雲端運算、邊緣運算、物聯網、大數據分析、Docker容器等先進資通訊技術來設計和實現這些元件。

　　7.1節簡介本章在每一節的重點。AMCoT框架包含兩個部分：工廠端和雲端，7.2節描述AMCoT框架的關鍵元件。AMCoT框架的工廠端是由許多邊緣裝置組成，每個邊緣裝置稱為CPA。CPA可為設備提供各式機邊的製造服務，如數據收集、數據前處理、通信等應用模組。因此，CPA可以使AMCoT框架具有網路溝通能力。7.3節描述了CPA和CPA_C的框架設計。然後，在7.4節中提出一個基於Docker和Kubernetes的CPA快速建造方案，簡稱RCS_{CPA}。

　　AMCoT框架的雲端部分提供了託管和運行CMfg服務所需的基礎設施。這些與預測和大數據分析相關的CMfg服務是以RESTful網路服務的形式實現的，因此製造業可以容易地透過在網路上按需調用。然而，手動建造CMfg服務既繁瑣又容易出錯，7.6節描述了可高效建造CMfg服務的製造服務自動建造機制MSACS。此外，7.7節介紹了基於Docker和Kubernetes技術的$MSACS_C$ (容器版MSACS)，$MSACS_C$可讓使用者透過操作網頁操作介面高效地創建和部署容器化CMfg服務。此外，7.5節還介紹了建立在雲端上的BDA應用平台，負責儲存和處理與生產相關的工廠大數據。

　　本章的內容可以提升製造業在實施和利用智慧製造平台的知識。製造業從業人員也可以參考本章內容，建造自己想要的智慧製造平台。

附錄7.A—縮寫對照表

AMCoT	Advanced Manufacturing Cloud of Things 先進製造物聯雲
AO	Assembly Object 集合物件
ASLT	Annotated Keywords-SI Tags Lookup Table 帶註解的服務介面關鍵字標籤查詢表
AVM	Automatic Virtual Metrology 全自動虛擬量測
BDA	Big Data Analytics 大數據分析
BEDPS	Efficient Big Data Processing Scheme 放電加工的大數據處理機制
BPNN	Back Propagation Neural Network 倒傳遞類神經網路
BPM	Baseline Predictive Maintenance 基底預測保養
BPM_C	Containerized BPM Application 容器化BPM
CA	Containerized Application 容器化應用程式
CA_{ASC}	Application Source Codes of CA CA的應用程式原始碼
CA_{CBI}	Container Base Image of CA CA的基礎映像檔
CA_{KCF}	Kubernetes Configuration Files of CA CA的Kubernetes設定檔
CA_{SS}	Shell Scripts related to CA 與CA有關的Shell腳本
CC	Cloud Computing 雲端運算
CI/CD	Continuous Integration/Continuous Delivery 持續整合/持續遞送
CK	Control Kernel 控制核心
CK_C	Containerized Control Kernel 容器化控制核心
CMfg	Cloud Manufacturing 雲製造
CPA	Cyber-Physical Agent 虛實整合代理人
CPA_C	Containerized Cyber-Physical Agent 容器化CPA
DCM	Data Collection Manager 資料收集管理者
DCP	Data Collection Plan 資料收集計畫
DCR	Data Collection Report 資料收集報告
DevOps	Development and Operations 開發與維運
EDI	Equipment Driver Interface 設備驅動介面
EDM	Electrical Discharge Machining 放電加工機台
FC	Function Content 函式內容
FDC	Fault Detection and Classification 錯誤偵測和分類
GEM	Generic Equipment Model 通用設備模型
HDFS	Hadoop Distributed File System Hadoop 分散式檔案系統

HTTP	Hypertext Transfer Protocol 超文本傳輸協定
ICT	Information and Communication Technology 資訊和通訊技術
IDE	Integrated Development Environment 整合開發環境
IIS	Internet Information Services 網際網路資訊服務
iMRC	Intelligent Manufacturing Research Center 智慧製造研究中心
IoT	Internet of Things 物聯網
IPM	Intelligent Predictive Maintenance 智慧型預測保養
IYM	Intelligent Yield Management 智慧型良率管理
JEO	JarEntry Object JarEntry 物件
JISO	JarInputStream Objec JarInputStream 物件
JSON	JavaScript Object Notation
K8s	Kubernetes
KI	Key Information 關鍵資訊
MC	Model Creation 模型創建
MO	MethodInfo Object 方法資訊物件
MSACS	Manufacturing Services Automated Construction Scheme 製造服務自動建造機制
$MSACS_C$	Containerized Manufacturing Services Automated Construction Scheme 容器化MSACS
$MySQL_C$	Containerized MySQL 容器化MySQL
OS	Operation System 作業系統
PAM	Pluggable Application Module 可嵌入式應用模組
PAM_C	Containerized-PAM 容器化PAM
PdM	Predictive Maintenance 預測保養
PECVD	Plasma-Enhanced Chemical Vapor Deposition 離子體增強化學氣相沉積
PGWD	Parallel Gap-based Wave Detection 基於間隙的平行波形檢測
QoS	Quality of Service 服務品質
RCS_{CPA}	Rapid Construction Scheme of CPA CPA的快速部署機制
RDB	Relational Database 關聯式資料庫
RDMS	Relational Database Management System 關聯式資料庫管理系統
REST	Representational State Transfer 表現層狀態轉換
RI	Reliance Index 信心指標

RUL	Remaining Useful Life 剩餘壽命
SECS	SEMI Equipment Communications Standard SEMI 設備通訊標準
SI	Service Interface 服務介面
SSLP	Standalone Software Library Package 單機軟體函式庫包
TO	Type Object 目標物件
WS	Web Service 網路服務
WSP	Web Service Project 網路服務專案
XML	Extensible Markup Language 可延伸標記式語言
YAML	Yet Another Markup Language 另一種可延伸標記式語言

附錄7.B—AMCoT和CPA專利清單

美國專利

1. Cheng, F.T., Huang, G.W., Chen, C.H. et al. (2004). Generic embedded device and mechanism thereof for various intelligent-maintenance applications. US Patent 7,162,394, filed 13 May 2004 and issued 9 January 2007.

2. Chen, C.C., Hung, M.H., Li, P.Y. et al. (2018). Automated constructing method of cloud manufacturing service and cloud manufacturing system. US Patent 10,618,137, filed 22 March 2018 and issued 14 April 2020.

中華民國專利

1. 鄭芳田、黃國偉、陳俊宏，等人(2003年)。可擷取和傳送客製化應用之資訊的通用型嵌入式裝置與方法。中華民國專利號碼：I225606，2003年5月13日立案申請，2004年12月21日獲證。

2. 鄭芳田、蘇育全、黃憲成，等人(2005年)。應用通用型嵌入式裝置的預測保養系統。中華民國專利號碼：I265437，2005年1月18日立案申請，2006年11月1日獲證。

3. 鄭芳田、蘇育全、林嶸銓(2005年)。應用通用型嵌入式裝置之生產製程的品質預測系統與方法。中華民國專利號碼：I269990，2005年2月4日立案申請，2007年1月1日獲證。

4. 陳朝鈞、洪敏雄、李柏儀，等人(2018年)。雲製造服務的自動建置方法、電腦程式產品、雲製造系統。中華民國專利號碼：I670672，2018年3月22日立案申請，2019年9月1日獲證。

日本專利

1. Cheng, F.T., Huang, G.W., Chen, C.H. et al. (2004). Generic embedded device and mechanism thereof for various intelligent-maintenance applications. JP Patent 4303640, filed 12 May 2004 and issued 1 May 2009.

中國專利

1. 陳朝鈞、洪敏雄、李柏儀，等人(2018年)。雲製造服務的自動建置方法、電腦程式產品、雲製造系統。中國大陸專利號碼：4814983，2018年3月22日立案申請，2021年11月26日獲證。

參考文獻

[1]   Kagermann, H., Wahlster, W., Helbig, J. (2013). *Recommendations for implementing the strategic initiative INDUSTRIE 4.0*. Germany: Forschungsunion.

[2]   Cheng, F.-T., Tieng, H., Yang, H.-C. et al. (2016). Industry 4.1 for wheel machining automation. *IEEE Robotics and Automation Letters (RA-L)* 1 (1): 332-339. https://doi.org/10.1109/LRA.2016.2517208.

[3]   Lin, Y.-C., Hung, M.-H., Huang, H.-C. et al. (2017). Development of advanced manufacturing cloud of things (AMCoT) - a smart manufacturing platform. *IEEE Robotics and Automation Letters (RA-L)* 2 (3): 1809-1816. https://doi.org/10.1109/LRA.2017.2706859.

[4]   Wang, C., Bi, Z. and Xu, L.D. (2014). IoT and cloud computing in automation of assembly modeling systems. *IEEE Transactions on Industrial Informatics* 10 (2): 1426-1434. https://doi.org/10.1109/TII.2014.2300346.

[5]   Zhou, Z., Chen, X., Li, E. (2019). Edge intelligence: paving the last mile of artificial intelligence with edge computing *Proceedings of the IEEE* 107 (8): 1738-1762. https://doi.org/10.1109/JPROC.2019.2918951.

[6]   Zhou, H. (2013). *The Internet of Things in the Cloud-A Middleware Perspective*. Boca Raton, FL, USA: CRC Press.

[7]   Bi, Z., Xu, L.D., and C. Wang. (2014). Internet of things for enterprise systems of modern manufacturing. *IEEE Transactions on Industrial Informatics* 10 (2): 1537-1546. https://doi.org/10.1109/TII.2014.2300338.

[8]   Chen, X.-W. and Lin, X. (2014). Big data deep learning: challenges and perspectives. *IEEE Access* 2: 514-525. https://doi.org/10.1109/ACCESS.2014.2325029.

[9]   Hu, H., Wen, Y. and Li, X. (2014). Toward scalable systems for big data analytics: a technology tutorial. *IEEE Access* 2: 652-687. https://doi.org/10.1109/ACCESS.2014.2332453.

[10]   Docker Inc (2020). Docker. www.docker.com (accessed 27 August 2020).

[11]   Morabito, R. (2017). Virtualization on internet of things edge devices with container technologies: a performance evaluation. *IEEE Access* 5: 8835-8850. https://doi.org/10.1109/ACCESS.2017.2704444.

[12]   The Linux Foundation (2020). Kubernetes Website. kubernetes.io (accessed 27 August 2020).

[13]   Bernstein, D. (2014). Containers and cloud: From LXC to Docker to Kubernetes *IEEE Cloud Computing* 1 (3): 81-84. https://doi.org/10.1109/MCC.2014.51.

[14] Khan, A. (2017). Key characteristics of a container orchestration platform to enable a modern application. *IEEE Cloud Computing* 4 (5): 42-48. https://doi.org/10.1109/MCC.2017.4250933.

[15] Xu, X. (2012). From cloud computing to cloud manufacturing. *Robotics and Computer-Integrated Manufacturing* 28: 75-86. https://doi.org/10.1016/j.rcim.2011.07.002.

[16] Wu, D., Greer, M.J., Rosen, D.W. et al. (2013). Cloud manufacturing: strategic vision and state-of-the-art. *Journal of Manufacturing Systems* 32 (4): 564-579. https://doi.org/10.1016/j.jmsy.2013.04.008.

[17] Ren, L., Zhang, L., Wang, L. et al. (2014). Cloud manufacturing: key characteristics and applications. *International Journal of Computer Integrated Manufacturing*. https://doi.org/10.1080/0951192X.2014.902105.

[18] Tao, F., Cheng, Y., Xu, L.D. et al. (2014). CCIoT-CMfg: cloud computing and internet of things-based cloud manufacturing service system. *IEEE Transactions on Industrial Informatics* 10 (2): 1435-1442. https://doi.org/10.1109/TII.2014.2306383.

[19] Wu, D., Rosen, D.W., Wang, L. et al. (2015). Cloud-based design and manufacturing: a new paradigm in digital manufacturing and design innovation. *Computer-Aided Design* 59: 1-14. https://doi.org/10.1016/j.cad.2014.07.006.

[20] Fielding, Roy Thomas. (2000). *Architectural styles and the design of network-based software architectures-chapter 5: representational state transfer (REST)*. University of California: Irvine.

[21] Zhu, Liming., Weber, Ingo., and Bass, Len. (2015). *DevOps: A Software Architect's Perspective.* Boston: Addison-Wesley Professional.

[22] Cheng, F.-T., Huang, H.-C., and Kao, C.-A. (2012). Developing an automatic virtual metrology system. *IEEE Transactions on Automation Science and Engineering* 9 (1): 181-188. https://doi.org/10.1109/TASE.2011.2169405.

[23] Hung, M.-H., Chen, C.-F., Huang, H.-C. et al. (2012). Development of an AVM system implementation framework. *IEEE Transactions on Semiconductor Manufacturing* 25 (4): 598-613. https://doi.org/10.1109/TSM.2012.2206061.

[24] Hsieh, Y.-M., Lin, C.-Y., Yang, Y.-R. et al. (2019). Automatic virtual metrology for carbon fiber manufacturing. *IEEE Robotics and Automation Letters (RA-L)* 4 (3): 2730-2737. https://doi.org/10.1109/LRA.2019.2917384.

[25] Chen, C.-C., Hung, M.-H., Li, P.-Y. et al. (2018). A novel automated construction

scheme for efficiently developing cloud manufacturing services. *IEEE Robotics and Automation Letters (RA-L)* 3 (3): 1378-1385. https://doi.org/10.1109/LRA.2018.2799420.

[26] Liu, Y.-Y., Hung, M.-H., Lin, Y.-C. et al. (2018). A cloud-based pluggable manufacturing service scheme for smart factory. *2018 IEEE International Conference on Automation Science and Engineering (CASE 2018)*. https://doi.org/10.1109/COASE.2018.8560401.

[27] Aaeon Europe B.V. (2020). UP Board. up-board.org (accessed 27 August 2020).

[28] Docker Inc (2020). Docker Hub. hub.docker.com (accessed 27 August 2020).

[29] Cloudera, Inc. (2020). Cloudera Apache Hadoop. https://www.cloudera.com/products/open-source/apache-hadoop.html (accessed 27 August 2020).

[30] Chen, C.-C., Hung, M.-H., Suryajaya, B. et al. (2019). A novel efficient big data processing scheme for feature extraction in electrical discharge machining. *IEEE Robotics and Automation Letters (RA-L)* 4 (2): 910-917. https://doi.org/10.1109/LRA.2019.2891498.

[31] Chen, C.-C., Lin, Y.-C., Hung, M.-H. et al. (2016). A novel cloud manufacturing framework with auto-scaling capability for machine tool industry. *International Journal of Computer-Integrated Manufacturing* 29 (7): 786-804. https://doi.org/10.1080/0951192X.2015.1125766.

[32] Huang, H.-C., Lin, Y.-C., Hung, M.-H. et al. (2015). Development of cloud-based automatic virtual metrology system for semiconductor industry. *Robotics and Computer-Integrated Manufacturing* 34: 30-43. https://doi.org/10.1016/j.rcim.2015.01.005.

[33] Hung, M.-H., Li, Y.-Y., Lin, Y.-C. et al. (2017). Development of a novel cloud-based multi-tenant model creation service for automatic virtual metrology. *Robotics and Computer-Integrated Manufacturing* 44: 174-189. https://doi.org/10.1016/j.rcim.2016.09.003.

[34] Wang, P.W., Ding, Z.J., Jiang, C.J. et al. (2016). Automatic web service composition based on uncertainty execution effects. *IEEE Transactions on Services Computing* 9 (4): 551-565. https://doi.org/10.1109/TSC.2015.2412943.

[35] Tao, F., Cheng, J., Cheng, Y. et al. (2017). SDMSim: a manufacturing service supply-demand matching simulator under cloud environment. *Robotics and Computer Integrated Manufacturing* 45 (5): 34-46. https://doi.org/10.1016/j.rcim.2016.07.001.

[36]　Jatoth, C., Gangadharan, G.R., and Buyya, R. (2017). Computational intelligence based QoS-aware web service composition: a systematic literature review. *IEEE Transactions on Services Computing* 10 (3): 475-492. https://doi.org/10.1109/TSC.2015.2473840.

[37]　Paik, I., Chen, W., and Huhns, M.N. (2014). A scalable architecture for automatic service composition. *IEEE Transactions on Services Computing* 7 (1): 82-95. https://doi.org/10.1109/TSC.2012.33.

全自動虛擬量測 (AVM)

| 鄭芳田

8.1 簡介

　　虛擬量測(Virtual Metrology, VM)可將有時間延遲的離線抽檢轉為即時線上全檢。以薄膜電晶體液晶顯示器(Thin Film Transistor-Liquid Crystal Display, TFT-LCD)製造流程為例，圖8.1呈現出實際量測與虛擬量測之間的差異。圖的上半部是多數TFT-LCD製造工廠常用的玻璃品質監控方法。在TFT-LCD生產過程中，每一個載具會裝載30片玻璃。為監控生產機台異常狀況及確保玻璃的生產品質，每個載具中只有抽檢到的玻璃會進行實際量測。如圖8.1所示，t_i與t_j代表抽樣產品的完成時間，而收到實施實際量測資料的時間則分別為$t_i+\Delta T$及$t_j+\Delta T$。而且，完成處理取樣玻璃片後，還須要大約2至4小時的等待時間(ΔT)才能得到這些抽樣產品的品質量測資料。這種方法是假設生產機台的製程品質不會突然變異，且抽樣結果可以充分代表所有產品品質為前提。然而，僅取得這些抽樣產品的品質資料並無法代表其他未被抽檢的產品品質。

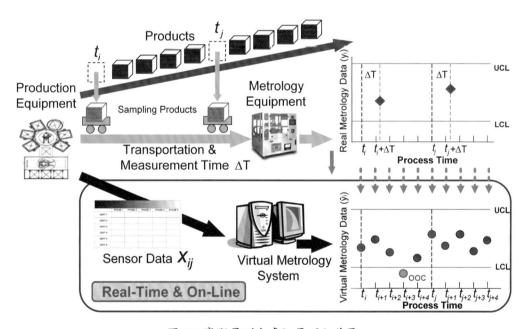

圖 8.1 實際量測與虛擬量測之差異
來源：經同意由[1]重製© 2015 IEEE

　　相較之下，在圖8.1下方的虛擬量測系統(Virtual Metrology System, VMS)運用了生產機台的即時資料，不僅提供虛擬量測值給未抽樣的產品，而且實現了全部產品的品質資料都可以被監控的情境。如圖8.1的右下方，在t_{i+3}的虛擬量測值發生了超規現象(Out-of-Control, OOC)，系統隨即會發出警報，要求進一步的品質檢查。

　　Weber [3]於2007年一月發表了虛擬量測的十項要點。事實上，虛擬量測已經是一個被廣泛討論超過十年的關鍵議題。在面臨量測成本與耗費時間越來越高的狀況下，虛擬量測甚至被當成製造技術節點發展中的一項挑戰。因此，ISMI (International SEMATECH Manufacturing Initiative)將虛擬量測納入半導體次世代工廠的實踐準則[4]。ITRS (International Technology Road Map for Semiconductors)也指定虛擬量測為工廠資訊與控制系統(Factory Information and Control Systems, FICS)中一個重點項目。此外，Passow [6]認為虛擬量測能夠為製造提供一個精進的機會。Koitzsch和Honold [7]則是發表了虛擬量測經濟效應評估，該研究以200 mm晶圓廠的0.13微米技術為計算基礎，指出虛擬量測對每一座晶圓廠，每年有3千萬美元以上的效益[7]。總結來說，發展虛擬量測技術對生產製造是相當有利的。

8.1.1　虛擬量測(VM)相關文獻探討

　　虛擬量測(VM)一直是美國、歐洲和亞洲三個地區AEC/APC研討會的主流話題之一，僅可惜並未被妥善紀錄。在這些眾多關於虛擬量測的文章中，用「Virtial Metrology (虛擬量測)」作為關鍵字在IEEE Xplore搜尋出的第一篇，是Su等人於2004年發表的論文[8]，該論文提出了一種基於倒傳遞類神經網路(Back-Propagation Neural Networks, BPNN)的虛擬量測方案。之後，Monahan [9]在2005年發表製造可行性(Design for Manufacturability, DFM)與先進製程控制(Advanced Process Control, APC)中所使用的實際量測，可由虛擬量測取代，並實現於32奈米技術節點上。同(2015)年，Chen等人[10]亦提出使用虛擬量測來進行逐片(Wafer-to-Wafer, W2W)之先進製程控制，無需額外的實際量測。Su等人[11,12]在2006年針對TFT-LCD製造之電漿濺鍍提出了製程品質診斷方案。Chang等人[13]在2006年也應用分段線性神經網路(Piecewise Linear Neural Network)和模糊類神經網路(Fuzzy Neural Network)設計出虛擬量測方案。2007年6月Hung等人[14]應用輻狀基底函數類神經網路(Radial Basis Function Networks, RBFN)開發了一個可用於預測半導體製造中化學氣相沉積(Chemical-Vapor-Deposition, CVD)厚度的虛擬量測方案。Khan等人陸續於2007年11月[15]和2008年[16]發表了兩篇相關論文，在半導體製造回饋控制中，使用遞歸(Recursive)偏最小二乘法(Partial Least Squares, PLS)，開發適用於整廠虛擬量測佈建的分散式架構。Wu等人[17]於2008年研究了量測時間延遲對於逐批控制(Run-to-Run, R2R)表現之影響，並且在結論中提到，在虛擬量測中的預測誤差小於隨機過程雜訊(Stochastic Process Noise)的條件下，可使用虛擬量測來補救量測時間延遲的問題。Zeng和Spanos [18]於2009年提出了一個適用於電漿蝕刻作業的虛擬量測模型。Imai和Kitabata [19]也在2009年應用虛擬量測來預防系統單晶片中(System on Chip)中銅內連線(Copper Interconnection)之失效。Ringwood等人[20]在2010年2月利用虛擬量測來取代蝕刻關鍵變數的實際量測，以預測和控制半導體的蝕刻製程品質。2011年5月，Pan等人[21]運用虛擬量測系統來預測最終產品的電性。Lynn等人[22]則在2012年2月針對電漿蝕刻製程提出全域及區域虛擬量測模型。

8.1.2　應用VM的必要性

本節介紹了半導體製造中實際量測的作業需求以及使用虛擬量測來減少實際量測以降低製造成本的必要性。確保半導體製造的品質所需之實際量測作業的情境如圖8.2所示，包含離線監控(針對機台)以及線上監控(針對製程)。

觀察圖8.2的上半部分，若要執行離線機台品質監控，晶片的連續製造過程必須暫停；直到量測資料回傳且製程工具的品質資料都在控制規範內，才能恢復製程。離線機台監控無法用生產片(Production Wafer)來量測該製程的品質效能，如：蝕刻速率等，必須使用標準的測試片(Test Wafer)經過加工製程後計算出。離線機台監控會中斷生產而造成機台的生產率損失，管理與使用來量測的測試片也會造成額外的成本，甚至造成晶圓廠的生產週期(Cycle Time)延長。

線上生產晶片品質監控如圖8.2下半部所示。在半導體製造的日常運作中，會定義抽樣計畫及抽樣規則，來選擇生產片以進行品質檢驗所需的量測作業；與此同時，晶片生產仍然持續正常運作，不會中斷。在取得生產片的量測資料[如：關鍵尺寸(Critical Dimension, CD)]後，該量測資料會被傳送到統計製程控制(Statistical Process Control, SPC)系統進行品質監測，另外該量測資料也會被傳送到逐批控制(Run-to-Run, R2R)系統中進行製程調控。值得注意的是，錯誤偵測和分類(Fault Detection and Classification, FDC)系統也同時監控著線上機台[24]。線上生產品質監控過程除了造成生產週期時間的增加之外，在實際量測的作業過程中，因為須要額外的作業也可能因此造成其他的品質異常。

如上所述，量測作業對於半導體製造的品質檢查和控制至關重要。根據300mm晶圓廠的製造執行系統(Manufacturing Execution System, MES)中之實際交易量，每日量測作業的佔比約40-45% [25]。為了量測作業，晶圓廠必須購買量測機台、增加生產及量測機台的額外作業、和增加測試片成本等投資。

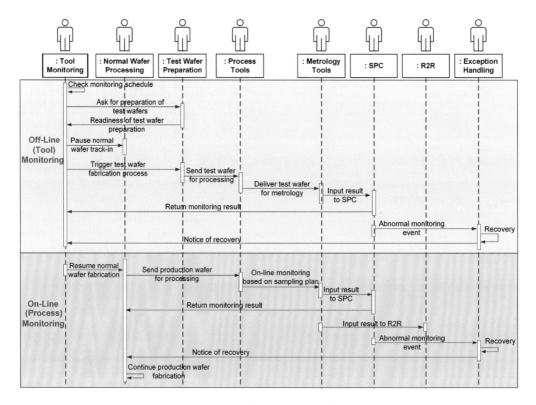

圖 8.2 現行實際量測作業情境

來源：經同意由[23]重製© 2011 IEEE

虛擬量測可根據由製程機台感測到之資料，無須實際量測即可推估晶圓之製造品質。虛擬量測可藉由僅實際量測晶圓載具(Front Opening Unified Pod, FOUP)內的單一晶片，即可將該FOUP裡之所有晶片的完整量測資料提供給使用者[26]。此外，虛擬量測可將有量測延遲的離線抽樣檢測轉換成線上且即時的全部量測[3,5,27,28]。因此，為了達到製造過程中品質檢驗所需之量測作業，且要減少實際量測的成本(以及相關材料的管理作業)的目的，導入虛擬量測已成為必要的方向。

圖8.3描述了機台監控與製程監控過程中，使用與不使用虛擬量測的情境。圖左半部為現行(AS-IS)狀況(未使用虛擬量測)，實際量測作業包含必須使用測試片

執行離線機台監控，以及使用生產片抽檢的線上製程監控(如圖8.2所示)。而圖右半部為未來預期樣貌(TO-BE)狀況(使用虛擬量測)，製程監控與機台監控皆運用虛擬量測技術進行，而且只須用於重新訓練虛擬量測模型時以抽樣的生產片進行真實量測(如圖8.3右半部的中間)。此模型顯示虛擬量測所提供晶圓片的全檢，不僅降低了整體製造成本，並提升了製造過程各方面的表現，包含加強品質保證、減少生產週期時間、以及提升生產率等。導入虛擬量測的效益將在下個小節中詳述。

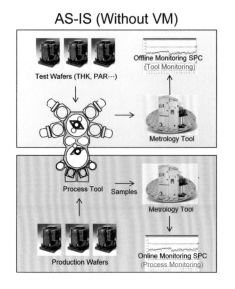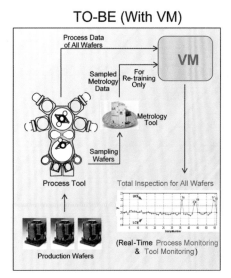

圖 8.3 不使用/使用虛擬量測進行機台與製程監控

來源：經同意由[23]重製© 2011 IEEE

8.1.3 VM的效益

降低成本一向是半導體製造精進的關鍵驅動力。為了持續遵守摩爾定律，ISMI於2012年設定了次世代晶圓廠(Next-Generation-Fab, NGF)的核心目標，包含生產週期時間減少50%以及成本降低30% [4]。ISMI也表示虛擬量測是下一代七大實踐專案之一[4,29]。以一座12吋的動態隨機存取記憶體(Dynamic Random Access Memory, DRAM)晶圓廠為例[29]，此晶圓廠月產能為3萬片且每月耗用4,500片非生產晶圓片(即指測試片)來進行量測。此晶圓廠套用ISMI的45奈米通用邏輯製程，其包含658道生產製程、36道微影製程、以及268道量測步驟。量測步驟可依虛擬量測實作的難易度，分類為容易/中度/困難，且依據虛擬量測可實現的程度，可設計出簡易/中度/困難的應用情境。所呈現出虛擬量測的替代率如下[29]：

- [簡易]鍍膜厚度量測：取代率為50%，因虛擬量測可從機台的製程資料進行預測。

- [中度]關鍵尺寸(Critical Dimension, CD)：取代率為20%，虛擬量測可由機台製程資料加上前製程量測值(Pre-Process Metrology)進行精準預測。

- [困難]缺陷檢測及曝光製程(Scans)：取代率為2%，因為造成這些表面缺陷的原因可能隨機地來自於機台內部或是製程過程中，使得虛擬量測技術難以導入。

量測機台的成本在鍍膜製程、關鍵尺寸、以及表面缺陷檢測分別為100萬、200萬、及100萬美元[29]。而虛擬量測導入與維護的成本則分別為15萬[簡易]、20萬[中度]、及30萬美元[困難][29]。文獻中也指出搬運每一在製品(Work-in-Process, WIP)須花費5分鐘[29]。

Stark [29]依據以上的假設條件結合可實現的情境，分析出此模式可減少8.55%生產週期時間，並節省2,100萬美元的資本支出，但同時須增加每年270萬美元以維持虛擬量測的運作[29]。為評估虛擬量測的整體效益，半導體製造之虛擬量測效益公式如(8.1)：

$$\text{Benefit} = W_O \times \left[\frac{1}{1-(\Delta CT_P + \Delta CT_M)} - 1 \right] \times (1+\Delta Y) * (P-C) + \Delta Cost_M + \Delta Cost_T - Cost_V - Cost_Q \tag{8.1}$$

其中

W_O	晶圓片年產出數量；
$\triangle CT_P$	因運用虛擬量測使得生產片不須經過實際量測而減少的生產週期時間(%)；
$\triangle CT_M$	因運用虛擬量測而不須用測試片進行離線機台監控所減少的生產週期時間(%)；
$\triangle Y$	製程能力的精進程度(使用虛擬量測進行先進製程控制)，所減少的報廢品等(%)；
P	每一300 mm晶圓片之平均售價；
C	每一300 mm晶圓片之生產成本；

$\triangle Cost_M$ 　　　在生產線上運用虛擬量測所節省的測試片成本；

$\triangle Cost_T$ 　　　在生產線上運用虛擬量測所減少的資本支出；

$Cost_V$ 　　　　每年維護虛擬量測運作之額外所需成本；

$Cost_Q$ 　　　　每年因虛擬量測誤報或失效所產生的連帶成本。

　　在Stark的研究成果中，公式(8.1)的$\triangle CT_P$是指生產週期時間減少、$\triangle Cost_T$是指資本支出減少、而$Cost_V$則是指虛擬量測維運成本[29]。在公式(8.1)其他的因子則由作者所導出。在這些因子之中，$\triangle CT_M$是指因智能量測與製程方案而減少的測試片；$\triangle Y$考量了製程能力的精進程度(使用虛擬量測執行先進製程控制)所減少的報廢品等；$\triangle Cost_M$是指測試片的成本減少；$Cost_Q$說明了每年因虛擬量測誤警報或失效所產生的連帶成本，主要是因為這些虛擬量測值不如實際量測來得精確。

　　套用了ISMI晶圓廠模型資料後[29]，我們得到W_O=3萬×12=36萬以及$\triangle CT_P$=8.55%。用五年來分攤，得到$\triangle Cost_T$=2,100萬/5=420萬美元，及$Cost_V$=270萬美元。目前市場平均價格為P=4,000美元，C=2,400美元。

　　在該晶圓廠模型中，測試片之於生產片的比例為4,500/3萬=6.7%。因此，$\triangle CT_M$可以減少1%的生產週期。在這減少的1%中，0.67%是因虛擬量測而減少了原本用來做離線機台監控的測試片，以及離線監控作業的作業流程優化；另外的0.33%是因導入虛擬量測使得工廠可以運用智能量測與製程方案使生產週期進一步減少。$\triangle Cost_M$測試片平均成本約莫為每一片40美金，這些測試片是可以被重複循環使用的；而且，半數的測試片因採用虛擬量測所以可被節省，$\triangle Cost_M$=40×4,500×12×0.5=108萬美金。

　　Moyne [5]指出虛擬量測解決方案中，如果要將虛擬量測資料運用在逐片(Wafer-to-Wafer, W2W)控制的話，就必須同時考量到虛擬量測的資料預測品質。Khan等人[15,16]對虛擬量測的品質問題進行了研究；Cheng等人[30]也提出了信心指標(Reliance Index, RI)以判斷虛擬量測值的可信度。此外，Kao等人[31]的研究運用了虛擬量測與其伴隨的信心指標(RI)於一個先進製程控制之系統與方法，其研究說明了信心指標(RI)可應用於逐次(R2R)控制器的參數值(如gain、α等)之調整，使逐次控制的誤差可因此降低。事實上，α是一個位於0到1之間的指數加權移動平均(Exponentially Weighted Moving Average, EWMA)係數[32]。假設$\alpha 1$代表當實際量測值被採用在逐次控制器中的回饋值時之指數加權移動平均係數，而$\alpha 2$則是當使用虛擬量測值之指數加權移動平均係數[32]。如文獻[32]中所述，$\alpha2$值將依據虛擬量測的可信度而定，且$\alpha2<\alpha1$。這是因為信心指標(RI)值為虛擬量測的可信度評估指標，且$0<RI<1$，較高的RI值代表較佳的虛擬量測可信度[30]，因此我們可以定義：$\alpha2=RI\times\alpha1$ [31]。關於將虛擬量測及信心指標應用至逐批控制，會於本章第四節(Section 8.4)中說明。

　　△Y百分比，如前述，是指製程能力的提升程度(使用虛擬量測執行先進製程控制)，所減少的報廢品等。假設整體製程能力從1.000提升到1.333，相當於缺陷率可從0.27%降低到0.0063% [33]。因此，改善(△Y)率為0.2637%，須注意的是，在這裡的改善(△Y)僅計算缺陷率的下降，事實上，製程能力的改善也會增加高品質產品的良率。因此，除了缺陷率的下降之外，考量到不同品質類別的產品會有不同的價格，製程能力改善(運用虛擬量測於先進製程控制中)所帶來的效益會大得多。而這部分在此並未多著墨，因為大多會將此效益歸類在先進製程控制。

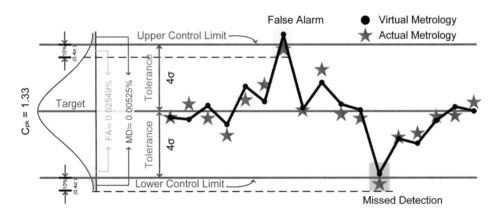

圖 8.4 錯誤警報和錯誤偵測案例示意圖
來源：經同意由[23]重製© 2011 IEEE

　　因虛擬量測誤警報及遺漏偵測所造成連帶的成本($Cost_Q$)說明如下。如圖8.4所示，$Cost_Q$主要是因為這些虛擬量測值不如實際量測來得精確，精度問題可能造成錯誤警報以及遺漏偵測。在確定錯誤警報發生率之前，應先定義虛擬量測解決方案的精度。一般而言，實際量測中可接受的量測誤差有10%的容忍區間。因此，10%的誤差區間也被定義為虛擬量測精度的需求。假設製程能力指標為1.33，那麼容忍區間則為4σ[30]。如圖8.4所示，若實量測值落在(0.4σ=4σ－3.6σ) 10%誤差的範圍內，該虛擬量測值即可能引發錯誤警報。此(3.6σ~4σ) 10%誤差範圍等同於0.02549%的發生率。工程師的平均年薪約4萬美元，時薪為40,000/(12×22×8)=18.94。一般而言，一位工程師需花費一小時來處理來自於虛擬量測系統警報的異常行動計畫(Out of Control Action Plan, OCAP)。平均來說，一個邏輯製程流程中，會存在30個虛擬量測的相關作業流程。因此，錯誤警報所造成的成本為$Cost_Q$=360,000×0.02549%×18.94×30=52,140美元。從另一方面來說，若實際量測值落在另一個(0.4σ=4.4σ-4σ) 10%誤差區間內，則虛擬量測值可能造成遺漏偵測。此(4σ~4.4σ) 10%誤差區間等同於0.00525%的機率。由此，遺漏偵測所造成的成本則為$Cost_Q$=360,000×0.00525%×2,400=45,360美元。

　　事實上，虛擬量測精度是根據其選用的預測演算法[34]、線上模型更新的方法[28]、採用製程及量測資料品質的評估方法[35]等等。要符合虛擬量測精度的10%需求並非易事，若虛擬量測精度高於10% (甚至15%或20%)的容忍區間，則錯誤警報及遺漏偵測造成的成本$Cost_Q$須重新計算。

　　對於一座月產能3萬片及4,500測試片的晶圓廠，虛擬量測的效益經過公式(8.1)的計算後，可得知每年效益為63,458,792美元。

　　如前述假設，全廠導入虛擬量測後，因生產週期時間縮短($\triangle CT_P + \triangle CT_M$=9.55%)，而預期會有額外增加的$\left[\frac{1}{1-(\Delta CT_P + \Delta CT_M)}\right]$(=10.56%)產出。此增加的產出也納入虛擬量測的整體效益中。當市場須要更多的產能以滿足需求時，由此公式可得知生產率將被提升。也就是說，從年產出晶圓片數量(W_O)就能印證產能是否提升。而當市場需求下降時，也代表晶圓廠不須要依靠生產週期的改善來提供額外的產能，年產出晶圓片數量(W_O)的影響就不顯著，甚至沒有影響。

　　根據作者在300 mm晶圓廠的經驗[25]，一般而言，相較於記憶體的低度產品組合特性，晶圓代工的高度產品組合生產模式須要4到5倍的監控作業。從實際製造管理的經驗來看，一座月產能3萬片的晶圓廠，每年的測試片成本很容易超過900萬美金。因此，在先進製程的晶圓廠導入虛擬量測更能夠看出效益。在此提到的成本節省僅是測試片減少的成本。除了測試片的減少，若再考量到晶圓載具(FOUP)的使用量降低、儲存空間的需求降低、以及自動搬運系統的投資節省，則效益更顯著。

　　Cheng等人[36]已開發出全自動虛擬量測(AVM)系統，此系統能夠自動地部署並於晶圓廠中達到虛擬量測之所有功能需求。下一節會詳細說明虛擬量測的發展以及全自動虛擬量測系統的研發。

8.2　VM的演進以及全自動虛擬量測 (Automatic Virtual Metrology, AVM)的發明

在8.1.1節中了解傳統型虛擬量測設計後,以下統整出其四項缺點,列出須要改善精度與加快部署之處。

1. 傳統虛擬量測無法同時兼顧即時性和精度。當要求即時性時,精度會降低;而要求精度時,則無法達到即時性的需求。

2. 傳統虛擬量測不會提供伴隨著該虛擬量測值的可信度指標(如信心指標RI等),因此使用者無法得知這些虛擬量測值是否可靠。此為虛擬量測之可應用性/可製造性問題。

3. 即使是相同的機型,每部機台也會有不同的物理特性。為了使虛擬量測精度符合半導體機台具備多反應室(Chamber)的特性,單一反應室的虛擬量測模型必須依據該反應室的歷史製程及量測資料來建立。當全廠導入時,虛擬量測模型的數量將跟著機台數量快速增加,如使用傳統方法來針對機台逐一建模時,將須要相當多的歷史資料,如此將會損耗大量人力以及須冗長的建模時間。

4. 傳統虛擬量測機制無法線上即時評估收集到的製程與量測資料的品質,如此便無法將異常的製程或量測資料剔除,其將被納入模型中調整或重新訓練,進而影響到虛擬量測的精度。

為克服上所述缺點,開發一套兼具執行效率與功能完備的虛擬量測系統是有其必要性的。

虛擬量測系統的基本功能,是將有量測延遲特性的離線抽檢轉變成線上且即時的全檢。然而,在導入虛擬量測技術於面板、半導體或其他製造產業時,便時常遇到如前述所提到的四項缺點。為解決這些缺點,必須開發一套兼具執行效率與功能完備的虛擬量測系統。全自動虛擬量測(Automatic Virtual Metrology, AVM)系統因此應運而生[36]。

8.2.1　AVM的發明

如文獻中[1,36]及圖8.5所示,全自動虛擬量測(AVM)系統包含了一套建模伺服器(Model-Creation Server)、一套虛擬量測監控器(VM Manager)、數套虛擬量測客戶端電腦(VM Client)、以及數座全自動虛擬量測伺服器(AVM Server)。而全自動虛擬量測系統的核心即為全自動虛擬量測伺服器,以下說明其特點。

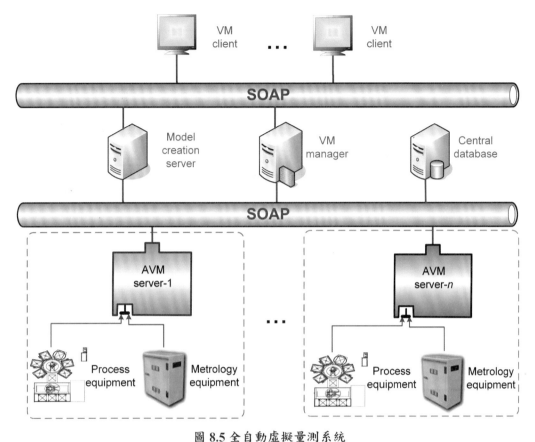

圖 8.5 全自動虛擬量測系統
來源：經同意由[1]重製© 2015 IEEE

如圖8.6所示，AVM伺服器包含了資料前處理[35]、具備雙階段虛擬量測演算法的預測模型[36]、信心指標(Reliance Index, RI)模組[30]、以及整體相似度指標(Global Similarity Index, GSI)模組[30]。除了虛擬量測的基本功能，如線上預測及品質評估之外，AVM伺服器也同時具備了資料品質評估以及模型更新自動化[36]。其輸入資料包含當下機台的製程資料(Process Data)以及當前機台的量測資料(Metrology Data)；輸出資料則包含第一階段虛擬量測值(VM_I)、第二階段虛擬量測值(VM_{II})、信心指標(RI)、以及整體相似度指標(GSI)。雙階段虛擬量測演算法[36](如圖8.7)為AVM伺服器的核心。

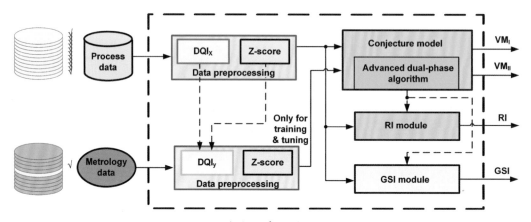

圖 8.6 全自動化虛擬量測伺服器
來源：經同意由[1]重製© 2015 IEEE

　　如圖8.7的右半部，在預測模型建立完成後，第一階段演算法會開始收集當前產品的製程資料。當資料收集完成，製程資料品質指標(DQI_x)隨即被用來評估已收集製程資料的品質。若偵測到異常，系統會發送警報給製程工程師，以進行分析與確認此異常是否為真。若此異常為真，則該製程資料應該予以剔除。一旦製程資料品質指標(DQI_x)完成評估後，屬於該產品的第一階段虛擬量測值(VM_I)和與其對應的信心指標(RI)及全域相似度指標(GSI)皆會被計算出來。這些計算僅須花費幾秒鐘就完成，因此可達到即時性的需求。有了信心指標(RI)及全域相似度指標(GSI)，就可以判斷第一階段虛擬量測值(VM_I)的信心水準以及可用性。

　　如圖8.7的左半部所示，在預測模型建立後，第二階段演算法會開始收集載具中產品之量測資料。一旦整組量測資料收集完成後，量測資料與製程資料會依據產品識別碼進行相關性確認。若通過相關性確認，系統就會把相同產品識別碼的製程資料與量測資料，用量測資料品質指標(DQI_y)演算法進行檢查。DQI_y演算法[35]用以執行線上即時評估，在該量測資料被用來調整或重新訓練AVM模型前，先行檢查量測資料及對應的製程資料是否正常。當偵測到異常，系統會發送警報給製程工程師，進行分析與確認。一旦確認為異常，該量測資料就會被剔除以免影響到AVM預測模型。而經過DQI_y驗證正常後，該量測資料就會被納入預測模型的調整或重新訓練中。

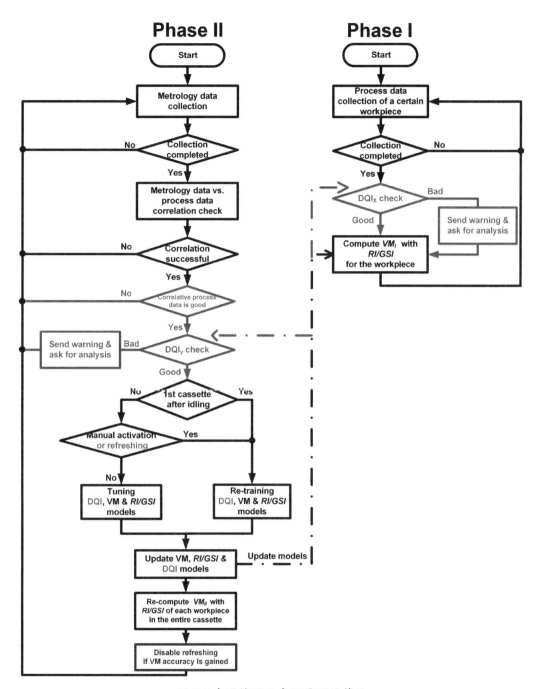

圖 8.7 先進雙階段虛擬量測演算法

來源：經同意由[1]重製© 2015 IEEE

　　若第一組DQI$_x$/DQI$_y$及VM和RI/GSI模型尚未產生，就必須先進行模型更新作業，將所有模型重新訓練或調整。隨後，載具中每一件產品的第二階段虛擬量測值(VM$_{II}$)及其對應的RI/GSI值，都會被重新計算。此外，在第二階段的DQI$_x$/DQI$_y$ and VM & RI/GSI模型更新後，也會重新計算DQI$_x$/DQI$_y$，VM$_I$與其對應的RI/GSI值。最後，整個模型更新程序的所有條件都會逐一檢查[36]。一旦檢查通過，代表AVM伺服器的預測精度已確保，且已完成更新程序，系統就會進入一般運作狀態。

　　總結AVM系統的各項特點，其可解決傳統型虛擬量測中4項缺點(在第8.2節中所提)，詳述如下：

1. AVM系統具有先進雙階段虛擬量測功能，可產生兩階段的虛擬量測值。第一階段所強調的是即時性，即當整組的製程資料收集完成後，立刻計算該在製品(晶圓或面板)的第一階段虛擬量測(VM$_I$)值。第二階段則強調精確性，即在收集到某一在製品之實際量測值後，系統隨即更新該在製品之AVM模型，並運用更新的AVM模型重新計算和此在製品處在同一載具(Cassette)中的所有在製品之第二階段虛擬量測(VM$_{II}$)值，以改善虛擬量測精度。若生產環境須要的是即時性，就使用VM$_I$；若要求預測精度，就使用VM$_{II}$。因此AVM系統能同時達成即時性和精確性的需求。

2. AVM系統可產生伴隨著每一筆VM$_I$和VM$_{II}$的RI與GSI [30]。AVM系統具有兩個不同的虛擬量測預測演算法，而RI則是以百分比來呈現統計上屬於兩個標準化常態分配之預測值的相似程度。因此，RI值會介於0到1之間。若這兩個預測值完全相同，那麼RI值為1，若兩個預測值相距甚遠，則RI值等於0。所以使用者可以利用AVM預測的RI值來確認精度。RI門檻值(RI$_T$)是為了用來區別RI的可信度，RI$_T$代表RI值所能容忍的最大誤差[30]。如果RI大於RI$_T$，代表該虛擬量測值可信度夠；反之則代表可信度低，需要進一步檢查AVM預測結果。

   GSI用以輔助判斷RI的可信度，GSI的定義是比較當前製程資料與建模/調整時使用的歷史資料之間的相似程度。若GSI值越小，代表相似度越高。設定製程品質管制的門檻值通常是資料的三倍標準差。每一個Z-score的平均值為0及標準差為1，而Z的管制門檻值為3。因此，GSI的門檻值(GSI$_T$)就設定為3^2=9 [36]。當GSI > GSI$_T$時，個體相似度指標(Individual Similarity Index, ISI)就會分析出造成主要差異的個別製程參數[30]。ISI的定義是比較當前某一個標準化的製程參數資料，與建模/調整時所使用的該製程參數之歷史資料(亦經過標準化)之間的相似度。

3. AVM系統具備自動擴散與模型更新之能力，使得某一反應室(Chamber)中的AVM模型能夠拓展並更新到其他同樣機型的反應室中，並保持AVM的精度，且此過程無須花費大量人力以及模型建立的時間[36]。因此，AVM系統能使全廠導入虛擬量測得以實現。

4. AVM系統具備製程資料品質指標(DQI_x)及量測資料品質指標(DQI_y)演算法[35]。在收集到整組的製程資料之後，AVM系統運用DQI_x演算法來線上即時檢測製程資料是否異常；如異常，則捨棄該製程資料並發出警訊。而當收到實際量測資料時，DQI_y演算法也會線上即時評估該量測資料是否異常，以確保該量測資料可以被納入調整或重新訓練AVM模型。如此便能夠避免AVM模型因採用品質不佳的資料造成精度衰退[35]。

　　AVM系統的部分重要功能模組已經完成測試且驗證的實例如下。2007年，半導體產業中的台灣積體電路製造公司(Taiwan Semiconductor Manufacturing Company, tsmc)十四廠蝕刻(Etch)製程，其驗證結果發佈在[30,34,37]；2006年至2010年，面板產業中的奇美電子(Chi Mei Optoelectronics Corporation, CMO)的五廠與六廠之化學氣相沉積(CVD)以及黃光微影(Photo)製程，其驗證結果發布在[34,35,36,38,39]及[1]。2010年至2011年，太陽能產業中的茂迪(Motech Inc)將AVM應用於輔助化學氣相沉積(PECVD)製程，其驗證結果發佈在[40,41]。此外，不僅在蝕刻、化學氣相沉積、黃光微影，亦有其他半導體或面板廠製程，也導入AVM系統。2012年後，AVM被逐步應用到其他產業；2014至2016年，汽車供應鏈中的遠東機械(Far East Machinery Industry Corporation, FEMCO)之輪圈加工自動化，其驗證結果發佈在[42]；2017年至2018年，航空產業的漢翔航空工業(Aerospace Industrial Development Corporation, AIDC)之飛機引擎機匣加工，其驗證結果發佈在[43]。2017年至2019年，化工產業的台灣塑膠(Formosa Plastics Corporation, FPC)之碳纖製造，其驗證結果發佈在[44]。

　　在第11章中，會先介紹面板業生產機台與製造流程，然後說明運用AVM系統進行全廠虛擬量測技術部署之方案。除了面板產業，AVM應用的實際案例遍及其他六大產業，包含太陽能、半導體、汽車、航空、碳纖、及射出成型吹瓶機等，也都會在第11章中做介紹。

8.3 將AVM整合至製造執行系統(Manufacturing Execution System, MES)

製造執行系統(Manufacturing Execution System, MES)是一套現場控制系統，涵蓋手動及(或)自動化的勞力、生產報表、線上查詢、並連結到現場所須的各項作業。MES提供了工單連結、產品配方、配送、品質控制、設備保養、生產排程、以及其他相關作業[45]。如圖1.2，MES是先進E化製造模型中的核心元素之一，MES的主要目的是增加生產力並提升良率。

ISMT發展了半導體技術聯盟的電腦整合製造(Computer-Integrated Manufacturing, CIM)框架[46]以定義MES通用基礎架構與應用軟體功能，並整合MES各個應用程式成一個融合的系統。有了MES通用組件的這些標準介面及功能，製造廠便可以將各個供應商提供的系統元件整合在一起。所以，製造廠可以拓展既有的元件，或開發具備相同的介面與功能的新元件來取代既有元件。本書作者也曾運用分散式物件導向技術與基元(Holon)和行為架構(Holarchy)的概念，發展一個全方位製造執行系統(Holonic Manufacturing Execution System, HMES)框架[47,48]。

目前大部分商用型MES(如IBM SiView)系統，運用統計製程控制(Statistical Process Control, SPC)功能模組來掌管線上品質監控。然而，SPC僅針對抽樣產品在量測機台進行量測的結果去做監控。如上一節所述，AVM系統可將離線且具量測延遲特性的抽檢，轉變成為即時且線上的全檢。因此，我們就可將AVM功能整合入MES，讓MES能夠擁有可即時線上全檢的能力。

根據以上所提的框架[46-48]，AVM系統也可以發展成一個MES框架中的可嵌入式元件，如圖8.8所示。MES元件包含排程、統計品質管制、設備管理、警報管理、物料管理等。

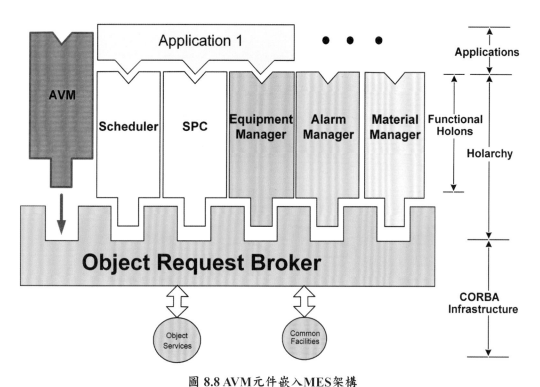

圖 8.8 AVM元件嵌入MES架構
來源：經同意由[23]重製© 2011 IEEE

　　AVM具備的能力包含：1)將離線且具備量測延遲的抽檢轉變成線上且即時的全檢；2)控片的降低/消除；以及3)支援逐片(W2W)控制。為將AVM能力充分應用至前瞻製造系統，AVM、MES元件、以及R2R控制器間之關聯如圖8.9所示。AVM模組為MES中的可嵌入式元件，AVM模組的設備監控器收集製程資料與量測資料，AVM輸出(包含VM_I、VM_{II}、和與其對應的RI/GSI值)會分別送到SPC模組，進行W2W全面品質檢驗。當RI和/或GSI值超過門檻值時會發送警報，且為了讓重要產品指派到較穩定的機台進行加工以改善良率穩定性，也會通知排程模組重新考量路徑。VM_I值會被派送到當前機台的R2R控制器進行逐批/次回饋控制(Feedback R2R Control) [28]。最後，VM_{II}值會被傳送到下一站機台的R2R控制器執行逐批/次的前饋控制(Feedforward R2R Control) [28]。前瞻製造系統結合AVM能力的作業細節詳述如下。

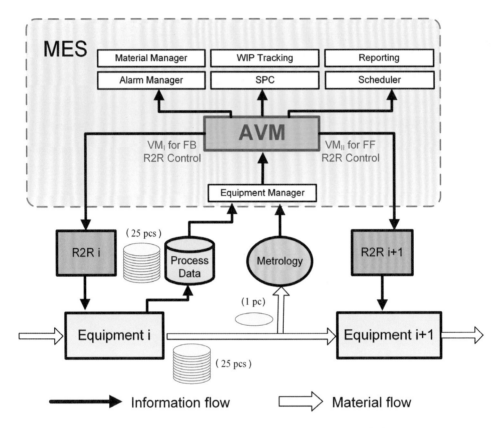

圖 8.9 AVM、MES元件、和R2R控制器間之關聯
來源：經同意由[23]重製© 2011 IEEE

8.3.1　AVM、MES元件、和R2R控制器間之交互作業情境

　　一個具備AVM能力的前瞻製造系統至少須要一套MES、內嵌的AVM模組以及R2R控制器。AVM、MES元件、以及R2R控制器間之交互作業的詳細運作情境如圖8.10所示。而且，作業情境應與先進雙階段虛擬量測演算法同步搭配(如圖8.7)。

1. & 2.排程系統透過設備監控器指派一批貨到製程機台I (PE i)。

3. & 4. PE i透過設備監控器將製程資料(PD)傳送到AVM。

5. AVM計算出VM_I和與其對應的RI、GSI、DQI_X；然後檢查是否有警報發生。

6. 若有警報，AVM將警報傳送給警報管理員。

7. AVM傳送VM_I (和與其對應的RI、GSI、DQI_X)給SPC進行W2W全檢。

8. AVM傳送VM_I (和與其對應的RI)給R2R i進行逐次回饋控制。

9. 若偵測到警報，則SPC觸發異常行動計畫(Out-of-Control Action Plan, OCAP)給警報管理員。

10. 警報管理員執行OCAP。

11. R2R i計算PE i的控制參數調整建議。

12. & 13. R2R i透過設備監控器傳送控制參數調整建議給PE i。

14. PE i檢查整批貨是否完成，再回到第三步進行下一片晶圓加工。

15. & 16. PE i檢查整批貨是否完成，然後再透過設備監控器發出完成指令給排程系統。

17. & 18. 排程系統透過設備監控器指派一片抽樣的晶圓到量測設備(Metrology Equipment, ME)。

19. ME對抽樣的晶圓執行量測作業。

20. & 21. ME透過設備監控器傳送量測資料(Metrology Data, MD)給AVM。

22. AVM計算VM_{II}以及其對應的RI、GSI、DQI_y；然後檢查是否有警報發生。

23. 若有警報，AVM隨即將警報發送給警報管理員。

24. AVM傳送抽樣晶圓片的MD與整批貨的VM_{II}(和與其對應的RI、GSI、DQI_y)給SPC以進行逐片全檢。

25. AVM傳送VM_{II}(和與其對應的RI)給R2R i+1以進行PE i+1的逐次前饋控制。

26. R2R i+1計算出PE i+1控制參數調整建議。

27. AVM傳送抽樣晶圓的MD以及整批貨的VM_{II}(和與其對應的RI、GSI、DQI_y)給排程系統，計算出最佳路徑。

28. 排程系統依據MD與VM_{II}的結果來選擇最佳路徑。

整合AVM後之流程與線上即時整合量測(In-situ Metrology)最主要的差異如下：

(a) 除了VM_I和VM_{II}，AVM也計算出RI、GSI、DQI_x、DQI_y並傳送給SPC、警報管理員、排程系統等功能，以判斷虛擬量測值的可信度、監控設備健康狀態、及評估製程和量測資料品質等，以便發展更多的應用(如：智慧型動態量測及減少生產週期時間的製程方案等)；而線上即時整合量測僅能提供實際量測資料。

(b) AVM須要抽檢的實際量測資料以進行重新訓練或調整AVM模型；而線上即時整合量測則須要標準晶圓片來進行校正。

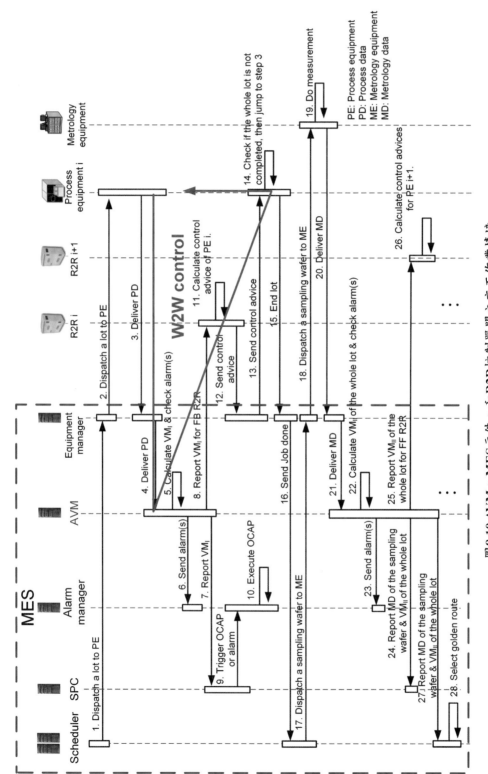

圖 8.10 AVM、MES元件、和R2R控制器間之交互作業情境

來源：經同意由[23]重製 © 2011 IEEE

　　圖8.10中之紅色三角路線，明確呈現出如何將AVM運用在逐片控制的作業情境。而圖8.11則是圖8.10作業情境的對應協作圖。在圖8.10中，框架內傳遞的訊息與圖8.11一致(相同序號)。在設計AVM、MES元件、以及R2R控制器之框架訊息[47,48]時，作業情境與對應協作圖都是必要的指引。一旦定義了框架訊息，AVM模組便能被設定為MES中的一個可插式元件，並且AVM模組會傳送VM_I及VM_{II}給R2R控制器進行逐片控制。圖8.10中的序號8：「AVM傳送VM_I (和與其對應的RI)給R2R i進行逐次回饋控制」。應用VM_I於逐片控制時，VM_I和與其對應的RI會傳送至R2R i，以$\alpha2=RI \times \alpha1$來調整$\alpha2$，此部分將會於下一小節(節8.4)中說明。

　　簡而言之，此節主要介紹具備AVM能力的前瞻製造系統，這個前瞻造系統由至少一套MES、一套可嵌入式的AVM模組、以及R2R控制器所組成。此節也詳細說明了前瞻製造系統中可嵌入式AVM模組的作業情境和對應協作圖。此外，第8.1.3節也設計了評估全廠AVM效益的計算式；其評估結果顯示全廠導入虛擬量測後因為減少了生產週期時間，而增加大約10%的額外產出。因此，對於次世代晶圓廠，導入具備AVM能力的製造系統可滿足縮短生產週期及降低成本，極具效益。

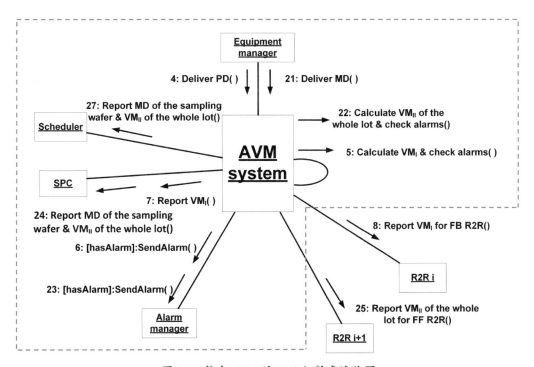

圖 8.11 整合AVM到MES之對應協作圖
來源：經同意由[23]重製© 2011 IEEE

8.4 應用AVM於逐片(Workpiece-to-Workpiece, W2W)控制

逐次控制(R2R)是一項在作業間調整配方參數或選擇控制參數的技術，目的在於優化製程表現[49]。在半導體產業中，R2R控制被廣泛地運用以改善製程能力。其控制單位可以是一個批量、一個批次、或是一件產品。一件產品在半導體產業是指一片晶圓，或在面板產業是指一片玻璃。逐批(L2L)先進製程控制(Advanced Process Control, APC)現在被廣泛運用於處理先進技術[10]。使用了L2L控制後，在一個批次中僅須要一件產品就能夠滿足回饋及前饋控制的目的。然而，當產品尺寸進一步縮小時，就須要更嚴謹的製程控制。在實際案例中，L2L已不夠精確，因此逐片(W2W)控制成為製程關鍵步驟的必要措施。而為了精確的W2W控制，在一批次中的每件產品都須被量測；如此一來須要採購大量的量測機台，且將造成生產週期時間的增加。不僅如此，在執行實際量測時，無法避免的量測延遲不僅會使控制複雜化，也會降低APC的效能[17]。

為解決上述問題，學者們提出了虛擬量測(VM)。VM是一項可使用每個工件的製程資訊來預測量測結果的技術[3]。如果VM預測模型是新鮮、可信度高、且精度夠時，就能夠在產品的製程資料收集完成後的幾秒內計算出VM值。此VM值可被運用到即時W2W控制[28]。

在文獻上並沒有太多關於運用VM於R2R控制的研究。僅有的這些研究中，Besnard和Toprac [50]認為VM是一項關鍵技術，可被應用於W2W控制；相對於傳統型R2R控制，W2W控制可以更顯著地改善製程能力。不過，該文獻並沒有提到VM的可信度問題[50]。Khan等人[15,16,32]提出一個將VM應用於W2W控制的方案，並且考慮到VM值在R2R控制方案應用中的品質議題。在文獻[15,16,32]中所提到的幾項要點將會在第8.4.1節中說明。Wu等人[17]研究R2R控制的表現；其結論為，運用VM可以解決量測延遲問題，前提是VM的誤差必須小於製程的隨機誤差[32]。換句話說，如果VM誤差大於製程隨機誤差，將VM用於R2R控制反而可能會讓R2R控制的表現比具有量測延遲的實際量測[32]更糟。

在一項有關於運用VM及RI於R2R控制的先期研究[51]中，僅考慮RI來判斷信心程度並模擬控制結果。而在本節中，不僅是RI，GSI [30]也被用來調整R2R控制器參數。此外，本研究也呈現了五次隨機生成的模擬結果。這些隨機生成模擬了

因預測保養(Predictive Maintenance, PdM)而對流程或設備進行五次修改的情況。如此一來，面對製程上或設備上的調整，在實際生產環境的R2R控制器參數管理問題都可以被顧及。

在此選擇以化學機械研磨(Chemical Mechanical Polishing, CMP)製程為例，CMP是一個常見的半導體機台，針對研磨率及零件使用次數的問題，先進製程控制(APC)經常被用來改善研磨的品質控制。

第8.4節之呈現簡述如下。第8.4.1節為背景資料探討；第8.4.2節介紹AVM系統、RI、以及GSI；第8.4.3節提出結合VM的R2R控制方案，使用VM和與其對應的RI&GSI作為量測回饋數據來調整α_2；接著，第8.4.4節中將展示研磨製程的實際應用案例與各種情境之比較評估，其包含了案例一：採用實際量測的R2R、案例二：R2R+VM但不採用RI、案例三：R2R+VM並結合RI、案例四：R2R+VM及(1-RI)、以及案例五：R2R+VM及RI&(1-RI)互換[即RI.S.(1-RI)]；最後，第8.4.5節提出本節的結語。

8.4.1 背景資料

圖8.12中所展示的是一個概要區塊圖來說明常見的指數加權移動平均(Exponentially-Weighted-Moving-Average, EWMA) R2R控制。以下先假設一個製程的輸入與輸出為線性關係：

$$y_k = \beta_0 + \beta_1 u_k + \eta_k \tag{8.2}$$

其中y_k為工廠產出，u_k為第k次的控制行動，β_0為製程中初始化的偏差值，β_1為製程調整參數，以及η_k為擾動模型之輸入[17]。

給予一個製程預測模型Au_k，其中A為預估的調整參數(如：研磨製程的研磨率)；其初始值可以根據機台/配方實際表現來取得。

採用EWMA方法，則該製程第$(k+1)^{th}$次補償或擾動將如下所示

$$\tilde{\eta}_{k+1} = \alpha(y_k - Au_k) + (1-\alpha)\tilde{\eta}_k \tag{8.3}$$

其中α是在0到1之間的EWMA係數。

第$(k+1)^{th}$次控制行動如下所示

$$u_{k+1} = \frac{Tgt - \tilde{\eta}_{k+1}}{A} \tag{8.4}$$

其中T_{gt}代表目標值。

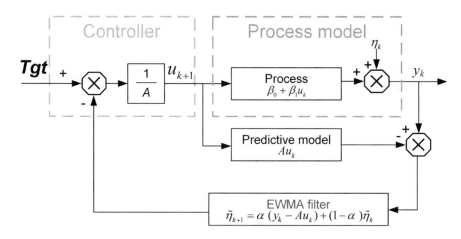

圖 8.12 EWMA R2R控制模型
來源：經同意由[31]重製© 2013 IEEE

圖8.13為Khan等人[15,16,32]所提出一個結合VM的W2W控制方案，其中y_Z為第Z^{th}次產品抽樣的實際量測資料，$\hat{y}_k$是第k^{th}次的VM資料，X_k為第k^{th}次機台製程資料。

Khan等人也提出VM及資料品質評估的R2R控制方案。依據[15,16,32]的研究結論，將(8.3)修改如下：

當y_k為實際量測時，就會變成y_Z，EWMA係數α_1會被採用

$$\tilde{\eta}_{k+1} = \alpha_1(y_Z - Au_k) + (1-\alpha_1)\tilde{\eta}_k ; \tag{8.5}$$

當y_k為VM預測值時，就會變成$\hat{y}_k$，EWMA係數α_2會被採用

$$\tilde{\eta}_{k+1} = \alpha_2(\hat{y}_k - Au_k) + (1-\alpha_2)\tilde{\eta}_k 。 \tag{8.6}$$

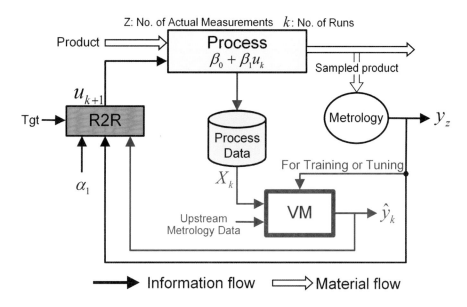

圖8.13 結合VM的W2W控制 [15,16,32]
來源：經同意由[31]重製© 2013 IEEE

Khan等人[15,16,32]指出通常$\alpha_1 > \alpha_2$(取決於VM資料相關的品質)。目前結合VM的控制器調整問題在於如何設定α_2。以經驗法則來說，α_2應該取決於VM的預測品質或可信度，且符合$\alpha_2 < \alpha_1$的條件。Khan等人[15,16,32]提出兩項VM品質指標以衡量結合VM品質的R2R控制器參數調整方案：

1. 在量測作業中的預測誤差：

$$\text{Error} = y - \hat{y} \tag{8.7}$$

2. 如果y及$\hat{y}$為零均值化的高斯偏移，則由y的最小均方誤差(Mean-Square-Error, MSE)為

$$y_{mmse} = \rho \, \frac{\sigma_y}{\sigma_{\hat{y}}} \tag{8.8}$$

其中相關係數

$$\rho = \frac{cov[y,\hat{y}]}{\sigma_y \sigma_{\hat{y}}} \tag{8.9}$$

以及σ_y與$\sigma_{\hat{y}}$分別為y及$\hat{y}$之標準差。

然而，前述兩項指標都有以下缺點：

1. (8.7)和(8.8)都需要實際量測資料"y"；然而，若已經有充足的實際量測資料(y)，就不需要預測VM資料($\hat{y}$)了。
2. 目前尚未有最佳化或模擬方法可以將α_1轉換成α_2。

因此，想要使R2R模型結合(8.7)與(8.8)中的資料品質指標，不是件容易的事。所以勢必得發展一套結合VM及RI/GSI的R2R控制方案[30]，來解決R2R模型結合VM資料品質的問題。

8.4.2　將AVM應用於W2W控制的基礎介紹

第8.2節中介紹的AVM系統涵蓋了一套建模(Model Creation, MC)伺服器、一套VM監控器、數個VM用戶端、以及多套AVM伺服器。建模伺服器會針對某個製程機型產生第一組資料評估模型、VM預測模型、及VM可靠度評估模型。若要進行全廠導入，VM監控器會將所產生的第一組模型擴散到所有屬於同機型的AVM伺服器上。AVM伺服器也可以針對模型進行個別的更新程序，讓模型適用於所屬機台。如此即可維持每一套AVM伺服器的VM精度，且AVM伺服器可用於各式各樣的VM應用[36]。

如圖8.14所示，AVM伺服器內含資料前處理、具備先進雙階段VM演算法的預測模組、RI模組、以及GSI模組。除了VM線上預測及VM品質評估的基本功能外，AVM伺服器亦具有自動品質評估以及自動模型更新功能。AVM伺服器的輸入值包含了當前機台的製程資料、前製程機台的PreY資料，以及當前機台的量測資料。在[15,16]文獻中，製程資料與PreY資料也分別被稱為第一型(Type-1)資料與第二型(Type-2)資料。PreY資料可能來自於實際量測或是VM資料。AVM伺服器的輸出值則為第一階段VM(VM_I)、第二階段VM (VM_{II})、RI、以及GSI值。RI與GSI會在後面章節介紹。

由RI模組產生對應著VM的RI值，其目的為估算VM值的信心度[30]。如圖8.15所示，RI是指VM預測值的統計分佈$Z_{\hat{y}_{N_i}}$ (由類神經網路(Neural Networks)演算法所計算的預測值)、與統計分佈$Z_{\hat{y}_{r_i}}$ (由複迴歸(Multi Regression)演算法所計算的參考值)之間的重疊區域。RI計算公式如下[30]：

$$RI = 2\int_{\frac{Z_{\hat{y}_{N_i}} + Z_{\hat{y}_{r_i}}}{2}}^{\infty} \frac{1}{\sqrt{2\pi}\sigma} e^{-\frac{1}{2}\left(\frac{x-\mu}{\sigma}\right)^2} dx \tag{8.10}$$

且

$$\mu = Z_{\hat{y}_{N_i}} \text{ if } Z_{\hat{y}_{N_i}} < Z_{\hat{y}_{r_i}}$$

$$\mu = Z_{\hat{y}_{r_i}} \text{ if } Z_{\hat{y}_{r_i}} < Z_{\hat{y}_{N_i}}$$

σ設定為1，其中$Z_{\hat{y}_{N_i}}$為使用NN所預測的VM值之統計分佈，而$Z_{\hat{y}_{r_i}}$為使用MR所預測的VM參考值之統計分佈。

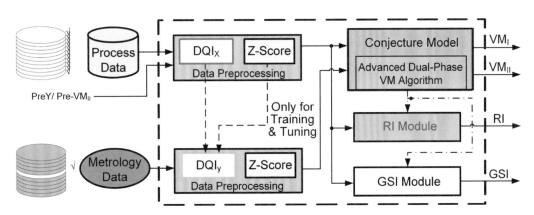

圖 8.14 接受PreY 輸入的AVM伺服器

來源：經同意由[31]重製© 2013 IEEE

當RI值增加時也就是重疊區域A變大，此現象代表預測模型與參考模型較相近，所以對應的VM值較為可信。反之，對應量測值之可靠度降低即代表RI值減小。當分佈$Z_{\hat{y}_{N_i}}$ (由$Z_{y_{N_i}}$估算)跟分佈$Z_{\hat{y}_{r_i}}$ (由$Z_{y_{r_i}}$估算)完全重疊時，根據統計理論，RI值會等於1；相反地，當兩個分佈幾乎完全分散開時，RI值則接近於0。因此，RI值會介於0跟1之間。

RI門檻值(RI_T)被定義為與RI值對應的最大可容忍誤差界限(E_L)，其詳細說明可參照[30]。若RI超過RI_T，則代表VM值可被信賴；若RI值低於RI_T，代表VM預測結果不可靠或者須要進一步確認[30]。

一旦VM上線後，就不會有實際量測值來確認虛擬量測值的精度。所以，標準化的MR預測值$Z_{\hat{y}_{r_i}}$會取代標準化的實際量測值Z_{y_i}來計算RI。這樣的替代方式可能造成RI中無法避免的估計誤差。舉例來說，當製程資料發生偏移時，該組製程資料與模型中的歷史資料之相似度就會較低，使得NN預測出來的VM值與MR產生的參考預測值差異較大。即便如此，仍可能發生預測的VM值與預測參考值相近以至於RI值仍高於RI_T的情況。為防止此無法避免的狀況發生，須再採用GSI來協助判斷VM中RI的信心度。

　　GSI用來衡量任一組新的製程資料與模型中的歷史製程資料之相似程度，而該模型是指由歷史製程資料所建立的預測模型[30]。

　　GSI是透過馬氏距離(Mahalanobis Distance)來判斷新進的製程資料與模型中的製程資料是否相似。若計算出來的GSI值偏小，代表新進的資料與模型中資料較相似。如此，使用新進資料(高相似度)所預測的VM值也較精確。反之，若計算出來的GSI過大，代表新進的資料與模型中資料相似度不高，使用該新進資料(低相似度)所預測的VM值其信心度低[30]。

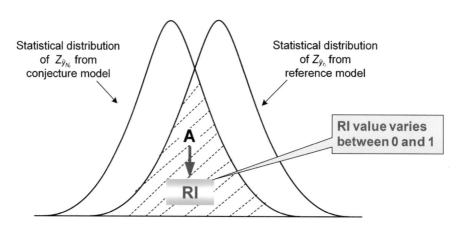

圖 8.15 定義RI的常態分佈示意圖
來源：經同意由[31]重製© 2013 IEEE

　　GSI公式表示如下[30]：

$$GSI=D_\lambda^2/p \tag{8.11}$$

其中$D_\lambda^2=Z_\lambda^T R^{-1}Z_\lambda$代表標準化的第$\lambda_{th}$次製程資料($Z_\lambda$)，與標準化製程參數之間相關係數的反矩陣($R^{-1}$)之馬氏距離。在(8.11)中，GSI可被解讀成每一參數間馬氏距離之平均數。以單一參數的案例來看，$R=R^{-1}=I$及p=1，結果GSI=Z^2。一般而言，統計製程管制中的控制門檻值會被設定為三倍標準差(3σ)。然而，每一標準化的Z-score代表平均數為0且標準差為1，以Z~N(0,1)表示，則Z的控制門檻值為3。因此，GSI的門檻值(GSI_T)設定為3^2=9 [36]。

前述的RI計算是根據資料為常態分佈的假設而來。當資料非常態分佈時，如韋伯分佈(Weibull distribution) [52]，則韋伯分佈的RI_W公式可以圖8.16來表示。

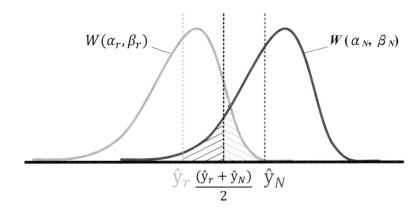

圖 **8.16 韋伯分佈的RI_W示意圖**
來源：經同意由[31]重製© 2013 IEEE

$$RI_w \cong \int_{-\infty}^{\frac{\hat{y}_r+\hat{y}_N}{2}} \left(\frac{\beta_N}{\alpha_N}\right) \cdot \left(\frac{x}{\alpha_N}\right)^{\beta_N-1} \cdot e^{-\left(\frac{x}{\alpha_N}\right)^{\beta_N}} dx + \int_{\frac{\hat{y}_r+\hat{y}_N}{2}}^{\infty} \left(\frac{\beta_r}{\alpha_r}\right) \cdot \left(\frac{x}{\alpha_r}\right)^{\beta_r-1} \cdot e^{-\left(\frac{x}{\alpha_r}\right)^{\beta_r}} dx \qquad (8.12)$$

其中

$\hat{y}_N$	NN VM值；
$\hat{y}_r$	MR VM值；
α_N	NN預測模型中韋伯分佈之比例參數；
β_N	NN預測模型中韋伯分佈之形狀參數；
α_r	MR預測模型中韋伯分佈之比例參數；
β_r	MR預測模型中韋伯分佈之形狀參數。

由於韋伯分佈是一個扭曲的分布，因此想要解釋$W(\alpha_N, \beta_N)$與$W(\alpha_r, \beta_r)$的重疊區域(即圖8.16中紅點處)相當困難。然而，我們可以用$\frac{(\hat{y}_r+\hat{y}_N)}{2}$取得近似值。

8.4.3 運用具有信心指標(Reliance Index, RI)和整體相似度指標(Global Similarity Index, GSI)的VM值進行R2R控制

如第8.4.1節所述，運用VM於R2R控制的控制參數調整問題會聚焦在如何設定(8.6)中的α_2。依經驗法則，α_2應依據VM的品質或信心度，且$\alpha_2 < \alpha_1$。因為RI值是適

用於評估VM的信心指標,且$0 < RI < 1$;RI值越高代表VM信心度越強,因此可設定如下:

$$\alpha_2 = RI \times \alpha_1 \tag{8.13}$$

當R2R控制器須要較大的參數調整量時,則採用(8.13)。須要較大參數調整量的狀況有:y_k離目標值較遠或是生產製程相對不穩定。反之,若y_k很接近目標值或是生產製程相對穩定,則控制器參數調整值就會較小。可設定以下計算式來產生較小的控制器參數調整量:

$$\alpha_2 = (1 - RI) \times \alpha_1 \tag{8.14}$$

只有當RI夠好時,計算式(8.13)及(8.14)才成立;換句話說,RI要大於RI_T。若$RI < RI_T$,則該VM值不能用來調整R2R控制器的參數。此外,因GSI是用來輔助RI判斷VM的信心程度,當$GSI > GSI_T$,其對應的VM值也就無法使用。總結來說,若$RI < RI_T$或$GSI > GSI_T$,則α_2會被設為0。

在實際生產環境中,每當製程或機台進行調整時,就要考量到R2R控制器參數調整的問題。一般來說,剛調整後的第一批生產製程其實相對不穩定;因此,控制器參數調整值理應相對高。在第一批完成加工後,生產製程會變得相對穩定。也就是說,其餘的批次之參數調整值應較小。

總結來說,α_2可被設成:

$$\alpha_2 = f(RI, GSI) \times \alpha_1 \tag{8.15}$$

$$\text{其中} f(RI, GSI) = \begin{cases} 0, & \text{if } RI < RI_T \text{ or } GSI > GSI_T \\ RI, & \text{if } RI \geq RI_T \text{ and } GSI \leq GSI_T \text{ and for } k \leq C \\ 1 - RI, & \text{if } RI \geq RI_T \text{ and } GSI \leq GSI_T \text{ and for } k > C \end{cases} \tag{8.16}$$

在(8.16)的C被設定為定值(初設值可選25)。計算式(8.15)也被稱為RI.S.(1-RI)方案。將(8.16)使用於W2W控制時,該計算式未必是最佳的。如何決定結合品質指標的VM控制最佳計算式,是未來須研究的議題。

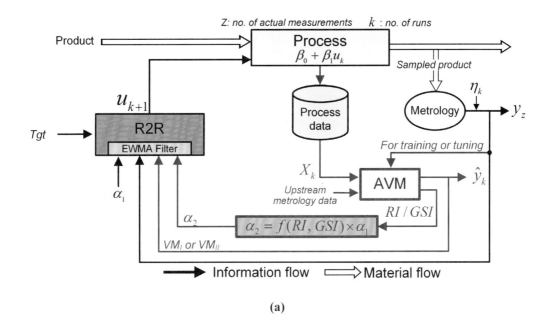

(a)

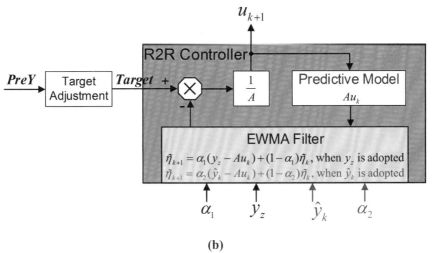

(b)

圖 8.17 結合AVM及RI/GSI的W2W控制方案
(a) 完整的W2W控制架構 (b) R2R控制器
來源:經同意由[31]重製© 2013 IEEE

　　當生產製程中發生品質指標偏離設定值或產生斷點時,就會須要R2R控制的介入做修正。這些斷點包含:1)保養、2)產品/配方變換、3)目標值改變、及4)機台調整等。每當一個斷點發生,就會啟動RI.S.(1-RI)方案來初始化R2R控制。一般而言,在剛完成第一批產品加工後,是最容易決定RI轉成1-RI的方法。而一個批次=25片晶圓,因此C可設為25。

　　圖8.17為結合AVM及RI/GSI的W2W控制方案細部說明圖。圖中VM_I與VM_{II}分別代表先進雙階段VM方案中的第一階段VM值及第二階段VM值。圖8.17中，包含α_1及α_2的EWMA計算分別列於(8.5)及(8.6)中。α_1的計算方法可參照[53,54]。RI的公式列於(8.10)，而第$(k+1)^{th}$次R2R控制行動計算如(8.4)，示意如圖8.17(b)。

8.4.4　案例說明

　　在研磨600片晶圓後，CMP機台的研磨拋光布(polishing pad)就應該更換。CMP機台的定期保養(Periodic Maintenance, PM)之週期會設定為研磨拋光布最大使用數。在此選擇以600片晶圓做保養週期的CMP機台，作為W2W控制的說明案例進行評估與比較。模擬的條件與情境詳列如下：

1. y_k為使用量測機台量測出的實際去除量，$PostY_k$為研磨第k次後所取得的厚度。$PostY_k$的規格為2800±150Å，其中2,800為目標值，用Tgt_{PostY}表示。因此可得

$$PostY_K = PreY_K - y_K \tag{8.17}$$

以及

$$y_K = ARR_k \times u_k \tag{8.18}$$

其中ARR_k為第k次的實際去除率，u_k在此例中代表研磨時間。

　　眾所皆知的帕松方程式(Preston Equation)，是1927年從實驗中歸納得到玻璃研磨的計算式。帕松方程式被使用於研磨製程中進行材料去除率的預測[55,56]。根據帕松方程式，材料去除率主要受到晶圓與研磨拋光布之間接觸點的接觸壓力(也稱作機台壓力)分佈，以及接觸點的研磨速度(也稱為機台旋轉速度)分佈所影響。其他包含研磨液、研磨拋光布材質等則被視為常數。因此，ARR_k之模擬式如下：

$$ARR_k = \left(A_k \times \left(\frac{Stress1+Stress2}{1000} \right) \times \left(\frac{Rotspd1+Rotspd2}{100} \right) \times \left(\frac{Sfuspd1+Sfuspd2}{100} \right) \right) +$$
$$(PM1+PM2)+Error \tag{8.19}$$

$Stress$、$Stress2$、$Rotspd1$、$Rotspd2$、$Sfuspd1$、$Sfuspd2$、$PM1$、$PM2$、以及$Error$之定義列於表8.1。(8.19)中的A_k為兩次PM之間材料使用次數(稱為PU，數值介於1到600)的多項式曲線擬合模擬的理論去除率：

$$A_k = (4 \times 10^{-6}) \times (PU-1)^3 - (3.4 \times 10^{-3}) \times (PU-1)^2 + (6.9 \times 10^{-3}) \times$$
$$(PU-1) + (1.202 \times 10^3) \tag{8.20}$$

2. $Post\hat{Y}_k$代表$PostY_k$,的預測值。根據(8.17)與(8.18)可得

$$\hat{y}_k = A\hat{R}R_k \times u_k \tag{8.21}$$

$$Post\hat{Y}_k = PreY_k - \hat{y}_k = PreY_k - A\hat{R}R_k \times u_k \tag{8.22}$$

其中

$$A\hat{R}R_k = f(Stress, Rotspd, Sfuspd, PU, PU^2, PU^3) \tag{8.23}$$

為ARR_k的VM$_1$值,其中$Stress$ ($=Stress1+Stress2$)、$Rotspd$ ($=Rotspd1+Rotspd2$)、$Sfuspd$ ($=Sfuspd1+Sfuspd2$)、PU、PU^2、PU^3為製程參數 [以帕松方程式、(8.19)、以及(8.20)為依據]。製程參數的定義與其設定值列於 表8.1。

表 8.1 模擬參數定義與設定值
來源:經同意由[31]重製© 2013 IEEE

縮寫	定義	設定值	
		平均值	變異
Error	白噪音的隨機誤差	0	300
PM1	定期保養之機台零件差異造成的誤差(PM)	0	100
PM2	機台零件差異的隨機擾動	0	6
Stress1	PM時零件重組造成機台壓力誤差	1000	2000
Stress2	機台壓力的隨機擾動	0	20
Rotspd1	PM時零件重組造成的機台旋轉速度誤差	100	25
Rotspd2	機台旋轉速度的隨機擾動	0	1.2
Sfuspd1	PM時零件重組造成研磨液流速的誤差	100	25
Sfuspd2	研磨液流速的隨機擾動	0	1.2
PreY$_k$	影響第k次製程結果的前製程(蝕刻深度)值	3800	2500

3. 根據(8.4), 第$(k+1)$次控制行動可由以下方程式導出

$$Tgt_{k+1} = PreY_{k+1} - Tgt_{PostY} \tag{8.24}$$

$$u_{k+1} = \frac{Tgt_{k+1} - \tilde{\eta}_{k+1}}{A_{k+1}} 。 \tag{8.25}$$

4. 當$PostY_k$為實際量測結果時，根據(8.5)可得出

$$\tilde{\eta}_{k+1} = \alpha_1(y_Z - A_k u_k) + (1 - \alpha_1)\tilde{\eta}_k \tag{8.26}$$

當$PostY_k$為VM預測結果時，則依據(8.6)、(8.15)、以及(8.16)得出：

$$\tilde{\eta}_{k+1} = \alpha_{2,k}(\hat{y}_k - A_k u_k) + (1 - \alpha_{2,k})\tilde{\eta}_k \tag{8.27}$$

以及

$$\alpha_{2,k} = f(RI_k, GSI_k) \times \alpha_1 \tag{8.28}$$

其中

$$f(\text{RI,GSI}) = \begin{cases} 0, \text{ if } RI_k < RI_T \text{ or } GSI_k > GSI_T \\ RI_k, \text{ if } RI_k \geq RI_T \text{ and } GSI_k \leq GSI_T \text{ and for } k \leq C \\ 1 - RI_k, \text{ if } RI_k \geq RI_T \text{ and } GSI_k \leq GSI_T \text{ and for } k > C \end{cases} \tag{8.29}$$

此範例中，C=25。

5. 1個批次=25片，其中第2片晶圓為抽檢樣本，由抽檢結果帶入α_1與(8.26)計算出$\tilde{\eta}_{k+1}$。

6.
$$Cpk(\text{Process Capability}) = \min\left\{\frac{UCL - mean(PostY)}{3 \times std(PostY)}, \frac{mean(PostY) - LCL}{3 \times std(PostY)}\right\} \tag{8.30}$$

為評估R2R控制的表現，其中管制上限(UCL)=2,950 and管制下限(LCL)=2,650。

7. 使用目標值來計算製程絕對平均誤差百分比(Mean-Absolute-Percentage Error, MAPE$_P$)：

$$MAPE_P = \frac{\sum_{i=1}^{k}|(PostY_i - Tgt_{PostY})/Tgt_{PostY}|}{k} \times 100\% \tag{8.31}$$

並用以評估R2R控制的表現。

8. 因$Sfuspd2$造成的額外隨機擾動，其平均值為0、變異數為0.36，也加入到樣本50、111、179、251、349、以及503。換句話說，結合$Sfuspd2$於樣本50、111、

179、251、349、以及503為1.2+0.36=1.56。也因為加入這些額外隨機擾動，RI與(或)GSI值可能會超過門檻值。

　　共有五回合的模擬用來評估與比較R2R控制表現。依據作者經驗，半導體R2R控制的控制器參數調整值α_1通常界於0.2到0.5，在本研究中將α_1值設定為0.35。在每一個案例中，$PreY_k$、Tgt_k、$A_{k,}$以及ARR_k的模擬結果(k=1~600)會優先參考表8.1中的設定值，以及(8.24)、(8.20)、(8.19)。接著，設定α_1=0.35及$\tilde{\eta}_1$=0來計算u_1，並代入(8.18), (8.26), (8.25), 及(8.17)分別計算y_k、$\tilde{\eta}_{k+1}$、u_{k+1}、以及$PostY_k$，且將k=1及2代入這五個案例中。如前述的模擬條件5)，將所有抽樣晶圓代入α_1及(8.26)以計算$\tilde{\eta}_{k+1}$。針對全部的非抽樣晶圓且k=3~600，該五個控制方案說明如下：

案例1：R2R結合實際量測

設α_1=0.35並帶入(8.18)、(8.26)、(8.25)、及(8.17)以分別計算k=3~600之y_k、$\tilde{\eta}_{k+1}$、μ_{k+1}、以及$PostY_k$。

案例2：R2R結合VM，但不包括RI

設α_2=α_1=0.35並帶入(8.21)、(8.27)、(8.25)、(8.22)、及(8.17)以分別計算k=3~600之$\hat{y}_k$、$\tilde{\eta}_{k+1}$、μ_{k+1}、$Post\hat{Y}_k$、及$PostY_k$。

案例3：R2R結合VM與RI

設α_1=0.35。若RI < RI_T或GSI > GSI_T，則α_2=0；否則，設$\alpha_{2,k}$=$RI_k \times \alpha_1$；再帶入到(8.21)、(8.27)、(8.25)、(8.22)、及(8.17)以分別計算k=3~600之$\hat{y}_k$、$\tilde{\eta}_{k+1}$、μ_{k+1}、$Post\hat{Y}_k$、及$PostY_k$。

案例4：R2R結合VM與(1-RI)

設α_1=0.35。若RI < RI_T或GSI > GSI_T，則令α_2=0；否則設$\alpha_{2,k}$=$\left(1-RI_k\right) \times \alpha_1$；再帶入(8.21)、(8.27)、(8.25)、(8.22)、及(8.17)以分別計算k=3~600之$\hat{y}_k$、$\tilde{\eta}_{k+1}$、μ_{k+1}、$Post\hat{Y}_k$、及$PostY_k$。

案例5：R2R結合VM與RI.S.(1-RI)

設α_1=0.35。採用(8.28)及(8.29)的RI.S.(1-RI)方案以設定α_2；再帶入(8.21)、(8.27)、(8.25)、(8.22)、及(8.17)以分別計算k=3~600之$\hat{y}_k$、$\tilde{\eta}_{k+1}$、μ_{k+1}、$Post\hat{Y}_k$、及$PostY_k$。

　　採用Cpk與$MAPE_P$ [分別以(8.30)及(8.31)表示]來評估並比較該五個案例的表現。Cpk用來衡量製程能力[57]，而$MAPE_P$代表與製程目標值的絕對平均誤差百分比。這5個案例的Cpk與$MAPE_P$值分別列於表8.2及表8.3。

　　觀察表8.2與表8.3，並以案例1為基準，案例2(不考慮RI/GSI)的表現明顯較差。案例3剔除了品質差的$Post\hat{Y}_k$(VM)值並設$\alpha_2=RI\times\alpha_1$，則較趨近於能接受的表現水準。案例4剔除了品質差的$Post\hat{Y}_k$(VM)值並設$\alpha_2=(1-RI)\times\alpha_1$，除了第1回合，其他的表現一般比案例3更好。案例5剔除了品質差的$Post\hat{Y}_k$(VM)值並採用(8.29)中的RI.S.(1-RI)方案，解決了案例4中第1回合模擬的問題；且案例5的表現和案例1不相上下。支持上述觀察和結論的原因詳述如下。

　　五個案例之第1回合的模擬結果如圖8.18所示。因$Sfuspd2$所造成額外隨機擾動(平均數為0、變異數為0.36)加入到樣本50、111、179、251、349、及503，導致產生品質不佳的$Post\hat{Y}_k$(VM)值亦呈現於圖8.18。根據作者實際在台積電[30]與奇美電子[35]實際驗證AVM的經驗，品質不佳的VM值(如圖8.18所示)通常都可被RI與(或)GSI偵測出來。詳細說明請參照[30]中的圖6及[35]中的圖8。

表 8.2 五個案例之Cpk值(α_1=0.35)
來源：經同意由[31]重製© 2013 IEEE

Round	Case 1: Insitu			Case 2: VM			Case 3: VM+RI			Case 4: VM+(1-RI)			Case 5: VM+RI.S.(1-RI)		
	1~25	1~200	1~600	1~25	1~200	1~600	1~25	1~200	1~600	1~25	1~200	1~600	1~25	1~200	1~600
1	1.09	1.58	1.62	1.14	1.42	1.31	1.14	1.54	1.49	1.12	1.29	1.38	1.14	1.57	1.55
2	1.73	1.89	1.86	1.51	1.64	1.72	1.51	1.73	1.77	1.89	2.00	2.04	1.51	1.71	1.74
3	1.60	1.74	1.77	1.72	1.64	1.77	1.72	1.72	1.80	1.76	1.79	1.87	1.72	1.85	1.90
4	1.43	1.95	1.87	1.45	1.74	1.72	1.45	1.89	1.76	1.51	1.95	1.87	1.45	1.94	1.87
5	1.32	1.85	1.81	1.41	1.78	1.71	1.41	1.83	1.79	1.33	1.77	1.81	1.41	1.89	1.86
mean	**1.43**	**1.80**	**1.80**	**1.45**	**1.64**	**1.65**	**1.45**	**1.74**	**1.72**	**1.52**	**1.76**	**1.80**	**1.45**	**1.79**	**1.78**

表 8.3 五個案例之MAPE$_P$值(α_1=0.35, Unit: %)
來源：經同意由[31]重製© 2013 IEEE

Round	Case 1: Insitu			Case 2: VM			Case 3: VM+RI			Case 4: VM+(1-RI)			Case 5: VM+RI.S.(1-RI)		
	1~25	1~200	1~600	1~25	1~200	1~600	1~25	1~200	1~600	1~25	1~200	1~600	1~25	1~200	1~600
1	1.13	0.86	0.86	1.35	1.00	1.07	1.35	0.94	1.00	2.52	1.45	1.15	1.35	0.98	0.97
2	0.85	0.75	0.76	0.98	0.87	0.81	0.97	0.84	0.79	0.80	0.72	0.69	0.97	1.05	0.82
3	0.84	0.85	0.82	0.94	0.86	0.81	0.94	0.83	0.79	1.03	0.80	0.76	0.94	0.77	0.75
4	0.93	0.73	0.76	1.11	0.83	0.83	1.11	0.78	0.82	1.07	0.84	0.79	1.11	0.84	0.79
5	0.99	0.75	0.78	1.05	0.78	0.82	1.05	0.77	0.80	1.41	0.83	0.78	1.05	0.77	0.76
mean	**0.95**	**0.79**	**0.80**	**1.08**	**0.87**	**0.87**	**1.09**	**0.83**	**0.84**	**1.37**	**0.93**	**0.83**	**1.09**	**0.88**	**0.82**

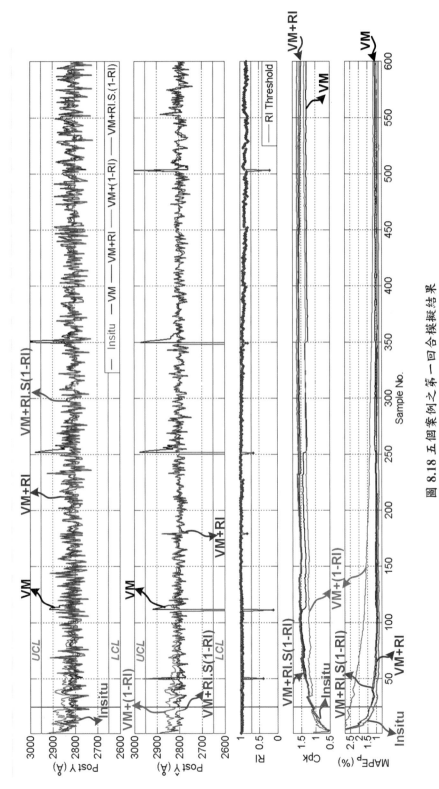

圖 8.18 五個案例之第一回合模擬結果

來源：經同意由 [31] 重製 © 2013 IEEE

　　在此範例中，最大容忍誤差E_L設為32Å或1.14%(=32/2800)。對應E_L的RI值約為0.7，因此RI_T設為0.7。將E_L轉換成RI_T的方法詳見[30]。此外，GSI_T值設定為9(第8.4.2節中已說明)。第1回合模擬的樣本50，其RI < RI_T且GSI > GSI_T，以及樣本349的GSI > GSI_T，分別於圖8.19與8.20放大顯示。

　　如圖8.19所示，所有案例的樣本50，其$Post\hat{Y}_{50}$(VM)值因考慮$Sfuspd2$(額外變異數0.36)而發生偏移的狀況，以致造成RI < RI_T且GSI > GSI_T，使案例3、案例4、及案例5中的$Post\hat{Y}_{50}$值在α_2=0的條件下被濾除；僅有案例2的$Post\hat{Y}_{50}$值仍被採用執行R2R控制器的參數調整(此時α_2=α_1=0.35)。剔除品質不佳的$Post\hat{Y}_{50}$之動作可在樣本51上看出其後續的影響；案例2的$PostY_{51}$值就因為$Post\hat{Y}_{50}$值過高，而被R2R控制器拉低。在其他的案例中，$PostY_{50}$與$PostY_{51}$則無太大的差異。

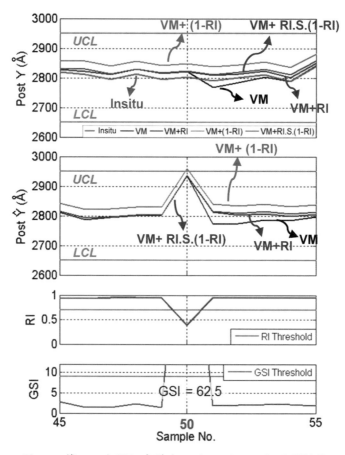

圖 8.19 第一回合模擬中樣本50的RI 及GSI 超過門檻值
來源：經同意由[31]重製© 2013 IEEE

觀察圖8.20，所有案例的樣本349，其$Post\hat{Y}_{349}$值因考慮$Sfuspd2$(額外變異數0.36)而再次發生偏移的狀況。在此狀況下，僅GSI超過其門檻值。除了案例2，案例3、案例4、及案例5中，品質不佳的$Post\hat{Y}_{349}$值皆被剔除。案例2中不適當的R2R控制結果造成$Post Y_{350}$過大(如圖8.20所示)。圖8.19與8.20說明了採用不可靠的VM值，比沒有運用VM更差。

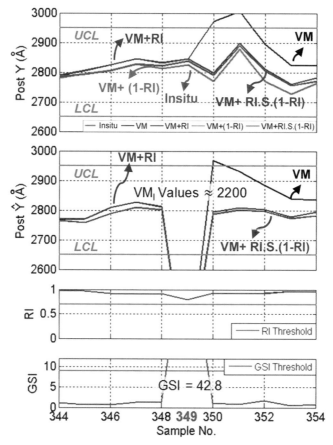

圖 8.20 第一回合模擬中樣本349的GSI超過門檻值

來源：經同意由[31]重製© 2013 IEEE

如第8.4.3節所述，當$Post Y_k$距離目標值較遠或生產製程相對不穩定時，可以設定$\alpha_2=RI\times\alpha_1$。反之，當$Post Y_k$距離目標值較近或生產製程相對穩定時，則可設定$\alpha_2=(1-RI)\times\alpha_1$。

案例3到5中，第1與第4回合模擬結果的前200個樣本如圖8.21所示。觀察圖8.21(a)，初始的$Post Y_1$值為2924，距離目標值(2800)有些差距。因此，如表8.2及

表8.3，案例3的表現比案例4來得好。案例3在首批(25片)晶圓後執行W2W控制，則
$PostY_{25}$值接近目標。在此情況下，可以在接下來的W2W控制中，將α_2換成$\alpha_2=(1-RI)\times\alpha_1$，以改善其表現。實際上，這樣做的方式等同於案例5。因此，以第1回合
模擬結果來看，案例5的表現最佳，其次是案例3，案例4最差。

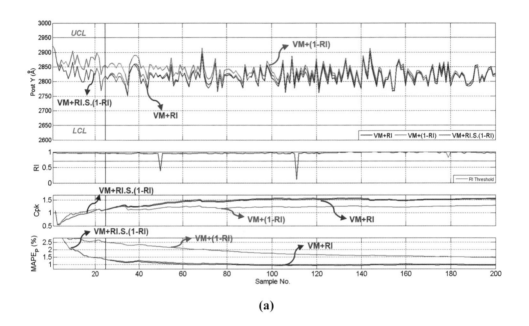

(a)

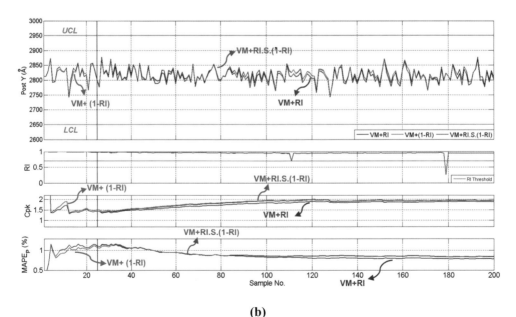

(b)

圖 8.21 案例3-5中前200個樣本的模擬結果(a)第1回合(b)第4回合

來源：經同意由[31]重製© 2013 IEEE

檢視圖8.21(b)中的第4回合，初始$PostY_1$值(2812)接近目標值。因此，案例4的表現優於案例3(見表8.2與表8.3)。另外，案例5(置換α_2)的表現則與案例4一樣好。總結來說，每當製程或機台要進行調整時，結合VM及RI.S.(1-RI)方法的R2R控制，可妥善解決R2R控制器參數調整問題。

以上的模擬是以常態分佈的資料為基礎。至於非常態的韋伯分佈模擬，則會使用RI及RI_W來調整α_1。韋伯分佈的計算公式[52]如下：

$$f(x)=\left(\frac{\beta}{\alpha_W}\right)\cdot\left(\frac{x}{\alpha_W}\right)^{\beta-1}\cdot e^{-\left(\frac{x}{\alpha_W}\right)^{\beta}} \quad \alpha_W, \beta, x > 0 \tag{8.32}$$

其中α_W為比例參數，β為形狀參數。

每次模擬韋伯分佈的α_W與β列於表8.1。以$Sfuspd1$及$Sfuspd2$為例，設定$Sfuspd1$的平均數為100及變異數為25，$Sfuspd2$的平均數為0以及變異數為1.2，再依據常態分佈來產生所有隨機資料。隨後把$Sfuspd1$與$Sfuspd2$的資料加總，即為$Sfuspd$的隨機資料。根據(8.18)，$Sfuspd/100$用來定義$Sfuspd$韋伯分佈的α_W與β值，分別為0.917與250(如表8.4所示)。全部模擬參數的α_W與β皆列於表8.4。然而，因韋伯分佈無法產生負值，所以把100與2800的偏移量加入到$Error$與$PM1$的常態分佈所產生出之隨機資料，以定義韋伯分佈的α_W與β值；因此，100與2800的偏移量將從每一個韋伯分佈所產生的$Error$與$PM1$值中扣除。

表8.4 模擬參數與設定值(常態及韋伯分佈)
來源：經同意由[31]重製© 2013 IEEE

參數	常態分佈		韋伯分佈	
	平均數	變異數	α_W	β
$Error$	0	300	108.5	7.2
$PM1$	0	100	2800.1	850.1
$PM2$	0	6		
$Stress1$	1000	2000	0.951	150
$Stress2$	0	20		
$Rotspd1$	100	25	0.986	100
$Rotspd2$	0	1.2		
$Sfuspd1$	100	25	0.917	250
$Sfuspd2$	0	1.2		
$PreY_k$	3800	2500	3826.3	77.83

五個APC應用案例可再分類為測試A：常態分佈及RI；測試B：韋伯分佈及RI_w；及測試C：韋伯分佈及RI，在α_1=0.35的條件下，MAPE_P值如表8.5所示。測試A的MAPE_P值與表8.3完全相同，在表8.5放入測試A的數據之目的是為了進行比較。測試A與測試B的比較中，最主要的差異在第一批次(1~25)；測試B的MAPE_P比測試A大，原因是韋伯分佈是一種偏斜的分佈，會使得初始$PostY$值會離目標值較遠。然而，使用了各種APC方法，都可以使$PostY$值向目標值靠近。結果顯示，測試B的案例1、2、3、及5中，(1~600)的MAPE_P值都接近測試A的值。其中，測試B的案例4之表現比測試A較差，原因是(1-RI)太小，無法有效將$PostY$帶回目標值。

表 8.5 五個APC應用案例的MAPE_P值比較：A.常態分佈結合RI；B.韋伯分佈結合RI_w；C.韋伯分佈結合RI (α_1=0.35；Unit: %)
來源：經同意由[31]重製© 2013 IEEE

	Round	Case 1: Insitu			Case 2: VM			Case 3: VM+RI			Case 4: VM+(1-RI)			Case 5: VM+RI.S.(1-RI)		
		1~25	1~200	1~600	1~25	1~200	1~600	1~25	1~200	1~600	1~25	1~200	1~600	1~25	1~200	1~600
A. Normal with RI	1	1.13	0.86	0.86	1.35	1	1.07	1.35	0.94	1.00	2.52	1.45	1.15	1.35	0.98	0.97
	2	0.85	0.75	0.76	0.98	0.87	0.81	0.97	0.84	0.79	0.80	0.72	0.69	0.97	1.05	0.82
	3	0.84	0.85	0.82	0.94	0.86	0.81	0.94	0.83	0.79	1.03	0.80	0.76	0.94	0.77	0.75
	4	0.93	0.73	0.76	1.11	0.83	0.83	1.11	0.78	0.82	1.07	0.84	0.79	1.11	0.84	0.79
	5	0.99	0.75	0.78	1.05	0.78	0.82	1.05	0.77	0.80	1.41	0.83	0.78	1.05	0.77	0.76
	mean	**0.95**	**0.79**	**0.8**	**1.08**	**0.87**	**0.87**	**1.09**	**0.83**	**0.84**	**1.37**	**0.93**	**0.83**	**1.09**	**0.88**	**0.82**
B. Weibull with RI_w	1	1.39	0.84	0.82	1.45	0.86	0.9	1.44	0.85	0.86	2.99	1.47	1.06	1.44	0.83	0.84
	2	1.26	0.81	0.82	1.27	0.83	0.87	1.27	0.79	0.83	2.44	1.28	1	1.27	0.84	0.84
	3	1.26	0.8	0.79	1.27	0.84	0.84	1.26	0.8	0.81	2.42	1.26	0.96	1.26	0.83	0.81
	4	1.37	0.81	0.82	1.42	0.86	0.88	1.41	0.83	0.86	2.55	1.25	0.98	1.41	0.89	0.86
	5	1.06	0.76	0.79	1.29	0.81	0.84	1.28	0.78	0.82	2.71	1.26	0.97	1.28	0.79	0.81
	mean	**1.27**	**0.8**	**0.81**	**1.34**	**0.84**	**0.87**	**1.33**	**0.81**	**0.84**	**2.62**	**1.3**	**0.99**	**1.33**	**0.84**	**0.83**
C. Weibull with RI	1	1.39	0.84	0.82	1.45	0.86	0.9	1.43	0.85	0.86	3.12	1.61	1.16	1.43	0.84	0.84
	2	1.26	0.81	0.82	1.27	0.83	0.87	1.27	0.79	0.83	2.55	1.41	1.17	1.27	0.87	0.86
	3	1.26	0.8	0.79	1.27	0.84	0.84	1.25	0.8	0.81	2.53	1.39	1.12	1.25	0.84	0.81
	4	1.37	0.81	0.82	1.42	0.86	0.88	1.41	0.83	0.86	2.66	1.36	1.1	1.41	0.93	0.87
	5	1.06	0.76	0.79	1.29	0.81	0.84	1.28	0.78	0.82	2.83	1.44	1.12	1.28	0.82	0.82
	mean	**1.27**	**0.8**	**0.81**	**1.34**	**0.84**	**0.87**	**1.33**	**0.81**	**0.84**	**2.74**	**1.44**	**1.13**	**1.33**	**0.86**	**0.84**

在(8.12)中，測試B結合RI_W來計算信心指標。(8.12)指出，RI_W是由α_N、β_N、α_r、及β_r計算而得出。然而，其比例與形狀參數並不易從即時資料中計算出來，所以我們可以從建模的歷史資料來取得比例與形狀參數，並且設計線上更新方案以更新α_N、β_N、α_r、及β_r，使得RI_W得以線上更新。不過，該方法太耗時費工，為了解決上述問題，可以應用(8.10)中的RI來取代近似值，比較容易且計算效率高，這也是執行測試C的原因。比較測試B與測試C中的案例1、2、3、及5的$MAPE_P$值，其結果幾乎相同；僅案例4有稍微差異。因此，可得出結論，(8.10)中的RI公式，無論針對常態分佈或非常態(韋伯)分佈的資料，都可以有效且精確地計算出VM信心指標。

以上五個APC應用案例皆假設$\alpha_1 = 0.35$。為將這些案例中代表擾動程度的α_1值最佳化，在此做了進一步的模擬，將α_1設定在0~1，並用0.0125的間距來找到最佳值。五個APC應用案例的α_1之$MAPE_P$平均數曲線函式如圖8.22所示。如表8.3，在$\alpha_1 = 0.35$的條件下，$MAPE_P$平均數分別為0.8%、0.87%、0.84%、0.83%、及0.82%。關於這五條曲線的細部觀察如下。

案例1：R2R結合實際量測

如[58]中之圖4，案例1的$MAPE_P$曲線形狀與均方誤差(Mean-Squared-Error, MSE)曲線相似。觀察案例1的$MAPE_P$曲線，最佳α_1值應是0.15。

案例2：R2R結合VM，但不採用RI

案例2的$MAPE_P$曲線走勢與案例1相似。然而，由於製程資料中的干擾會影響到VM預測精度，使得案例2的$MAPE_P$曲線會高於案例1。

案例3：R2R結合VM並採用RI

觀察案例2的$MAPE_P$曲線，當$0.15 < \alpha_1 < 1$時，當α_1越大，干擾就越嚴重，使得$MAPE_P$越大。案例3中，當$\alpha_2 = RI \times \alpha_1$比$\alpha_1$小時，案例3 (VM+RI)有降噪的效果。因此當$\alpha_1$越大，相對於案例2，案例3的$MAPE_P$值越變越小。

反之，審視案例2的$MAPE_P$曲線，當$0 < \alpha_1 < 0.15$時，α_1越小則$MAPE_P$越大。因此，觀察案例3的$MAPE_P$曲線中$0 < \alpha_1 < 0.15$區段，由於α_2小於α_1，使案例3的$MAPE_P$值大於案例2。這些模擬中的RI平均數約為0.89。

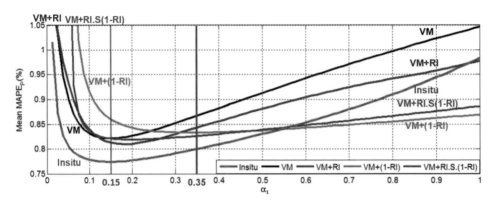

圖 8.22 五個APC應用案例中，α_1的MAPE$_P$平均數曲線函式

來源：經同意由[31]重製© 2013 IEEE

案例 4：R2R結合VM並採用(1-RI)

由於對應的$\alpha_2[=(1-RI)\times\alpha_1]$非常小，會對MAPE$_P$有相當的影響；因此，在案例4中，介於$0.15 <\alpha_1< 1$區段的MAPE$_P$值不會有太大的變化。值得注意的是，如前述的模擬條件5，所有抽樣晶圓片皆以實際量測的方式，並以α_1及(8.26)來計算$\bar{\eta}_{k+1}$。除了PM後的第一片晶圓，在(600/25)批次中，共有24片抽檢晶圓。如此，當偏移發生時，這些抽樣晶圓片以α_1為控制器參數調整的依據，使幫助其他非抽樣晶圓片(採用α_2)將$PostY$趨向目標值。

在$0 <\alpha_1< 0.15$區段中，案例4的α_2小很多。所以，一旦初始的$PostY_I$值稍微遠離目標值，就很難使$PostY$趨向目標值。結果顯示，在$0 <\alpha_1< 0.15$區段時，案例4的MAPE$_P$曲線是在5個案例中最高的。

案例 5：R2R結合VM並採用RI.S.(1-RI)

案例5 MAPE$_P$曲線的走勢應與案例4相似，然而，案例5中第一批次的α_2是由$RI\times\alpha_1$所控制，若初始$PostY_I$值遠離目標，相對較容易將$PostY$調整回來。因此，當$0 <\alpha_1< 0.35$時，案例5 MAPE$_P$曲線明顯比案例4低。而當α_1越靠近最佳值(0.15)，案例5 MAPE$_P$曲線就會較接近案例2及案例3。

8.4.5 小結

此研究提出了一個創新的R2R控制方案，其結合VM及RI/GSI，並應用於回饋控制。關於VM應用於R2R控制上的控制器參數調整問題，則聚焦在當VM值被採用時，如何調控EWMA的係數α_2。並且，為了進行比較與評估，採用了CMP機台之五回合隨機產生的模擬作為實際案例；每一回合的模擬均包含五個案例。模擬結果顯示，AVM系統的RI與GSI可以有效地過濾掉品質不佳的VM值，以確保R2R控制結合VM的表現。不僅如此，在$\alpha_1=0.35$的條件下，無論是製程或設備的調整，RI.S.(1-RI)方案皆能應付實際生產環境中的R2R控制器調整值。RI的計算通常假設為常態分佈，但本研究亦導出非常態韋伯分佈的RI_W公式。由模擬結果可以得出結論，無論是常態分佈或是非常態(韋伯)分佈的資料，RI公式皆可有效率地計算出VM信心指標。最後，除了$\alpha_1=0.35$，更進一步模擬α_1於0到1之間、且以0.0125間距進行調整。如此一來，五個APC應用案例中α_1的$MAPE_P$曲線平均數函式即可被繪出；以便對這5條曲線進行觀察。根據觀察，α_1最佳值為0.15，且對這五個案例的APC應用：實際量測、VM、VM+RI、VM+(1-RI)、及VM+RI.S.(1-RI)的影響也變得更清楚。結果顯示，這項技術已透過W2W控制的案例顯示其有效性，並可適用於大多數W2W控制的案例。

8.5 AVM系統部署

在詳細說明AVM系統的理論與實例後，本節將介紹AVM系統部署的考量與需求，包含虛擬量測系統的自動化程度，以及AVM系統部署管理。

8.5.1 VM系統之自動化程度

AVM系統應具備VM所有應用功能以及實現全廠VM自動部署的目標。不僅需開發VM核心功能，也必須搭配適當的資訊技術，以達到AVM的目標。VM核心功能包含製程/量測資料品質評估、資料前處理、VM預測、VM信心程度評估、模型建立、線上學習、以及模型更新等。搭配的資訊技術包含資料收集、使用者介面設計及遠端監控、可嵌入式設計、以及各種自動化程式技術，使VM核心功能得以自動化。

AVM不可能一步到位；而是須要逐步建構。參考E化診斷能力分類的方式[59]以及根據VM部署與自動化等級，VM系統可被分為4個等級(如圖8.23所示)，詳述如下。

第0級──離線分析與建模

第0級是VM自動化程度最基礎的等級。第0級VM系統可以執行離線的收集並分析製程/量測的歷史資料。另外也可以建立首個DQI_x及DQI_y模型、VM預測模型、RI模型、以及GSI模型。這些模型的精度也會在第0級的VM系統進行評估。

第1級──線上預測[初階VM系統，Preliminary VM (PVM)]

作為初階VM系統(Preliminary VM, PVM)，第1級的VM系統著重於線上預測。在PVM之前，第0級VM系統建立了首個DQI_x/DQI_y以及VM & RI/GSI模型。PVM系統可執行線上資料收集與線上學習演算法(如雙階段VM方案)。因此，第一階段VM值(VM_I)與第二階段VM值(VM_{II})與其對應的RI/GSI，皆能即時產生。此外，PVM系統能夠讓遠端用戶隨時隨地監控系統預測結果。

第2級──可嵌入式設計[通用型VM，Generic VM (GVM)]

比第1階層更進一步，第2階層通用型VM (Generic VM, GVM)之目標為可嵌入式設計。GVM框架不僅繼承了PVM的線上預測能力，也具備了可嵌入式的設計，使系統可以簡易地置換資料收集驅動程式、VM & RI/GSI模型、以及通訊介面。舉例來說，鍍膜機台的GVM系統，僅須將可嵌入式模組做一些調整(如：資料收集模組與VM & RI/GSI模組)，就能夠置換到蝕刻機台上。

第3級──Full Automation [Automatic Virtual Metrology, AVM)]全自動化

第3級，也就是全自動VM (Automatic Virtual Metrology, AVM)，是VM部署與自動化的最高等級(全自動)。除了PVM與GVM的功能之外，AVM系統還具備自動化資料品質評估、自動化擴散、以及自動化模型更新功能。

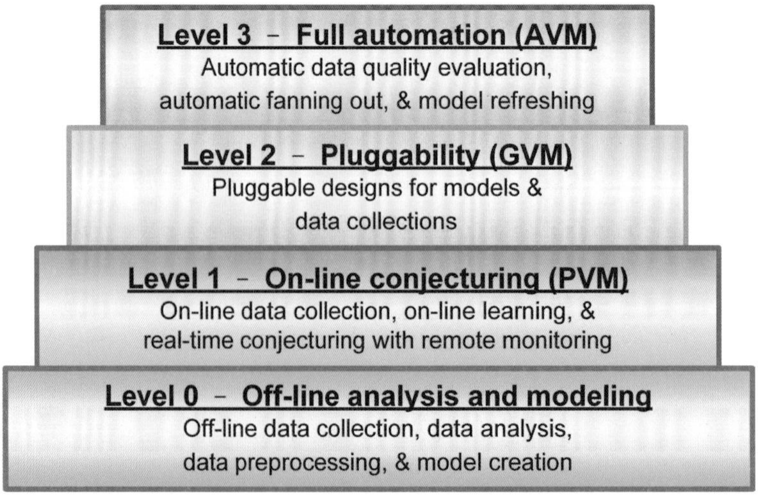

Level 3 – Full automation (AVM)
Automatic data quality evaluation,
automatic fanning out, & model refreshing

Level 2 – Pluggability (GVM)
Pluggable designs for models &
data collections

Level 1 – On-line conjecturing (PVM)
On-line data collection, on-line learning, &
real-time conjecturing with remote monitoring

Level 0 – Off-line analysis and modeling
Off-line data collection, data analysis,
data preprocessing, & model creation

圖 8.23 虛擬量測系統的自動化階層
來源：經同意由[36]重製© 2012 IEEE

不同機台的物理特徵皆不同。為了維持VM預測精度,須根據每個反應室(Chamber)的製程及量測歷史資料來建立DQI_x/DQI_y與VM & RI/GSI模型(一部半導體製程機台通常由1~6個反應室所組成)。因此,當考量到全廠VM的實行,DQI_x/DQI_y及VM & RI/GSI模型的數量將會因為機台數量而快速增加。在這樣的條件下,若仍採用傳統方法使用大量歷史資料來逐一建模,將耗費大量人力以及建模時間,使VM無法擴及全廠。為解決此問題,AVM系統就必須具備自動擴散與自動模型更新的能力;如此一來,模型能夠自動擴展/更新到同型機台,同時維持VM預測精度,且可節省大量人力和建模時間。

8.5.2 AVM系統部署

將AVM系統部署到製造流程中共有六個步驟:1)作業流程分析、2) AVM系統設定、3)資料收集、4) AVM建模、5) AVM功能與整合測試,以及最後 6)系統發佈。這些步驟說明如下。

步驟1:作業流程分析

將AVM系統導入製造流程之前,第一步首先分析作業流程和製造流程。目前現狀(AS-IS)與預計(TO-BE)之作業流程都應進行分析。AS-IS作業流程是指目前標準作業程序(Standard Operation Procedure, SOP)。AS-IS操作流程中的所有步驟都須在流程圖中呈現,且包括標準規範、客戶/工程指引和相關材料在內的操作守則都應製作成檔案。欲導入AVM系統時,會以AS-IS作業流程為基礎參考,讓專案團隊得以規劃TO-BE的作業流程。相較於AS-IS作業流程,要將AVM系統結合至既有的製造系統[如製造執行系統(Manufacturing Execution System, MES)、統計製程管制(Statistical Process Control, SPC)、錯誤偵測和分類(Fault Detection and Classification, FDC)等]時,專案團隊應考量實際操作並搭配新的人機介面(Man Machine Interface, MMI)。此新的MMI即是結合TO-BE作業流程所設計。此外,AVM系統與既有的製造系統必須整合,且參照TO-BE作業流程來設計新的資訊流。在資訊流中必須描述每一系統輸入及輸出的資料項目,如此才能夠清楚定義各系統間的資料交換需求。資料交換需求必須包含資料項目、格式、頻率、以及通訊協定。

部分通訊協定用於設備連接，例如SECS/GEM、Interface A、OPC-UA、MTConnect等；有些則用於系統整合，例如Web Services、Web Application Programming Interface (API)、Windows Communication Foundation (WCF)等。專案團隊應檢視TO-BE資料交換需求以及系統整合能力，再選擇適當的通訊協定以整合AVM系統。

步驟2：AVM系統設定

如第6章所提，運用整合技術(如：結合CPAs、AVM、IPM、及IYM等技術的AMCoT架構)所發展出的智慧工廠自動化(Intelligent Factory Automation, iFA)系統平台，是一個能夠提供部屬智慧製造的完整套裝方案。因此，AVM系統通過iFA系統平台進行部署。iFA系統平台有兩個版本可供使用者依不同需求做選擇，如圖6.5的雲端版以及圖6.6的隨機買斷版。

在執行作業流程分析步驟時，作業流程與資料交換需求已被定義，接著專案團隊就會進行AVM系統標準版本的差異分析，進而導出AVM系統的客製化範疇與時程。在使用者與專案團隊的認可下，iFA系統平台便會開始進行安裝。與此同時，伺服器硬體與通訊網路也須準備好。參照圖8.5，iFA系統平台的AVM模組由一套建模伺服器、一套VM監控器、幾個VM用戶端、以及數個AVM伺服器所組成。伺服器的詳細規範須考量資料交換需求再確定。

此外，IT基礎建設專家會進行實體網路拓樸的架設，以使iFA系統平台伺服器能夠收集到生產機台的製程資料及量測機台的量測資料，並能與既有製造系統進行通訊。不僅如此，WIP追蹤方案也須完備，以確保產品的可追溯性。當軟體撰寫及硬體設置都完成後，即可進行系統整合測試。

步驟3：資料收集

如圖6.5與圖6.6，CPA安裝在設備端以執行資料收集。為了使其適用於各種產業，CPA提供數種設備通訊程式，包含：半導體及面板產業的SECS/GEM與Interface A，以及工具機等產業的OPC-UA與MTConnect等。此外，各式智慧型服務被設計成可嵌入式應用模組(Pluggable Application Modules, PAMs)，可嵌入CPA進行邊緣運算(Edge Computing)。舉例來說，在透過設備通訊程式收集原始資料完成後的資料清理與特徵萃取，皆可被實做成PAM並嵌入CPA。

步驟4：AVM建模

資料收集完成後，即可開始AVM建模。成對樣本資料包含製程資料以及其對應的量測資料(由WIP追蹤方法進行對應)會輸入AVM系統建模。以經驗法則來看，建模所須的樣本數量約略是主要製程參數數量的三倍。

經過訓練的主要使用者應有能力來進行AVM建模。如圖8.5所示，依AVM系統的設計，建模伺服器能夠連結各種資料來源，包含MES、SPC、FDC、電子設計自動化(Electronic Design Automation, EDA)等，透過VM用戶端的圖形化使用介面(Graphical User Interface, GUI)來選取需要的資料項目。

在進行AVM建模期間，約70%的建模資料會用來建立預測模型，30%則用在驗證VM模型精度。驗收準則，如：絕對平均誤差百分比(Mean Absolute Percentage Error, MAPE)及最大誤差(Maximum Error)，皆會被用來評估VM模型精度。值得注意的是，建模樣本的資料品質會影響到模型精度，因此主要使用者必須再三檢視資料品質的正確性，以確保AVM模型之精度。

圖8.5為AVM系統架構，每一機台配置一套AVM伺服器，其內包含一個VM預測模型，可進行線上設備製程品質預測。並且，AVM伺服器擁有一套可自動調整與重新訓練VM預測模型之機制，使每一套AVM伺服器的VM精度都能被維持，且讓AVM伺服器得以進行各種VM應用。除此之外，AVM伺服器能夠計算製程資料及量測資料的品質，並選取品質佳的資料給VM線上預測或更新VM模型。

考量到全廠VM部署時，VM監控器就必須管理所有AVM伺服器，VM監控器也須主導新模型建立、擴散、以及更新。MC伺服器負責為指定的機型建立首套資料品質模型(DQI_x/DQI_y)、VM預測模型、以及VM信心度評估模型(RI/GSI)。VM監控器能夠將建立好的模型擴散到同機型的AVM伺服器中，並且監控這些AVM伺服器的即時狀態。VM用戶端負責AVM伺服器的設定、協助MC伺服器的建模、線上監控VM結果、以及查詢歷史VM結果。

以下為AVM系統部署到第五代面板工廠的實際案例，廠內總共有18部同機型的CVD機台，每一部機台皆有6個反應室(Chambers)。為達到全自動化，AVM系統自動部署了首套DQI_x/DQI_y及VM & RI/GSI模型到18×6=108個CVD機台的反應室。以下說明請參照圖8.5。

步驟4.1：下載AVM設定

VM用戶端會檢查AVM伺服器的所有設定內容。隨後，VM用戶端會做必要的更動，並將有異動的部分設定檔下載到AVM伺服器，以設定CVD VM環境。

步驟4.2：建立首套模型

VM用戶端指派AVM伺服器-1連線到CVD機台-1的反應室A (Chamber A)，該反應室A (Chamber A)將建立首套DQI_x/DQI_y與VM & RI/GSI模型。隨後，AVM伺服器-1開始從反應室A (Chamber A)收集足夠的製程及量測資料，這些資料會送到MC伺服器進行首套模型的建立和確認。一經確認成功，MC伺服器會通知VM用戶端。最後，VM用戶端會要求MC伺服器將首套模型透過VM監控器傳送到中央資料庫。

步驟4.3：部署首套模型

VM用戶端會要求VM監控器從中央資料庫中尋找CVD機台的首套模型，然後下載該套模型到CVD機台中連結108個反應室(Chambers)的所有AVM伺服器。原則上，每一AVM伺服器掌控一部CVD機台的6個反應室。因此，共計18套VM伺服器需進行部署。

步驟4.4：更新模型

在接收到首套模型後，每一個AVM伺服器會啟動內部的先進雙階段VM演算法，更新模型以適用於每一個反應室。在模型更新程序完成後，AVM伺服器會回報完成訊息給VM用戶端。

步驟4.5：上傳VM結果

在VM用戶端的資料收集計畫(Data Collection Plan, DCP)會定義需要的VM應用、下載DCP給AVM伺服器、然後啟動AVM伺服器活化VM應用。最後，AVM伺服器會依據DCP的設定，即時上傳VM結果給VM監控器，VM監控器會在VM用戶端上即時顯示即時VM結果，且/或將這些各種VM應用的結果儲存到中央資料庫，供W2W品質監控及/或支援W2W控制等應用。

步驟5：AVM功能與整合測試

在AVM系統發佈正式運轉前，須根據步驟1所定義的TO-BE作業流程進行AVM功能與整合測試。AVM系統是使用物件導向技術所發展的，系統設計師先針對AVM標準版本與TO-BE作業流程進行差異分析，就能定義出所須的額外使用案例。接著再依據新版的使用案例圖來產生新的類別圖與循序圖(包含新需求及既有需求)。

功能與整合測試會依據新的類別圖及循序圖來進行。首先，必須先確認測試計畫與測試腳本是否符合使用者需求。然後專案團隊再根據測試計畫及測試腳本開始AVM功能與整合測試。除了AVM系統須依據需求進行變更之外，既有的製造系統也須依照TO-BE作業流程進行修改。因此，既有的製造系統也可能須要測試新的資料交換介面。

TO-BE作業流程的新循序圖案例說明如下。參照圖8.9、圖8.10、以及MES與AVM的整合步驟1到10，MES排程模組會透過設備管理程式指派一個批次到製程機台。隨後，機台透過設備管理程式傳送資料給AVM系統。接著，AVM計算出VM_1結果，若有異常發生，AVM會傳送警報給警報管理程式；同時，AVM也會傳送VM_1給MES的SPC模組以啟動OCAP。最後，由MES的警報管理程式執行OCAP的矯正行動。專案團隊需根據上述新的循序圖進行AVM之功能與整合測試。

步驟6：系統發佈

在確認過所有功能與介面後，專案團隊會進到下一步：系統發佈。AVM系統的可靠度是必須可以一天24小時且一年365天不停運轉。因此，AVM系統穩定度與可靠度的驗收準則，如平均失效時間(Mean Time Between Failure, MTBF)以及平均復機時間(Mean Time To Repair, MTTR)，都必須加入驗收之檢查清單上。專案團隊須逐一檢查清單上的項目直到解決所有問題。

此外，MAPE與最大誤差會列為VM精度的驗收標準，線上AVM模型會收集即時的製程及量測資料。在此步驟，VM結果的精度須以實際量測結果來確認。

除了AVM系統功能與精度確認，相關的廠內人員都須熟悉TO-BE作業流程；舉例來說，一旦製程工程師收到從AVM系統發出的OOC警報，應該啟動甚麼矯正行動，以及確認矯正結果，皆須有相關作業流程規範並實施教育訓練。

8.6 結論

　　本章介紹了VM的發展演化、必要性、及其效益，並帶出了AVM的發明。緊接著，詳細說明如何將AVM功能整合到MES以進行W2W控制。最後，介紹AVM系統部署程序。鑑於AVM系統已實際應用於多個產業，這些實際應用案例會在第11章中呈現。

附錄8.A—縮寫對照表

AEC	Advanced Equipment Control 先進設備控制	
APC	Advanced Process Control 先進製程控制	
API	Application Programming Interface 應用程式介面	
AVM	Automatic Virtual Metrology 全自動虛擬量測	
BPNN	Back-Propagation Neural Networks 倒傳遞類神經網路	
CD	Critical Dimension 關鍵尺寸	
CIM	Computer-Integrated Manufacturing 電腦整合製造	
CMO	Chi Mei Optoelectronics 奇美電子股份有限公司	
CMP	Chemical Mechanical Polishing 化學機械研磨	
CPA	Cyber-Physical Agent 虛實代理人	
Cpk	Process Capability 製程能力	
CVD	Chemical Vapor Deposition 化學氣相沉積	
DCP	Data Collection Plan 資料收集計畫	
DFM	Design for Manufacturability 可製造性設計	
DQI_x	Data Quality Index of the Process Data 製程資料品質指標	
DQI_y	Data Quality Index of the Metrology Data 量測資料品質指標	
E_L	Error Limit 誤差界限	
EWMA	Exponentially Weighted Moving Average 指數加權移動平均	
FDC	Fault Detection and Classification 錯誤偵測和分類	
FICS	Factory Information and Control Systems 工廠資訊與控制系統	
FOUP	Front Opening Unified Pod 前開式晶圓傳送盒	
GSI	Global Similarity Index 整體相似度指標	
GSI_T	GSI Threshold Value 整體相似度指標門檻值	
GUI	Graphical User Interface 圖形化使用者介面	
GVM	Generic VM 通用型虛擬量測	
HMES	Holonic Manufacturing Execution System 全方位製造執行系統	
IBM	International Business Machines Corporation 國際商業機器公司	
iFA	Intelligent Factory Automation 智慧型工廠自動化	
IPM	Intelligent Predictive Maintenance 智慧型預測保養	
ISI	Individual Similarity Index 個體相似度指標	
ISMI	International SEMATECH Manufacturing Initiative 國際半導體製造技術產業聯盟	

ITRS	International Technology Road Map for Semiconductors 國際半導體技術發展藍圖
IYM	Intelligent Yield Management 智慧型良率管理
L2L	Lot-to-Lot 逐批
MAPE	Mean Absolute Percentage Error 平均絕對誤差百分比
$MAPE_P$	Process Mean-Absolute-Percentage Error 製程平均絕對誤差百分比
MC	Model Creation 模型建立
MD	Metrology Data 量測資料
ME	Metrology Equipment 量測設備
MES	Manufacturing Execution System 製造執行系統
MMI	Man-Machine-Interface 人機介面
MR	Multi Regression 複迴歸
MSE	Mean Square Error 均方誤差
MTBF	Mean Time Between Failures 平均失效時間
MTTR	Mean Time To Repair 平均復機時間
NGF	Next Generation Fab 次世代晶圓廠
NN	Neural Networks 類神經網路
OCAP	Out-of-Control Action Plan 異常行動計畫
OOC	Out-of-Control 異常超規
PAM	Pluggable Application Module 可嵌入式應用模組
PD	Process Data 製程資料
PE i	Process Equipment i 製程機台i
PECVD	Plasma Enhanced Chemical Vapor Deposition 電漿輔助化學氣相沉積
PLS	Partial Least Squares 偏最小平方迴歸
PM	Periodic Maintenance 定期保養
PM	Predictive Maintenance 預測保養
PreY	Pre-Metrology 前量測
PVM	Preliminary VM 初階虛擬量測
R2R	Run-to-Run 逐次
RBFN	Radial Basis Function Networks 徑向基函數網路
RI	Reliance Index 信心指標
RI_T	RI Threshold Value 信心指標門檻值

RI_W RI Formula for Weibull 韋伯分佈之信心指標公式

SOP   Standard Operation Procedure 標準作業程序

SPC   Statistical Process Control 統計製程管制

TFT-LCD   Thin Film Transistor-Liquid Crystal Display 薄膜電晶體液晶顯示器

tsmc   Taiwan Semiconductor Manufacturing Company 台灣積體電路製造股份有限公司

VM   Virtual Metrology 虛擬量測

VM_I Phase-I VM Value 第一階段虛擬量測值

VM_{II} Phase-II VM Value 第二階段虛擬量測值

VMS   VM System 虛擬量測系統

W2W   Wafer-to-Wafer (晶圓)逐片

W2W   Workpiece-to-Workpiece 逐件

WCF   Windows Communication Foundation 視窗通訊基礎

WIP   Work-in-Process 在製品

附錄8.B—公式符號對照表

t_i , t_j	completion time of processing the sampled glasspieces 處理抽檢樣本的時間
$\triangle T$	waiting time before real measurement 實際量測前的等待時間
W_O	number of wafer output per year 每年晶圓產出數
$\triangle CT_P$	% cycle time reduction due to VM allowing production wafers to skip metrology sampling steps in the on-line process monitoring flow (%)因運用VM讓晶圓在生產過程中無須進行抽樣檢驗程序，所減少的生產週期時間
$\triangle CT_M$	% cycle time reduction due to VM allowing less test wafers used in the off-line tool monitoring process and more intelligent dynamic metrology and process schemes (%)因運用VM減少了離線製程監控及智慧型動態量測/製程方案，使得測試晶圓使用量下降，所減少的生產週期時間
$\triangle Y$	% enhancement due to improvement on process capability (from VM supporting APC), reduction in scrap, and so forth (%)因製程能力改善(如APC結合VM)、報廢減少等因素，造成良率提升的幅度
P	average selling price per 300mm production wafer 每片300 mm生產晶圓的平均銷售價格
C	average production cost per 300mm production wafer 每片300 mm生產晶圓的平均生產成本
$\triangle Cost_M$	cost saving of test wafers per year when applying VM in all production lines 每年因運用VM於生產線上，而節省測試晶圓的成本
$\triangle Cost_T$	capex reduction per year when applying VM in all production lines 每年因運用VM於生產線上，而節省的資本支出
$Cost_V$	additional cost per year to maintain VM 每年VM維運的額外成本

$Cost_Q$	additional cost per year due to false alarms and missed detections caused by VM 每年VM造成錯誤警報及失效的處理成本
α	EWMA coefficient ranging between 0 and 1 介於0到1之間的EWMA係數
α_1	EWMA coefficient if actual metrology value is applied R2R控制器結合實際量測值的EWMA係數
α_2	EWMA coefficient if VM value is applied R2R控制器結合虛擬量測值的EWMA係數
y_k	plant output of run K 第K次加工之工廠產出
u_k	control action taken for run K 針對第K次加工所採取的控制行動
β_0	initial bias of process 製程初始偏移值
β_1	process gain 製程調整參數
η_k	disturbance model input 擾動模型輸入
Au_k	process predictive model 製程預測模型
A	gain parameter 調整參數
Tgt	target value 目標值
y_z	z^{th} actual metrology data of the sampled product (workpiece) 第Z次抽檢樣本的實際量測資料
$\hat{y}_k$	k^{th} run VM data 第K次加工的VM資料
X_k	k^{th} run process data of the equipment 第K次加工的機台製程資料

y	actual metrology data 實際量測資料
$\hat{y}$	virtual metrology data 虛擬量測資料
σ	standard deviations 標準差
σ_y	standard deviations of y 量測值的標準差
$\sigma_{\hat{y}}$	standard deviations of $\hat{y}$ 預測量測值的標準差
$PreY$	pre-metrology data 前量測資料
$Z_{\hat{y}_{N_i}}$	statistical distribution of the VM value built by NN 經由類神經網路所預測的VM值之統計分佈
$Z_{\hat{y}_{r_i}}$	statistical distribution of the reference prediction value built by MR 經由複迴歸所產生的參考預測值之統計分佈
E_L	error limit 誤差界限
$\mathbf{Z}_\lambda$	standardized λ^{th} set process data 第λ組標準化製程資料
R^{-1}	inverse matrix of correlation coefficients among the standardized parameters 標準化參數間的相關係數之反矩陣
p	number of process parameters 製程參數數量
$\hat{y}_N$	NN VM value 類神經網路VM值
$\hat{y}_r$	MR VM value 複迴歸VM值

α_N	scale parameter of the Weibull distribution of NN conjecturing model 類神經網路預測模型的韋伯分佈之比例參數
β_N	shape parameter of the Weibull distribution of NN conjecturing model 類神經網路預測模型的韋伯分佈之形狀參數
α_r	scale parameter of the Weibull distribution of MR predictive model 複迴歸預測模型的韋伯分佈之比例參數
β_r	shape parameter of the Weibull distribution of MR predictive model 複迴歸預測模型的韋伯分佈之形狀參數
C	a constant to be set 設定常數
y_k	actual removal amount measured from the metrology tool 實際從量測機台減少的量測次數
$PostY_k$	actual post CMP thickness of run k 實際第K次加工的前量測CMP厚度
Å	Angstrom 埃(光譜線波長單位)
ARR_k	actual removal rate of run k 第K次加工的去除率
u_k	polish time of run k 第K次加工的研磨時間
A_k	nominal removal rate 理論去除率
$Post\hat{Y}_k$	predictive value of $PostY_k$ $PostY_k$的預測值
$Error$	random error represented by white noise 白噪音的隨機誤差
$PM1$	error due to tool-parts' variation that was caused by periodic maintenance (PM) 定期保養所造成的機台零件間差異之誤差

$PM2$	random disturbance of tool-parts' variation 機台零件差異之隨機擾動
$Stress1$	tool stress error due to re-assembly during PM PM時重新組裝造成的機台壓力誤差
$Stress2$	random disturbance of tool stress PM時重新組裝造成的機台干擾
$Rotspd1$	tool rotation-speed error due to re-assembly during PM PM時重新組裝造成的機台旋轉速度誤差
$Rotspd2$	random disturbance of tool rotation speed 機台旋轉速度的隨機擾動
$Sfuspd1$	slurry fluid-speed error due to re-assembly during PM PM時重新組裝造成的切削液流速誤差
$Sfuspd2$	random disturbance of slurry fluid speed 切削液流速的隨機擾動
$PreY_k$	pre-process (etching depth) value that affects the process result of run k 影響第K次加工的前製程(蝕刻深度)值
α_W	scale parameter 比例參數
β	shape parameter 形狀參數

附錄8.C—AVM專利清單

美國專利

1. Cheng, F.T., Su, Y.C., Huang, G.W. et al. (2005). Quality prognostics system and method for manufacturing process. US Patent 7,493,185 B2, filed 2 June 2005 and issued 17 February 2009.

2. Cheng, F.T., Chen, Y.T., and Su, Y.C. (2006). Method for evaluating reliance level of a virtual metrology system in product manufacturing. US Patent 7,593,912 B2, filed 29 December 2006 and issued 22 September 2009.

3. Cheng, F.T., Huang, H.C., and Kao, C.A. (2007). Dual-phase virtual metrology method. US Patent 7,603,328 B2, filed 18 July 2007 and issued 13 October 2009.

4. Cheng, F.T., Huang, H.C., Huang, Y.T. et al. (2008). System and method for automatic virtual metrology. US Patent 8,095,484 B2, filed 10 September 2008 and issued 10 January 2012.

5. Cheng, F.T., Kao, C.A., Huang, H.C. et al. (2010). Manufacturing execution system with virtual-metrology capabilities and manufacturing system including the same. US Patent 8,983,644 B2, filed 20 May 2010 and issued 17 March 2015.

6. Cheng, F.T., Kao, C.A., and Wu, W.M. (2011). Advanced process control system and method utilizing virtual metrology with reliance index. US Patent 8,688,256 B2, filed 29 July 2011 and issued 1 April 2014.

7. Cheng, F.T. and Wu, W.M. (2012). Method for screening samples for building prediction model and computer program product thereof. US Patent 8,862,525 B2, filed 2 November 2012 and issued 14 October 2014.

8. Yang, H.C., Tieng, H., Hung, M.H. et al. (2013). Method for predicting machine quality of machine tool. US Patent 9,508,042 B2, filed 1 November 2013 and issued 29 November 2016.

9. Cheng, F.T., Chen, C.F., Huang, H.H. et al. (2015). Metrology sampling method and computer program product thereof. US Patent 9,829,415 B2, filed 24 March 2015 and issued 28 November 2017.

10. Cheng, F.T., Chen, C.F., Lyu, J.R. et al. (2016). Metrology sampling method with sampling rate decision scheme and computer program product thereof. US Patent 10,269,660, filed 19 May 2016 and issued 23 April 2019.

11. Chen, C.F., Tieng, H., Cheng, F.T. et al. (2017). Product quality prediction method for mass customization. US Patent 10,345,794, filed 26 October 2017 and issued 9 July 2019.

12. Yang, H.C., Lo, Y.L., Hsiao, H.C. et al. (2019). Addictive manufacturing system and method and feature extraction method. US Patent 11,383,446, filed 2 October 2019 and issued 12 July, 2022. US Patent CIP 11,383,450, filed 22 April 2020 and issued 12 July, 2022.

13. Yang, H.C., Huang, C.H., and Cheng, F.T. (2019). An intelligent metrology architecture with AVM for metal additive manufacturing. US Patent Provisional Pending 62/808,865, filed 22 February 2019.

中華民國專利

1. 鄭芳田、蘇育全、黃國偉，等人(2004年)。生產製程之品質預測系統與方法。中華民國專利號碼：I267012；2004年6月3日立案申請，2006年11月21日獲證。

2. 鄭芳田、陳業統、蘇育全(2006年)。生產製程之虛擬量測系統之信心度的評估方法。中華民國專利號碼：I315054；2006年5月10日立案申請，2009年9月21日獲證。

3. 鄭芳田、黃憲成、高季安(2007年)。雙階段虛擬量測方法；專利號碼：I338916；2007年6月8日立案申請，2011年3月11日獲證。

4. 鄭芳田、黃憲成、黃宜婷，等人(2008年)。全自動化型虛擬量測的伺服器與系統及方法；中華民國專利號碼：I349867，2008年5月20日立案申請，2011年10月1日獲證。

5. 鄭芳田、高季安、黃憲成，等人(2010年)。具有虛擬量測功能的製造執行系統與製造系統。中華民國專利號碼：I412906，2010年4月13日立案申請，2013年10月21日獲證。

6. 鄭芳田、高季安、吳偉民(2011年)。使用具有信心指標之虛擬量測的先進製程控制系統與方法及其電腦程式產品。中華民國專利號碼：I427722，2011年7月26日立案申請，2014年2月21日獲證。

7. 鄭芳田、吳偉民(2011年)。預測模型之建模樣本的篩選方法及其電腦程式產品。中華民國專利號碼：I451336，2011年12月20日立案申請，2014年9月1日獲證。

8. 楊浩青、丁顥、洪敏雄，等人(2013年)。工具機之加工品質的預測方法。中華民國專利號碼：I481978，2013年11月1日立案申請，2015年4月21日獲證。

9. 鄭芳田、陳俊方、黃暄恆，等人(2014年)。量測抽樣方法與其電腦程式產品。中華民國專利號碼：I521360，2014年3月26日立案申請，2016年2月11日獲證。

10. 鄭芳田、陳俊方、呂兆榮，等人(2015年)。具取樣率決定機制的量測抽樣方法與其電腦程式產品。中華民國專利號碼：I539298，2015年5月27日立案申請，2016年6月21日獲證。

11. 陳俊方、丁穎、鄭芳田，等人(2016年)。大量客製化產品的品質預測方法。中華民國專利號碼：I614699，2016年12月30日立案申請，2018年2月11日獲證。

12. 楊浩青、羅裕龍、蕭宏章，等人(2019年)。積層製造系統與方法及特徵擷取方法。中華民國專利號碼：I747053，2019年9月26日立案申請，2021年11月21日獲證。

13. 鄭芳田、謝昱銘、盧靖文(2020年)。預測機台加工事件發生的方法與其虛擬量測應用及其電腦程式產品。中華民國專利號碼：I742709，2020年6月4日立案申請，2021年10月11日獲證。

日本專利

1. Cheng, F.T., Su, Y.C., Huang, G.W. et al. (2005). Quality prognostics system and method for manufacturing process. JP Patent 4601492, filed 2 June 2005 and issued 8 October 2010.

2. Cheng, F.T., Huang, H.C., and Kao, C.A. (2007). Dual-phase virtual metrology method. JP Patent 4584295, filed 15 October 2007 and issued 10 September 2010.

3. Cheng, F.T., Huang, H.C., Huang, Y.T. et al. (2009). System and method for automatic virtual metrology. JP Patent 4914457, filed 27 January 2009 and issued 27 January 2012.

4. Cheng, F.T., Kao, C.A., and Wu, W.M. (2011). Advanced process control system and method utilizing virtual metrology with reliance index. JP Patent 5292602, filed 1 August 2011 and issued 21 June 2013.

5. Cheng, F.T. and Wu, W.M. (2012). Method for screening samples for building prediction model and computer program product thereof. JP Patent 5515125, filed 4 December 2012 and issued 11 April 2014.

6. Cheng, F.T., Chen, C.F., Lyu, J.R. et al. (2016). Metrology sampling method with sampling rate decision scheme and computer program product thereof. JP Patent 6285494, filed 26 May 2016 and issued 9 February 2018.

德國專利

1. Cheng, F.T., Chen, C.F., Lyu, J.R. et al. (2016). Metrology sampling method with sampling rate decision scheme and computer program product thereof. DE Patent 102016109232, filed 19 May 2016 and issued 29 March 2018.

奧地利專利

1. Cheng, F.T., Chen, C.F., Lyu, J.R. et al. (2016). Metrology sampling method with sampling rate decision scheme and computer program product thereof. AT Patent approved and awating for the certificate (A50480.2016), filed 27 May 2016 and approved 29 April, 2022.

中國大陸專利

1. 鄭芳田、黃憲成、高季安(2007年)。雙階段虛擬量測方法。中國大陸專利號碼：823284，2007年6月8日立案申請，2011年8月10日獲證。

2. 鄭芳田、黃憲成、黃宜婷，等人(2008年)。自動虛擬計量的系統及方法。中國大陸專利號碼：843932，2008年6月5日立案申請，2011年9月21日獲證。

3. 鄭芳田、高季安、黃憲成，等人(2010年)。具有虛擬量測功能的製造執行系統與製造系統。中國大陸專利號碼：1464514，2010年5月19日立案申請，2014年8月20日獲證。

4. 鄭芳田、高季安、吳偉民(2011年)。使用具有信心指標之虛擬量測的先進製程控制系統與方法及其電腦程式產品。中國大陸專利號碼：1205265，2011年8月1日立案申請，2013年6月5日獲證。

5. 鄭芳田、吳偉民(2012年)。預測模型的建模樣本的篩選方法。中國大陸專利號碼：2117690，2012年11月13日立案申請，2016年6月22日獲證。

6. 楊浩青、丁顥、洪敏雄，等人(2013年)。工具機的加工品質的預測方法。中國大陸專利號碼：2625066，2013年11月21日立案申請，2017年9月29日獲證。

7. 鄭芳田、陳俊方、黃暄恆，等人(2014年)。測量抽樣方法。中國大陸專利號碼：2822926，2014年5月9日立案申請，2018年2月16日獲證。

8. 鄭芳田、陳俊方、呂兆榮，等人(2015年)。具取樣率決定機制的量測抽樣方法。中國大陸專利號碼：3092894，2015年10月12日立案申請，2018年9月28日獲證。

9. 陳俊方、丁顥、鄭芳田，等人(2016年)。多樣式產品的品質推估方法。中國大陸專利號碼：4602042，2016年12月30日立案申請，2021年8月6日獲證。

10. 楊浩青、羅裕龍、蕭宏章，等人(2019)。積層製造系統與方法。中國大陸專利號碼：4831229，2019年9月30日立案申請，2021年12月3日獲證。

韓國專利

1. Cheng, F.T., Huang, H.C., and Kao, C.A. (2007). Dual-phase virtual metrology method. KR Patent 10-0915339, filed 13 September 2007 and issued 27 August 2009.

2. Cheng, F.T., Huang, H.C., Huang, Y.T. et al. (2008). System and method for automatic virtual metrology. KR Patent 10-1098037, filed 30 December 2008 and issued 16 December 2011.

3. Cheng, F.T., Kao, C.A., and Wu, W.M. (2011). Advanced process control system and method utilizing virtual metrology with reliance index. KR Patent 10-1335896, filed 1 August 2011 and issued 26 November 2013.

4. Cheng, F.T. and Wu, W.M. (2012). Method for screening samples for building prediction model and computer program product thereof. KR Patent 10-1440304, filed 11 December 2012 and issued 4 September 2014.

5. Cheng, F.T., Chen, C.F., Lyu, J.R. et al. (2016). Metrology sampling method with sampling rate decision scheme and computer program product thereof. KR Patent 10-1930420, filed 26 May 2016 and issued 12 December 2018.

參考文獻

[1]   Cheng, F.T., Kao, C.A., Chen, C.F. et al. (2015). Tutorial on applying the VM technology for TFT-LCD manufacturing. *IEEE Transactions on Semiconductor Manufacturing* 28 (1): 55-69. https://doi.org/10.1109/TSM.2014.2380433.

[2]   Lin, T.H., Hung, M.H., Lin, R.C. et al. (2006). A virtual metrology scheme for predicting CVD thickness in semiconductor manufacturing. *Proceedings of the 2006 IEEE International Conference on Robotics and Automation*, Orlando, Florida, USA (15-19 May 2006). USA: IEEE.

[3]   Weber, A. (2007). Virtual metrology and your technology watch list: ten things you should know about this emerging technology. *Future Fab International* 22 (4): 52-54.

[4]   Rothe, O. (2009). ISMI next-generation factory program industry briefing. *Proceedings of the ISMI Next-Generation Factory Program Industry Briefing*, San Francisco, CA, USA (15 July 2009). USA: SEMATECH.

[5]   Moyne, J. (2009). International technology road Map for semiconductors (ITRS) perspective on AEC/APC. *Proceedings of the ISMI AEC/APC Symposium XXI*, Ann Arbor, MI, USA (27-30 September 2009). USA: SEMATECH.

[6]   Passow, M. (2009). Solar APC semiconductor APC Déjà-vu. *Proceedings of the ISMI AEC/APC Symposium XXI*, Ann Arbor, MI, USA (27-30 September 2009). USA: SEMATECH.

[7]   Koitzsch, M. and Honold, A. (2011). Evaluation of economic effects as the basis for assessing virtual metrology investment. *Future Fab International* 37 (7): 89-92.

[8]   Su, Y.C., Cheng, F.T., Huang, G.W. et al. (2004). A quality prognostics scheme for semiconductor and TFT-LCD manufacturing processes. *Proceedings of the 30th Annual Conference of the IEEE Industrial Electronics Society (IECON 2004)*, Busan, Korea (2-6 November 2004). USA: IEEE.

[9]   Monahan, K.M. (2005). Enabling DFM and APC strategies at the 32 nm technology node. *Proceedings of the 2005 IEEE International Symposium on Semiconductor Manufacturing (ISSM 2005)*, San Jose, CA, USA (13-15 Sept. 2005). USA: IEEE.

[10]   Chen, P.H., Wu, S., Lin, J.S. et al. (2005). Virtual metrology: a solution for wafer to wafer advanced process control. *Proceedings of the IEEE International Symposium on Semiconductor Manufacturing (ISSM 2005)*, San Jose, CA, USA (13-15 Sept. 2005). USA: IEEE.

[11]   Su, Y.C., Hung, M.H., Cheng, F.T. et al. (2006). A processing quality prognostics

scheme for plasma sputtering in TFT-LCD manufacturing. *IEEE Transactions on Semiconductor Manufacturing* 19 (2): 183-194. https://doi.org/10.1109/TSM.2006.873514.

[12] Su, Y.C., Cheng, F.T., Hung, M.H. et al. (2006). Intelligent prognostics system design and implementation. *IEEE Transactions on Semiconductor Manufacturing* 19 (2): 195-207. https://doi.org/10.1109/TSM.2006.873512.

[13] Chang, Y.J., Kang, Y., Hsu, C.L. et al. (2006) Virtual metrology technique for semiconductor manufacturing. *Proceedings of the 2006 International Joint Conference on Neural Networks (IJCNN'06)*, Vancouver, BC, Canada (16-21 July 2006). USA: IEEE.

[14] Hung, M.H., Lin, T.H., Cheng, F.T. et al. (2007). A novel virtual metrology scheme for predicting CVD thickness in semiconductor manufacturing. *IEEE/ASME Transactions on. Mechatronics* 12 (3): 308-316. https://doi.org/10.1109/TMECH.2007.897275.

[15] Khan, A.A., Moyne, J.R., and Tilbury, D.M. (2007). An approach for factory-wide control utilizing virtual metrology. *IEEE Transactions on Semiconductor Manufacturing* 20 (4): 364-375. https://doi.org/10.1109/TSM.2007.907609.

[16] Khan, A.A., Moyne, J.R., and Tilbury, D.M. (2008). Virtual metrology and feedback control for semiconductor manufacturing process using recursive partial least squares. *Journal of Process Control* 18 (10): 961-974. https://doi.org/10.1016/j.jprocont.2008.04.014.

[17] Wu, M.F., Lin, C.H., Wong, D.S.H. et al. (2008). Performance analysis of EWMA controllers subject to metrology delay. *IEEE Transactions on Semiconductor Manufacturing* 21 (3): 413-425. https://doi.org/10.1109/TSM.2008.2001218.

[18] Zeng, D. and Spanos, C.J. (2009). Virtual metrology modeling for plasma etch operations. *IEEE Transactions on Semiconductor Manufacturing* 22 (4): 419-431. https://doi.org/10.1109/TSM.2009.2031750.

[19] Imai, S.I. and Kitabata, M. (2009). Prevention of copper interconnection failure in system on chip using virtual metrology. *IEEE Transactions on Semiconductor Manufacturing* 22 (4): 432-437. https://doi.org/10.1109/TSM.2009.2031757.

[20] Ringwood, J.V., Lynn, S., Bacelli, G. et al. (2010). Estimation and control in semiconductor etch: practice and possibilities. *IEEE Transactions on Semiconductor Manufacturing* 23 (1): 87-98. https://doi.org/10.1109/TSM.2009.2039250.

[21] Pan, T.H., Sheng, B.Q., Wong, S.H. et al. (2011). A virtual metrology system for predicting end-of-line electrical properties using a MANCOVA model with tools clustering. *IEEE Transactions on Industrial Informatics* 7 (2): 187-195. https://doi.org/10.1109/TII.2010.2098416.

[22] Lynn, S., Ringwood, J., and MacGearailt, N. (2012). Global and local virtual metrology models for a plasma etch process. *IEEE Transactions on Semiconductor Manufacturing* 25 (1): 94-103. https://doi.org/10.1109/TSM.2011.2176759.

[23] Cheng, F.T., Chang, J.Y.C., Huang, H.C. et al. (2011). Benefit model of virtual metrology and integrating AVM into MES. *IEEE Transactions on Semiconductor Manufacturing* 24 (2): 261-272. https://doi.org/10.1109/TSM.2011.2104372.

[24] Imai, S., Sato, N., Kitabata, M. et al. (2006). Fab-wide equipment monitoring and FDC system. *Proceedings of the 2006 IEEE International Symposium on Semiconductor Manufacturing*, Tokyo, Japan (25-27 September 2006). USA:IEEE.

[25] Chang, J. and Cheng, F.T. (2005). Application development of virtual metrology in semiconductor industry. *Proceedings of the 31st Annual Conference of the IEEE Industrial Electronics Society (IECON 2005)*, Raleigh, NC, USA (6-10 November 2005). USA: IEEE.

[26] Patel, N.S., Miller, G.A., and Jenkins, S.T. (2002). In situ estimation of blanket polish rates and wafer-to-wafer variation. *IEEE Transactions on Semiconductor Manufacturing* 15 (4): 513-522. https://doi.org/10.1109/TSM.2002.804900.

[27] Huang, Y.T., Huang, H.C., Cheng, F.T. et al. (2008). Automatic virtual metrology system design and implementation. *Proceedings of the 2008 IEEE International Conference on Automation Science and Engineering, Arlington*, VA, USA (23-26 Aug. 2008). USA:IEEE.

[28] Cheng, F.T., Huang, H.C., and Kao, C.A. (2007). Dual-phase virtual metrology scheme. *IEEE Transactions on Semiconductor Manufacturing* 20 (4): 566-571. https://doi.org/10.1109/TSM.2007.907633.

[29] Stark, D. (2008). Data usage. e-Manufacturing Workshop, SEMICON West, San Francisco.

[30] Cheng, F.T., Chen, Y.T., Su, Y.C. et al. (2008). Evaluating reliance level of a virtual metrology system. *IEEE Transactions on Semiconductor Manufacturing* 21 (1): 92-103. https://doi.org/10.1109/TSM.2007.914373.

[31] Kao, C.A., Cheng, F.T., Wu, W.M. et al. (2013). Run-to-run control utilizing virtual

metrology with reliance index. *IEEE Transactions on Semiconductor Manufacturing* 26 (1): 69-81. https://doi.org/10.1109/TSM.2012.2228243.

[32] A. A. Khan, J. R. Moyne, and D. M. Tilbury. (2007). On the quality of virtual metrology data for use in R2R process control. *Proceedings of the ISMI AEC/APC Symposium XIX*, Indian Wells, CA. USA (September 15-20, 2007). USA: SEMATECH.

[33] Groover, M.P. (2001). *Automation, Production Systems, and Computer-Integrated Manufacturing*, 2nde. London: Prentice Hall.

[34] Su, Y.C., Lin, T.H., Cheng, F.T. et al. (2008). Accuracy and real-time considerations for implementing various virtual metrology algorithms. *IEEE Transactions on Semiconductor Manufacturing* 21 (3): 426-434. https://doi.org/10.1109/TSM.2008.2001219.

[35] Huang, Y.T. and Cheng, F.T. (2011). Automatic data quality evaluation for the AVM system. *IEEE Transactions on Semiconductor Manufacturing* 24 (3): 445-454. https://doi.org/10.1109/TSM.2011.2154910.

[36] Cheng, F.T., Huang, H.C., and Kao, C.A. (2012). Developing an automatic virtual metrology system. *IEEE Transactions on Automation Science and Engineering* 9 (1): 181-188. https://doi.org/10.1109/TASE.2011.2169405.

[37] Lin, T.H., Cheng, F.T., Wu, W.M. et al. (2009). NN-based key-variable selection method for enhancing virtual metrology accuracy. *IEEE Transactions on Semiconductor Manufacturing* 22 (1): 204-211. https://doi.org/10.1109/TSM.2008.2011185.

[38] Wu, W.M., Cheng, F.T., Lin, T.H. et al. (2011). Selection schemes of dual virtual-metrology outputs for enhancing prediction accuracy. *IEEE Transactions on Automation Science and Engineering* 8 (2): 311-318. https://doi.org/10.1109/TASE.2010.2089451.

[39] Wu, W.M., Cheng, F.T., and Kong, F.W. (2012). Dynamic-moving-window scheme for virtual-metrology model refreshing. *IEEE Transactions on Semiconductor Manufacturing* 25 (2): 238-246. https://doi.org/10.1109/TSM.2012.2183398.

[40] Cheng, F.T. and Chiu, Y.C. (2013). Applying the automatic virtual metrology system to obtain tube-to-tube control in a PECVD tool. *IIE Transactions* 45 (6): 671-682. https://doi.org/10.1080/0740817X.2012.725507.

[41] Lin, L.R., Chiu, Y.C., Mo, W.C. et al. (2011). Run-to-run control utilizing the

AVM system in the solar industry. *Proceedings of the 2011 e-Manufacturing & Design Collaboration Symposium & International Symposium on Semiconductor Manufacturing (ISSM)*, Hsinchu, Taiwan (5-6 September. 2011). USA:IEEE.

[42]　Yang, H.C., Tieng, H., and Cheng, F.T. (2016). Automatic virtual metrology for wheel machining automation. *International Journal of Production Research* 54 (21): 6367-6377. https://doi.org/10.1080/00207543.2015.1109724.

[43]　Tieng, H., Tsai, T.H., Chen, C.F. et al. (2018). Automatic virtual metrology and deformation fusion scheme for engine-case manufacturing. *IEEE Robotics and Automation Letters* 3 (2): 934-941. https://doi.org/10.1109/LRA.2018.2792690.

[44]　Hsieh, Y.M., Lin, C.Y., Yang, Y.R. et al. (2019). Automatic Virtual Metrology for Carbon Fiber Manufacturing. *IEEE Robotics and Automation Letters* 4 (3): 2730-2737. https://doi.org/10.1109/LRA.2019.2917384.

[45]　TechTarget (2007). Manufacturing execution systems. http://www.bitpipe.com/rlist/term/Manufacturing-Execution-Systems.html (accessed 17 Aug 2020).

[46]　SEMATECH (1998). Computer integrated manufacturing (CIM) framework specification version 2.0. *SEMATECH Technology Transfer # # 93061697J-ENG*. https://bit.ly/3hDCvJH (accessed 27 Aug 2020).

[47]　Cheng, F.T., Shen, E., and Deng, J.-Y. (1999). Development of a system framework for the computer-integrated manufacturing execution system: a distributed object-oriented approach. *International Journal of Computer Integrated Manufacturing* 12 (5): 384-402. https://doi.org/10.1080/095119299130137.

[48]　Cheng, F.T., Chang, C.F., and Wu, S.L. (2004). Development of holonic manufacturing execution systems. *Journal of Intelligent Manufacturing* 15 (2): 253-267. https://doi.org/10.1023/B:JIMS.0000018037.63935.a1.

[49]　Moyne, J.E., Castillo, d., and Hurwitz, A.M. (eds.) (2001). *Run-to-Run Control in Semiconductor Manufacturing*. Boca Raton, FL: CRC Press.

[50]　Besnard, J. and Toprac, A. (2006). Wafer-to-wafer virtual metrology applied to run-to-run control. *Proceedings of the AEC/APC Symposium XVIII*, Westminster, CO, USA (30 September - 4 October 2006). USA: SEMATECH.

[51]　Kao, C.A., Cheng, F.T. and Wu, W.M. (2011). Preliminary study of run-to-run control utilizing virtual metrology with reliance index. *Proceedings of the 2011 IEEE International Conference on Automation Science and Engineering*, Trieste, Italy (24-27 August 2011). USA: IEEE.

[52]   Weibull, W. (1951). A statistical distribution function of wide applicability. *Journal of Applied Mechanics* 18: 293-297.

[53]   Patel, N. and Anderson, M. (2003). Considerations in deploying wafer-level control across the fab. AEC/APC Symposium XV, Colorado Springs, CO, USA.

[54]   Castillo, E.D. and Rajagopal, R. (2002). A multivariate double EWMA process adjustment scheme for drifting processes. *IIE Transactions* 34 (12): 1055-1068. https://doi.org/10.1080/07408170208928934.

[55]   Preston, F.W. (1927). The theory and design of plate glass polishing machines. *Journal of the Society of Glass Technology* 11: 214-256.

[56]   Feng, T. (2007). Nonuniformity of wafer and pad in CMP: kinematic aspects of view. *IEEE Transactions on Semiconductor Manufacturing* 20 (4): 451-463. https://doi.org/10.1109/TSM.2007.907625.

[57]   Montgomery, D.C. (2009). *Introduction to Statistical Quality Control*, 6th edition. New York: Wiley.

[58]   Smith, T.H. and Boning, D.S. (1997). A self-tuning EWMA controller utilizing artificial neural network function approximation techniques. *IEEE Transactions on Components, Packaging, and Manufacturing Technology: Part C* 20 (2): 121-132. https://doi.org/10.1109/3476.622882.

[59]   Wohlwend, H. (2005). e-diagnostics guidebook, version 2.1. *ISMI Technology Transfer #01084153D-ENG.*

智慧型預測保養 (IPM)

9

邱煜程、謝昱銘、林晉逸、鄭芳田

9.1 簡介

生產設備是任何製造工廠的重要組成部分。生產設備中的模組或零組件(例如：加熱器、壓力模組、蝴蝶閥、…等)發生故障時，可能導致生產異常，進而使得產品品質變差或機台產能降低，最終造成重大的損失。

一般來說，解決上述問題最常用的方法是定期預防性保養(Preventive Maintenance, PM)。也就是說，在預定的時間間隔內執行維護相關的作業，該時間間隔基本上是根據標的設備(Target Device, TD) [1]的平均故障間隔時間(Mean-Time-Between-Failure, MTBF)來決定的。因此，如何安排合適的PM計畫通常是工廠的關鍵問題，不恰當的PM計畫可能會增加維護成本或降低機台的產能[2]。

為了優化PM計畫以提高工廠產能，國際半導體製造技術聯盟(International SEMATECH Manufacturing Initiative, ISMI)提出了一項預測性和預防性保養計畫(Predictive and Preventive Maintenance, PPM) [1-5]。根據ISMI的定義，PPM包括PM、狀態為基的保養(Condition-Based Maintenance, CbM)、預測保養(Predictive Maintenance, PdM)和故障保養(Breakdown Maintenance, BDM)等。其中，ISMI強調應該開發CbM和PdM功能，並將其作為單獨或增強的功能模組，以便使用者可以選擇實施其中一項或全部功能。CbM是在一個或多個指標顯示設備將出現故障或性能惡化後，發出警示並執行機台保養任務的方法[1]。而錯誤偵測和分類(Fault-Detection-and-Classification, FDC)技術是一種與CbM相關的方法。另一方面，PdM是一種應用預測模型將設備老化狀態與保養相關聯的技術，透過預測設備剩餘使用壽命(Remaining Useful Life, RUL)來達到避免設備無預警當機的發生。

「工業4.0」，新的數位工業技術的興起，其旨在使工廠能夠實現更快、更靈活、更有效率的流程，從而以更低的成本製造更高品質的產品[6]。PdM已成工業4.0中「預測保養4.0」的關鍵主題，PdM監控設備運行狀況並預測未來何時需要進行保養，這已被視為最優先導入的技術，並可最大化設備產能[7]。

如第1章中提高良率和零缺陷保證的五階段策略之第4階段所述，應建構智慧型預測保養(Intelligent Predictive Maintenance, IPM)系統來執行設備健康監控和執行設備RUL預測。本章節之目的為描述開發IPM系統的細節，首先介紹IPM系統中健康基底預測保養(Baseline Predictive Maintenance, BPM)機制的必要性，然後介紹RUL預測演算法，最後以全廠IPM系統的需求作為總結。

9.1.1　健康基底預測保養演算法的必要性

如[8]中所述，智慧故障診斷和預測方法大致可分為兩大類：基於模型(model-based)的方法和數據驅動(data-driven)的方法。基於模型的方法需要開發一準確數學模型並以殘差做特徵，其中殘差是真實系統的測量值與數學模型輸出之間的差異。然而，在大多數實際應用中，通常很難開發出準確的故障模型[8]。

在許多應用中，設備的感測器訊號數據是了解其老化行為的主要資訊來源，數據驅動方法依賴於「數據的統計特徵是相對一致的，除非系統中發生違反失效特性之事件」。如果無法獲得故障物理特性，數據驅動的方法是可行的選擇之一[8]。

大多數傳統的錯誤偵測和分類(FDC)方法是找出需要監控的標的設備(TD)和其相關的關鍵參數，然後通過應用統計製程控制(SPC)方法來檢測TD是否故障[9]。如[10]中所述，一些學者利用基於模型的算法來定義關鍵參數的SPC管制界限。[7]和[11]中提出的方法是上述傳統FDC方法的兩個案例。

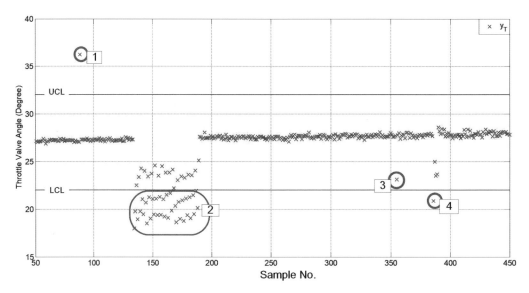

圖 9.1 PECVD機台中蝴蝶閥角度開度之SPC管制圖

來源：經同意由[12]重製© 2013 IEEE

　　但是在實務上，TD之設備訊號值異常可能不僅僅是自身異常引起的，相反的，可能是其他相關參數所帶來的影響。以實際化學氣相沉積(Plasma Enhanced Chemical Vapor Deposition, PECVD)製程蝴蝶閥角度開度為例，如圖9.1所示，中心值為27度，設備工程師定義的管制上限和下限(UCL和LCL)分別為32度和22度，總共監測了450個樣本。如圖9.1所示，依傳統的SPC方法我們可得出紅色圓圈1、2和4中的樣本是異常值，而綠色圓圈3中的樣本在管制範圍內。

　　經過仔細檢視，紅圓圈2和4中的樣本確實為異常，且是蝴蝶閥本身故障引起的。但是紅圓圈1中的樣本異常不是由蝴蝶閥本身引起的，而是由相關製程參數「氨」(NH3)偏差所造成的。此外，綠色圓圈3中所示的偏移是由相關製程參數「爐管壓力」異常造成的。因此，傳統的SPC方法無法診斷紅圓圈1和綠圓圈3中樣本的異常事件。有鑑於此，Hsieh等學者[13]提出了基於虛擬量測之FDC機制以解決上述的問題。

　　Liu等學者[14]使用基於相似性的方法進行主軸負載預測和診斷，他們利用大量歷史資料創建了複數個匹配矩陣，主要想法是從歷史資料中將設備正常運作到故障之全程數據集中起來，建立一個故障模式庫，並將當前故障模式與故障模式庫中最相似的故障模式進行匹配來估計當前設備的RUL。Kim等學者[15]利用支持向量機分類器作為估計機器故障過程之健康狀態機率的工具。通過對歷史故障數據的事先分析，將故障分為數個階段，用其來估計設備健康狀態機率以實現準確預測。Susto學者[16]利用具有多個分類的機器學習來生成健康和成本指標，以建立營運成本和故障風險之間的關係，從而最大限度地減少停機時間和相關生產成本。

　　[14-16]中使用的RUL預測方法需要有完整的歷史由健康至失效的故障數據集，如果沒有這些歷史故障數據集，這上述RUL預測方法將無法正常使用。

　　為了解決上述問題，本書提出一種基於虛擬量測的健康基底預測保養(VM-based Baseline Predictive Maintenance, BPM)機制，BPM機制同時具備FDC及PdM的能力。BPM機制是由TD健康基底模型、FDC邏輯和RUL預測模組所組成的，其中TD健康基底模型是參考第8章介紹的全自動虛擬量測(Automatic Virtual Metrology, AVM)技術所建構的，並以此作為錯誤偵測的參考。應用BPM機制，可以完成故障診斷和預測，解決上述傳統SPC方法的問題，同時BPM機制也不需要大量歷史故障數據集的需求，BPM機制將於第9.2節詳述。

9.1.2 剩餘壽命的預測演算法

現今，許多學者發現大多數TD的老化特徵會隨著時間的推移而退化。在所有退化趨勢的預測模型中，指數曲線擬合(Exponential-Curve-Fitting, ECF)模型是最流行的方法之一。Gebraeel等學者[17]構建了ECF模型並採用貝葉斯方法(Bayesian method)結合計量數據來預測設備的剩餘壽命(RUL)。Zhan等學者[18]提出整合ECF模型和粒子濾波器來預測鋰離子電池的循環時間。除了ECF模型外，學者們還開發了其他的RUL預測方法。Xia等學者[19]提出了一種預測性即時滾動灰色預測方法來生成機器健康狀態的預測，並分析運行負載等因素的影響。Singleton等學者[20]認為沒有準確的物理退化模型且標記訓練數據有限的情況是軸承健康狀態預測的主要挑戰。他們提出通過觀察時域和頻域特徵的軸承故障變化來解決這一挑戰，當提取特徵後，使用擴展卡爾曼濾波器(Extended Kalman Filter)來預測RUL。

原BPM[12]機制也是應用ECF模型來構建RUL預測模組，並採用單一算法提取老化特徵。然而，如前所述，應用ECF模型預測RUL存在幾個問題：(1)當TD的老化特徵瞬間上升或下降時，由於TD老化特徵的敏感性，ECF模型預測的RUL亦會有某種程度之大幅上升或下降；這可能會導致當下的預測與下次的預測結果偏差過大；(2)受TD老化特徵平滑或接近平坦趨勢的影響，ECF模型可能亦會產生過於樂觀的估計RUL；(3)僅使用單純指標作為老化特徵會導致過多的雜訊，使得RUL的預測不準確。為了解決這三個RUL預測不準確的問題，本書作者提出了時間序列預測(Time Series Prediction, TSP) [21]演算法，該演算法將嵌入到新提出的進階BPM (Advanced BPM, ABPM)機制中的RUL預測模組來精進原架構。TSP是根據信息法則進行自變數的挑選，以適應複雜的未來趨勢，同時也解決TD無預警當機的問題，TSP演算法將於第9.3節詳述。

9.1.3 全廠IPM系統介紹

全廠IPM系統的需求為：(1)強健的基礎建設與快速的數據溝通處理平台；(2)有效的錯誤偵測和預測引擎；(3)工廠範圍內可管理的健康指標層次結構。

工業4.0創造了一個可行的環境來滿足執行PdM需求。物聯網(Internet of things, IoT)充當數據通信平台；在平台上構建具有預測演算法的虛實整合系統(Cyber-Physical Systems, CPS)，使得真實世界和虛擬空間無縫協作；然後，雲端計算提供了各種基本服務的能力。然而，傳統的PdM系統僅針對單一機台或設備而設計,因此,當數百台機台或設備仍在工廠運作時,資源分配或管理將變得極其複雜。因此工廠內的所有機台或設備之健康狀態監控與維護,需要可管理的層次結構和各種健康指標。

為了解決上述問題,本書提出了一個符合整廠管理需求的IPM系統,該系統透過在iFA系統平台中應用AMCoT框架來滿足工業4.1 [22]的要求。此部分將在第9.4節中進行詳細說明。

9.2 健康基底預測保養機制

如圖9.2所示,BPM機制有兩個部分,上半部執行FDC,下半部則進行PdM。其中FDC部分再分為兩個階段,左半段計算出TD的基底個體相似度指標(Baseline Individual Similarity Index, ISI_B)、健康基底模型、設備健康指標(Device Health Index, DHI)及基底誤差指標(Baseline Error Index)模組,以便產生DHI、BEI及ISI_B…等指標。右半段則定義一個FDC邏輯來將DHI、BEI及ISI_B值轉換成TD的健康狀態。

TD健康基底模型通過收集TD相關的製程數據(X)來預測$\hat{y}_B$;而TD數據(y_T)用於調整或重新訓練健康基底模型。ISI_B模型將製程數據(X)轉換為ISI_B值。此外,DHI模組將$|y_T - \bar{y}_T|$轉換成DHI指標,其中$\bar{y}_T$表示TD數據(y_T)健康樣本的平均值;BEI模組則是將y_E (=$|y_T - \hat{y}_B|$)轉換成BEI指標。最後再將DHI、BEI以及ISI_B值送至診斷邏輯,進行TD的健康狀態推論。

在應用FDC邏輯之前,必需先決定DHI、BEI和ISI_B的門檻值(分別表示為DHI_T、BEI_T和ISI_{B_T})。DHI_T和BEI_T用於判斷TD是否處於生病狀態,下面將解釋如何定義DHI_T和BEI_T的值。ISI_{B_T}的值將在第9.2.2節中定義。

[12]中提出的設備狀態圖如圖9.3所示,其中包括五種狀態:初始狀態(Initial)、正常運作狀態(Active)、停止狀態(Inactive)、生病(Sick)和死亡(Dead)狀態。通常設備會處於正常運作狀態。但是,當y_E大於其門檻值(y_{E_S})時,設備會進入生病狀態。當y_E再次小於y_{E_S}時,設備返回正常運作狀態。相反,如果設備的異常症狀變得更嚴重,以至於設備的可用資源被耗盡,則設備將進入死亡狀態,或者換句話說設備停機。

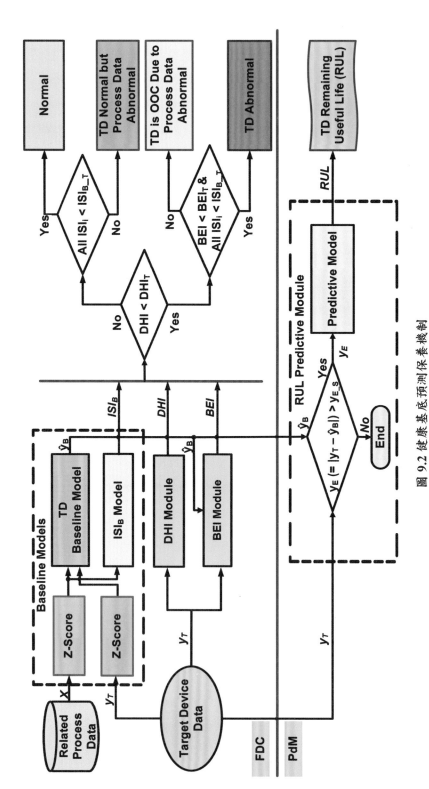

圖 9.2 健康基底預測保養機制

來源：經同意由[12]重製 © 2013 IEEE

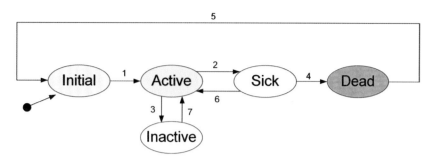

圖 9.3 設備狀態圖

來源：經同意由[12]重製© 2013 IEEE

為監控一致性，將DHI和BEI的值轉換至1到0間，其中較高的值表示TD狀況更健康。圖9.3中的關鍵轉換是從「正常運作狀態至到生病狀態」和從「生病狀態至死亡狀態」。為了將DHI和BEI值與這兩個關鍵轉換相互呼應，提出了以下轉換規則(將「正常運作狀態至生病狀態」和「生病狀態至死亡狀態」的門檻值分別設置為0.7和0.3)：

當1 > DHI/BEI > 0.7，TD能健康正常運作；

當0.7 > DHI/BEI > 0.3，TD已經生病，在剩餘壽命消耗完時，就無法正常工作；

當0.3 > DHI/BEI > 0，TD已無法正常工作，必須立刻接受維修保養。

根據上述規則，DHI_T和BEI_T的值定義為0.7，請注意在本章中將「正常運作狀態至生病狀態」和「生病狀態至死亡狀態」的門檻值分別指定為0.7和0.3只是一個範例，使用者可以根據自己的需要，重新分配介於0和1之間任意的合適數字(例如0.8和0.2)作為「正常運作狀態至生病狀態」和「生病狀態至死亡狀態」的門檻值。

TD健康基底模型、ISI_B模型、DHI模組和BEI模組的詳細說明將於第9.2.1至9.2.4節中介紹。FDC邏輯的說明和執行過程分別在第9.2.5節和第9.2.6節中描述。

BPM機制的下半部之PdM部分則應用一個RUL預測模型(Predictive Model)來執行當偵測到TD已進入生病狀態，即y_E ($=|y_T - y_B|$) > y_{E_S}時[y_{E_S}代表y_E之門檻值]，就啟動預測機制，將y_E轉換成RUL值，而PdM部分將在第9.2.7節中描述。

9.2.1 建立標的設備基底模型所需建模樣本流程介紹

建立標的設備(TD)健康基底模型的目的是生成TD的健康基底($\hat{y}_B$)，流程如圖9.4所示。TD健康基底模型的建立包括兩個階段：第一階段為離線操作，此階段通過保持重要樣本(Keep Important Sample, KIS)機制選擇精簡且健康的歷史樣本。第二階段為線上操作，此階段收集剛維護保養後的新鮮樣本，此處的樣本包括y_T及其對應的X。

離線KIS機制包含兩個步驟：(1){圖9.4中的步驟1}確保所收集到的每一筆歷史樣本(內含y_T及與其對應之X)的正確性(即該筆資料是TD處於健康狀態時所產生的樣本且資料品質良好)；(2){圖9.4中的步驟2}應用動態移動視窗(Dynamic Moving Window, DMW)機制[12]從健康的歷史樣本中挑選出精簡且重要樣本。DMW機制將新樣本添加到該模型並應用分群技術進行相似性分群。接下來，檢查每個叢集中的元素數量，如果元素的最大數量大於預先定義的門檻值，則刪除最大群體中最舊的樣本。

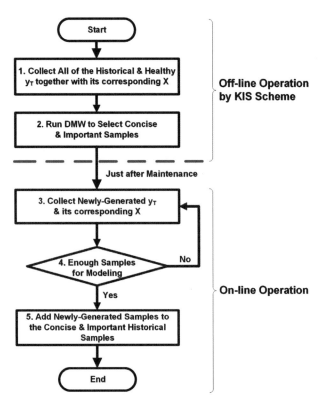

圖 9.4 建立TD基底模型所需建模樣本挑選流程

來源：經同意由[12]重製© 2013 IEEE

　　線上操作是在維護保養後執行，包含三個步驟：(1){圖9.4中的步驟3}收集剛執行完維修保養後的新鮮健康樣本；(2){圖9.4中的步驟4}確認是否收集足夠筆數的新鮮健康樣本；(3){圖9.4中的步驟5}將新鮮健康樣本加入由DMW機制所找到之精簡且重要的樣本以便組成建構TD健康基底模型所需之建模樣本。

　　建立TD健康基底模型所需樣本數量依經驗約為相關製程參數個數的10倍，精簡且重要之樣本與健康樣本的比例約為3比1。圖9.4步驟5獲得的所有樣本都用於建立TD健康基底模型。因此，該健康基底模型不僅包含精簡且重要的樣本，還擁有剛剛維護保養後的健康數據，從而可以生成TD的健康基底模型。完成必要的重要樣本收集後，TD健康基底模型就可以建立起來且正常運行。TD健康基底模型的執行過程將在第9.2.6節中解釋。

9.2.2　建立基底個別相似度指標模型所需樣本說明

　　如圖9.2所示，在健康基底模型方框內除了TD健康基底模型外，尚有ISI_B模型須要建立。作者在第8.2節中發明了個體相似度指標(Individual Similarity Index, ISI)的概念，以識別當輸入製程參數資料集的整體相似度指標(Global Similarity Index, GSI)超過其門檻值(Threshold of GSI, GSI_T)時導致重大偏差的關鍵製程參數。

　　如第8.2節所述，個別製程參數的ISI值之定義為：該製程參數輸入資料集之標準化值與模型資料集中，相同製程參數標準化值之間的相似程度。在本章中，採用剛維修保養後(如圖9.4的步驟3所示)收集的新製程數據(X)來訓練ISI模型，從而可以生成該特定期保養週期的TD中ISI的健康基底。因此稱之為基底個別相似度指標(baseline-ISI, ISI_B)，如圖9.2所示，ISI_B模型將X轉換為ISI_B值，接著進行FDC邏輯。將於第9.2.5節中詳細介紹的FDC邏輯中如何應用ISI_B值。

9.2.3　設備健康指標模組說明

　　實務上會利用SPC手法來即時監測生產過程中的品質問題，使得在可能的重大品質變異出現之前，就採取必要的措施[23]。9.2.3設備健康指標(DHI)模組即是應用SPC概念來轉換$|y_T - \bar{y}_T|$為DHI值，其中$\bar{y}_T$. 表示TD數據(y_T)健康樣本的平均值。使用在維修保養之後(如圖9.4的步驟3所示)收集健康的y_T樣本進行DHI模組的建立，從而得到某次特定維修保養週期DHI的健康基底。

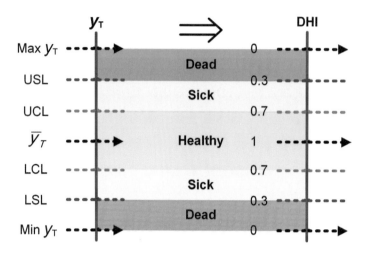

(a) Converting y_T into DHI.

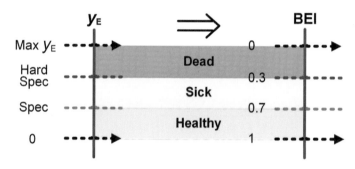

(b) Converting y_E into BEI.
圖 9.5 DHI和BEI之SPC管制圖定義
來源：經同意由[12]重製© 2013 IEEE

　　圖9.5(a)顯示了y_T的管制圖，其中採y_T建模樣本的平均值($\bar{y}_T$)為基準值。y_T最小值(Min y_T)、下規格界限(Lower Spec Limit, LSL)、下管制界限(Lower Control Limit, LCL)、$\bar{y}_T$、上管制界限(Upper Control Limit, UCL)、上規格界限(Upper Spec Limit, USL)和y_T最大值(Max y_T)分別顯示在y_T的管制圖上。接下來，我們進一步將上述對應的y_T的DHI映射至0、0.3、0.7、1、0.7、0.3和0。

　　式(9.1)呈現y_T轉換至DHI的上半部公式。同理，也可以推導出y_T下半部分轉換公式。

$$DHI = 1 - \left(\frac{y_T - \bar{y}_T}{UCL - \bar{y}_T} \times 0.3 \right), \text{ when } \bar{y}_T < y_T \leq UCL;$$

$$DHI = 0.7 - \left(\frac{y_T - UCL}{USL - UCL} \times 0.4 \right), \text{ when } UCL < y_T \leq USL; \qquad (9.1)$$

$$DHI = 0.3 - \left(\frac{y_T - UCL}{Max\ y_T - USL} \times 0.3 \right), \text{ when } USL < y_T.$$

在本章中，UCL/LCL和USL/LSL分別對應TD的生病門檻值與失效門檻值，而相對應的DHI值分別為0.7和0.3。

9.2.4 基底誤差指標模組說明

基底誤差指標(BEI)模組的目的是將y_T和$\hat{y}_B$之間的差值，即y_E $(=|y_T - \hat{y}_B|)$轉換為BEI指標值。圖9.5(b)描述了y_E的管制圖。0是基準值位於底部，規格(Spec)、嚴格規格減$\bar{y}_T$ (即HardSpec-$\bar{y}_T$)及y_E最大值(Max y_E)顯示在y_E的管制圖上。接下來，我們進一步將上述y_E對應的BEI映射至0、0.3、0.7及1。其轉換公式如(9.2)所示。

$$BEI = 1 - \left(\frac{y_E}{Spec} \times 0.3 \right), \text{ when } 0 < y_E \leq Spec;$$

$$BEI = 0.7 - \left(\frac{y_E - Spec}{(HardSpec - \bar{y}_T) - Spec} \times 0.4 \right),$$

$$\text{when } Spec < y_E \leq (HardSpec - \bar{y}_T); \qquad (9.2)$$

$$BEI = 0.3 - \left(\frac{y_E - (HardSpec - \bar{y}_T)}{Max\ y_E - (HardSpec - \bar{y}_T)} \times 0.3 \right),$$

$$\text{when } (HardSpec - \bar{y}_T) < y_E.$$

9.2.5 基底錯誤偵測和分類(FDC)邏輯說明

圖9.2定義一個診斷邏輯來將DHI、BEI及ISI_B值轉換成TD之健康狀態。在應用FDC邏輯之前，應先定義該些指標的門檻值即DHI_T、BEI_T和ISI_{B_T}。DHI_T和BEI_T都定義為0.7。ISI_{B_T}定義為每個個別製程參數資料的六倍標準差，因此$ISI_{B\_T}=6$。FDC邏輯詳細說明如下。

綠燈：若DHI值大於DHI_T且所有ISI_B值都小於其相對應之ISI_{B_T}，則TD本身正常，且與其對應的製程參數也沒問題。表示目前TD健康狀態良好，沒有問題。

紫燈：若DHI值大於DHI$_T$但有任意一ISI$_B$值大於ISI$_{B\_T}$，則TD本身雖正常，但
　　　與其對應的某些製程參數有出現異常的狀況。此時，需檢查該些異常
　　　的製程參數，並加以排除。

黃燈：若DHI值小於DHI$_T$且BEI值大於BEI$_T$；或若DHI值小於DHI$_T$且有任意一
　　　ISI$_B$值大於ISI$_{B\_T}$，則表示此TD異常是因與其對應的某些製程參數出現
　　　異常所引起的。此時，需檢查該些異常的製程參數，並加以排除。

紅燈：若DHI值小於DHI$_T$且BEI值小於BEI$_T$而所有的ISI$_B$值亦都小於其對應的
　　　ISI$_{B\_T}$，即表示TD已失效且此異常是本身造成的，此時必需針對該TD
　　　進行維修保養的作業。

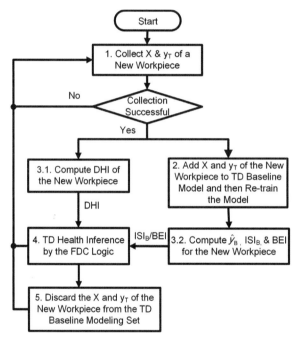

圖 9.6 基底 FDC 執行程序的流程圖

來源：經同意由[12]重製© 2013 IEEE

9.2.6 基底錯誤偵測和分類(FDC)執行程序

　　基底錯誤偵測和分類(FDC)執行流程如圖9.6所示，說明如下：

步驟1：收集某一工作片的y$_T$及**X**資料直至收集成功。

步驟2：將新工件的y$_T$及**X**資料加入TD健康基底模型內重新建模，而ISI$_B$模型則不
　　　用重建。

步驟3.1：計算這個新工件的DHI。

步驟3.2：計算這個新工件的$\hat{y}_B$、ISI_B和BEI。

步驟4：依據DHI、ISI_B及BEI值，透過FDC邏輯推斷TD的健康狀態。

步驟5：從TD健康基底模型內刪除新工件的y_T及其對應的X。

9.2.7 指數曲線擬合剩餘壽命預測模組說明

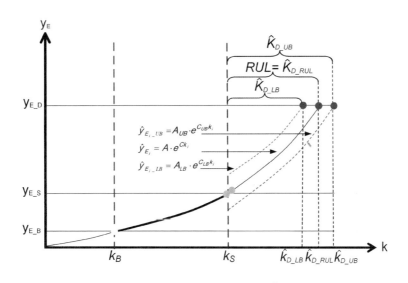

圖 9.7 ECF RUL 預測模型
來源：經同意由[12]重製© 2013 IEEE

　　指數曲線擬合(ECF)剩餘壽命(RUL)預測模組包括檢測機制和預測模型。檢測機制檢查$y_E > y_{E\_S}$是否成立。其中$y_E = |\ y_T - \hat{y}_B\ |$，而$y_{E\_S}$表示$y_E$生病的門檻值。為避免誤警報，需要連續兩次$y_E > y_{E\_S}$以確保設備進入生病狀態。一旦設備進入生病狀態，ECF預測模型將被啟動並進行RUL預測。

　　用於預測RUL的傳統數據驅動方法包括簡單的投射模型，例如指數平滑、自迴歸模型和基於迴歸的方法。這些技術的一個主要優點是計算簡單[24]。考慮到運行失效數據集的數量有限，基於迴歸預測方法是一個合適的選擇。

　　實務上證明大多數設備的故障率是時間的函式，典型故障曲線稱之為浴缸曲線，具有以下3個階段：(1)早期故障階段；(2)穩定狀態階段；以及(3)損耗階段[25]。通常，設備的生病狀態發生在損耗階段。損耗階段的故障是由老化、磨損或疲勞等引起的，其故障率隨時間呈指數增長[26]。因此，本章採用ECF來實現RUL預測模型。

定義$y_{E\_B}=\bar{y}+3\sigma_{y_E}$，其中$\bar{y}_E$和$\sigma_{y_E}$表示剛在維修保養後收集的健康基底樣本(如圖9.4步驟3所示)之y_E平均值和標準偏差。另外，設y_{E_S}和y_{E_D}分別代表設備進入生病與死亡狀態時的y_E值，參考圖9.5(b)，即y_{E_S}=Spec及y_{E_D}=HardSpec-$\bar{y}_T$。

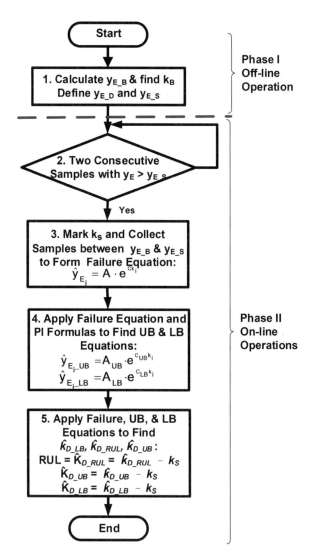

圖 9.8 計算 ECF RUL 的流程圖
來源：經同意由[12]重製© 2013 IEEE

ECF RUL預測模型如圖9.7所示，計算RUL的流程圖如圖9.8所示，說明如下：

階段 1 (離線作業) [Phase I (Off-line)]：

步驟1：計算y_{E_B}並求k_B，其中k_B即為y_{E_B}對應的樣本數，接著定義y_{E_D}和y_{E_S}。

階段 2 (線上作業) [Phase II (On-line)]：

步驟2：若連續兩點y_E值大於生病門檻值(y_{E_S})，即判斷TD進入生病狀態並跳至步驟3，否則仍維持在步驟2。

步驟3：收集y_{E_B}和y_{E_S}之間的所有樣本，並應用ECF公式[26]得到設備磨損失效方程式：

$$\hat{y}_{E_i}=A \cdot e^{Ck_i}, i=B, B+1, \ldots , S \tag{9.3}$$

且

$$C=\frac{\sum_{i=B}^{S}(k_i-\overline{k})[ln(y_{E_i})-\overline{ln(y_E)}]}{\sum_{i=B}^{S}(k_i-\overline{k})^2} \tag{9.4}$$

$$A=e^{(\overline{ln(y_E)}-C\overline{k})} \tag{9.5}$$

其中

$$\overline{k}=\frac{\sum_{i=B}^{S}k_i}{k_S-k_B+1}$$

$$\overline{ln(y_E)}=\frac{\sum_{i=B}^{S}ln(y_{E_i})}{k_S-k_B+1}$$

令

k_i	第i個樣本；
$\hat{y}_{E_i}$	對應第i個樣本之y_E預測值；
y_{E_i}	對應第i個樣本之y_E實際值；
k_B	y_{E_B}對應的第B個樣本；
k_S	y_{E_S}對應的第S個樣本。

得到設備磨損失效方程$\hat{y}_{E_i}=A \cdot e^{Ck_i}$後，上界(UB)方程式$\hat{y}_{E_i\_UB}=A_{UB} \cdot e^{C_{UB}k_i}$和下界(LB)方程式$\hat{y}_{E_i\_LB}=A_{LB} \cdot e^{C_{LB}k_i}$也可以如步驟4所述進行推導。

步驟4：應用設備磨損失效方程$\hat{y}_{E_i}=A \cdot e^{Ck_i}$預測從$k_i=k_{S+1}$開始的$\hat{y}_{E_i}$值，直到$\hat{y}_{E_i}$值等於或大於$y_{E\_D}$值，其對應的樣本數記為$\hat{k}_{D\_RUL}$。並可利用95%信賴區間公式[27]計算從$k_i=k_{S+1}$到$\hat{k}_{D\_RUL}$的所有95%上界和下界值，公式如下所示。

$$\hat{y}_{E_i\_UB_{S+j}}=\hat{y}_{E_{S+j}}-\Delta_{S+j}, \qquad j=[1, 2, ..., (D\_RUL-S)] \tag{9.6}$$

$$\hat{y}_{E_i\_LB_{S+j}}=\hat{y}_{E_{S+j}}+\Delta_{S+j}, \qquad j=[1, 2, ..., (D\_RUL-S)] \tag{9.7}$$

$$\Delta_{S+j}=t_{\frac{a}{2}}(k_S-k_B+1-p)\sqrt{s_{y_E}^2\times[1+(k_{S+j})^2(K^TK)^{-1}]} \tag{9.8}$$

其中

$$s_{y_E}=\frac{\sum_{i=B}^{S}(\hat{y}_{E_i}-\bar{y}_E)}{k_S-k_B+1}$$

$$\bar{y}_E=\frac{\sum_{i=B}^{S}y_{E_i}}{k_S-k_B+1}$$

$$\boldsymbol{K}=[k_B, k_{B+1}, ... , k_S]^{\mathrm{T}}$$

令

$\hat{y}_{E_i\_UB_{S+j}}$	第s+j筆上界預測值；
$\hat{y}_{E_i\_LB_{S+j}}$	第s+j筆下界預測值；
$\hat{k}_{D\_RUL}$	y_{E_D}對應的預測樣本數；
Δ_{S+j}	第s+j個樣本對應的95% 信賴區間值；
$t_{\frac{a}{2}}(k_S-k_B+1-p)$	具有k_S-k_B+1-p自由度之t分佈，其中p為參數數量而a=0.05。

從$k_i=k_{S+1}$到$\hat{k}_{D\_RUL}$得到所有95%上界和下界值後，上界方程式

$$\hat{y}_{E_i\_UB}=A_{UB} \cdot e^{C_{UB}k_i} \tag{9.9}$$

及下界方程式

$$\hat{y}_{E_i\_LB}=A_{LB} \cdot e^{C_{LB}k_i} \tag{9.10}$$

步驟5：應用(9.3)、(9.9)和(9.10)來找到對應於y_{E_D}的RUL、$\hat{K}_{D\_UB}$和$\hat{K}_{D\_LB}$。計算方式如下式所述：

$$RUL=\hat{K}_{D\_RUL}=\hat{k}_{D\_RUL}-k_S \tag{9.11}$$

$$\hat{K}_{D\_UB} = \hat{k}_{D\_UB} - k_S \tag{9.12}$$

$$\hat{K}_{D\_LB} = \hat{k}_{D\_LB} - k_S \tag{9.13}$$

其中

$\hat{k}_{D\_RUL}$　　　y_{E_D}對應的第D_RUL個樣本數;

$\hat{k}_{D\_UB}$　　　y_{E_D}對應的D_UB個樣本數;

$\hat{k}_{D\_LB}$　　　y_{E_D}對應的第D_LB個樣本數。

在介紹BPM機制之後,下面將詳細闡述預測TD RUL的TSP演算法。

9.3 時間序列預測(TSP)演算法

在眾多學者提出的預測保養技術中,普遍採用ECF模型來預測TD的RUL。由於演算法的限制,當TD快接近失效或死亡時,無論是TD的老化特徵突然上升還是變得平滑,ECF模型都可能跟不上實際值而出現錯誤的預測結果。為了解決RUL預測不準確的問題,本書提出了TSP演算法。TSP演算法為應用信息準則構建的時間序列分析模型,以解決TD失效預測的複雜未來趨勢。此外,還提出TD可能即將失效時,發出立即維護警報的預警模組(Pre-Alarm Module, PreAM)以及用於表示進入失效狀態可能性的死亡相關性指標(Death Correlation Index , DCI)。如何選擇最有效的TSP預測參數並調整TSP預測參數權重以建構精確性高之預測模型也將在第11.3.3和11.4.2節中說明。

9.3.1 進階健康基底預測保養機制

健康基底預測保養(BPM)的核心演算法是基於虛擬量測的健康基底預測保養機制,然而,單一演算法已不足以滿足整廠各式機台多樣化需求。為了解決上述問題,在此小節提出了進階健康基底預測保養機制(Advanced BPM, ABPM),如圖9.9所示。首先ABPM對所收集到的TD資料進行資料品質確認,接著將資料萃取成特徵(如:均方根或平均值等)。

而ABPM和BPM的最大區別之一為:ABPM擁有演算法庫,以便使用者可以在演算法庫中選擇最恰當的演算法來萃取TD合適的老化特徵(Y_T),以滿足整廠不同設備監控的需求。然後,當TD進入生病狀態時,RUL預測模組即會開始預測

TD的RUL。其中演算法庫包含多種演算法，如：基底整體相似度指標(Baseline Global Similarity Index, GSI$_B$)用於提取具有多變量的老化特徵；移動視窗(Moving Window, MW)可以在指標雜訊過多時達到平滑的效果；而SPC可用來直接針對萃取好的特徵進行上下管制界限的卡控。

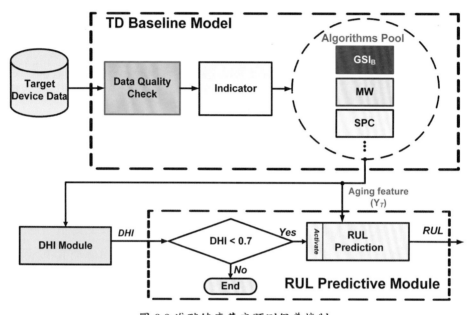

圖 9.9 進階健康基底預測保養機制
來源：經同意由[21]重製© 2019 IEEE

　　假設我們將預測保養系統建置於工廠所有機台上並進行健康狀態監控，當有多個各式各樣不同TD發生異常時，若每個TD的DHI值因值域不同而有不同的門檻值時，將會過於複雜而不易控管。因此，在此提出將DHI值轉換至0～1的標準化方法。DHI值越大表示TD健康狀況越好。此外，生病門檻值設定為0.7，死亡門檻值設定為0.3。如前所述，TD運作時有五種狀態：初始狀態、正常運作狀態、停止狀態、生病和死亡狀態。通常設備會處於正常運作狀態，即DHI > 0.7，一旦0.7 > DHI > 0.3設備會進入生病狀態，若此時設備沒有得到適當的維護或保養行為時，其健康狀況就會持續惡化。當DHI < 0.3時，這意味著設備的可用資源被耗盡，此時設備已進入死亡狀態，或者換句話說設備即將當機。而RUL預測模組確定DHI < 0.7且TD處於生病狀態後，即會立刻進行TD的RUL預測。下面將討論應用ECF模型預測RUL時，可能遇到的問題。

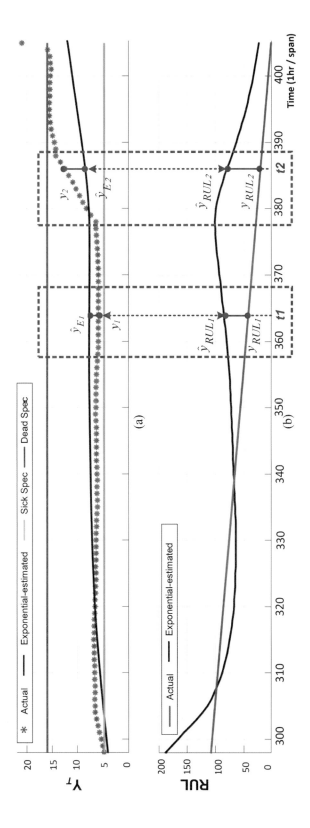

圖 9.10 ECF模型的預測結果
(a) 老化特徵數預測結果 (b) RUL預測結果
來源：經同意由[21]重製 © 2019 IEEE

9.3.2 指數曲線擬合模型預測關鍵設備剩餘壽命缺失討論

當TD的老化特徵走勢呈現以下兩種趨勢時，ECF模型將無法正確地預測RUL，這意味著它可能無法根據歷史數據正確且有效地預測未來的RUL走勢，從而導致RUL預測不準確。

趨勢A：TD的老化特徵走勢過於平滑

圖9.10顯示了TD的老化特徵趨勢，以及應用ECF模型預測TD之RUL。以t_1方框中的曲線為例，當TD的老化特徵趨勢過於平滑時，RUL預測值($\hat{y}_{RUL1}$)與RUL實際值(y_{RUL1})之間的預測誤差隨著平滑時間延長而變大。仔細觀察圖9.10，隨著平滑時間的推移，ECF模型預測的RUL會逐漸增長，使得預測的RUL比實際的要長，從而導致RUL預測值越趨不準確。

趨勢B：TD的老化特徵急劇上升或下降

以圖9.10之t_2方框中的曲線為例，當TD的老化趨勢急劇上升時，ECF模型預測將無法趕上老化趨勢，這導致RUL預測之間的預測不準確率增加，即RUL預測值($\hat{y}_{RUL2}$)與RUL實際值(y_{RUL2})差異變大。

為了解決上述問題，在本章提出了TSP演算法。

9.3.3 TSP演算法及相關理論說明

時間序列分析[28]係採用統計指標來表示某種物理現象在不同時間期數的值，而其基本概念即是使用歷史序列的趨勢來預測未來可能發生的變化。在統計學中，相關係數常用於表示兩個變量的相關性，同理，時間序列分析也採用這種方法來表示時間序列；換言之，自相關(Autocorrelation)通常用於表示時間序列的相關性。

不同時間期數的TD老化特徵(Y_T)之間存在相關性，也就是說，前k個時間期數的TD狀態[在時間序列中稱為滯後算子(Lag Operator)]會影響當前的TD狀態。這種自相關屬性是時間序列模型創建的基礎。TD的老化特徵在時間1~T之值可定義為$Y_T=\{..., y_{t-2}, y_{t-1}, y_t, y_{t+1}, y_{t+2}, ...\}$，其中$y_t$為時間t TD的老化特徵值，$y_{t-1}$為時間t-1 TD的老化特徵值，以此類推。典型的TD老化特徵值有均方根、平均值…等。自相關係數衡量TD老化特徵在y_t和y_{t-k}之間的線性相關性。y_t和y_{t-k}的協方差函數[28]為：

$$\gamma_k=cov(y_t, y_{t-k})=E(y_t-\mu)(y_{t-k}-\mu) \tag{9.14}$$

且

$E[\cdot]$　　　　期望值；

μ　　　　　y_T平均值。

y_t和y_{t-k}之間的自相關函數(Autocorrelation Function, ACF) [32]為：

$$\rho_k = \frac{cov(y_t,\,y_{t-k})}{\sqrt{Var(y_t)}\,\sqrt{Var(y_{t-k})}} = \frac{\gamma_k}{\gamma_0} \tag{9.15}$$

其中

$$Var(y_t) = Var(y_{t-k}) = E(y_t - \mu)^2 = \gamma_0.$$

除了y_t和y_{t-k}之間的自相關之外，還可以排除y_{t-1}~y_{t-k+1}之間TD的製造效應，以得出y_t和y_{t-k}之間的無干擾相關性，此稱為偏自相關函數(Partial Autocorrelation Function, PACF)[28]：

$$\rho\rho_k = Corr(y_t,\,y_{t-k}\,|\,y_{t-1},\,y_{t-2},\,\dots,\,y_{t-k+1}). \tag{9.16}$$

然而，如果假設$Y_T = \{\dots,\,y_{t-2},\,y_{t-1},\,y_t,\,y_{t+1},\,y_{t+2},\,\dots\}$是完全不相關的隨機變量，那麼$Y_T$即為白噪聲，這意味著$y_t$和$y_{t-k}$完全不相關。

時間序列的基本定義是關於時間平移不變性的假設。因此，時間序列滿足兩個條件假設：(1)均值函數是不會隨時間變化的常數；(2)協方差函數($cov(y_t,\,y_{t-k})$ $=\gamma_k$)與時間無關，滿足上述即稱為弱穩態性。

在介紹了時間序列三個最重要的概念包括自相關、白噪聲和弱穩態性之後，將在下面說明時間序列的四個基本模型，即自迴歸模型(Autoregressive Model, AR) [29]、移動平均模型(Moving Average Model, MA) [30]、自迴歸移動平均模型(Autoregressive Moving Average Model, ARMA) [31]和自迴歸整合移動平均模型(Autoregressive Integrated Moving Average Model, ARIMA) [32]，並清楚地說明AR和MA公式。

9.3.3.1 自迴歸模型

自迴歸(AR)模型使用同一變數Y_T，利用y_t的之前期序列值：$(y_{t-1} \sim y_{t-p})$來預測當下時間t期(y_t)的表現，並假設它們為線性相關。符號AR(p)表示p階的AR模型，其中p是初始化模型的自迴歸分量所需的滯後觀察的總數。AR(p)模型定義為：

$$\hat{y}_t = \sum_{i=1}^{p} \varphi_i \, y_{t-i} \tag{9.17}$$

$$\varepsilon_t = y_t - \hat{y}_t = y_t - \left(\sum_{i=1}^{p} \varphi_i \, y_{t-i} \right) \tag{9.18}$$

且

y_t	在時間t期的TD老化特徵實際值；
$\hat{y}_t$	在時間t期的TD老化特徵預測值；
φ_i	自迴歸模型的最小平方估計係數，$i=1, 2, ..., p$；
y_{t-i}	在時間t-i期的TD老化特徵實際值，$i=1, 2, ..., p$；
ε_t	在時間t期的白噪聲。

9.3.3.2 移動平均模型

(9.19)中的$\hat{y}_t$可以由過去的隨機誤差項給予不同的權重來解釋，這稱為移動平均(MA)模型。符號MA(q)指的是q階的移動平均模型，其中q是初始化模型之移動平均所需的滯後的總數。

$$\hat{y}_t = \sum_{j=1}^{q} \theta_j \, \varepsilon_{t-j} \tag{9.19}$$

且

θ_j	移動平均模型的最小平方估計係數，$j=1, 2, ..., q$；
ε_{t-j}	在時間t-j期的白噪聲，$j=1, 2, ..., q$。

9.3.3.3 自迴歸移動平均模型和自迴歸整合移動平均模型

自迴歸移動平均(ARMA)模型由自AR模型與MA模型構成，ARMA(p, q)模型中包含了p個自迴歸項和q個移動平均項，而ARMA的進化模型為自迴歸整合移動平均[ARIMA(p, d, q)]模型[32]，與ARMA不同之地方在於，對資料進行d^{th}差分直到回復穩態後才進行ARMA建模，ARMA(p, q)模型可以表示為：

$$\hat{y}_t = \sum_{i=1}^{p} \varphi_i \, y_{t-i} + \sum_{j=1}^{q} \theta_j \, \varepsilon_{t-j} \tag{9.20}$$

9.3.3.4 TSP演算法

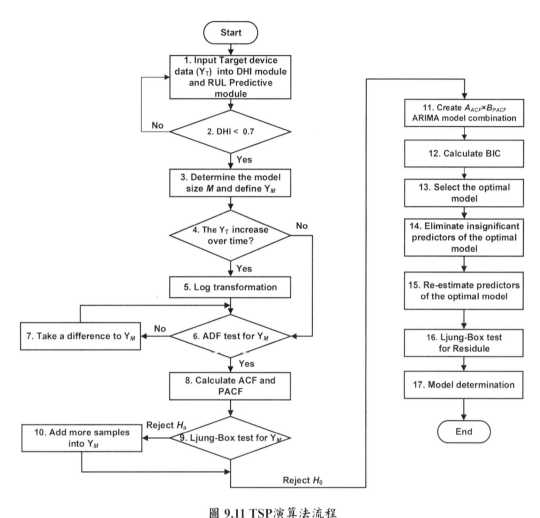

圖 9.11 TSP演算法流程

來源：經同意由[21]重製© 2019 IEEE

　　雖然ARIMA模型可以根據過去的歷史去預測未來，然而在建立具體的模型之前，我們並不知道AR(p)與MA(q)究竟要拿多少p與q期去建模。更重要的是，在預測保養中大部分的TD老化特徵都是呈現退化的走勢，很明顯的不是穩態，且ARIMA只能在弱穩態條件下才可進行預測。而在此章節所提出的TSP演算法乃是透過利用貝葉氏信息準則(Bayesian Information Criterion, BIC)和一系列假設檢驗來處理ARIMA的預測參數選擇和過擬合問題。此外，TSP僅需要在第一次遇到

DHI<0.7時創建模型,就可以永久應用此模型。TSP演算法包含十七個步驟,如圖9.11所示。

步驟1:將TD的老化特徵($Y_T=\{..., y_{t-2}, y_{t-1}, y_t, y_{t+1}, y_{t+2}, ...\}$)輸入DHI和RUL預測模組。

步驟2:若DHI<0.7,則至步驟3;否則返回步驟1。

步驟3:決定建模樣本數M,定義模型矩陣為y_M,$y_M \subseteq y_T$,例如:$M=30$,則取時期$t-1\sim t-30$期的TD老化特徵資料放入模型,得$y_M=\{y_{t-30}, y_{t-29}, ..., y_{t-2}, y_{t-1}\}$。

步驟4:如果TD老化特徵資料呈現有趨勢的成長,例如$y_t=(1+\alpha)\times y_{t-1}$,其中$\alpha$為遞增函數,則至步驟5;否則至步驟6。表示TD老化特徵資料隨著時間的增加,$Var(y_t)$也隨著α而逐漸增大,違反時間序列$Var(y_t)=Var(y_{t-k})=\gamma_0$的假設。

步驟5:如果方差隨時間變大,則不滿足時間序列穩態的假設。因此,對Y_T進行Log換轉即$Y_T=\log(Y_T)$,來強制使數據的增加率分佈具有一定的規律性[32]。

步驟6:對建模樣本執行Augmented Dickey-Fuller (ADF)檢定[34]。ADF檢定用於測試自迴歸模型是否為穩態。當H_0不被拒絕時,Y_M非穩態。如果Y_M不是非穩態,則至步驟7;否則跳到步驟8。而虛無假設與對立假設如下所示:

$$H_0:\varphi_1=1 \tag{9.21}$$

$$H_a:\varphi_1<1 \tag{9.22}$$

步驟7:對Y_M執行第d次差分,其中d為非負整數,表示差分算子多項式在時間序列中的程度,而$\nabla^d y_{t-i}$表示差分運算子,其中i=1, 2, ..., M。非穩態序列可以通過差分過程轉換為穩態序列[28],其公式為:

$$\nabla^d y_{t-i}=y_{t-i}-y_{t-i-1} \tag{9.23}$$

步驟8:分別利用(9.15)與(9.16)計算ACF及PACF,將與y_{t-1}相關的ACF時間標記為A_{ACF},PACF時間標記為B_{PACF}。

$$A_{ACF}=arg\ max(\rho_k) \tag{9.24}$$

$$B_{PACF}=arg\ max(\rho\rho_k). \tag{9.25}$$

步驟9：對建模資料集(Y_M)進行Ljung-Box檢定[35]。Ljung-Box檢定用於檢定某組
　　　　資料集之自相關在時間序列中是否為0。當不拒絕H_0時，表示Y_M為白噪
　　　　聲。而當Y_M為白噪聲，則進行步驟10；否則跳至步驟11。虛無假設和備
　　　　擇假設計算如下：

$$H_0:\rho_1=\rho_2=...=\rho_M=0 \tag{9.26}$$

$$H_a:\rho_i \neq 0, \text{ where } i=1, 2, ... , M. \tag{9.27}$$

步驟10：加入更多樣本至Y_M。

步驟11：根據先前ARMA公式(9.20)，對Y_M進行建立多個ARIMA(p, d, q)模型組
　　　　合，p=1, 2, ..., B_{PACF}, q=1, 2, ..., A_{ACF}, $d=d^{th}$，故模型組合會有$A_{ACF} \times B_{PACF}$種
　　　　組合，亦即為ARIMA($1, d, 1$), ARIMA($1, d, 2$), ..., ARIMA(B, d, A)種組合
　　　　模型。在時間序列上，AR模型通常檢視PACF，因此選擇PACF的最高
　　　　AR滯後(lag)作為最大滯後組合；另一方面，MA模型通常觀察ACF，因
　　　　此選擇ACF的最大MA滯後作為最大滯後組合[36]。

步驟12：計算每個ARIMA(p, d, q)模型組合的BIC值[37]。在統計學中，BIC用於在
　　　　有限的模型組合集中進行模型的選擇；因此，具有最低BIC值的模型是
　　　　首選。

$$BIC(p+q)=log(\frac{SSE(p+q)}{M})+(p+q+1)\frac{log(M)}{M} \tag{9.28}$$

其中

$$SSE(p+q)=\sum_{I=1}^{M}(y_i-\hat{y_i})^2$$

且

　　　SSE　　　誤差平方和；

　　　M　　　　Y_M的樣本數。

步驟13：選擇BIC值最低的ARIMA模型組合作為最佳模型。

步驟14：檢查最佳模型內是否有不顯著的參數。當估計係數超過95%信賴區間
　　　　時，表示其為不顯著的預測參數(期數)，即此參數(期數)對未來期數解釋
　　　　並不顯著，則需剔除[40]。而在常態分佈下，95%的信賴區間等於1.96。

$$|\varphi_i| > 1.96 \times s.e.(\varphi_i) \tag{9.29}$$

$$|\theta_j| > 1.96 \times s.e.(\theta_j) \tag{9.30}$$

其中 $i=1, 2, ..., p; j=1, 2, ..., q$

且

$s.e.(\varphi_i)$ 　　　AR係數的標準誤差；

$s.e.(\theta_j)$ 　　　MA係數的標準誤差。

步驟15：對已剔除不重要的預測參數後的模型重新估計。例如，初步估計模型 ARIMA $(3, d, 2)$ 為

$$\hat{y}_t = \varepsilon_t + \varphi_1 y_{t-1} + \varphi_2 y_{t-2} + \varphi_3 y_{t-3} + \theta_1 \varepsilon_{t-1} + \theta_2 \varepsilon_{t-2},$$

但估計係數 φ_2 不顯著，因此刪除 y_{t-2} 並重新計算估計係數。

步驟16：對模型殘差進行Ljung-Box檢定。當模型參數解釋完整個解釋力後，剩餘的殘差應為參數無法解釋的部分，故殘差應為白噪聲。

步驟17：確定模型，完成建模。

在應用TSP建立ARIMA模型後，如(9.20)所示，我們即可採用該模型獲得RUL，至於如何獲得，說明如下。在僅知道 $t~k$ 期的實際老化特徵值的情況下，要在時間 t 預測 $t+n$ 期，預測的老化特徵值應該代替實際的預測老化特徵值，如下所示：

$$\hat{y}_{t+n} = \sum_{i=1}^{p} \varphi_i y_{t-i} + \sum_{i=t+1}^{t+n-1} \varphi_i \hat{y}_i + \sum_{j=1}^{q} \theta_j \varepsilon_{t-j} + \sum_{j=t+1}^{t+n-1} \theta_j \hat{y}_j. \tag{9.31}$$

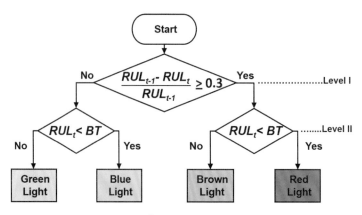

圖 9.12 預警模組流程圖(PreAM)

來源：經同意由[21]重製© 2019 IEEE

設TD死亡的老化特徵值為y_{death}。當$\hat{y}_{t+n} \geq y_{death}$時，TD即有可能死亡。因此，定義老化特徵在時間$t+n$時的預測值$\hat{y}_{t+n}$為死亡值，則RUL等於n。

9.3.3.5 預警模組

TSP的最大的優點就是能夠掌握短期的預測，然而其仍存在下列兩問題：(1)當TD老化特徵短期內平穩地上升，由於TSP預測是參考過去的資料，因此其預測未來的走勢仍會維持平穩上升；但如果未來TD老化特徵發生任何劇烈的變化，TSP可能會因演算法的限制而無法跟上如此劇烈變化趨勢；(2)當TD的老化特徵在失效狀態邊緣振盪時，TSP會根據老化特徵的過去趨勢在失效狀態附近產生振盪的RUL預測，這會導致無法明確地告知使用者何時該進行保養。

為了解決上述兩問題，本書提出了預警模組(Pre-alarm Module, PreAM)，在TD可能進入失效狀態時發出立即維護的警報。

在獲取TD RUL估計結果後，利用該值定義PreAM的流程如圖9.12所示。定義Level I的決策節點為$(RUL_{t-1}\text{-}RUL_t)/RUL_{t-1} \geq 0.3$，意義上為目前估計的RUL($RUL_t$)與上一期估計的RUL($RUL_{t-1}$)跌幅超過30%時進行預警，代表機台處於不穩定狀態；而Level II的決策節點為$RUL_t <$ 緩衝時間(Buffer Time, BT)，意義上為估計RUL低於緩衝時間時，表示TD須提前緩衝時間之前進行保養。2種Level分別會有以下四種組合情況：

1. $\dfrac{(RUL_{t-1}-RUL_t)}{RUL_{t-1}} \leq 0.3$且$RUL_t > BT$為綠燈：TD雖處於處於生病的狀態，但沒有惡化或進入維護緩衝時間。因此不需進行維護保養。

2. $\dfrac{(RUL_{t-1}-RUL_t)}{RUL_{t-1}} \leq 0.3$而$RUL_t < BT$為藍燈：RUL健康狀況雖沒有急劇惡化，但RUL仍比BT時間短。一旦在下一期資料再次出現藍燈，應立即安排維護保養。

3. $\dfrac{(RUL_{t-1}-RUL_t)}{RUL_{t-1}} \geq 0.3$而$RUL_t > BT$為橙燈：TD突然惡化，如果連續三期資料出現30%的惡化，TD將進入死亡狀態。下期資料，若再次出現橙燈，則應檢查TD。

4. $\dfrac{(RUL_{t-1}-RUL_t)}{RUL_{t-1}} \geq 0.3$且$RUL_t < BT$為紅燈：TD急劇惡化並直接進入BT (TD可能很快死亡)，需要立即維護。

9.3.3.6 死亡相關指標

為避免PreAM目前顯示藍燈但TD在下一期突然發生失效的情況，提出了死亡相關指標(Death Correlation Index, DCI)來估計y_{t-1}和$\hat{y}_{death}$之間的相關性。DCI定義在0到1之間，DCI值越大意味著TD目前與失效的相關性越高。當DCI的值高於其門檻值(DCI_T)時，在95%的信心水準下，當前TD狀態與預測失效的時間呈非常高的相關性，表示TD的老化特徵非常接近於失效狀態，需要立即進行維護保養。相反，當計算出的DCI接近0時，說明當前TD狀態與預測的TD失效門檻相關性低；也就是說，即使TD進入生病狀態，也沒有進入失效狀態的危險。根據(9.15)中的ACF，DCI可以計算為：

$$DCI = \frac{cov(\hat{y}_{death}, y_{t-1})}{Var(\hat{y}_{death})}. \tag{9.32}$$

DCI門檻值(DCI_T)可以定義為

$$DCI_T = 1.96 \times s.e.(DCI) \tag{9.33}$$

其中s.e.(DCI)是DCI的標準誤差。

在介紹了TSP演算法之後，在下一章我們將討論整廠IPM管理的框架。

9.4 整廠IPM管理框架

目前，大多數傳統的預測保養系統僅能監控單一機台或機台內的單一關鍵零組件，然而對於整廠而言，不僅需要針對單一機台內單一關鍵零組件監控，更需要的是有效率的統整、管理整廠大量的機台及設備。因此，大多數傳統預測保養系統的優勢即受到了限制，這是因為它們僅關注監控設備級別，而不是整個工廠範圍的指標。為了監控整個工廠的所有設備之健康狀態，應該開發一個有效的整廠範圍的IPM系統架構。

9.4.1 整廠管理觀和設備觀

太陽能電池製造廠的整廠管理觀和設備觀圖如圖9.13所示，詳細說明如下：

整廠管理觀

整廠管理觀圖由工廠、站點和設備級別組成，如圖9.13(a)所示。太陽能電池工廠整廠管理觀由六種主要的製程站點組成：表面粗糙化製程(Texturing, TEX)、擴散製程(Diffusion, DIF)、磷矽酸鹽玻璃去除製程(Phosphorous Silicate Glass, PSG)、化學氣象層積製程(Plasma Enhanced Chemical Vapor Deposition, PECVD)、印刷製程和電池測試。每個單獨的製程站點都包含相同類型的生產機台。

設備觀

　　設備觀通過參考通用設備模型(Common Equipment Model, CEM) [39]的規範來描述每個特定設備的物理結構。CEM由按邏輯層次結構組織的各種類組成，其中設備觀的一個範例，如圖9.13(b)所示，其說明了PECVD製程包括機台、模組和設備階層級別。

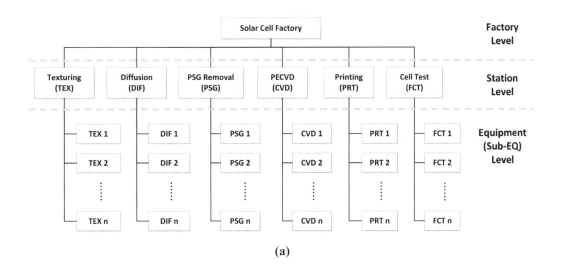

(a)

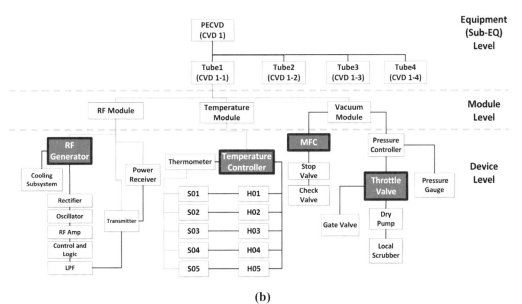

(b)

圖 9.13 太陽能電池製造廠的管理觀和設備觀。
(a)管理觀 (b)設備觀
來源：經同意由[28]重製© 2017 JCIE

9.4.2　健康指標之階層

　　整體設備效率(Overall Equipment Effectiveness, OEE)為單一設備性能的綜合指標，已被提議用於評估機台加工時的效率[40]。然而，由於大量的機台在生產線上共同運行，單一的OEE指標已不足以評估整條生產線的效率。因此，需要定義更多關於整廠範圍內所有機台的指標，以補足OEE在實際生產環境中的缺失。學者們處理這個問題的方法整理如下。

　　在文獻[41]提出了整體機台群效率指標(Overall Tool Group Efficiency, OGE)通過縱向分析監控從整群機台到單個機台的設備效率，以觀察機台群級別的設備效能。文獻[42]基於OEE開發提出了生產線的整體設備效率(Overall Equipment Effectiveness of a Manufacturing Line, OEEML)，用於評估整個生產線的效率。此外，SEMI E124定義了總體工廠效率(Overall Factory Effectiveness, OFE)以提供整廠的生產力指標[43]。上述這些指標皆是為評估工廠的營運績效而設，其可用於持續改善中的評判依據。

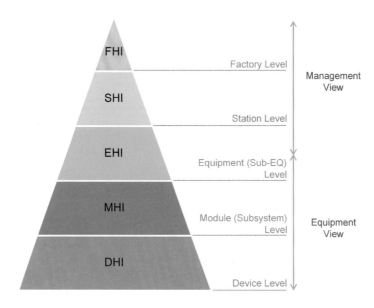

圖 9.14 健康指標階層
來源：經同意由[23]重製© 2017 JCIE

為了滿足整廠範圍內設備保養的要求，健康指標之階層(Health Index Hierarchy, HIH)在本書被提出，並用於整廠範圍的IPM系統。HIH定義了涵蓋所有級別的管理觀和設備觀，如圖9.13所示。而HIH的詳細結構如圖9.14所示，管理觀分別包含工廠、站點和機台級別的工廠健康指標(Factory Health Index, FHI)、站點健康指標(Station Health Index, SHI)、和機台健康指標(Equipment Health Index, EHI)。設備觀分別由EHI、模組健康指標(Module Health Index, MHI)和設備健康指標(Device Health Index, DHI) (在第9.2節中針對BPM定義)等不同級別組成。

以圖9.13為例來說明HIH中不同級別的所有指標之間的關係。觀察圖9.13(b)，設備觀中顯示的所有設備都有各自的DHI。同樣對應的模組級別、機台級別、站點級別和工廠級別的所有模組、機台、站點和工廠分別擁有各自的MHI、EHI、SHI和FHI。如上所述，DHI已在第9.2節中為BPM定義；而DHI、MHI、EHI、SHI和FHI之間的關係式如(9.34)-(9.37)所示。所有指標值都被歸一化，即0至1。實際上，(9.34)-(9.37)意味著上層健康指標值等於下層健康指標值中的最小值。

$$MHI=Min(DHI_i) \tag{9.34}$$

$$EHI=Min(MHI_i) \tag{9.35}$$

$$SHI=Min(EHI_i) \tag{9.36}$$

$$FHI=Min(SHI_i). \tag{9.37}$$

其中i=1, 2, 3, ..., n。

表9.1為HIH的範例。領域專家通過失效模式與影響分析(Failure Mode and Effects Analysis, FMEA)將蝴蝶閥(Throttle Valve)、MFC、溫度控制器和射頻發生器(如圖9.13(b)的灰色背景所示)定義為PECVD機台的TD。在CVD 1-1的機台觀中，這四個設備在蝴蝶閥維修保養前的DHI分別為0.21、0.87、0.84和0.93，如表9.1(a)所示。其他設備的DHI值均接近1，那麼根據(9.34)，真空模組、溫度模組和射頻模組的MHI分別為0.21、0.84和0.93。而根據(9.35)，CVD 1-1的EHI將為0.21。在表9.1(a)所示的管理觀中，根據(9.36)，這六個站點的SHI分別為0.86、0.75、0.91、0.21、0.77和0.89。最後，基於(9.37)，FHI為紅燈的0.21 (因DHI小於0.3進入失效狀態)。

表 9.1 HIH的情景(a)蝴蝶發維修保養前 (b)蝴蝶閥維修保養後
來源：經同意由[38]重製© 2017 JCIE

(a)

FHI	0.21										
SHI	TEX	DIF	PSG	CVD 1						PRT	FCT
	0.86	0.75	0.91	0.21						0.77	0.89
EHI				CVD 1-1				CVD 1-2	CVD 1-3	CVD 1-4	
				0.21				0.77	0.94	0.88	
MHI	...	...	...	Vacuum	Temp.	RF				...	...
				0.21	0.84	0.93					
DHI				Throttle Valve	MFC	Temp. Controller	RF Generator	...	...	...	
				0.21	0.87	0.84	0.93				

(b)

FHI	0.75										
SHI	TEX	DIF	PSG	CVD 1						PRT	FCT
	0.86	0.75	0.91	0.77						0.77	0.89
EHI				CVD 1-1				CVD 1-2	CVD 1-3	CVD 1-4	
				0.84				0.77	0.94	0.88	
MHI	...	...	...	Vacuum	Temp.	RF				...	...
				0.96	0.84	0.93					
DHI				Throttle Valve	MFC	Temp. Controller	RF Generator	...	...	...	
				0.96	0.87	0.84	0.93				

由於蝴蝶閥的DHI值為0.21且低於失效門檻值(0.3)，因此以紅色表示之，意味著應立即進行維護保養。而蝴蝶閥經保養後DHI值變為0.96，如表9.1(b)所示，因此，新的DHI、MHI和EHI顯示在表9.1(b)中，其中FHI為0.75，因為DIF站點具有最低的SHI值。

9.4.3 整廠IPM系統架構

　　整廠IPM系統的系統架構如圖9.15所示。該系統由五個主要部分組成：(1)精簡且健康模型建模伺服器(Concise-and-healthy Creation Server, CCS)；(2) IPM伺服器；(3) IPM管理者(IPM Manager)；(4) IPM系統操作介面；(5)中央資料庫。如圖9.15中的紅色曲線(雲端)框起整廠IPM系統的CCS、IPM管理者和中央資料庫，也可以在第6章所介紹之AMCoT等私有雲計算環境中實現，成為iFA的IPM智慧應用系統如圖6.5所示。下面分別介紹這五個主要部分。

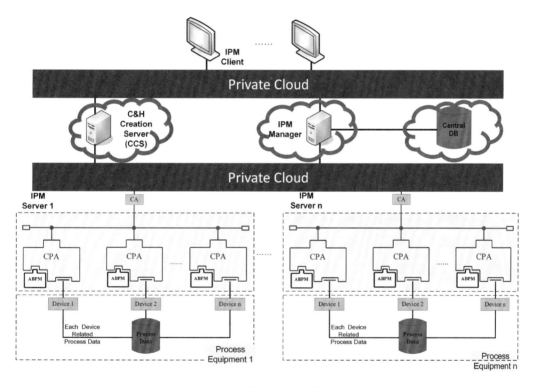

圖 9.15 智慧型預測保養系統

來源：經同意由[38]重製© 2017 JCIE

(1) 精簡且健康模型建模伺服器(CCS)

　　CCS負責收集精簡且健康(C&H)的歷史樣本以建立健康基底模型。CCS執行數據處理，從設備感測器資料中定義和收集特徵，接著將數據收集計畫下載到IPM伺服器。而所謂的自動基底樣本選擇(Automatic Baseline Sample Selection, ABSS)機制是由健康樣本選擇(Healthy Samples Selection, HSS)和用於自動C&H樣本選擇的動態移動窗口(Dynamic Moving Window, DMW) [44] 所組成，並在CCS中執行以確保完成健康基底模型的建立。

(2) IPM伺服器(IPM Server)

如圖9.15所示，一個IPM伺服器包含多個CPAs。領域專家選擇的每個TD都連接到一個CPA，並且TD的感測器數據將不斷地收集到CPA。每個CPA都嵌入到特定設備中，而CPA透過各種通信標準來收集TD的感測器數據，例如用於半導體和TFT-LCD行業的SECS/GEM和Interface A，以及用於工具機行業的OPC-UA和MT-Connect等。CPA還擁有一個可嵌入式應用模組(Pluggable Application Module, PAM)，可以為獨立進行預測保養或品質預測任務…等智慧應用。而ABPM模組即可作為PAM用於線上判斷DHI和推測設備的RUL智慧應用。

(3) IPM管理者(IPM Manager)

IPM管理器有四個主要功能。(a) IPM伺服器狀態監控：由於考慮了整廠範圍的IPM系統部署，IPM管理者對於管理所有IPM伺服器是必不可缺的。所有IPM伺服器都註冊到IPM管理者，然後線上即時更新其健康狀態。隨著ABPM機制於線上應用，IPM伺服器通過IPM管理者將ABPM模型儲存在中央資料庫中。(b)警報上傳與管理：一旦IPM伺服器偵測到設備狀態異常，IPM伺服器即會向IPM管理者發送警報；然後，IPM管理者將報警存儲在中央資料庫中，並通過自動郵件功能將訊息傳遞給相關的設備維護人員。(c)使用者連線和安全控制：IPM系統的操作是需要被授權的，使用者應使用帳戶ID和密碼登錄，管理者可以分配/修改每個帳戶的權限。(d)健康指標管理：為了整廠設備管理，IPM管理者從所有IPM伺服器收集DHI，然後根據(9.34)-(9.37)生成MHI、EHI、SHI和FHI。

(4) IPM系統操作介面(IPM Client)

IPM系統操作介面為使用者提供圖形使用者介面(Graphical User Interfaces, GUI)來操作IPM系統。使用者可以通過IPM系統操作介面進行數據收集計畫、修改配置、構建ABPM模型以及監控IPM伺服器的狀態。IPM系統操作介面還包含一個IPM儀表板，顯示HIH的管理觀和設備觀，包括即時FHI、SHI、EHI、MHI和DHI。

(5) 中央資料庫(Central Database)

中央資料庫是用以存放整廠IPM系統的所有IPM伺服器配置、警報記錄及歷史健康指標資料。

9.5 實現IPM系統之架構

如第5章所述，Docker容器技術允許應用程式只需編寫一次，之後就可以在任何已安裝了Docker的環境中運行。此外，容器調度器Kubernetes (又名K8s)可以自動運行和管理容器化應用程式，並為它們提供強大的操作功能，例如負載平衡、健康檢查、故障轉移和資源限制。本節介紹如何利用容器技術實現IPM系統。更具體地說，第9.5.1節介紹了基於Docker和Kubernetes的容器化IPM系統(即IPM_C)的實現架構。而第9.5.2節描述IPM_C的構建和實現。

9.5.1 基於Docker和Kubernetes的IPM_C實現架構

圖9.16顯示了IPM_C的實現架構，稱為IPM_C-IA，其主要是基於Docker和Kubernetes技術所實現。IPM_C-IA由Kubernetes叢集(Cluster)和運行在Kubernetes叢集中的IPM_C組成，IPM_C可分為雲端(Cloud Side)和工廠端(Factory Side)。

IPM_C-IA的雲端包括Kubernetes Control Plane節點(Node)和幾個Kubernetes工作節點(Node)。前者負責管理叢集和叢集中運行的所有應用程式。後者負責在雲端運行IPM_C的其他功能組件，包括容器化CCS (即CCS_C)、容器化IPM Manager (即IPM Manager$_C$)、容器化IPM GUI (即IPM GUI$_C$)、容器化的IPM資料庫(即IPM DB_C)，以及用於存儲IPM資料庫檔案藉此實現數據持久性的數據卷(即IPM DB Volume)。

CCS_C負責使用C&H歷史數據建立ABPM模型，然後可以將其從雲端下載到工廠的CPA_C，以監控關鍵設備的健康狀態並預測其剩餘使用壽命(RUL)。IPM Manager$_C$負責處理IPM_C的其他功能組件之間的訊息、命令和通信。IPM_C可應用於全廠設備，需要IPM DB_C來存儲和管理系統配置及關鍵設備的報警記錄、歷史預測數據及健康指標…等多種數據。由於容器的生命週期很短(平均生命週期約為幾小時到幾天)，我們無法將數據保存在容器中。因此，我們將IPM DB_C的數據檔案儲存在持久卷(即IPM DB Volume)中，並將其掛載到IPM DB_C，這樣一來，如果當前IPM DB_C異常無法存取，新創建的IPM DB_C即會替換異常的IPM DB_C，IPM_C系統依舊可以正常地存取在資料庫中的數據，從而實現數據持久化。IPM GUI$_C$提供圖形使用者介面(GUI)供使用者操作IPM_C。藉由IPM GUI$_C$，使用者可以配置數據收集計畫、修改配置和建立ABPM模型。IPM GUI$_C$還包含一個儀表板，可以顯示HIH的管理觀和設備觀，包括即時FHI、SHI、EHI、MHI和DHI，如圖11.38所示。

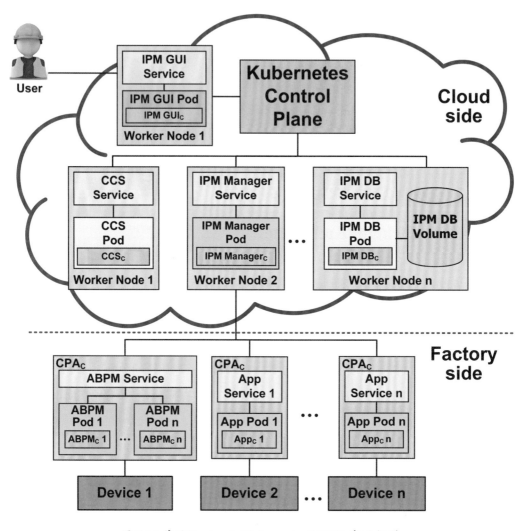

圖 9.16 基於Docker和Kubernetes的IPM$_C$實現架構

　　Kubernetes叢集包含混合節點(Node)，其中Control Plane節點必須運行在Linux作業系統上，而工作節點可以根據工作負載需要運行在Windows或Linux作業系統之上。Kubernetes叢集中的每個節點都是一個Docker主機，它安裝了Docker環境來運行容器。每個Docker主機都可以在虛擬機或實體電腦[也稱為裸機(Bare Metal)]上創建。因為IPM是基於Windows的應用程式，所以在IPM$_C$-IA的雲端Kubernetes Control Plane是建置並安裝在Ubuntu的虛擬機上，每個Kubernetes工作節點都是在Windows Server 2019虛擬機上創建的。

因為Kubernetes的最小部署單位是一個Pod，所以IPM$_C$的每個容器都在一個Pod中運行。CCS$_C$在CCS Pod中運行，IPM Manager$_C$在IPM Manager Pod中運行，IPM DB$_C$在IPM DB Pod中運行，IPM GUI$_C$在IPM GUI Pod中運行。此外，對於IPM$_C$的每個容器化功能元件，都會各自創建一個Kubernetes服務，藉此提供每個Pod的邏輯標籤(Label)和用於訪問服務底層的策略。換句話說，當客戶端想要使用Pod中容器化元件的功能時，客戶端只需將請求發送到監管所需Pod的服務即可。然後，服務將使用預設的負載平衡規則，將請求轉發到目標Pod或受服務監督的Pod的其中一個副本。如圖9.16所示，在客戶端創建CCS服務、IPM Manager服務、IPM DB服務和IPM GUI服務，以分別取用CCS Pod、IPM Manager Pod、IPM DB Pod和IPM GUI Pod。

IPM$_C$-IA的工廠端包含許多容器化的虛實整合代理人(即CPA$_C$)。如第7.3節所述，每個CPA$_C$都部署在邊緣設備中。CPA$_C$能夠運用各種協定和各式實體設備(例如工具機、機台、設備和感測器)通訊並收集數據。此外CPA$_C$亦可以與其他網路系統[例如雲端的雲製造(CMfg)服務]和其他CPA$_C$進行通訊。更者CPA$_C$亦可透過可嵌入式應用模組(PAM)為與其連接的設備提供智慧服務。CPA$_C$的詳細框架和用法可以參考7.3節。在本節中每個CPA$_C$既是Docker主機，又是Kubernetes工作節點。

IPM系統的ABPM模組具有對機台關鍵零件進行FDC和RUL預測功能。比較好的方式是將其部署在邊緣裝置上，讓ABPM模組直接與受監控的標的設備連接而非部署在雲端。如圖9.16底部所示，每個容器化的ABPM (ABPM$_C$)運行在一個ABPM Pod中，我們也可以在ABPM服務下運行複數個ABPM Pod來避免冗餘(Redundancy)。如果我們有至少兩組ABPM Pod在ABPM服務下運行，那麼當其中一個ABPM Pod異常無法正常運行時，客戶端仍然可以正常使用ABPM$_C$的功能。此外，Kubernetes會即時建立一個新的ABPM Pod來替換異常的Pod，藉此實現故障轉移(Failover)。其他應用程式可以按照上述方式運行在CPA$_C$中。每個容器化的應用程式都運行在一個Pod中，我們也可以在應用服務下運行應用程式多個Pod副本。

9.5.2　建立IPM$_C$的實施步驟

我們可以將容器化應用程式的YAML檔發送到Kubernetes Control Plane，在Kubernetes叢集中建立和運行容器化應用程式。Kubernetes Control Plane收到YAML檔後，會根據YAML檔在Kubernetes Worker節點上建立相對應的容器化應用程式的Kubernetes元件，例如Pod、Deployment、持久化數據卷(Volume)和服務。
之後，Kubernetes會以宣告(Declarative)的方式調用容器化應用程式。換句話說，
Kubernetes會持續監控正在運行的容器化應用程式即時狀態，並檢查它們是否滿
足YAML檔中宣告的所需狀態(Desired State)。一旦當前即時狀態與所需狀態不同
時，Kubernetes將自動地將容器化應用程式的狀態恢復到所需狀態。相比之下，如
果容器調用器是以命令式(Imperative)的方式來維護其監管的應用程式狀態，那我
們就需要為容器調用器提供逐步過程及命令，具體告訴它如何將偏離的狀態恢復
到所需的狀態，如此做法是相對困難的。

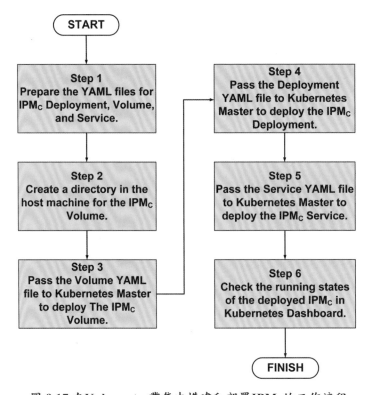

圖 9.17 在Kubernetes叢集中構建和部署IPM$_C$的工作流程

圖9.17展示了在Kubernetes叢集中構建和部署IPM$_C$的工作流程，解釋如下。
步驟1：為IPM$_C$部署(Deployment)、數據卷(Volume)和服務(Service)準備YAML檔：
　　　　IPM$_C$的組成包括CCS、IPM管理者、IPM DB、IPM GUI及ABPM…等元
　　　　件。我們通常會為每個元件準備一個相對應的部署(Deployment) YAML檔
　　　　和一個服務(Service) YAML檔。Kubernetes Control Plane透過部署YAML

檔來創建Kubernetes Pod以及部署(Deployment)，並持續維護它們所需的狀態，而服務YAML檔是用於Kubernetes Control Plane創建允許客戶端訪問其底層Pod的Kubernetes服務(Service)。數據卷(Volume) YAML檔則是被Kubernetes Control Plane用來創建Kubernetes持久卷(Volume)物件，該卷(Volume)是用於存儲持久數據，並且可以掛載到需要存儲數據的容器中。

步驟2：在主機中為IPM$_C$卷(Volume)創建一個目錄：

如上一節所述，IPM$_C$卷(Volume)是用來存儲IPM DB$_C$的資料庫檔案，達成數據持久性。由於Pod的生命週期較短，IPM$_C$卷(Volume)需要位於Pod之外。我們可以在主機中創建一個目錄作為IPM$_C$卷(Volume)。

步驟3：將卷(Volume) YAML檔傳遞到Kubernetes Control Plane以部署IPM$_C$卷(Volume)：

要創建IPM$_C$卷(Volume)，我們需要將IPM$_C$卷(Volume)YAML檔傳遞給Kubernetes Control Plane。Kubernetes Control Plane收到IPM$_C$卷(Volume)YAML檔後，就會在YAML檔中指定的位置創建IPM$_C$卷(Volume)。之後，IPM$_C$卷(Volume)就可以掛載到需要訪問其數據的容器上。

步驟4：將部署(Deployment) YAML檔傳遞到Kubernetes Control Plane以部署IPM$_C$：

要創建IPM$_C$的每個元件的部署(Deployment)物件，我們需要將該元件的部署YAML檔傳遞給Kubernetes Control Plane。例如：我們可以將IPM Manager的部署YAML檔發送到Kubernetes Control Plane，以創建IPM Manager的部署(Deployment)物件和相對應的Pod。Kubernetes Control Plane收到部署(Deployment) YAML檔後，將在合適的工作節點上創建部署(Deployment)物件和關聯的Pod。

步驟5：將服務(Service)的YAML檔傳遞給Kubernetes Control Plane以部署IPM$_C$服務(Service)：

要為步驟4中創建的每個部署(Deployment)物件創建相對應的服務(Service)物件，我們需要將該部署(Deployment)物件的服務(Service) YAML檔傳遞給Kubernetes控制面板。例如：在收到IPM管理者的部署(Deployment)物件之服務(Service)YAML檔後，Kubernetes Control Plane將創建IPM Manager

服務(Service)物件，允許客戶端訪問在IPM Manager Pod中運行的IPM Manager$_C$功能。

步驟6：在Kubernetes儀表板中查看已部署的IPM$_C$運行狀態：

IPM$_C$的所有Kubernetes物件創建完成後，IPM$_C$開始在Kubernetes工作節點中運行，Kubernetes Control Plane持續調用和監控IPM$_C$。然後，我們可以使用Kubernetes儀表板Web GUI檢查Kubernetes叢集中運行的IPM$_C$狀態。

圖9.18為一IPM$_C$卷(Volume)的範例YAML檔，此範例由三個破折號"---"分隔成兩個部分。在上半部我們可以看到，將建立一個種類(kind)名為IPM-ABPM的持久化卷(Volume)，卷的容量為1GB，卷的路徑在"C:\path_in_host"，其引用的持久化卷(Volume)的名稱為IPM-ABPM。下半部分聲明該種類是一個名為IPM-ABPM的持久卷(Volume)，請求的儲存空間為1 GB。

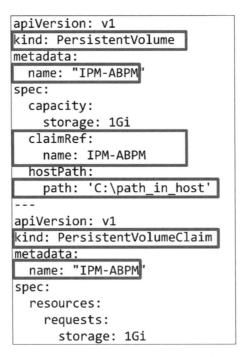

```yaml
apiVersion: v1
kind: PersistentVolume
metadata:
  name: "IPM-ABPM"
spec:
  capacity:
    storage: 1Gi
  claimRef:
    name: IPM-ABPM
  hostPath:
    path: 'C:\path_in_host'
---
apiVersion: v1
kind: PersistentVolumeClaim
metadata:
  name: "IPM-ABPM"
spec:
  resources:
    requests:
      storage: 1Gi
```

圖 9.18 IPM$_C$卷(Volume)YAML檔範例

圖9.19為一IPM$_C$部署(Deployment) YAML文件範例檔。從kind可知，它是一個名為IPM-ABPM的部署(Deployment)，部署的標籤為"app.kubernetes.io/name: IPM"，運行ABPM容器的Pod之副本(Replic)數量為1個，ABPM容器是從

"respository.imrc.be/IPM:ABPM-1.0"映像檔創建的，容器的port為80。另外掛載到容器的卷(Volume)之名稱為IPM-ABPM，卷(Volume)是位於主機上的"C:\path_in_container"。

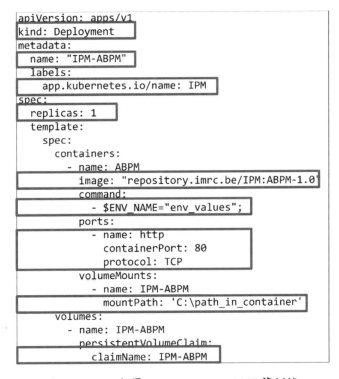

```
apiVersion: apps/v1
kind: Deployment
metadata:
  name: "IPM-ABPM"
  labels:
    app.kubernetes.io/name: IPM
spec:
  replicas: 1
  template:
    spec:
      containers:
        - name: ABPM
          image: "repository.imrc.be/IPM:ABPM-1.0"
          command:
            - $ENV_NAME="env_values";
          ports:
            - name: http
              containerPort: 80
              protocol: TCP
          volumeMounts:
            - name: IPM-ABPM
              mountPath: 'C:\path_in_container'
      volumes:
        - name: IPM-ABPM
          persistentVolumeClaim:
            claimName: IPM-ABPM
```

圖 9.19 IPM$_C$部署(Deployment) YAML範例檔

　　圖9.20為一個創建ABPM映像檔的Dockerfile範例，從圖可知ABPM映檔是由多個層所組成的。第1行指定基礎作業系統映像檔是第一層，且來自於"mcr.microsoft.com/windows/servercore:1809"。第2行將"dependency/setup.exe"從本地主機複製到容器中的"C:/setup.exe"，然後提交生成第二層映像檔。第3行運行PowerShell命令Start-Process，以在容器中執行"C:\setup.exe"，然後提交生成第三層映像檔。第4行定義了一個環境變量"ENV_VARIABLES"，其預設值為env_values。第5行指定從該映像檔創建的容器對外埠口為80。第6行指定容器運行時的啟動命令為"dotnet.exe"和"ABPM.dll"。關於如何編寫Dockerfile來創建Docker容器映像檔的更多細節可以參考第5.2節。

```
FROM mcr.microsoft.com/windows/servercore:1809 as final

COPY dependency/setup.exe C:/setup.exe

RUN Start-Process C:/setup.exe -ArgumentList '-mode silent'

ENV ENV_VARIABLES=env_values

EXPOSE 80

ENTRYPOINT ["dotnet.exe", "ABPM.dll"]
```

圖 9.20 用於創建ABPM映像檔的Dockerfile範例

　　圖9.21為一IPM$_C$服務(Service) YAML檔的範例。在此我們聲明它是一個名為IPM-ABPM的服務(Service)，服務的IP類型是ClusterIP的10.110.20.21，服務(Service)選擇器(Selector)可以匹配的標籤(Lable)為"app.kubernetes.io/name: IPM"，服務的埠口為8080，映射到Pod的80埠口。

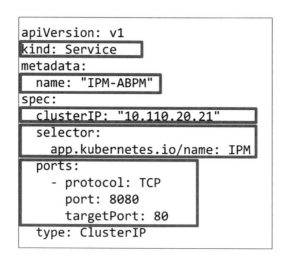

```
apiVersion: v1
kind: Service
metadata:
  name: "IPM-ABPM"
spec:
  clusterIP: "10.110.20.21"
  selector:
    app.kubernetes.io/name: IPM
  ports:
    - protocol: TCP
      port: 8080
      targetPort: 80
  type: ClusterIP
```

圖 9.21 IPM$_C$服務(Service) YAML檔範例

9.6 IPM系統部署

在闡述了IPM系統的理論之後，本節介紹IPM系統部署注意事項和要求。將IPM系統部署到工廠流程共須要六個步驟。步驟1：TD選定及操作分析，步驟2：IPM系統設置，步驟3：資料收集，步驟4：IPM模型建立，步驟5：IPM功能與整合測試，步驟6：系統發布。

步驟1：TD選擇及操作分析

　　IPM之目的為監控TD的健康狀態，以便預測它們的RUL防止無預警當機的發生。從成本效益的角度來看，IPM只需要對生產設備的關鍵設備進行監控，因此IPM部署的第一步就是TD的選擇。

　　參考設備維護的歷史，意即領域專家可以根據MTBF和MTTR優先考慮生產設備的導入IPM的可用性。MTBF表示某種故障可能發生的頻率；而MTTR反映的是產能的損失。

　　除了TD選擇外，還需要定義應用IPM系統進行維護操作的分析。首先記錄無IPM系統前設備維護保養的操作流程(稱之AS-IS)；然後，規劃IPM系統導入的操作流程(稱之TO-BE)。例如，IPM系統可以與MES整合，這樣所有TD的健康狀態都可以顯示在MES的IPM系統設備狀態儀表板上，如圖11.39所示。

步驟2：IPM系統設置

　　如第6章所述，新型iFA系統平台是通過將AMCoT框架與CPA、AVM、IPM、IYM等技術整合開發而成，為實現智慧製造提供整體的解決方案。因此，IPM系統將藉由iFA系統平台來進行部署。iFA系統平台有兩種供用戶選擇。提供圖6.5所示的「雲端版」和圖6.6所示的「隨機版」以滿足不同的需求。

　　在TD的選擇和操作分析步驟中，定義了所有的TD以及操作流程和數據交換要求，然後由導入專案小組進行IPM系統標準版本與實際需求的差異分析。依此來定義IPM系統的客制化程度、範圍與導入時程。在得到使用者和導入專案小組的同意後，開始安裝iFA系統平台，同時，硬體與通信網絡也需要準備好。參考圖9.15，iFA系統平台的IPM模組是由C&H創建服務器(CCS)、IPM管理者、多個IPM客戶端和多個CPA組成。數據收集伺服器的詳細規格需要考慮數據交換要求來確定。當軟件和硬體配置完成時，將相應地執行系統整合測試。

步驟3：資料收集

如6.5、6.6、9.15圖所示，設備端採用CPA進行數據採集。CPA為各行業提供多種設備驅動程式，包括半導體和TFT-LCD產業的SECS/GEM和Interface A，以及工具機產業的OPC-UA和MT-Connect等。此外，如圖9.15所示，每個ABPM模組都實現了可嵌入式應用模組(PAM)，並插入每個特定的CPA以進行邊緣計算。

步驟4：IPM模型建立

數據收集完成後可以進行IPM模型建立。傳統上IPM建模需要涵蓋從全新到特定TD故障的失效模式之整個過程數據，但是，對於第9.2.1節中介紹的BPM，則僅需要C&H歷史樣本來收集精簡的重要樣本以創建TD基底模型。如圖9.15所示，歷史樣本的所有TD數據都通過CPA收集並發送到CCS伺服器。然後，經過老化特徵提取將其轉換為DHI，並設置RUL預測的生病和失效門檻值，以便通過操縱IPM客戶端之一進行IPM建模。完成建模後，如圖6.5和6.6所示，將IPM模型打包為可嵌入式應用模組(PAM)以便應用於邊緣計算，並下載到與TD相連的指定CPA。

步驟5：IPM功能與整合測試

在IPM系統上線進行實際監控之前，應根據步驟1中定義的TO-BE操作流程執行IPM系統功能和整合測試。IPM系統旨在與MES整合，將IPM系統部署到太陽能電池製造工廠的真實範例在第11.3.3節中進行說明。在MES設備狀態儀錶板中，TD的健康狀態圖設計在設備狀態圖旁邊。當IPM系統在生產線運行時，MES設備狀態儀表板以綠色、黃色或紅色顯示所有設備的健康狀態，通過IPM系統儀表板指示其為健康、生病或死亡狀態。一旦IPM儀表板顯示某個TD生病，其圖標顏色將從綠色變為黃色。因此，MES將被通知鎖定包含TD的生產設備，並向維護工程師發送警報消息以檢查此已進入生病狀態的TD。

步驟6：系統發布

在所有功能和接口都經過驗證後，導入專案小組將進入下一步驟：系統發布。IPM系統的可靠性應保證一年365天，每天24小時運行。為驗證IPM系統的穩定性和可靠性，採用其MTBF和MTTR作為驗收標準。此外，RUL的準確性也可能是其他驗收標準。RUL用於預測TD故障前的剩餘時間，以避免無預警當機的發生。然而RUL的準確性並不容易被驗證，因此，建議可改採其將可節省若干維護/維修時間來作為驗收標準，而不是RUL的準確性。

除了IPM系統的功能和準確性驗證之外，工廠的相關人員還需要練習TO-BE操作流程。一旦維護工程師收到來自IPM系統的警告或警報，他們需要知道應該採取哪些措施以及應該驗證哪些項目。

9.7 結論

本章介紹了PdM的概念和BPM的必要性，然後闡述了基於虛擬量測的BPM機制和計算RUL的TSP算法。之後說明了整廠範圍的IPM管理框架，接著描述了IPM系統的實現架構，最後說明了IPM系統部署的流程。此外，第11章還將介紹各行業的IPM應用案例。

附錄9.A—縮寫對照表

ABPM	Advanced BPM 進階BPM
ABPM$_C$	Containerized ABPM 容器化的ABPM
ACF	Autocorrelation Function 自相關函數
ADF test	Augmented Dickey-Fuller test 擴張的迪基—福勒檢定
AMCoT	Advanced Manufacturing Cloud of Things 先進製造物聯雲
AR	Autoregressive model 自迴歸模型
ARIMA	Autoregressive Integrated Moving Average model 自迴歸整合移動平均模型
ARMA	Autoregressive Moving Average model 自迴歸移動平均模型
BDM	Breakdown Maintenance 故障保養
BEI	Baseline Error Index 基底誤差指標
BEI$_T$	Threshold of BEI 基底誤差指標門檻值
BIC	Bayesian Information Criterion 貝葉氏信息準則
BPM	Baseline Predictive Maintenance 基底預測保養
BT	Buffer Time 緩衝時間
C&H	Concise and Healthy 精簡且健康
CbM	Condition-based Maintenance 狀態為基的保養
CCS	Concise-and-healthy Creation Server 精簡且健康模型建模伺服器
CCS$_C$	Containerized CCS$_C$ 容器化的CCS
CEM	Common Equipment Model 通用設備模型
CMfg	Cloud Manufacturing 雲製造
CPA$_C$	Containerized Cyber-Physical Agent 容器化的虛實整合代理人
CPS	Cyber-Physical Systems 虛實整合系統
DCI	Death Correlation Index 死亡相關性指標
DCI$_T$	Threshold of DCI 死亡相關性指標門檻值
DHI	Device Health Index 設備健康指標
DHI$_T$	Threshold of DHI 設備健康指標門檻值
DMW	Dynamic Moving Window 動態移動視窗
ECF	Exponential Curve Fitting 指數曲線擬合
EHI	Equipment Health Index 機台健康指標
FDC	Fault Detection and Classification 錯誤偵測和分類
FHI	Factory Health Index 工廠健康指標

FMEA	Failure Mode and Effects Analysis 失效模式與影響分析
GSI	Global Similarity Index 整體相似度指標
GSI_B	Baseline Global Similarity Index 基底整體相似度指標
GSI_T	Threshold of GSI 整體相似度指標門檻值
GUI	Graphical User Interfaces 圖形使用者介面
HIH	Health Index Hierarchy 健康指標之階層
HSS	Healthy Samples Selection 健康樣本選擇
IoT	Internet of Things 物聯網
IPM	Intelligent Predictive Maintenance 智慧型預測保養
IPM DB_C	Containerized IPM Database 容器化的IPM資料庫
IPM GUI_C	Containerized IPM GUI 容器化IPM GUI
IPM $Manager_C$	Containerized IPM Manager 容器化IPM Manager
IPM_C	Containerized IPM 容器化IPM系統
IPM_C-IA	Implementation Architecture of IPM_C IPM_C的實現架構
ISI	Individual Similarity Index 個體相似度指標
ISI_B	Baseline Individual Similarity Index 基底個體相似度指標
ISI_{B_T}	Threshold of ISI_B 基底個別相似度指標門檻值
ISMI	International SEMATECH Manufacturing Initiative 國際半導體製造技術聯盟
K8s	Kubernetes 容器調度器
KIS	Keep Important Sample 保持重要樣本
LB	Lower-Bound 下界
LCL	Lower Control Limit 下管制界限
LSL	Lower Spec Limit 下規格界限
MA	Moving Average model 移動平均模型
MHI	Module Health Index 模組健康指標
MTBF	Mean-Time-Between-Failure 平均故障間隔時間
MTTR	Meantime to Repair 平均維護時間
MW	Moving Window 移動視窗
OEE	Overall Equipment Effectiveness 整體設備效率
OEEML	Overall Equipment Effectiveness of a Manufacturing Line 生產線的整體設備效率

OFE	Overall Factory Effectiveness 總體工廠效率
OGE	Overall tool Group Efficiency 整體機台群效率指標
OOC	Out of Control 超出管制界限
PACF	Partial Autocorrelation Function 偏自相關函數
PAM	Pluggable Application Module 可嵌入式應用模組
PdM	Predictive Maintenance 預測保養
PECVD	Plasma Enhanced Chemical Vapor Deposition 化學氣相沉積
PI	Prediction Interval 預測區間
PM	Preventive Maintenance 定期預防性保養
PPM	Predictive and Preventive Maintenance 預測性和預防性保養
PreAM	Pre-Alarm Module 預警模組
PSG	Phosphorous Silicate Glass 磷矽酸鹽玻璃去除製程
RUL	Remaining Useful Life 剩餘使用壽命
SHI	Station Health Index 站點健康指標
SPC	Statistical Process Control 統計製程控制
TD	Target Device 標的設備
TFT-LCD	Thin Film Transistor-Liquid Crystal Display 薄膜電晶體液晶顯示器
TSP	Time Series Prediction 時間序列預測
UB	Upper-Bound 上界
UCL	Upper Control Limit 管制上限
USL	Upper Spec Limit 上規格界限
VM-based	Virtual Metrology-Based 基於虛擬量測
YAML	Yet Another Markup Language

附錄9.B—公式符號對照表

y_T	actual value of TD TD數據
$\bar{y}_T$	mean of y_T TD數據健康樣本的平均值
$\hat{y}_B$	baseline predictive value of TD TD健康基底預測值
y_E	absolute value of $\hat{y}_B$ minus y_T TD健康基底預測值減TD數據之絕對值
y_{E_S}	sick value of y_E y_E的生病狀態值
$\bar{y}_E$	mean of y_E y_E的平均值
σ_{y_E}	standard deviation of y_E y_E的標準偏差
y_{E_B}	begin value of y_E y_E的起始值
y_{E_D}	dead value of y_E y_E的失效值
k_i	i^{th} sample number 第i個樣本
$\hat{y}_{E_i}$	i^{th} y_E predictive value corresponding to k_i 對應第i個樣本之y_E預測值
y_{E_i}	i^{th} y_E actual value corresponding to k_i 對應第i個樣本之y_E實際值
k_B	B^{th} sample number corresponding to y_{E_B} y_{E_B}對應的第B個樣本
k_S	S^{th} sample number corresponding to y_{E_S} y_{E_S}對應的第S個樣本
A	interception value of the ECF formula ECF公式的截距項值

C	slope value of the ECF formula ECF公式的斜率值
$\hat{y}_{E_{i\_UB_{S+j}}}$	predictive S+j[th] UB value 第s+j筆上界預測值
$\hat{y}_{E_{i\_LB_{S+j}}}$	predictive S+j[th] LB value 第s+j筆下界預測值
$\hat{k}_{D\_RUL}$	D_RUL[th] sample number corresponding to y_{E_D} y_{E_D}對應的預測樣本數
Δ_{S+j}	95% PI value corresponding to the S+j[th] sample 第s+j個樣本對應的95%信賴區間值.
$t_{\frac{a}{2}}(k_S - k_B + 1 - p)$	a t-distribution with k_S-k_B+1-p degrees of freedom with p being the number of parameters and a=0.05 具有k_S-k_B+1-p自由度之t分佈，其中p為參數數量而a=0.05
$\hat{k}_{D\_UB}$	D_UB[th] sample number corresponding to y_{E_D} y_{E_D}對應的D_UB個樣本數
$\hat{k}_{D\_LB}$	D_LB[th] sample number corresponding to y_{E_D}. y_{E_D}對應的D_LB個樣本數
γ_k	covariance 共變異數
$E[\cdot]$	expected value 期望值
μ	mean of y_T y_T平均值
p	total number of lagged observations required to initialize the autoregressive component of the model 初始化模型的自迴歸分量所需的滯後觀察的總數
q	total number of lagged innovations necessary to initialize the moving average component of the model 初始化模型之移動平均所需的滯後的總數

ρ_k	value of autocorrelation 自相關值
$Var(\cdot)$	variance 方差
$\rho\rho_k$	value of partial autocorrelation 偏自相關函數
Y_T	TD's aging feature TD老化特徵
y_t	TD's aging feature value at time t 在時間t期的TD老化特徵實際值
y_{t-i}	TD's aging feature value at time t-i, i=1, 2, ..., p 在時間t-i期的TD老化特徵實際值，i=1, 2, ..., p
y_{t-1}	TD's aging feature value at time t-1 在時間t-1期的TD老化特徵實際值
y_{t-k}	TD's aging feature value at time t-k 在時間t-k期的TD老化特徵實際值
$\hat{y}_t$	predicted TD's aging feature value at time t 在時間t期的TD老化特徵預測值
φ_i	least square estimated coefficient of the autoregressive model, i=1, 2, ..., p 自迴歸模型的最小平方估計係數，i=1, 2, ..., p
θ_j	least square estimated coefficient of the moving average model, j=1, 2, ..., q 移動平均模型的最小平方估計係數，j=1, 2, ..., q
ε_{t-j}	white noise error terms at time t-j, j=1,2,...,q 在時間t-j期的白噪聲，j=1, 2, ..., q
H_0	null hypothesis 虛無假設
H_a	alternative hypothesis 對立假設

d^{th}	nonnegative integer indicating the degree of differencing operator polynomial in the time series 非負整數，指時間序列中的差分算子多項式的程度
Y_M	model matrix of TD's aging Feature 建模老化特徵資料集
$\nabla^d y_{t-i}$	difference operator 差分運算子
A_{ACF}	mosty_{t-1}-related ACF time y_{t-1}相關的ACF時間
B_{PACF}	mosty_{t-1}-related PACF time y_{t-1}相關的PACF時間
$BIC(\cdot)$	Bayesian information criterion function 貝葉氏信息準則函數
SSE	sum of squared errors 誤差平方和
M	sample size of Y_M Y_M的樣本數
$s.e.(\varphi_i)$	standard error of the AR coefficient AR係數的標準誤差
$s.e.(\theta_j)$	standard Error of the MA Coefficient MA係數的標準誤差
y_{death}	death value of aging feature 老化特徵的失效值
$\hat{y}_{t+n}$	predicted TD's aging feature value at time $t+n$ 預測TD在時間t+n的老化特徵值
$\hat{y}_{death}$	predictive death value of aging feature 老化特徵的預測失效值

附錄9.C—IPM專利清單

美國專利

1. Cheng, F.T., Hsieh, Y.S., Wang, C.R. et al. (2013). Baseline predictive maintenance method for target device and computer program product thereof. US Patent 10,242,319 B2, filed 18 March 2013 and issued 26 March 2019.

2. Yang, H.C. and Cheng, F.T. (2018). Tool wear monitoring and predicting method. US Patent 10,695,884 B2, filed 23 March 2018 and issued 30 June 2020.

3. Lin, C.Y., Hsieh, Y.M., Cheng, F.T. et al. (2020). Predictive maintenance method for component of production tool and computer program product thereof. US Patent 11,378,946, filed 24 April 2020 and issued 5 July 2022.

4. Kao, Y.C., Yang, H.C., and Cheng, F.T. (2018). System and method for machine tool maintenance and repair. US Patent Pending 15/933,379, filed 23 March 2018.

中華民國(台灣)專利

1. 鄭芳田、謝曜聲、王崇任，等人(2012年)。標的設備的基底預測保養方法與其電腦程式產品。中華民國專利號碼：I463334，2012年7月20日立案申請，2014年12月1日獲證。

2. 楊浩青、鄭芳田(2018年)。刀具磨耗監測與預測方法。中華民國專利號碼：I640390，2018年3月23日立案申請，2018年11月11日獲證。

3. 高永洲、楊浩青、鄭芳田(2018年)。機台維修系統與方法。中華民國專利號碼：I662440，2018年3月23日立案申請，2019年6月11日獲證。

4. 林晉逸、謝昱銘、鄭芳田，等人(2019年)。生產機台組件的預測保養方法與其電腦程式產品。中華民國專利號碼：I708197，2019年4月26日立案申請，2020年10月21日獲證。

日本專利

1. Cheng, F.T., Hsieh, Y.S., Wang, C.R. et al. (2013). Baseline predictive maintenance method for target device and computer program product thereof. JP Patent 5643387, filed 14 June 2013 and issued 7 November 2014.

歐盟專利

1.　Cheng, F.T., Hsieh, Y.S., Wang, C.R. et al. (2013). Baseline predictive maintenance method for target device and computer program product thereof. EP Patent 2687935, filed 16 May 2013 and issued 25 March 2020. (Officially effective in UK, DE, and FR)

中國(大陸)專利

1.　鄭芳田、謝曜聲、王崇任，等人(2013年)。標的設備的基底預測保養方法。中國專利號碼：2608456，2013年5月16日立案申請，2017年9月15日獲證。

2.　楊浩青、鄭芳田(2018年)。刀具磨耗監測與預測方法。中國專利號碼：3810797，2018年3月23日立案申請，2020年5月22日獲證。

3.　高永洲、楊浩青、鄭芳田(2018年)。機台維修系統與方法。中國專利號碼：3840559，2018年3月23日立案申請，2020年6月16日獲證。

4.　林晉逸、謝昱銘、鄭芳田，等人(2020年)。生產機台組件的預測保養方法。中國專利審查中，申請號碼：202010313837.7，2020年4月20日立案申請。

韓國專利

1.　Cheng, F.T., Hsieh, Y.S., Wang, C.R. et al. (2013). Baseline predictive maintenance method for target device and computer program product thereof. KR Patent 10-1518448, filed 29 May 2013 and issued 30 April 2015.

參考文獻

[1]   International SEMATECH Manufacturing Initiative (2010). ISMI Predictive and Preventive Maintenance Equipment Implementation Guidelines. *Technology Transfer #10105119A-TR.*

[2]   Stark, D. (2009). Predictive Preventive Maintenance Impact on Factory Cost and Cycle Time. *International SEMATECH Manufacturing Initiative.*

[3]   International SEMATECH Manufacturing Initiative (2007). ISMI Consensus Preventive and Predictive Maintenance Vision Guideline: Version 1.1. *Technology Transfer #06114819C-ENG*

[4]   Hollister, J. and McGuire, P. (2009). Research on the Current Status of Predictive Maintenance (PdM) Algorithms and Applications. ISMI Project Report #336623. *ISMI Predictive and Preventive Maintenance Initiative.*

[5]   International SEMATECH Manufacturing Initiative (2010). ISMI Predictive Preventive Maintenance (PPM) Data Requirements. *Technology Transfer #10105120A-TR.*

[6]   Communication Promoters Group of Industry-Science Research Alliance (2013). Recommendations for Implementing the Strategic Initiative INDUSTRIE 4.0 Final report of the Industrie 4.0 Working Group. https://bit.ly/2XPsSj5 (accessed 12 August 2020).

[7]   Sun, B., Luh, P.B. O'Neill, Z. and Song, F. (2011). Building energy doctors: SPC and Kalman filter-based fault detection. *Proceedings of the IEEE Conference on Automation Science and Engineering*, Trieste, Italy (24-27 August 2011). USA: IEEE.

[8]   Vachtsevanos, G., Lewis F.L., Roemer, M. et al. (2006). *Intelligent Fault Diagnosis and Prognosis for Engineering Systems*. Hoboken, NJ: Wiley.

[9]   Shewhart, W. A. (1931). *Economic Control of Quality of Manufactured Product*. New York: Van Nostrand.

[10]   Inman, D.J., Farrar, C.R., Steffan, V. et al. (2005). *Damage Prognosis: For Aerospace, Civil and Mechanical Systems*. New York: Wiley.

[11]   Letellier, C, Hoblos, G. and Chafouk, H. (2011). Robust fault detection based on multimodel and interval approach. application to a throttle valve. *Proceedings of the 2011 19th Mediterranean Conference on Control & Automation (MED)*, Corfu, Greece. (20-23 June 2011). USA: IEEE.

[12]   Hsieh, Y.S., Cheng, F.T., Huang, H.C. et al. (2013). VM-based baseline predictive

maintenance scheme. *IEEE Transactions on Semiconductor Manufacturing* 26 (1): 132-144. https://doi.org/10.1109/TSM.2012.2218837.

[13] Hsieh,Y.S., Cheng, F.T. and Yang, H.C. (2012). Virtual-Metrology-based FDC Scheme. *Proceedings of the 2012 IEEE Conference on Automation Science and Engineering*, Seoul, South Korea. (20-24 August 2012). USA: IEEE.

[14] Liu, J., Djurdjanovic, D., Ni, J. et al. (2007). Similarity based method for manufacturing process performance prediction and diagnosis. *Computers in Industry* 58 (6): 558-566. https://doi.org/10.1016/j.compind.2006.12.004.

[15] Kim, H.E., Tan, A.C.C., Mathew, J. et al. (2012). Bearing fault prognosis based on health state probability estimation. *Expert Systems with Applications* 39 (5): 5200-5213. https://doi.org/10.1016/j.eswa.2011.11.019.

[16] Susto, G.A., Schirru, A., Pampuri, S. et al. (2015). Machine learning for predictive maintenance: a multiple classifier approach. *IEEE Transactions on Semiconductor Manufacturing* 11 (3): 812-820. https://doi.org/10.1109/TII.2014.2349359.

[17] Gebraeel, N.Z., Lawley, M.A., Li., R. et al. (2005). Residual-life distributions from component degradation signals: a bayesian approach. *IiE Transactions* 37 (6): 543-557. https://doi.org/10.1080/07408170590929018.

[18] Zhang, L.J., Mu, Z.Q and Sun, C.Y. (2018). Remaining useful life prediction for lithium-ion batteries based on exponential model and particle filter. *IEEE Access* 6: 17729-17740. https://doi.org/10.1109/ACCESS.2018.2816684.

[19] Xia,T.B., Jin, X.N., Xi, L.F. et al. (2015). Operating load based real-time rolling grey forecasting for machine health prognosis in dynamic maintenance schedule. *Journal of Intelligent Manufacturing* 26: 269-280. https://doi.org/10.1007/s10845-013-0780-8.

[20] Singleton, R.K., Strangas, E.G. and Aviyente, S. (2015). Extended Kalman filtering for remaining-useful-life estimation of bearings. *IEEE Transactions on Industrial Electronics* 62 (3): 1781-1790. https://doi.org/10.1109/TIE.2014.2336616.

[21] Lin, C.Y., Hsieh, Y.M., Cheng, F.T. et al. (2019). Time series prediction algorithm for intelligent predictive maintenance. *IEEE Robotics and Automation Letters* 4 (3): 2807-2814. https://doi.org/10.1109/LRA.2019.2918684.

[22] Cheng, F.T., Tieng, H., Yang, H.C. et al. (2016). Industry 4.1 for wheel machining automation. *IEEE Robotics and Automation Letters* 1 (1): 332-339. https://doi.org/10.1109/LRA.2016.2517208.

[23]　Groover, M. P. (2001). *Automation, Production Systems, and Computer Integrated Manufacturing, 2nd ed.* New Jersey: Prentice-Hall.

[24]　Si, X.S., Wang, W., Hu, C.H. et al. (2011). Remaining useful life estimation: a review on the statistical data driven approaches. *European Journal of Operational Research.* 213 (1): 1-14. https://doi.org/10.1016/j.ejor.2010.11.018.

[25]　Lewis, E. E. (1996). *Introduction to Reliability Engineering, 2nd ed.* New York: Wiley.

[26]　Steven, C.C. and Raymond, C.P. (2002). *Numerical Methods for Engineers: With Software and Programming Applications, 4th ed.* New York: McGraw-Hill.

[27]　Meli, R. and Santillo, L. (1999). Function point estimation methods: A comparative overview. European Software Measurement Conference, Amsterdam, Netherlands.

[28]　Box, G.E.P., Jenkins, G.M., Reinsel, G.C. et al. (1994). *Time Series Analysis: Forecasting and Control.* New York: Prentice Hall.

[29]　Kelejian, H.H., and Prucha, I.R. (1998). A generalized spatial two-stage least squares procedure for estimating a spatial autoregressive model with autoregressive disturbances. *Journal of Real Estate Finance and Economics* 17 (1): 99-121.

[30]　Durbin, J. (1959). Efficient estimation of parameters in moving-average models. *Biometrika* 46 (3): 306-316. https://doi.org/10.2307/2333528.

[31]　Akaike, H. (1973). Maximum likelihood identification of gaussian autoregressive moving average models *Biometrika* 60 (2): 255-265. https://doi.org/10.2307/2334537.

[32]　Box, G.E.P. and Pierce, D.A. (1970). Distribution of residual autocorrelations in autoregressive-integrated moving average time series models. *Journal of the American statistical Association* 65 (332): 1509-1526. https://doi.org/10.2307/2284333.

[33]　Hogg, R.V. and Tanis, E.A. (1977). *Probability and Statistical Inference.* Iowa: Pearson Educational International.

[34]　Elliott, G., Rothenberg, T.J., and Stock, J.H. (1996). Efficient tests for an autoregressive unit root. *Econometrica* 64 (4): 813-836. https://doi.org/10.2307/2171846.

[35]　Ljung, G.M. and Box, G.E.P. (1978). On a measure of lack of fit in time series models. *Biometrika* 65 (2): 297-303. https://doi.org/10.1093/biomet/65.2.297.

[36]　Shibata, R. (1976). Selection of the order of an autoregressive model by akaike's

information criterion. *Biometrika* 63 (1): 117-126. https://doi.org/10.2307/2335091.

[37] Akaike, H. (1979). A bayesian extension of the minimum AIC procedure of autoregressive model fitting. *Biometrika* 66 (2): 237-342. https://doi.org/10.2307/2335654.

[38] Chiu, Y.C., Cheng, F.T., and Huang. H.C. (2017). Developing a factory-wide intelligent predictive maintenance system based on Industry 4.0. *Journal of the Chinese Institute of Engineers* 40 (7): 562-571. https://doi.org/10.1080/02553839.2017.1362357.

[39] SEMI E120-1104 (2004). *SEMI E120-1104: Specification for the Common Equipment Model (CEM)*. USA: SEMI. https://bit.ly/3h97Kfa (accessed 12 August 2020).

[40] Ames, V.A., Gililland, J., Konopka. et al. (1995). Semiconductor Manufacturing Productivity: Overall Equipment Effectiveness (OEE) Guidebook. *ISMI Technology Transfer # 95032745A-GEN*.

[41] Chien, C.F., Chen, H.K., Wu, J.Z. et al. (2007). Constructing the OGE for promoting tool group productivity in semiconductor manufacturing. *International Journal of Production Research* 45 (3): 509-524. https://doi.org/10.1080/00207540600792515.

[42] Braglia, M., Frosolini, M. and Zammori, F. (2008). Overall equipment effectiveness of a manufacturing line (OEEML): an integrated approach to assess systems performance. *Journal of Manufacturing Technology Management* 20 (1): 8-29. https://doi.org/10.1108/17410380910925389.

[43] SEMI E124-1107 (2007). *SEMI E124-1107: Guide for Definition and Calculation of Overall Factory Efficiency (OFE) and Other Associated Factory-level Productivity Metrics*. USA: SEMI. https://bit.ly/3hP0N3v (accessed 12 August 2020).

[44] Cheng, F.T., Chen, C.F., Hsieh, Y.S. et al. (2013). Automatic baseline-sample-selection scheme for baseline predictive maintenance. *Proceedings of the IEEE International Conference on Automation Science and Engineering*, Madison, Wisconsin, USA (17-21 August 2013). USA: IEEE.

智慧型良率管理 (IYM)

謝昱銘、林晉逸、鄭芳田

10

10.1　簡介

隨著半導體、薄膜電晶體液晶顯示器(TFT-LCD)和凸塊製造技術的進步，製造程序也越來越精密與複雜。因此，如何保持複雜製程的良率成為一個重要的議題。

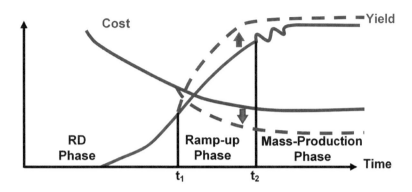

圖 10.1 產品生命週期內良率和成本的變化曲線
來源：經同意由[11]重製© 2017 IEEE

為使於說明，圖1.12之產品生命週期內良率和成本的變化曲線再次呈現在圖10.1。該圖描繪了產品良率(藍線)將在成長期(Ramp-up Phase)逐漸上升，然後在量產期(Mass-Production Phase)保持穩定。相反地，產品成本(紅線)將隨著階段的演進而降低。如果將藍/紅實線改進為相應的虛線，公司的競爭力將得到有效提升。這意味著在加速階段可迅速提高良率，並迅速將產品轉移到量產階段；然後在量產階段提高產品良率，同時解決可能遇到的良率損失問題。

大多數公司使用良率管理系統來查找良率損失的根本原因並提高良率。傳統的良率管理系統是由工程數據分析(EDA) [1]、錯誤偵測和分類(FDC) [2]、大數據分析(BDA) [3]等多種分析手段組成的大數據分析系統。例如，Lee和Smith [4]討論了典型半導體製程的良率提升方法。通常，在分析設備造成的良率損失時，典型的良率提升方法是利用已知的好批次與壞批次的對應條件來建立資料庫；然後，如果以後出現不良批次，該方法可直接挖掘歷史數據來找出造成良率損失的標的設備，並觀察其參數的變化以便據以調整。

良率管理系統旨在提高產品良率。然而，在研發階段(RD Phase)和成長期(Ramp-up Phase)的工件數量很少，這使得很難在所有生產設備中找出缺陷的根本原因。因此，如何在樣品數量有限的條件下，從大量的生產設備中，找出影響良率的關鍵因子是一個被廣泛關注的問題。這個挑戰就是所謂的高維變量選擇(High-Dimensional Variable Selection)問題，也稱為$p \gg n$問題。$p \gg n$中的"p"代表模型中解釋變數的個數，表示半導體或TFT-LCD製程中與製程相關的所有參數。另一方面，"n"是樣本數，也是半導體或TFT-LCD製程中的樣本數量。

有一些研究中，已經提出了數個方法來解決高維度變數選擇的問題。其中，Chen和Hong提出了用於半導體良率損失分析的Sample-Efficient Regression Trees (SERT) [5]，其將迴歸分析中的向前選取法與迴歸樹結合。與CART (分類與迴歸樹)等傳統決策樹相比，SERT能夠處理所謂的高維($p \gg n$)問題中的組合效應。但是，為了處理不同類型的輸入變量(連續型、順序型、二元型和類別型)，SERT需要在資料前處理期間將所有類型的輸入資料轉換為二元形式。

Chien等人採用了資料探勘的方法[6]來推斷良率損失和製程變化的可能原因。這項工作的輸入是晶片的探針的良率結果以及晶圓製造過程中的製程資料、設備資料和批次歷史資料。這項工作之目的在開發一個從資料庫中進行資料探勘和知識管理的框架，該框架由Kruskal-Wallis檢驗、K-means和變異減少樣本分割等所組成，以搜尋大量半導體的製程資料。

Hsu等人[7]還提出了一種資料探勘的框架，用於查找TFT-LCD製造缺陷的根本原因。應用Rough Set Theory (RST)生成候選規則，然後在幾輪交叉驗證後利用這些規則來縮小可能的根本原因。決策樹(DT)也被用來找出根本原因。這兩種方法應用了不同的屬性評估標準。RST目的在消除決策表中冗餘的屬性(attributes)，DT則是根據每次分裂樹的過程中的最大信息值來解釋資料。

Ing和Lai[8]提出應用正交貪婪演算法(OGA)結合高維度信息準則(HDIC)和反向修剪(Trim)來解決高維度變量選擇問題。OGA是一種逐步迴歸方法，向前選擇輸入變量以進入p維度的線性迴歸模型($p \gg n$)。與一般的迴歸模型選擇相比，HDIC+Trim在高維度情況下的效果很好，並且解決了當變數數量遠大於樣本數量時的虛假變數選擇問題。

與逐步迴歸不同，LASSO迴歸[9,10]也被提出來解決高維變數選擇問題。LASSO是一種收縮方法，它在係數絕對值之和小於常數的情況下，進行最小化殘差平方和。由於這種約束的性質，它往往會產生一些恰好為零的係數，因此會給出可解釋的模型。LASSO與通常的逐步迴歸之間的顯著區別在於，所有自變數都可以通過LASSO同時處理，而不是一般的逐步迴歸。

　　上述良率管理系統強調採用各種資料探勘和/或迴歸分析來解決高維度下尋找良率損失根本原因的問題；然而輸入資料的品質和搜尋結果的可靠度，在上述中並沒有得到解決。

10.1.1　傳統良率損失根本原因的搜尋過程

　　傳統良率損失根本原因的搜尋過程如圖10.2所示，並於下文中說明。

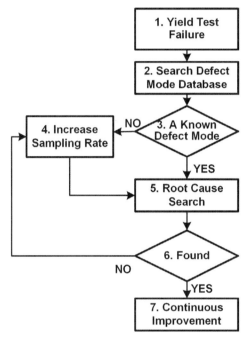

圖 10.2 傳統良率損失根本原因的搜尋過程
來源：經同意由[11]重製© 2017 IEEE

步驟1：當遇到良率不佳時，將啟動良率根本原因的搜尋過程。

步驟2：搜尋歷史缺陷資料庫以查看該缺陷模式是否存在於資料庫中。

步驟3：如果存在該缺陷模式，則跳至步驟5；否則，繼續執行步驟4。

步驟4：由於當前的缺陷模式從未發生過，其特徵也從未分析過，因此提高當前缺陷在線檢測相關的抽樣率，以完善該缺陷模式的資料庫。

步驟5：應用合適的分析工具，例如工程數據分析(EDA) [1]，找出缺陷的根本原因。

步驟6：如果找到根本原因，則跳至步驟7；否則，返回步驟4。

步驟7：通知相關部門解決問題並持續改進。

　　傳統良率損失根本原因的搜尋過程的主要缺點是：1)缺陷模式資料庫中包含的信息可能不完整，需要提高相關的抽樣率，這導致生產成本增加；2)即使當前的缺陷模式在資料庫中，分析工具(如：EDA)也可能不容易找到根本原因。

　　事實上，這個根本原因問題也是一個高維度變數選擇問題。為了經濟有效地解決這個問題，本書提出智慧型良率管理(IYM)系統，說明如下。

10.1.2　智慧型良率管理(Intelligent Yield Management, IYM)系統

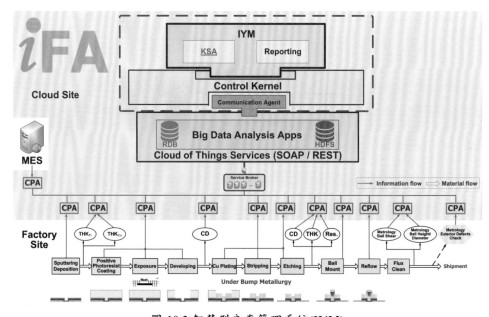

圖 10.3 智慧型良率管理系統(IYM)

　　IYM系統的目的是能有效地找出影響最終產品良率的根本原因。因此，IYM系統的輸入應涵蓋與該產品整個製造過程相關的所有大數據。這些大數據包括製造執行系統(MES)提供的工件生產路線、所有生產設備的製程資料、所有在線量測資料以及最終的良率檢測資料。為了收集上述所有的大數據，採用了第6章所提出的iFA系統平台。因此，應用於半導體行業的凸塊製程的IYM系統如圖10.3所示。IYM系統的核心是關鍵搜尋演算法(Key-variable Search Algorithm, KSA)機制，其將在10.2節詳細說明。KSA機制不僅包含用於解決高維度變數選擇的根本原因搜尋演算法，還包含用於檢查所有輸入資料，以確保資料品質的資料處理模

組，以及用於評估搜尋結果可靠性的信心指標模組。更重要的是，IYM可適用於廣泛的製造產業，如半導體、TFT-LCD、工具機產業等。

下一節將介紹透過三階段程序來應用KSA機制去搜尋良率損失的根本原因。其中，階段A用於搜尋出其原因可能落在那前N個可疑關鍵站點；階段B則用於找出在階段A中發現的最可疑關鍵站點內的關鍵設備與製程參數；階段C則用於建議在階段B中確定的關鍵製程參數的錯誤偵測和分類(FDC)的門檻值(Threshold)。

10.1.3　應用KSA機制搜尋良率損失之根本原因的過程

應用KSA機制的三階段過程，如圖10.4所示，並於下文中說明。

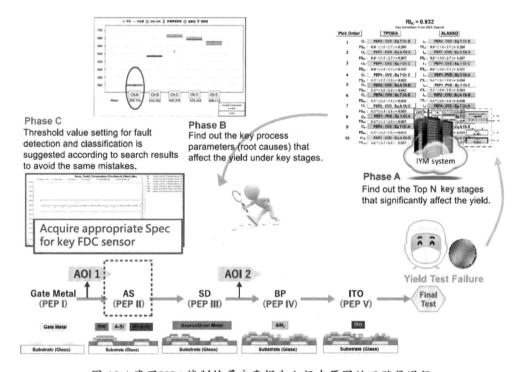

圖 10.4 應用KSA機制搜尋良率損失之根本原因的三階段過程

階段A：當遇到良率損失時，啟動根本原因搜尋過程。將良率測試結果(**Y**)以及在線量測數據(y)和生產路徑數據($\mathbf{X_R}$)輸入到KSA機制中，以搜尋對良率影響最大的前N個關鍵站點。

階段B：將良率測試結果(**Y**)和在階段A所找出的最可疑站點內之設備的製程資料($\mathbf{X_P}$)輸入KSA機制，以搜尋可能導致設備良率損失的關鍵參數。

階段C：根據階段B之搜尋結果調整該關鍵參數之FDC的門檻值，以避免同樣的錯誤。

KSA機制將詳述於10.2節。

10.2　關鍵參數搜尋演算法(Key-variable Search Algorithm, KSA)機制

KSA機制[11,18]包含各種資料前處理模組、KSA核心演算法模組、信心指標(RI_K)模組、BSA模組和IESA模組，如圖10.5所示。

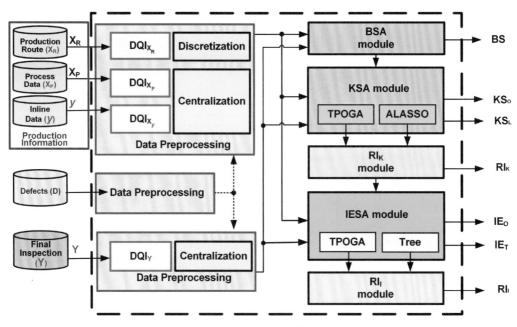

圖 10.5 KSA機制

來源：經同意由[18]重製© 2017 IEEE

　　KSA機制除了具有KSA和品質評估的基本功能外，還具有自動資料品質評估的功能。KSA機制的輸入包括生產路徑(X_R)、製程資料(X_P)和在線量測資料(y)以及最終良率資料(Y)。請注意，y可能由實際量測和/或虛擬量測提供。缺陷(D)可能發生在任何生產階段，因此，它們也應被加入KSA機制 進行分析。當然，處理後的D可以被當成是生產過程的資訊或最終檢查的良率，這將會取決於D的性質。KSA機制的輸出是三階段貪婪演算法(Triple Phase Orthogonal Greedy Algorithm,

TPOGA)的搜尋結果：$\mathbf{KS_O}$和全自動LASSO演算法(Automated Least Absolute Shrinkage and Selection Operator, ALASSO)的搜尋結果：$\mathbf{KS_L}$，以及信心指標：$\mathbf{RI_K}$和盲站指標：$\mathbf{BS}$，以及交互作用指標：$\mathbf{IE_O}$，$\mathbf{IE_T}$和IESA信心指標：$\mathbf{RI_I}$。將於下文中說明。

10.2.1　資料前處理模組

　　觀察圖10.5，在執行KSA核心演算法模組之前，必須進行資料前處理(Data Preprocessing)以確保所有輸入資料的品質：生產資訊($\mathbf{X_R}$，$\mathbf{X_P}$和y)、缺陷($\mathbf{D}$)和最終良率資訊($\mathbf{Y}$)。這些輸入的特性如下所述。

　　$\mathbf{X_R}$需要二元化為1或0，用來表示工件是否通過了這個設備。$\mathbf{X_P}$包含中心化後的製程資料(例如：電壓、壓力、溫度…等)。y代表中心化後的在線量測資料(例如：關鍵尺寸、厚度等)。至於$\mathbf{D}$，不同公司對缺陷的定義不同，因此在進行資料前處理和資料品質檢查之前需要與領域專家討論。最後，$\mathbf{Y}$代表中心化後的最終良率測試結果。

　　$\mathbf{X_R}$的資料品質評估指標($\mathbf{DQI_{XR}}$)評估以下四個事實：1)每一個製程可能包含多個相同類型的設備，而每一個製程僅使用一個設備；如果該製程應該通過三個設備，那麼應分開視為三個不同的製程設備；2)如果一個設備用於不同的製程，不同製程的同一個設備將被視為不同的設備；3)工件通過設備只有兩種可能：通過(1)或不通過(0)；4)工件不能通過任何不屬於該製程的設備。

　　同理，$\mathbf{X_P}$和y的資料品質評估指標分別記為$\mathbf{DQI_{XP}}$和$\mathbf{DQI_{Xy}}$。$\mathbf{DQI_{XP}}$和$\mathbf{DQI_{Xy}}$採用類似於第8章全自動虛擬量測(Automatic Virtual Metrology, AVM)中使用的資料品質評估指標的演算法。最後，將$\mathbf{Y}$的資料品質評估指標記為$\mathbf{DQI_Y}$。$\mathbf{DQI_Y}$應用類似於AVM中使用的量測資料品質評估的演算法。

10.2.2　KSA核心演算法模組

　　為了仔細檢查搜尋結果的可靠度，KSA模組包含兩種演算法：TPOGA和ALASSO。兩種演算法於下文中詳細說明。

10.2.2.1　三階段貪婪演算法(TPOGA)

　　貪婪演算法是一種逐步迴歸方法，它考慮了所有導致參數($\mathbf{X}$)和結果($\mathbf{Y}$)之間的相關性。在本研究中，$\mathbf{X}$包括所有與生產相關的變數：$\mathbf{X_R}$、$\mathbf{X_P}$和y；$\mathbf{Y}$代表最終良率。

　　文獻中常用純貪婪演算法(PGA)和正交貪婪演算法(OGA)來解決高維度迴歸問題。一般來說，OGA在高維度線性迴歸中的表現優於PGA [8]。下面簡要描述OGA的步驟。

步驟1：定義$R_0=Y=(Y_1, Y_2, ..., Y_n)^T$。選擇定義為與$\{X=x_1, x_2, ..., x_p\}$中的$R_0$最相關的變數。那麼$x_{\hat{s}_1}$對應的殘差就是

$$\hat{R}_1=R_0-\hat{\beta}^1_{\hat{s}_1} x_{\hat{s}_1} \tag{10.1}$$

其中

p	變數數量；
n	樣本數量；
$x_{\hat{s}_1}$	X與R_0的最高相關的變數；
$\hat{\beta}^1_{\hat{s}_1}$	$x_{\hat{s}_1}$的R_0迴歸係數。

步驟2：選擇與$\hat{R}_1$最相關的變數$x_{\hat{s}_2}$。那麼對應的殘差就是

$$\hat{R}_2=R_0-\hat{\beta}^2_{\hat{s}_1} x_{\hat{s}_1}-\hat{\beta}^2_{\hat{s}_2} x_{\hat{s}_2} \tag{10.2}$$

其中$\hat{\beta}^2_{\hat{s}_1}$是$x_{\hat{s}_2}$的$R_0$迴歸係數。

步驟3：回到步驟2，重複m次，逐步選擇$x_{\hat{s}_1}, x_{\hat{s}_2}, ... , x_{\hat{s}_m}$並計算相對應的迴歸係數$(\hat{\beta}^m_{\hat{s}_1}, \hat{\beta}^m_{\hat{s}_2}, ... , \hat{\beta}^m_{\hat{s}_m})$。那麼對應的殘差就是

$$\hat{R}_m=R_0-\hat{\beta}^m_{\hat{s}_1} x_{\hat{s}_1}-\hat{\beta}^m_{\hat{s}_2} x_{\hat{s}_2}-...-\hat{\beta}^m_{\hat{s}_m} x_{\hat{s}_m} \tag{10.3}$$

　　然而，很難選擇精確的m個特徵來恢復整個原始資訊。因此，Ing和Lai提出了一種終止條件，即高維度信息準則(HDIC) [8]，沿OGA路徑選擇具有適當選擇準則最小值的路徑。讓

$$HDIC(J)=n \, log\hat{\vartheta}^2_J+\#(J)w \, log \, p \tag{10.4}$$

和$\hat{\vartheta}^2_J=\dfrac{1}{n}\sum_{i=1}^{n}(Y_i-\hat{Y}_{i;J})^2$

其中

J	模型$(x_{\hat{s}_1}, x_{\hat{s}_2}, ... , x_{\hat{s}_m})$中選擇的一組變數；
#(.)	變數集的變數數量；
$\hat{\vartheta}^2_J$	對應模型的均方誤差；

w　　　　　一般恆定懲罰項>0；

Y_i　　　　　第i個樣本的最終檢驗結果；

$\hat{Y}_{i:J}$　　　　對應於J的最終檢驗預測值的第i個樣本。

　　定義$\hat{J}_m$為通過(10.4)執行OGA+HDIC後選擇所有變量的集合，其中m代表模型中選擇的變數個數。但是$\hat{J}_m$仍然可能存在一些不相關的變數。去除不相關變數的方法如下。

　　Trimming是重新檢查模型中選擇的所有變數，以去除那些不相關的變數的方法。Trimming步驟[8]如下詳述。

步驟1：基於OGA+HDIC的概念，定義$\hat{J}_m$的子集合$\hat{N}$，其中$\hat{N}$是模型中真正的具有相關的變數。

步驟2：如果$m>1$則$\hat{N}=\{\hat{J}_l:\text{HDIC}(\hat{J}_m-\{\hat{J}_l\})>\text{HDIC}(\hat{J}_m),\ 1\leq l\leq m\}$。如果$m=1$則$\hat{N}=\{\hat{J}_l\}$。

步驟3：重複步驟2的動作$m-1$次。

　　最終，結合OGA、HDIC、Trimming等過程，即被稱為TPOGA。

10.2.2.2　全自動LASSO演算法(ALASSO)

　　在一般迴歸模型中，係數是通過最小平方法獲得的。設置損失函數為$\|Y-XB\|^2$。懲罰函數$f(\lambda,\beta)$被添加到正則化迴歸中，其中λ被定義為懲罰項，並且β作為迴歸係數。當懲罰函數等於$\lambda\|\beta\|^2$，這種方法稱為嶺迴歸；另一方面，當懲罰函數等於$\lambda\|\beta\|$，則該方法稱為LASSO迴歸[9,10]。在LASSO迴歸中，λ的值可能會影響變數的係數。此外，如果係數等於0，則表示不建議將這些變數納入模型。LASSO公式表述如下[9,10]：

$$\hat{\beta}^{lasso}=\underset{\beta}{argmin}\sum_{i=1}^{n}(y_i-\beta_0-\sum_{j=1}^{p}x_{ij}\beta_j)^2 \tag{10.5}$$

$$限制於 \sum_{j=1}^{p}|\beta_j|\leq t \tag{10.6}$$

其中

y_i　　　　　最終檢測結果之實值的第i個樣本；

x_{ij}　　　　第i個樣本的第j個參數；

n　　　　　樣本數量；

p	變數數量;
t	用來限制$\mid \beta_j \mid$的總和之調整參數;
β_j	第j個參數的迴歸係數;
$\hat{\beta}^{lasso}$	ALASSO的優化係數。

式(10.6)設置β絕對值之和必須小於t的約束。有了這個約束,殘差平方和會被最小化,使得一些迴歸係數等於0,從而得到一個解釋模型。

為了解決(10.5),將(10.5)和(10.6)組合起來,使得LASSO問題能寫成等價的Lagrangian形式:

$$\hat{\beta}^{lasso}=\underset{\beta}{argmin}\left\{\frac{1}{2}\sum_{i=1}^{n}(y_i-\beta_0-\sum_{j=1}^{p}x_{ij}\beta_j)^2+\lambda\sum_{j=1}^{p}\mid\beta_j\mid\right\} \tag{10.7}$$

懲罰項λ應該在求解(10.7)之前設置。設置較大的λ值,將生成較少數量的關鍵變數。如果一個迴歸係數的值在解中顯示為零,則意味著其對應的變數被剔除。

為了減少設置λ的難題並獲得正確的結果,本書提出了所謂的Automated LASSO (ALASSO),其中包含自動調整λ的方法。ALASSO的流程圖如圖10.6所示,詳細描述如下。

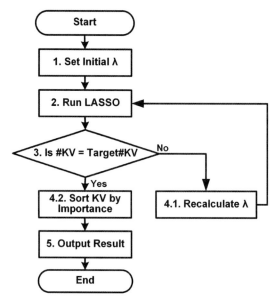

圖 10.6 自動調整λ的ALASSO流程圖
λ:懲罰項;KV:關鍵變數;#KV:關鍵變數的數量;Target#KV:關鍵變數的目標數量
來源:經同意由[11]重製© 2017 IEEE

步驟1：設定λ的初始值，根據經驗設置為5。

步驟2：執行LASSO。

步驟3：選擇關鍵變數的目標數(Target#KV)；例如：10個，然後，檢查LASSO選擇的關鍵變數個數(#KV)是否等於關鍵變數的目標數(Target#KV)。如果否，則轉至步驟4.1重新計算λ；否則轉至步驟4.2。應關注良率損失的根本原因。因此，設置關鍵變數的目標數(Target#KV)是為了避免選取過多不必要的變數。

步驟4.1：*Lowerbound*被定義為λ的下限。*Lowerbound*的初始值為0 (因為λ ≧ 0)。如果#KV < Target#KV，$\lambda_{new}=(\lambda_{old}+Lowerbound)/2$。另一方面，如果#KV > Target#KV，$\lambda_{new}=\lambda_{old}+(\lambda_{old}+Lowerbound)/2$並重新分配$Lowerbound=\lambda_{old}$。最終，返回步驟2。

步驟4.2：按重要性降序對KV進行排序。

步驟5：輸出排序後的KV作為結果。

10.2.2.3 信心指標(RI$_K$)模組

RI_K之目的在參考第8章AVM系統的信心指標(RI)概念來評估KSA結果的可靠性。

通過比較TPOGA和ALASSO的結果，並考慮重疊和權重，重新計算RI_K並將其設置在0~1之間。以RI_{KT}=0.7為門檻值，若RI_K > RI_{KT}，則獲得良好的搜尋結果；否則，需要重新檢查搜尋結果。RI_K的計算如下所述。

假設TPOGA和ALASSO都選擇了多達10個關鍵變數。每個關鍵變數被挑選出來的順序是有意義的，因此第一個到第十個變數的原始分數從1~0.1依次遞減。

由於TPOGA和ALASSO搜索的關鍵變數的順序很重要，因為較早選擇的變數更重要，因此不僅根據順序分配權重，也根據80-20原則[13,14]，以確保更高的分數到關鍵的少數。結果，最後的分數變成了：

$$FS_l=\begin{cases}\dfrac{OS_l}{\sum\limits_{l=1}^{3}OS_l}\times 0.8, & \text{when pick order is 1, 2, 3.}\\[3mm]\dfrac{OS_l}{\sum\limits_{l=4}^{10}OS_l}\times 0.2, & \text{when pick order is 4, 5,..., 10.}\end{cases}\qquad(10.8)$$

其中OS_l是原始分數，FS_l是最終得分，而l=1, 2, ..., 10是選擇順序。

下面解釋計算**RI**$_K$的經驗法則。如果某個變數已被TPOGA和ALASSO以相同的順序選出，則計算該變數的分數。然後，如果某個變數已被TPOGA和ALASSO以不同的順序選出，則該變數的得分也會被計算在內。最後，如果TPOGA和ALASSO挑出不同的變數並且沒有重疊，則該變數的得分不計入。因此，搜尋結果的**RI**$_K$由下式計算：

$$\mathbf{RI}_K=\sum_{i=1}^{10}\sum_{j=1}^{10}\left(\frac{FS_{O_i}+FS_{L_j}}{2}\right) \text{ if } O_i=L_j \tag{10.9}$$

其中

FS_{O_i}	在KSA模組內的O_i之最終得分；
FS_{L_j}	在KSA模組內的L_j之最終得分；
O_i	在KSA模組內的TPOGA之第i個的選擇變數，i=1, 2, 3, ..., 10；
L_j	在KSA模組內的ALASSO之第j個的選擇變數，j=1, 2, 3, ..., 10。

KSA模組將生產設備和製程資料…等資料定義為解釋變數，如果工件通過則設置為1，如果不通過則設置為0；然後，KSA採用TPOGA和ALASSO演算法，去快速地找出導致良率不佳的關鍵變數，以便能改善之進而提高良率。

但是，在某些生產限制下，由於演算法的特性，KSA模組有可能無法找到可能是關鍵因素的設備。這些潛在的關鍵設備被定義為盲站。因此，在下一節中，我們將介紹遇到盲站問題時的解決方案。

10.2.3 盲站搜尋演算法(Blind-stage Search Algorithm, BSA)模組

當某個生產製程只有一台設備時，所有解釋變數都變為1。在文獻[15]中有討論，當所有解釋變數都等於1時，則這些變數就被視為截距項。然而，KSA採用的TPOGA和ALASSO無法區分這些截距項。換句話說，如果良率損失的根源包含在這些截距項中，則TPOGA和ALASSO無法識別它們。此外，如果缺陷密度(Defect Density)相同時，TPOGA和ALASSO亦都無法找出此類的問題設備。上面提到的這兩種情況導致了所謂的盲站問題。為了解決盲站問題，本節提出盲站搜尋演算法(Blind-stage Search Algorithm, BSA) [16]來因應，以提高KSA的搜尋性能。

10.2.3.1 盲站案例

在分析導致良率損失的關鍵變數時，在KSA搜尋模組中可能會出現兩個盲點，這可能導致在搜尋過程中遺漏影響良率的實際根本原因。這兩個盲站案例於下文中說明。

A. 盲站案例一

當生產製程僅包含一個設備時，會發生第一個盲站情境。也就是說，在製造過程中，所有的工件都必須通過這部設備。在此情境，TPOGA和ALASSO都無法識別該設備。說明如下。

定義

$$\mathbf{X_R} = \begin{bmatrix} x_{1R1} & \dots & x_{1Rj} & \dots & x_{1Rp} \\ \vdots & & \ddots & & \vdots \\ x_{nR1} & \dots & x_{nRj} & \dots & x_{nRp} \end{bmatrix} \tag{10.10}$$

$$\mathbf{Y} = [Y_1 \ \dots \ Y_n]^\top \tag{10.11}$$

在(10.10)，$\mathbf{X_R}$代表生產路徑，p是變數數量，表示一個工件可能通過的總設備數量，n是樣本數量。其中(10.11)，$\mathbf{Y}$表示最終良率結果之數據，n表示樣本數量。

在實際製造中，可能會出現整條生產線的某個製程只使用一台設備來進行生產的情況。因此，將設備j設置為上述情況下的唯一設備，其$\mathbf{X_R}$將如(10.12)所示。

$$\mathbf{X_{Rj}} = [x_{1Rj} \ x_{2Rj} \ \dots \ x_{nRj}]^\top = [1 \ 1 \ \dots \ 1]^\top \tag{10.12}$$

如10.2.2.1節中所述，TPOGA定義$R_0 = \mathbf{Y} = (Y_1, Y_2, \dots, Y_n)^\top$。定義選擇的變數為$x_{\hat{S}_1}$，$x_{\hat{S}_1}$與$R_0$最相關。根據TPOGA和(10.1)的演算法，TPOGA將繼續搜尋$\mathbf{X_R}$具有最高相關性的$\mathbf{X_R}$變數。$\hat{\beta}_{\hat{S}_1}^1$是對$R_0$進行迴歸得到的$x_{\hat{S}_1}$最小平方估計值。假設$x_{\hat{S}_1}$原值為1，集中在KSA資料前處理模組後，$x_{\hat{S}_1}$將變為0；如此，就無法透過將該解釋變量擬合的方式得到$\hat{\beta}_{\hat{S}_1}^1$回歸模型。因此，這個解釋變數變成了一個截距項(Intercept Term)。

對於ALASSO而言，LASSO迴歸公式為(10.5)。假設在(10.12)中之x_{ij}都等於1，經過集中在KSA之資料前處理模組後，所有x_{ij}都將變成0。和上述提到的TPOGA情況類似，β_j將無法被估計。如果迴歸係數等於0，則意味著這些變量不建議包含在模型中。

B. 盲站案例二

　　第二種盲站情境發生在不同的設備具有相同的缺陷密度下，TPOGA和ALASSO都無法找出有問題的設備時。稼動率(Utilization) (10.13)，代表通過設備的總樣本數；和在(10.14)中定義缺陷密度，表示通過該設備的異常產品狀態。

$$\text{Utilization}=\sum_{i=1}^{n} x_{iRa} \tag{10.13}$$

$$\text{Defect Density}=\frac{\sum_{i=1}^{n}(x_{iRa} \times Y_i)}{\text{Utilization}} \tag{10.14}$$

其中x_{iRa}表示第a個設備的第i個生產路線樣本。

　　假設同一製程中只有兩個設備(設備k和l)在加工，如果一個工件由設備k加工，則代表此工件不會經過設備l；相反地，如果設備l對一個工件進行加工，則該工件不會通過設備k。設置通過條件為1，不通過為0。$\mathbf{X_R}$資料按(10.15)和(10.16)計算，相應的良率則根據(10.17)推導。

$$\mathbf{X_{RK}}=[x_{1Rk} \, x_{2Rk} \, ... \, x_{nRk}]^{\text{T}} \tag{10.15}$$

$$\mathbf{X_{RI}}=[x_{1Rl} \, x_{2Rl} \, ... \, x_{nRl}]^{\text{T}} \tag{10.16}$$

$$\mathbf{Y}=[Y_1 \, Y_2 \, ... \, Y_n]^{\text{T}} \tag{10.17}$$

如果$x_{iRk}=1$，則$x_{iRl}=0$，如果$x_{iRk}=0$，則$x_{iRl}=1$，$i=1, 2, ..., n$。

其中

x_{iRk}　　　生產路線中第k個設備的第i個樣本；

x_{iRl}　　　生產路線中第l個設備的第i個樣本。

相關係數(γ)，在(10.18)中定義：

$$\gamma = \frac{\sum_{i=1}^{n}(x_{iRa}-\bar{x}_{Ra})(Y_i-\bar{Y})}{\sqrt{\sum_{i=1}^{n}(x_{iRa}-\bar{x}_{Ra})^2}\sqrt{\sum_{i=1}^{n}(Y_i-\bar{Y})^2}} \tag{10.18}$$

其中

$\bar{Y}$　　　最終檢驗結果的平均值；

$\bar{x}_{R_a}$　　　第a個設備的生產路線平均值。

對於迴歸分析，通過鎖定重要的自變量，可以準確地觀察因變數的變化，這可以通過相關係數值來確定。KSA機制的核心演算法TPOGA和ALASSO類似於迴歸分析的概念。如果TPOGA和ALASSO具有相同的缺陷密度，則無法區分有問題的設備，原因詳述於下文中。

TPOGA根據設備與良率的相關性來確定關鍵設備。假設在同一製程只有兩個設備k和l並且兩設備的缺陷密度相同；且假設工件1, 2, ..., m由設備k加工，工件$m+1$, $m+2$, ..., n由設備l加工，當$a=k$，則(10.18)的分子：

$$\sum_{i=1}^{n}(x_{iRa}-\bar{x}_{Ra})\,(Y_i-\bar{Y})$$

$$= (x_{1Rk}-\bar{x}_{Rk})\,(Y_1-\bar{Y}) + (x_{2Rk}-\bar{x}_{Rk})\,(Y_2-\bar{Y}) + ... + (x_{nRk}-\bar{x}_{Rk})(Y_n-\bar{Y})$$

$$= \sum_{i=1}^{m}(x_{iRk}-\bar{x}_{Rk})\,(Y_i-\bar{Y}) + \sum_{i=m+1}^{n}(x_{iRk}-\bar{x}_{Rk})\,(Y_i-\bar{Y})$$

$$= m(x_{iRk}-\bar{x}_{Rk})\sum_{i=1}^{m}(Y_i-\bar{Y}) + (n-m)\,(x_{iRk}\quad \bar{x}_{Rk})\sum_{i=m+1}^{n}(Y_l-\bar{Y})$$

如果這兩個設備的缺陷密度相同，則

$$\frac{\sum_{i=1}^{n}(x_{iRk}\times Y_i)}{\text{Utilization}} = \frac{\sum_{i=1}^{n}(x_{iRl}\times Y_i)}{\text{Utilization}}$$

因此，設備k和l的最終平均良率相同，如下所示：

$$\frac{\sum_{i=1}^{m}Y_i}{m} = \frac{\sum_{i=m+1}^{m}Y_i}{n-m} = \bar{Y}$$

由於設備k和l的最終平均良率($\bar{Y}$)相同，可以推斷(10.18)中的分子為0，即：

$$\sum_{i=1}^{m}(Y_i-\bar{Y}) = 0, \ \sum_{i=m+1}^{n}(Y_i-\bar{Y}) = 0 \Rightarrow \sum_{i=1}^{n}(x_{iRk}-\bar{x}_{Rk})\,(Y_i-\bar{Y}) = 0$$

同理，$a=l$時，

$$\sum_{i=1}^{n}(x_{iRl}-\bar{x}_{Rl})\,(Y_i-\bar{Y}) = 0$$

因此，當同一製程中的所有設備的缺陷密度相同時則$\gamma=0$，這就是TPOGA無法識別問題設備的原因。

另一方面，ALASSO根據β_j來選擇關鍵變數。β_j在(10.5)之計算如下：

$$\beta_j = \frac{\sum_{i=1}^{n}(x_{ij}-\bar{x}_j)(Y_i-\bar{Y})}{\sum_{i=1}^{n}(x_{ij}-\bar{x}_j)^2} \tag{10.19}$$

當同一製程只有兩個設備在處理並且它們的缺陷密度相同時，設備k的(10.19)可以寫成如下：

$$\beta_{Rk} = \frac{\sum_{i=1}^{n}(x_{iRk}-\bar{x}_{Rk})(Y_i-\bar{Y})}{\sum_{i=1}^{n}(x_{iRk}-\bar{x}_{Rk})^2}$$

然後，在知道所有缺陷密度相同後，分子則變為0，因此$\beta_{Rk}=0$。這也驗證了如果當設備具有相同的缺陷密度，ALASSO也無法識別出該設備。

下面也採用假設檢驗來分析某一階段缺陷密度相同的多個設備的情況。Partial-F統計量用於[17]中向前選取的迴歸分析。在[17]有說明，對於僅由二元屬性組成的候選集，兩個設備會產生相同的選擇結果[5]。部分F統計量的優點是計算出的p值對應的F分佈可用於參考貢獻的顯著性。基於(10.20)和(10.21)計算候選$\mathbf{X_R}$的partial-F統計量：

$$H_0: Y_i = \beta_0 + \varepsilon_j \tag{10.20}$$
$$H_1: Y_i = \beta_0 + \beta_j x_{ij} + \varepsilon_j \tag{10.21}$$

其中

Y_i	第i個樣本的最終檢驗結果；
x_{ij}	第i個樣本的第j個參數；
β_0	截距項；
β_j	第j個變數的迴歸係數；
ε_j	誤差項。

在迴歸分析中，如果$F_{value}>1$（F_{value}按(10.22)計算），則拒絕原假設(10.20)，若被接受，則表示通過該設備工件的良率沒有顯著的影響。因此，無法識別出該設備。

$$F_{value}(x_j) = \frac{MSR(x_j)}{MSE(x_j)} = \frac{SSR(x_j)/1}{SSE(x_j)/n-2} = \frac{\sum_{i=1}^{n}(\hat{Y}_i - \bar{Y})^2/1}{\sum_{i=1}^{n}(Y_i - \hat{Y}_i)^2/n-2} \tag{10.22}$$

其中$\hat{Y}_i$表示第i個樣本的最終良率估計值。

假設設備A和設備B在同一階段具有相同的缺陷密度，並且經測試後(10.22)的F值均小於1，則這兩個設備對良率的影響相似但不顯著。因此，KSA機制無法挑選出某一製程中缺陷密度相同的所有設備。

如上所述，TPOGA和ALASSO都存在盲站I和II的問題。為了解決這些問題，BSA被提出並加入到KSA機制中，如圖10.5所示，將在下節中介紹。

10.2.3.2 盲站搜尋演算法(BSA)

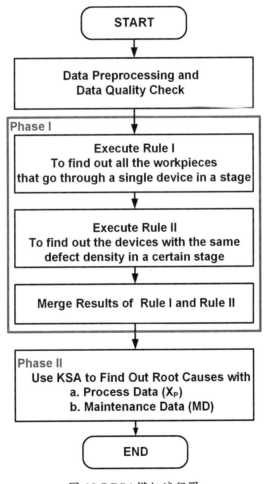

圖 10.7 BSA模組流程圖
來源：經同意由[16]重製 © 2017 IEEE

如10.2.3.1節所述，當出現盲站案例一時，意味著在特定製程存在僅由一個設備構成的生產過程。假設此設備是影響最終良率的關鍵因素，由於TPOGA和ALASSO演算法的數學特性，KSA核心演算法模組無法識別此設備為根本原因。並且，當盲站案例二發生時，說明某一製程的多個設備具有相同的缺陷密度。

BSA模組的主要目的是通過識別盲站來彌補KSA機制的不足，然後添加更多盲站的生產資訊和/或維護資料，以找出這些盲站設備中可能的良率損失之根本原因。BSA模組的流程圖如圖10.7所示，解釋如下。

首先，必須進行資料前處理和資料品質檢查以確保輸入資料的品質：生產資訊($\mathbf{X_R}$、$\mathbf{X_P}$和y)、缺陷($\mathbf{D}$)和最終檢驗($\mathbf{Y}$)。然後，BSA流程分為兩個階段：在階段I找出案例I和II的盲站，並在階段II尋找在這些盲站中可能的良率損失根本原因。

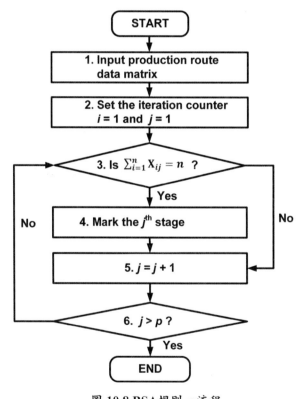

圖 10.8 BSA規則一流程
來源：經同意由[16]重製© 2017 IEEE

第一階段：找出盲站設備

盲站規則一： 規則一的目的是發現盲站案例一：所有工件在製造過程中都通過同
一個設備。觀察圖10.8，規則一有六個步驟，如下文中所述。

步驟1：輸入一$n \times p$生產路徑($\mathbf{X_R}$)矩陣，其中n是樣本數，p是變數數量，如公式
(10.10)所示。

步驟2：設置初始迭代計數值$i=1$和$j=1$，i用於記錄矩陣行，j用於矩陣列。

步驟3：第j列中所有值的總和是否等於n。j的迭代次數的值是從$1 \sim n$；並且每次
迭代計算檢查n列所有值的總和是否等於第j列中的n，如(10.13)所示。如
果Utilization=n，則進入步驟4；否則跳至步驟5。例如：在$\mathbf{X_R}$矩陣的第一
列，這一步判斷$(x_{11}+x_{21}+...+x_{n1})$之和是否等於$n$，用於檢查是否所有工件都
通過這個單一設備。

步驟4：如果Utilization=n，則將第j個設備標記為盲站設備，然後進至步驟5。

步驟5：累積迭代次數$j=j+1$。

步驟6：當滿足終止條件$(j > p)$時則停止盲站規則I的搜尋(即記錄的矩陣列變量大
於設備數時)；否則，返回步驟3。

盲站規則二： 規則二的目的是找出盲站案例二：在某個製程的幾個設備具有相同
的缺陷密度。如圖10.9所示，規則二有七個步驟，說明如下。

步驟1：輸入一$n \times p$生產路徑($\mathbf{X_R}$)的矩陣和$n \times 1$個最終良率資料($\mathbf{Y}$)的矩陣($\mathbf{Y}=[Y_1,$
$Y_2, ..., Y_n]^T$)，其中n是樣本數量。

步驟2：設置初始迭代計數$s=1$，s是製程數量，用於指示已經進行到哪個製程。

步驟3：計算每個設備的缺陷密度，如(10.14)所示。

步驟4：檢查第s個製程的設備是否具有相同的缺陷密度；如果是，則此階段與最
終良率的相關性為0 (請參閱第10章，第10.2.3.1了解詳細內容)。若製程中
有不同缺陷密度的設備，則跳至步驟6；否則，轉至步驟5。

步驟5：第s個製程中缺陷密度相同的設備則標記為盲站。

步驟6：累積迭代計數從$s=s+1$至$s=q$。總製程數量(q)是產品所需生產製程的數量。

步驟7：當s大於q時停止規則II的搜尋；否則，返回步驟4。

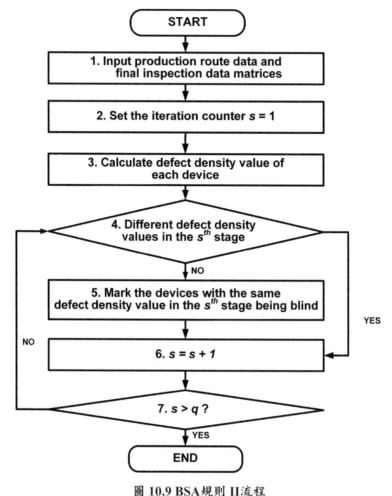

圖 10.9 BSA規則 II流程
來源：經同意由[16]重製© 2017 IEEE

合併規則I和II的結果：合併規則I和II的結果有助於確定是否存在盲站設備。為了進一步檢查盲站設備是否為具有影響最終良率的根本原因，則必，須執行BSA模組的第二階段。

第二階段：檢查盲站設備是否具有良率損失的根本原因

為能確定該盲站設備是否有影響到最終良率，可將盲站設備的製程資料(X_P)和維護資料(MD)加入分析，詳情請參閱[16]。

在介紹了BSA模組後，我們將討論良率中的交互作用問題。當關鍵設備/變數與其他設備/變數之間存在交互作用，且交互影響大於原始設備/變數的影響時，KSA核心演算法模組可能無法正確地找出影響最終良率的根本原因。為了彌補這一不足，下一節將介紹交互作用搜尋演算法(Interaction-Effect Search Algorithm, IESA)模組[18]。

10.2.4 交互作用搜尋演算法(Interaction-Effect Search Algorithm, IESA)模組

隨著製造程序越來越複雜，各種設備之間的交互作用被發現會對良率有一定的影響[19,20]。僅考慮單一關鍵變數可能不足以解釋響應變數和解釋變數之間的交互作用，因為其變數之間的交互作用也可能導致良率損失。下文會詳細說明交互作用影響良率的情況。

10.2.4.1 交互作用效應

當在搜尋中加入交互變數，其對最終良率影響的整體變異程度降低時，最終良率的解釋力就會提高。另外，當交互變數的變異減少大於原始變數的變異減少時，其說明交互作用對最終良率的影響大於原始變數。

如(10.10)所示，$\mathbf{X_R}$代表生產路徑，p是變數數量(一個工件可能經過的最大總設備數量)，n是子集中τ的樣本數，並且τ是個可能包含$\mathbf{X_R}$、$\mathbf{X_P}$…等的搜尋空間。至於(10.11)，$\mathbf{Y}$代表最終良率資料。

假設有兩個設備(設備k和l)在搜尋空間中運行：

$$\mathbf{X_{Rk}}=[x_{1Rk}\ x_{2Rk}\ ...\ x_{nRk}]^{\mathrm{T}} \tag{10.23}$$

$$\mathbf{X_{Rl}}=[x_{1Rl}\ x_{2Rl}\ ...\ x_{nRl}]^{\mathrm{T}} \tag{10.24}$$

可以從$\mathbf{X_{Rk}}$和$\mathbf{X_{Rl}}$的交互作用中導出一個新的交互作用變數$\mathbf{X_{Rkl}}$，如式(10.25)：

$$\mathbf{X_{Rkl}}=[x_{1Rk}\cdot x_{1Rl}\ x_{2Rk}\cdot x_{2Rl}\ ...\ x_{nRk}\cdot x_{nRl}]^{\mathrm{T}}$$
$$=[x_{1Rkl}\ x_{2Rkl}\ ...\ x_{nRkl}]^{\mathrm{T}} \tag{10.25}$$

x_{iRkl}的交互作用由第i個樣本的設備k & l生成，其中$i=1, ..., n$。

定義樣本變異數，$v(\tau)$如公式(10.26)所示：

$$v(\tau)=\frac{1}{n}\sum_{i\in\tau}(\mathbf{Y}_i-\bar{\mathbf{Y}}(\tau))^2 \tag{10.26}$$

其中

v 　　　樣本變異數；

Y_i 　　　第 i 個樣本的最終檢驗結果；

$\bar{Y}(\tau)$ 　　子集合 (τ) 中的最終檢驗樣本平均值。

假設在搜尋空間中選擇交互作用變數 $\mathbf{X_{Rkl}}$，其變異減少量 $\Delta v(\mathbf{X_{Rkl}})$ 為：

$$\Delta v(\mathbf{X_{Rkl}})=v(\tau)-\frac{n_0}{n}\times v(\tau\,|\,x_{iRkl}=0)-\frac{n_1}{n}\times v(\tau\,|\,x_{iRkl}=1) \tag{10.27}$$

其中

n_0 　　　未通過交互變數的樣本數量；

n_1 　　　通過交互變數的樣本數量。

那麼，$\mathbf{X_{Rkl}}$ 的解釋變異從迴歸分析的角度可以計算如下：

$$SSR(\mathbf{X_{Rkl}})=SST-SSE(\mathbf{X_{Rkl}})$$

$$=\sum_{i\in\tau}(Y_i-\bar{Y}(\tau))^2-\sum_{i\in\tau}(Y_i-\hat{Y}_i)^2$$

$$=\sum_{i\in\tau}(Y_i-\bar{Y}(\tau))^2-\left[\left(\sum_{i\in\tau}(Y_i-\bar{Y}_0)^2\,|\,x_{iRkl}=0\right)+\left(\sum_{i\in\tau}(Y_i-\bar{Y}_1)^2\,|\,x_{iRkl}=1\right)\right]$$

$$=n\left[\frac{\sum_{i\in\tau}(Y_i-\bar{Y}(\tau))^2}{n}-\frac{n_0(\sum_{i\in\tau}(Y_i-\bar{Y}_0)^2\,|\,x_{iRkl}=0)}{n\cdot n_0}-\frac{n_1(\sum_{i\in\tau}(Y_i-\bar{Y}_1)^2\,|\,x_{iRkl}=1)}{n\cdot n_1}\right]$$

$$=n\left[v(\tau)-\frac{n_0}{n}\times v(\tau\,|\,x_{iRkl}=0)-\frac{n_1}{n}\times v(\tau\,|\,x_{iRkl}=1)\right]$$

$$=n\cdot\Delta v(\mathbf{X_{Rkl}})$$

其中

SSR 　　殘差平方和；

SST 　　總平方和；

SSE 　　誤差平方和；

$\hat{Y}_i$ 　　第 i 個樣本的最終良率估計值；

$\bar{Y}_0$ 　　未通過交互變數的最終良率樣本平均值；

$\bar{Y}_1$ 　　通過交互變數的最終良率樣本平均值。

當$\mathbf{X_{Rkl}}$的解釋變異大於單一設備$\mathbf{X_{Rk}}$或$\mathbf{X_{Rl}}$的解釋變異時[如(10.28)所示]那麼$\mathbf{X_{Rkl}}$的對應F值，即交互變量對良率的影響會大於原始單一設備本身($\mathbf{X_{Rk}}$或$\mathbf{X_{Rl}}$)，[如公式(10.36)所示]。該證明將在下文中得到驗證：

假設

$$\Delta v(\mathbf{X_{Rkl}}) > \Delta v(\mathbf{X_{Rk}}) \tag{10.28}$$

同時公式(10.28)的兩邊減去($\Delta v(\mathbf{X_{Rk}})$，可以得到

$$\Delta v(\mathbf{X_{Rkl}}) - \Delta v(\mathbf{X_{Rk}}) > 0. \tag{10.29}$$

透過迴歸分析的觀念, 可將(10.29)轉換為

$$SSR(\mathbf{X_{Rkl}}) - SSR(\mathbf{X_{Rk}}) > 0. \tag{10.30}$$

然後，$SSR(\mathbf{X_{Rkl}})$和$SSR(\mathbf{X_{Rk}})$分別乘上SST項，並加上正負項$SSR(\mathbf{X_{Rkl}})SSR(\mathbf{X_{Rk}})$

$$SSR(\mathbf{X_{Rkl}})SST - SSR(\mathbf{X_{Rkl}})SSR(\mathbf{X_{Rk}}) - SSR(\mathbf{X_{Rk}})SST + SSR(\mathbf{X_{Rkl}})SSR(\mathbf{X_{Rk}}) > 0. \tag{10.31}$$

根據分配律，(10.31)可以表示為

$$SSR(\mathbf{X_{Rkl}})[SST - SSR(\mathbf{X_{Rk}})] - SSR(\mathbf{X_{Rk}})[SST - SSR(\mathbf{X_{Rkl}})] > 0. \tag{10.32}$$

(10.32)除以$[SST - SSR(\mathbf{X_{Rk}})] \cdot [SST - SSR(\mathbf{X_{Rkl}})]$.

產生

$$\frac{SSR(\mathbf{X_{Rkl}})}{SST - SSR(\mathbf{X_{Rkl}})} - \frac{SSR(\mathbf{X_{Rk}})}{SST - SSR(\mathbf{X_{Rk}})} > 0. \tag{10.33}$$

(10.33)除以$(n-2)$：

$$\frac{\frac{SSR(\mathbf{X_{Rkl}})}{SSE(\mathbf{X_{Rkl}})}}{(n-2)} - \frac{\frac{SSR(\mathbf{X_{Rk}})}{SSE(\mathbf{X_{Rk}})}}{(n-2)} > 0. \tag{10.34}$$

(10.34)可以通過F值表示如下：

$$F_{value}(\mathbf{X_{Rkl}}) - F_{value}(\mathbf{X_{Rk}}) > 0. \tag{10.35}$$

添加$F_{value}(X_{RK})$到(10.35)的兩邊以推導所需的結論：

$$F_{value}(\mathbf{X_{Rkl}}) > F_{value}(\mathbf{X_{Rk}}). \qquad (10.36)$$

發現交互作用後，應確定引起交互作用關鍵變數的關聯門檻值，以便調整相應的關鍵設備，避免在後續過程中出現相同的良率損失。發現交互作用和識別對應門檻值的方法將在下面的IESA模組中詳述。

10.2.4.2 交互作用搜尋演算法(IESA)

為彌補KSA機制處理交互作用的不足，在原KSA機制中增加了IESA模組，如圖10.5右下角所示。IESA模組主要包含兩個階段。第一階段：確定存在交互作用效應；第二階段：確定引起交互作用效應的關鍵變數的門檻值。最後，將關鍵變數調整到可避免良率損失之交互作用效應的門檻值內。

階段一：辨識交互作用因子

為了仔細檢查搜尋結果的可靠性，IESA模組包含兩種演算法：迴歸樹和TPOGA。IESA會對這兩種不同演算法的結果進行比較，並提供IESA結果的信心指標(RI_I)其演算法詳細說明如下。

• **迴歸樹**

迴歸樹是一個決策樹，其以連續變數作為反應變數。首先選擇一個決策變數作為根節點，然後所有樣本就會針對該決策變數進行分割。在決策敘述中，通過第j個節點($x_{\hat{R}j}=1$)的樣本被分配給右子節點；然後將其他($x_{\hat{R}j}=0$)樣本分配給左子節點。所有樣本以相同的過程持續分割到兩側的子節點中，然後分別再選擇新的變數作為決策變數。這樣，樣本數量將被較低的子節點級別快速消耗。因此，為避免快速消耗樣本數量導致最相關變數的選擇失敗，本文提出使用最相關的解釋變數作為決策變數。並且每個關鍵節點之間的交互作用，可透過檢查其交互作用的F_{value}是否大於其父節點的F_{value}來決定其影響。迴歸樹有六個步驟，如圖10.10所示。

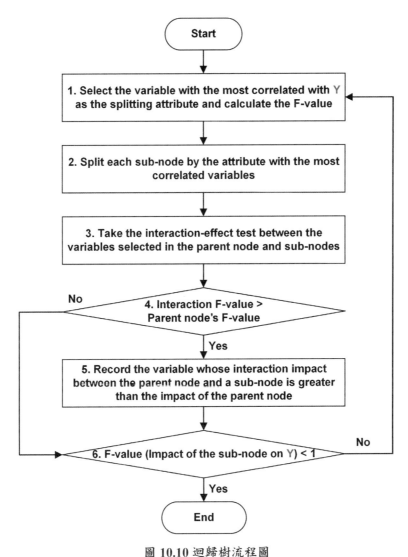

圖 10.10 迴歸樹流程圖
來源：經同意由[18]重製© 2018 IEEE

步驟1：定義 $\mathbf{Y}=(Y_1, Y_2, ..., Y_n)^T$。選擇父節點 $x_{\hat{R}_1}$，作為決策變數，$x_{\hat{R}_1}$ 是在 $\mathbf{X}=\{x_1, x_2, ..., x_p\}$ 的所有變數中與 $\mathbf{Y}$ 的相關性最高的變數，然後它的 F_{value}（F_{value}（示於 10.22)，即為父節點對 $\mathbf{Y}$ 的影響程度，計算如下：

$$F_{value}(x_{\hat{R}_j}) = \frac{SSR(x_{\hat{R}_j})}{\dfrac{SSE(x_{\hat{R}_j})}{(n-2)}}$$

其中 $x_{\hat{R}_j}$ 是迴歸樹的第 j 個節點。

然後，選擇父節點$x_{\hat{R}_1}$作為決策變數將樣本分割到兩個子節點。通過$x_{\hat{R}_1}$的樣本記為1並放入右子節點，未通過$x_{\hat{R}_1}$的樣本則記為0並進入左子節點，如圖10.11的步驟1所示。

步驟2：從兩個子節點中選擇在$\mathbf{X}=\{x_1, x_2, ..., x_p\}$中和$\mathbf{Y}$最相關的關鍵變數作為決策變數，分別記為$x_{\hat{R}_2}$和$x_{\hat{R}_3}$，如圖10.11的步驟2所示。

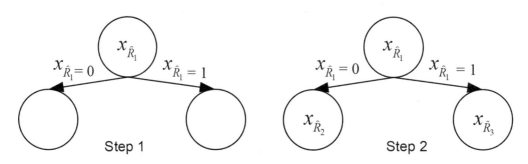

圖 10.11 迴歸樹 步驟 1 和 步驟 2 的描述。
來源：經同意由[18]重製© 2018 IEEE

步驟3：檢查父節點$x_{\hat{R}_1}$與子節點$x_{\hat{R}_2}$、$x_{\hat{R}_3}$的交互作用並進行partial-F檢驗，將它們與n個響應變量$(Y_1, Y_2, ..., Y_n)^{\mathrm{T}}$匹配，如下所示。(注意：由於影響較小的因子通常不會有顯著的交互作用[22]，因此這裡只檢查父節點和相鄰層的子節點之間具有強遺傳影響的交互作用。)

在左側子節點中：

$$\hat{Y}_i=\beta_0+\beta_1 x_{\hat{R}_1}+\beta_2 x_{\hat{R}_2}+\beta_{1,2} x_{\hat{R}_1} x_{\hat{R}_2}+\varepsilon \tag{10.37}$$

$$H_0:\beta_{1,2}=0 \tag{10.38}$$

$$H_1:\beta_{1,2}\neq 0 \tag{10.39}$$

其中

Y_i　　　第i個樣本的最終檢驗結果；

β_j　　　第j個變數的迴歸係數；

ε　　　誤差項。

參考迴歸分析[22]，如果$F_{1,2}$-value < 1，在(10.38)中不拒絕H_0，代表當$x_{\hat{R}_1}$=1或$x_{\hat{R}_1}$=0時，這兩個變數之間的交互作用產生的影響是沒有區別的。反

之，如果$F_{1,2-value}$大於或等於1，在(10.38)中H_0被拒絕；這意味著當給定$x_{\hat{R}_1}$ =1或$x_{\hat{R}_1}$=0時，這兩個變數之間的交互將對Y產生不同的影響。

在右側子節點中：

$$\hat{Y}_i=\beta_0+\beta_1 x_{\hat{R}_1}+\beta_3 x_{\hat{R}_3}+\beta_{1,3} x_{\hat{R}_1} x_{\hat{R}_3}+\varepsilon \tag{10.40}$$

$$H_0:\beta_{1,3}=0 \tag{10.41}$$

$$H_1:\beta_{1,3}\neq 0. \tag{10.42}$$

如果$F_{1,3-value}<1$，在(10.41)中不拒絕H_0，代表當$x_{\hat{R}_1}$=1或$x_{\hat{R}_1}$=0時，這兩個變數之間的交互作用是沒有影響的。另一方面，如果$F_{1,2-}$值大於或等於1，在(10.41)H_0被拒絕；這意味著當給定$x_{\hat{R}_1}$=1或$x_{\hat{R}_1}$=0時，這兩個變數之間的交互作用將對Y產生不同的影響。

步驟4：如果F_{value}父節點與子節點的交互作用大於父節點，則執行步驟5；否則跳到步驟6。

步驟5：記錄父節點與子節點交互影響大於父節點影響的變數。

步驟6：如果子節點的F_{value}對Y的影響小於1 (表示子節點對Y的影響不顯著[21])，就停止搜尋；否則跳到步驟1。

- **TPOGA**

貪婪演算法是一種逐步迴歸方法，它考慮了所有導致變數(X)和結果(Y)之間的相關性。KSA核心演算法模組採用TPOGA來找出影響良率的關鍵設備或變數。在10.2.2.1節中，X包括所有與生產相關的變數：X_R、X_P和y；而Y代表最終良率數據。TPOGA算法在10.2.2.1節中有詳細描述。然而，當搜尋空間$X=\{x_1, x_2, ..., x_p\}$不包含交互作用變數時TPOGA永遠無法找出受交互作用影響的變數。為了解決這個問題，本書提出了TPOGA交互作用搜尋架構(TPOGA Interaction-effect Search Framework, TPOGA IESF)，於下文中將詳細說明。

步驟1：當發現良率損失時，啟動TPOGA IESF。

步驟2：應用原始KSA找到前N個導致良率損失的關鍵變數。

步驟3：找出可能影響良率的前N個變數後，將具有強遺傳條件的交互變數添加到搜尋空間$X=\{x_1, x_2, ..., x_p\}$並重新執行KSA。然後利用TPOGA再次搜尋新生成的交互變數$X_{\hat{S}_m}\times_{\hat{S}_q}$如下：

$$\mathbf{X}_{\hat{s}_m} \times_{\hat{s}_q} = [x_{1\hat{s}_m} \cdot x_{1\hat{s}_q} \ x_{2\hat{s}_m} \cdot x_{2\hat{s}_q} \ ... \ x_{n\hat{s}_m} \cdot x_{n\hat{s}_q}]^T \tag{10.43}$$

其中m=1, 2, ... N, q=1, 2, ..., N, $m \neq q$.

強遺傳原則如下所述。只有與高影響效應相對應的高影響變數的交互作用因子才會被添加到模型中，因為影響較小的變數往往具有較小的交互作用[22]。請參閱第11.4.3.2節中提供的範例，以演示添加新的交互效應變數。

步驟4：檢查是否存在比原始KSA結果影響更大的交互作用變數。如果該交互作用變數存在，那麼導致該交互作用的那兩個設備應該被調整，使得該交互作用對良率損失的影響不會再次發生。

- **RI₁模組**

RI₁旨在參考KSA機制在第10.2.2.3節中描述的信心指標(**RI$_K$**)概念來評估IESA結果的可靠性，如圖10.5所示。通過比較迴歸樹和TPOGA的結果，考慮重疊和權重，**RI₁**定義在0~1之間。

參考統計相關的概念，當相關係數> 0.7時，表示兩個變數高度相關[23]。同理，定義當RI₁ > 0.7時，IESA的搜尋結果則認定可靠；否則，結果需要執行進一步驗證。**RI₁**的演算法描述如下。

IESA同時通過迴歸樹和TPOGA，選擇前10個的關鍵變數，這些變數的順序表示不同程度的影響。與**RI$_K$**不同，迴歸樹和TPOGA找出具有**Y**相關性的關鍵變數。因此，本研究提出將Top 10到Top 1變數的原始得分按照**Y**相關性的權重升序排序，如下圖所示：

$$OS_l = \frac{C_l}{\sum_{l=1}^{10} C_l} \tag{10.44}$$

其中OS_l是原始分數l=1, 2, ..., 10作為選擇順序。C_l是與**Y**的第l個相關變數。

由於迴歸樹和TPOGA搜尋的關鍵變數的順序很重要，因此不僅按照順序分配權重，而且按照80-20原則來進行分配權重，以關鍵的少數參數來確保較高的分數進入排序。結果，最後的分數變成了

$$FS_l = \begin{cases} \dfrac{OS_l}{\sum_{l=1}^{3} OS_l} \times 0.8, \text{ when pick order is 1, 2, 3} \\ \dfrac{OS_l}{\sum_{l=4}^{10} OS_l} \times 0.2, \text{ when pick order is 4, 5,..., 10} \end{cases} \tag{10.45}$$

其中FS_l是以l=1,2, ..., 10作為選擇順序的最終得分。

如果迴歸樹和TPOGA挑出相同的序列順序時，這個變數的得分就須被計算。另一方面，當迴歸樹和TPOGA選擇出不重疊的不同變數時，這個變數的得分就不被計入。因此，**RI₁**的搜尋結果為

$$\mathbf{RI_1} = \sum_{i=1}^{10} \sum_{j=1}^{10} (\frac{FS_{Ri}+FS_{Oj}}{2}) \text{ if } R_i = O_j \tag{10.46}$$

其中

FS$_{Ri}$　　　在IESA模組中的R$_i$之最終得分；

FS$_{Oj}$　　　在IESA模組中的O$_j$之最終得分；

R$_i$　　　　在IESA模組中之迴歸樹的第i個選擇變數，i=1, 2, ..., 10；

O$_j$　　　　在IESA模組中之TPOGA的第j個選擇變數，j=1, 2, ..., 10。

階段二：確定關鍵變數的門檻值

在發現存在交互作用後，就須確定引起交互作用關鍵變數的門檻值，使關鍵變數可以調整在門檻值範圍內，避免後續交互作用影響良率損失。為了確定門檻值，下面提出了連續變數的選擇方法[21]。

(1) 找尋迴歸樹關鍵變數的門檻值

當迴歸樹選擇一個連續變數作為決策節點時，決策節點不能利用是否通過的敘述來進行樣本分割($x_{\hat{R}_j} x_{\hat{R}_j}$=1或0)。該連續變數應轉換為二元變數以進行樣本分割。假設有n個樣本資料和p個自變數X={x_1, x_2, ..., x_p}其中第w個自變數(x_w)有n個不同的連續值，可以將它們重新組成一個序列{t_1, t_2, ..., t_n}。大於或等於門檻值的記為1，小於門檻值的記為0。變數轉換標準為

$$x_{w(\geq t_i)} = \begin{cases} 1, \text{ when } x_w \geq t_i \\ 0, \text{ otherwise} \end{cases}, 1 \leq t_i \leq n \tag{10.47}$$

其中t_i為x_w的第i個門檻值。變數轉換後將導出一個$n \times n$的矩陣。

從{$x_{w(\geq t_1)}$, $x_{w(\geq t_2)}$, ..., $x_{w(\geq t_n)}$}中來搜尋與**Y**最相關的決策變數$x_{w(\geq t_1)}$，並且不斷地分割以找出子節點。如果迴歸樹求出的門檻值為$x_{w(\geq t_i)}$，則表示在$x_w \geq t_i$的條件下，這個第w個的自變數將對良率產生顯著的影響。

(2) 找尋TPOGA關鍵變數的門檻值

應用TPOGA時，TPOGA在$\mathbf{X_T}=\{x_{w(\geq t_1)}, x_{w(\geq t_2)}, ..., x_{w(\geq t_n)}\}$中搜尋與$R_0$相關性最高的變數$x_{\hat{s}_1}$，並在多次迭代後找出可能影響良率的最大殘差值。這裡也採用了與迴歸樹相同的選擇方法。如果搜尋結果是$x_{w(\geq t_i)}$，這意味著當$x_w \geq t_i$對良率有重大的影響。

10.3 IYM系統部署

在說明了IYM系統的理論說明之後，本節介紹部署IYM系統的注意事項和要求。將IYM系統部署到工廠流程共須要六個步驟。分別是步驟1：運行分析，步驟2：IYM系統設置，步驟3：資料收集，步驟4：IYM功能和整合測試，以及步驟5：系統發布。

步驟1：運行分析

IYM的目的是尋找良率損失的根本原因進而提高良率。從根本原因分析的角度來看，製造過程中所有可能導致良率損失的各種數據都需要收集。因此，IYM系統部署的第一步是收集所有可能的生產路徑資料($\mathbf{X_R}$)、製程資料($\mathbf{X_P}$)、在線量測值(y)，以及最終的良率檢測資料($\mathbf{Y}$)。

除了資料收集，還需要定義應用IYM系統進行良率管理的操作分析。首先記錄沒使用IYM來進行良率管理時的AS-IS操作流程；然後，依據圖10.4所規劃的IYM TO-BE操作流程。例如，IYM系統需要與FDC系統整合，以便可以自動設置關鍵製程資料的FDC門檻值，如圖10.4的階段C所示。

步驟2：IYM系統設置

如第6章所述，iFA系統平台是採用AMCoT框架與CPA、AVM、IPM、IYM等技術相結合而開發，為實現智慧製造所提供的整體解決方案。因此，IYM系統將透過iFA系統平台進行部署。iFA系統平台有兩種供用戶選擇。提供圖6.5所示的「雲端版」和圖6.6所示的「隨機版」以滿足不同的需求的。

在操作分析步驟中，定義所有資料以及操作流程和資料交換要求，然後由專案團隊進行IYM系統標準版本的差距分析。據此，訂定出IYM系統的操作範圍和時間表。在得到用戶和專案團隊的同意後，開始安裝iFA系統平台。同時，平台運作所須的伺服器和通信網絡的軟硬體也需要準備好。參考圖10.3，iFA系統平台的IYM是由KSA機制和Reporting以及許多CPA組成。資料採集服務器的詳細規格需要結合資料交換需求來確定。當硬體配置、測試軟體撰寫、和參數設定完成時，就可開始執行系統整合測試。

步驟3：資料收集

如圖6.5、6.6和10.3所示，設備端採用CPA進行資料收集。CPA為各個行業提供多種設備驅動程式，包括半導體和TFT-LCD行業的SECS/GEM和Interface A，以及工具機產業的OPC-UA和MTConnect等。

步驟4：IYM功能和整合測試

在發布IYM系統進行生產運行之前，應根據步驟1和圖10.4中定義的TO-BE操作流程執行IYM功能和整合測試。IYM系統需要與MES和FDC系統以及那些提供KSA分析所需之大數據的系統整合。IYM的功能和整合測試可以遵循第10.1.3節和圖10.4中定義的階段A、B和C來進行。將IYM系統部署到半導體製造的凸塊製程中的一個真實範例，請參閱第11.4.3節。

步驟5：系統發布

在所有功能和接口都經過驗證後，專案團隊將進行下一步：系統發布。通常IYM系統的可靠性應該能夠一年365天及每天24小時運行。為了驗證IYM系統的穩定性和可靠性，採用Mean Time Between Failures (MTBF)和Mean Time To Repair (MTTR)作為驗收標準。

除了IYM系統的功能和準確性驗證外，工廠相關人員還需要練習TO-BE操作流程。例如，一旦工程師收到來自IYM系統的結果，應該採取什麼行動並進行驗證。

10.4 結論

本章介紹了傳統的良率損失根本原因之搜尋過程。然後，提出了一套具系統化且有效的工具：IYM系統來尋找良率損失的根本原因。接著解釋IYM系統的核心：KSA機制。KSA機制擁有KSA、BSA、和IESA模組。最後說明了IYM系統部署的流程，至於各行業的IYM應用案例，將在第11章進行介紹。

附錄10.A—縮寫對照表

ALASSO	Automated Least Absolute Shrinkage and Selection Operator 全自動LASSO演算法
AMCoT	Advanced Manufacturing Cloud of Things 先進製造物聯雲
AVM	Automatic Virtual Metrology 全自動虛擬量測
BDA	Big Data Analytics 大數據資料分析
BSA	Blind-stage Search Algorithm 盲站搜尋演算法
CART	Classification and Regression Tree 分類與迴歸樹
CC	Cloud Computing 雲端運算
CP	Chip-Probing 針測
CPA	Cyber-Physical Agent 虛實整合代理人
DT	Decision Tree 決策樹
EDA	Engineering Data Analysis 工程資料分析
FDC	Fault Detection and Classification 錯誤偵測和分類
HDIC	High-Dimensional Information Criterion 高維度資訊準則
IESA	Interaction-Effect Search Algorithm 交互作用搜尋演算法
IPM	Intelligent Predictive Maintenance 智慧型預測保養
IYM	Intelligent Yield Management system 智慧型良率管理
KSA	Key-variable Search Algorithm 關鍵參數搜尋演算法
LASSO	Least Absolute Shrinkage and Selection Operator 最小絕對值收斂和選擇算子
MTBF	Mean Time between Failures 平均故障間隔
MTTR	Mean Time to Repair 平均修復時間
MES	Manufacturing Execution System 製造執行系統
MD	Maintenance Data 維護保養數據
OGA	Orthogonal Greedy Algorithm 正交貪婪演算法
PGA	Pure Greedy Algorithm 純貪婪演算法
RI	Reliance Index 信心指標
RST	Rough Set Theory 粗糙集理論
SERT	Sample-Efficient Regression Trees 具高樣本利用率的迴歸樹
TFT-LCD	Thin Film Transistor-Liquid Crystal Display 薄膜電晶體液晶顯示器
TPOGA	Triple Phase Orthogonal Greedy Algorithm 三階段正交貪婪演算法
TPOGA IESF	TPOGA Interaction-Effect Search Framework 交互作用三階段正交貪婪演算法搜尋架構

附錄10.B─公式符號對照表

Y	final inspection data 最終良率檢驗數據
X	related variables of production 生產相關變數
X_R	production routes 生產路徑數據
X_P	process data 製程參數數據
y	total-inspection inline data 線上全檢量測數據
D	defect data 缺陷數據
KS_O	output of TPOGA in KSA module 在KSA模組內的TPOGA輸出
KS_L	output of ALASSO in KSA module 在KSA模組內的ALASSO演算法之輸出
RI_K	value of KSA reliance index KSA核心演算法模組的信心指標
IE_O	output of TPOGA in IESA module 在IESA模組內的TPOGA輸出
IE_T	output of regression tree in IESA module 在IESA模組內的迴歸樹演算法輸出
RI_I	value of IESA reliance index 交互作用模組的信心指標值
BS	output of blind stage index 盲站指標之輸出
p	number of parameters 變數數量
n	sample size 樣本數量

$x_{\hat{S}_1}$	highest correlation variable with R_0 in $\mathbf{X}$ $\mathbf{X}$與R_0的最高相關的變數
x_{iRk}	i^{th} sample of production route of kth device 生產路線中第k個設備的第i個樣本
x_{iRl}	i^{th} sample of production route of lth device 生產路線中第l個設備的第i個樣本
x_{iRa}	i^{th} sample of production route of the ath device 生產路線中第a個設備的第i個樣本
x_{iRkl}	being the interaction variable generated by devices k & l of the ith sample, where $i=1, ..., n$. 生產路線中同時通過第k和l設備的第i個樣本
$x_{iR\theta}$	i^{th} sample of production route of θth device, where $\theta=1, ..., p$ and $i=1, ..., n$ 生產路線中第θ個設備的第i個樣本，其中$\theta=1, ..., p$和$i=1, ..., n$
x_{ij}	j^{th} parameter of the ith sample 第i個樣本的第j個變數
$\bar{x}_{Ra}$	mean of production route of the ath device 第a個設備的生產路線平均值
$\mathbf{X}_{\hat{S}_m} \times {}_{\hat{S}_q}$	interaction variable of TPOGA, where $m=1, 2, ...N$, $q=1, 2, ..., N$, $m \neq q$. 通過第m和q變數生成的TPOGA交互作用變數
$x_{\hat{R}_j}$	j^{th} node of regression tree 迴歸樹中的第j個節點
x_w	wth independent variable, where $w=1, 2, ..., p$. 第w個獨立變數
$\hat{\beta}_{\hat{S}_1}^1$	regression coefficient of R_0 for $x_{\hat{S}_1}$ $x_{\hat{S}_1}$的R_0迴歸係數
β_j	regression coefficient of jth parameter 第j個變數的迴歸係數
β_0	intercept term 截距項
$\hat{\beta}^{lasso}$	optimized coefficients of ALASSO ALASSO的優化係數

y_i	i^{th} sample of actual value of final inspection 最終檢測結果之實際值的第 i 個樣本
$\hat{Y}_{i:J}$	i^{th} sample of predictive value of final inspection corresponding to J 對應於 J 的最終檢驗預測值的第 i 個樣本
$\bar{Y}$	mean of the final inspection 最終檢驗結果的平均值
Y_i	final inspection of the ith sample 第 i 個樣本的最終檢驗結果
$\bar{Y}_0$	sample mean of the final inspection that does not pass through the interaction variable 未通過交互變數的最終檢驗樣本平均值
$\bar{Y}_1$	sample mean of the final inspection that passes through the interaction variable 通過交互變數的最終檢驗樣本平均值
$\hat{Y}_i$	predictive final inspection of the ith sample 第 i 個樣本的最終良率估計值
$\bar{Y}(\tau)$	sample mean of the final inspection in subset τ 子集 τ 中的最終檢驗樣本平均值
t	tuning parameter which restricts the sum of $|\beta_j|$ 用來限制 $|\beta_j|$ 的總和之調整參數
t_i	i^{th} threshold of x_w x_w 的第 i 個門檻值
ε_j	error term 誤差項
J	set of variables selected in the model $(x_{\hat{s}_1}, x_{\hat{s}_2}, ..., x_{\hat{s}_m})$ 在模型 $(x_{\hat{s}_1}, x_{\hat{s}_2}, ..., x_{\hat{s}_m})$ 中選出的一組變數
$\hat{\vartheta}_J^2$	mean square error of the corresponding model 對應模型的均方誤差
w	general constant penalties > 0 一般恆定懲罰項>0

FS_{Oi}	final score of O_i in KSA module 在KSA模組內的O_i之最終得分
FS_{Lj}	final score of L_j in KSA module 在KSA模組內的L_j之最終得分
O_i	i^{th} pick variable of TPOGA in KSA module, i=1, 2, 3, ..., 10 在KSA模組內的TPOGA之第i個的選擇變數，i=1, 2, 3, ..., 10
L_j	j^{th} pick variable of ALASSO in KSA module, j=1, 2, 3, ..., 10 在KSA模組內的ALASSO之第j個的選擇變數，j=1, 2, 3, ..., 10
v	sample variance 樣本變異數
n_0	number of samples that do not pass through the interaction variable 未通過交互變數的樣本數量
n_1	number of samples that pass through the interaction variable 通過交互變數的樣本數量
SSR	sum of squared residuals 殘差平方和
SSE	sum of squared errors 誤差平方和
SST	total sum of squares 總平方和
OS_l	original score with l=1, 2, ..., 10 being the pick order in IESA Module 在IESA模組中l=1, 2, ..., 10之選擇順序的原始分數
C_i	i^{th} correlation variable with Y in IESA module 在IESA模組中與Y的第i個相關變量
FS_l	the final score with l=1, 2, ..., 10 being the pick order in IESA module IESA模組中l=1, 2, ..., 10之選擇順序的最終分數
FS_{Ri}	final score of R_i in IESA module 在IESA模組中的R_i之最終得分
FS_{Oj}	final score of O_j in IESA module 在IESA模組中的O_j之最終得分

R_i	i^{th} pick variable of regression tree in IESA module, i=1, 2, ..., 10 在IESA模組中之迴歸樹的第 i 個選擇變數, i=1, 2, ..., 10
O_j	j^{th} pick variable of TPOGA in IESA module, j=1, 2, ..., 10 在IESA模組中之TPOGA的第 j 個選擇變數, j=1, 2, ..., 10
#(.)	變數集的變數數量

附錄10.C—IYM專利清單

美國專利

1. Cheng, F.T., Hsieh, Y.S., and Zheng, J.W. (2016). System and method for identifying root causes of yield loss. US Patent 10,935,962, filed 9 September 2016 and issued 02 March 2021.

2. Lin, C.Y., Hsieh, Y.M., and Cheng, F.T. (2018). System and method that consider tool interaction effects for identifying root causes of yield loss. US Patent 10,948,903, filed 14 December 2018 and issued 16 March 2021.

中華民國(台灣)專利

1. 鄭芳田、謝曜聲、鄭景文(2016年)。辨識良率損失之根本原因的系統與方法。中華民國專利號碼：I623830；2016年11月2日立案申請，2018年5月11日獲證。

2. 林晉逸、謝昱銘、鄭芳田(2018年)。考慮機台交互作用之辨識良率損失原因的系統與方法。中華民國專利號碼：I660322；2018年11月15日立案申請，2019年5月21日獲證。

中國(大陸)專利

1. 鄭芳田、謝曜聲、鄭景文(2016年)。辨識良率損失之根本原因的系統與方法。中國大陸專利號碼：3405221；2016年11月9日立案申請，2019年6月7日獲證。

2. 林晉逸、謝昱銘、鄭芳田(2018年)。考慮機台交互作用之辨識良率損失原因的系統與方法。中國大陸專利號碼：5180660；2018年11月29日立案申請，2022年5月24日獲證。

韓國專利

1. Cheng, F.T., Hsieh, Y.S., and Zheng, J.W. (2017). System and method for identifying root causes of yield loss. KR Patent 10-2003961, filed 19 June 2017 and issued 19 July 2019.

參考文獻

[1]　Briand, L. C., Basili, V. R. and Thomas, W. M. (1992). A pattern recognition approach for software engineering data analysis. *IEEE Transactions on Software Engineering* 18 (11): 931-942. https://doi.org/10.1109/32.177363.

[2]　Hong, S. J., Lim, W. Y., Cheong, T. et al. (2012). Fault detection and classification in plasma etch equipment for semiconductor manufacturing e-Diagnostics. *IEEE Transactions on Semiconductor Manufacturing* 25 (1): 83-93. https://doi.org/10.1109/TSM.2011.2175394.

[3]　Tsuda, T., Inoue, S., Kayahara, A. et al. (2015). Advanced semiconductor manufacturing using big data. *IEEE Transactions on Semiconductor Manufacturing* 28 (3): 229-235. https://doi.org/10.1109/TSM.2015.2445320.

[4]　Lee, F. and Smith, S. (1998). Yield analysis and data management using yield manager^{TM}. Proceedings of the IEEE/SEMI Advanced Semiconductor Manufacturing Conference and Workshop, Boston, MA, USA (19-30 September 1998). USA: IEEE.

[5]　Chen, A. and Hong, A. (2010). Sample-efficient regression trees (SERT) for semiconductor yield loss analysis. *IEEE Transactions on Semiconductor Manufacturing* 23 (3): 358-369. https://doi.org/10.1109/TSM.2010.2048968.

[6]　Chien, C. F., Wang, W. C. and Cheng, J. C. (2007). Data mining for yield enhancement in semiconductor manufacturing and an empirical study. *Expert Systems with Applications* 33 (1): 192-198. https://doi.org/10.1016/j.eswa.2006.04.014.

[7]　Hsu, C. Y., Chien, C. F., Lin, K. Y. et al. (2010). Data mining for yield enhancement in TFT-LCD manufacturing: an empirical study. *Journal of the Chinese Institute of Industrial Engineers* 27 (2): 140-156. https://doi.org/10.1080/10170660903541856.

[8]　Ing, C.K. and Lai, T. L. (2011). A stepwise regression method and consistent model selection for high-dimensional sparse linear models. *Statistica Sinica* 21 (4): 1473-1513. https://doi.org/10.5705/ss.2010.081.

[9]　Tibshirani, R. (1996). Regression shrinkage and selection via the LASSO. *Journal of the Royal Statistical Society. Series B* 58 (1): 267-288. http://www.jstor.org/stable/2346178.

[10]　Hastie, T., Tibshirani, Robert and Friedman, J. (2009). *The Elements of Statistical Learning: Data mining, Inference, and Prediction, 2nd Edition*. USA: Springer.

[11]　Cheng, F.T., Hsieh, Y.S., Zheng, J.W. et al. (2017). A scheme of high-dimensional key-variable search algorithms for yield improvement. *IEEE Robotics and Automation Letters* 2 (1): 179-186. https://doi.org/10.1109/LRA.2016.2584143.

[12] Cheng, F.T., Chen, Y.T., Su, Y.C. et al. (2008). Evaluating reliance level of a virtual metrology system. *IEEE Transactions on Semiconductor Manufacturing* 21 (1): 92-103. https://doi.org/10.1109/TSM.2007.914373.

[13] Port, D., Kazman, R, Nakao, H. et al. (2007). Practicing what is preached: 80/20 rules for strategic IV & V assessment. *Proceedings of the 2007 IEEE International Conference on Exploring Quantifiable IT Yields*, Amsterdam, Netherlands (19-21 March 2007). USA: IEEE.

[14] Singson, M. and Hangsing, P. (2015). Implication of 80/20 rule in electronic journal usage of UGC-Infonet consortia. *The Journal of Academic Librarianship* 41 (2): 207-219. https://doi.org/10.1016/j.acalib.2014.12.002.

[15] Draper, N. R. and Smith, H. (1998). *Applied Regression Analysis, 3rd Edition*. New York: Wiley.

[16] Cheng, F.T., Lin, C.Y., Chen, C.F. et al. (2017). Blind-stage search algorithm for the key-variable search scheme. *IEEE Robotics and Automation Letters* 2 (4): 1840-1847. https://doi.org/10.1109/LRA.2017.2708132.

[17] Sen ,A. and Srivastava, M. (1997). *Regression Analysis: Theory, Methods and Applications*. New York: Springer.

[18] Lin, C.Y., Hsieh, Y.M., Cheng, F.T. et al. (2018). Interaction-effect search algorithm for the KSA scheme. *IEEE Robotics and Automation Letters* 3 (4): 2778-2785. https://doi.org/10.1109/LRA.2018.2838323.

[19] Dumitru, I., Li, F., Wiley, J. B. et al. (2006). Interaction effects analysis of FMR spectra on dense nanowire systems. *IEEE Transactions on Magnetics* 42 (10): 3225-3227. https://doi.org/10.1109/TMAG.2006.880139.

[20] Trusca, O. C., Cimpoesu, D., Lim, J.H. et al. (2008). Interaction effects in Ni nanowire arrays. *IEEE Transactions on Magnetics* 44 (11): 2730-2733. https://doi.org/10.1109/TMAG.2008.2001501.

[21] Hong, A. and Chen. A. (2012). Piecewise regression model construction with sample efficient regression tree (SERT) and applications to semiconductor yield analysis. *Journal of Process Control* 22 (7): 1307-1317. https://doi.org/10.1016/j.jprocont.2012.05.017.

[22] Hao, N. and Zhang. H. H. (2014). Interaction screening for ultrahigh-dimensional data. *Journal of the American Statistical Association* 109 (507): 1285-1301. https://doi.org/10.1080/01621459.2014.881741.

[23] Taylor, R. (1990). Interpretation of the correlation coefficient: A basic review. *Journal of Diagnostic Medical Sonography* 6 (1): 35-39. https://doi.org/10.1177%2F875647939000600106.

智慧製造應用案例

11

鄭芳田、邱煜程、謝昱銘、
丁顥、林晉逸、黃憲成

11.1　簡介

　　本章演示的智慧製造實作案例，採用工業4.1相關技術[虛實整合代理人(Cyber-Physical Agent, CPA)、先進製造物聯雲(Advanced Manufacturing Cloud of Things, AMCoT)、全自動虛擬量測(Automatic Virtual Metrology, AVM)、智慧型預測保養(Intelligent Predictive Maintenance, IPM)、及智慧型良率管理(Intelligent Yield Management, IYM)]於七個產業，包含面板、半導體、太陽能電池、汽車、航空、碳纖、及吹瓶機。

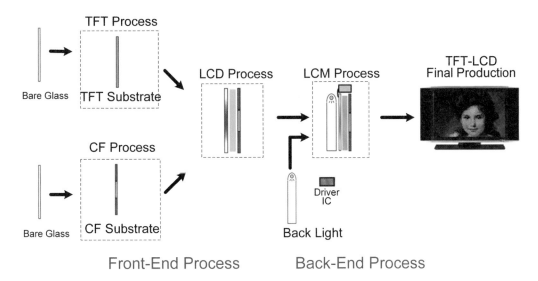

圖 11.1 TFT-LCD 製造流程

來源：經同意由[1]重製© 2015 IEEE

11.2　應用案例一：薄膜電晶體液晶顯示器(TFT-LCD)產業

　　AVM與IYM皆已部署到薄膜電晶體液晶顯示器(TFT-LCD)產業。在此先演示AVM部署再接著展示IYM部署。

11.2.1　TFT-LCD 產業之全自動虛擬量測(AVM)部署案例

　　作者由衷感謝奇美電子(Chi Mei Optoelectronics Corporation, Ltd., CMO)提供本AVM應用案例所使用的原始資料。

11.2.1.1 TFT-LCD生產機台與製造流程之AVM部署簡介

如圖11.1所示，TFT-LCD製造流程包含四個製程：薄膜電晶體(Thin Film Transistor, TFT)、彩色濾光片(Color Filter, CF)、液晶顯示器(Liquid Crystal Display, LCD)、及液晶模組(Liquid Crystal Module, LCM)。首先，在TFT製程中，電晶體會生成在玻璃載體表面。第二道CF製程，將紅、綠、藍三種色源在玻璃片上生成。第三道LCD製程，TFT載體會與CF載體相互聯結。最後，在LCM製程中，相關零件如驅動晶片與背光模組，會組裝成最終產品。在這四道製程中，TFT、CF、及LCD製程被稱作前段製程，前段製程需要高度自動化。而LCM製程也被稱作後段製程，則需要大量勞力。本研究聚焦於前段製程。

A. TFT製程

TFT製程分為五層，包含閘極(Gate)、半導體(Semiconductor)、資料(Data)、保護(Protection)、以及銦錫氧化(Indium Tin Oxide, ITO)層。每一層包含6道製程：薄膜(Film Deposition)、正向光阻塗佈(Positive Photoresist Coating)、曝光(Exposure)、顯影(Developing)、蝕刻(Etching)、以及光阻去除(Stripping)等。塗佈、曝光、及顯影合併稱為黃光步驟。如圖11.2所示，半導體層為TFT製程內最複雜的製程流程。

半導體製程流程的第一步驟為薄膜製程，其經由化學氣象沉積(Chemical Vapor Deposition, CVD)機台進行兩次沉積以精進生產良率。如圖11.3，共有三層不同的薄膜(G、I、及N層)沉積在載體上。G層為矽甲烷、氨、氮所組成的閘極絕緣體(Gate Insulator)，I層係由矽甲烷及氫所形成的本質非晶矽。N層係由矽甲烷、氫、及磷化氫所沉積的N+非晶矽。G層進一步分為G1及G2兩層來優化生產良率。檢視圖11.2(a)左下方，第一道沉積製程為鍍上G1層(稱為Stage-I)，G1層的厚度會被抽樣檢測；而第二道沉積製程為鍍上G2的I及N層(稱為Stage-II)，G層(=G1+G2)的厚度會被抽樣檢測。

如圖11.2所示，在黃光步驟中，玻璃會經過光阻塗佈(Coating)、曝光(Exposure)、及顯影(Developing)製程，然後收集抽檢量測值(關鍵尺寸，線寬CD值)。接著，經過蝕刻製程以及蝕刻深度的抽樣量測。最後，在光阻去除製程將移除在玻璃片上的光阻，此步驟完成後會進行金屬寬度的抽樣量測。

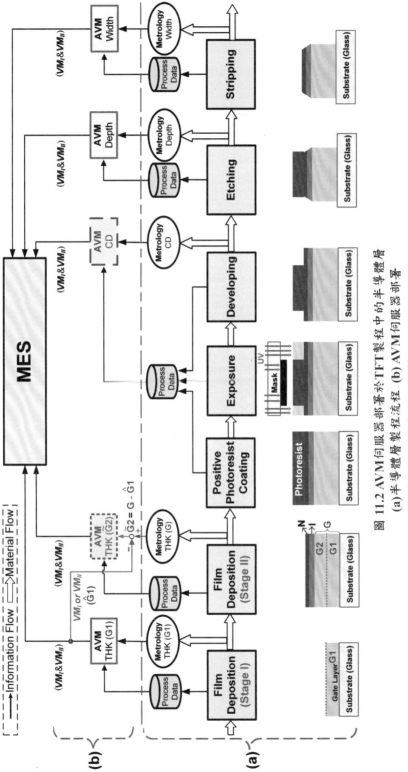

圖 11.2 AVM伺服器部署於TFT製程中的半導體層
(a)半導體層製程流程 (b) AVM伺服器部署
來源：經同意引用[1]並重製 © 2015 IEEE

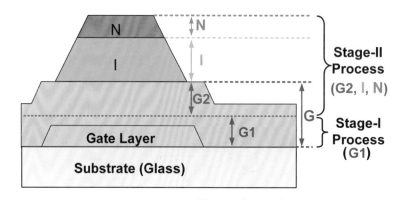

圖 11.3 CVD製程之薄膜結構
來源：經同意由[1]重製© 2015 IEEE

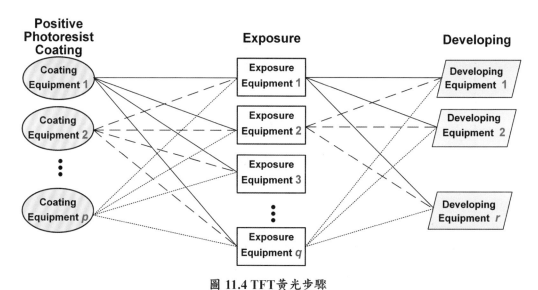

圖 11.4 TFT黃光步驟
來源：經同意由[1]重製© 2015 IEEE

　　TFT黃光步驟包含光阻塗佈、曝光、及顯影製程，如圖11.4所示，產品會經過某一部塗佈機台(共p部機台)、某一部曝光機台(共q部機台)、及某一部顯影機台(共r部機台)。因此需要p×q×r套VM模型以維持VM預測精度。在此案例中，傳統方法是逐一使用個別機台的歷史資料來建立VM模型，這樣會造成大量人力作業以及模型建立時間，使得無法做到VM快速部署。因此，一套完整的VM系統應具備自動擴散與模型更新能力，以解決上述問題。

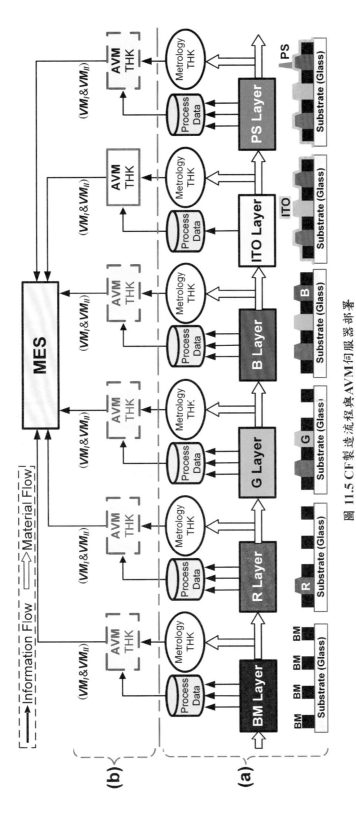

圖 11.5 CF製造流程與AVM伺服器部署

(a) CF製造流程 (b) AVM伺服器部署

來源：經同意由[1]重製© 2015 IEEE

B. CF製程

如圖11.5(a)所示，CF製造流程包含黑色陣列(BM)、紅(R)、綠(G)、藍(B)、銦錫氧化(ITO)、及黃光間隙(PS)層。這些層主要功能描述如下，BM會遮蓋TFT的漏光；R、G、B層會組合形成各種色彩；ITO層控制液晶方向；PS會固定TFT與CF。除了ITO層，其他製程與TFT黃光步驟皆相同。然而，TFT黃光步驟會混合使用光阻塗佈、曝光、及顯影機台(如圖11.5)；而CF製程中的R、G、B、及PS則是採用光阻塗佈、曝光、及顯影的串聯機(Inline-Type Tools)。以CF黃光製程的PS層為例，在圖11.6(a)中，玻璃會經過負向光阻塗佈、曝光、及顯影，然後進行PS厚度抽樣量測。

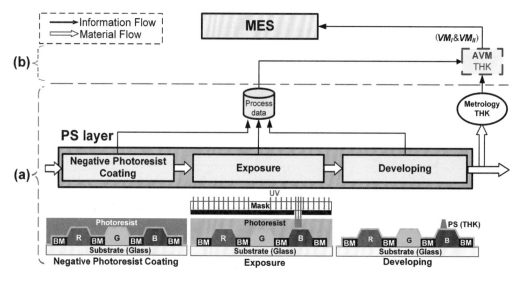

圖 11.6 CF製造流程之PS層與AVM伺服器部署
(a) PS層流程　(b) AVM伺服器部署
來源：經同意由[1]重製© 2015 IEEE

C. LCD製程

如圖11.7(a)所示，LCD製程包含6個步驟：配向膜印刷、框膠塗佈、液晶注入、組裝、切割、及偏光板貼合。這6個步驟的作業描繪在圖11.7(a)下半部。在這6個步驟中，抽樣量測會在配向膜印刷、切割、偏光板貼合製程完成後立即進行，其量測值分別為印刷厚度、切割位置、及偏光板位置。框膠塗佈製程中並不會執行抽樣量測(膠水寬度)，需等到組裝作業完成。最後，液晶注入與組裝的量測值分別為液晶層間隙及標記偏移量，也需等到組裝作業完成後才進行抽樣量測。

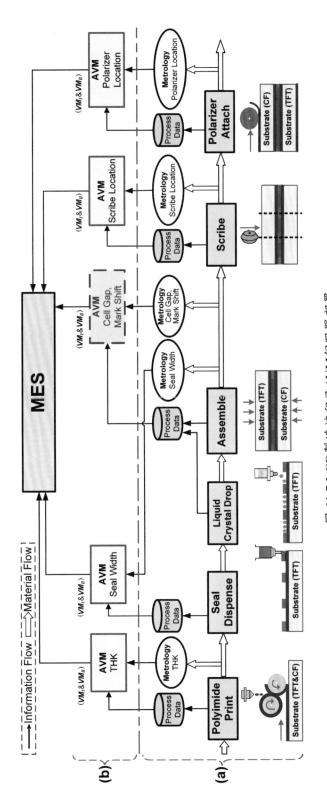

圖 11.7 LCD製造流程及AVM伺服器部署
(a) LCD製造流程 (b) AVM伺服器部署
來源：經同意由[1]重製© 2015 IEEE

11.2.1.2 TFT-LCD製程之AVM部署模式

如圖8.6所示，AVM伺服器的輸入為製程資料與抽樣量測資料；其中製程資料包含由量測資料反映出影響製程表現的關鍵因子。以上述條件為依據，TFT、CF、及LCD製程階段之AVM伺服器部署分別如圖11.2(b)、圖11.5(b)、與圖11.7(b)所示。圖11.2(b)、圖11.5(b)、及圖11.7(b)顯示單階(Single-Stage)、雙階(Dual-Stage)、機台協作(Cooperative-Tools)三種部署模式(AVM區塊分別為紅色、綠色、藍色)。

A. 單階(Single-Stage) AVM部署[圖11.2(b)、圖11.5(b)、圖11.7(b)之紅色區塊]

單階模式係指從目標機台收集製程資料與其對應的抽樣量測資料(從該機台完成加工後進行抽樣量測)。如圖8.6顯示VM架構採用單階模式的AVM伺服器部署。

B. 雙階(Dual-Stage) VM部署[圖11.2(b)之綠色區塊]

如圖11.3所示，雙階只要為了預測薄膜製程的G2 (Stage II)值而設計。在圖11.2左半部顯示雙階部署方案連接了2部製程機台。有關於雙階VM部署架構細節可見於圖11.8。

一般而言，產線會從20個卡匣中抽選取其中一個，並從該卡匣中取5到6片玻璃(每一反應室選一片)，作為品質監控量測的玻璃。因此，當一部機台具有5/6個反應室時，會選擇100/120個玻璃片中的一個作為該特定反應室的量測片。舉一個典型的案例，Stage I機台具有5個反應室，而搭配的Stage II機台則具有6個反應室。在此案例中，某一片玻璃被量測到G1及G厚度的機會只有$(1/100) \times (1/120) = 1/12000$。因為機率太小，所以需要雙階VM部署架構(如圖11.8)以完整監控每一片玻璃G1及G2厚度的品質。

在Stage I，前製程機台的VM方案是採用單階建置；而後製程機台的VM方案則建立於Stage II。Stage II AVM伺服器所需要的製程資料是從後製程機台收集而來；而需要的量測資料($\tilde{G}2$)是由Stage I VM輸出($\hat{G}1$)及Stage II製程(G)的實際量測中得到：

$$\tilde{G}2 = G - \hat{G}1. \tag{11.1}$$

式(11.1)實作於圖11.8中的紅點區塊。式(11.1)中，$\tilde{G}2$代表合成的G2，$\hat{G}1$則是AVM$_{G1}$伺服器的G1 VM值(Stage I輸出)。如此，$\hat{G}1$的品質就可以用其伴隨的RI/GSI

$(RI_{\hat{G}1}/GSI_{\hat{G}1})$值來檢驗。將Stage II機台(處理G2層)的製程資料以及$\tilde{G}2$送至AVM_{G2}伺服器，則G2 VM值($\hat{G}2$)及其伴隨的RI/GSI值$(RI_{\hat{G}2}/GSI_{\hat{G}2})$即可用來評估$\hat{G}2$的品質。

C. 機台協作(Cooperative-Tools) AVM部署[圖11.2(b)、11.5(b)、11.7(b)的藍色區塊]

最終，機台協作模式必須從多個協作工具中依次收集製程資料以及加工後的量測資料。舉例來說，如圖11.2的中間部分所示，AVM伺服器(藍色區塊)會收集正向光阻塗佈(Coating)機台中某一片玻璃的製程資料，然後是曝光(Exposure)機台、最後是顯影(Developing)機台(所謂的協同作業機台)；AVM伺服器也會在顯影作業完成後收集量測資料(CD)。在TFT-LCD製造中有兩種不同的協作模式，一種為組合式(如圖11.4所示)、另一種是串聯模式(如圖11.6所示)。

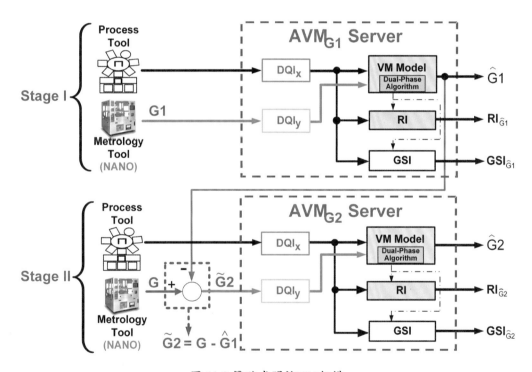

圖 11.8 雙階式間接VM架構

來源：經同意由[1]重製© 2015 IEEE

D. 虛擬卡閘概念

在TFT-LCD製造中，每一卡閘裝有30片玻璃，每一機台可能有5或6個反應室(Chambers)。為了縮減生產週期時間，當卡閘到達機台後，該卡閘中全部的玻璃片都會被逐一卸載，然後隨機地將玻璃傳送到該機台中可以進行加工的反應室。

加工完成的玻璃片則會載入另一個新卡閘中(卡閘依照先進先出規則)。如此結果，在卡閘中的某一玻璃片可能會被幾個反應室搭配加工。一般而言，僅5或6片玻璃(每個反應室1片)會被挑選來量測以進行品質監控。依據前述可接受的預測精度，因為大部分的玻璃片並不是在同一個反應室中進行加工，我們無法使用單一VM模型(被建立且專用在某一反應室)來預測一個卡閘中全部玻璃片的VM值。為解決此問題，作者提出了虛擬卡閘的概念。

一個虛擬卡閘會包含數個玻璃片以及一個量測片；且這些玻璃片都由同一個反應室加工。此外，卡匣開始逐一收集在該特定反應室內所加工的玻璃片，直到取得該反應室量測片之量測資料為止。該虛擬卡閘概念可藉由軟體實現。在TFT-LCD製造中實施虛擬卡閘後，雙階VM方案的表現相當好，意指最後一個虛擬卡閘的Phase-II流程(圖8.7中先進雙階段VM演算法)可以重新開始計算該虛擬卡閘中每一玻璃片之VM$_{II}$與其伴隨的RI/GSI。然而，為確認某一玻璃片之VM精度，就必須有該玻璃片之實際量測資料來做比較，所以這些沒實際量測資料之玻璃片的VM值不會顯示在接下來章節中的案例中。

11.2.1.3 案例說明

為示範TFT-LCD製造中全廠部署的可行性，本節將展示4個案例包括單階、雙階、及機台協同(含組合式與串聯式)模式的AVM部署。前兩個案例為圖11.2左半部與圖11.3所示的CVD製程導入單階及雙階模式。其餘兩個案例分別為TFT黃光(圖11.2中間)與CF黃光(圖11.6)之組合式及串聯式機台協作模式。所有從收集到的實驗資料皆由奇美電子第五代TFT-LCD工廠中製程機台取得。

倒傳遞類神經網路(BPNN)與偏最小平方迴歸(PLS)可運用於建立VM預測模型。我們設預測VM值為$\hat{y}_i$、實際量測值為y_i、目標值y、及樣本數n，預測精度則分別用(11.2)與(11.3)中之平均絕對誤差百分比(MAPE)與最大誤差(Max Error)來表示。當MAPE與Max Error越接近0，即代表預測精度越好。

$$MAPE = \frac{\sum_{i=1}^{n}|(\hat{y}_i - y_i)/y|}{n} \times 100\%. \tag{11.2}$$

$$Max\ Error = \max\left\{\frac{|(\hat{y}_i - y_i)|}{y} \times 100\%,\ i = 1, 2, ..., n\right\}. \tag{11.3}$$

A. 單階模式案例

在圖11.2中，Stage-I薄膜製程是TFT製造中的第一步驟，CVD製程薄膜結構如圖11.3所示。Stage-I製程會鍍上G1層並且量測G1層的厚度，Stage-I VM架構中的AVM_{G1}伺服器可見圖11.8。

每一部CVD機台具備5個反應室(Chambers)，為了監控製程品質，在26吋的玻璃上會量測19個點，此案例中會展示其中的A反應室(Chamber A)及第2量測點。依據CVD機台的特性與製程專家的經驗，選出包含氣體流速、溫度、壓力、RF功率等10個製程參數來建立VM模型。此案例共取用了68組量測及製程資料。在該68組的資料中，前44組被用來建立AVM_{G1}模型，其餘24組則是用來評估G1 VM預測精度。

第2點VM結果如圖11.9，Phase-I NN-Based VM值(NN_I)及Phase-II NN-Based VM值(NN_{II})的MAPE分別為0.45%及0.30%。實際上，全部19個量測點的平均NN_I MAPE為0.58%，落於規範內(2%)。進一步來說，圖11.9中所有的樣本點之Phases-I & II RI (RI_I and RI_{II})值皆大於RI門檻值($RI_T=0.7$)，且所有Phases-I & II相似度指標(GSI_I and GSI_{II})值都小於GSI門檻值($GSI_T=9$)，這表示NN_I與NN_{II}值皆可信賴，並且沒有偏移的狀況發生。

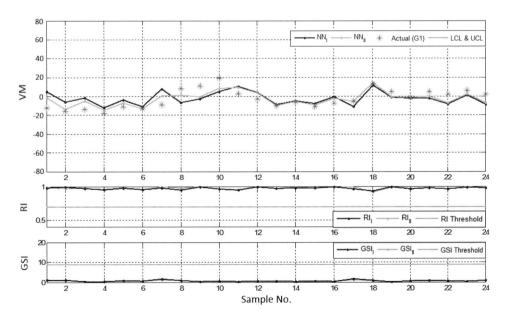

圖 11.9 單階案例：第2量測點的Stage-I VM結果
LCL: Lower Control Limit 控制值下限；UCL: Upper Control Limit 控制值上限
來源：經同意由[1]重製© 2015 IEEE

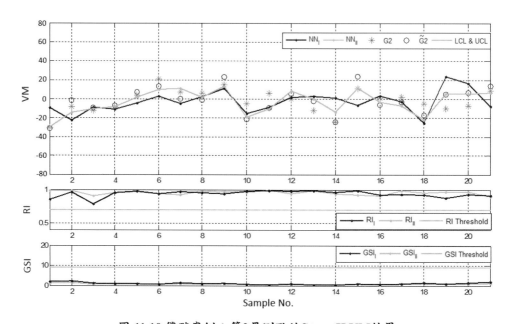

圖 11.10 雙階案例：第2量測點的Stage-II VM結果
LCL: Lower Control Limit 控制值下限；UCL: Upper Control Limit 控制值上限
來源：經同意由[1]重製© 2015 IEEE

B. 雙階案例

在圖11.2中，Stage-II薄膜製程為TFT製造的第二步驟。如圖11.3所示，G2層會在Stage-II製程中被鍍上並且進行G (=G1+G2)層的厚度量測。圖11.8下半部所展示的是Stage-II VM架構之AVM$_{G2}$伺服器及$\tilde{G}2$=G-$\hat{G}1$。

每一Stage-II CVD機台具備6個反應室，為了進行品質監控，會在26吋的玻璃上量測19個點位。再一次選取A反應室及第2量測點來進行演示。CVD機台中10個關鍵製程參數被選取作為VM模型的輸入值，而從單階案例中所得之Stage-I VM預測($\hat{G}1$)會提供給本案例中執行AVM$_{G2}$方案時使用。本案例共有47個樣本，其中前26個樣本被用來建立AVM$_{G2}$模型，其餘21個樣本則被用以評估G2 VM預測精度。

VM結果顯示於圖11.10，G2與$\tilde{G}2$皆顯示於圖11.10。實際G2 (=G-G1)值可直接由量測同一片玻璃的G及G1值得到，也會計算其MAPE。而$\tilde{G}2$ (=G-$\hat{G}1$)值會經由雙階段(Dual-Phase) VM演算法重新訓練過的VM模型來提供，其第2量測點的NN$_{I}$ and NN$_{II}$ MAPE分別為0.74%與0.43%，且全部19個量測點的平均NN$_{I}$ MAPE為0.77%，在精度範圍之內(2%)。此外，全部測試樣本的RI$_{I}$、RI$_{II}$、GSI$_{I}$、及GSI$_{II}$皆未超過他們的門檻值；代表VM結果是可被信賴的。

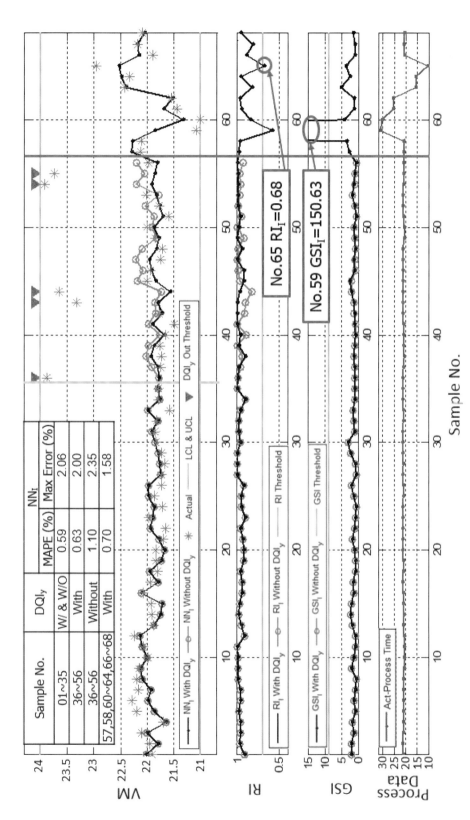

圖 11.11 機台協作模式之組合式案例：第 13 量測點之 VM$_\text{I}$ 結果

來源：經同意由[1]重製 © 2015 IEEE

C. 機台協作[組合式]案例

圖11.2中間為機台協作模式中組合式案例,並應用在TFT黃光製程(光阻塗佈/曝光/顯影),其中組合方式的解說如圖11.4所示。在示範的第五代TFT工廠中,擁有8部光阻塗佈機台、7部曝光機台、以及10部顯影機台;因此,本機台協作模式案例總共有560種組合。在這560種組合中,7-7-6是最常被使用的途程;因此,該途徑具有最多的歷史資料可用來建立首組VM模型。針對其他組合所需的VM模型,則由第8章所述之自動模型更新機制來產生。

一個14.1吋的玻璃有16個量測點,本案例採用第13量測點CD的VM結果來示範。根據黃光製程機台的物理特性,共有21個關鍵製程參數會納入VM模型建立,如塗佈機台的塗佈溫度與玻璃厚度、曝光機台的燈光照明與曝光能量、以及顯影機台的顯影時間(Act-Process Time)與噴灑溫度(Spray Temperature for Developing Equipment)等。本案例共收集了178組量測與製程資料,前110組會用來建立VM模型,後68組用以評估預測精度。第13量測點的NN_I結果如圖11.11所示。

AVM系統會計算量測資料的資料品質指標(DQI_y)以避免異常量測資料被用來調整或訓練VM模型,以確保VM預測精度。觀察圖11.11,樣本36、43、44、54、及55的量測資料品質被DQI_y演算法偵測出異常;而這些樣本發生異常是因為錯誤的量測。錯誤量測可見圖11.12所示;正確長度應是從L1到R1,但量測長度卻是從L1量到R2。

圖11.11也展示了DQI_y演算法之重要性;在圖11.11的左半部,前35個樣本NN_I MAPE值為0.59%,因為量測資料在這區間皆無異常,所以是否採用DQI_y演算法並無差異。然而,在樣本36~56的區間,採用與不採用DQI_y演算法的NN_I MAPE值分別為0.63%與1.11%;須注意的是,為公平起見,樣本36~56區間的MAPE值不應把異常量測樣本(第36、43、44、54、及56)計入。總結來說,VM預測若採用了DQI_y演算法會有較好的表現。

緊接著,我們共採用了12個實驗組(樣本57~68)來展示VM預測在偏離目標而趨向下管制界限(LCL)或上管制界限(UCL)的表現。在這12組實驗中,特別選了樣本59~65來進行CD值偏移測試以調整黃光機台的其中一個主要參數(Act-Process Time, 顯影時間)。觀察樣本59,顯影時間的參數值從21偏移到31。因此,GS_{II}值變成150.63,超過了門檻值GSI_T (=9),而且RI_I值(0.58)小於RI_T (=0.7),這兩個指標警示VM品質不佳,其預測不能被VM採用。在此情況下,若需要可靠的量測值,就須要執行實際量測。事實上,樣本59的VM_I及實際量測值分別為21.84及21.08;

反映了約3.5%的誤差，代表VM精度差，不適合被採用。而應用雙階段VM演算法之後，樣本59之製程資料和與其對應的實際量測值會被使用來調整VM、RI、及GSI模型，即使在樣本60的主要參數(顯影時間)值仍然為30.6的情況下，其VM_I、RI_I、及GSI_I預測值的精度依然準確。因此，如圖11.11所示，從樣本61開始，顯影時間值依序被調整為25.5、25.6、15.8、15.9、及11.6；最後再回到20.7、20.9、及20.8。觀察樣本61~68的RI_I與GSI_I值，只有樣本65的RI_I (0.68)小於RI_T (0.7)，代表樣本65的VM_I值是不可靠的。

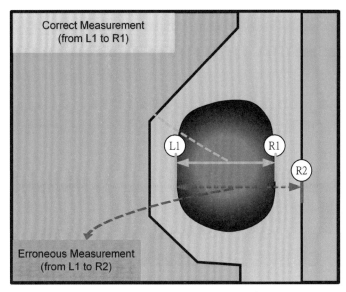

圖 11.12 一個錯誤量測的說明
來源：經同意由[1]重製© 2015 IEEE

D. 機台協作[串聯式]案例

在CF製造流程中，PS層的加工流程如圖11.6所示，包含了光阻塗佈、曝光、顯影，此為機台協作模式中的串聯式案例。根據PS機台協作的物理特性，七個主要的製程參數包含燈泡特性(Lamp Identity)、累積曝光時間、總放電量、泵速速率、烘烤時間、溫度、及光罩使用次數(Mask Count)被選為VM模型的輸入參數。為了檢驗製程品質，會在31.5吋玻璃上量測36個點，在此選擇第1量測點的VM結果來展示。此案例包含150組的樣本資料，前100組用來建立VM模型，剩餘50組則用來評估預測精度。

如圖11.13(a)，第1量測點的NN_I與Phase-I偏最小平方VM (PLS_I)的MAPE分別為0.52%與0.53%。此外，樣本26的RI值小於RI_T (0.7)，因其NN_I與PLS_I VM相似度

低，代表VM結果不可靠。而且，樣本13、14、26、27、及44的GSI值大於GSI_T (9)，因此，採用個體相似度指標(Individual Similarity Index, ISI)以確認發生偏移的真正原因。

樣本13與14的ISI分析顯示根本原因為製程基準的參數發生偏移：如圖11.13(b)，燈泡特性(Lamp Identity)偏移發生在樣本13之前。此外，樣本26、27、與44的ISI分析則顯示總放電量(Total Discharge)發生偏移：如圖11.13(b)，總放電量分別發生偏移在樣本26與44之前。

為展示先進雙階段VM演算法(如圖8.7)在更新/校正模型時如何處理前述的異常(參數偏移)，圖11.13(c)同時顯示了50組的NN_I與NN_{II}測試結果。請留意，圖11.13(c)是在圖8.5中AVM系統的VM客戶端所顯示的圖表。圖11.13(c)中前12個樣本，因製造程序在此區間為穩定狀態，其NN_I與NN_{II}結果幾乎相同。而樣本13之NN_I預測誤差因燈泡特性值由4.1變成7.2而擴大，如圖11.13(b)。此參數偏移也使GSI_I值擴大為68.8 [如圖11.13(a)]。觀察圖11.13(c)，在樣本13的位置出現了藍燈，此藍燈係警告使用者樣本13的$GSI_I > GSI_T$，這代表藍燈是點出樣本13的VM品質顧慮的預警措施。

一旦收到樣本13的實際量測值，先進雙階段VM演算法的第二階段就會執行模型更新/校正，使樣本13的NN_{II}值更接近實際量測值。接下來，系統會收集樣本14的製程資料，並且使用更新後的VM與GSI模型來計算樣本14的NN_I與GSI_I值。如圖11.13(a)，樣本14的GSI_I值降低至18.9，但仍然大於GSI_T，因此樣本14也產生藍燈訊號。同樣地，先進雙階段VM演算法也被應用到接下來的樣本上，如此一來，這些樣本的GSI_I值會逐步減少，甚至到樣本15之後可小於GSI_T值。此外，NN_I值逐步趨近其對應的NN_{II}值甚至兩者重疊；而且，在樣本17之後，NN_I值也相當接近於其對應的實際量測值。

換句話說，因為樣本13發生異常，先進雙階段VM演算法自動更新/校正VM模型，在更新4個樣本之後(#13~#16)，便能恢復VM該有的精度。相同地，其他2個參數在樣本26與44發生偏移；因此，先進雙階段VM演算法使得AVM系統具備自動VM模型更新/校正能力，使樣本29與46的VM精度分別回到該有的水準。觀察圖11.13(c)，樣本26出現了紅燈，此紅燈用以提醒使用者$RI_I < RI_T$ & $GSI_I > GSI_T$，亦即樣本26之VM品質的預警。類似的情形也發生在樣本27與44，亮藍燈代表VM品質有疑慮。

　　前述的參數偏移可能因為機台保養作業、配方/參數調整、或VM模型擴散等
而導致。在機台A與機台B都是同類型機台(例如都為CVD機台)的情況下，可以把
機台A的VM模型部署到機台B，然後機台B執行先進雙階段VM演算法的自動模型
更新/校正功能，使機台B的VM精度在更新3至5個樣本後，能恢復到正常水準。

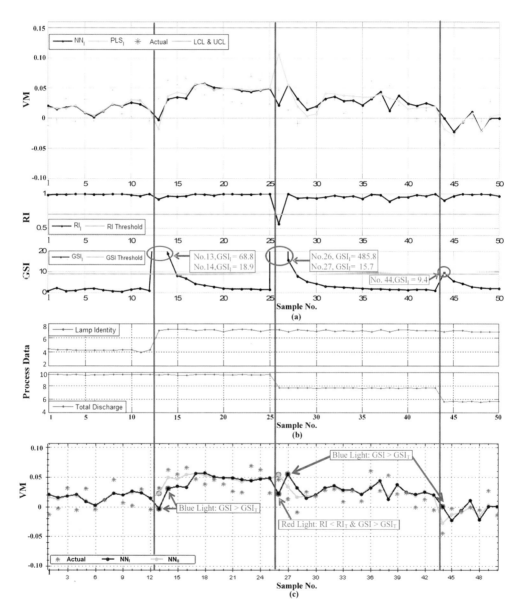

圖 11.13 機台協作的串聯式案例於第1量測點：
(a) NN$_I$與PLS$_I$及其伴隨的RI與GSI；(b)燈泡特性與總放電量；
(c) NN$_I$與NN$_{II}$藍燈及紅燈，藍燈代表GSI > GSI$_T$、紅燈代表RI < RI$_T$ & GSI > GSI$_T$
來源：經同意由[1]重製© 2015 IEEE

11.2.1.4 小結

本節介紹了TFT-LCD製造流程與生產機台，也展示了如何將AVM系統全廠部署到TFT、CF、及LCD製程中。本節定義了三種部署模式包含單階、雙階、及機台協作，並提供此三種模式VM之應用案例。

在LCD製程中，液晶製程的目標值主要取決於CF製程中PS的高度，而R、G和B的厚度也可能對目標值有些微影響。因此，工廠間VM應用程式將CF工廠中生成的每片玻璃的PS、R、G和B的VM值傳送到LCD工廠，以執行製程中逐片(Glass-to-Glass, G2G)之液晶注入控制。由此可證，若採用本節所提出的方法，AVM可以用於全廠TFT-LCD製造，且各種VM應用亦可適用於TFT-LCD產業。

11.2.2　TFT-LCD產業之智慧型良率管理(IYM)部署案例

TFT-LCD產業中的IYM案例如下所示。如圖10.3所示，IYM系統由關鍵參數搜尋演算法(Key-variable Search Algorithm, KSA)機制和Reporting模組所組成。KSA機制的主要功能案例，如下所示。

11.2.2.1 TFT-LCD生產機台與製造流程之IYM部署簡介

TFT-LCD的製造流程如圖11.1所示，主要由薄膜電晶體(Thin-Film Transistor, TFT)、彩色濾光片(Color Filter, CF)、液晶顯示器(Liquid-Crystal Display, LCD)和液晶模組(Liquid Crystal Moudle, LCM)四個製程組成。其中TFT、CF、和LCD等製程要求自動化程度高，在面板製程中稱為前端製程；而以人工為主的LCM製程則稱為後端製程。下列在這些製程中採用了前端製程當做案例。

如圖11.14所示，TFT製程由5個層(layer)組成：Gate、Semiconductor、Data、Protection和Indium Tin Oxide (ITO)層。每一層都包括(Photo Engraving Process, PEP)製程，內含薄膜沉積、光阻塗佈、曝光、顯影、蝕刻和光阻去除。其中光阻塗佈、曝光和顯影製程合併稱為黃光製程。如圖11.15所示，Semiconductor層是這5個層中最複雜的層。

Semiconductor層的第一步是通過化學氣相沉積(Chemical Vapor Deposition, CVD)設備進行薄膜沉積，薄膜厚度為抽樣量測值。在黃光製程中，工件會進行光阻塗佈、曝光、和顯影的過程，並獲取抽樣量測值(關鍵尺寸和線寬)。接著，蝕刻製程結束後則會抽樣量測蝕刻深度的值。最後，去除工件上的光阻。

　　經過圖11.14所示的5個站點(Stage)後，將進行良率測試。良率測試可能會遇到類型1~類型10的良率損失，這可能是由電測失敗、粉塵等引起的各種缺陷所造成。

　　為了完成TFT製造程序，每層都會採用PEP製程；因此在整個TFT過程中總共有5個PEPs。本案例採用TFT製程進行說明。

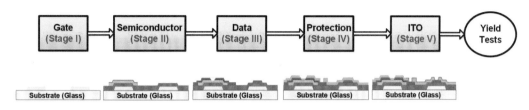

圖 11.14 TFT的製造流程圖

來源：經同意由[2]重製© 2017 IEEE

11.2.2.2　關鍵參數搜尋演算法(KSA)機制導入案例

　　以TFT-LCD的TFT製造數據為例。批(Lot)是TFT生產過程的基本單位。一整批共有28 sheets，每個sheets可切成6 chips。TFT製程中有5個PEPs層，每層由不同數量的設備組成。製程路線的描述，包括層、製程和設備數量，如表11.1所示。

　　蝕刻設備和薄膜沉積設備都包含多個反應室(Chamber)。在本研究中，每個反應室都應被視為不同的設備，而演算法中的每個設備都被視為X_R中的變數。表11.1中顯示所有設備的數量，本案例中共有789個變數。請注意X_R中的各種變數都應表示為設備。因此，生產設備、量測站點、儲存設備和反應室等都應被視為表11.1中所示的設備。

　　缺陷計數是根據10種不同的良率測試類型的chip計算的。缺陷將根據其原因按百分比分配到這10種類型中。例如，某chip存在類型1和類型3良率損失的百分比分別為66%和33%，則該chip的良率測試結果將為[0.66 0 0.33 0 0 0 0 0 0 0]。如果該chip沒有檢測到缺陷，則結果為[0 0 0 0 0 0 0 0 0 0]。每片sheet包含六個chips。因此，一片sheet的缺陷數是所有6個chips的良率測試結果的總合。與TFT-LCD專家討論後，類型2良率損失是最關鍵的缺陷，因此，首先針對9天的時間段內對該缺陷進行分析。

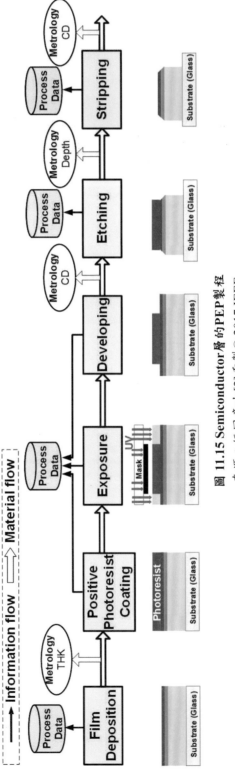

圖 11.15 Semiconductor 層的 PEP 製程

來源：經同意由 [2] 重製 © 2017 IEEE

表 11.1 TFT 製程中的設備總數

來源：經同意由[2]重製© 2017 IEEE

層	製程名稱	設備總數
PEP 1: Gate	薄膜沉積製程(CVD)	34
	黃光製程	25
	蝕刻製程	14
	去光阻製程	11
	量測	43
	其他	13
PEP 2: Semiconductor	薄膜沉積製程(CVD)	70
	黃光製程	25
	蝕刻製程	38
	去光阻製程	11
	量測	33
PEP 3: Data	薄膜沉積製程(CVD)	34
	黃光製程	25
	蝕刻製程	45
	去光阻製程	11
	量測	43
PEP 4: Protection	薄膜沉積製程(CVD)	70
	黃光製程	25
	蝕刻製程	38
	去光阻製程	11
	量測	33
PEP 5: ITO	薄膜沉積製程(CVD)	17
	黃光製程	25
	蝕刻製程	4
	量測	22
其他	退火製程	4
	電性測試	13
	最終修復	26
	儲存設備	26

在9天的時間裡，總共生產了113個lots。但是，經過$\mathbf{X_R}$資料品質指標(DQI_{XR})過濾後，僅保留了104個lots。這104個lots的類型2良率損失累積結果，如圖11.16所示，最大值(6.9)出現在Lot 49。因此，Lot 49類型2良率損失的根本原因搜尋如下。

如圖11.17的步驟2所示，除了$\mathbf{Y}$之外，還需要y和$\mathbf{X_R}$作為搜尋前N名設備的輸入。因此，需要全檢的在線量測資料(Inline Metrology)。但是，在本案例中，數據y僅進行抽樣檢查；所以在這種情況下，僅採用$\mathbf{X_R}$作為KSA的輸入。

Lot 49包含28 sheets，而此TFT製程中共有789個設備。這個高維變量選擇問題有789個$\mathbf{X_R}$變數(p)和28個樣本(n)。良率測試結果($\mathbf{Y}$)為類型2良率損失。應用KSA機制，通過TPOGA和ALASSO搜尋的前10名設備如圖11.18所示。藍底色表示TPOGA和ALASSO都以相同的順序選擇了某個變數，並統計該變數的得分；棕底色表示某個變數被TPOGA和ALASSO以不同的順序選擇，該變數的得分也會被計算在內；而白底色表示TPOGA和ALASSO則是挑選出不同的變數並且沒有重疊，這個變數的得分則不計入。因此，RI_K由(11.4)和(11.5)計算得出。RI_K的結果是0.932，大於門檻值(0.7)。這意味著TPOGA和ALASSO的搜尋結果幾乎相同，因此結果是可靠的。前二名的設備研究如下。

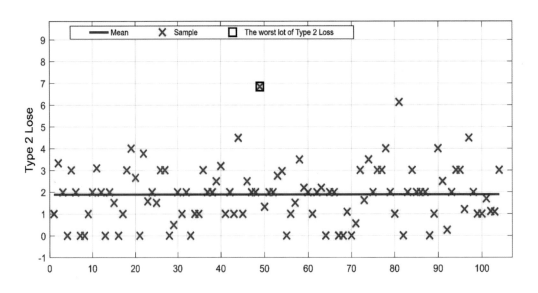

圖 11.16 類型2良率損失的累積結果散佈圖
來源：經同意由[2]重製© 2017 IEEE

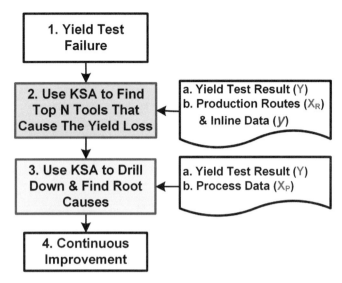

圖 11.17 應用KSA機制搜尋良率損失根本原因的流程

來源：經同意由[2]重製© 2017 IEEE

$$FS_l = \begin{cases} \dfrac{OS_l}{\sum\limits_{l=1}^{3} OS_l} \times 0.8, \text{ when pick order is } 1, 2, 3. \\[4ex] \dfrac{OS_l}{\sum\limits_{l=4}^{10} OS_l} \times 0.2, \text{ when pick order is } 4, 5, ..., 10. \end{cases} \tag{11.4}$$

其中OS_l是原始分數，FS_l是最終分數，而l=1, 2, ..., 10是選擇順序。

$$RI_K = \sum_{i=1}^{10} \sum_{j=1}^{10} \left(\frac{FS_{Oi} + FS_{Lj}}{2} \right) \text{ if } O_i = L_j \tag{11.5}$$

其中

FS_{Oi} 在KSA模組內的O_i之最終得分；

FS_{Li} 在KSA模組內的L_j之最終得分；

O_i 在KSA模組內的TPOGA之第i個的選擇變數，

     i=1, 2, 3, ..., 10；

L_j 在KSA模組內的ALASSO之第j個的選擇變數，j=1, 2, 3, ..., 10。

$RI_K = 0.932$
Key-Variables from KSA Search

Pick Order	TPOGA	ALASSO
1	O_1 : PEP4 : CVD : Eq 7 Ch B	L_1 : PEP4 : CVD : Eq 7 Ch B
	FS_{O_1} : 0.8 * (1.0 / 2.7) = 0.296	FS_{L_1} : 0.8 * (1.0 / 2.7) = 0.296
2	O_2 : PEP2 : CVD : Eq A Ch A	L_2 : PEP2 : CVD : Eq A Ch A
	FS_{O_2} : 0.8 * (0.9 / 2.7) = 0.267	FS_{L_2} : 0.8 * (0.9 / 2.7) = 0.267
3	O_3 : PEP4 : CVD : Eq 7 Ch C	L_3 : PEP4 : CVD : Eq 7 Ch C
	FS_{O_3} : 0.8 * (0.8 / 2.7) = 0.237	FS_{L_3} : 0.8 * (0.8 / 2.7) = 0.237
4	O_4 : PEP4 : CVD : Eq 7 Ch D	L_4 : PEP1 : PVD : Eq 1 Ch 4
	FS_{O_4} : 0.2 * (0.7 / 2.8) = 0.050	FS_{L_4} : 0.2 * (0.7 / 2.8) = 0.050
5	O_5 : PEP2 : CVD : Eq A Ch B	L_5 : PEP1 : PVD : Eq 1 Ch 5
	FS_{O_5} : 0.2 * (0.6 / 2.8) = 0.043	FS_{L_5} : 0.2 * (0.6 / 2.8) = 0.043
6	O_6 : PEP4 : CVD : Eq 7 Ch E	L_6 : PEP2 : CVD : Eq A Ch B
	FS_{O_6} : 0.2 * (0.5 / 2.8) = 0.036	FS_{L_6} : 0.2 * (0.5 / 2.8) = 0.036
7	O_7 : PEP2 : CVD : Eq A Ch C	L_7 : PEP4 : CVD : Eq 7 Ch A
	FS_{O_7} : 0.2 * (0.4 / 2.8) = 0.029	FS_{L_7} : 0.2 * (0.4 / 2.8) = 0.029
8	O_8 : PEP1 : PVD : Eq 1 Ch 4	L_8 : PEP4 : CVD : Eq 7 Ch E
	FS_{O_8} : 0.2 * (0.3 / 2.8) = 0.021	FS_{L_8} : 0.2 * (0.3 / 2.8) = 0.021
9	O_9 : PEP4 : CVD : Eq 7 Ch A	L_9 : PEP2 : CVD : Eq A Ch E
	FS_{O_9} : 0.2 * (0.2 / 2.8) = 0.014	FS_{L_9} : 0.2 * (0.2 / 2.8) = 0.014
10	O_{10} : PEP2 : CVD : Eq A Ch D	L_{10} : PEP2 : CVD : Eq A Ch D
	$FS_{O_{10}}$: 0.2 * (0.1 / 2.8) = 0.007	$FS_{L_{10}}$: 0.2 * (0.1 / 2.8) = 0.007

圖 11.18 X_R搜尋的RI_K結果
來源：經同意由[2]重製© 2017 IEEE

　　如圖11.19所示，第一名的設備為Protection層的薄膜沉積製程中的Eq 7內之 Ch B；而第二名的設備是Semiconductor層的薄膜沉積製程中的Eq A內之Ch A。圖 11.19(a)顯示，在這28個sheets中，8個類型2良率損失工件中有3個工件是通過第一 名的設備。此外，圖11.19(b)呈現，類型2良率損失工件中的另外3個工件則通過第 二名的設備。為能更進一步找出根本原因，應該將Y和X_P輸入KSA機制來執行。 如圖11.17的步驟3。

　　在此案例中，選擇第二名的設備進行說明。第二名的設備的製程數據(X_P)有 27個變數。對第二名的設備所屬的同一製程的所有設備進行KSA分析後，其X_P搜 尋的RI_K值為0.864 (>0.7)，如圖11.20所示。因此，搜尋結果是可靠的；其顯示， 第一名的變數是控制電壓(Control Voltage)。

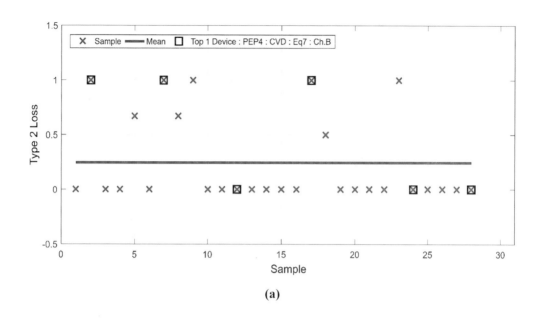

(a)

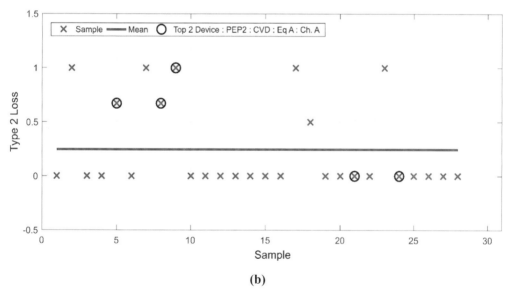

(b)

圖 11.19 Lot 49 上類型 2 良率損失的 KSA 機制搜尋結果
(a)第一名設備：Protection 層的薄膜沉積製程中的 Eq 7 內之 Ch B
(b)第一名設備：Semiconductor 層的薄膜沉積製程中的 Eq A 內之 Ch A
來源：經同意由[2]重製© 2017 IEEE

　　為確認「控制電壓」是根本原因，繪製了 Eq A 的所有 5 個反應室(A-E)的「控制電壓」值並通過盒鬚圖來進行驗證，並執行假設檢定，如圖 11.21 所示。p 值

(=0.002)小於0.05，這表示紅圈中A反應室的「控制電壓」值確實顯著小於其他反應室。因此，造成這種類型2良率損失的根本原因是由於在A反應室的「控制電壓」中發現的異常。

　　KSA機制是在具有i5-3450@3.10 GHz CPU、6.0 GB RAM和1 TB硬碟的電腦中實施。以上述案例為例，圖11.17所示的步驟2(用於搜尋關鍵站點)和步驟3(用於搜尋最可疑站點內的關鍵因子)的執行時間分別為1.22秒和1.36秒。

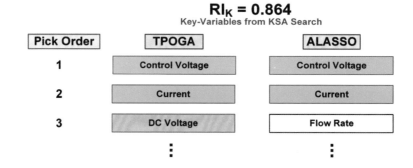

圖 11.20 X_p 搜尋的 RI_K 結果

來源：經同意由[2]重製© 2017 IEEE

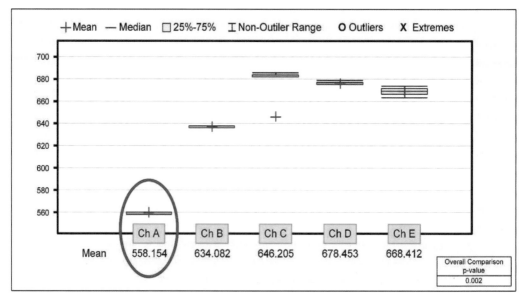

圖 11.21 Eq A 內之 Ch A 的根本原因(控制電壓，Control Voltage)分析

來源：經同意由[2]重製© 2017 IEEE

11.2.2.3 小結

本案例採用兩階段程序來應用KSA機制去搜尋良率損失的根本原因：

- 階段I：將良率測試結果(**Y**)以及在線量測數據(*y*)和/或生產路徑數據(**X**$_R$)輸入KSA機制，以找到較可能導致良率損失的前*N*個站點。
- 階段II：從階段I得到最可疑的站點後，再將良率測試結果(**Y**)以及屬於最可疑站點內之所有製程數據(**X**$_P$)輸入KSA機制進行深入搜尋，以使找出根本原因。

本節以TFT-LCD產業為例進行演示。測試結果顯示，IYM中的KSA機制是解決高維變量搜索問題從而找出良率損失根源的一種很有前途的工具。

11.3　應用案例二：太陽能電池產業

運用AVM進行逐管(Tube-to-Tube, T2T)控制及智慧型預測保養(Intelligent Predictive Manufacturing, IPM)已被部署在太陽能產業。本節先介紹太陽能電池製造流程與智慧製造需求分析，接著詳細說明運用AVM的T2T控制部署，最後是全廠IPM部署的展示。作者在此要特別感謝茂迪股份有限公司提供本應用案例中的原始資料。

11.3.1　太陽能電池製造流程與智慧製造需求分析

因應全球暖化議題，乾淨的新能源日趨重要，其中太陽能系統即為乾淨新能源的選項之一。太陽能電池係整個太陽能系統中產生電力的核心。而太陽能電池製造的挑戰之一，即是在穩定品質與低成本下進行大量生產。

矽晶太陽能電池工廠中的製程與控制說明如下[3]，每一片太陽能矽晶圓都會經過6道主要製程。

(A) 粗糙化：太陽能矽晶圓表面的缺陷會被去除且建立起三角錐狀的結構，以減少太陽光反射並增加電流輸出；

(B) 擴散：高溫的狀態下在太陽能矽晶圓表面建立起含磷的P-N介面，使得矽晶圓得以導電；

(C) 磷玻璃(Phosphosilicate Glass, PSG)去除：矽晶圓的邊緣會被電漿蝕刻去除乾淨以避免不必要的電流；

(D) 電漿輔助化學氣相沉積(Plasma-Enhanced Chemical Vapor Deposition, PECVD)：此製程在建立抗反射層。在矽晶圓表面鍍上氮化矽層以減少反射率並增加電量輸出；

(E) 電極印刷：銀電極與鋁層分別印製在矽晶圓的前面與背面，然後利用高溫在矽晶圓表面進行燒結以完成全部製程；以及

(F) 電池測試：執行電性與光學檢驗以確認最終產品的品質。

在矽晶太陽能電池控制製造程序與品質控制中，PECVD為決定太陽能電池效率的關鍵製程。太陽能電池效率影響太陽能系統建置的範圍；因此，必須確保在太陽能電池大量生產時的穩定品質。如8.4節所述，逐次(Run-to-Run, R2R)控制通常用來改善製程能力，R2R控制係一項用在每次加工之間調整配方參數或選用控制參數的技術，以改善製程表現。R2R控制在PECVD製程又被稱為管對管(Tube-to-Tube, T2T)控制。在太陽能電池製造中，鍍膜製程的抽測率小於10%，因此，AVM被用來在PECVD製程中提供100%全檢，使T2T控制得以實現，以便能精確地調整每一次爐管配方參數。

此外，會影響VM有效運用在T2T控制的一個關鍵問題，是T2T控制中VM回饋的信心程度。因為採用不可信任的VM值，會比不使用VM來得更糟，請參照8.4節的細節說明。

作者在[4]中提出了利用具有信心指數(Reliance Index, RI)的VM以進行R2R控制的初步研究，來處理VM的品質問題。在該研究中，僅RI [5]被用來評估VM結果的信心程度及調整R2R控制器的參數，而且R2R+VM結合RI方案僅在化學機械研磨(Chemical Mechanical Polishing, CMP)製程進行過模擬測試。

除了RI，在調整T2T控制器參數(α)時也會考量整體相似度指標(Global Similarity Index, GSI)，並且實際在PECVD機台上以T2T+VM結合RI&GSI方案進行測試。此T2T控制器採用當前(第k次)加工之VM值結合其伴隨的RI&GSI，以及第一批運行的資訊，計算出鍍膜時間建議值提供給第($k+2$)次加工，以達到改善製程能力指標(Cpk)的目的。T2T結合AVM的案例將在11.3.2節中說明。

此外，為改善整體設備效率(Overall Equipment Effectiveness, OEE)，在此提出第6章所介紹之智慧工廠自動化(Intelligent Factory Automation, iFA)系統平台的全廠IPM系統。所謂的CPA與AMCoT被應用來建構iFA的基礎建設，而IPM系統就在此基礎上構建。健康指標之階層(Health Index Hiararchy, HIH)方案也被提出以監控全

廠裝置的健康狀態，包含來自於基礎設備層級(裝置)到最高管理層級(工廠)之多個不同的健康指標。並以太陽能電池製造廠為例，說明該具有HIH機制的IPM系統如何運作。最後，全廠IPM部署的案例將會在11.3.3節中說明。

11.3.2 結合AVM部署之逐管(T2T)控制案例

一般而言，T2T控制器的設計為使用目前第k^{th}次加工結果來調整下一次$(k+1)^{th}$的加工。然而，卻可能因為量測延遲、資料收集限制、生產週期時間考量等，而無法在實際生產環境中實現[6]。

每一部PECVD機台備有4根爐管，另有一個緩衝區(含6個晶舟)配置於PECVD機台前。每一個晶舟可載運約200片矽晶圓。為了減少生產週期時間，一旦PECVD機台內某一爐管完成加工後，該爐管內的晶舟會退出爐管，而在緩衝區等待的晶舟會被隨機挑選進入此空爐管中。如此一來，因不能避免T2T控制方案的計算延遲，而無法實現使用第(k^{th})次加工的結果來調整第$(k+1)^{th}$加工的目的。因此，如圖11.22所示，便使用第(k^{th})次加工的結果來調整第$(k+2)^{th}$次加工，來作為PECVD製程的T2T控制情境。圖11.22也說明了T2T控制器可使用實際量測(AM)或VM來進行回授控制的計算[6]。

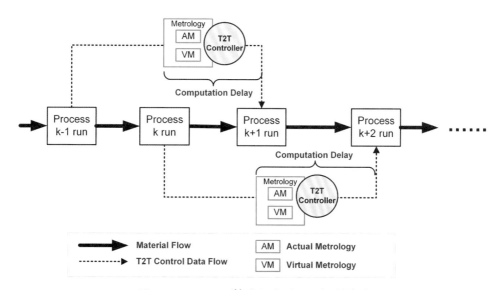

圖 11.22 PECVD製造程序的T2T控制情境
來源：經同意由[6]重製© 2013 IIE

太陽能電池製造中，因為矽晶圓上沒有辨識碼(ID)，以至於物料追蹤有相當難度。因此，太陽能電池製造以批次(Batch or Lot)作為管理單位。每一批內含5000片無ID的矽晶圓，若PECVD製程的每一晶舟可裝載約200片矽晶圓，這批矽晶圓就會被分成約25個晶舟。每一PECVD機台備有4根爐管；因此，平均一根爐管可能為了一批產品進行1到6次的加工。

一批當中全部的矽晶圓物理特性都比較接近，然而，在不同批之間的物理特性可能因為不同供應來源、品質分類、前處理等因素而差異較大。因為工廠內並沒有適當的量測工具來自動檢測這些物性，所以需要作業員在前一個製程站點手動檢測矽晶圓的物理特性。同時，作業員會在一批的首個晶舟要進行加工時，根據手動檢測結果來選用適當的配方。爾後，作業員會依據第(k)次加工結果，手動調整接下來第($k+2$)次的配方參數，直到該批產品全數處理完成[6]。

因此，將採用T2T+VM結合RI&GSI的控制方案，根據當前第(k)次的PECVD加工結果自動調整後續第($k+2$)次配方參數。然而，在一批貨的首次檢測以及配方選用仍須要手動進行。

11.3.2.1 結合信心指標與整體相似度指標(RI&GSI)之T2T+虛擬量測(VM)控制方案

如圖11.23，T2T+VM結合RI&GSI會根據第(k)次的實際量測(AM)/虛擬量測(VM)，來調整第($k+2$)次的配方參數。

在PECVD製程中，厚度會被氣體流量、晶舟使用次數、鍍膜時間、溫度、壓力等因子所影響。經過實驗評估後，PECVD製程所產出的厚度(y_k)被定義為所需的量測資料；且鍍膜時間(u_{k+2})被選為T2T控制調整厚度(y_{k+2})的關鍵參數。

如圖11.23所示，T2T控制器會採用AM (y_k)或VM$_1$ ($\hat{y}_k$)兩者之一，其中VM$_1$代表雙階段VM方案的第一階段VM值，如第8章中所述。在加工完成後，AM會依據抽測計畫提供量測值(y_k)給T2T控制器。將AM用在T2T控制器時，指數加權移動平均(EWMA)係數以α_1表示。同時，AVM系統提供VM$_1$及其RI&GSI給T2T控制器。當T2T控制器選用了VM$_1$時，RI與GSI則用以產生EWMA係數(α_2)。

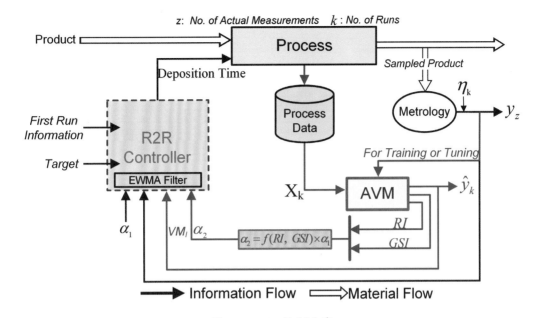

圖 11.23 T2T控制方案
來源：經同意由[6]重製© 2013 IIE

T2T控制器的細節如圖11.24所示。

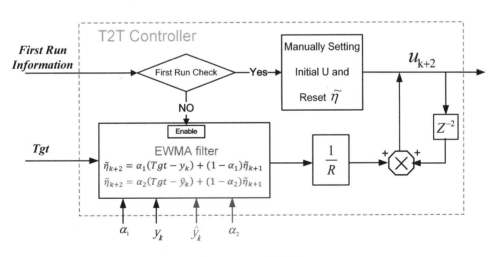

圖 11.24 T2T控制器
來源：經同意由[6]重製© 2013 IIE

T2T控制器目標是在使製程產出趨近於期望目標值；然而，工廠的干擾會影響到製程產出。第(k)次加工模型補償或擾動(η_k)為目標值(Tgt)與AM量測製程產出(y_k)之間的差異：

$$\eta_k = Tgt - y_k. \tag{11.6}$$

於初步研究中[4]，考慮VM信心程度的情況下，α_2與α_1之間的關係可以$\alpha_2 = RI \times \alpha_1$表示。如[5]所說明，當使用VM時，沒有實際量測值可供驗證虛擬量測值的精度。因此，在計算RI時，使用複迴歸(Multi-Regression, MR)預測值$Z\hat{y}_{r_i}$來取代標準化實際量測值Z_{y_i}。如此取代可能造成RI中不可避免的估計誤差。例如，當偏移發生在製程資料時，使得新進的製程資料與建模的歷史資料之相似度不高，這也造成使用神經網路(NN)預測及MR參考預測的VM值精度不佳。然而，這仍可能讓預測的VM值與參考值非常相近，而使RI值高於RI_T。為了彌補這無法避免的狀況，就需要利用GSI來協助RI評估VM的信心程度。

請注意，在第8.4節和第11.2節內所定義之GSI的值域為0到∞間之值，值越小則相似度越高，且GSI_T之值設為9。然而為求與RI之值域一致，在本章節將GSI的值域訂轉換為0到1之間，值越大則相似度越高，且GSI_T之值設為0.7。

因此，α_2與α_1之間的關係定義為：

$$\alpha_2 = f(RI, GSI) \times \alpha_1 \tag{11.7}$$

其中$f(RI, GSI)$為校正函式，考量VM可靠度的條件如下：

$$f(RI, GSI) = 1 \ if \ RI \geq RI_T \ and \ GSI \geq GSI_T. \tag{11.8}$$

$$f(RI, GSI) = 0 \ if \ RI < RI_T \ or \ GSI < GSI_T. \tag{11.9}$$

式(11.8)與(11.9)分別是T2T控制器採用或捨棄VM值來進行EWMA控制器參數(α)計算的條件。當RI大於RI_T且GSI大於GSI_T時，VM值是可信賴且可以使用，因此α_2被設定等於α_1。反之，若RI小於RI_T或GSI小於GSI_T，這代表VM值不可信賴且不能應用於T2T控制器參數的調整；在此案例中，α_2被設定為零(0)，使得當前的VM值不被採用，且第$(k+2)^{th}$次加工的擾動$(\tilde{\eta}_{k+2})$等於第$(k+1)^{th}$加工的$(\tilde{\eta}_{k+1})$。

總之，根據上述的PECVD製造流程，T2T控制器被設計用在第$(k+2)^{th}$次加工。若採用AM及EWMA方法，第$(k+2)^{th}$次模型擾動的估計則為：

$$\tilde{\eta}_{k+2} = \alpha_1(Tgt - y_k) + (1 - \alpha_1)\tilde{\eta}_{k+1}. \tag{11.10}$$

此α_1的計算方法可以於文獻[7]中查詢。

當y_k為AVM的推估或預測值時，即變成$\hat{y}_k$。若採用EWMA方法計算，第$(k+2)^{th}$次模型擾動的估計為：

$$\tilde{\eta}_{k+2} = \alpha_2(Tgt - \hat{y}_k) + (1 - \alpha_2)\tilde{\eta}_{k+1}. \tag{11.11}$$

式(11.10)與(11.11)可見於圖11.24之左下方。為了將製程輸出目標值(厚度)與第(k^{th})加工輸出之間的變異標準化，T2T控制器以第k^{th}次加工(u_k)的鍍膜時間為回饋值。所以，為了將製程輸出帶入目標值，第$(k+2)^{th}$加工的估計擾動$(\tilde{\eta}_{k+2})$被轉換並加到第$(k+2)^{th}$次加工的鍍膜時間(u_{k+2})：

$$u_{k+2} = u_k + \frac{1}{R}\,\tilde{\eta}_{k+2} \tag{11.12}$$

其中R代表製程工程師依據經驗輸入的鍍膜率。式(11.12)的應用可見圖11.24的右方，其顯示u_{k+2}包含了u_k ($=u_{k+2}*Z^{-2}$)以及$\frac{1}{R}*\tilde{\eta}_{k+2}$。

11.3.2.2　結合AVM之T2T控制案例說明

圖11.23與11.24呈現的T2T+VM結合RI&GSI機制已實際應用並測試在PECVD機台上。PECVD製程應用AVM系統的情境可見圖11.25。如圖11.25所示，在PECVD機台中，所有加工的爐管被分成不同組，每一組包含了10根爐管。最後一根爐管中的產品厚度會採用AM，其他則是用VM預測。在T2T控制中，每一爐管都應該進行量測。因此，採用AVM系統可以減少約90%的厚度量測人力。

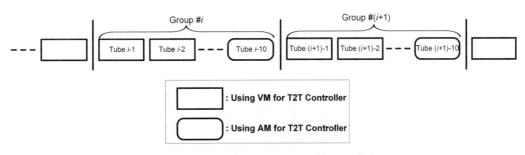

圖 11.25 AVM應用於PECVD製程之情境

來源：經同意由[6]重製© 2013 IIE

根據上述PECVD的製程，當下之VM值和與其對應之RI和GSI值，以及第一批的加工資訊，可用以計算第$(k+2)^{th}$次加工的鍍膜時間(u_{k+2})建議值，以改善製程能力指標(Process Capability Index, Cpk)以及製程平均絕對誤差百分比(Process Mean-Absolute-Percentage Error, MAPEp)。Cpk和MAPE$_P$之計算公式如下：

$$Cpk(Process\ Capability) = \min\left\{\frac{UCL - mean(y_k)}{3 \times std(y_k)}, \frac{mean(y_k) - LCL}{3 \times std(y_k)}\right\} \tag{11.13}$$

$$MAPE_P = \frac{\sum_{i=1}^{k}|(y_k - Tgt)/Tgt|}{k} \times 100\% \tag{11.14}$$

其中y_k為製程輸出；Tgt為目標值；UCL與LCL分別為y_k上管制界限與下管制界限。

在本節以五個案例來說明T2T+VM結合RI&GSI方案的驗證程序。起初，案例0用來驗證VM精度是否足以支援T2T控制。接著，案例1用來驗證T2T結合AM(T2T+AM)控制方案是否可以改善Cpk。案例2的目的則是用來確認T2T控制結合VM方案是否可取代T2T+AM。接下來，案例3加入2個品質不佳的VM樣本，並使用T2T+VM但不包含RI&GSI，來演示在T2T控制計算中一旦使用不可靠的VM樣本，將可能造成更差的狀況。最後，案例4使用了T2T+VM結合RI&GSI來偵測並排除品質不佳的VM樣本並且改善製程品質。案例0-4的實驗結果如下所示。

案例 0：確認VM精度

統計製程控制(Statistical Process Control, SPC)是一種使用統計理論來監控生產品質的常用方法。然而，SPC監控資料來自於抽樣計畫。為了滿足抽樣資料的需求，需要進行大量的量測，因而增加了生產週期時間與成本。為解決上述的問題，就必須採用VM。若VM預測模型足夠精確，便可以在機台爐管製程資料收集後的幾秒內產生VM值。因此，T2T控制可於太陽能電池工廠內的PECVD機台上實現。而在啟用T2T控制前，則必須先驗證AVM預測精度是否夠好。

依據作者的經驗，VM的R^2值應該大於0.5，如此VM值便可以被使用於R2R控制[7]。從現場PECVD機台中收集到的41個測試樣本將用在案例0。觀察圖11.26，為了確保VM精度足夠，採用倒傳遞類神經網路(BPNN)與MR之VM R^2值分別為0.63及0.64。因此，這些VM預測值便可以用來支援T2T控制。在確認VM精度足夠後，即可開始案例1-4，並設定α_1=0.35及$\bar{\eta}_1$=0。Cpk與MAPE$_P$[分別如(11.13)及(11.14)所示]則用以評估與比較案例1-4之表現。

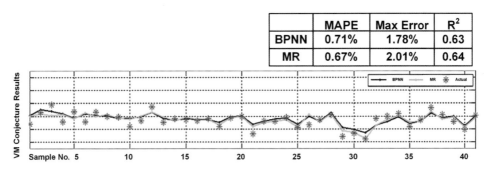

圖 11.26 VM 精度驗證

來源：經同意由[6]重製© 2013 IIE

案例 1：T2T 結合 AM

依據PECVD製程的第(k^{th})加工結果，應用T2T控制方案來調整第$(k+2)^{th}$次加工的配方參數。然而，在某批次的第一次加工中，檢驗與配方的選擇仍需要人工作業。此外，在一個批次中，一根爐管可能執行平均1到6次的加工。

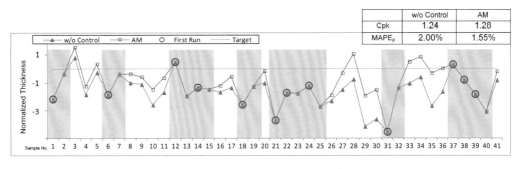

(a)

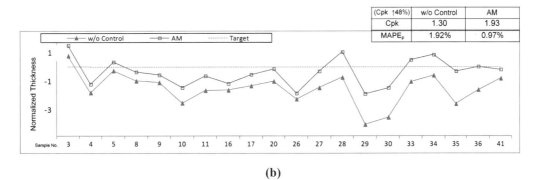

(b)

圖 11.27 T2T結合AM (a)所有樣本 (b)APC樣本

來源：經同意由[6]重製© 2013 IIE

本案例中先採用AM，其實驗結果如圖11.27所示。本案例將實際厚度進行標準化後其目標值為零且單位為微米。圖11.27(a)顯示了所有樣本；其中無法被T2T方案所控制的第1個Run與第$(k+1)^{th}$個樣本，以粉紅色區塊顯示。在圖11.27(a)之右上方說明了Cpk之改善幅度不大(由1.24到1.28)；這是因為在41個樣本中，僅有20個能被T2T控制方案調整。更精確地說，要評估比較Cpk的改善，應只要看這20個樣本即可。如圖11.27(b)所示，相較於未使用T2T控制，在T2T控制後的厚度值較接近目標值；而Cpk改善幅度從1.30到1.93(提升48%)，且MAPE$_P$從1.92%減少至0.97%。在圖11.27(b)的中間，粉紅色水平線代表目標值。因此，可以確認T2T+AM控制方案可以改善Cpk。

案例 2：T2T結合VM

圖11.28(b)所示案例中的APC樣本，Cpk可以從1.30提升到1.90 (提升46%)，且MAPE$_P$從1.92%減少到1.10%。為方便比較，表格11.2列出案例1與2之Cpk與MAPE$_P$，證實了T2T+VM的效果可媲美T2T+AM。

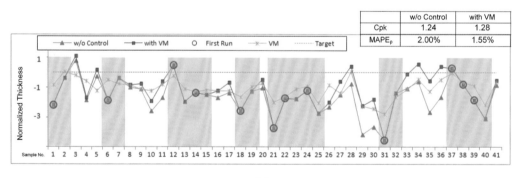

(a)

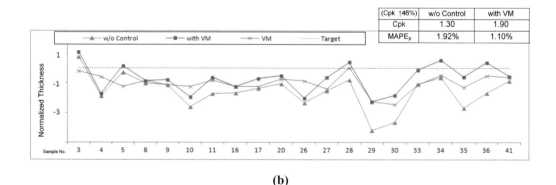

(b)

圖 11.28 T2T結合VM (a)所有樣本 (b)APC樣本

來源：經同意由[6]重製© 2013 IIE

表 11.2 案例1與2之Cpk與MAPEₚ值

來源：經同意由[6]重製© 2013 IIE

	無控制	案例 1：T2T結合AM (Cpk ↑ 48%)	案例 2：T2T結合VM (Cpk ↑ 46%)
Cpk	1.30	1.93	1.90
MAPEₚ	1.92%	0.97%	1.10%

案例 3：增加2個品質不佳的VM樣本 & 應用T2T+VM但無結合RI&GSI

在原來41個樣本中，2個品質不佳的VM樣本取代了樣本7及25，且應用了T2T+VM控制方案但沒採用RI&GSI。如圖11.29(a)顯示所有樣本的實驗結果，Cpk從1.24減少到0.87；且圖11.29(b)中顯示APC樣本的Cpk從1.30減少到0.67 (降低48%)。顯而易見的是，採用了不可靠的VM值可能造成比未採用VM的狀況更差。

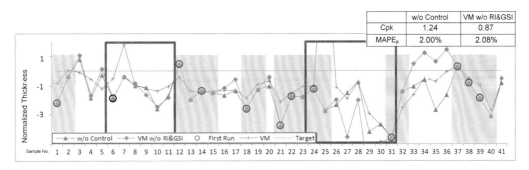

(a)

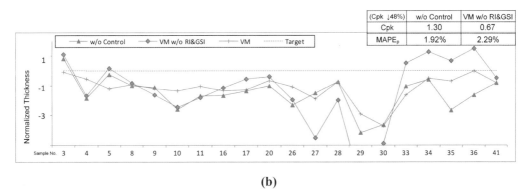

(b)

圖 11.29 T2T+VM但沒採用RI&GSI (a)全部樣本 (b)APC樣本

來源：經同意由[6]重製© 2013 IIE

依據作者在台灣積體電路製造公司(tsmc) [5]以及奇美電子(CMO) [8]的AVM
測試經驗，品質不佳的VM值[如圖11.29(a)]偶而會出現，且可以被RI及/或GSI偵測
到。更多細節請參照文獻[5]之圖6與文獻[8]之圖4。

案例4：增加2個品質不佳的VM樣本&應用T2T+VM且結合RI&GSI

在原本的42個樣本中，使用兩個品質不佳的樣本取代樣本7及25；並採用
T2T+VM控制方案結合RI&GSI。圖11.30(a)顯示全部樣本的實驗結果，Cpk從1.24
增加到1.29；而且，由圖11.30(b)可看出這些APC樣本之Cpk從1.30增加到1.63 (提
升25%)。因此可得知，採用T2T+VM且結合RI&GSI，確實可以偵測並剔除品質不
佳的VM樣本以維持製程品質。

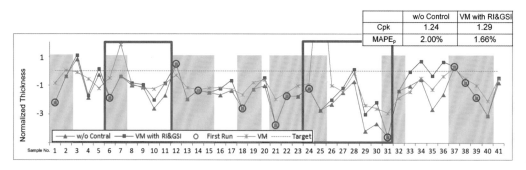

(a)

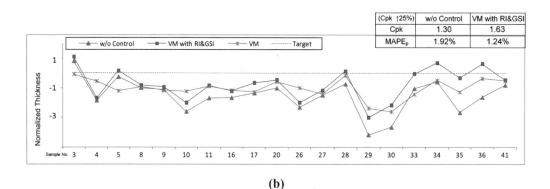

(b)

圖 11.30 T2T+VM結合RI&GSI. (a)全部樣本 (b)APC樣本
來源：經同意由[6]重製© 2013 IIE

為進一步分析T2T+VM不結合RI&GSI與結合RI&GSI方案之間的差異，從樣
本19到31以及品質不佳的樣本25之實驗結果皆顯示於圖11.31。在此案例中，RI_T

與GSI_T皆設為0.7，因為RI < RI_T及GSI < GSI_T，案例4的VM值因α_2=0而被剔除；然而案例3的VM值在$\alpha_2=\alpha_1$=0.35的條件下仍被採用來調整T2T控制器參數。此造成了樣本27的VM值品質不佳，因為樣本25的VM值太高，使得案例3的實際厚度值被T2T控制器拉低。在案例4中，樣本25及27的實際厚度值無明顯差異，且與T2T+AM方案所產生的實際厚度值相近。

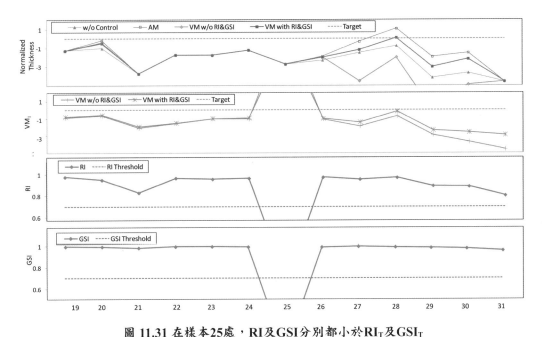

圖 11.31 在樣本25處，RI及GSI分別都小於RI_T及GSI_T
來源：經同意由[6]重製© 2013 IIE

除了Cpk的提升，使用T2T+VM結合RI&GSI (亦即T2T+AVM)也能改善PECVD製程的生產效率。如圖11.32指出，若未採用APC，其生產週期時間為$T_P+T_S+T_C+T_M$，而採用T2T+AVM則為T_P+T_A。因此，生產週期時間減少(ΔT)為：

$$\Delta T=T_S+T_C+T_M-T_A \tag{11.15}$$

其中T_P為PECVD製程時間；T_S為人工檢查配方時間；T_C為人工計算配方參數時間；T_M為人工修改配方參數時間；以及T_A為T2T+AVM計算時間。定義%$\Delta T=\Delta T/(T_P+T_A)$，因為$\triangle$T生產週期時間減少，預期實施T2T+AVM，將會增加額外的$[\frac{1}{1-\%\Delta T}-1]$生產產出量及良好的Cpk。以此案例，$T_P+T_A$及$\Delta$T分別約為60及5分鐘。因此，在維持良好品質產出的前提下，生產率可提升約8.3%。

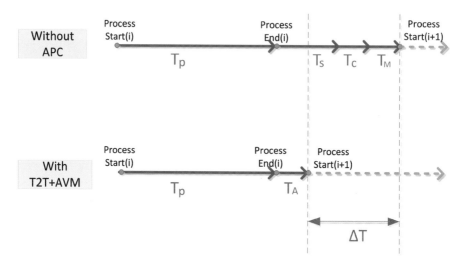

圖 11.32 採用T2T+AVM改善生產週期時間
來源：經同意由[6]重製© 2013 IIE

11.3.3 全廠智慧型預測保養(IPM)部署案例

　　IPM系統已應用於太陽能電池廠。首先，選擇PECVD機台真空模組中之蝴蝶閥作為標的設備(Target Device, TD)，以說明第9章中9.2節和9.3節所提的基於虛擬量測之健康基底預測保養(VM-based Baseline Predictive Maintenance, BPM)機制及剩餘使用壽命(Remaining Useful Life, RUL)預測模組。最後，也應用太陽能電池廠資料進行第9.4節所提的整廠IPM管理框架實作。

11.3.3.1 基底預測保養(BPM)機制及剩餘使用壽命(RUL)預測案例

　　以太陽能電池製造製程中PECVD機台真空模組中蝴蝶閥的3組資料為例進行說明。在這些例子中蝴蝶閥即為TD。根據專家知識，TD的角度可能受以下相關製程參數的影響：氨(NH3)、甲矽烷(SiH4)、爐管壓力(Pressure)和射頻功率(Radio-frequency Power, RF)。本節包含三個案例：1)在基底模型中包含精簡且健康(Concise & Healthy, C&H)樣本的必要性，2)錯誤偵測和分類(Fault Detection and Classification, FDC)部分，以及3)包括指數曲線擬合(Exponential Curve Fitting, ECF)的RUL模型和時間序列預測(Time Series Prediction, TSP)演算法。

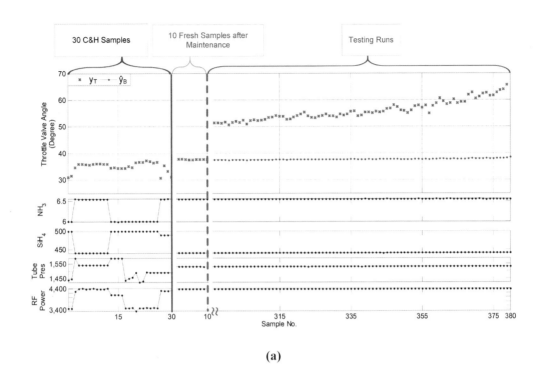

(a)

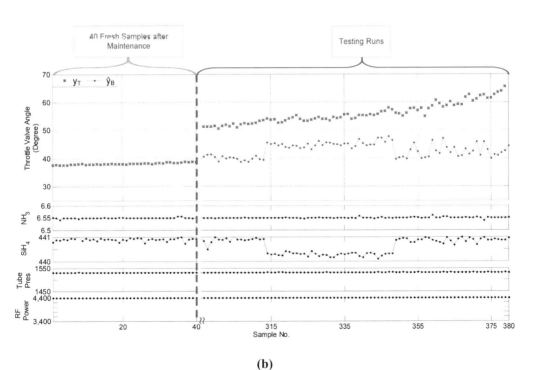

(b)

圖 11.33 說明採用C&H建模樣本的必要性
(a)含C&H建模樣本的BPM結果 (b)不含C&H建模樣本的BPM結果

來源：經同意由[9]重製© 2013 IEEE

A. 在基底模型中採用精簡且健康(C&H)樣本的必要性案例

依照圖9.4所示的流程來收集創建TD基底模型所需的重要樣本。在此案例中y_T即為TD (蝴蝶閥)的角度,而其相關的製程參數(X)包含NH3、SiH4、爐管壓力、和射頻功率。由於相關製程參數的數量為四個,因此構建基底模型需要大約40個樣本。接著利用第9.2.1節所提的保持重要樣本(Keep-Important-Sample, KIS)機制,在離線狀態下,從2602筆健康歷史樣本中選擇大約30筆C&H樣本。最後在剛完成維修保養後,再收集10筆新鮮樣本,即完成建立TD基底模型所須的重要樣本。

此案例之目的是說明在基底模型中採用C&H樣本的必要性。收集一完整維修保養週期的資料,共390筆樣本,並以30筆C&H樣本和10筆剛維護保養後新鮮樣本作為建模樣本,如圖11.33(a)所示。而圖11.33(b)用一樣的資料進行測試,唯一不同的是,其採用40筆剛維護保養後之新鮮樣本作為建模樣本,而沒有任何C&H樣本。為方便比較,在圖11.33測試樣本部分,僅呈現296～380的TD (y_T)角度與健康基底值($\hat{y}_B$)以及相關製程參數(NH3、SiH4、爐管壓力和射頻功率)。

比較圖11.33(a)和11.33(b)的測試結果中的健康基底值($\hat{y}_B$),顯然圖11.33(b)中的健康基底值變異較大,這是不正確的。原因在於圖11.33(a)的建模樣本包含30筆C&H樣本,而圖11.33(b)中的建模樣本並無包含。如圖11.33(a)和11.33(b)的左側部分所示,11.33(a)的所有TD相關製程數據的變異程度遠大於11.33(b)的製程數據的變異程度。因此,圖11.33(b)的模型操作空間(Operation Space)代表性相對不足,也造成健康基底值結果不正確。由此可見,建立健康基底所需的樣本是必需包含C&H樣本的。

B. BPM機制的FDC功能案例

此案例之目的為展示BPM機制的FDC功能;為方便比較,同樣地使用第9.1.1節中圖9.1案例的450筆測試樣本。同樣依照圖9.4所示的流程來收集創建TD基底模型所需的重要樣本,採用30筆C&H樣本加上10筆剛維護保養後之新鮮樣本作為建模樣本,每筆樣本包含y_T及其對應的X。將採用10筆新鮮樣本來構建基底個體相似度指標(Baseline Individual Similarity Index, ISI_B)模型和設備健康指標(Device Health Index, DHI)模組以及y_{E_B}值。

此案例中用於將y_T轉換為DHI的y_T最小值(Min y_T)、下規格界限(Lower Spec Limit, LSL)、下管制界限(Lower Control Limit, LCL)、$\bar{y}_T$、上管制界限(Upper

Control Limit, UCL)、上規格界限(Upper Spec Limit, USL)和y_T最大值(Max y_T)分別為0、5、22、27、32、50和90。此外，用於將y_E轉換為基底誤差指標值(Baseline Error Index , BEI)的規格(Spec)、嚴格規格減$\bar{y}_T$ (即HardSpec-$\bar{y}_T$)及y_E最大值(Max y_E)分別為5、23和63。

每個相關製程參數的最大允許偏差為其各自製程參數的中心值的10%。因此，透過換算將各身製程參數10%的最大允許偏差轉換為6，亦即ISI_B的門檻值(ISI_{B_T})等於6。此外，如第9.2節所述，DHI的門檻值(DHI_T)和BEI門檻值(BEI_T)指定為0.7，也就是設備進入生病狀態的門檻值。

BPM機制的FDC功能結果如圖11.34所示。除了y_T外還顯示了TD的健康基底值($\hat{y}_B$)，此外，所有相關資訊包括DHI、BEI和ISI_B值以及NH3、SiH4、爐管壓力和射頻功率也顯示在y_T和$\hat{y}_B$結果的下方。

觀察圖11.34中黃圓圈1的樣本，其DHI < DHI_T且NH3的ISI_B (=120)大於其對應的ISI_{B_T} (=6)；因此，根據FDC邏輯，判定為黃燈。而黃燈代表TD本身是健康的，造成TD超規是因相關製程參數NH3發生異常所致，所以應檢查NH3製程參數。

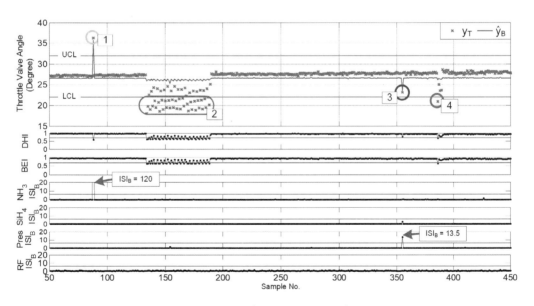

圖 11.34 BPM機制的FDC功能展示
來源：經同意由[9]重製© 2013 IEEE

紅圓圈2和4內的所有樣本都滿足DHI < DHI_T和BEI < BEI_T的條件，並且這些樣本的所有ISI_B值都小於其對應的ISI_{B_T}，致被判定為紅燈。而紅燈表示TD的異常是由TD自身所引起，所以必須立即進行TD的維護保養。

紫圓圈3中的樣本雖然滿足DHI > DHI_T條件，但爐管壓力的ISI_B值(=13.5)大於ISI_{B_T}，所以被判定為紫燈。這意味著TD雖然正常，但爐管壓力異常，所以仍需立即檢查之[9]。

C. BPM機制的RUL功能案例

關於RUL預測模組，在此同時展示了ECF模型和TSP演算法模型，結果如下。

C.1 指數曲線擬合模型案例

此案例將再以11.3.3.1-A節中整個維修保養週期的390個樣本來展示。收集了30筆C&H樣本與剛執行完維修程序後的前10筆新鮮樣本，將此40筆樣本用於構建ISI_B模型和DHI模組以及y_{E_B}值。圖11.35顯示了380筆測試資料執行BPM後之所有相關資訊。我們可看到由於TD的老化效應，其蝴蝶閥開度(y_T)逐漸增大，而健康基底值($\hat{y}_B$)相對平坦，因為它們的相關製程參數：NH3、SiH4、爐管壓力、和射頻功率都相當穩定。發現在樣本213處，其DHI<DHI_T和BEI<BEI_T且所有ISI_B值均小於其對應之ISI_{B_T}，表示在樣本213時TD將進入生病狀態。一旦TD進入生病狀態，即開始進行RUL的預測，所有ECF RUL預測結果如圖11.36所示，說明如下。

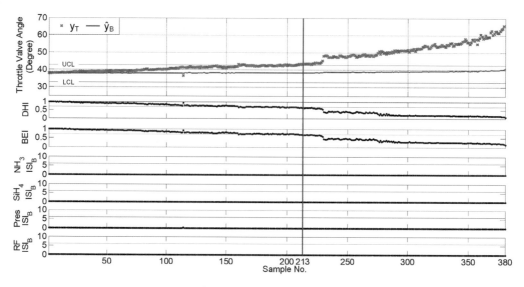

圖 11.35 整個PM週期的BPM預測結果
來源：經同意由[9]重製© 2013 IEEE

　　根據圖9.8中計算ECF RUL的流程圖，可計算出ECF RUL，細節如下。

階段1 (離線作業)：

步驟1：計算$y_{E\_B}(=\bar{y}_E+3\sigma_{y_E})=0.28$並求得$k_B=13$。接著定義$y_{E\_D}(=\text{HardSpec}-\bar{y}_T)=50-37.74=12.26$，及$y_{E\_S}(=\text{Spec})=5$。

階段2 (線上作業) [Phase II (On-line)]：

步驟2：確認在$k_S=213$時，發生連續兩點y_E值大於生病門檻值(y_{E_S})，因此進入步驟3。

步驟3：收集$k_B=13$到$k_S=213$之間的所有樣本，並代入第9章中的(9.3)～(9.5)得知失效方程式為：

$$\hat{y}_{E_i}=0.5753\times e^{0.00112k_i}. \tag{11.16}$$

步驟4：應用(11.16)來預測$\hat{y}_{E_i}$值，從$k_i=k_{S+1}=214$開始，直到$\hat{y}_{E_i}$值等於或大於y_{E_D}值(12.26)，將其對應的樣本數記為$\hat{k}_{D\_RUL}$即273。接著利用(9.6)～(9.8)計算從214到273的所有95%信賴區間的上界和下界值，並導出上限(UB)方程式為：

$$\hat{y}_{E_i\_UB}=0.5221\times e^{0.00112k_i}. \tag{11.17}$$

　　及導出下限(LB)方程式為：

$$\hat{y}_{E_i\_LB}=0.6585\times e^{0.00112k_i}. \tag{11.18}$$

步驟5：應用$y_{E\_D}=12.26$和(11.16)～(11.18)來求得$\hat{k}_{D\_RUL}$、$\hat{k}_{D\_UB}$和$\hat{k}_{D\_LB}$分別為273、281和261。接著利用(9.11)～(9.13)計算RUL、$\hat{K}_{D\_UB}$和$\hat{K}_{D\_LB}$其中$k_S=213$，計算結果如下所示：

$$RUL=\hat{K}_{D\_RUL}=\hat{k}_{D\_RUL}-k_s=273-213=60,$$
$$\hat{K}_{D\_UB}=\hat{k}_{D\_UB}-k_s=281-213=68,$$
$$\hat{K}_{D\_LB}=\hat{k}_{D\_LB}-k_s=261-213=48.$$

　　事實上，TD進入失效的實際樣本數為289，因此，實際的RUL為289-213=76個樣本，本案例採樣頻率約為一小時。

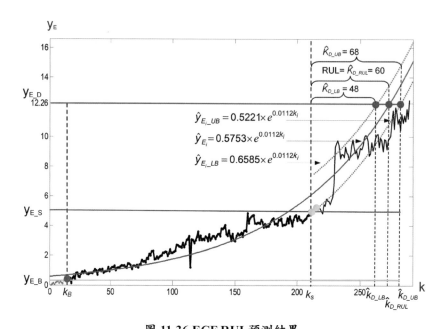

圖 11.36 ECF RUL預測結果

來源：經同意由[9]重製© 2013 IEEE

　　BPM機制的ECF RUL預測模組已被應用於四個不同蝴蝶閥案例，每組案例來自不同的PECVD機台。預測RUL分別為29、17、19、和60，而其對應的實際RUL分別為32、19、21、和68，由此可見，RUL預測模組有可被接受的精確度。

C.2 時間序列演算法(TSP)模型案例

　　在此部分，也使用第9.3節中介紹的TSP演算法來預測上述TD (蝴蝶閥)的RUL。基於領域知識，以蝴蝶閥角度作為TD的老化特徵(Y_T)，TD數據每小時收集一次，共收集109個樣本。將該些樣本透過圖9.11 TSP演算法流程，來建立TSP模型並計算RUL，結果如下：

步驟1：將TD的老化特徵($Y_T=\{..., y_{295}, y_{296}, ...\}$)輸入DHI模組和RUL預測模組。

步驟2：當DHI<0.7時，開始建立TSP模型。

步驟3：以進入生病狀態(DHI 0.7)之前的30個樣本($Y_M=\{y_{267},..., y_{295}, y_{296}, ...\}$)進行TSP模型建立。

步驟4：隨著時間的推移，發現變量逐漸變大。

步驟5：對Y_T進行Log換轉即$Y_T=\log(Y_T)$，來強制數據的增加率分佈具有一定的規律性。

步驟6：對Y_M執行Augmented Dickey-Fuller (ADF)檢定，檢定Y_M是否為穩態。

步驟7：由於步驟6檢定Y_M為穩態，因此無需對Y_M進行差分。

步驟8：分別利用(9.15)與(9.16)計算ACF及PACF，並挑選出與AR和MA最相關的期數。由表11.3發現分別在t-9和t-10上發生了退化，因此由(9.24)及(9.25)我們可挑選出$A_{ACF}=10$和$B_{PACF}=9$。

步驟9：對建模資料集(Y_M)進行Ljung-Box檢定，由於拒絕H_0，因此跳到步驟11。

步驟11：使用步驟8找出最大相關期數，建立10×9組ARIMA模型組合。

步驟12：計算10×9組ARIMA模型組合的BIC值。

步驟13：ARIMA(2, 0, 1)為最低的BIC值，因此暫時選擇它作為最佳模型。

步驟14：觀察表11.4，排除MA(1)係數|-0.1343|>1.96×0.0423，表示此參數(期數)對未來期數解釋並不顯著。

步驟15：對已拿掉參數的模型ARIMA(2, 0, 0)重新估計，得到$\hat{y}_t = 1.7783y_{t-1} - 0.7783y_{t-2}$。

步驟16：對模型殘差進行Ljung-Box test檢查，結果是顯示殘差為白噪音。

步驟17：確定ARIMA(2, 0, 0)為最終模型即$\hat{y}_t = 1.7783y_{t-1} - 0.7783y_{t-2}$，即可開始進行預測作業。

表 11.3 ACF及PACF結果
來源：經同意由[10]重製© 2019 IEEE

	t-1	t-2	t-3	t-4	t-5	t-6	t-7	t-8	t-9	t-10	t-11
AR (PACF)	0.536	0.09	0.14	0.202	0.009	0.076	0.159	0.135	0.4	0.259	0.025
MA (ACF)	0.536	0.314	0.219	0.059	0.017	0.032	0.172	0.006	0.236	0.374	0.157

表 11.4 預測變量的顯著性檢定
來源：經同意由[10]重製© 2019 IEEE

運算子	係數	標準誤	顯著性
AR(1)	1.226	0.7669	Yes
AR(2)	-0.577	0.3224	Yes
MA(1)	-0.1343	0.0423	No

因蝴蝶閥更換時間較長，因此預警模組中的緩衝時間(BT)設定為30小時。圖11.37(a)為蝴蝶閥的老化特徵預測趨勢圖，*為實際蝴蝶閥角度值，藍色曲線為TSP所建立之ARIMA(2,0,0)所預測的結果，黑色曲線為從ECF模型所獲得的預測值。圖11.37(b)是RUL預測結果，粉紅色直線是實際的RUL，藍色曲線為根據ARIMA(2,0,0)估計的RUL，黑色曲線為ECF模型估計的RUL。觀察RUL曲線，當Y_T在樣本330~379期間保持穩定時，ECF估計的RUL曲線呈現出與真實RUL曲線背離的上升趨勢，此即9.3.2節中所提及之趨勢A (TD的老化特徵走勢過於平滑)ECF模型的問題。相比之下，在同一期間TSP估計的RUL曲線維持在一定水平，沒有呈現上升趨勢。如此可看出TSP演算法確可解決ECF模型在趨勢A所發生的問題。

接著我們看，雖然TSP估計的RUL曲線在樣本第379期Y_T突然上升時並沒有立即跟隨該趨勢，但它在樣本第380期即刻有反應並發出紅燈警報(TSP估計RUL低於BT期且跌幅高於前一期30%)通知使用者立即進行維護保養。從第380期往未來推10期可以發現，假設第390期Y_T沒有維持在高點游移而是直接以此比例上升，蝴蝶閥最終的結果很有可能就會在第390期失效。因此在第380期顯示紅燈建議使用者進行更換，結果是正確的。然而由ECF模型可以發現，因為突然陡升，所以ECF模型沒有辦法很快地跟上趨勢，此即9.3.2節中提及之趨勢B (TD的老化特徵急劇上升或下降)，致ECF模型的生病狀態嚴重被低估的現象。

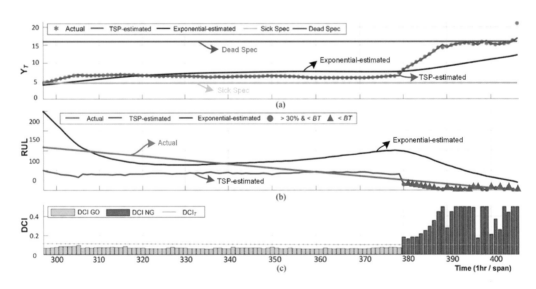

圖 11.37 TSP演算法蝴蝶閥的RUL預測結果
(a)老化特徵預測結果 (b) RUL估計結果 (c) DCI分析
來源：經同意由[10]重製© 2019 IEEE

　　觀察圖11.37(a)中的預測趨勢，Y_T曲線在樣本第390~400期間沿著失效邊界游移擺動，並在第405期突然失效，這就是先前所說的TD在失效前會有高度不穩定的現象，這也驗證了當RUL下降率超過30%且短於BT時，PreAM模組會透過亮紅燈之方式預警用戶。圖11.37(c)顯示死亡相關指標值(Death Correlation Index, DCI)，第380期前DCI正常($DCI < DCI_T$)，但在時間380及之後，DCI異常($DCI < DCI_T$)，代表在95%信心水準下，TD目前的狀態類似於預測死亡即將發生，需要密切關注。

11.3.3.2　全廠IPM系統導入案例

　　如第9.6節中關於IPM系統部署的說明，IPM系統可以與製造執行系統(MES)整合，這樣所有TD的健康狀態都可以顯示在MES之設備狀態IPM看板上。具階層式健康指標(Health Index Hierarchy, HIH)的IPM系統已部署在台灣茂迪(Motech)太陽能工廠生產線上，該生產線由兩台表面粗糙化製程(Texturing, TEX)、三台擴散製程(Diffusion, DIF)、兩台磷矽酸鹽玻璃去除製程(Phosphorous Silicate Glass, PSG)、四台化學氣象層積製程(Plasma Enhanced Chemical Vapor Deposition, PECVD)、三台印刷製程(Printing, PRT)和三台電池測試(Cell Test, FCT)機台組成。有了此IPM系統架構，生產線上所有機台的健康指標都會即時更新，並根據HIH進行監控。

　　可視化的IPM看板是IPM客戶端上的圖形操作界面，允許使用者處理整廠範圍的所有健康指標。IPM看板的管理視圖如圖11.38(a)所示，工廠健康指數(FHI)顯示在IPM看板的左上方，六個站點的站點健康指數(SHI)顯示在右上角。此外，機台健康指標(EHI)顯示在圖11.38(a)的下半部分。使用者可以切換web選項以顯示某個站點的所有EHI，如圖11.38(a)目前即顯示CVD站點。IPM看板上的每個小部件以綠色(健康)、黃色(生病)和紅色(失效)來顯示健康狀態。

　　包含EHI、模組健康指標(MHI)和RUL的IPM看板之設備視圖如圖11.38(b)所示，利用第9章之表9.1(a)中顯示的CVD 1-1作為說明。機台、模組和設備的健康狀態以綠色、黃色或紅色指示燈來顯示並帶其健康指數值。觀察圖11.38(b)和表9.1(a)我們可以很清楚了解為何CVD 1-1 (Tube1)是紅燈(失效狀態)，其EHI值為0.21這是因為CVD 1-1真空模組中蝴蝶閥的DHI值為0.21。實際上，管理視圖上的每個生產機台都可以單獨點擊並往下一層到設備視圖，以找出失效狀態的根本原因。

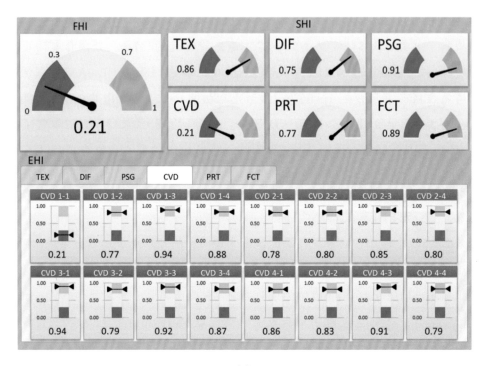

(a)

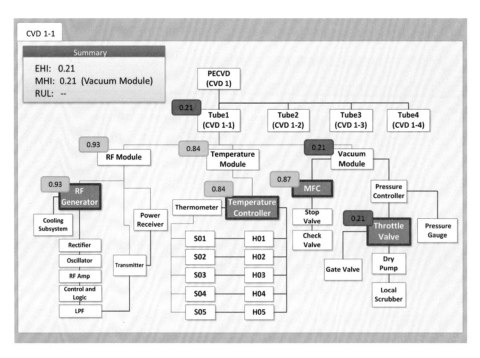

(b)

圖 11.38 IPM看板 (a)管理視圖 (b)設備視圖

來源：經同意由[3]重製© 2017 JCIE.

此外，IPM系統還可與MES系統進行整合。圖11.39顯示了MES上生產現場的表單，其中整合了IPM系統訊息。圖11.39也顯示了許多根據工廠佈局不同大小和顏色的矩形，每個矩形代表一個生產機台，矩形的顏色代表機台上報當前狀態，所有設備狀態的顏色定義顯示在圖11.39的左上角。為了表示EHI的狀態，每個生產機台的右側都有一個圓圈圖標，顏色定義顯示在左上角。使用者可以透過點擊特定EHI狀態的圖標，連接到IPM客戶端中IPM看板的設備視圖，來快速了解機台健康狀態。因此MES和IPM系統之間的整合對於快速故障排除至關重要。

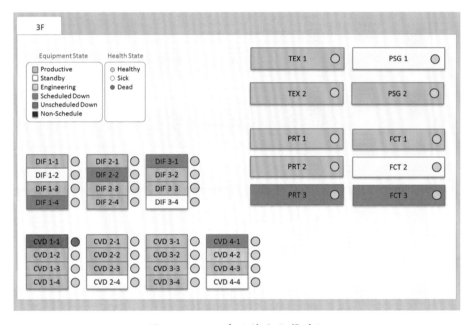

圖 11.39 MES中的機台狀態看板
來源：經同意由[3]重製© 2017 JCIE

圖11.40為MES和IPM系統之間接口的循序圖，每個IPM伺服器向IPM管理者發出設備生病或失效的狀態；然後，IPM管理者通過Web服務向MES發送設備健康狀態的匯總訊息。MES收到IPM管理者的消息後，在MES生產現場的表單中顯示設備之健康狀態，如圖11.39所示。點擊其中一個EHI狀態圖標後，MES將選定的設備編號發送到IPM客戶端，然後，IPM客戶端根據選擇的設備編號請求並獲取相關的製程數據。最後，IPM客戶端向使用者顯示IPM看板的管理視解圖。

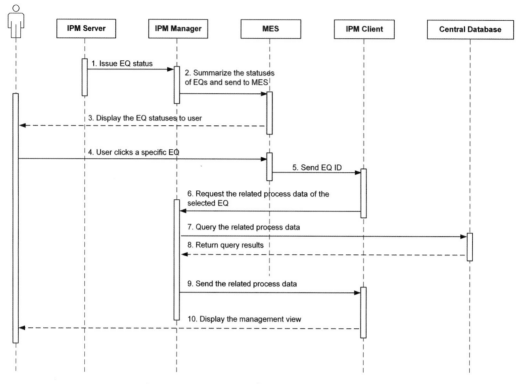

圖 11.40 MES和IPM系統之間接口的循序圖
來源：經同意由[3]重製© 2017 JCIE

11.3.4 小結

太陽能發電是解決全球暖化現象的方案之一。太陽能發電系統由太陽能板及逆變器組成，每一片太陽能板包含許多太陽能電池。太陽能電池是從太陽光轉換成電力的重要組件。目前，太陽能電池大量生產亟需解決的問題為穩定品質且降低成本。因此，本節以太陽能電池為案例，演示了結合AVM之T2T控制的實現以及呈現整廠IPM系統平台之樣貌。

11.4 應用案例三：半導體產業

AVM、IPM、與IYM皆已部署於半導體產業。本節首先說明AVM的部署，其後為IPM及IYM的部署。

11.4.1 半導體產業AVM部署案例

作者由衷感謝台灣積體電路製造公司(tsmc)提供原始資料供此AVM案例使用。

11.4.1.1 AVM部署於蝕刻製程說明

本節以半導體製造中的蝕刻製程當作RI、GSI、及雙階段機制(Dual-Phase Scheme)的說明案例，而關鍵尺寸的VM平均值被選作示範。依據蝕刻機台的物理特性，共66個關鍵製程參數如靜電吸盤(Electrostatic Chuck, ESC)漏電流、吸盤背壓、蝴蝶閥開度、射頻功率、射頻電壓、反應室溫度等被選取以建立VM模型。本案例收集了178組相對應的製程與量測資料，前99組用來建立VM模型，其他79組則用來評估：a)未採用雙階段機制(即Free Run)以及 b)採用雙階段方案(即Dual Phase)的預測精度，如圖11.41所示。Free Run是指BPNN及PLS VM預測模型在整個測試過程中都不進行更新；而Dual Phase機制則是指VM預測模型會逐次進行調整/重新訓練。

在此同樣採用BPNN及PLS來建立VM預測模型，假設預測VM值$\hat{y}_i$、實際量測值y_i、目標值y, 以及樣本數n，則預測精度分別以(11.2)及(11.3)所提到的絕對平均誤差百分比(MAPE)及最大誤差(Max Error)來表示。MAPE與Max Error越接近0，表示預測精度越高。如圖11.41所示，在第48、51、及52次(Running Numbers, RNs)進行了三次保養(PM_1, PM_2, & PM_3)。在PM_1 (即RNs 1~47)發生之前，Free Run案例的RI值[圖11.41(a)]與Dual Phase案例[圖11.41(b)]都貼近1，這表示在RNs 1~47之間VM結果的可信度相當好。而且，在PM_1 (即RNs 1~47)發生之前，Free Run案例的GSI值[圖11.41(a)]與Dual Phase案例[圖11.41(b)]皆貼近0，這表示RNs 1~47製程資料與建模歷史資料之間的相似度高。以結果來看，Free Run案例[圖11.41(a)]與Dual Phase案例[圖11.41(b)]的MAPE幾乎相同，這意味在製程穩定且沒有製造干擾下，任一VM預測演算法，如BPNN或PLS等，即使在Free Run的情況中，其精度都是可接受的。

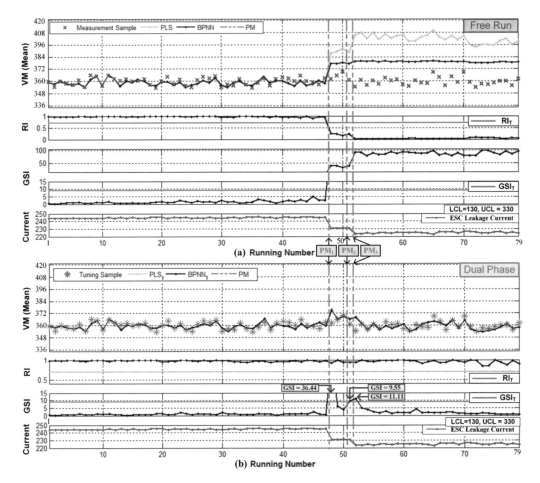

圖 11.41 RI、GSI、及雙階段(Dual Phase)機制之說明
(a)未採用雙階段方案(Free Run) (b)採用雙階段機制(Dual Phase)
來源：經同意由[11]重製© 2015 IJPR

　　在RN48之前執行完PM₁後，RN48的Free Run與Dual Phase案例的GSI值皆遠大於GSI_T，即是9。經過ISI分析後，發現主要影響此偏移的關鍵參數是ESC漏電流，如圖11.41(a) & (b)下半部所示，RN48的電流值從245偏移到230。RN48製程資料由於PM₁使得BPNN與PLS預測結果，無論是Free Run案例[見圖11.41(a)]或是Dual Phase案例[見圖11.41(b)]中第一階段BPNN (BPNN₁)與第一階段PLS(PLS₁)預測結果，都造成偏轉。因此，RN48在Free Run與Dual Phase案例時，VM預測誤差皆會變大。在RN48之後的Free Run案例中[見圖11.41(a)]，GSI值大於GSI_T，且因為VM

模型不進行更新，使得接下來的RN之VM預測誤差仍然很大；而且，RI值下墜並小於RI_T (0.7)，這代表在執行PM後Free Run案例的VM結果不可信。

再觀察Dual Phase案例[圖11.41(b)]，則僅有RN48、51、及52的GSI值高於GSI_T，且RN48、51、52的VM預測誤差相較於其他批次還大，因為VM模型會通過Dual Phase演算法逐批更新；另外，RI值亦仍高於RI_T (0.7)，這代表在Dual Phase案例中，RN48~79的VM結果可在PM後恢復，是可信的。

11.4.1.2　小結

RI、GSI、及AVM Dual Phase演算法的重要性已在本節的半導體蝕刻製程之AVM部署案例中充分說明。本案例演示了RI及GSI機制確實可用以評估VM結果的可信度；且在採用雙階段(Dual Phase)演算法後，即使遇到非預期的狀況，也能恢復並維持VM的精度。

11.4.2　半導體產業IPM部署案例

作者由衷感謝日月光投資控股股份有限公司提供此IPM應用案例中使用的原始數據。

11.4.2.1　IPM部署於Bumping製程機台說明

為方便說明，第1章中提到的半導體凸塊製程的生產線再次於此提及，如圖11.42所示。凸塊製程主要包括兩部分：重佈線層(ReDistribution Layer, RDL)和凸塊下金屬層(Under Bump Metallurgy, UBM)層，每層由濺鍍(Sputtering)、黃光(Photo)、電鍍(Plating)、光阻去除(Stripping)和蝕刻(Etching)站點組成。

IPM系統將以濺鍍機台進行實作，圖11.43為濺鍍機台之通用設備模型(Common Equipment Model, CEM)，它由三種不同功能的反應室(Chamber)組成，分別為除氣(Degas)、電感偶合式電漿(Inductively Coupled Plasma, ICP)和物理氣相沉積(Physical Vapor Deposition, PVD)。通過應用圖9.15所示的IPM系統實施架構，選擇ICP反應室中的渦輪分子泵(Turbo Pump)作為實施IPM的標的設備(TD)。

基於領域知識，採用渦輪分子泵的電流作為TD的老化特徵(Y_T)。

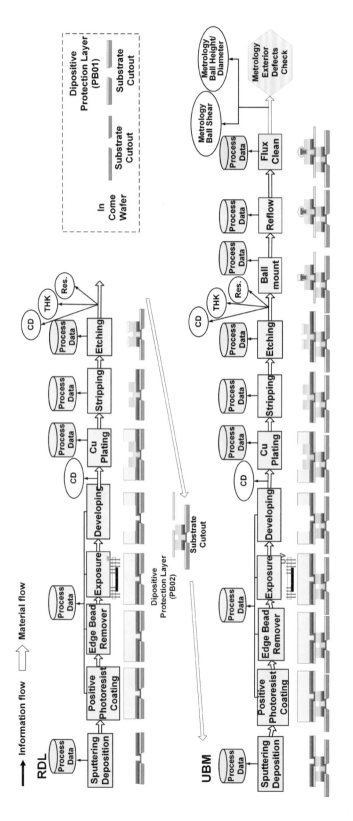

圖 11.42 凸塊製程圖

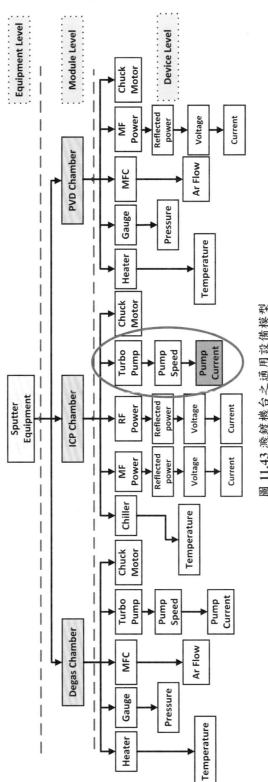

圖 11.43 濺鍍機台之通用設備模型

11.4.2.2 案例說明

在此使用TSP演算法來進行渦輪分子泵的RUL預測。收集197筆TD數據並透過圖9.11 TSP演算法流程，來建立TSP模型並計算RUL，結果如下所示。

步驟1：將TD的老化特徵($Y_T=\{y_1, y_2, ..., y_{197}, ...\}$)輸入DHI模組和RUL預測模組。

步驟2：當DHI<0.7時，開始建立TSP模型。

步驟3：採進入生病狀態之前的30個樣本($Y_M=\{y_1, y_2, ..., y_{30}\}$)進行TSP模型建立。

步驟4：隨著時間的推移，發現變量逐漸變大。

步驟5：對Y_T進行Log換轉即$Y_T=\log(Y_T)$，來強制數據的增加率分佈使其具有一定的規律性。

步驟6：對Y_M執行Augmented Dickey-Fuller (ADF)檢定，檢定Y_M是否為穩態。

步驟7：由於步驟6檢定Y_M為穩態，因此無需對Y_M進行差分。

步驟8：分別利用(9.15)與(9.16)計算ACF及PACF，並挑選出與AR和MA最相關的期數。由表11.5發現分別在t-5和t-9上發生了退化，因此由(9.24)及(9.25)我們可挑選出$A_{ACF}=9$和$B_{PACF}=5$。

步驟9：對建模資料集(Y_M)進行Ljung-Box檢定，由於拒絕H_0，因此跳到步驟11。

步驟11：使用步驟8找出最大相關期數，建立9×5組ARIMA模型組合。

步驟12：計算9×5組ARIMA模型組合的BIC值。

步驟13：ARIMA(1, 1, 1)為最低的BIC值，因此暫時選擇它作為最佳模型。

步驟14：如表11.6所示，MA(1)係數($|-0.59594|<1.96\times0.6902$)和AR(1)係($|0.56427|<1.96\times0.7142$)都是顯著的預測因子。因此，不會排除任何預測變量。

步驟15：重新計算ARIMA(1, 1, 1)係數，得到$\hat{y}_t=0.56427y_{t-1}-0.59594\varepsilon_{t-1}$。

步驟16：對模型殘差進行Ljung-Box test檢查，結果是顯示殘差為白噪音。

步驟17：確定ARIMA(1, 1, 1)為最終模型即$\hat{y}_t=0.56427y_{t-1}-0.59594\varepsilon_{t-1}$，即可開始進行預測作業。

表 11.5 ACF及PACF結果

	t-1	t-2	t-3	t-4	t-5	t-6	t-7	t-8	t-9
AR (PACF)	0.058	-0.127	-0.226	0.101	-0.158	0.001	-0.156	-0.022	0.058
MA (ACF)	0.042	-0.094	-0.014	0.014	-0.052	-0.012	-0.013	-0.002	0.042

表 11.6 預測變量的顯著性檢定

運算子	係數	標準誤	顯著性
AR(1)	0.56427	0.7142	Yes
MA(1)	-0.59594	0.6902	Yes

　　預警模組中的緩衝時間(BT)設定為20期(在本案例中每期為半小時)，因為在更換渦輪分子泵之前需要聯繫渦輪分子泵供應商。圖11.44(a)顯示了電流Y_T的老化特徵預測趨勢，*為實際電流值，藍色曲線為TSP建立之ARIMA(1,1,1)所預測的結果。圖11.44(b)是RUL預測結果，藍色曲線為根據ARIMA(1,1,1)估計的RUL。觀察圖11.44(b)的預測趨勢，當樣本100~170期穩定時，TSP會跟隨穩定趨勢穩定預測RUL，估計的RUL約為30期。當渦輪分子泵快速老化時(樣本180~197期)，預警模組即在第180期之後連續兩次提出藍燈的警示，可看出TSP正確預測特徵老化趨勢，並發出警告通知使用者安排維修保養。

　　圖11.44(c)顯示DCI值，在第182期之前DCI正常($DCI<DCI_T$)，但在第182期之後，DCI異常($DCI \geq DCI_T$)，代表在95%信心水準下，TD目前的狀態類似於預測即將死亡，需要密切關注。

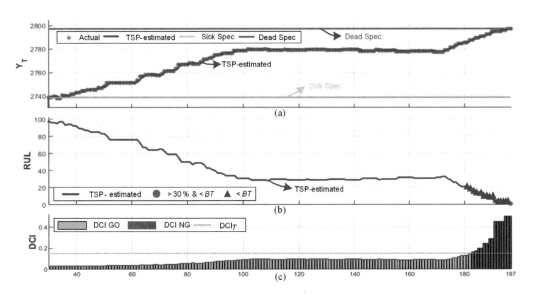

圖 11.44 TSP演算法渦輪分子泵的RUL預測結果
(a)老化特徵預測結果 (b) RUL估計結果 (c) DCI分析

11.4.2.3　小結

透過濺鍍機台之渦輪分子泵導入TSP演算法，可再次檢視IPM部署的重要性，TSP演算法的導入，可透過預測渦輪分子泵的RUL，達到防止無預警當機致提高機台效率之目標。

11.4.3　半導體產業IYM部署案例

作者由衷感謝日月光投資控股股份有限公司提供此IYM應用案例中所使用的原始數據。

11.4.3.1　IYM部署於Bumping製程機台說明

應用圖10.3的iFA系統平台，將IYM系統部署到如圖11.42所示之凸塊製程中。

11.4.3.2　案例說明

以IYM系統KSA機制的交互作用搜尋演算法(IESA)模組來搜尋導致凸塊製程良率損失的交互作用為例。原始數據是從凸塊製程的UBM層中進行收集。IESA包含兩個階段。第一階段，應用IESA模組識別出交互作用的關鍵變數；第二階段則搜尋引起交互作用中關鍵變數的門檻值。

A. 階段一

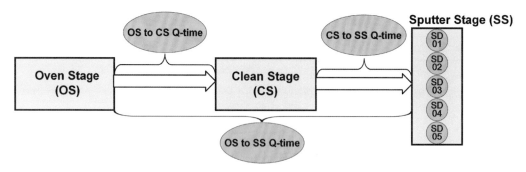

圖 11.45 UBM凸塊製程變數說明
[5個設備變數和3個等待時間(Q-time)變數]
來源：經同意由[12]重製© 2018 IEEE

此階段的良率測試項目為電阻測試。電阻層中的所有批次(lots)樣本都被應用於此分析(n=431)。根據專家經驗，高電阻通常發生在UBM層的濺鍍階段(Sputter

Stage, SS)，主要原因是由前一階段(stage)至UBM層SS的等待時間(Q-time)引起的。注意：Q-time是一個連續變數。這個例子的輸入有5個：UBM濺鍍設備和3個從前一個階段到UBM SS的等待時間，如圖11.45所示。3個等待時間分別為：烘烤階段(Oven Stage, OS)至清洗階段(Clean Stage, CS)的等待時間、OS至SS的等待時間和CS至SS的等待時間。綜上所述，本例中共有5個設備變數和3個物理變數(p=5+3=8)。

首先，原始的KSA機制應用X_R、X_P(Q-times)和UBM凸塊製程的Y作為輸入。無IESA模組的搜尋結果如圖11.46(a)所示，第一名的根本原因是濺鍍設備01(Sputter Device 01, SD 01)。然後，將相同的數據輸入至IESA模組中進行交互作用分析。IESA階段一結果顯示，第一名的根本原因是通過SD 01和OS-to-SS Q-time產生的交互作用變數，而原來的第一名SD 01則成為第二名，如圖11.46(b)所示。

觀察圖11.47，在431個樣本的回歸樹構建過程中，父節點為SD 01，F值為29.8045。以父節點為決策變數，樣本被分割至兩個子節點。通過SD 01的樣本將被收集至右子節點，沒有通過父節點的樣本將被收集至左子節點。濺鍍設備02(Sputter Device 02, SD 02)為持續在左側子節點中搜尋影響較大的變數，在所有431個樣本測試下F值=23.9989 > 1；當樣本不通過SD 01時，F-value=75.655 > 1。因為交互作用F值小於1，這意味著該值在統計上顯著但在交互作用下不重要，因此SD 02不標記與SD 01具有交互作用。接下來，在右側子節點中，搜尋最有影響的變數，即OS-to-SS Q-time；所有431個樣本下的F值是2>1，分割樣本後的F值是3.7579>1，說明該值在統計上顯著。此外，與父節點的交互作用F值是35.081 > 1，這表明當批次通過SD 01時，OS-to-SS Q-time的長度對高電阻有顯著的影響，如圖11.47所示。因此，回歸樹的排名如下：1) SD 01和OS-to-SS Q-time的交互變數，F值為35.081；2) SD 01，F值為29.8045；3) SD 02，F值為23.9989。

另一方面，TPOGA交互作用搜尋架構(TPOGA IESF)使用KSA模組輸出的前N名(N=3)生成具有強遺傳影響的交互作用變數，分別為[SD 01×SD 02, SD 01×OS-to-SS Q-time, SD 02×OS-to-SS Q-time]。將新生成的變數與原始變數的矩陣合併，如圖11.48所示，p=8+3和n=431。然後，TPOGA再次在組合矩陣中搜尋以得出圖11.46(b)中的結果。由於迴歸樹和TPOGA的結果幾乎相同，RI_1值為0.954 (>0.7)，因此可以推斷圖11.46(b)所示的結果是可靠的。

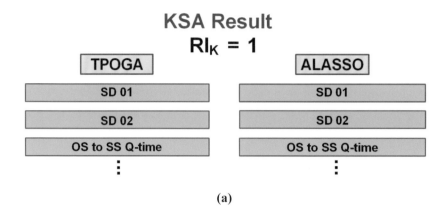

(a)

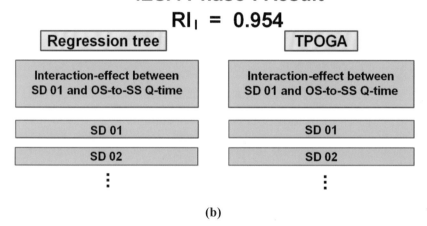

(b)

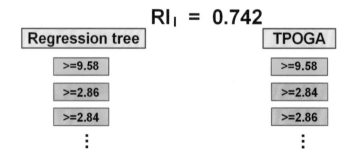

(c)

圖 11.46 有/無IESA的分析結果
(a)無IESA分析 (b) IESA的第一階段分析結果 (c) IES分析的第二階段分析結果
來源：經同意由[12]重製© 2018 IEEE

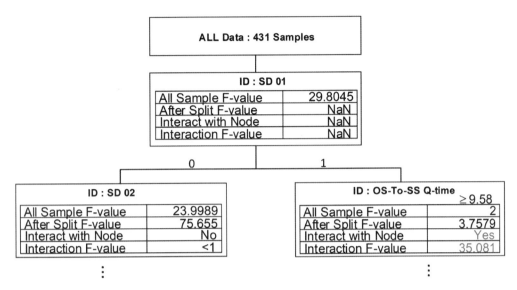

圖 11.47 IESA回歸樹演算法的分析結果
來源：經同意由[12]重製© 2018 IEEE

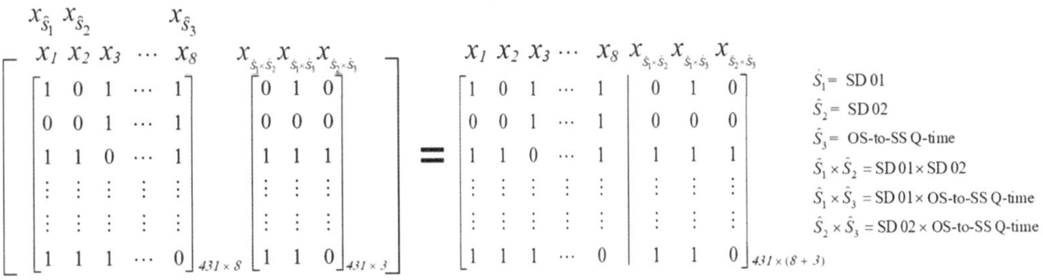

圖 11.48 加入新交互作用變數的說明圖
(SD 01×SD 02, SD 01×OS-to-SS Q-time, SD 02×OS-to-SS Q-time)
來源：經同意由[12]重製© 2018 IEEE

B. 階段二

於IESA第一階段分析結果，顯示了SD 01與OS-to-SS Q-time間的交互作用將對高電阻產生重大影響。接下來，將確認引起交互作用的OS-to-SS Q-time門檻值，如下所示。

為了找出影響高電阻的等待時間，應將Y和X_T輸入(10.47)以便能進行IESA Phase II中的二進制轉換分析。通過SD 01的樣本為96個批次($n=96$)，這意味著有96個等待時間值通過SD 01。藉由(10.47)轉換後的二進制矩陣大小為"96"×"96"如圖

11.49所示。在對SD 01的所有等待時間值進行IESA Phase II分析後，$\mathbf{X}_T$搜尋的RI_1值為0.742 (>0.7)，如圖11.46(c)所示。因此，搜尋結果是可靠的，第一名的門檻值為≧9.58。

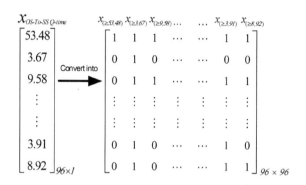

圖 11.49 OS-to-SS Q-time變數轉換為二進位制形式說明
來源：經同意由[12]重製© 2018 IEEE

為了確認"OS-to-SS Q-time ≧ 9.58"是根本原因，繪製並驗證了等待時間值和累積良率損失的變化，如圖11.50所示。從OS到SS的等待時間以9.58小時分割，有74個批次小於9.58小時，74個批次中有13個批次出現高電阻，異常率為17%。並且，大於9.58小時以上的，則有22個批次，其中高阻力者有11個批次，異常率50%。如圖11.50所示，當「Q-time ≧ 9.58小時」發生時，高電阻會顯著地增加。因此，這意味著使高電阻發生導致良率損失的根本原因是"OS-to-SS Q-time ≧ 9.58"。

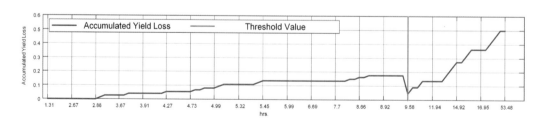

圖 11.50 累積良率損失與OS-to-SS Q-time的趨勢圖
來源：經同意由[12]重製© 2018 IEEE

11.4.3.3　小結

當根本原因為交互作用所導致的影響時，原始KSA機制可能無法正確地識別良率損失的根本原因。為了彌補這個缺陷，作者提出了IESA模組。案例結果顯示，IESA模組確實可以提高原始KSA機制在識別交互作用關鍵變數和確定導致交互作用的關鍵變數門檻值方面的性能。

11.5　應用案例四：汽車產業

作者感謝中華民國發得科技提供其汽車鋁輪圈加工自動化線(Wheel Machining Automation, WMA)原始資料給此章節之應用案例：先進製造物聯雲(Advanced Manufacturing Cloud of Things, AMCoT)與AVM之測試與驗證依據。

11.5.1　部署AMCoT與AVM案例於WMA

AMCoT平台與其內嵌的AVM模組皆已在實際WMA生產線上運行，以下提供部署說明。

11.5.1.1　將GAVM整合至WMA中以進行全檢

隨著高可靠度量產的需求日漸增加，現行的機械產業也開始追求生產過程全自動全檢的目標[13,14]。就現有的WMA線生產而言，輪圈品質只能透過線上量測(In-Line Metrology, ILM)設備對主要精度項目進行全檢，以及離機量測(Off-Machine Measuring, OMM)設備針對次要精度項目進行抽檢。

透過安裝適當的感測器於機台收集即時感測訊號，來獲得加工過程的相關變異是必要的先決條件[13,14]。文獻[14]定義並解決將VM應用於加工產業的三大挑戰，除了要從感測器收集足夠多的樣本，還必須對所收集的訊號進行下列三種資料前處理方法：

(i)從原始NC檔中找出關鍵加工片段，以同步各種加工品質/量測資料的對應；

(ii)過濾雜訊以提高訊號的信噪(Signal-to-noise, S/N)比；

(iii)轉換訊號成為建立VM模型的重要特徵。

上述三個解決方法將實作在通用型嵌入式設備(Generic Embedded Device, GED) [14]。圖11.51為GAVM架構與WMA的基本單元。WMA單元包括兩台車床

(Lathe 1和Lathe 2)、一台鑽床(Drill)和一台OMM設備,用於對所有精度項目進行抽檢。此外,一個機器手臂放置在單元中間,透過兩個緩衝區來處理輪圈的出入料。GED [16]安裝在右上角,它從Lathe 1、Lathe 2和Drill收集加工參數和製程參數,並從OMM設備收集量測資料。

此外,如圖11.51所示,典型的WMA還包含另外兩個基礎設備:輪圈ID讀取器(Reader)和雷射雕刻機(Laser Maker)。在進入Lathe 1之前,每顆輪圈將由Laser Maker打印上獨一無二的ID字串,然後由Reader進行物料(Work-In-Process, WIP)追蹤。待所有工序完成後,Laser Maker將再次在每顆輪圈上打印上所有重要的生產資訊和VM預測結果。實務上,物料追蹤在工業4.0的範疇裡是不可或缺的關鍵因素。

將GAVM整合到WMA的案例就是工業4.0的一個縮影,而其中的GED正是物聯網(Internet of Things, IoT)元件的原型,AVM則扮演著虛實整合系統(Cyber Physical System, CPS)的角色。再者,透過強化GED基礎功能使其成為CPA (Cyber Physical Agent),就能將GAVM全面升級至「適用於輪圈生產的AMCoT」;更多CPA詳情請參照第7章。最後,可將AVM視為AMCoT內的智慧應用模組,藉以實現品質全檢的目標。

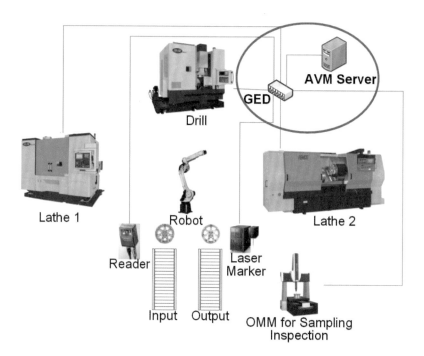

圖 11.51 整合GAVM至WMA
來源:經同意由[15]重製©2016 IEEE

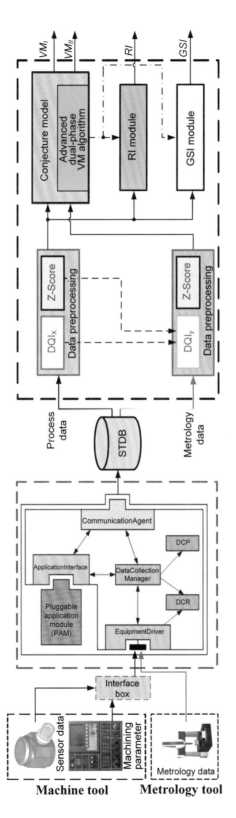

圖 11.52 用於工具機產業的GAVM架構

來源：經同意由[15＿重製 ©2016 IEEE

A. 強化GED為CPA

最初，GED的功能以資料收集和支援快速插拔等功能為主。如圖11.52中GAVM架構左側所示，機台控制器的製程參數和機台製程資料透過介面盒(Interface Box, IB)傳送至GED；同時，來自OMM的量測資料也被收集並傳送到GED。GED內的可抽換式的應用模組(Pluggable Application Modules, PAM)，包含第2章所提的三種資料前處理功能：資料切割(Segmentation)、資料消噪(Cleaning)和特徵轉換(Feature Extraction)，後以圖11.51所示的WMA系統為案例說明。

為達到工業4.0所強調的3C目標，包括計算(Computation)、通信(Communication)和控制(Control)，必須讓GED成為具備人機協作(Man-Machine Collaboration)能力的CPA。因此，CPA和GED的區別不僅在於控制與實體對象和網絡系統的互動，還有對網絡系統(如AMCoT)、實體對象(如機台)和人類操作員之間的溝通能力。在此處，CPA將化身為虛實整合的元件，藉以(i)執行資料收集以及與實體對象、網絡系統和人類操作者的溝通；(ii)識別所有實體對象；(iii)支援各式智慧應用。更多的細節描述如下。

圖 11.53 刻在輪圈平面上的唯一之QR碼
來源：經同意由[15]重製©2016 IEEE

・資料收集與溝通

能從所有實體目標(如機台和OMM)收集資料是CPA的基本功能。而在實體目標、網路系統和設備操作員間的訊息通訊，就是接收來自CPA的匯報與決策。如透過CPA來收集WMA內所有輪圈的精度預測結果以實現零缺陷的目標，就是一個典型案例。

・物料辨別

　　WMA中所有實體目標都必須能被唯一可識別。WMA的實體對象包括機台、OMM、機器手臂、所有輪圈等，CPA應隨時都能掌握實體目標的動作與位置。如圖11.53所示，應用雷雕機(Laser Maker)在每顆輪圈上雕刻唯一QR碼，內含任何有用的生產資訊，如虛擬量測之結果等。

・智慧應用模組

　　各種智慧應用功能可在CPA的PAM中實現。典型應用包括進行資料分割、數據清理和從機台收集來的原始數據之特徵提取，以及如刀具磨損預測或各式預測保養等。

11.5.1.2　將AMCoT應用於WMA

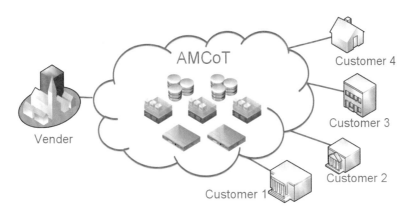

圖 11.54 透過AMCoT建立供應商與客戶之一對多關係
來源：經同意由[15]重製©2016 IEEE

　　由於市場國際化趨勢，供應商及其客戶通常散佈在不同地點/國家或是供應商/客戶在許多地方擁有子公司。例如，圖11.54顯示一個供應商與其多個客戶間之一對多的關係，而AMCoT具備建構此關係的能力；AMCoT內部架構請參閱第7章。為了能有效管理多個不同場域，AMCoT平台可連接和分享供應商及其客戶之間的所有資訊。透過AMCoT平台，供應商可開創一種更吸引人的售後服務，例如直接在AMCoT中建構依照客戶端需求的服務/模型，接著透過AMCoT傳遞模型到客戶端，並透過AMCoT監控所有機台，以降低維護成本。如第8章中提出的AVM模型更新功能在AMCoT平台下可進行增強與擴展，如此就可讓客戶端在處理加工新產品的時候不須重新建構AVM模型，只須透過AMCoT下載所有原始模型(可由供應商提供)，然後再行客製化微調模型即可。因此，AMCoT可為供應商、工廠端和各式生產機台之間提供一個資訊交換和技術支援的平台。

　　WMA現有GAVM系統的體系結構如圖11.55所示。作為雲端框架，除了GED之外，AVM系統的所有單元元件，包括AVM伺服器(AVM Servers)、VM管理員(VM Manager)、中央資料庫(Central Database)、模型建立伺服器(Model Creation Server)和基於簡單物件訪問協定(Simple Object Access Protocol, SOAP)的網路服務，根據[17]所設計的私有雲AVM系統版本，可分為兩部分來實作說明。第一部分是虛擬化AVM系統的所有單元元件，並保持它們的實作流程不變；第二部分是設計一個額外的伺服器，扮演系統核心來主導與執行整個運作流程，減少原始AVM系統遷移到雲端環境所需要的工作量。

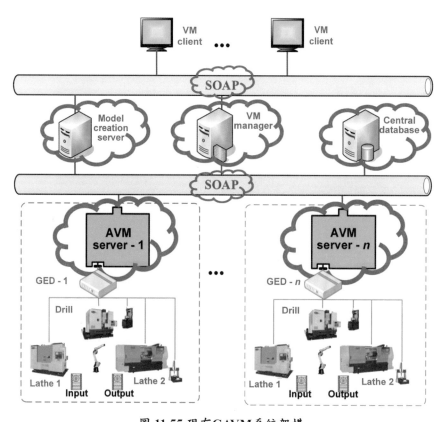

圖 11.55 現有GAVM系統架構
來源：經同意由[15]重製©2016 IEEE

　　延續圖11.54，將AMCoT應用於WMA供應商網站(供應商)和客戶網站(客戶)的詳細關係如圖11.56所示。AMCoT的完整基礎架構包含由各種智慧功能模組系統所構成的雲端部分，再由一家具備乙套CPA與乙條WMA示範線的設備供應商(Vender)和另外多間客戶(Customer 1, Customer 2, ..., etc.)透過雲端進行交連。簡單來說，各間Customer各自擁有多條WMA生產線，而每條生產線都配備一個CPA，用於連接AMCoT和部署具備線上即時預測/監控功能的各式智慧功能模組。在雲端環境的智慧功能模組可能是全自動虛擬量測(AVM)、刀具磨損預測、預防碰撞檢測、智慧預測保養(IPM)等。

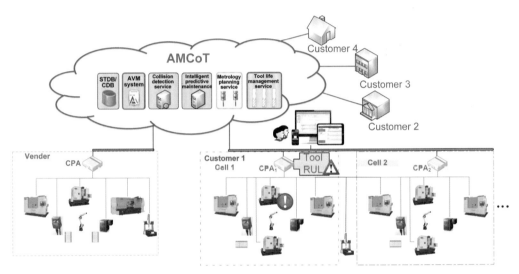

圖 11.56 將WMA的供應商和客戶整合到AMCoT的詳細架構圖
來源：經同意由[15]重製©2016 IEEE

11.5.1.3 應用AMCoT之AVM至WMA

　　如圖11.56底部，兩家製造鋁合金輪圈的WMA工廠與雲端AMCoT相連。左側的工廠是銷售WMA相關設備機台的供應商(Vender)。通常，Vender擁有一個標準的WMA線(常用於展示目的)。右側工廠是製造大型輪圈的Customer 1。Customer 1擁有許多相同的WMA單元，同步批次生產大量輪圈。但是，要製造各種類型的輪圈，機台佈局、輪圈材料、刀具類型和NC路徑檔均根據客戶的需求來決定。在以下案例中，即使使用相同類型機台加工相同輪型，Customer 1的生產條件也與Vender略有不同。案例將透過AVM模型更新來展示：Vender、AMCoT和Customer 1與Cell 1之間的虛實整合交互連結。

　　如圖11.56之AMCoT的AVM系統，由Model-Creation Server、VM Manager與好幾個VM用戶端(VM Client)和許多AVM Servers所組成，AVM系統如圖11.55所示。Model-Creation Server在Vender端的標準WMA單元中建立原始適用於特定機台之第一組AVM模型。接著，VM Manager將第一組AVM模型傳送到所有「監控相同屬性的加工機台」的AVM Server中，只要該WMA單元有透過CPA與AMCoT相連就能辦到。然後，位在不同WMA Cell的AVM Server透過其模型自動更新機制，根據在其機台所收集到的自身資料集合進行即時的全自動模型更新，就可以隨時確保每個AVM Server的模型準確度以進行所須的智慧化服務。

　　以下說明須進行模型更新的原因。當機台B的AVM Server接受到來自機台A的模型並直接沿用時，初期的模型精度預測準確度一定不比「直接使用透過機台B的歷史資料」所建立的模型之精度來的好，因為即使任意兩部同類型的機台，它們的物理特性也很難完全一樣。因此，模型自動更新機制必須適時補強這類「從其他機台轉移而來」的模型準確度。

　　在更新階段，AVM Server將透過先進雙階段虛擬量測演算法(Advanced Dual-Phase VM Algorithm)在機台B自動更新舊的模型。如此，最初從機台A遷移到機台B的模型就可以逐漸恢復其新鮮度並提升預測準確度。

　　換句話說，雲端環境的Model-Creation Server在示範線中根據Vender的機台類型建構出第一組AVM模型；然後，雲端VM Manager可透過CPA和AMCoT平台將其第一組模型遷移到「監控相同類型機台」的AVM Server單元並等待模型自動更新。事實上，模型更新的功能亦可以被視為一系列虛實系統的互動流程，即「虛」為AVM系統；「實」為加工機台，也就是說雲中的網絡「AVM」系統和單元中的實體對象「機台」之間的一系列互動。

　　倒傳遞神經網路(Backpropagation Neural Networks, BPNN)為VM模型所使用的預測演算法。以輪圈最關鍵精度品保項目：中心孔(Center Hole Diameter, CHD)作為展示與驗證AMCoT之模型更新的有效性和廣泛性。同樣的AC4CH鑄鋁合金材質之輪圈分別在Vender與Customer 1的Cell 1上的機台加工；而其使用之切削工具，精密物品和機台佈局在兩個端點之間略有不同。每部機台內都安裝一顆加速規和三個電流感測器，用於收集振動和電流訊號。在對訊號切割和消噪後，CPA將所收集的訊號中轉換成訊號特徵(Signal Feature, SF)並定義所謂的「基於專家知識的特徵集合」(EK$_C$)，來表示實際加工狀態。在EK$_C$中，振動SF包括*max*、

RMS、avg、skew、kurt和std；而電流SF分別是RMS、avg、max和CF。因此，一部機台的EK_C所使用的SF數量為18個。

CHD之AVM模型更新結果如圖11.57，30筆從Vender端收集的歷史樣本傳送至AMCoT以建立第一組AVM模型。然後，這組模型被下載至Vender端進行測試與驗證。觀察樣本1-15，由於它們同樣是在Vender端現場製造的，模型與測試樣本均來自相同機台，其VM精度結果良好，最大誤差(maximal error)小於0.02 mm，而供應商的CHD規格為73.13 mm。

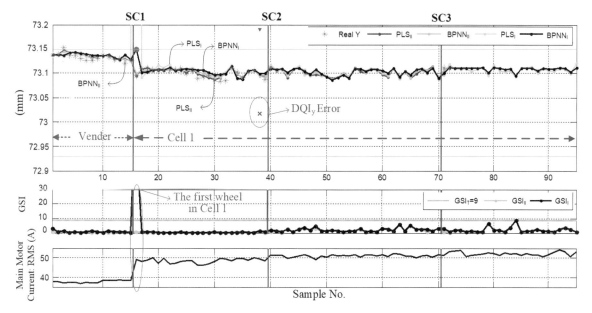

圖 11.57 全域虛實互動(AVM模型更新)
LCL控制下限：72.93 mm；UCL控制上限：73.15 mm
來源：經同意由[15]重製©2016 IEEE

之後，同一組CHD的VM模型從AMCoT下載至Cell 1。樣本16到95的80筆樣本在Cell 1中測試三天。三次加工狀態變換(Status Change, SC)：SC1、SC2與SC3，則分別出現在樣本16、40和71之前。值得注意的是，第一次SC出現在Cell 1機台初次加工的第一顆輪圈的加工時間點；後面兩次SC則是因為Cell在夜間停機後的隔日復工。

第1天(SC1和SC2之間)的每顆輪圈CHD項目不僅被AVM即時預測，還透過OMM進行實際量測以驗證其與AVM模型預測的準確性。觀察第一筆測試樣本(樣

本16)，與建模樣本集合間表現出顯著差異，原因是該樣本的AVM整體相似度指標
(Global Similarity Index, GSI)值遠高於預設門檻值(9)。如第8章所述，GSI之定義
為當前輸入的製程資料集與預測模型所使用的所有歷史製程資料集間的相似度。
該筆樣本會有較大的GSI值之原因詳見圖11.57下方的主軸馬達電流RMS值變化，
Vender使用38安培(A)來驅動主軸馬達，而Cell 1所使用的則是49 A。因此，Vender
和Cell 1之間存在明顯的0.02-0.03 mm的實際加工差異。

　　顯而易見樣本16的$BPNN_I$的精度預測結果是不可靠的，原因是初始AVM模型
是由Vender所創建且尚未進行模型更新。然而，在將Cell 1的第一筆實際樣本納入
到AMCoT的AVM模型進行更新後，可發現樣本16的$BPNN_{II}$幾乎與實際測量值相
同。模型更新後的$BPNN_{II}$精度表明，AMCoT中的AVM模型可透過從Cell 1的實際
量測設備收集的真實測量值進行更新，而這正是典型的網路與實體互動案例。隨
後，沿用更新後的AVM模型，樣本17的$BPNN_I$準確度已恢復。值得注意的是，樣
本38透過量測資料品質指標(Metrology Data Quality Index, DQI_y) [18]，成功偵測
出該筆樣本的實際量測資料異常，代表的意義是其乃由於錯誤量測所引起。這也
代表後續更新AVM模型時將不會採用樣本38的實際量測值。除了樣本16和38外，
其他樣本的VM精度都在0.02 mm以內，這個準確度表現相當良好。因此，當下的
AVM模型是透過驗證可直接應用在實際產線上。緊接著，在第2天(SC2和SC3之
間)，OMM只需實際量測樣本40，以便在SC2之後更新AVM模型；所有其他樣本
的CHD值皆由AVM進行預測。同樣的流程，從第3天開始(SC3後)，OMM僅量測
樣本71和72更新AVM模型；所有其他樣本的CHD值亦由AVM所產生。就AVM模
型更新後準確度而言，老實說，只要更新樣本71至模型就足夠，樣本72的模型更
新就顯得沒那麼必要。

　　總結而言，在第2天至第3天生產過程從樣本40至95，其中只有樣本40、71
和72的CHD樣本有被抽檢至OMM量測，其餘53個樣本的輪圈CHD值皆由AVM提
供，實現全檢的目標。此外，如果客戶1的工廠中具備30條WMA Cells，那麼同樣
的方法可以同時並行應用於所有30個Cells。因此，可以在Customer 1中實現全檢
的目標。

11.5.1.4 小結

　　本小節透過WMA示範線的應用說明AMCoT平台與AVM的應用，並且達到實
現全檢目標。

11.5.2　應用於WMA之大量客製化(MC)案例

工業4.0的核心價值之一是將「以人為本」的需求融入製造業，來增強產品、系統和服務，實現日益增加的大量客製化產品。因此，工業4.0將傳統製造技術從量產(Mass Production)帶往大量客製化(Mass Customization, MC)的方向。以WMA為例，為了符合MC的需求，製造商應提供大量低成本、短交貨期和高質量的客製化輪圈。因此，基於MC生產能力的WMA生產線應以具有高度的快速反應能力，以便在製造不同類型的輪圈時對加工條件的變化做出準確反應。

11.5.2.1　WMA對大量客製化生產的需求

WMA與其他產業相同也面臨大量客製化生產的挑戰，輪圈製造商別無選擇只能盡力滿足以快速適應不同客戶的需求。對WMA而言，大量客製化生產或所謂的混合型輪圈生產，意味著各種類型輪圈將在生產線上排隊，透過切換設定好之加工條件，在同一WMA組件中進行批量加工。

為了滿足上述需求，將研發適用於AVM系統之所謂的「目標值調整(Target-Value-Adjustment, TVA)」機制。TVA機制旨在加強AVM的自我調適能力，以自動且迅速地完成大量客製化的目標。

11.5.2.2　將AVM應用至WMA大量客製化生產的挑戰

文獻[19]中定義的生產狀態改變(SC)可能是由於維護操作、刀具維修、配方調整或刀具長期閒置所造成的。AVM的模型更新功能可將SC後最新的加工條件更新到VM模型裡。最初，模型更新的設計理念初衷為「適用在穩態生產環境的量產加工」，條件是(i)產品的真實測量值品質良好，以及(ii)模型更新過程中有固定的關鍵訊號特徵(SF)。在這兩個前提之下，AVM的模型更新就可以在約三個樣本/輪圈內完成，以適應製程或機況的改變，即使所使用的VM模型最初是來自其他WMA線所建。

WMA組件中的大量客製化生產過程中將包含許多加工條件的變化或調整。從AVM的角度來看，大量客製化生產將引起一系列的加工製程條件變化或調整，其均可視為不同類型的機況改變(SC)。每當有新的訂製輪圈訂單時，不僅加工設備需手動重新調整，而且量測設備如三次元量測設備或自動光學檢測(AOI)，也須要手動重新校準新輪型。因此，由大量客製化導致的頻繁機況改變將使加工調整和量測品質受到大量人為操作介入，而難以維持正確率。此外，精度項目的實際量測值也可能隨著不同類型輪圈的製程變異而改變。這種量測值的變動可能不會被VM模型中所收集的訊號反應出來。因此，VM的準確度將被信賴度不高的量測影響，導致在每次機況改變後，製程訊號與相對應量測值之間的因果關係不正確。為了在WMA的大量客製化生產中應用AVM系統，勢必要認真考慮以下兩個問題：

(i)量測值質量評估

(ii)目標值調整。

上述兩個問題將應用TVA方法來解決，如下所述。

11.5.2.3 應用於大量客製化生產之AVM-plus-TVA機制

　　TVA機制建模和測試樣本的目標值如圖11.58所示。建模樣本的實際量測值將透過TVA直接進行調整，然後用於構建各種VM模型；而測試樣本則是在最近期所生產的新輪型。要注意的是，每一次的SC時間點都在測試樣本的前一筆樣本發生。

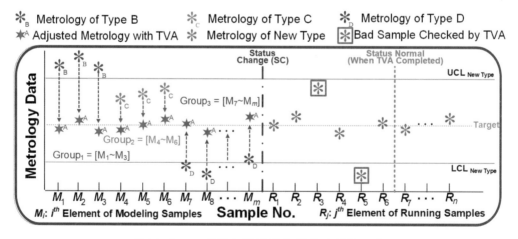

圖 11.58 TVA建模和實際樣本運作的操作腳本
來源：經同意由[20]重製©2017 IEEE

　　TVA機制的操作流程主要包括三個動作：1)測試樣本的品質檢查、2)建模樣本的分群以及3)建模樣本的目標值調整。在TVA機制中定義一組名為確定性樣本(Determinative Samples, **DS**)的資料集合，用於自動計數目標值。**DS**裡的樣本數量定義為$SIZE_{DS}$，範圍從0到預設之整數門檻(Threshold of **DS**, T_{DS})，T_{DS}為所需的樣本數量上限，用於確保TVA的迭代次數，根據歷史經驗建議落在3-5之間。運行樣本的目標值是由DS的平均值所決定，如(11.19)，其中y_j是實際量測(AM)值的第j個元素。n=DS的樣本數量。

$$Target\ value = \bar{y}_{DS} = \frac{\sum_1^n y_j}{n} \tag{11.19}$$

對於機械加工而言，輪型更換後不僅設備加工特性發生改變，還必須重新校準量測機台才能確保量測正確性。然而，在輪圈更換後初期階段，樣本實際量測值仍有不穩定的風險，儘管第8章曾介紹AVM系統的DQI_y模組可針對量測品質進行把關，但在這個期間DQI_y功能尚未準備就緒，主因是此期間收集的樣本數量不足以進行模型更新。因此，為了確保TVA啟動後的樣本量測資料品質，快速簡要地檢驗樣本量測品質是有必要的。

以下說明TVA品質檢驗方式。品質檢驗將計算相鄰樣本之間的差值(δ)大小，並檢查δ是否符合標準或大於δ的門檻(δ_T)，其中δ_T的大小將根據新樣本之規範公差以及縮放倍率α而定，公式定義如(11.20)。

$$\delta_T = \alpha * |UCL_{New\ Type} - LCL_{New\ Type}|. \tag{11.20}$$

α預設值通常為0.2，新樣本都有相對應的上下規格UCL和LCL來界定是否正常，如圖11.58中所表示。當一個新的測量樣本被檢查為正常時，就被加入到DS中；另一方面，如果新樣本不在規格內則判定為異常，會被標示成囸(如圖11.58中的R_3和R_5)並不被允許加到DS。

如前所述，收集到足夠多特定的樣本來建立VM模型，需要花費大量的時間成本。因此，透過事先收集的大量不同類型樣本建立出基礎模型，可以有效減少模型建立所耗費的時間。然而，勢必先解決混合不同類型樣本之量測值與其相應的製程特徵間因果關係的不足問題。為了區分具有不同目標值的不同類型樣本，須針對建模樣本進行分群。如圖11.58左側所示，建模樣本包含三種不同目標值的量測類型，產品B ($*_B$)、產品C ($*_C$)和產品D ($*_D$)；應用(11.21)將它們按升序排列，成為$\mathbf{y}_M$，其中y_i是建模樣本的第i個單元，m=SIZE$_{y_M}$=建模樣本的大小。

$$\mathbf{y}_M = [sort(Model\ y_i)_{Ascending}],\ i = 1, 2, ..., m. \tag{11.21}$$

之後，由$\mathbf{y}_M$的所有相鄰值之間的差異組成的delta向量($\boldsymbol{\delta}$)，裡面的差值大小可被用來檢查量測樣本是否屬於同一組。其中：

$$\delta_i = \mathbf{y}_{\mathrm{M}(i+1)} - \mathbf{y}_{\mathrm{M}(i)}, \ i = 1, 2, ..., m-1. \tag{11.22}$$

設置一個δ_T值來搜尋所有$\mathbf{y}_M$內單元的中斷點(Breakpoint)，直到找到中斷點向量(Breakpoint Vector, **BV**)中的任何一個單元大於δ_T。如圖11.58左側所示。**BV**=[3,5]。然後，將0、**BV**和$\mathrm{SIZE}_{\mathbf{y}_M}$結合起來，成為**BV′**，如(11.23)。

$$\mathbf{BV'} = [0, \mathbf{BV}, \mathrm{SIZE}_{\mathbf{y}_M}]. \tag{11.23}$$

依照**BV′**對建模樣本進行分群，得到(11.24)中的$\mathbf{G}_p$，並計算各群的平均值為$\bar{\mathrm{y}}_{Gp}$。如圖11.58左側所示，所有的建模樣本被分成p=3組，分別為$\mathbf{G}_1$=[M$_1$~M$_3$]，$\mathbf{G}_2$=[M$_4$~M$_6$]，$\mathbf{G}_3$=[M$_7$~M$_m$]。其中Mi代表建模樣本中的第i筆樣本，$\mathrm{SIZE}_{\mathbf{BV'}}$則是斷點向量的大小。

$$\mathbf{G}_p = [\mathbf{y}_{\mathrm{M}(\mathbf{BV'}_{(p)}+1)} \text{ to } \mathbf{y}_{\mathrm{M}(\mathbf{BV'}_{(p+1)})}],$$
$$p = 1, 2, ... , \mathrm{SIZE}_{\mathbf{BV'}} - 1. \tag{11.24}$$

計算$\bar{\mathrm{y}}_{Gp}$並應用(11.19)獲得新的目標值$\bar{\mathrm{y}}_{DS}$，然後利用$\mathrm{y}_{Gp}^{\mathrm{A}}$如(11.25)去調整$\mathbf{G}_p$內的每個單元的實際量測值後，獲得調整後的實際量測值。

$$\mathrm{y}_{Gp}^{\mathrm{A}} = (\textit{Each Element in } \mathbf{G}_p - \bar{\mathrm{y}}_{G_p}) + \bar{\mathrm{y}}_{DS},$$
$$p = 1, 2, ... , \mathrm{SIZE}_{\mathbf{BV'}} - 1. \tag{11.25}$$

因此，量測值$*_B$、$*_C$和$*_D$透過(11.25)調整為$\bigstar_A$，如圖11.58所示。

在所有的建模樣本都被新的目標值調整後，將機況改變(如圖11.58之 ▬·▬)恢復為狀態正常(如圖11.58之 ·····)，最後刪除**DS**中的所有單元並將SIZE_{DS}重置為0，以結束TVA。

從(11.25)得到的TVA結果為VM模型中的所有樣本提供新遇到的輪圈類型的正確因果關係。因此，這些經過TVA處理的建模樣本就可以應用於建立正確適用於新輪圈類型的VM模型。

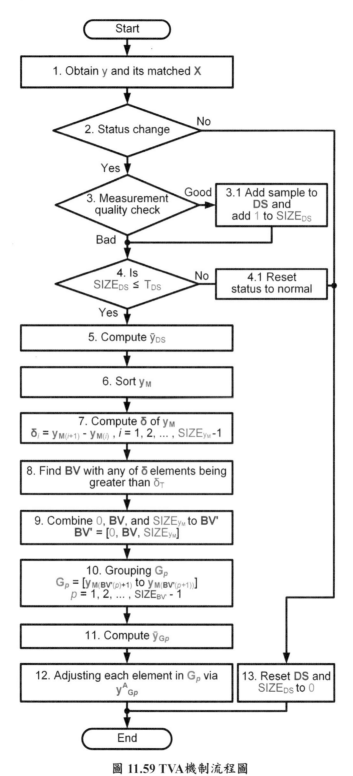

圖 11.59 TVA機制流程圖
來源：經同意由[20]重製©2017 IEEE

基於上述情況的TVA流程圖如圖11.59所示，說明如下。首先要注意運行TVA操作流程之前，DS中的所有元素必須清空，SIZE$_{DS}$計數也須歸零。另外，初始狀態被設置為正常。步驟3-5是關於新樣本的品質檢查，步驟6-11是關於建模樣本的分組，步驟12是關於所有建模樣本的最終目標值調整。

步驟1：收集一筆量測樣本(y)及其相應的製程資料(**X**)。

步驟2：如果發生狀況更改，前進到第3步執行TVA；否則，跳到第13步忽略TVA。

步驟3：進行量測樣本品質確認。如果量測品質良好，前進步驟3.1，將此筆好樣本加到**DS**並增加SIZE$_{DS}$一個單位。相反，如果量測品質不佳，跳過步驟3.1，避免將此樣本加入到**DS**。

步驟4：檢查SIZE$_{DS}$是否小於或等於T$_{DS}$；如不是，TVA完成所有程序，則執行步驟4.1將狀態重置為正常然後跳到步驟13結束TVA；如是，則仍需要TVA，前進至步驟5。

步驟5：計算目標值$\bar{y}_{DS}$，如(11.19)。

步驟6：將建模量測樣本按升序排序，得到y$_M$，如(11.21)。

步驟7：計算y$_M$的delta(δ)向量，如(11.22)。

步驟8：找出(**BV**)中任意一個大於δ_T的單元。

步驟9：將0、**BV**和SIZE$_{y_M}$合併為**BV′**，以記錄組間的排序索引，如(11.23)。

步驟10：將建模樣本按**BV′**分組，得到**G**$_p$，如(11.24)。

步驟11：計算每群內量測資料的平均值$\bar{y}_{Gp}$。

步驟12：透過y$_{Gp}^A$調整**G**$_p$中的每個樣本，如(11.25)。

步驟13：刪除**DS**中的所有單元，將SIZE$_{DS}$重置為0。

11.5.2.4 應用於WMA之AVM-plus-TVA部署案例

本案例透過WMA加工三種不同輪型來展示應用AVM-plus-TVA機制來解決大量客製化的議題。

為了證明TVA的機敏性，三種材質為AC4CH鑄鋁合金的輪型在WMA生產線被分批加工。驗證之量測精度項目為車床所加工的輪圈中心孔直徑(Central-Hole Diameter, CHD)，並採用AOI作為實際量測值之回饋依據。

車床上安裝一顆加速規和三個電流感測器，用於收集振動和電流訊號，每個訊號都先經本書第2.3小節的資料前處理三大步驟：切割、消噪和特徵轉換，振動

萃取特徵包括 *max*、*RMS*、*avg*、*skew*、*kurt* 和 *std*；電流萃取特徵包括 *RMS*、*avg*、*max* 和 *ptp*。因此，關鍵特徵數量為18個。

VM的預測模型採用BPNN，預測精度由平均絕對誤差(MAE)表示，定義如(11.26)，$\hat{y_i}$為模型預測值、y_i為實際量測值，n為樣本數量。

$$\text{MAE} = \frac{\sum_{i=1}^{n}|(\hat{y_i} - y_i)|}{n} \times 100\%. \tag{11.26}$$

本案例的三種輪型數量總共115個，分別為：A輪型58個、B輪型33個和C輪型24個。最初的25筆初始建模樣本使用A輪型資料，在量產前及AVM系統上線前幾天加工完成。接著，33筆A輪型依序被加工。在這之後，校正AOI規格至可量測B輪型，然後更換製程開始加工33個B輪型。接續，再次校正AOI以檢測C輪型。最後，24個C輪型開始加工。根據上述情況，如圖11.60所示，在樣本1、34和67之前發生三次機況改變。因此，採用TVA機制(SIZE$_{DS}$=3)來維持VM結果的準確性。為了說明TVA的有效性，分別以「不採用(without)」和「採用(with)」TVA的VM結果進行比較。

注意，在機況改變後，由於SIZE$_{DS}$被設置為3，前三個樣本的量測值將被採用並透過TVA來調整目標值。至於without TVA的條件，它仍然需要前三個樣本來刷新(Refresh)原AVM方法的VM模型。然後，利用10抽1方式的實際量測值(如圖11.60所示的樣本14、24⋯等)來更新VM模型，其餘9顆輪圈實際量測值也會經由AOI測量，以評估VM模型的精度。上述流程為模擬實際量產時的生產環境之腳本。

如圖11.60所示，without TVA情況下的A輪型MAE為0.0057 mm，這是可接受的結果，因為原始VM模型是透過A輪型樣本所建立的。然而，當輪型從A (CHD=83.10 mm)改為B (CHD=64.05 mm)後，without TVA情況的B型VM結果變得不可被接受。然後，將輪型更改為C，CHD為64.10 mm，與B型相比略有差異，但without TVA的C型VM結果仍然是不可被接受的。

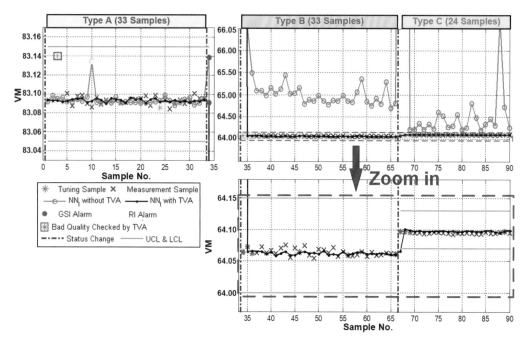

圖 11.60 有和沒有TVA機制的VM結果
來源：經同意由[20]重製©2017 IEEE

　　觀察圖11.60的「使用TVA」(with-TVA)案例，在樣本1前遇到製程或狀態改變後，兩筆量測品質良好的樣本被加入到DS。接著，TVA成功偵測到樣本3的AOI量測品質不佳而未將樣本3加入至DS；然後，TVA判定樣本4可以加入到DS。後來，只有十分之一的樣本被用來進行模型更新。with-TVA的A輪型之MAE為0.0034 mm，比「未使用TVA」(without-TVA)案例的MAE (0.0057 mm)更好。之後，輪型由A更換至B，在樣本34之前又遇到一次SC。同樣的，在DS中收集三個良好的測量樣本並進行模型更新；就模型精度而言，只有樣本34 (SC後的第一個樣本)的精度不好，因為它是A輪型更改至B輪型的第一筆樣本，其後的B輪型樣本的VM結果與AOI實際量測都相當接近，MAE為0.0040 mm。最後，輪型從B更換至C，就是樣本67之前又發生一次SC。可以看到C輪型的模型表現與B輪型的時候一樣出色。

11.5.2.5 小結

　　本小節介紹所謂的TVA機制加上AVM系統，讓WMA單元具備滿足快速適應大量客製化生產環境的能力。TVA旨在加強AVM的自適應能力，以自動和快速完成大量客製化的目標。然而，TVA目的不是取代大量客製化相關的關鍵特徵，而是快速補償當「關鍵特徵無法反應產品間量測值的差距」之情況發生。透過實際案例也可以觀察，AVM搭配TVA的架構確實能滿足大量客製化生產環境下的模型更新需求。

11.6 應用案例五：航太產業

作者感謝中華民國漢翔航空工業提供其引擎機匣(Engine Case, EC)加工自動化線原始資料給此章節當做AVM應用案例的測試與驗證依據。

11.6.1 引擎機匣(EC)製程介紹

工業4.0藉由IoT、CPS、雲製造和大數據分析等新技術來建立智慧工廠[15]。智慧工廠能為工廠自動化提供具體貢獻，它使機台設備能夠透過機器學習、人工智慧或其他方法從大數據中提取知識，自行做出智慧決策，進而降低生產成本、提高加工效率，甚至促成大量客製化[20]。智慧工廠的概念也使傳統機械行業受益，例如，加工狀態監測技術[21,22]得到了廣泛的研究，使得機台健康狀態診斷與刀具剩餘使用壽命預測等比以往更加成熟。

然而，進入智慧工廠的高門檻，阻礙了應用最先進技術於航空零組件的製造。具有複雜加工條件的航空零組件仍然存在重大挑戰[23]。

與機械工業中的其他零組件相比，航空零組件的製造具有操作複雜、品種多、批量小、生產狀態變化頻繁等的特點[24]。因此，製造部門之間需以高效率的溝通方式進行協作，才能縮短交貨時間並降低成本。

為了加工飛機渦輪引擎的引擎機匣(Engine Case, EC)，包括粗加工和精加工在內的複雜加工操作將在各種類型的加工機台上進行不間斷加工。同時，加工品質應嚴格遵守在容許規格範圍內。綜上所述，本文將專注在航空產業關鍵零組件——EC生產之線上且即時之品質監控議題。

11.6.1.1 EC工序說明

現行常見零組件加工(如汽車輪框…等)的關鍵指標是週期短與良率高，其可透過抽樣檢驗(Sampling Inspection)來實現這個目標。然而，就EC加工而言，其須經過數百道工序才能完成從原材料到成品的一個完整週期[25]。例如，EC的主要切削操作包括各種類型基準孔、定位孔、盲孔、沉孔、扇形凹槽和直線槽。EC的加工操作週期可能會佔用100多個小時。基於安全考慮,必須檢查所有加工製造程序的精度,然而這將導致冗長的品質檢查週期,從而提高生產成本。

　　EC的法蘭平面(Flange Surface)的作用是作為將中壓和高壓壓縮機之間的各種機殼緊密連接起來的必要連接面。在法蘭平面上分佈達兩百多個法蘭孔(Flange Hole),它們是影響EC品質好壞的關鍵加工項目。

11.6.1.2 Flange Hole檢驗流程

　　對航空零組件生產過程而言,提供EC的所有精度項目之品質檢驗報告,對於確定EC是否符合規格是不可或缺的[23,26]。圖11.61上半部顯示Flange Hole的各種品質檢驗方法。

　　傳統上,無論是離機量測(Off-Machine Measurement, OMM)所仰賴的三次元量床(CMM),或是機上量測常見的機上探測(On-machine Probing, OMP)法,都是Flange Hole品質檢測的兩種主要測量方法。CMM可以提供比OMP更全面的品質檢測報告,包括製造商需要的所有類型之精度。CMM量測的量測延遲通常超過數天;另一方面,OMP透過在主軸中安裝探針(Probe)以節省量測延遲;然而,由於必須檢查數百個加工特徵,探針和刀具之間的頻繁切換過程非常耗時;因此,加工過程需不停中斷才能進行OMP,這將增加生產週期。

　　為節省生產週期,OMP後來逐漸被機上人工尺規(Pin Gauge)丈量所取代,其缺點是僅能挑選數個Flange Hole手動測量,且僅能知道品質過關或不過關(Go/No-Go)。操作人員在換刀後,會機上檢驗首三個被加工Flange Hole的直徑,之後改為十抽一的檢驗方式進行。其他關鍵測量項目,如與EC變形高度相關的位置誤差(Position Error),就不可能透過OMP進行(太過複雜),只能透過CMM進行測量。簡而言之,雖探針或尺規能實現OMP,但無論如何都會增加額外的量測延遲而增加生產週期與人力成本。

　　總之,無論應用CMM、OMP還是針規,週期時間損失和(或)量測延遲都是不可避免的。生產商需要在生產週期時間和品質檢驗之間取得適當的平衡。由於極高的生產成本和飛行安全因素,航空零組件製造商比任何機械行業都渴望擁有即時準確的加工監控系統 [24,28]。

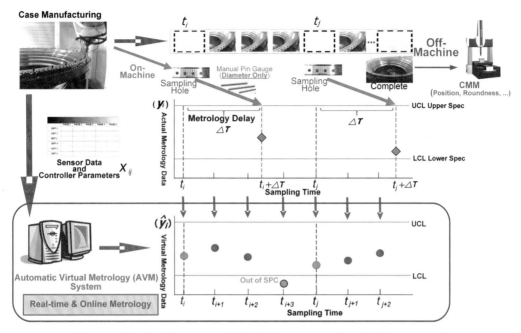

圖 11.61 機上探測(OMP)、離機量測(OMM)和虛擬量測(VM)的比較

來源：經同意由[27]重製©2018 IEEE

11.6.1.3 文獻回顧

　　以下介紹航空零組件加工監控的相關文獻。Marinescu和Axinte [23]提出基於感測器融合(Sensor Fusion)的系統來監控航空零組件切削品質與安全性。Tangjitsitcharoe等人[26]建立多元迴歸模型來預測航空零組件的切削工序過程之表面粗糙度。Griffin [29]透過神經網路(Neural Networks, NN)預測航空零組件的兩個複雜幾何加工特徵：磨削和鑽孔操作。Gao等人[25]以優化加工參數來提高複雜航空零組件加工的加工品質。Liu等人[30]提出基於支持向量機的系統，以避免複雜製程而導致薄壁零件的加工變形。

　　為了解決上述生產週期時間的損失、量測延遲與EC變形問題，在本應用案例中，將AVM與變形融合(Deformation Fusion, DF)方法一起應用於EC生產製程中。所謂的DF方法將推估EC變形程度，這是AVM系統是否能預測孔位置度的關鍵之一。

　　如圖11.61下半部分，透過將AVM整合到EC生產線中，加工EC過程資料被收集並傳送到AVM系統，然後即時地線上預測該EC的製造品質。

11.6.2 將GAVM整合至EC製程以實現全檢

為應用AVM至航空工業之EC加工自動化線，需將機台與所謂的GAVM [14]架構進行整合。如圖11.52所示，GAVM架構由GED和AVM伺服器[14,19]組成。GED橋接於機台和AVM Server間，負責進行資料收集和資料前處理。透過GED將分段收集所有相關感測器資料、加工參數和量測資料，並在GED [14]中完成資料切割、消噪和特徵轉換的功能。之後，加工參數、特徵和量測資料將被儲存到標準資料庫(Standard Database, STDB)中，使AVM Server可從STDB中尋找相應的加工資料和量測資料，進行即時性的VM運算。

執行AVM的先決條件是建立好完善的VM模型，包括DQI_x/DQI_y、RI/GSI以及預測模型，前述提到的所有功能已詳述於第8章。預測模型可透過如BPNN和偏最小平方迴歸(Partial Least Square, PLS)演算法建立之。如同本章其他小節所述，在建立AVM模型時，起初都應嚴格確保製程資料與其相對應的量測資料之品質和它們之間的因果關係是正確的。

11.6.2.1 應用AVM至EC製程的困難點

由於EC的工序相當複雜，與傳統機械加工特性存在巨大差異。根據EC製造的加工屬性，本節將分成兩項主要困難點進行討論，即長時間的量測延遲和EC變形問題。

AVM的模型更新功能透過即時更新量測資料到AVM模型來確保AVM Server的效率和正確性。然而，對於EC加工來說，完成加工後GED要收集CMM量測資料的等待時間相當久，導致AVM Server無法及時更新模型。這是因為複雜的EC工序涵蓋各種不同類型的機台；而工序複雜，增加了和EC有關的外型特徵的實際量測難度，讓實際量測也相當耗時。這種長時間的量測延遲，導致所有VM預測值只能以在模型未更新的情況下運行與計算。儘管可以從OMP技術獲得即時量測資料來減少等待時間，但刀具和量測Probe間的切換時間將大幅增加生產週期。因此，如何維持VM模型在未更新的前提下，保有良好預測準確度是一大挑戰。

另一個挑戰是EC可能會變形[30]。EC的形狀或尺寸的任何變化都可能因施加的力道不同或複雜工序過程的溫度變化而發生。也就是說，EC端面可能會從真圓變形成橢圓形。如果沒有變形資訊，AVM模型就會假設EC的端面是一個正圓形。雖然對每一個Flange Hole的直徑(Diameter)尺寸大小，仍然可以透過感測器訊號進行預測其加工精度，且預測誤差是可接受的。然而，另一關鍵測量項目：每一個 Flange Hole的位置(Position)，因與當前加工過程中無法獲得的EC變形資訊具有高相關性，若無此變形資訊，Flange Hole位置的預測精度準確度將不佳。

上述這兩項挑戰可藉由本章節所提出的DF方法解決。下面以EC端面的Flange Hole加工過程為例進行說明。

11.6.3 推估EC的Flange Hole變形的DF方法

如今，為了實現全自動化生產的目標，使用探針(Probe)進行量測零組件特定位置座標方法，被廣泛運用在零組件固定在夾治具的調校階段，例如體積誤差補償、零位設置、中心坐標位置測試的非加工運行階段。因此，探針也可用於在設置階段量測EC的真實變形資訊。如此一來，收集EC變形資訊的處理時間並不會影響原本實際加工週期時間。下面介紹在「不增加原本加工週期」之前提下，能有效推估EC變形資訊的DF方法。

11.6.3.1 量測方法

觀察圖11.62，應用座標探測流程獲得一組離散的真實坐標(Real Coordinates, RC)，它表示端面的真實變形狀態的二維平面測量。建議座標探測數至少為3點，才能構建一個基本圓。座標量測點數(S)越多，則越接近EC的實際外型。如(11.27)，RC為量測座標點的集合，第s量測點在(11.27)中記做(x_{R_s}, y_{R_s})，而s=1, 2, ..., S。

$$RC = \{(x_{R_1}, y_{R_1}), (x_{R_2}, y_{R_2}), ...,(x_{RS}, y_{RS})\}. \tag{11.27}$$

圖 11.62 使用探針接觸EC端面的外部
來源：經同意由[27]重製©2018 IEEE

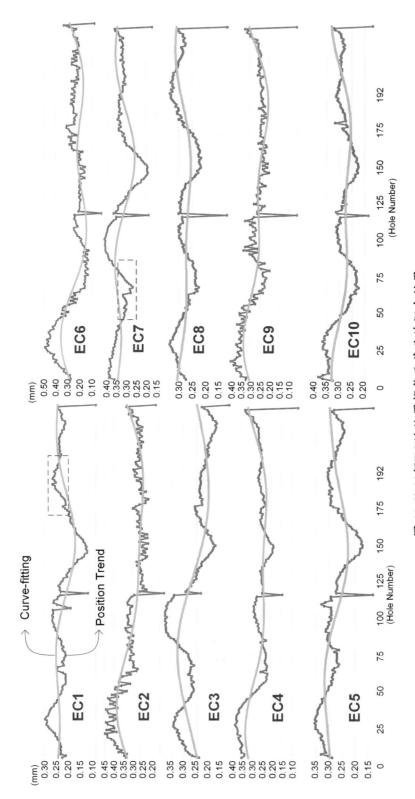

圖 11.63 10個EC的位置趨勢及其曲線擬合結果
來源：經同意由 [27] 重製 ©2018 IEEE

11.6.3.2　近似橢圓形的EC變形

　　圖11.63為10個EC的歷史變形趨勢(不規則振盪的曲線)，其中縱軸和橫軸分別為實際位置度和Flange Hole順序。使用最小平方法製作擬合曲線可發現各Flange Hole位置趨勢近似為橢圓形。因此，為了近似橢圓形，任何變形EC都可由一組五個參數a、b、h、k、θ所定義的橢圓形來表示之。另外，由於在局部區域仍然存在無法利用基因演算法(Generic Algorithm, GA)精確估計變形程度的不確定因素(例如圖11.63的EC1和EC7中虛線框內的Flange Hole位置)，而這些不確定因素將透過插值擬合(Interpolation Fitting, IF)直接處理，細節在第11.6.3.3節中解釋。

A. $\{a, b, h, k, \theta\}$定義

　　如圖11.64所示之EC端面俯視圖，從Origin原點$(0,0)$開始測量，令理想圓半徑(Ideal Radius)長度為r；而橢圓是實際EC端面的俯視圖，其橢圓形長軸(Major Axis)之長度為r_a、短軸(Minor Axis)長度為r_b，旋轉角度θ的實際變形半徑(Deformed Radius)長度為r_D。此外，假設EC端的表面是完全平坦的，因此所有座標都恰好位於X-Y平面上，如此即可用一組五個參數$\{a, b, h, k, \theta\}$來描述真實座標中EC的位置與變形程度。

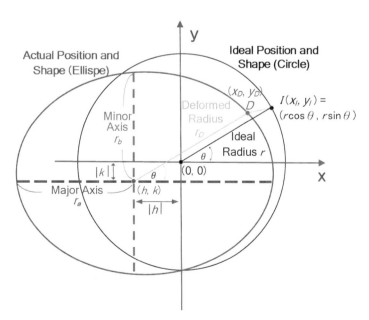

圖 11.64 EC的實際變形位置(D)和理想位置(I)
來源：經同意由[27]重製©2018 IEEE

定義前兩個參數(a, b)以確定變形比率。參數a表示r_a與r的比值($a=r_a/r$)；參數b代表r_b與r的比值($b=r_b/r$)。零件變形是影響加工品質主要因素的其中之一。根據變形程度，參數a和b可能大於或小於1；參數(h, k)是從根據加工原點$(0, 0)$為基準對EC中心的偏移位移。最後一個參數(θ)定義為從EC端面以長軸為基準的旋轉角度。

B. EC變形量與在端面的Flange Hole位置之關係

觀察圖11.64，在(11.28)表示的基本橢圓用於描述實際變形端面的形狀。

$$\left(\frac{x-h}{r_a}\right)^2 + \left(\frac{y-k}{r_b}\right)^2 = 1. \tag{11.28}$$

如圖11.64所示，Flange Hole的實際變形位置(D)與其對應的未變形理想位置(I)之間的關係如下所述。I點是θ處加工Flange Hole的理想位置，位置I：$(x_I, y_I)=(r\cos\theta, r\sin\theta)$；而位於真實EC端面(假設為橢圓)上的位置$D$：$(x_D, y_D)$是對應的真實加工位置。因此，實際位置誤差與位置$I$和$D$之間的距離有關。但是，這個距離並不容易計算。為了簡化計算以代替位置D，提出一個近似位置A，如下所述。圖11.65描繪$h=0$、$k=0$及$\theta=0$的探測位置(橢圓上的點)的第s的近似位置A。換句話說，當$h=0$時，位置A被視為近似變形的位置D、$k=0$及$\theta=0$。

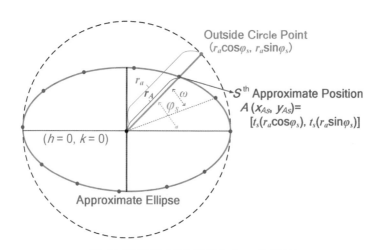

圖 11.65 變形EC上的近似加工位置(A)
來源：經同意由[27]重製©2018 IEEE

設 $\omega=360/S$ 為任意兩個相鄰探測位置之間的夾角，第 s 的近似位置之近似角度可以定義為

$$\varphi_s = \theta + \omega(s-1), \text{ where } s = 1, 2, ..., S. \tag{11.29}$$

觀察圖11.65，在橢圓外畫一個半徑為 r_a 的大圓，以幫助理解 r_A 和 r_a 之間的關係。角度 φ_s 的外圓點對應坐標為 $(r_a\cos\varphi_s, r_a\sin\varphi_s)$。因此，定義參數 t_s 為 r_A 與 r_a 的比值，則近似位置 A 的第 s 的坐標：(x_{As}, y_{As})，可以表示為(11.29)，其中 t_s 取值範圍為0到1，以及 $0° \leq \varphi_s \leq 360°$。

$$AC: \begin{cases} x_{As} = h + t_s(r_a\cos\varphi_s). \\ x_{As} = k + t_s(r_a\sin\varphi_s). \end{cases}, s=1, 2, ..., S. \tag{11.30}$$

將(11.30)代入(11.28)，則可以推導出(11.31)中的 t_s，用於識別端面上所有近似座標(AC)。

$$t_s = \sqrt{1/(\cos^2\varphi_s + (r_a/r_b)^2\sin^2\varphi_s)}. \tag{11.31}$$

11.6.3.3 位置誤差

在定義位置誤差之前，需要將 AC 的每個元素轉換為其對應的近似半徑 r_A，如圖11.65所示。令 AR 為所有近似半徑的向量

$$AR = [r_{A_1}, r_{A_2}, ..., r_{A_S}], \tag{11.32}$$

此處 $r_{As} = \sqrt{(x_{As})^2 + (y_{As})^2}$ 然後，估計的位置誤差(P_E)定義如下

$$P_E = 2[r_{A_1} - r, r_{A_2} - r, ..., r_{A_S} - r]. \tag{11.33}$$

其中 r 代表預設半徑 r。最終，AVM會將 P_E 視為位置預測的關鍵SFs之一。本應用案例中採用GA、IF、DF三種方式獲得 P_E，方法如下所述。

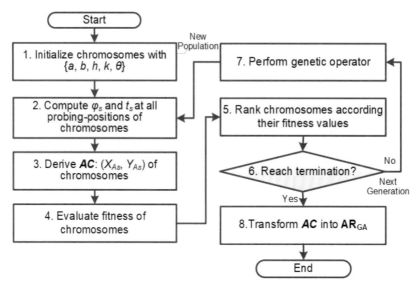

圖 11.66 透過基因算法生成最適橢圓和AC的流程圖

來源：經同意由[27]重製©2018 IEEE

A. 基因演算(Genetic Algorithm, GA)方法

將(11.27)中**RC**的所有元素作為輸入，GA [31]可以生成五個參數，這些參數表示與變形端面的**RC**相比誤差最小的近似橢圓。圖11.66說明搜索五個參數的最適解的GA過程，如下所示。

步驟1：透過定義五個參數的合理範圍並以隨機方式分配非重複值，用{**a, b, h, k, θ**}初始化每個染色體。群體(Population)和迭代次數(Generation)分別設置為50和200。

步驟2：計算每個染色體的φ_s和t_s，且$s=1, 2, ..., S$。

步驟3：透過每個染色體的φ_s和t_s推導出(11.30)中的**AC**。

步驟4：評估每個染色體的適配值(Fitness)。(11.34)定義的適配函數(Fitness Function)使**RC**和**AC**從第一個探測位置到第s探測位置的總誤差最小化，並且越小越好，因為期望**AC**盡可能接近**RC**。

$$\text{Fitness} = sum\left[\sqrt{(x_{R_S} - x_{A_S})^2 + (y_{R_S} - y_{A_S})^2}\right], \quad (11.34)$$
$$s = 1, 2, ..., S.$$

步驟5：根據染色體的適配值對染色體進行排序。適配值較小的染色體優先被選入交配池。

步驟6：進入步驟8，在達到最大極限或幾代都沒有滿足更好的解決方法時停止進化；否則，跳至步驟7。

步驟7：執行遺傳子運算，包含交配運算子、突變運算子和天擇運算子。給定的交配率(Crossover Rate)和突變率(Mutation Rate)分別為0.9和0.1。輪盤賭選擇被用來讓更好的染色體將它們的基因傳遞給交配池(Crossover Pool)中的下一代。

步驟8：將AC中的每個元素轉換為AR中對應的r_A，如(11.32)中所定義。將實際製造位置的數量定義為M並讓$S=M$透過(11.30)導出變形EC端面上的所有M的AC。然後將這些M的AC表示為AR_{GA}，以表示從GA為所有實際製造位置生成的AR向量。

B. 內插近似(Interpolation Fitting, IF)方法

如圖11.66所示，多個變形量資訊可從5個參數中萃取得出，包括EC的初始位置、近似橢圓形、AR_{GA}等。但是，除了橢圓形變形之外，還有一些不確定因素，如圖11.63的EC1和EC7中的虛線框所示，GA無法精確估計影響EC端面局部區域的嚴重變形。因此，為了模擬更接近現實的變形分佈，還採用Cubic-spline函數的IF[32]來推估局部區域的細節變形量。

在執行IF之前，如(11.27) RC的每個元素都須要轉換為其對應的半徑r_D，其中

$$r_{D_s} = \sqrt{(x_{Rs})^2 + (y_{Rs})^2}, \tag{11.35}$$

為使$s=1, 2, ..., S.$，讓DR_{RC}將所有r_{D_s}的向量表示為

$$DR_{RC} = [r_{D_1}, r_{D_2}, ..., r_{D_S}]. \tag{11.36}$$

因此，DR_{RC}被視為已知節點並用於插值。然後，IF將DR_{RC}中的r_D序列號重新排列為它們在1~M之間傳播的原始製造位置(OP)序列。將M與探測位置數的比率表示為「放大倍數」，然後將OP表示為

$$OP = [(op_1), (op_2), ..., (op_S)], \tag{11.37}$$

此處

$$op_s = (s-1) \times \text{Magnification} + 1. \tag{11.38}$$

基於**OP**之第s的op_s，**AR**$_{RC}$中的r_{D_s}被分配到size-M之**AR**$_{IF}$的op_s位置，而兩個連續r_D的op_s和op_{s+1}之間的未知半徑將由IF生成。因此，從IF生成的所有實際製造位置的**AR**向量表示為**AR**$_{IF}$

$$\mathbf{AR_{IF}} = \begin{cases} r_{A(op_s)\sim(op_1)} = \text{Spline}[(r_D)_{op_s}, (r_D)_{op_1}], \text{ if } s = \text{S.} \\ r_{A(op_s)\sim(op_{s+1})} = \text{Spline}[(r_D)_{op_s}, (r_D)_{op_{s+1}}], \text{ else.} \end{cases} \tag{11.39}$$

請注意，當$s=S$時，對於該s的r_D之外的任何r_A：$(r_D)_{op_s}$，IF將使用第1個r_D：$(r_D)_{op_1}$作為端點，並在$(r_D)_{op_s}$和$(r_D)_{op_1}$之間的最後一個間隔內完成插值。

C. 變形融合(Deformation Fusion, DF)方法

　　與**AR**$_{GA}$相比，**AR**$_{IF}$有望在局部區域周圍產生更準確的變形形狀。另一方面，**AR**$_{GA}$的優勢在於它擁有比**AR**$_{IF}$更廣泛的變形資訊。

　　為了同時利用**AR**$_{GA}$和**AR**$_{IF}$，提出DF方法。DF方法將**AR**$_{IF}$和**AR**$_{GA}$結合在一起以產生融合**AR**，表示為**AR**$_{Fusion}$，如下所示

$$\mathbf{AR_{Fusion}} = f\mathbf{AR_{IF}} + (1-f)\mathbf{AR_{GA}}. \tag{11.40}$$

其中f是加權係數，數值範圍從0到1之間。f值取決於EC變形的程度，與預加工後的半成品EC的殘餘應力不同。一般來說，EC局部變形越多，f值建議越大用好。在這種情況下，f值被指定為0.5，這是從這10個EC的局部變形程度得出的，如圖11.63所示。

11.6.3.4 整合線上量測、DF方法與AVM預測技術

　　整合線上量測、DF方法和AVM預測的流程圖如圖11.67所示。詳細說明如下。

步驟1：用探針接觸變形端面的外/表面區域共S個採樣點，成為RC集合。

步驟2：將RC輸入GA得到**AR**$_{GA}$。

步驟3：使用IF生成基於**DR**$_{RC}$的**AR**$_{IF}$。

步驟4：透過**AR**$_{IF}$和**AR**$_{GA}$的線性組合計算**AR**$_{Fusion}$，得到**P**$_E$。

步驟5：將**P**$_E$與其他SFs相結合，作為AVM的輸入，用於在線和即時的Flange Hole位置預測。

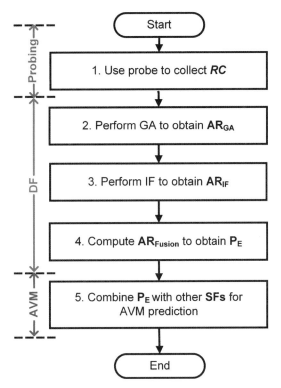

圖 11.67 整合線上量測、DF機制和AVM預測的流程圖

來源：經同意由[27]重製©2018 IEEE

11.6.4 案例說明

為驗證AVM-plus-DF方法的準確性和有效性。在本應用案例中，使用法蘭平面半徑r=727.75 mm的航空渦輪機EC的常用材料高溫合金作為範例。五軸(x/y/z/a/b)銑床配備4個鑽孔刀，可在EC的端面上鑽出192個Flange Hole (M=192)。每個Flange Hole需要兩個關鍵的測量/檢查項目：直徑和位置。因此，第一個範例說明對192個Flange Hole的所有直徑的典型AVM預測。第二個範例示範對192個Flange Hole的所有位置度執行線上量測、DF方法和AVM預測的完整流程。

基於感測器融合之振動和電流訊號的收集，在主軸上安裝三個加速度計收集x/y/z軸向的振動訊號；6個電流感測器安裝在電控箱的伺服馬達輸出電線上，用於收集x/y/z/a/b軸和主軸的馬達電流。旋轉B軸則負責擺動主軸到特定與Z軸平行(與鑽孔製程方向垂直方位)以利主軸鑽孔。C軸可將EC旋轉至任意兩兩相鄰Flange Hole的角度，ω=360°/192=1.875°，被用於調整EC於主軸開始鑽孔前的Flange Hole

預設位置。從GA生成的五個參數是{a=1.00003, b=1.00000, h=-0.0004 mm, k=-0.0015 mm, θ=1.07°}，這表明中心位置設置在可接受範圍內(小於0.01毫米)；而 a=1.00003 (r_a=r×a=727.7718 mm)和θ=1.07°顯示出一定程度的變形，可能導致不良的位置品質。

AVM的BPNN模型包含三層輸入節點、五個隱藏節點和兩個輸出節點，用於位置和直徑的VM值。u^{th}預測VM值為VM_u，AM值為AM_u，樣本數量為v，預測精度由MAE評估為下式

$$MAE = \frac{\sum_{u=1}^{v}|(VM_u - AM_u)|}{v} \times 100\%. \tag{11.41}$$

MAE值越接近於零，預測的準確性就越好。

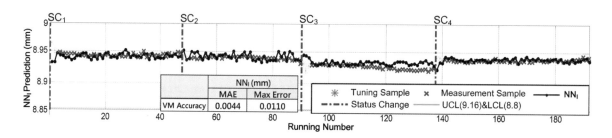

圖 11.68 AVM直徑預測結果
來源：經同意由[27]重製©2018 IEEE

11.6.4.1 直徑預測

由於EC變形不會影響Flange Hole直徑的品質。收集即時的振動和電流感測器資料，以及從機台CNC控制器收集的加工參數足以獲得生產過程的所有加工狀態。換句話說，沒有DF方法的原始AVM就能夠對Flange Hole的直徑大小進行預測。

選擇x/y/z軸的振動資料之std，以及主軸x/y/z馬達電流的max和RMS作為構建Flange Hole直徑預測的AVM之BPNN模型訊號特徵(Signal Features, SF)。每一個Flange Hole所對應的SF數量為11個，BPNN由從提早加工完成的EC所收集的32個Flange Hole樣本創建。觀察圖11.68，四次狀態改變(SC₁-SC₄)都是由更換鑽刀所引起，時間點分別在測試樣本編號1、47、91和137，而每一次SC都會進行線上Probe量測並AVM模型更新。這代表在遇到每次的SC都將收集SC後的3個連續樣本量測值，並將其輸入到AVM模型中進行更新。

　　樣本1-3所示的AVM (NN_I)值的Phase-I BPNN是透過應用前一個EC創建的第一組AVM模型獲得的，若無模型更新(Refresh)，預測誤差不小；然後，應用AVM系統的先進雙階段演算法透過刷新3個連續樣本來恢復VM精度。結果，樣本4~48的預測精度就能恢復。類似現象在SC_2-SC_4再次出現，這表明新鑽刀的性能與舊鑽刀的性能有所不同。簡而言之，192個Flange Holes中的NN_I之MAE為0.0044 mm，這是不包括4次SC的前3個校準樣本的Free-Run運行結果。與直徑公差：0.36 mm (UCL：9.16 mm；LCL：8.80 mm)相比，可見原始AVM方法之精度已足夠提供可靠的直徑VM預測。

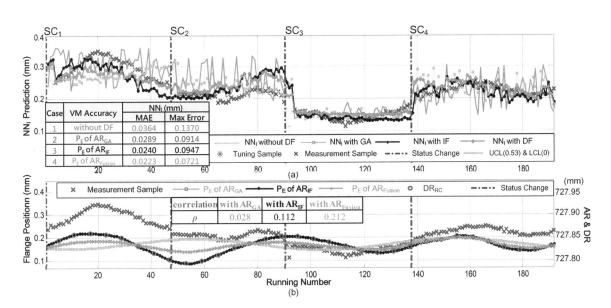

圖 11.69 位置度預測(a)四種條件的VM結果：(1)未使用DF (2)使用AR_{GA}生成的P_E (3)使用AR_{IF}生成的P_E，以及(4)使用AR_{Fusion}生成的P_E；(b) Case 2、Case 3和Case 4對應之AR

來源：經同意由[27]重製©2018 IEEE

11.6.4.2 位置度預測

　　另一方面，不同於直徑預測，原始AVM對於位置度的預測不夠精確，主因是位置度與EC端面的變形分佈存在強相關性[33]。為了評估DF方法是否有效，AVM在Flange Hole位置預測的性能將分為4種情況進行比較：(i)未使用DF (即沒有P_E)；(ii)使用AR_{GA}生成的P_E；(iii)使用AR_{IF}生成的P_E以及(iv)使用AR_{Fusion}生成的P_E。須要注意的是，使用接觸式量測設備的探測總次數S設置為32。透過探針檢測1個位置度的外形大約須要5到8秒，全部32個點大約需要3至4分鐘。Case 1中使用的方法是沒有DF的原始AVM，而Case 2、Case 3和Case 4分別使用AVM-plus-DF方法，原始AVM的SF加上來自AR_{GA}、AR_{IF}和AR_{Fusion}的P_E。

　　圖11.69(a)描述四種情況的實際測量和VM的位置預測結果。請注意，實際測量值準確顯示變形的趨勢。Case 1 (未使用DF)之NN_1的MAE精度為0.0364 mm，這樣的結果是不可接受的。觀察圖11.69(a)，由於Case 1的VM模型不具備從DF方法生成的關鍵SF，Case 1的VM預測趨勢失去對量測值的預測能力。在連續三個樣本更新後，VM準確率仍然無法被接受。

　　如圖11.69(a)所示，Case 2 (考慮AR_{GA}生成的P_E)和Case 3 (考慮AR_{IF}生成P_E)中的MAE均優於Case 1，分別為0.0289 mm和0.0240 mm。

　　觀察圖11.69(b)所示的各種AR的擬合結果，AR_{GA}使得Case 2的NN_1隨著實際量測而逐漸改變，特別是在SC_3和SC_4之間。這表明可以將AR_{GA}生成的P_E亦視為關鍵SF之一來處理EC變形問題。

　　但是，一些特殊情況，如取樣量測點數量不足或劇烈變形等，都可能誤導P_E。這種情況發生時，DF方法必須搭配使用IF方法來解決問題，這就是Case 3 (考慮由AR_{IF}生成的P_E)。圖11.69(b)的圓形虛線表示AR_{IF}，它是從DR_{RC}的紅色圓點藉由IF獲得。顯然，AR_{IF}比AR_{GA}可更有效反映出局部區域的變形程度，這表明SC_1和SC_3之間的擬合趨勢過於平滑。

　　當f=0.5時，Case 4的P_E (考慮從AR_{Fusion}生成的P_E)延續AR_{GA}和AR_{IF}的優點。如圖11.69(b)，與AR_{GA}和AR_{IF}相比，AR_{Fusion} (菱形虛線)與位置度量測值趨勢的相關性最好(ρ=0.212)。結果，Case 4中也幾乎可以忽略在四次SC後首三個樣本的量測誤差，NN_1的MAE可以顯著降低到0.0223 mm，這是四個Case中最好的結果。此外，檢測時間也減少20%，從原來僅能量測少許Flange Hole直徑的2,660秒，減少到2,080秒(但可預測所有Flange Hole的直徑與位置度)。

11.6.5　小結

　　本文採用AVM-plus-DF方法，實現即時性和線上預測於航空零組件EC製造的Flange Hole直徑和位置。解決將AVM應用於航空工業的兩個挑戰，包括長時間的量測延遲和部件變形。本章所提出的AVM-plus-DF方法成功地解決這兩個挑戰，案例說明證明AVM-plus-DF方法對航空零組件的EC的加工品質即時監控是可行的。

本章所採用的 a、b、h、k、θ 五個參數亦可用來描述EC的變形狀態。事實上，這五個參數也可被用做即時回授以實現進一步的自動化回授控制之目的。因此，未來首先要在加工初始設定階段靈活運用 h、k 與 θ，把EC的位移量和旋轉值校準或補償到適當的位置；其次，是回饋 a 和 b 至控制器，並設計一組類橢圓的加工路徑來動態調整預設的加工座標。

11.7 應用案例六：化工產業

作者由衷感謝台灣塑膠工業股份有限公司提供本案例的原始資料。

11.7.1 碳纖維製造流程簡介

碳纖維主要原料為聚丙烯腈(PAN)，經過氧化、碳化、上漿等步驟製作而成。碳纖維是一種複合性材料，具有良好的物理性質(耐熱性好、質量輕、強度高及抗腐蝕)，已廣泛運用於航太、運動器材用品、醫療器材及風力發電等各領域。

碳纖維製程為連續生產，分為原絲段(Precursor, PR)及碳纖段(Carbon-Fiber, CF)。碳纖段步驟如圖11.70左上部所示。首先，原絲會先經過緯紗機將原絲併紗成所需的根數，在燒成的製程透過氧化、預碳、後碳、上漿及乾燥等流程，最後透過各紡位的卷曲機將最終的碳纖維成品蒐集成卷。碳纖維的生產過程從原絲開始，經過併紗，進入氧化爐、預碳爐及後碳爐，溫度從攝氏100度到最高攝氏3000度，氧化的過程主要是讓原絲受熱軟化，透過生產機台之張力，使原絲保持線性的狀態，內部的結構也將再此受熱過程轉變成較穩固的六角形排列。預碳爐及後碳爐主要是使原絲氧化後，透過高溫使其轉變為純碳的纖維；通過後碳爐後，進入上漿槽，使碳纖維表面附著上一層保護層，避免未來進行其他加工時對碳纖表面產生損傷[35,36]。

目前碳纖維製程品質檢測方法如圖11.70的右上部所示：每日生產中僅隨機檢測少部分卷數(如6%)，並取出抽檢卷之最後60公尺進行破壞性檢驗，並花費一天檢測碳纖含漿率、強度、條重及模數…等品質。若6%採樣檢測結果合規，那麼其他94%的產出就不須再檢測，可以交付客戶。不過，這94%卷數仍可能存在缺陷，增加抽樣率是偵測缺陷紡位的方法之一，但因為此為破壞性檢測，所以不宜採增加抽樣率之方式來增加品質妥善率。因此第8章所介紹的全自動虛擬量測

(AVM)就成了解決此問題的最適方法，因為AVM可以將有時間延遲之品質抽檢轉換成線上且即時的品質全檢。

　　一般而言，通常生產過程中，每一件工件之辨識碼(Identification, ID)會採用條碼或無線射頻辨識(Radio Frequency Identification, RFID)之方式來定義；而且各個工件會在某些特定的製程步驟上被掃描以進行在製品(Work-In-Process, WIP)追蹤。由於ID是唯一辨識碼，在製造過程中與此工件有關的各種參數，就可以利用此ID將這些相關參數被收集並儲存到資料庫內，以便能供各式智慧製造應用系統(如AVM、智慧型良率改善、及工程資料分析[37-39]等)所使用。然而，此情境並無法套用在連續卷對卷的碳纖維生產中，原因是在連續生產中，工件的產品單位或批次編號無法定義，因其與現今的在製品追蹤的方法不同。

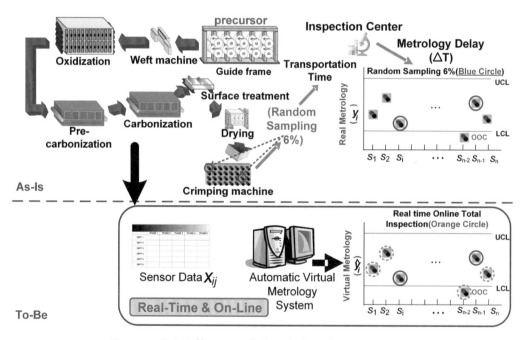

圖 11.70 碳纖維製程的離線量測與虛擬量測之比較比較
來源：經同意由[34]重製 © 2019 IEEE

11.7.2　應用AVM之三項先決條件

　　三項應用AVM的先決條件如下：

(1) **[收集因]**所有影響產品品質項目的生產關鍵因子都要有感測器進行線上即時資

料收集。在碳纖維加工步驟中，這些關鍵因子包含：氧化、預碳、後碳、上漿及乾燥的加工條件。

(2) **[收集果]** 裝配實際量測儀器(為了建置或更新AVM模型)，且實際量測值可透過電子傳輸的方式(如網路)傳送到AVM伺服器。在執行完碳纖維製程後，須執行品質抽檢，其品檢項目如：含漿率、強度、條重、…等；而且，這些品檢項目之數據須能自動地傳送到AVM伺服器。

(3) **[在製品追蹤]** 在製品追蹤之目的在於建立 1)因與 2)果，收集項目的因果關係。如前面所述，連續碳纖維卷對卷生產流程中，無法採用如半導體業所使用的在製品追蹤方式。因此，即使因與果的收集完成，AVM應用仍會因為沒有在製品追蹤方案而無法建立因果關係。適用於連續卷對卷生產流程的生產資料追溯(PDT)機制，將在第11.7.4.1節說明。

這三項應用AVM的先決條件將在第11.7.3節中詳細說明。

如圖11.70下半部(To-Be)所示，在製造過程中，一旦有關碳纖維產品之感測器/製程資料開始輸入，AVM即開始即時預測該工件的製程品質，如此製程或設備上有異常發生，就能被馬上偵測到。簡言之，AVM技術可以被採用來實現碳纖維產品即時線上品質全檢。

11.7.3 應用AVM於碳纖維製造之挑戰

如第11.7.2節所描述，第一個挑戰是三項應用AVM的先決條件，包含收集因、收集果、與在製品追蹤；此外，第二個挑戰如下所述。

目前碳纖維紡紗長度大約3,000公尺，且檢測樣本為最終端的60公尺。換句話說，AVM預測的標的也是工件的最終端60公尺。在一般的碳纖維製造流程中共有300個紡位位置(紡位意指生產結束後，將碳纖維卷成卷的單位)與365個感測器，感測器資料收集的取樣頻率為30秒，如此生產率為每分鐘6公尺，每一個感測器在一工件(60公尺)會取得20筆樣本資料。現場有365個感測器，所以總共有7,300筆(20×365=7,300)樣本資料，每一紡位包含了50個工件，且有300個紡位位置。因此，一個碳纖維批次總共有300個紡位，意即109,500,000(50×300×7,300=109,500,000)筆樣本資料。

碳纖維生產是卷對卷製程，因此過程中會有長加工時間與大量參數收集，5天內的資料共計85 GB。如何有效地串連資料，以便能提供給AVM系統進行碳纖品

質的全檢預測，進而能達到接近零缺陷的目標，實屬不易。如圖11.74所示，AVM
部署需要巨量資料收集與雲端製造技術，來對應工廠端與雲端各處於不同地方的
挑戰。

　　為解決將AVM應用至碳纖產業的兩大挑戰，在此提出下列幾種方案。

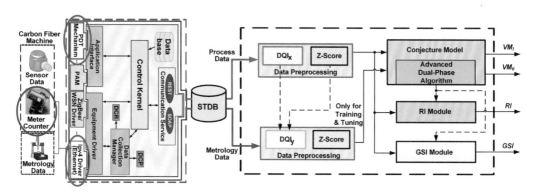

圖 11.71 CPAVM方案

來源：經同意由[34]重製© 2019 IEEE

11.7.3.1　適用於碳纖維製造之CPA+AVM (CPAVM)方案

　　所謂的CPA+AVM=CPAVM方案，如圖11.71所示，藉此方案來滿足三項AVM
部署的先決條件。在收集因方面，如圖11.71左上方所示，以感測器資料與機台參
數作為AVM伺服器的輸入，此為建立模型的參數來源；在收集果方面，如圖11.71
左下方所示，量測資料被收集來進行AVM預測模型的調整。

　　在製品追蹤方面，如圖11.72所說明，使用所謂的生產資料追溯(Production-
Data-Traceback, PDT)機制。此機制運用了計米器來追蹤碳纖維在生產過程中，特
定的工件位置。除了賦予每一工件識別碼之外，還精確地記錄工件經過每一段加
工區段的時間，以及計算所有感測器到檢查點之間的距離。每一感測器到計米器
的距離(定義為SD)，以及計米器到每一個紡位的距離(定義為FSD)皆可以清楚定義
出來。舉例來說，氧化製程段之感測器1到計米器的距離為950公尺(SD_1=950)；計
米器到紡位1的距離為14公尺(FSD_1=14)。因為碳纖維製程的卷對卷特性，若一個
工件在紡位1的完成時間可以被取得，那麼就能以加工時的車速進行回推，來估算
出用工件通過氧化製程段感測器1的時間，如此便能得知工件在氧化製程段之加工
條件了。

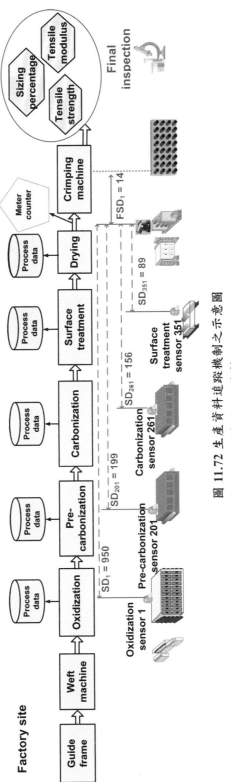

圖 11.72 生產資料追蹤機制之示意圖
來源：經同意由 [34] 重製 © 2019 IEEE

　　由於連續生產的特性，特定工件的製程資料必須透過其ID進行追溯。在產品完成加工後，其完成時間會被使用來計算該工件經過每一加工製程段(如氧化、預碳、後碳、上漿及乾燥等)的時間；然後全部製程資料就會被收集並儲存到CPAVM。如上所述，採用本PDT機制就能有效地進行在製品追蹤與資料收集。

　　一般而言，在碳纖維製造過程中，總計約有365個感測器與300個紡位。在感測器j的第i個紡位位置取得完成時間的計算式，也就是PDT機制中的SR_{ij}，說明如下：

$$SR_{ij} = ST_j - \frac{SD_i + FSD_j}{RS} \tag{11.42}$$

其中

ST_i	在第i個紡位位置的加工完成時間；
SD_j	感測器j的距離；
FSD_i	計米器與第i個紡位位置的距離；
RS	加工車速rolling rate (公尺/分)；

且

i=1, 2, ..., 300 ；

j=1, 2, ..., 365。

　　取得SR_{ij}後，在碳纖維製程中之工件的在製品追溯將得以實現。

　　如圖11.71中間所示，第7.3節所說明的虛實整合代理人(Cyber-Physical Agent, CPA)，其包含設備通訊程式、應用程式介面、可嵌入式應用模組(Pluggable Application Module, PAM)、資料收集管理者(Data Collection Manager, DCM)、資料收集計畫(Data Collection Plan, DCP)及資料收集報告(Data Collection Report, DCR)、資料庫、CPA控制核心及通訊服務等。

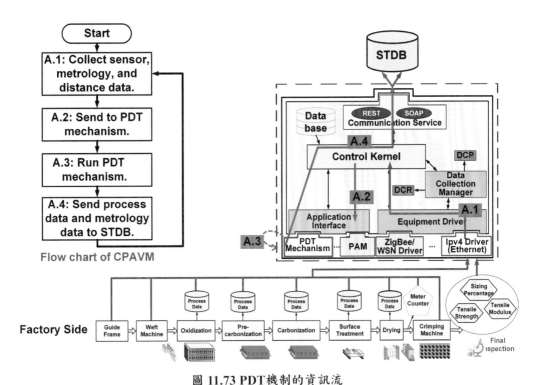

圖 11.73 PDT機制的資訊流
來源：經同意由[34]重製© 2019 IEEE

　　為進行資料收集，CPA需要設備通訊程式來與各種不同的感測器、裝置、機台及設備進行溝通。CPA可以運用在設備通訊程式中的Ipv4驅動程式，來收集需要的感測器資料與計米器值。另一方面，CPA接上應用程式介面(Application Interface, AI)來添加各種功能模組(PAMs)，讓使用者可以用插拔的方式置換他們所需的功能模組。例如，透過PAM插拔式AI在CPA中添加嵌入式PDT機制，以收集碳纖維製程參數(因)與品質檢驗量測資料(果)。圖11.73顯示了PDT機制如何在CPAVM及碳纖維製程中運作。如圖11.73下方所示，每一道製程的感測器與計米器間的距離，以及到每個紡位位置的距離，皆清楚被定義，PDT機制的資訊流描述如下。

A.1：透過乙太網路即時收集製程資料與量測資料，並取得需要的距離。

A.2：傳送需要的資料給PDT機制。

A.3：執行PDT機制以計算所有量測資料的SR_{ij}，並對應每一加工站的感測器值。

A.4：透過通訊服務傳送製程/量測資料到標準資料庫(STDB)，以供AVM後續的計算。

透過PDT機制的發展並整合入CPA進而發展出CPAVM架構，解決碳纖製程導入AVM所必備的三項先決條件。

11.7.3.2 適用於碳纖維製造之先進製造物聯雲(AMCoT)

如前所述，由於碳纖維製造需要處理巨量的生產數據，以及工廠端與雲端(數據中心)之間的距離(147公里)相距甚遠，需要一個合適的雲端製造平台來滿足此需求。本研究採用先進製造物聯雲(Advanced Manufacturing Cloud of Things, AMCoT)平台[40]來解決此問題。圖11.74顯示了用於碳纖維製造的AMCoT架構。碳纖維製造的所有製程與量測資料都可以通過AMCoT方案的CPA收集，如圖11.73 A1~A4所示。然後將數據傳送到雲端，並由Hadoop分散式檔案系統(Hadoop Distributed File System, HDFS)進行有效存儲，以處理用於AVM計算時的巨量生產數據。因此，AMCoT平台可用於實現對每個碳纖維工件進行線上即時全檢，從而實現所有產品零缺陷之目標。

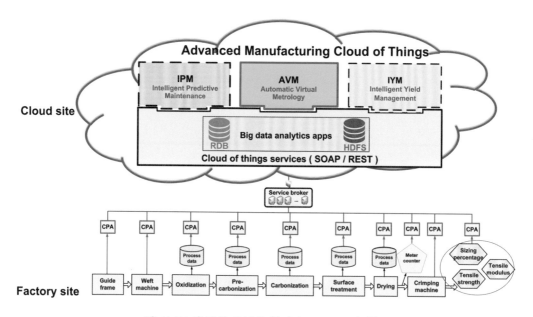

圖 11.74 適用於碳纖維製造之AMCoT架構
來源：經同意由[34]重製© 2019 IEEE

11.7.4　案例說明

應用 AVM 和 AMCoT 於碳纖維製造案例如下所示。單次碳纖維紡紗長度大約為 3000 公尺，其生產加工車速為每分鐘 6 公尺。由於檢測樣本取最終端的 60 公尺，因此即時預測的工件長度設定為 60 公尺。而工件製程資料的取樣間隔為 10 分鐘。

參考表 11.7，共有 365 個製程參數，其中氧化 (OXIDATION) 製程段有 200 個，記為 Sensor1~200；預碳 (PRE_CARBONIZATION) 製程段有 60 個，記為 Sensor201~260；後碳 (CARBONIZATION) 製程段有 90，記為 Sensor261~350；上漿 (SURFACE_TANK) 製程段有 15 個，記為 Sensor351~365。

表 11.7 使用 PDT 機制進行 Spin-1 含漿率物料追蹤案例

來源：經同意由 [34] 重製 © 2019 IEEE

製程站點	感測器編號	距離 $SD_i + FSD_{kj}$	取樣時間 SR_{ij}	值
OXIDATION	Sensor1	964	2018/3/29 12:19:51	127
OXIDATION	Sensor2	950	2018/3/29 12:22:08	124
OXIDATION	...	...	...	...
PRE_CARBONIZATION	Sensor201	213	2018/3/29 14:25:02	64
PRE_CARBONIZATION	Sensor202	205	2018/3/29 14:26:27	51
PRE_CARBONIZATION	...	...	...	...
CARBONIZATION	Sensor261	170	2018/3/29 14:32:15	450
CARBONIZATION	Sensor262	166	2018/3/29 14:32:51	1045
CARBONIZATION	...	...	...	...
SURFACE_TANK	Sensor351	103	2018/3/29 14:45:17	158
SURFACE_TANK	Sensor352	92	2018/3/29 14:43:19	58
SURFACE_TANK	...	...	...	...

11.7.4.1　在製品 (WIP) 物料追蹤之生產資料追溯 (PDT) 機制

每個感測器到計米器和計米器到每個紡位的距離 (例如：FSD_1、SD_1、SD_{201}…等)、車速和產品的採樣時間都是預先測量的，並顯示在圖 11.72 中。接著我們即可應用 PDT 機制 (11.42) 追溯每個工件的製程資料，如此便可收集 AVM 所須的因果數據。以紡位 1 (Spin1) 作為 WIP 物料追溯的案例，含漿率值為 23.6，接著可以通過 (11.42) 來推估每個製程資料。以紡位 1 的 Sensor1 為例，Sensor1 到計米器的距離是

950 m (SD$_1$=950)，計米器到紡位1的距離是14公尺(FSD$_1$=14)，紡位1 (ST1)的加工完成時間是2018/03/29 15:00:00，加工車速為6公尺/分(RS)，則

$$SR_{11} = ST_1 - \frac{SD_1 + FSD_1}{RS}$$

$$\rightarrow SR_{11} = ST_1 - \frac{950 + 14}{6}$$

$$\rightarrow SR_{11} = 2018/3/29\ 12{:}19{:}51$$

因此，如表11.7的第1行所示，紡位1 (在2018/03/29 15:00:00完成加工)通過Sensor1的時間為2018/03/29 12:19:51，回溯生產資料為127。如此便可完成WIP的物料追蹤獲取加工條件。同理，計算其他感測器的製程資料，填入表11.7。然後應用圖11.71中的CPAVM方案，將表11.7中PDT計算的所有數據通過CPA傳遞給STDB，供AVM進行產品品質即時預測。

11.7.4.2 碳纖維製造之AVM應用

採用圖11.74中的AMCoT平台來解決工廠端與雲端(資料中心)不在同地點之問題，並有效管理巨量資料，以進行AVM即時預測。

首先利用CPAVM所收集之碳纖維生產資料及檢測結果，進行碳纖維成對資料之AVM精度驗證。在進行AVM精度驗證前，需針對AVM預測單位進行定義及編碼。編碼邏輯為Year Month Day Hour Minute_Spin_MeterRange，舉例201806100019:001_60即表示2018年6月10日00:19紡位1在0~60公尺處，再透過式(11.42)的應用，可線上即時獲得各段工件進行AVM所需之因果資料。

AVM主要預測演算法是倒傳遞類神經網路(Back-propagation Neural Network, BPNN)和偏最小平方迴歸(Partial Least Squares Regression, PLS)，其中$\hat{y}_i$為VM值，y_i為實際量測值，樣本大小為n。此處使用(11.26)所示的平均絕對誤差(Mean Absolute Error, MAE)來評估預測精度。

首先進行離線AVM精度驗證。所收集到的驗證資料總筆數為125筆，前60筆建模，後65筆進行測試。經與領域專家討論後，將氧化、預碳、後碳…等製程段之溫度、車速、張力及漿液濃度…等17個訊號作為建模關鍵參數。

圖11.75為含漿率的AVM預測結果，黑色實線為BPNN預測結果，淺藍色實線為PLS預測結果，粉紅色米字號為實際檢測結果。平均絕對誤差為PBNN：

0.1410％，PLS：0.1438％.由圖11.75可看出即便於1~10樣本含漿率有較大的變化，預測結果仍可順利地跟上實際量測值的變化趨勢，所以預測品質是良好的。

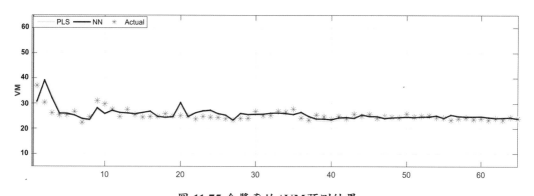

圖 11.75 含漿率的AVM預測結果

來源：經同意由[34]重製© 2019 IEEE

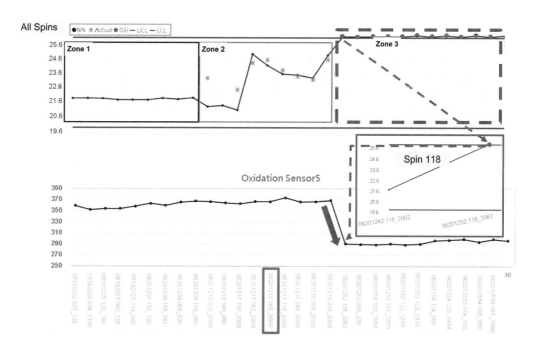

圖 11.76 碳纖維製造線上預測結果

來源：經同意由[34]重製© 2019 IEEE

　　緊接著進行碳纖維製造線上即時品質全檢呈現。碳纖維製造線上預測結果如圖11.76所示。圖11.76上半部為所有紡位含漿率之AVM線上預測結果，其中縱軸為含漿率數值大小，橫軸為工件編號。為方便呈現，採間隔三個區域顯示並將編碼中之Year移除及按照紡位大小由左而右排序。舉例綠色方框06201217:165_3000即表示2018/6/20 12:17紡位165在2940~3000公尺處之含漿率預測結果。從圖11.76由左而右依序可得紡位001、004、126、080、119…等所有紡位之含漿率預測結果。

於Zone1因該些紡位並無實際量測值，因此僅能運用AVM來進行即時的品質監測。Zone2之紡位則有實際量測值，且可看出實際量測結果與AVM結果趨勢及精確性極佳。於Zone3發生整體相似度指標(Global Similarity Index, GSI) [5]異常，異常第一點發生在紡位118上。由圖11.76中間小圖之紡位118專屬預測結果可清楚看出，2018/6/20 12:42紡位118在1942~2002公尺處尚未發生異常，當GSI發生異常時，可進一步進行個體相似度指標(Individual Similarity Index, ISI)分析[5]找出偏移程度最大的製程參數。如圖11.76之下半段所示，經分析得氧化製程段(Oxidation) Sensor5為偏移程度最大之製程參數，其為造成2018/6/20 12:52紡位118在2002~2062公尺處(06201252:118_2062)預測偏高之主因。綜上所述，透過AVM的導入，當碳纖維製程參數有偏移之情況發生時，可快速透過ISI分析找出是哪一個參數異常所造成的，以便進行製程改善，達到碳纖維成品品質接近零缺陷的目標。

11.7.5　小結

在11.7節提出了一機制使碳纖維製造得以達到線上即時品質全檢。CPAVM方案說明於第11.7.3.1小節，透過設備通訊程式中的Ipv4驅動程式與資料庫溝通，取得感測器資料、計米器資訊、與檢測結果，並提出PDT機制且透過可嵌入式應用程式介面，將PDT機制嵌入CPA中，整合發展出適用於碳纖製程之CPAVM方案，使其能滿足解決碳纖製程導入AVM所必備的三項先決條件。更進一步地利用AMCoT平台解決碳纖維製造巨量資料及工廠端與雲端(資料中心)位於不同位置之問題。於第11.7.4.2小節的離線與線上測試結果顯示CPAVM的可行性且AVM預測結果良好。如上所述，應用AMCoT架構與CPAVM方案，可實現碳纖維產品接近零缺陷的智慧製造目標。

11.8　應用案例七：吹瓶機產業

作者在此感謝銓寶工業股份有限公司提供此AVM結合R2R應用案例中使用的原始資料。

11.8.1 吹瓶機產業及其智慧製造需求

面對全球飲料與瓶裝水市場正在快速成長，飲料與瓶裝水包裝業者對於PET吹瓶機之需求量大增。不同地區之消費者有不同的需求和習慣，所以機台製造商為了因應消費者各式各樣之需求與成本考量等因素，必須建置不同的吹瓶機機種，提供給世界各地的客戶選擇。然而，吹瓶機在如此高產能生產環境下，如何提供即時且線上自動品質檢測與智慧化生產功能，輔助使用者達到吹瓶製程最佳化以及品質穩定，並確保接近零缺陷的目標，亦為一大挑戰。

為解決上述挑戰，此案例採用了雲端AVM系統和以AVM為基礎的雲端逐次(Run-to-Run, R2R)控制機制。AVM系統先針對吹瓶機之製程資料和瓶身品質量測資料進行大數據收集並建構物料追蹤機制，然後就能將具有量測延遲的離線品質抽檢轉換成線上且即時的品質全檢。

11.8.1.1 吹塑成型製程簡介

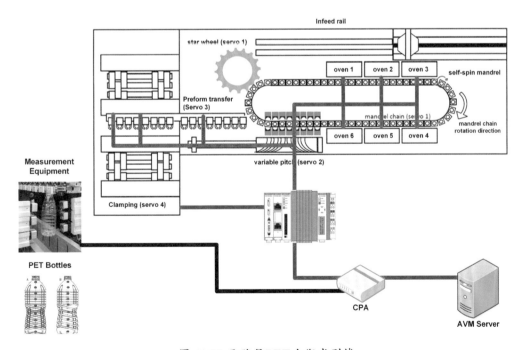

圖 11.77 兩階段PET吹塑成型機

如圖11.77所示，兩階段吹塑成型機器架構由下列製程所組成。首先，將冷卻後的粗胚放入整列進料機(Aligner Feeder)中，藉由輸送帶將瓶胚轉移到加熱箱中進行加熱。接著，利用可變節距及橫動機制將已預熱之瓶胚送至成型組，以高壓氣體和拉伸吹瓶吹塑成各種形狀的PET (Polyethylene Terephthalate)瓶容器。最後，這些PET瓶被送至下個階段執行離線檢測或線上量測其瓶身質心(Center of Mass)或壁厚。當中，加熱溫度和進行吹瓶製程時之壓力是影響產品品質的關鍵因素。

以現有製程來看，首先應著重兩階段吹瓶機之品質控制和製程品質參數優化等兩議題。接著，就需要利用PET瓶之檢測及量測方法來評估其品質。最終，發展為適用於兩階段吹塑機器之雲端AVM系統和R2R控制機制，以解決PET品質監控和製程優化的問題。R2R控制機制乃運用AVM所產生的VM值和RI/GSI值，執行自動化配方調整之計算，使PET瓶的質心可相應調整以接近目標值。

11.8.2　AVM應用於吹塑成型製程

加熱和吹塑是整個吹塑成型製程裡的兩個關鍵步驟。觀察圖11.77的紅色線段，兩階段的溫度和壓力量測資料經由CPA收集後，作為AVM的主要製程資料輸入。除了上述溫度和壓力資料外，機器的槓桿位置亦為AVM的製程資料之一。此外，如圖11.77黑色線段所示，AVM亦藉由CPA收集PET瓶器的厚度和/或質心的量測值，當作其量測資料。

如圖11.78，將AVM技術應用至PET吹塑成型機可將有量測延遲的品質抽樣檢測轉換為線上且即時的品值全檢，以監測產線上每個PET瓶器之厚度以及質心的品質。

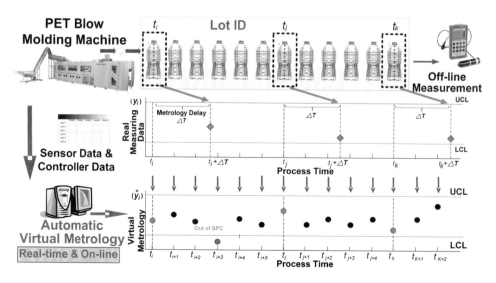

圖 11.78 AVM導入吹塑成型機

11.8.3 適用於吹塑成型製程之以AVM為基礎的雲端逐次(R2R) 控制機制

　　基於機上量測(In-situ-Metrology)之R2R控制機制的架構圖請見圖11.79。每部機台皆應收集每一批在製品的實際量測值。換言之，為執行R2R控制，每部機台都需具備一個量測設備以收集實際量測值。在關鍵特徵識別實驗中，所有製程資料都需納入考慮，以尋找關鍵可調的R2R控制因子。最終被選中的關鍵特徵為Preform-3之加熱參數。

　　為降低量測設備之成本，作者研發了如圖11.80所示之以AVM為基礎的R2R控制機制。AVM所產生的VM值可取代大部分的實際量測值。如此一來，僅需要少數的量測機台即可完成。AVM系統除了產出VM值，也同時提供其對應的RI和GSI值。此RI和GSI值可用以判斷相關的VM值是否適用於R2R控制。定期抽樣的VM值可回饋至AVM系統進行模型更新，接著進一步應用AVM系統的DQI$_y$ (Metrology Data Quality Evaluation)演算法以檢驗實際量測值的品質。不可靠的實際量測值會被剔除或以VM值取代之。因此，基於AVM之R2R控制機制可擴散到多部吹塑成型機。

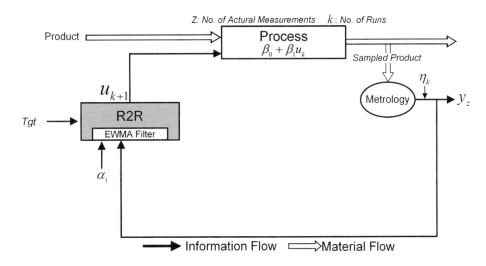

圖 11.79 基於機上量測之R2R控制架構
來源：經同意由[41]重製© 2013 IEEE

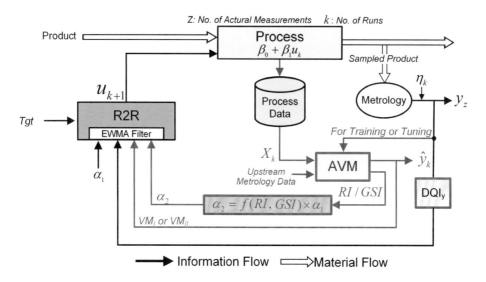

圖 11.80 基於AVM之R2R控制架構

來源：經同意由[41]重製© 2013 IEEE

11.8.4 案例說明

　　將基於AVM的R2R控制雲端導入至PET吹瓶機產業的示意圖如圖11.81。所提出的R2R控制方案，基於AVM技術，除可提供經濟實惠的線上即時控制機制，以節省測量儀器成本和提高整體製程能力外，亦能提出解決多機台共用同一個量測儀器的可行方案。如圖11.81情境示意圖，四部吹瓶機台共用一個量測儀器，且每部機台每批次同時生產8支瓶子。因此AVM模型更新之抽樣率為4批次中之1支；亦即，採用單部機台所生產的32支瓶子之1支進行抽檢。在R2R控制器從AVM收到VM值後，即可開始於該四部機台執行PET瓶器之質心品質控制。

　　基於AVM之R2R控制機制之流程圖共有5個步驟，如圖11.82所示，並於下列進一步說明各步驟。

步驟1：CPA收集製程資料和量測資料。

步驟2：收集到的資料送至雲端AVM計算VM值。

步驟3：判斷製程是否偏離目標值。若是，到步驟4；否則回到步驟1。

步驟4：啟動R2R機制執行產品品質控管。

步驟5：判定質心是否在目標值的門檻值以內。若是，回到步驟1；否則回到步驟4。

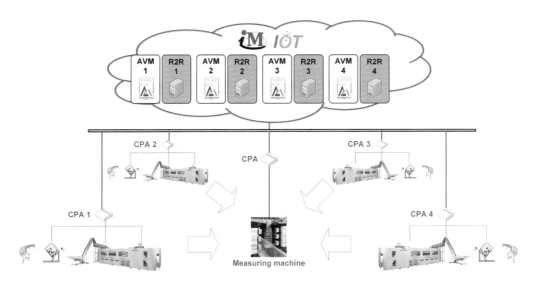

圖 11.81 基於AVM之R2R控制導入多個機台

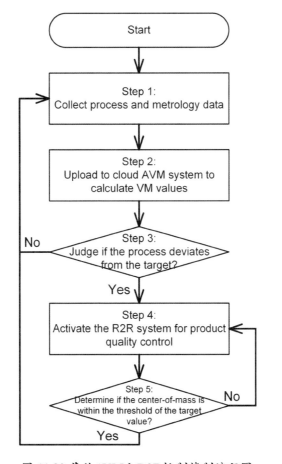

圖 11.82 基於AVM之R2R控制機制流程圖

一批抽一的實驗結果呈現於圖11.83。在R2R機制調整30批的VM值後，質心的平均值即漸趨穩定以達到目標值。結果亦顯示，AVM之95% MaxError (1.303)小於所有實際計量值的2個標準差(1.437)。如圖11.84所示，此基於AVM之R2R控制機制可成功提升22%的C_{PM}製程產能(1.4336 → 1.7512)。式(11.43)中的C_{PM}也將製程平均值與目標值的偏差程度納入考量，強調製程平均值偏離目標值所造成的損失。

$$C_{PM} = \frac{USL - LSL}{6\sqrt{\sigma^2 + (\mu - T)^2}} \tag{11.43}$$

其中

USL	規格上界；
LSL	規格下界；
σ^2	製程變異數；
μ	製程平均值；
T	製程目標值。

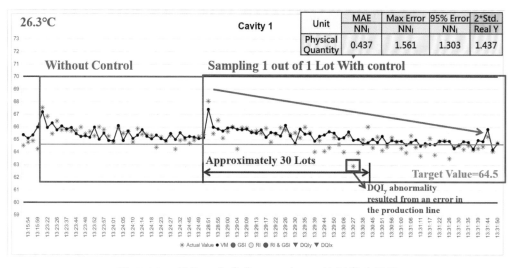

圖 11.83 一批抽一之基於AVM的R2R控制實驗結果

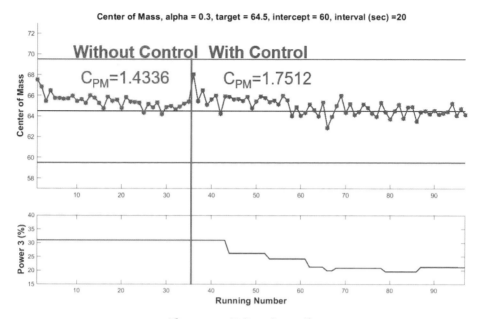

圖 11.84 一批抽一之C_{PM}值

11.8.5　小結

　　導入本節所提出的基於AVM之雲端R2R控制機制可由以下三方面改善並解決吹塑成型產業的即時製造品質檢測和控制等問題：

• 雲端AVM系統之全面品質檢測

　　以雲端AVM系統的準確度而言，AVM所產出之VM結果之第95% MaxError小於實際量測值的2倍標準差。如此一來，吹瓶生產線的全檢即可達成；且生產機台的異常狀況也可被偵測到，以減少不良品和生產浪費。

• 雲端採機上實際量測的R2R控制機制之製程能力改善

　　在雲端採用此基於機上實際量測之R2R控制架構，產品品質可以穩定接近目標值，整體製程能力(C_{PM})約可提升22%。

• 雲端採AVM量測的R2R控制機制之製程能力改善

　　從線上實驗中可以看出，在雲端採AVM量測的R2R控制機制亦可藉由一批抽一的取樣率將產品品質穩定到接近目標值，並可將整體C_{PM}提升約22%。同時，該實驗也證明多部機台可以共用一台量測儀器來控制及穩定產品品質，使之趨近目標值。此外，模擬結果亦顯示一台量測儀器最多可以由7部生產機台共享，如此即可節省購置實際量測儀器之費用。

附錄11.A—縮寫對照表

AC	Approximate Coordinates 近似坐標
ACF	Autocorrelation Function 自相關函數
ADF	Augmented Dickey-Fuller 增強式迪基—福勒(檢定)
ALASSO	Automated Least Absolute Shrinkage and Selection Operator 全自動LASSO演算法
AI	Application Interface 應用程式介面
AM	Actual Metrology 實際量測
AMCoT	Advanced Manufacturing Cloud of Things 先進製造物聯雲
AOI	Automated Optical Inspection 自動光學檢測
APC	Advanced Process Control 先進製程控制
AR	Approximate Radius 近似半徑
ARIMA	Autoregressive Integrated Moving Average Model
ASE	Advanced Semiconductor Engineering 日月光集團(ASE Group)
AVM	Automatic Virtual Metrology 全自動虛擬量測
AVM_{G1}	Stage-I AVM Sever for G1 Conjecturing 預測G1的Stage I AVM伺服器
AVM_{G2}	Stage-II AVM Severfor G2 Conjecturing 預測G2的Stage II AVM伺服器
BEI	Baseline Error Index 基底誤差指標
BEI_T	Threshold of BEI 基底誤差指標門檻值
BIC	Bayesian Information Criterion 貝葉氏信息準則
BPM	Baseline Predictive Maintenance 基底預測保養
BPNN	Back-Propagation Neural Networks 倒傳遞類神經網路
$BPNN_I$	Phase-I BPNN 第一階段BPNN
BT	Buffer Time 緩衝時間
CD	Critical Dimension 關鍵尺寸
CEM	Common Equipment Model 通用設備模型
CF	Color Filter 彩色濾光片
CHD	Center-Hole Diameter 中心孔直徑
CMM	Coordinate-Measuring Machine 三次元量測儀
CMP	Chemical Mechanical Polishing 化學機械研磨
CNC	Computer Numerical Control 電腦數值控制
CPA	Cyber-Physical Agent 虛實整合代理人
CPAVM	CPA plus AVM CPA與AVM結合

Cpk	Process Capability Index 製程能力指標
CPS	Cyber-Physical System 虛實整合系統
CS	Clean Stage 清洗階段
CVD	Chemical Vapor Deposition 化學氣相沉積
C&H	Concise and Healthy 精簡且健康
DCI	Death Correlation Index 死亡相關性指標
DCM	Data Collection Manager 資料收集管理人
DCP	Data Collection Plan 資料收集計畫
DCR	Data Collection Report 資料收集報告
DF	Deformation Fusion 變形融合
DHI	Device Health Index 設備健康指標
DHI_T	Threshold of DHI 設備健康指標門檻值
DQI_X	Data Quality Index of the Process Data 製程資料品質指標
DQI_{XR}	Data Quality Index of X_R 生產路徑品質指標
DQI_y	Data Quality Index of the Metrology Data 量測資料品質指標
DR	Deformed Radius 變形半徑
DS	Determinative Samples 確定性樣本
EC	Engine Case 引擎機匣
ECF	Exponential Curve Fitting 指數曲線擬合
EHI	Equipment Health Index 機台健康指標
EK_C	Concise Expert Knowledge Set 基於專家知識的特徵集合
ESC	Electrostatic Chuck 靜電吸盤
EWMA	Exponentially Weighted Moving Average 指數加權移動平均
FDC	Fault Detection and Classification 錯誤偵測和分類
FHI	Factory Health Index 工廠健康指標
GA	Generic Algorithm 基因演算法
GAVM	GED plus AVM GED與AVM結合
GED	Generic Embedded Device 通用型嵌入式裝置
GSI	Global Similar Index 整體相似度指標
GSI_I	Global Similarity Index of Phase I 第一階段之整體相似度指標
GSI_{II}	Global Similarity Index of Phase II 第二階段之整體相似度指標
GSI_T	Threshold of GSI 整體相似度指標門檻值

HIH	Health Index Hierarchy 健康指標之階層
ICP	Inductively Coupled Plasma 電感偶合式電漿
ID	Identification 識別
IESA	Interaction-Effect Search Algorithm 交互作用搜尋演算法
IESF	Interaction-Effect Search Framework 交互作用搜尋架構
IF	Interpolation Fitting 內插近似
iFA	Intelligent Factory Automation 智慧工廠自動化
ILM	In-line Metrology 機上量測
IoT	Internet of Things 物聯網
IPM	Intelligent Predictive Maintenance 智慧型預測保養
ISI	Individual Similarity Index 個體相似度指標
ISI_B	Baseline Individual Similarity Index 基底個體相似度指標
ISI_{B_T}	Threshold of ISI_B 基底個別相似度指標門檻值
ITO	Indium Tin Oxide 氧化銦錫
IYM	Intelligent Yield Management 智慧型良率管理
KSA	Key-variable Search Algorithm 關鍵參數搜尋演算法
KIS	Keep-Important-Sample 留存重要樣本
LASSO	Least Absolute Shrinkage and Selection Operator 最小絕對值收斂和選擇算子
LCD	Liquid Crystal Display 液晶顯示器
LCL	Lower Control Limit 控制下限
LCM	Liquid Crystal Module 液晶模組
LOO	Leave One Out 留一法
LSL	Lower Specification Limit 規格下限
MA	Moving Average Model 移動平均模型
MAE	Mean Absolute Error 平均絕對誤差
MAPE	Mean Absolute Percentage Error 平均絕對百分差
$MAPE_P$	Process MAPE 製程MAPE
MC	Mass Customization 大量客製化
MHI	Module Health Index 模組健康指標
MES	Manufacturing Execution System 製造執行系統
MR	Multi-Regression 多元迴歸

MSE	Mean Square Error 均方差
NC	Numerical Control 數值控制
NCKU	National Cheng Kung University 國立成功大學
NG	No Go 不符規格
NN	Neural Networks 神經網路/類神經網路
NN_I	MAPE of Phase-I NN-based VM value 第一階段NN基底VM值之MAPE
NN_{II}	MAPE of Phase-II NN-based VM value 第二階段NN基底VM值之MAPE
OEE	Overall Equipment Effectiveness 整體設備效率
OMM	Off-Machine Measuring 離機量測
OMP	On-Machine Probing 機上量測
OOC	Out-of-Control 超出可控之門檻
OP	Original Manufacturing Position 原始製造位置
OS	Oven Stage 烘烤階段
PACF	Partial Auto Correlation Function 偏自相關函數
PAM	Pluggable Application Module 可應用程序模組
PAN	Polyacrylonitrile 聚丙烯腈
PdM	Predictive Maintenance 預測保養
PDT	Production Data Traceback 生產資料回溯
PECVD	Plasma Enhanced Chemical Vapor Deposition 電漿輔助化學氣相沉積
PEP	Photo Engraving Processes 黃光微影製程
PLS	Partial Least Squares 偏最小平方
PLS_I	Phase-I Partial-Least-Square-based VM Value 第一階段偏最小平方VM值
PM	Preventive Maintenance 預防性保養
PVD	Physical Vapor Deposition 物理氣相沉積
PR	Precursor 原絲
PreAM	Pre-Alarm Module 預警模組
PreY	Pre-Metrology Data 前程量測資料
PS	Photo Space 感光間隙
RC	Real Coordinates 真實座標
RDL	Redistribution Layer 重佈線層
RF	Radio Frequency 無線射頻
RFID	Radio Frequency Identification 無線射頻辨識

RI	Reliance Index 信心指標
RI_I	Phases-I RI Value 第一階段信心度指標
RI_{II}	Phases-II RI Value 第二階段信心度指標
RI_T	RI Threshold Value 信心度指標門檻值
RMS	Root Mean Square 均方根
RNs	Running Numbers 流水號
RUL	Remaining Useful Life 剩餘使用壽命
SC	Status Change 狀態改變
SD	Sputter Device 濺鍍機台
SERT	Sample-Efficient Regression Trees 具高樣本利用率的迴歸樹
SF	Signal Feature 訊號特徵
SHI	Station Health Index 站點健康指標
SiN	Silicon Nitride 氮化矽
SS	Sputter Stage 濺鍍階段
$SIZE_{DS}$	Size of DS DS 的樣本數量
SOAP	Simple Object Access Protocol 簡單物件存取協定
SPC	Statistical Process Control 統計製程控制
STDB	Standard Database 標準資料庫
T2T	Tube to Tube 逐管
TD	Target Device 標的設備
T_{DS}	Threshold of $SIZE_{DS}$ $SIZE_{DS}$ 之門檻值
TFT	Thin Film Transistor 薄膜電晶體
TFT-LCD	Thin Film Transistor-Liquid Crystal Display 薄膜電晶體液晶顯示器
TPOGA	Triple Phase Orthogonal Greedy Algorithm 三階段正交貪婪演算法
TPOGA IESF	TPOGA Interaction-Effect Search Framework 交互作用三階段正交貪婪演算法搜尋架構
TSP	Time Series Prediction 時間序列預測
TVA	Target Value Adjustment 目標值調整
UB	Upper Bound 上界
UBM	Under Bump Metallurgy 球下金屬層
UCL	Upper Control Limit 控制上界
USL	Upper Spec Limit 規格上界

VM	Virtual Metrology 虛擬量測
VM_I	Phase-I VM Value 第一階段虛擬量測值
VM_{II}	Phase-II VM Value 第二階段虛擬量測值
VMS	VM System 虛擬量測系統
W2W	Wafer to Wafer 逐片
WIP	Work-in-Process 在製品
WMA	Wheel Machining Automation 汽車鋁輪圈加工自動化
X	Process Data 製程資料
X_P	Process Data 製程資料
X_R	Production Routes 生產路徑

附錄11.B—公式符號對照表

$\hat{G}1$	stage-I VM output 第一階段VM輸出
$\tilde{G}2$	stage-II metrology data 第二階段量測資料
G	stage-II process data 第二階段製程資料
$\hat{y}_i$	conjecture VM value 預測VM值
y_i	target value 目標值
n	sample size 樣本數量
Y	final inspection data 最終良率檢驗數據
X	related variables of production 生產相關變數
$\mathbf{X_R}$	production routes 生產路徑數據
$\mathbf{X_P}$	process data 製程參數數據
$\mathbf{X_T}$	Threshold matrix 門檻值矩陣
RI_I	value of IESA reliance index 交互作用模組的信心指標值
RI_K	value of KSA reliance index KSA核心演算法模組的信心指標
y	total-inspection inline data 線上全檢量測數據
FS_{Oi}	final score of O_i in KSA module 在KSA模組內的O_i之最終得分

FS_{Lj}	final score of L_j in KSA module 在KSA模組內的L_j之最終得分
O_i	i^{th} pick variable of TPOGA in KSA module, i=1, 2, 3, ..., 10 在KSA模組內的TPOGA之第i個的選擇變數，i=1, 2, 3, ..., 10
L_j	j^{th} pick variable of ALASSO in KSA module, j=1, 2, 3, ..., 10 在KSA模組內的ALASSO之第j個的選擇變數，j=1, 2, 3, ..., 10
α	EWMA coefficient 指數加權移動平均係數
α_1	EWMA coefficient when AM is utilized 應用實際量測(AM)之指數加權移動平均係數
α_2	EWMA coefficient when VM is utilized 應用虛擬量測(VM)之指數加權移動平均係數.
$\tilde{\eta}_{k+1}$	estimated model offset or disturbance of the $(k+1)^{th}$ run 第k+1次加工的估計模型補償值或擾動值
A	gain parameter estimated for the system 可調控參數之估計值
μ_k	control action taken for run k 第k次加工的控管項目
σ_y	standard deviation of y y的標準差
$\sigma_{\hat{y}}$	standard deviation of $\hat{y}$ $\hat{y}$的標準差
y	AM data 實際量測資料
$\hat{y}$	VM data 虛擬量測資料
$Z\hat{y}_{N_i}$	statistical distribution of the VM value built by NN NN基底的VM值之統計分佈
$Z\hat{y}_{r_i}$	statistical distribution of the reference prediction value built by MR MR基底的參考預測值之統計分佈

Z_λ	standardized λ^{th} set process data 第λ次加工製程標準化資料
R^{-1}	inverse matrix of correlation coefficient 相關係數之反向矩陣
p	number of process parameters 製程參數的數量
σ	standard deviation 標準差
y_k	process output measured from AM 採實際量測的製程產出
η_k	model offset or disturbance of the kth run 第k次加工的模型補償值或擾動值
Tgt	target value 目標值
Z_{y_i}	standardized AM value 標準化的AM值
$Z_{\hat{y}_{r_i}}$	standardized MR prediction value 標準化的MR預測值
ΔT	amount of cycle time reduction 生產週期時間減少量
T_P	PECVD process time PECVD製程時間
T_A	APC+AVM calculation time APC+AVM計算時間
T_S	manual recipe-inspection time 人工配方檢驗時間
T_C	manual recipe-calculation time 人工配方計算時間
T_M	manual recipe-modification time 人工配方調整時間

y_T	actual value of TD TD的實際值
$\bar{y}_T$	mean of y_T TD數據健康樣本的平均值
$\hat{y}_B$	baseline predictive value of TD TD健康基底預測值
y_E	absolute value of "$\hat{y}_B$ minus y_T" TD健康基底預測值減TD數據之絕對值
y_{E_S}	sick value of y_E y_E的生病狀態值
$\bar{y}_E$	mean of y_E y_E的平均值
σ_{y_E}	standard deviation of y_E y_E的標準偏差
y_{E_B}	begin value of y_E y_E的起始值
y_{E_D}	dead value of y_E y_E的失效值
k_i	i^{th} sample number 第i個樣本
$\hat{y}_{E_i}$	i^{th} y_E predictive value corresponding to k_i 對應第i個樣本之y_E預測值
y_{E_i}	i^{th} y_E actual value corresponding to k_i 對應第i個樣本之y_E實際值
k_B	B^{th} sample number corresponding to y_{E_B} y_{E_B}對應的第B個樣本
k_S	S^{th} sample number corresponding to y_{E_S} y_{E_S}對應的第S個樣本
A	interception value of the ECF formula ECF公式的截距項值

C	slope value of the ECF formula ECF 公式的斜率值
$\hat{y}_{E_{i\_UB_{S+j}}}$	predictive S+jth UB value 第s+j筆上界預測值
$\hat{y}_{E_{i\_LB_{S+j}}}$	predictive S+jth LB value 第s+j筆下界預測值
$\hat{k}_{D\_RUL}$	D_RULth sample number corresponding to y_{E_D} y_{E_D}對應的預測樣本數
Δ_{S+j}	95% PI value corresponding to the S+jth sample 第s+j個樣本對應的95%信賴區間值
$t_{\frac{a}{2}}(k_S-k_B+1-p)$	a t-distribution with k_S-k_B+1-p degrees of freedom with p being the number of parameters and a=0.05 具有k_S-k_B+1-p自由度之t分佈，其中p為參數數量而a=0.05
$\hat{k}_{D\_UB}$	D_UBth sample number corresponding to y_{E_D} y_{E_D}對應的D_UB個樣本數
$\hat{k}_{D\_LB}$	D_LBth sample number corresponding to y_{E_D} y_{E_D}對應的D_LB個樣本數
k_i	i^{th} sample number 第i個樣本
$\hat{y}_{E_i}$	i^{th} y_E predictive value corresponding to k_i 對應第i個樣本之y_E預測值
Y_T	TD's aging feature TD老化特徵
y_t	TD's aging feature value at time t 在時間t期的TD老化特徵實際值
$\hat{y}_t$	predicted TD's aging feature value at time t 在時間t期的TD老化特徵預測值
ε_{t-j}	white noise error terms at time t-j, j=1, 2, ..., q 在時間t-j期的白噪聲，j=1, 2, ..., q

H_0	null hypothesis 虛無假設
H_a	alternative hypothesis 對立假設
Y_M	model matrix of TD's aging feature 建模老化特徵資料集
A_{ACF}	most y_{t-1}-related ACF time y_{t-1}相關的ACF時間
B_{PACF}	most y_{t-1}-related PACF time y_{t-1}相關的PACF時間
M	sample size of Y_M Y_M的樣本數
y_{death}	death value of aging feature 老化特徵的失效值
$\hat{y}_{t+n}$	predicted TD's aging feature value at time $t+n$ 預測TD在時間t+n的老化特徵值
$\hat{y}_{death}$	predictive death value of aging feature 老化特徵的預測失效值
δ	delta value 差值
δ_T	threshold value of δ δ之門檻值
⊠	abnormal new sample 新進異常樣本
$*_B, *_C, *_D$	three metrology types of different target values, type B, type C and type D 不同產品類別(型A、型B、型C)的量測目標值
y_M	modeling samples sorted in ascending order 依照升序排列之建模樣本集
$SIZE_{y_M}$	size of modeling samples 建模樣本數量

BV	breakpoint vector 中斷點向量
BV′	derived by combining 0, **BV**, and SIZE$_{y_M}$ 透過0、**BV**、與SIZE$_{y_M}$所導出的向量
G$_p$	modeling samples grouped by **BV′** 透過**BV′**所集合而成的建模樣本集合
$\bar{y}_{Gp}$	mean of each group 各群內量測值之平均值
M$_i$	i^{th} element of modeling samples 第i筆建模樣本
SIZE$_{BV'}$	size of breakpoint vector 中斷點向量大小
$\bar{y}_{DS}$	new target value 新的目標值
y_{Gp}^{A}	used to adjust each element in **G**$_p$ to become the newly adjusted modeling samples
＊$_A$	derived by adjusting metrology ＊$_B$, ＊$_C$, and ＊$_D$ 透過調整＊$_B$、＊$_C$、與＊$_D$所導出的量測值
x_{Rs}, y_{Rs}	real coordinates relative to the original positions in the x-y plane with $s=1, 2, ..., S$, respectively 相對x-y平面原點的第s個實際座標，$s=1,2, ...,S$
S	the number of probing 機上量測的探測點數
a	the ratio of r_a to r $(a=r_a/r)$ r_a對r的比值$(a=r_a/r)$
b	the ratio of r_b to r $(b=r_b/r)$ r_b對r的比值$(b=r_b/r)$
(h, k)	the offset displacements of the center of the end-face of an EC measured from the origin$(0, 0)$ 以EC端面為中心原點所產生的補償位移座標

θ	rotation angle of a point on the end-face of an EC measured from the major axis of the EC end-face EC端面任意一點與EC端面長軸線所夾的旋轉角度
r	default radius 預設半徑長度
ω	included angle between any two adjacent probing-positions 相鄰兩個探針量測點位位置的夾角
φ_s	approximate angle of the sth approximate position 所推估第s個近似位置的旋轉角度
r_A	approximate radius 近似半徑
r_a	major-axis length of an ellipse 橢圓長軸長度
r_b	minor-axis length of an ellipse 橢圓短軸長度
$\mathbf{P_E}$	Position errors 位置誤差
t_s	ratio of r_A to r_a r_A對r_a的比值
r_D	corresponding radius 對應實際半徑
r_{D_s}	s^{th} corresponding radius 第s個對應半徑
$\mathbf{AR}$	vector of all approximate radius 所有推估的近似半徑向量集合
$\mathbf{AR_{IF}}$	vector of $\mathbf{AR}$ generated from IF for all the actual manufacturing positions 透過IF產生的全部加工位置的$\mathbf{AR}$向量

AR_{GA}	**AR** vector generated from GA for all the actual manufacturing-positions 透過GA產生的全部加工位置之AR向量
$\text{AR}_{\text{Fusion}}$	fusion **AR** generated by combining both AR_{IF} and AR_{GA} 透過整合AR_{IF}與AR_{GA}所產生的AR融合向量
DR_{RC}	known nodes for the purpose of interpolating 內插用的已知節點位置
AR_{RC}	**AR** vector generated from RC for all the actual manufacturing-positions 透過RC產生的全部加工位置之AR向量
f	weighting coefficient ranging from 0~1 介於0~1的權重值
VM_u	u^{th} predictive VM value 第u個預測之虛擬量測值
AM_u	u^{th} actual metrology value 第u個實際量測值
SR_{ij}	completion time at the ith spinning position of sensor j 在感測器j的第i個紡位位置取得完成時間
ST_i	process completion time at the ith spinning position 在第i個紡位位置的加工完成時間
SD_j	distance of sensor j 感測器j的距離
FSD_i	distance between meter counter and the ith spinning position 計米器與第i個紡位位置的距離
RS	rolling rate (meter/minute) 加工車速(公尺/分)
SD_1	distance between sensor1 and meter counter 感測器1與計米器的距離
FSD_1	distance of meter counter to spin1 計米器與第1個紡位位置的距離

ST_1	process completion time at spin1 position 在第1個紡位位置的加工完成時間
RS	spinning speed 轉速

參考文獻

[1] Cheng, F.T., Kao, C.A., Chen, C.F. et al. (2015). Tutorial on applying the VM technology for TFT-LCD manufacturing. *IEEE Transactions on Semiconductor Manufacturing* 28 (1): 55-69. https://doi.org/10.1109/TSM.2014.2380433.

[2] Cheng, F.T., Hsieh, Y.S., Zheng, J.W. et al. (2017). A scheme of high-dimensional key-variable search algorithms for yield improvement. *IEEE Robotics and Automation Letters* 2 (1): 179-186. https://doi.org/10.1109/LRA.2016.2584143.

[3] Chiu, Y.C., Cheng, F.T., and Huang, H.C. (2017). Developing a factory-wide intelligent predictive maintenance system based on Industry 4.0. *Journal of the Chinese Institute of Engineers* 40 (7): 562-571. https://doi.org/10.1080/02533839.2017.1362357.

[4] Kao, C.A., Cheng, F.T., and Wu, W.M. (2011). Preliminary study of run-to-run control utilizing virtual metrology with reliance index. *Proceedings of the IEEE International Conference on Automation Science and Engineering*, Trieste, Italy (24-27 August 2011). USA: IEEE.

[5] Cheng, F.T., Chen, Y.T., Su, Y.C. et al. (2008). Evaluating reliance level of a virtual metrology system. *IEEE Transactions on Semiconductor Manufacturing* 21 (1): 92-103. https://doi.org/10.1109/TSM.2007.914373.

[6] Cheng, F.T. and Chiu, Y.C. (2013). Applying the automatic virtual metrology system to obtain tube-to-tube control in a PECVD tool. *IIE Transactions* 45 (6): 670-681. https://doi.org/10.1080/0740817X.2012.725507.

[7] Castillo, E.D. and Rajagopal, R. (2002). A multivariate double EWMA process adjustment scheme for drifting processes. *IIE Transactions* 34 (12): 1055-1068. https://doi.org/10.1080/07408170208928934.

[8] Su, Y.C., Lin, T.H., Cheng, F.T. et al. (2008). Accuracy and real-time considerations for implementing various virtual metrology algorithms. *IEEE Transactions on Semiconductor Manufacturing* 21 (3): 426-434. https://doi.org/10.1109/TSM.2008.2001219.

[9] Hsieh, Y.S., Cheng, F.T., Huang, H.C. et al. (2013). VM-based baseline predictive maintenance scheme. *IEEE Transactions on Semiconductor Manufacturing* 26 (1): 132-144. https://doi.org/10.1109/TSM.2012.2218837.

[10] Lin, C.Y., Hsieh, Y.M., Cheng, F.T. et al. (2019). Time series prediction algorithm for intelligent predictive maintenance. *IEEE Robotics and Automation Letters* 4 (3): 2807-2814. https://doi.org/10.1109/LRA.2019.2918684.

[11]   Cheng, F.T., Chen, C.F., Hsieh, Y.S. et al. (2015). Intelligent sampling decision scheme based on the AVM system. *International Journal of Production Research* 53 (7): 2073-2088. https://doi.org/10.1080/00207543.2014.955924.

[12]   Lin, C.Y., Hsieh, Y.M., Cheng, F.T. et al. (2018). Interaction-effect search algorithm for the KSA scheme. *IEEE Robotics and Automation Letters* 3 (4): 2778-2785. https://doi.org/10.1109/LRA.2018.2838323.

[13]   Tieng, H., Yang, H.C., Hung, M.H. et al. (2013). A novel virtual metrology scheme for predicting machining precision of machine tools. *Proceedings of the 2013 IEEE International Conference on Robotics and Automation (ICRA 2013)*, Karlsruhe, Germany (May 6-10 2013). USA: IEEE.

[14]   Yang, H.C., Tieng, H., and Cheng, F.T. (2015). Total precision inspection of machine tools with virtual metrology. *Journal of the Chinese Institute of Engineers* 39 (2): 1-15. https://doi.org/10.1080/02533839.2015.1091279.

[15]   Cheng, F.T., Tieng, H., Yang, H.C. et al. (2016). Industry 4.1 for wheel machining automation. *IEEE Robotics and Automation Letters* 1 (1): 332-339. https://doi.org/10.1109/LRA.2016.2517208.

[16]   Su, Y.C., Cheng, F.T., and Hung, M.H. et al. (2006). Intelligent prognostics system design and implementation. *IEEE Transactions on Semiconductor Manufacturing* 19 (2): 195-207. https://doi.org/10.1109/TSM.2006.873512.

[17]   Huang, H.C., Lin, Y.C., Hung, M.H. et al. (2015). Development of cloud-based automatic virtual metrology system for semiconductor industry. *Robotics and Computer-Integrated Manufacturing* 34: 30-43. https://doi.org/10.1016/j.rcim.2015.01.005.

[18]   Huang, Y.T. and Cheng, F.T. (2011). Automatic data quality evaluation for the AVM system. *IEEE Transactions on Semiconductor Manufacturing* 24 (3): 445-454. https://doi.org/10.1109/TSM.2011.2154910.

[19]   Yang, H.C., Tieng, H., and Cheng, F.T. (2015). Automatic virtual metrology for wheel machining automation. *International Journal of Production Research* 54 (21): 6367-6377. https://doi.org/10.1080/00207543.2015.1109724.

[20]   Tieng, H., Chen, C.F., Cheng, F.T. et al. (2017). Automatic virtual metrology and target value adjustment for mass customization. *IEEE Robotics and Automation Letters* 2 (2): 546-553. https://doi.org/10.1109/LRA.2016.2645507.

[21]   Abellan-Nebot, J.V. and Subirón, F.R. (2010). A review of machining monitoring

systems based on artificial intelligence process models. *The International Journal of Advanced Manufacturing Technology* 47: 237-257. https://doi.org/10.1007/s00170-009-2191-8.

[22] Teti, R., Jemielniak, K., O'Donnell, G. et al. (2010). Advanced monitoring of machining operations. *CIRP Annuals Manufacturing Technology* 59 (2): 717-739. https://doi.org/10.1016/j.cirp.2010.05.010.

[23] Marinescu, I. and Axinte, D.A. (2011). An automated monitoring solution for avoiding an increased number of surface anomalies during milling of aerospace alloys. *International Journal of Machine Tools and Manufacture* 51 (4): 349-357. https://doi.org/10.1016/j.ijmachtools.2010.10.005.

[24] Chu, W., Li, Y., Liu, C. et al. (2016). Collaborative manufacturing of aircraft structural parts based on machining features and software agents. *The International Journal of Advanced Manufacturing Technology* 87: 1421-1434. https://doi.org/10.1007/s00170-013-4976-z.

[25] Gao, X., Mou, W., and Peng, Y. (2016). An intelligent process planning method based on feature-based history machining data for aircraft structural parts. *Procedia CIRP* 56: 585-589. https://doi.org/10.1016/j.procir.2016.10.115.

[26] Tangjitsitcharoen, S., Thesniyom, P., and Ratanakuakangwan, S. (2017). Prediction of surface roughness in ball-end milling process by utilizing dynamic cutting force ratio. *Journal of Intelligent Manufacturing* 28: 13-21. https://doi.org/10.1007/s10845-014-0958-8.

[27] Tieng, H., Tsai, T.H., Chen, C.F. et al. (2018). Automatic virtual metrology and deformation fusion scheme for engine-case manufacturing. *IEEE Robotics and Automation Letters* 3 (2): 934-941. https://doi.org/10.1109/LRA.2018.2792690.

[28] Wang, S.M., Chen, Y.S., Lee, C.Y. et al. (2016). Methods of in-process on-machine auto-inspection of dimensional error and auto-compensation of tool wear for precision turning. *Applied Sciences* 6: 107. https://doi.org/10.3390/app6040107.

[29] Griffin, J.M. (2015). The prediction of profile deviations from multi process machining of complex geometrical features using combined evolutionary and neural network algorithms with embedded simulation. *Journal of Intelligent Manufacturing* 29: 1171-1189. https://doi.org/10.1007/s10845-015-1165-y.

[30] Liu, C., Li, Y., Zhou, G. et al. (2016). A sensor fusion and support vector machine based approach for recognition of complex machining conditions. *Journal of*

Intelligent Manufacturing 29: 1739-1752. https://doi.org/10.1007/s10845-016-1209-y.

[31] Malhotra, R., Singh, N., and Singh, Y. (2011). Genetic algorithms: concepts, design for optimization of process controllers. *Computer and Information Science* 4 (2): 39-54. https://doi.org/10.5539/cis.v4n2p39.

[32] Prenter, P.M. (2013). *Splines and variational methods*. New York: Dover Publications.

[33] Sedgwick, P. (2012). Pearson's correlation coefficient. *British Medical Journal* 345 (7). https://doi.org/10.1136/bmj.e4483.

[34] Hsieh, Y.M., Lin, C.Y., Yang, Y.R. et al. (2019). Automatic virtual metrology for carbon fiber manufacturing. *IEEE Robotics and Automation Letters* 4 (3): 2730-2737. https://doi.org/10.1109/LRA.2019.2917384.

[35] Buckley, J.D. and Edie, D.D. (1993). *Carbon-carbon materials and composites*. Amsterdam: Elsevier Inc.

[36] Newcomb, B.A. (2016). Processing, structure, and properties of carbon fibers. *Composites Part A: Applied Science and Manufacturing* 91 (1): 262-282. https://doi.org/10.1016/j.compositesa.2016.10.018.

[37] Jin, W.J. and Ye, W.H. (2006). Study on the barcode based WIP tracking and management system under the lean production mode. *Machine Building & Automation* 1: 34.

[38] Huang, G.Q., Zhang, Y.F., and Jiang, P.-Y. (2007). RFID-based wireless manufacturing for realime management of job shop WIP inventories. *The International Journal of Advanced Manufacturing Technology* 36: 752-764. https://doi.org/10.1007/s00170-006-0897-4.

[39] Yin, C., Gao, Q., and Tian, J. (2012). WIP tracking and monitoring system based on RFID. *Proceedings of 2012 Third International Conference on Intelligent Control and Information Processing* 365-368, Dalian, China (15-17 July 2012). USA: IEEE.

[40] Lin, Y.C., Hung, M.H., Huang, H.C. et al. (2017). Development of advanced manufacturing cloud of things (AMCoT)-a smart manufacturing platform. *IEEE Robotics and Automation Letters* 2 (3): 1809-1816. https://doi.org/10.1109/LRA.2017.2706859.

[41] Kao, C.A., Cheng, F.T., Wu, W.M. et al. (2013). Run-to-run control utilizing virtual metrology with reliance index. *IEEE Transactions on Semiconductor Manufacturing* 26 (1): 69-81. https://doi.org/10.1109/TSM.2012.2228243.

索引

工業4.1：零缺陷的智慧製造

Industry 4.1: Intelligent Manufacturing with Zero Defects

主　　編 | 鄭芳田

發 行 人	蘇芳慶
發 行 所	財團法人成大研究發展基金會
出 版 者	成大出版社
總 編 輯	游素玲
地　　址	70101台南市東區大學路1號
電　　話	886-6-2082330
傳　　真	886-6-2089303
網　　址	http://ccmc.web2.ncku.edu.tw

出　　版	成大出版社
地　　址	70101台南市東區大學路1號
電　　話	886-6-2082330
傳　　真	886-6-2089303

排版設計	菩薩蠻數位文化有限公司
印　　製	方振添印刷有限公司
初版一刷	2023年1月
定　　價	2500元
I S B N	978-986-5635-74-9
E I S B N	978-986-5635-75-6（EPUB）

國家圖書館出版品預行編目（CIP）資料

工業4.1：零缺陷的智慧製造 / 鄭芳田主編. -- 初版. -- 臺南
市：成大出版社出版：財團法人成大研究發展基金會發
行, 2023.01
　　面；　公分
譯自：*Industry 4.1: Intelligent Manufacturing with Zero
Defects*
ISBN　978-986-5635-74-9（精裝）

1.CST: 製造業　2.CST: 人工智慧　3.CST: 生產自動化

487　　　　　　　　　　　　　　　　111020793

尊重著作權‧請合法使用
本書如有破損、缺頁或倒裝，請寄回更換

Industry 4.1: Intelligent Manufacturing with Zero Defects by Fan-Tien Cheng

Copyright © 2022 by The Institute of Electrical and Electronics Engineers, Inc.
All Rights Reserved. This translation published under license with the original publisher John Wiley & Sons, Inc.